Rechtsprechung des Bundesgerichts
zum Sozialversicherungsrecht

Bundesgesetz über die Alters- und Hinterlassenenversicherung

Rechtsprechung des Bundesgerichts zum Sozialversicherungsrecht

Herausgegeben von

Prof. Dr. Erwin Murer
Universität Freiburg/Schweiz

und

Dr. Hans-Ulrich Stauffer
Rechtsanwalt, Basel

Bundesgesetz über die Alters- und Hinterlassenen-versicherung

bearbeitet von

Dr. Ueli Kieser
Rechtsanwalt, Zürich

Schulthess Polygraphischer Verlag Zürich

Zitiervorschlag:
Kieser, Rechtsprechung des Bundesgerichts zum AHVG

Stand der Rechtsprechung: 1. September 1995
Stand der Gesetzgebung: 1. Januar 1996

ISBN 3 7255 3128 5

Vorwort

Die Alters- und Hinterlassenenversicherung nennt jedermann fast liebevoll einfach «die AHV». Sie ist gewiss der populärste aller Sozialversicherungszweige in der Schweiz. Dies hat verschiedene Gründe. Eine Ursache ist der gute Wissenstand über sie in weiten Kreisen der Bevölkerung. Diese Vertrautheit hat wohl auch mit der Entstehungsgeschichte zu tun, die von mehreren Volksabstimmungen geprägt war. Die mehr oder weniger heftigen politischen Wehen, die ebenfalls einige der zehn grossen Revisionen des Bundesgesetzes über die AHV begleitet haben, machten das Stimmvolk mit der nicht einfachen Materie recht gut bekannt. Es wird hier ein vielleicht unterschätzter Aspekt der oft mühsamen Referendumsdemokratie sichtbar, die gerade in der Sozialversicherung eine grosse Rolle gespielt hat und immer noch spielt. Eine zusätzliche Erklärung ergibt sich natürlich aus dem Umstand, dass der Bedarf nach Vorsorge für das Risiko Tod, vor allem aber für das finanziell ausserordentlich herausfordernde «Risiko Alter» (dessen Eintritt fast alle erwarten und auch erwarten dürfen) zumindest ab einem bestimmten Alter mehr oder weniger allen bewusst wird. Darüber hinaus ist die AHV auch technisch eine Volksversicherung. Denn sie ist als erste Säule der Alters- und Hinterlassenenvorsorge für jedermann obligatorisch und nicht wie das gesetzliche «Minimalregime» der beruflichen Vorsorge bzw. zweiten Säule «nur» für die Arbeitnehmerinnen und Arbeitnehmer. Schliesslich darf auch die gewaltige volkswirtschaftliche Bedeutung der AHV nicht unerwähnt bleiben. Im Jahre 1994 wurden fast 24 Milliarden Franken eingenommen, wovon etwas mehr als 4,58 Milliarden von der öffentlichen Hand stammten, und die Leistungen erreichten einen Wert von rund 23,3 Milliarden.

Die vorliegende Judikatursammlung zum AHVG erscheint in der Reihe «Rechtsprechung des Bundesgerichts zum Sozialversicherungsrecht», in der bereits je ein Band zur Unfallversicherung (in 2. Auflage), zur Arbeitslosenversicherung sowie zu den Ergänzungsleistungen herausgekommen ist. Sie enthält eine umfassende, systematisch geordnete Darstellung der geltenden höchstrichterlichen Praxis zu den einzelnen Gesetzesbestimmungen sowie zu den internationalen Sozialversicherungsabkommen. Die Gesetzesbestimmungen werden integral aufgeführt. Die Verordnungen finden sich im Anhang, im jeweiligen Gesetzestext wird auf sie verwiesen. Jene Normen, die anlässlich der 10. AHV-Revision geändert wurden und am 1. Januar 1997 in Kraft treten werden, sind direkt im Anschluss an die noch geltenden Bestimmungen abgedruckt. Damit wird eine in der kommenden Übergangsphase nützliche Synopsis erreicht. Sie betreffen hauptsächlich das Leistungsrecht. Darüber hinaus ist die allgemeine wie auch die spezielle Literatur verarbeitet.

Es wird aber keinesfalls der Anspruch erhoben, es handle sich um einen juristischen Kommentar zum AHVG. Die Absicht ist es, in erster Linie den Praktikerinnen und Praktikern ein handliches Instrument zur Verfügung zu stellen, damit sie sich rasch in der immensen Rechtsprechung zurechtfinden und ohne Umwege zur einschlägigen Literatur vorstossen können. Wichtige Hilfsmittel werden ihnen dabei das ausführliche Stichwortregister sowie das umfassende Literaturverzeichnis sein.

Sehr viele Entscheide sind auch für die Invalidenversicherung gültig. Denn die IV ist in zahlreichen Bereichen gleich oder sehr ähnlich geregelt wie die AHV. Zu denken ist in erster Linie an den Kreis der versicherten Personen, das Beitragsrecht, das Rentenrecht, das Verfahrensrecht und teilweise das Organisationsrecht. Die Bundesgesetze zur Arbeitslosenversicherung sowie zum Erwerbsersatz stellen im Beitragsrecht weitestgehend ebenfalls auf das AHVG ab.

Verfasser ist Dr. iur. Ueli Kieser, Rechtsanwalt in Zürich und vormals Chef des Sekretariates der AHV-Rekurskommission des Kantons Zürich. Die Herausgeber möchten ihm für seinen grossen Einsatz herzlich danken. Dank gebührt aber auch dem Verlag, der die Herausgabe dieses Werkes über den üblichen Rahmen hinaus unterstützte. Ein weiterer Dank richtet sich an die Fondation pour le droit suisse de la circulation routière in Freiburg mit ihrem Präsidenten Prof. Pierre Tercier, die das Vorhaben mit einem namhaften finanziellen Beitrag gefördert hat. Und schliesslich seien Frau lic. iur. Patricia Egger, Assistentin am Lehrstuhl für Arbeits- und Sozialversicherungsrecht in Freiburg, sowie Herr Damian Mutschler, stud. iur. an der Universität Zürich, für die Kontrolle der unzähligen Zitate in die Danksagung eingeschlossen.

Basel/Freiburg, im Dezember 1995

Prof. Dr. Erwin Murer — Dr. Hans-Ulrich Stauffer

Inhaltsverzeichnis

Abkürzungsverzeichnis

Abs.	Absatz
a.E.	am Ende
AHI-Praxis	Hrsg.: BSV; Rechtsprechung und Verwaltungspraxis. Bis 1992: ZAK (vgl. dort)
AHV	Alters- und Hinterlassenenversicherung
AHVG	Bundesgesetz über die Alters- und Hinterlassenenversicherung (AHVG) (vom 20. Dezember 1946) (SR 831.10)
AHVV	Verordnung über die Alters- und Hinterlassenenversicherung (AHVV) (vom 31. Oktober 1947) (SR 831.101)
ALV	Arbeitslosenversicherung
Anm. Red.	Anmerkung des Redaktors
Art.	Artikel
AS	Amtliche Sammlung der eidgenössischen Gesetze
BBl	Bundesblatt
BGE	Entscheidungen des Schweizerischen Bundesgerichts, Amtliche Sammlung; enthält ab 1970 in einem V. Teil die Urteile des EVG, der die bisherige Sammlung EVGE (vgl. dort) ablöste.
BJM	Basler Juristische Mitteilungen
BSV	Bundesamt für Sozialversicherung
BV	Bundesverfassung der Schweizerischen Eidgenossenschaft (vom 29. Mai 1874) (SR 101)
BVG	Bundesgesetz über die berufliche Alters-, Hinterlassenen- und Invalidenvorsorge (BVG) (vom 25. Juni 1982) (SR 831.40)
d.h.	das heisst
E.	Erwägung
EMRK	Konvention zum Schutze der Menschenrechte und Grundfreiheiten (vom 4. November 1950) (SR 0.101)
EO	Erwerbsersatzordnung
EVG	Eidgenössisches Versicherungsgericht, Luzern

EVGE	Entscheidungen des Eidgenössischen Versicherungsgerichts, Amtliche Sammlung. Bis 1969; nachher als Band V der BGE (vgl. dort) erschienen.
f.	und folgende Seite
ff.	und folgende Seiten
FlüB	Bundesbeschluss über die Rechtsstellung der Flüchtlinge und Staatenlosen in der AHV/IV (vom 4. Oktober 1962) (SR 831.131.11)
GVG	Bundesgesetz über den Geschäftsverkehr der Bundesversammlung sowie über die Form, die Bekanntmachung und das Inkrafttreten ihrer Erlasse (Geschäftsverkehrsgesetz) (vom 23. März 1962) (SR 171.11)
HVA	Verordnung über die Abgabe von Hilfsmitteln durch die Altersversicherung (HVA) (vom 28. August 1978) (SR 831.135.1)
IPRG	Bundesgesetz über das Internationale Privatrecht (vom 18. Dezember 1987) (SR 291)
IV	Invalidenversicherung
IVG	Bundesgesetz über die Invalidenversicherung (IVG) (vom 19. Juni 1959) (SR 831.20)
i.V.m.	in Verbindung mit
IVV	Verordnung über die Invalidenversicherung (IVV) (vom 17. Januar 1961) (SR 831.201)
lit.	litera (Buchstabe)
OG	Bundesgesetz über die Organisation der Bundesrechtspflege (Bundesrechtspflegegesetz [OG]) (vom 16. Dezember 1943) (SR 173.110)
OR	Bundesgesetz betreffend die Ergänzung des Schweizerischen Zivilgesetzbuches (Fünfter Teil: Obligationenrecht) (vom 30. März 1911) (SR 220)
plädoyer	plädoyer, Das Magazin für Recht und Politik, Zürich
RV	Verordnung über die Rückvergütung der von Ausländern an die Alters- und Hinterlassenenversicherung bezahlten Beiträge (RV) (vom 14. März 1952) (SR 831.131.12)
S.	Seite

SchKG	Bundesgesetz über Schuldbetreibung und Konkurs (vom 11. April 1889) (SR 281.1)
SJZ	Schweizerische Juristenzeitung, Zürich
Soziale Sicherheit	Hrsg.: BSV; Zeitschrift des Bundesamtes für Sozialversicherung. Ab 1993
StGB	Schweizerisches Strafgesetzbuch (vom 21. Dezember 1937) (SR 311.0)
SVR	Sozialversicherungsrecht, Rechtsprechung, Basel
SVZ	Schweizerische Versicherungs-Zeitschrift, Bern/ Frankfurt a.M etc.
SZS	Schweizerische Zeitschrift für Sozialversicherung und berufliche Vorsorge, Bern
u.a.	unter anderem
UVG	Bundesgesetz über die Unfallversicherung (UVG) (vom 20. März 1981) (SR 832.20)
V 95	Verordnung über Anpassungen an die Lohn- und Preisentwicklung bei der AHV/IV (V 95) (vom 26. September 1994) (SR 831.105)
V 96	Verordnung über Anpassungen an die Lohn- und Preisentwicklung bei der AHV/IV (V 96) (vom 13. September 1995) (SR 831.106)
VFV	Verordnung über die freiwillige Alters-, Hinterlassenen- und Invalidenversicherung für Auslandschweizer (VFV) (vom 26. Mai 1961) (SR 831.111)
vgl.	vergleiche
VO	Verordnung
VwVG	Bundesgesetz über das Verwaltungsverfahren (vom 20. Dezember 1968) (SR 172.021)
WuR	Wirtschaft und Recht, Zürich
ZAK	Hrsg.: BSV; Zeitschrift für die Ausgleichskassen. Ab 1993: AHI-Praxis (vgl. dort)
ZBJV	Zeitschrift des Bernischen Juristenvereins
ZBl	Schweizerisches Zentralblatt für Staats- und Verwaltungsrecht, Zürich
ZGB	Schweizerisches Zivilgesetzbuch (vom 10. Dezember 1907) (SR 210)
Ziff.	Ziffer
ZSR	Zeitschrift für schweizerisches Recht, Basel

Literaturverzeichnis

Gesamtdarstellungen des schweizerischen Sozialversicherungsrechts

Greber Pierre-Yves	Droit suisse de la sécurité sociale, Lausanne 1982
–	Les principes fondamentaux du droit international et du droit suisse de la sécurité sociale, Lausanne 1984
Locher Thomas	Grundriss des Sozialversicherungsrechts, Bern 1994
Maurer Alfred	Schweizerisches Sozialversicherungsrecht, Band I, 2. Aufl., Bern 1983; Band II, Bern 1981
–	Bundessozialversicherungsrecht, 2. Aufl., Basel/ Frankfurt a.M. 1994

* * *

Kieser Ueli/Riemer-Kafka Gabriela	Tafeln zum schweizerischen Sozialversicherungsrecht, Zürich 1994

Literatur zum AHV-Recht

Das folgende Verzeichnis enthält nur diejenige Literatur, auf die im Text abgekürzt verwiesen wird. Dabei werden der Name des Autors bzw. der Autorin sowie – in abgekürzter Form – der Titel zitiert. Die im Text genannte Literatur wird in der Reihenfolge ihres Erscheinens aufgeführt.

Arnold-Lehmann Sylvia	Die Stellung der Frau in der Eidgenössischen Alters- und Hinterlassenenversicherung, SZS 1974 41 ff.
Baumann Fritz	Die Berechnung der AHV-Beiträge der Selbständigerwerbenden, SJZ 1950 120 ff.
–	Die Anpassung der AHV-Beiträge der Selbständigerwerbenden an veränderte Verhältnisse, SJZ 1951 311 ff.
Bendel Felix	Die AHV/IV-Rekurskommission für Personen im Ausland, SZS 1973 241 ff.
–	Rückvergütung und Überweisung von AHV-Beiträgen, SZS 1976 99 ff.

–	Die pendente lite erlassene neue Verfügung der Schweizerischen Ausgleichskasse, SZS 1978 1 ff.
–	Die Rechtsstellung des ausländischen Grenzgängers in der schweizerischen AHV und IV, SZS 1980 1 ff., 81 ff.
Berenstein Alexandre	L'assurance vieillesse suisse: son élaboration et son évolution, Lausanne 1986
–	Le droit international de la sécurité sociale dans la jurisprudence du Tribunal fédéral des assurances, in: Festschrift 75 Jahre Eidgenössisches Versicherungsgericht, Bern 1992, 3 ff.
Bersier Roland	Salaire brut ou salaire net? La mention des cotisations d'assurances sociales dans les prétentions issues d'un contrat de travail, SJZ 1982 299 ff.
Bigler-Eggenberger M.	Probleme um die zivilstandsunabhängige Alterssicherung der Frau in Gesetzgebung und Rechtsprechung, in: Mélanges Alexandre Berenstein, Lausanne 1989, 379 ff.
Binswanger Peter	Kommentar zum Bundesgesetz über die Alters- und Hinterlassenenversicherung, Zürich 1950; Nachtrag 1951
–	Geschichte der AHV, Zürich 1986
Boesch Paul	Die Zusammenarbeit der Ausgleichskassen und der Steuerbehörden, ZBl 1948 269 ff.
Borner S./Sommer J.	Die AHV als Spielball von Experten und Interessen: Fall-Studie zu den AHV-Revisionen 1948–1976, Schweizerisches Jahrbuch für politische Wissenschaft 1977 235 ff.
Bosshard E./Hostettler H.	Die Versicherungs- und Beitragspflicht der im Ausland domizilierten Selbständigerwerbenden nach AHV-Recht, SJZ 1959 149 ff. (vgl. auch SJZ 1959 272 ff.)
Bratschi Theodor	Der Einkommensbegriff in der AHV, Diss. Bern 1952
Braun Christian	Beitragshöhe, Beitragsdauer und Beitragslücken in der AHV, Diss. Basel 1990
Büchi Otto	Leistungs- oder Bedarfsgerechtigkeit in der AHV?, SZS 1981 1 ff.
Bürgisser Petra	Verteilungswirkungen der schweizerischen AHV, Diss. Basel 1981

Cadotsch Paul	Wann hat die AHV-Ausgleichskasse Kenntnis des im Konkurs eines Arbeitgebers erlittenen Schadens?, SZS 1988 243 ff.
–	Der AHV-Arbeitnehmerbegriff im Wandel der Zeit, SZS 1990 64 ff., 120 ff.
–	Die Verbindlichkeit der Steuermeldungen für die AHV-Beitragsfestsetzung, Archiv für schweizerisches Abgaberecht 1993/1994 371 ff.
Crevoisier Claude	Le Comité de direction: un organe discret des caisses AVS professionnelles, SZS 1981 209 ff.
Dieterle Urs/Kieser Ueli	Der Schadenersatzprozess nach Art. 52 AHVG, Der Schweizer Treuhänder 1995 657 ff.
Duc Jean-Louis	Cotisations AVS – Quelques réflexions sur le statut des gains en capital, plus spécialement des plus-values consécutives à la modification d'un plan de zone, ainsi que des royautés, dans l'AVS, SZS 1995 26 ff.
Duc J.-L./Greber P.-Y.	La portée de l'article 4 de la Constitution fédérale en droit de la sécurité sociale, ZSR 1992 II 473 ff.
Ducommun Jean-Daniel	Le Tribunal fédéral des assurances et la Loi d'organisation judiciaire: bilan de cinq années d'expérience, SZS 1975 1 ff.
Egli Anton	Treu und Glauben im Sozialversicherungsrecht, ZBJV 1977 377 ff.
Ferrari Marco	Rechtliche Stellung und faktische Bedeutung der Verbände in der Alters- und Hinterlassenen-Versicherung, Diss. Zürich 1976
Fleiner-Gerster Thomas	Die Rechtsstellung der kantonalen Ausgleichskassen im Bund und in den Kantonen, ZBl 1984 193 ff.
Frésard Jean-Maurice	La responsabilité de l'employeur pour le non-paiement de cotisations d'assurances sociales selon l'art. 52 LAVS, SVZ 1987 1 ff.
–	Les développements récents de la jurisprudence du Tribunal fédéral des assurances relatives à la responsabilité de l'employeur selon l'art. 52 LAVS, SVZ 1991 162 ff.
Friedli Oskar	Die Grundlagen einer schweizerischen Alters-, Hinterlassenen- und Invalidenversicherung, Diss. Bern, Affoltern a.A. 1933

Frischknecht Werner — Die Alters-, Hinterlassenen- und Invalidenversicherung (AHV/IV) im Strukturwandel, Diss. St. Gallen, Bern 1971

Geiger Willi — Die rechtliche Verantwortlichkeit der AHV-Verbandsausgleichskassen sowie ihrer Organe und Angestellten, SZS 1959 197 ff.

Geiser Thomas — Die Auswirkungen der AHV und der beruflichen Vorsorge auf die Scheidung de lege lata et ferenda, recht 1991 1 ff.

– — Das EVG als heimliches Familiengericht?, Berührungspunkte zwischen Alters- und Hinterlassenenversicherung und dem Familienrecht, in: Festschrift 75 Jahre Eidgenössisches Versicherungsgericht, Bern 1992, 353 ff.

Gossweiler Martin — Die Verfügung im schweizerischen Sozialversicherungsrecht, unter besonderer Berücksichtigung der Rechtsprechung des EVG, Diss. Bern 1983

Greber Pierre-Yves — Le principe de la solidarité dans les branches vieillesse, survivants et invalidité de la sécurité sociale suisse, SZS 1980 117 ff.

Guyer Hans — Formelle Erledigung des Beschwerdeverfahrens in der AHV und Invalidenversicherung, ZBl 1960 233 ff.

Herold Hans — Der Lidlohn im Zivil-, Steuer- und Sozialversicherungsrecht, Archiv für schweizerisches Abgaberecht 1979 161 ff.

Heuss Valentin — Zivilrechtliche Rechtsbegriffe in der AHV, Diss. Bern 1957

Hischier Roger — Das Statut des Arbeitsverhältnisses entsandter Arbeitnehmer schweizerischer Unternehmen, unter spezieller Berücksichtigung des schweizerischen Sozialversicherungsrechts, Diss. Zürich 1995

Hollinger Peter — Die Sicherung des Leistungszwecks in der Sozialversicherung, Diss. Bern 1983

Homberger Thomas — Die Strafbestimmungen im Sozialversicherungsrecht, Diss. Basel 1992

Hort Michel — L'égalité des droits entre hommes et femmes dans l'AVS, SZS 1987 225 ff.

Hunziker Max — Der Ausgleichsfonds der schweizerischen Alters- und Hinterlassenenversicherung, Diss. Zürich 1963

Isaak-Dreyfus Liliane	Das Verhältnis des schweizerischen Ehescheidungsrechts zum Sozialversicherungsrecht (1. und 2. Säule) de lege lata und de lege ferenda, Diss. Zürich 1992
Käser Hanspeter	Abgrenzung zwischen Erwerbs- und Ertragseinkommen in der AHV, Der Schweizer Treuhänder 1986 103 ff.
–	Unterstellung und Beitragswesen in der obligatorischen AHV, Bern 1989
Kieser Ueli	Die Abänderung der formell rechtskräftigen Verfügung nach der Rechtsprechung des EVG – Bemerkungen zu Revision, Wiedererwägung und Anpassung, SZS 1991 132 ff.
–	Das einfache und rasche Verfahren, insbesondere im Sozialversicherungsrecht, SZS 1992 268 ff.
Knus Marlies	Die Schadenersatzpflicht des Arbeitgebers in der AHV, Diss. Zürich 1989
Kohler Nathalie	La situation de la femme dans l'AVS, Diss. Lausanne 1986
Koller Thomas	Die eidgenössische Alters- und Hinterlassenenversicherung im Verhältnis zum schweizerischen Eherecht: eine Darstellung der Entwicklung von Gesetzgebung und Praxis in den Jahren 1948 bis 1982, Diss. Bern 1983
–	AHV und Eherecht – Standortbestimmung und Ausblick, ZBJV 1985 305 ff.
–	Familienrecht und AHV, SZS 1988 229 ff.
–	Prozessverzögerung als Anwaltspflicht? Überlegungen zu einer praktisch wichtigen Wechselbeziehung zwischen Sozialversicherungsrecht und Familienrecht, recht 1990 51 ff.
Leuzinger-Naef Susanne	Bundesrechtliche Verfahrensanforderungen betreffend Verfahrenskosten, Parteientschädigung und unentgeltlichen Rechtsbeistand im Sozialversicherungsrecht, SZS 1991 113 ff., 176 ff.
Lüthy Herbert	Finanzielle Auswirkungen des flexiblen Rentenalters in der AHV, SZS 1980 102 ff.
Maurer Alfred	Die soziale Alterssicherung der Frau in der Schweiz, SZS 1979 187 ff.

–	Schweizerische Alters- und Hinterlassenenversicherung – Die Leistungen und ihre Finanzierung, SZS 1980 196 ff.
Meyer Heinz	Abgrenzung der selbständigen von der unselbständigen Erwerbstätigkeit in der AHV, SZS 1984 121 ff.
–	Probleme der Vertretung des Beschwerdeführers in Sozialversicherungsprozessen, SJZ 1985 322 ff.
–	Sozialversicherungsbeiträge der Arbeitnehmer und der Selbständigerwerbenden und ihre Abgrenzung, Steuer-Revue 1986 237 ff.
Meyer-Blaser Ulrich	Die Rechtspflege in der Sozialversicherung, BJM 1989 1 ff.
–	Die Bedeutung von Art. 4 Bundesverfassung für das Sozialversicherungsrecht, ZSR 1992 II 300 ff.
–	Die Abänderung formell rechtskräftiger Verwaltungsverfügungen in der Sozialversicherung (Revision, Rücknahme, Widerruf, Wiedererwägung), ZBl 1994 337 ff.
–	Die Rückerstattung von Sozialversicherungsleistungen, ZBJV 1995 473 ff.
Müller Stefan	Entstehung und Entwicklung der AHV von 1945 bis 1978 aus ökonomischer Sicht, dargestellt an Hand der Schaffung und Entwicklung des AHV-Gesetzes, Freiburg 1978
Nef Hans	Die Organisation einer eidgenössischen Alters- und Hinterlassenen-Versicherung, ZBl 1945 305 ff.
Nussbaumer Thomas	Die Ausgleichskasse als Partei im Schadenersatzprozess nach Artikel 52 AHVG, ZAK 1991 383 ff., 433 ff.
Oswald Hans	Herabsetzung und Erlass von AHV-Beiträgen, Bern 1951
–	AHV-Praxis, Bern 1953
–	Aktuelle Rechtsfragen aus dem Gebiete der Alters- und Hinterlassenenversicherung, ZSR 1955 II 1a ff.
Perret-Schiavi Cristina	Sozialversicherungsrechtliche Probleme italienischer Wanderarbeiter in der Schweiz und bei der Rückwanderung, Diss. Zürich 1988
Reber Urs	Scheidungsrecht und Sozialversicherung (insbesondere AHV und IV), SJZ 1983 89 ff.

Riemer-Kafka Gabriela	Die Gleichstellung von Mann und Frau in der schweizerischen Sozialversicherung, SZS 1991 225 ff., 291 ff.
Rüedi Rudolf	Allgemeine Rechtsgrundsätze des Sozialversicherungsprozesses, in: Recht, Staat und Politik am Ende des zweiten Jahrtausends, Festschrift zum 60. Geburtstag von Bundesrat Arnold Koller, Bern 1993, 451 ff.
Saladin Peter	Wiedererwägung und Widerruf formell rechtskräftiger Verfügungen, in: Festschrift 75 Jahre Eidgenössisches Versicherungsgericht, Bern 1992, 113 ff.
Saxer Peter	Die AHV-Ausgleichskassen als neue Organisationsform der schweizerischen Sozialversicherung, Diss. Bern 1953
Scartazzini Gustavo	Zum Institut der aufschiebenden Wirkung der Beschwerde in der Sozialversicherungsrechtspflege, SZS 1993 313 ff.
Schlauri Franz	Die soziale Sicherung der Altersarbeit, SZS 1992 33 ff., 86 ff.
Schmid Alfons R.	Rückvergütung von AHV-Beiträgen an Ausländer, die vorübergehend in der Schweiz erwerbstätig waren, Steuer-Revue 1969 242 ff.
Schmid Anatol	Von der Aufsicht über die AHV-Ausgleichskassen, ZBl 1951 177 ff.
–	Von der Relevanz des guten Glaubens im Sozialversicherungsrecht, SZS 1978 182 ff.
Schwarzenbach Hans R.	Der Rechtsschutz des Versicherten in der eidgenössischen Alters- und Hinterlassenenversicherung, Diss. Zürich, Bern 1952
–	Weisungsrecht und Rechtsprechung in der AHV, ZBl 1954 33 ff.
Soldini Alessandro	Il principio della buona fede nel diritto delle assicurazioni sociali, in: Festschrift 75 Jahre Eidgenössisches Versicherungsgericht, Bern 1992, 103 ff.
Sommerhalder Rudolf	Die Rechtsstellung des Arbeitgebers in der AHV, Diss. Zürich, Winterthur 1958
Spira Raymond	Le contrôle juridictionnel des ordonnances administratives en droit fédéral des assurances sociales, in: Mélanges André Grisel, Neuchâtel 1983 803 ff.

–	L'application du droit international de la sécurité sociale par le juge, in: Mélanges Alexandre Berenstein, Lausanne 1989, 471 ff.
Stoessel Gerhard	Das Regressrecht der AHV/IV gegen den Haftpflichtigen, Diss. Zürich 1982
Torri Edoardo	Les étrangers et l'AVS/AI, Cahiers genevois de sécurité sociale, Genève 1986 25 ff.
Truttmann Verena	Kollisionsnormen im Schweizerischen Sozialversicherungsrecht – dargestellt anhand von Bestimmungen des AHV-Gesetzes, in: Festschrift für Anton Heini zum 65. Geburtstag, Zürich 1995, 467 ff.
Tschudi Hans Peter	Die Altersvorsorge auf der neuen Verfassungsgrundlage, SZS 1974 171 ff.
–	Probleme bei der Abgangsentschädigung, Wirtschaft und Recht 1980 237 ff.
–	Entstehung und Entwicklung der schweizerischen Sozialversicherungen, Basel/Frankfurt a.M. 1989
Valterio Michel	Les Suisses à l'étranger et l'AVS/AI, Cahiers genevois de sécurité sociale, Genève 1986 33 ff.
–	Commentaire de la loi sur l'assurance-vieillesse et survivants; Les prestations (art. 18 – 48sexies LAVS), Lausanne 1988
Weiss Frank	Die Beitragspflicht der Altersrentner, SZS 1972 206 ff.
Widmer Fritz	Die Rückerstattung unrechtmässig bezogener Leistungen in den Sozialversicherungen unter besonderer Berücksichtigung der Rechtsprechung des Eidgenössischen Versicherungsgerichts, Diss. Basel 1984
Winzeler Arthur	Die Haftung der Organe und der Kassenträger in der AHV, Diss. Zürich 1952
Wirthlin M.	Die Berechnung der Ehepaar-Altersrente nach der Wiederverheiratung, ZBJV 1992 484 ff.
Zimmerli Ulrich	Zum rechtlichen Gehör im sozialversicherungsrechtlichen Verfahren, in: Festschrift 75 Jahre Eidgenössisches Versicherungsgericht, Bern 1992, 313 ff.
Zuppinger Ferdinand	Die Abgrenzung zwischen dem Einkommen aus unselbständiger und dem Einkommen aus selbständiger Erwerbstätigkeit, in: Festschrift 75 Jahre Eidgenössisches Versicherungsgericht, Bern 1992, 385 ff.

Gesetzesverzeichnis

Dieses Gesetzesregister enthält nur diejenigen Erlasse, auf welche in den Entscheiden hingewiesen wird. Die Reihenfolge ergibt sich aus der SR-Ziffer.

1. Erlasse zum Sozialversicherungsrecht

a) Nationale Erlasse

Bundesgesetz über die Alters- und Hinterlassenenversicherung (AHVG) (vom 20. Dezember 1946) (SR 831.10)

Verordnung über die Alters- und Hinterlassenenversicherung (AHVV) (vom 31. Oktober 1947) (SR 831.101)

Verordnung über Anpassungen an die Lohn- und Preisentwicklung bei der AHV/IV (V 95) (vom 26. September 1994) (SR 831.105)

Verordnung über Anpassungen an die Lohn- und Preisentwicklung bei der AHV/IV (V 96) (vom 13. September 1995) (SR 831.106)

Bundesbeschluss über die Rechtsstellung der Flüchtlinge und Staatenlosen in der Alters-, Hinterlassenen- und Invalidenversicherung (vom 4. Oktober 1962) (SR 831.131.11)

Verordnung über die freiwillige Alters-, Hinterlassenen- und Invalidenversicherung für Auslandschweizer (VFV) (vom 26. Mai 1961) (SR 831.111)

Verordnung über die Rückvergütung der von Ausländern an die Alters- und Hinterlassenenversicherung bezahlten Beiträge (RV) (vom 14. März 1952) (SR 831.131.12)

Verordnung über die Abgabe von Hilfsmitteln durch die Altersversicherung (HVA) (vom 28. August 1978) (SR 831.135.1)

Bundesgesetz über die Invalidenversicherung (IVG) (vom 19. Juni 1959) (SR 831.20)

Verordnung über die Invalidenversicherung (IVV) (vom 17. Januar 1961) (SR 831.201)

Bundesgesetz über die berufliche Alters-, Hinterlassenen- und Invalidenvorsorge (BVG) (vom 25. Juni 1982) (SR 831.40)

Bundesgesetz über die Unfallversicherung (UVG) (vom 20. März 1981) (SR 832.20)

b) Internationale Erlasse

aa) Bilaterale Verträge

Hinweis: Eine Zusammenstellung sämtlicher in Kraft stehender zwischenstaatlicher Vereinbarungen findet sich i.d.R. in Heft 2 jedes Jahrganges der Zeitschrift AHI-Praxis.

Abkommen zwischen der Schweizerischen Eidgenossenschaft und der Bundesrepublik Deutschland über Soziale Sicherheit (vom 25. Februar 1964) (SR 0.831.109.136.1)

Abkommen zwischen der Schweizerischen Eidgenossenschaft und der Republik Österreich über Soziale Sicherheit (vom 15. November 1967) (SR 0.831.109.163.1)

Abkommen über Soziale Sicherheit zwischen der Schweizerischen Eidgenossenschaft und dem Königreich Belgien (vom 24. September 1975) (SR 0.831.109.172.1)

Abkommen zwischen der Schweizerischen Eidgenossenschaft und Spanien über Soziale Sicherheit (vom 13. Oktober 1969) (SR 0.831.109.332.2)

Abkommen zwischen der Schweizerischen Eidgenossenschaft und den Vereinigten Staaten von Amerika über Soziale Sicherheit (vom 18. Juli 1979) (SR 0.831.109.336.1)

Abkommen zwischen der Schweizerischen Eidgenossenschaft und der Französischen Republik über Soziale Sicherheit (vom 3. Juli 1975) (SR 0.831.109.349.1)

Abkommen zwischen der Schweiz und dem Vereinigten Königreich von Grossbritannien und Nordirland über Soziale Sicherheit (vom 21. Februar 1968) (SR 0.831.109.367.1)

Abkommen zwischen der Schweizerischen Eidgenossenschaft und der Italienischen Republik über Soziale Sicherheit (vom 14. Dezember 1962) (SR 0.831.109.454.2)

Zusatzvereinbarung zum Abkommen zwischen der Schweizerischen Eidgenossenschaft und der Italienischen Republik über Soziale Sicherheit vom 14. Dezember 1962 (vom 4. Juli 1969) (SR 0.831.109.454.21)

Abkommen zwischen der Schweizerischen Eidgenossenschaft und dem Fürstentum Liechtenstein über Soziale Sicherheit (vom 8. März 1989) (SR 0.831.109.514)

Abkommen zwischen der Schweizerischen Eidgenossenschaft und Portugal über Soziale Sicherheit (vom 11. September 1975) (SR 0.831.109.654.1)

Abkommen zwischen der Schweizerischen Eidgenossenschaft und der Föderativen Volksrepublik Jugoslawien über Sozialversicherung (vom 8. Juni 1962) (SR 0.831.109.818.1) *bb) Multilaterale Verträge*

Konvention zum Schutze der Menschenrechte und Grundfreiheiten (vom 4. November 1950) (SR 0.101)

Wiener Übereinkommen über das Recht der Verträge (vom 23. Mai 1969) (SR 0.111)

Europäische Ordnung der Sozialen Sicherheit (vom 16. April 1964) (SR 0.831.104)

Übereinkommen der IAO Nr. 128 über Leistungen bei Invalidität und Alter und an Hinterbliebene (vom 29. Juni 1967) (SR 0.831.105)

2. Andere Erlasse

Bundesverfassung der Schweizerischen Eidgenossenschaft (vom 29. Mai 1874) (SR 101)

Bundesgesetz über das Verwaltungsverfahren (vom 20. Dezember 1968) (SR 172.021)

Bundesgesetz über die Organisation der Bundesrechtspflege (Bundesrechtspflegegesetz [OG]) (vom 16. Dezember 1943) (SR 173.110)

Schweizerisches Zivilgesetzbuch (vom 10. Dezember 1907) (SR 210)

Bundesgesetz betreffend die Ergänzung des Schweizerischen Zivilgesetzbuches (Fünfter Teil: Obligationenrecht) (vom 30. März 1911) (SR 220)

Bundesgesetz über Schuldbetreibung und Konkurs (vom 11. April 1889) (SR 281.1)

Bundesgesetz über das Internationale Privatrecht (vom 18. Dezember 1987) (SR 291)

Schweizerisches Strafgesetzbuch (vom 21. Dezember 1937) (SR 311.0)

Benutzungshinweise

Stand der Gesetzgebung: 1. Januar 1996

Stand der Rechtsprechung: 1. September 1995 (Datum der Veröffentlichung)

Entscheide des Bundesgerichts in:

BGE	121 I 96 (Heft 2)
	121 II 96 (Heft 2)
	121 III 144 (Heft 3)
	121 IV 96 (Heft 2)
	120 V 528 (Heft 5)
AHI-Praxis	1995 180 (Heft 4)
SVR	1995 AHV Nr. 60 S. 179 (Heft 7/8)
SZS	1995 240 (Heft 3)
ZAK	1992 (seither abgelöst durch AHI-Praxis)

Zitierweise

Soweit die AHV-relevanten Bundesgerichtsentscheide nicht in die amtliche Sammlung aufgenommen wurden, werden sie – in dieser Reihenfolge – der ZAK, der AHI-Praxis, dem SVR und der SZS entnommen.

Die Entscheide werden nach Seitenzahl zitiert; erscheint es dienlich, wird zusätzlich die Ziffer der massgebenden Erwägung angeführt.

Handelt es sich um einen Entscheid des Bundesgerichts in Lausanne, wird ein entsprechender Vermerk angebracht; dies betrifft insbesondere die Entscheide zu den Art. 87 ff. AHVG (Strafbestimmungen).

Wenn der Entscheid einen anderen Sozialversicherungszweig betrifft und dies von Bedeutung ist, wird angegeben, auf welchen Bereich sich der Entscheid bezieht.

Soweit nicht geschlechtsneutrale Formulierungen verwendet wurden, bezieht sich der gewählte Ausdruck grundsätzlich auch auf das andere Geschlecht; Ausnahmen – insbesondere wegen der nicht vollumfänglich verwirklichten Gleichstellung von Mann und Frau durch das AHVG – ergeben sich aus dem Zusammenhang.

Hinweise auf die AHVV

Die Hinweise auf die AHVV sind unmittelbar an den Gesetzestext angefügt.

10. AHV-Revision

Durch die 10. AHV-Revision werden insbesondere die Bestimmungen im Leistungsbereich teilweise eingreifend umgestaltet. Kernpunkte der Revision sind die Einführung von eigenen Renten auch für verheiratete Frauen sowie von Erziehungs- und Betreuungsgutschriften. Zudem wird das Rentenalter der Frauen schrittweise auf 64 Jahre angehoben, und das Rentenalter wird etwas flexibilisiert. Andere Revisionspunkte betreffen die Gleichstellung von Mann und Frau.

Die durch die 10. AHV-Revision geänderten Bestimmungen werden auf den 1. Januar 1997 in Kraft treten. Entscheide des EVG zu den geänderten Bestimmungen werden somit noch einige Zeit ausstehen. Es ist geplant, die 2. Auflage dieses Kommentarbandes in einem Zeitpunkt herauszugeben, in welchem erste höchstrichterliche Entscheide vorliegen werden. In jenem Zeitpunkt werden auch die Änderungen der Verordnungen berücksichtigt werden können; im heutigen Zeitpunkt stehen diese nicht definitiv fest, so dass auf eine Aufnahme in diesen Kommentarband noch zu verzichten ist.

Hingegen werden denjenigen Gesetzesbestimmungen, welche durch die 10. AHV-Revision geändert werden, die neuen – ab 1. Januar 1997 geltenden – Fassungen in kursiver Schrift beigefügt. Dadurch wird einerseits ein Vergleich der beiden Fassungen ermöglicht; anderseits kann der Kommentarband auch nach Inkrafttreten der 10. AHV-Revision benutzt werden.

Zusammenstellung der bisherigen Revisionen

In Klammern gesetzte Zahlen – z.B. (4) – innerhalb des Textes des AHVG bzw. der Verordnung verweisen auf Revisionen derselben. Dabei betreffen die einzelnen Zahlen folgende Revisionen:

(1) BG vom 21. Dezember 1950, in Kraft seit 1. Januar 1951 (1. AHV-Revision)

(2) BRB vom 20. April 1951, in Kraft seit 1. Januar 1951

(3) BG vom 30. September 1953, in Kraft seit 1. Januar 1954 (2. AHV-Revision)

(4) BG vom 23. Dezember 1953 über besondere Sparmassnahmen, in Kraft seit 1. Januar 1954

(5) BRB vom 30. Dezember 1953, in Kraft seit 1. Januar 1954

(6) BB vom 20. Dezember 1954 betreffend die Zuteilung des Bundesamtes für Sozialversicherung an das Eidgenössische Departement des Innern

(7) BG vom 22. Dezember 1955, in Kraft seit 1. Januar 1956 (3. AHV-Revision)

(8) BG vom 21. Dezember 1956, in Kraft seit 1. Januar 1957 (4. AHV-Revision)

(9) BRB vom 10. Mai 1957, in Kraft seit 1. Januar 1957

(10) BG vom 19. Juni 1959, in Kraft seit 1. Januar 1960

(11) IVG vom 19. Juni 1959, in Kraft seit 1. Januar 1960

(12) BRB vom 5. Februar 1960, in Kraft seit 1. Januar 1960

(13) BG vom 23. März 1961, in Kraft seit 1. Juli 1961 (5. AHV-Revision)

(14) BG vom 23. März 1961, in Kraft seit 1. Januar 1962 (5. AHV-Revision)

(15) BRB vom 4. Juli 1961, in Kraft seit 1. Juli 1961

(16) BRB vom 4. Juli 1961, in Kraft seit 1. Januar 1962

(17) BG vom 19. Dezember 1963, in Kraft seit 1. Januar 1964 (6. AHV-Revision)
(18) BRB vom 3. April 1964, in Kraft seit 1. Januar 1964
(19) ELG vom 19. März 1965, in Kraft seit 1. Januar 1966
(20) BRB vom 19. November 1965, in Kraft seit 1. Januar 1966
(21) BRB vom 19. November 1965, in Kraft seit 1. Januar 1967
(22) BRB vom 25. August 1967, in Kraft seit 1. Januar 1968
(23) BG vom 5. Oktober 1967 betreffend Änderung des IVG, in Kraft seit 1. Januar 1968
(23a) BRB vom 15. Januar 1968, in Kraft seit 1. Januar 1968
(24) BG vom 4. Oktober 1968, in Kraft seit 1. Januar 1969 (7. AHV-Revision)
(25) BRB vom l0. Januar 1969, in Kraft seit 1. Januar 1969
(26) BRB vom 23. Dezember 1968 über eine ergänzende Ordnung der Zuständigkeit der Departemente und der ihnen unterstellten Amtsstellen zur selbständigen Erledigung von Geschäften, in Kraft seit 1. Januar 1969
(27) BG vom 21. März 1969 über die Tabakbesteuerung, in Kraft seit 1. Januar 1970
(28) BRB vom 21. September 1970, in Kraft seit 1. Januar 1971
(29) BRB vom 15. Januar 1971, in Kraft seit 1. Januar 1971
(30) BRB vom 25. August 1971, in Kraft seit 1. Januar 1972
(31) BG vom 30. Juni 1972, in Kraft seit 1. Januar 1973 (8. AHV-Revision)
(32) BG vom 30. Juni 1972, in Kraft seit 1. Januar 1975 (8. AHV-Revision)
(33) V vom 11. Oktober 1972, in Kraft seit 1. Januar 1973
(34) BB vom 28. April 1972, in Kraft seit 1. Oktober 1972
(35) V vom 11. Oktober 1972, in Kraft seit 1. Januar 1974
(36) BG vom 27. September 1973 über die Änderung der Kranken- und Unfallversicherung, in Kraft seit 1. Januar 1974
(37) V vom 6. Februar 1974 betreffend Änderung der V II über die Unfallversicherung, in Kraft seit 1. Januar 1974
(38) BG vom 28. Juni 1974, in Kraft seit 1. Januar 1975
(39) V vom 18. Oktober 1974, in Kraft seit 1. Januar 1975
(40) V vom 18. Oktober 1974, in Kraft seit I . Januar 1976
(41) V vom 12. Februar 1975, in Kraft seit 1. Juli 1975
(42) BG vom 3. Oktober 1975 über die Änderung des EOG, in Kraft seit 1. Januar 1976
(43) V vom 15. Oktober 1975, in Kraft seit 1. Januar 1976
(44) V vom 12. Januar 1976 über die Änderung der EOV, in Kraft seit 1. Januar 1976
(45) V vom 8. Juni 1976, gültig vom 1. Januar bis 31. Dezember 1977

(46) V vom 11. August 1976, in Kraft seit 1. Januar 1977

(47) V vom 29. November 1976 über die Änderung der IVV, in Kraft seit 1. Januar 1977

(48) BG vom 24. Juni 1977, in Kraft seit 1. Mai 1978 (9. AHV-Revision)

(49) BG vom 24. Juni 1977, in Kraft seit 1. Januar 1979 (9. AHV-Revision)

(50) V vom 5. April 1978, in Kraft seit 1. Januar 1979

(51) V vom 5. Juli 1978, in Kraft seit 1. Januar 1979

(52) BG vom 24. Juni 1977, in Kraft seit 1. Januar 1980 (9. AHV-Revision)

(53) V vom 5. Juli 1978, in Kraft seit 1. Januar 1980

(54) V vom 17. September 1979, in Kraft seit 1. Januar 1980

(55) V vom 5. April 1978, in Kraft seit 1. Januar 1980

(56) V vom 15. Dezember 1980, in Kraft seit 1. Januar 1981

(57) V vom 27. Mai 1981, in Kraft seit 1. Juli 1981

(58) V vom 24. Juni 1981, in Kraft seit 1. Januar 1982

(59) V vom 18. September 1981, in Kraft seit 1. Januar 1982

(60) V vom 7. Dezember 1981, in Kraft seit 1. Januar 1982

(61) V vom 3. Juni 1982, in Kraft seit 1. September 1982

(62) V vom 7. Juli 1982, in Kraft seit 1. Januar 1983

(63) V vom 21. September 1982, in Kraft seit 1. Januar 1983

(64) BG vom 20. März 1981 über die Unfallversicherung (UVG), in Kraft seit 1. Januar 1984

(65) V vom 20. Dezember 1982 über die Unfallversicherung (UVV), in Kraft seit 1. Januar 1984

(66) V vom 29. Juni 1983, in Kraft seit 1. Januar 1984

(67) V vom 28. November 1983, in Kraft seit 1. Januar 1984

(68) BG vom 25. Juni 1982 über die berufliche Alters-, Hinterlassenen- und Invalidenvorsorge (BVG), in Kraft seit 1. Januar 1985

(69) V vom 18. April 1984 über die berufliche Alters-, Hinterlassenen- und Invalidenvorsorge (BVV 2), in Kraft seit 1. Januar 1985

(70) V vom 15. August 1984, in Kraft seit 1. Januar 1985

(71) BG vom 5. Oktober 1984, in Kraft seit 1. Januar 1986

(72) V vom 17. Juni 1985 (AHVV), in Kraft seit 1. Januar 1986

(73) V vom 17. Juni 1985 (VFV), in Kraft seit 1. Januar 1986

(74) V vom 13. November 1985, in Kraft seit 1. Januar 1986

(75) V vom 15. Dezember 1986, in Kraft seit 1. Januar 1987

(76) BG vom 9. Oktober 1986 betreffend Änderung des IVG, in Kraft seit 1. Juli 1987

(77) V vom 21. Januar 1987, in Kraft seit 1. Juli 1987

(78) BG vom 9. Oktober 1986 betreffend Änderung des IVG, in Kraft seit 1. Januar 1988

(79) V vom 1. Juli 1987, in Kraft seit 1. Januar 1988

(80) V vom 27. Oktober 1987 über die Änderung der EOV, in Kraft seit 1. Januar 1988

(81) BB vom 18. März 1988 über die Verlängerung der Frist zur Ausrichtung von Bauaufträgen durch die Eidgenössische Alters- und Hinterlassenenversicherung, in Kraft seit 18. März 1988

(82) V vom 29. Juni 1988, in Kraft seit 1. Januar 1989

(83) V vom 24. November 1988, in Kraft seit 1. Januar 1989

(84) V vom 12. Juni 1989, in Kraft seit 1. Januar 1990

(85) Finanzhilfeverordnung Seeleute vom 27. November 1989, in Kraft seit 1. Januar 1990

(86) V vom 27. Juni 1990, in Kraft seit 1. Januar 1991

(87) V vom 26. September 1990, in Kraft seit 1. Januar 1991

(88) BG vom 15. Dezember 1989 über die Genehmigung kantonaler Erlasse durch den Bund, in Kraft seit 1. Februar 1991

(89) V vom 30. Januar 1991 über die Genehmigung kantonaler Erlasse durch den Bund, in Kraft seit 1. Februar 1991

(90) BG vom 22. März 1991, betreffend Änderung des IVG, in Kraft seit 1. Januar 1992

(91) V vom 21. August 1991, in Kraft seit 1. Januar 1992

(92) BG vom 13. Dezember 1991, in Kraft seit 1. Januar 1992

(93) V vom 24. Juni 1992, in Kraft seit 1. Januar 1992

(94) V vom 25. Mai 1992, in Kraft seit 1. Juli 1992

(95) V vom 15. Juni 1992, in Kraft seit 1. Juli 1992

(96) BG vom 14. Dezember 1990 über die Harmonisierung der direkten Steuern der Kantone und Gemeinden, in Kraft seit 1. Januar 1993

(97) V vom 31. August 1992, in Kraft seit 1. Januar 1993

(98) V vom 9. Oktober 1992, in Kraft seit 1. Januar 1993

(99) V vom 3. Februar 1993 über Vorinstanzen des Bundesgerichts und des Eidgenössischen Versicherungsgerichts, in Kraft seit 1. Januar 1994

(100) V vom 27. September 1993, in Kraft seit 1. Januar 1994

(101) V vom 26. September 1994 (AHVV), in Kraft seit 1. Januar 1995

(102) V vom 26. September 1994 (V 95), in Kraft seit 1. Januar 1995

(103) V vom 26. September 1994 (VFV), in Kraft seit 1. Januar 1995

(104) V vom 13. September 1995, in Kraft seit 1. Januar 1996

Bundesgesetz über die Alters- und Hinterlassenenversicherung (AHVG)

vom 20. Dezember 1946 (SR 831.10)

Die Bundesversammlung der Schweizerischen Eidgenossenschaft,

in Ausführung des Artikels 34quater der Bundesverfassung (49), nach Einsicht in die Botschaften des Bundesrates vom 24. und 29. Mai und vom 24. September 1946,

beschliesst:

Erster Teil: Die Versicherung

Allgemeine Literatur

Geschichte und Entwicklung: Nef, Die Organisation einer eidgenössischen Alters- und Hinterlassenenversicherung, 305 ff.; Müller, Entstehung und Entwicklung der AHV; Friedli, Grundlagen einer schweizerischen Alters-, Hinterlassenen- und Invalidenversicherung; Berenstein, L'assurance vieillesse suisse: son élaboration et son évolution; Binswanger, Geschichte der AHV; Tschudi, Entstehung und Entwicklung der schweizerischen Sozialversicherungen.

Kommentare: Binswanger, Kommentar zum Bundesgesetz über die Alters- und Hinterlassenenversicherung; Valterio, Commentaire de la loi sur l'assurance-vieillesse et survivants (Art. 18 – 48sexies LAVS); Käser, Unterstellung und Beitragswesen in der obligatorischen AHV.

Allgemeines: Heuss, Zivilrechtliche Rechtsbegriffe in der AHV; Greber, Le principe de la solidarité dans les branches vieillesse, survivants et invalidité, 117 ff.

Revisionen: Frischknecht, Die Alters-, Hinterlassenen- und Invalidenversicherung im Strukturwandel; Tschudi, Die Altersvorsorge auf der neuen Verfassungsgrundlage, 171 ff.; Borner/Sommer, Die AHV als Spielball von Experten und Interessen, 235 ff.

Erster Abschnitt: Die versicherten Personen

1 Obligatorisch Versicherte

[1] Versichert nach Massgabe dieses Gesetzes sind:

a. die natürlichen Personen, die in der Schweiz ihren zivilrechtlichen Wohnsitz haben;

b. die natürlichen Personen, die in der Schweiz eine Erwerbstätigkeit ausüben;

c. die Schweizer Bürger, die im Ausland für einen Arbeitgeber in der Schweiz tätig sind und von diesem entlöhnt werden (A).

[2] Nicht versichert sind:

a. Ausländer, die im Genusse diplomatischer Vorrechte und Befreiungen oder besonderer steuerlicher Vergünstigungen stehen (B);

b. Personen, die einer ausländischen staatlichen Alters- und Hinterlassenenversicherung angehören, sofern der Einbezug in die Versicherung für sie eine nicht zumutbare Doppelbelastung bedeuten würde (C);

c. Personen, welche die in Absatz 1 genannten Voraussetzungen nur für eine verhältnismässig kurze Zeit erfüllen (D).

(A) Gestützt auf zwischenstaatliche Abkommen sind auch Belgier, Bürger der Bundesrepublik Deutschland, Franzosen, Jugoslawen, Luxemburger, Österreicher und Portugiesen in der schweizerischen AHV obligatorisch versichert, wenn sie von einem Arbeitgeber mit Sitz in der Schweiz entlöhnt und in einem Drittland beschäftigt werden, mit dem die Schweiz kein Sozialversicherungsabkommen abgeschlossen hat.
(B) Art. 1 AHVV
(C) Art. 3 und Art. 4 AHVV
(D) Art. 2 AHVV

Art. 1 Abs. 1 Einleitung, Bst. a und c, Abs. 2 Bst. a sowie Abs. 3 und 4:

[1] Versichert nach diesem Gesetz sind:

a. die natürlichen Personen mit Wohnsitz in der Schweiz;

c. die Schweizer Bürger, die im Ausland im Dienste der Eidgenossenschaft oder vom Bundesrat bezeichneter Institutionen tätig sind.

[2] *Nicht versichert sind:*
a. ausländische Staatsangehörige, die Privilegien und Immunitäten gemäss den Regeln des Völkerrechts geniessen;

[3] *Personen, die für einen Arbeitgeber in der Schweiz im Ausland tätig sind und von ihm entlöhnt werden, können im Einvernehmen mit dem Arbeitgeber die Versicherung weiterführen. Der Bundesrat regelt die Einzelheiten.*

[4] *Schweizer Bürger mit Wohnsitz in der Schweiz, die aufgrund zwischenstaatlicher Vereinbarungen nicht versichert sind, können der Versicherung beitreten. Der Bundesrat regelt die Einzelheiten.*

Literatur: Käser, Unterstellung und Beitragswesen in der obligatorischen AHV, 6 ff.

Übersicht

I. Obligatorische Versicherungsunterstellung (Abs. 1)

1. Allgemeines

Die in Art. 1 Abs. 1 AHVG genannten Voraussetzungen sind *alternativ* zu verstehen (EVGE 1949 29).

Der Anknüpfungspunkt für die Versicherteneigenschaft entzieht sich einer *willkürlichen Begründung* durch vertragliche Abmachungen über Nachleistungen wie Salärnachgenuss und Kapitalabfindungen (ZAK 1988 375).

Eine Beitragspflicht besteht auch, wenn die geleisteten Beiträge nicht mehr *rentenbildend* sind (ZAK 1985 525).

Die nichterwerbstätige und in der Schweiz wohnhafte schweizerische Ehefrau eines Ausländers, welcher wegen *diplomatischer Vorrechte* oder infolge *unzumutbarer Doppelbelastung* von der schweizerischen Sozialversicherung ausgenommen ist, gilt als obligatorisch versichert und hat als Nichterwerbstätige Beiträge zu entrichten (ZAK 1984 537 f. E. 2).

2. Versicherungsvoraussetzungen

a) Zivilrechtlicher Wohnsitz in der Schweiz

Grundsatz

Massgebend ist der *zivilrechtliche Wohnsitz* und nicht eine sozialversicherungsrechtliche Begriffsbildung (ZAK 1990 247). Hat jemand *zu mehreren Orten dauerhafte Beziehungen*, so gilt als Wohnsitz jener Ort, wo die engsten Beziehungen bestehen (ZAK 1982 180 E. 2a). Der Wohnsitz wird nicht dadurch aufgehoben, dass jemand denselben immer wieder *aus geschäftlichen Gründen verlässt* (ZAK 1968 548). – Für einen Anwendungsfall vgl. ZAK 1978 57 ff.

Annahme eines zivilrechtlichen Wohnsitzes in der Schweiz

Wer zu *Ausbildungszwecken* den Wohnsitz ins Ausland verlegt, ohne die Absicht zu haben, sich im Ausland niederzulassen, bleibt obligatorisch versichert (ZAK 1984 540 E. 2).

Keine Annahme eines zivilrechtlichen Wohnsitzes in der Schweiz

Keinen Wohnsitz in der Schweiz begründet eine Ehefrau eines im Ausland niedergelassenen Ausländers, die *wegen Krankheit an der Ausreise aus der Schweiz verhindert* ist (ZAK 1958 61 f.). Bei *Einreise in die Schweiz* wird ein Wohnsitz durch das Mieten einer Wohnung allein noch nicht begründet; massgebend bleibt vielmehr der eigentliche Mittelpunkt der Lebensverhältnisse (EVGE 1955 94 f.).

Folgen der Annahme eines zivilrechtlichen Wohnsitzes in der Schweiz

Liegt ein schweizerischer Wohnsitz vor, schulden erwerbstätige Personen schweizerische *AHV-Beiträge vom gesamten Einkommen*, das sie dank einer im Inland oder Ausland entfalteten selbständigen oder unselbständigen Erwerbstätigkeit erzielen. Gerade weil der Wohnsitz an sich schon Anknüpfungspunkt des Versicherungsobligatoriums und damit der Beitragspflicht ist, kommt es nicht darauf an, wo das Erwerbseinkommen erzielt wurde (EVGE 1965 61). Dass ein Einkommen wegen Devisenvorschriften nicht in die Schweiz «transferiert» werden kann, ist insoweit unerheblich (EVGE 1965 62). Dass das AHVG keine räumliche Abgrenzung des Beitragsobjektes trifft, kann nicht als Gesetzeslücke angesehen werden (EVGE 1949 155). – Vgl. immerhin Art. 6ter AHVV.

Die nichterwerbstätige *Schweizer Bürgerin mit Wohnsitz in der Schweiz* ist obligatorisch versichert, selbst wenn der ausländische Ehemann ihr nicht angegliedert ist (im vorliegenden Fall Befreiung des Ehemannes aufgrund von Art. 1 Abs. 2 lit. a AHVG). Art. 3 Abs. 2 lit. b AHVG befreit sie nicht von der Beitragspflicht (105 V 243 E. 1).

b) Erwerbstätigkeit in der Schweiz

Literatur: Bosshard/Hostettler, Die Versicherungs- und Beitragspflicht der im Ausland domizilierten Selbständigerwerbenden, 149 ff.

Allgemeines

Aus der Bestimmung von Art. 1 Abs. 1 lit. b AHVG kann nicht gefolgert werden, der in der Schweiz wohnhafte Selbständigerwerbende, der im Ausland eine Betriebsstätte unterhält, habe keine Beiträge für das dort erzielte Erwerbseinkommen zu entrichten (EVGE 1949 155 f.).

Erwerbsortsprinzip

Die Annahme einer Erwerbstätigkeit in der Schweiz erfolgt aufgrund einer wirtschaftlichen Betrachtungsweise. Soweit das Erwerbsortsprinzip massgebend ist, ist für die Annahme einer Erwerbstätigkeit in der Schweiz nicht erforderlich, dass die natürliche Person, welcher der wirtschaftliche Ertrag dieser Tätigkeit zufliesst, sich in der Schweiz aufhält. Massgebend ist lediglich, wo sich der Mittelpunkt des wirtschaftlichen Geschehens befindet. So üben Personen mit Wohnsitz im Ausland, welche die Geschäftsleitung eines Unternehmens mit wirtschaftlichem Zweck und mit Sitz in der Schweiz haben, regelmässig eine Erwerbstätigkeit in der Schweiz aus (119 V 68 f. E. 3b).

Vom Erwerbsortsprinzip darf nicht deshalb abgewichen werden, weil ein Versicherter in jenem Staat, in welchem er seine Erwerbstätigkeit ausgeübt hat, nicht beitragspflichtig war (114 V 133 E. 4b).

Obligatorisch versichert ist auch jemand, der im Einverständnis mit dem Arbeitgeber auf die Leistung von Arbeit verzichtet und im Ausland Wohnsitz nimmt, wenn er weiterhin einen vollen Lohn bezieht (EVGE 1960 179 f.).

Tätigkeit, welche teils im Ausland, teils in der Schweiz ausgeübt wird

Im Grundsatz ist die im Ausland ausgeübte Tätigkeit versicherungsrechtlich auszuscheiden. Unter bestimmten Voraussetzungen verdrängt allerdings die in der Schweiz ausgeübte Erwerbstätigkeit diese Ausscheidung, nämlich dann, wenn:

a) ein wirtschaftlicher Sachverhalt vorliegt, der einen Mittelpunkt in der Schweiz hat;
b) der Arbeitnehmer nicht schweizerischer Nationalität ist, keinen Wohnsitz in der Schweiz hat und zu einem wesentlichen Teil für die Bearbeitung in der Schweiz herangezogen wird;
c) die in- und ausländischen Arbeitsleistungen derart miteinander verflochten sind, dass eine Aufteilung nach dem blossen Zeitaufwand als willkürlich erschiene, weil sie, jedenfalls soweit nicht Zeitlohn ausgerichtet, kein Mass für den Arbeitserfolg darstellt;
d) der Arbeitnehmer durch den Arbeitgeber in der Schweiz voll entlöhnt wird (EVGE 1968 196 f.).

Einzelfälle

Arbeitsort eines Musikers, der bei Tonträgeraufnahmen dirigiert, ist der Aufnahmeort (114 V 133 E. 4c).

«Schwarzarbeit»: Ob der Erwerbstätigkeit in der Schweiz eine vom öffentlichen Recht verlangte Arbeitsbewilligung zugrundeliegt oder nicht, ist für die Frage der Versicherungsunterstellung nicht massgebend (118 V 81 E. 2b).

Personen mit geschäftsleitenden Funktionen in einer juristischen Person: Wer seinen Wohnsitz im Ausland hat, aber als Verwaltungsrat, als Direktor oder in einer anderen leitenden Funktion einer juristischen Person mit Sitz in der Schweiz im Handelsregister eingetragen ist und somit einen bestimmenden Einfluss auf die Geschäftstätigkeit des schweizerischen Unternehmens auszuüben vermag, ist in der Schweiz erwerbstätig und daher für das ihm aus der Gesellschaft zufliessende Erwerbseinkommen beitragspflichtig, selbst wenn er die ihm zustehenden Befugnisse nicht ausübt und die eigentliche Geschäftsleitung anderen Personen übertragen ist. Es genügt aber auch, dass von jemandem tatsächlich geschäftsleitende Befugnisse ausgeübt werden und dieser Person damit faktische Organstellung zukommt (119 V 69 E. 3b). – Zur Frage der Beitragsbefreiung wegen kurzzeitiger Erfüllung der Voraussetzungen vgl. Kommentar zu Art. 1 AHVG, Ziff. II.3.

Direktor einer Aktiengesellschaft mit Kollektivunterschrift: Massgebend ist, ob dieser einen bestimmenden Einfluss auf die Geschäftstätigkeit auszuüben vermag; inwieweit er hievon tatsächlich Gebrauch macht, ist rechtlich unerheblich (ZAK 1975 370 E. 2b).

Teilhaber von Kollektiv- und Kommanditgesellschaften: Solche Teilhaber unterliegen dem Versicherungsobligatorium, auch wenn sie im Ausland wohnhaft sind und keine persönliche Arbeitsleistung erbringen (119 V 74).

Keine Ausdehnung der Versicherteneigenschaft auf die Ehefrau
Eine solche Ausdehnung ist nicht gerechtfertigt, wenn die Unterstellung des Ehemannes einzig von der Ausübung einer Erwerbstätigkeit in der Schweiz abhängt (104 V 125 E. 3b).

c) Erwerbstätigkeit im Ausland für einen Arbeitgeber in der Schweiz

Literatur: Hischier, Statut des Arbeitsverhältnisses.

Erfasst sind Personen, welche im Ausland erwerbstätig sind, jedoch in einem Unterordnungs- und Abhängigkeitsverhältnis zu einem Arbeitgeber in der Schweiz stehen. Werden sie von einer unselbständigen ausländischen Filiale oder Zweigstelle eines schweizerischen Unternehmens beschäftigt, so sind sie für einen Arbeitgeber in der Schweiz tätig, nicht jedoch, wenn sie in einer verselbständigten Zweigniederlassung oder Tochtergesellschaft der schweizerischen Unternehmung arbeiten. Ein Schweizer Bürger im Ausland gilt im übrigen dann als durch einen Arbeitgeber in der Schweiz entlöhnt, wenn die Vergütung des Arbeitsentgelts zu dessen Lasten erfolgt und als Lohn aus dessen Büchern ersichtlich ist. Dabei ist es unerheblich, ob der Arbeitgeber den Lohn direkt bezahlt oder durch Vermittlung eines Dritten bezahlen lässt (118 V 72 f. E. 4a). Kein solches Unterordnungs- und Abhängigkeitsverhältnis ist anzunehmen, wenn jemand bei seinem ausländischen Arbeitgeber für eine allgemeine Interessenwahrung zugunsten einer schweizerischen Firma eintritt (ZAK 1979 494 E. 3c). – Für einen Anwendungsfall vgl. ZAK 1954 225 f.

Wenn die Unterstellung eines Ehemannes unter die obligatorische Versicherung einzig von dem in Art. 1 Abs. 1 lit. c AHVG aufgestellten Kriterium abhängt, ist die Ausdehnung der Versicherteneigenschaft auf die Ehefrau nicht gerechtfertigt (107 V 2 f.).

Vgl. zu Art. 1 Abs. 1 lit. c AHVG auch die Entscheide zu den *Staatsverträgen*, Anhang 1 Ziff. II.

II. Ausnahmen von der obligatorischen Versicherungsunterstellung (Abs. 2)

1. Ausländer mit diplomatischen Vorrechten

Allgemeines
Die Befreiung vom System der sozialen Sicherheit wegen diplomatischer Vorrechte beruht im *Völkerrecht* auf dem Wiener Übereinkom-

men über diplomatische Beziehungen (vom 18. April 1961) (SR 0.191.01) (120 V 408 E. 3a).

Als Ausländer im Sinne dieser Bestimmung gelten alle Personen, die nicht Schweizerbürger sind; von der Versicherung ausgenommen sind also – wenn die Voraussetzungen erfüllt sind – nicht nur Bürger anderer Staaten, sondern auch *Staatenlose* (ZAK 1965 431).

Es darf nicht davon ausgegangen werden, das gesamte ausländische Personal einer in *Art. 1 lit. e AHVV* genannten Organisation stehe im Genuss diplomatischer Vorrechte etc. Der Anwendungskreis der erwähnten Vorschrift ist hinsichtlich des betroffenen Personenkreises *eingeschränkt* (ZAK 1985 454 E. 3b).

Die Befreiung vom System der sozialen Sicherheit erstreckt sich auf die *Mitglieder des dienstlichen Hauspersonals* der Mission (namentlich Chauffeure, Gouvernanten, Gärtner und Köche), die weder Angehörige des Empfangsstaates noch in demselben ständig ansässig sind; hingegen sind die Mitglieder des Hauspersonals, die Angehörige des Empfangsstaates oder dort ständig ansässig sind, den Sozialversicherungen des Empfangsstaates unterstellt (120 V 408 f. E. 3b und c). – Zum Begriff des ständigen Aufenthaltes vgl. 120 V 410 E. 4b.

Fallen bei Personen, die wegen diplomatischer Vorrechte nicht der obligatorischen Versicherung unterstellt sind, diese Vorrechte *weg*, werden sie der obligatorischen Versicherung unterstellt (ZAK 1989 377 f. E. 3).

Vgl. im übrigen auch die im Anhang 1 enthaltenen Entscheide zu den zwischenstaatlichen Vereinbarungen.

Begriff der besonderen steuerlichen Vergünstigungen

Der Begriff lässt an Klarheit mangeln. Es darf aber nicht angenommen werden, dass die Steuerfreiheit, die kraft eines Doppelbesteuerungsabkommens zugestanden wird, eine steuerliche Vergünstigung im Sinne von Art. 1 Abs. 2 lit. a AHVG darstellt (AHI-Praxis 1993 72 f. E. 4).

2. Befreiung wegen unzumutbarer Doppelbelastung

Allgemeines

Es handelt sich um einen Fall der fakultativen und bedingten Befreiung von der obligatorischen Versicherung. Damit das Vorliegen einer unzumutbaren Doppelbelastung bejaht werden kann, müssen beide Versicherungen das gleiche Objekt betreffen; der Gesetzgeber beabsichtigte nämlich, dem Versicherten nicht nur eine im Verhältnis zu seinen Mitteln unverhältnismäßige Beitragsbelastung, sondern auch eine doppelte Versicherung zu ersparen (117 V 3 f. E. 4a). Zu beachten ist sodann, dass Art. 1 Abs. 2 lit. b AHVG eine Ausnahmebestimmung darstellt, die keine ausdehnende Auslegung verträgt (EVGE 1964 92 E. 3).

Hinzuweisen ist darauf, dass der gemäss Art. 1 Abs. 2 lit. b AHVG von der obligatorischen AHV ausgenommene Arbeitnehmer bei der Arbeitslosenversicherung beitragspflichtig ist (117 V 1 ff.). Vgl. zur Umsetzung dieses Entscheides bei Schweizern, die in internationalen Organisationen tätig sind, Soziale Sicherheit 1994 284 f. sowie 120 V 404 f. E. 4.

Fällt die Doppelbelastung gänzlich weg, wird die Person, die bisher nicht versichert war, der obligatorischen Versicherung unterstellt (ZAK 1989 377 f. E. 3). Dem einmal gutgeheißenen Gesuch um Befreiung kann also nicht die Wirkung eines endgültigen verbindlichen Verzichts auf die Zugehörigkeit zu schweizerischen AHV für alle Zeiten zukommen (EVGE 1952 28).

Begriff der Unzumutbarkeit

Von Unzumutbarkeit kann nur gesprochen werden, wenn die Doppelbelastung zu erheblichen finanziellen Schwierigkeiten führt (ZAK 1983 324 E. 2).

In der Praxis wird Unzumutbarkeit angenommen, wenn die gesamte Beitragsbelastung mindestens 15 Prozent des Erwerbseinkommens beträgt (Kreisschreiben des BSV über die Versicherungspflicht, Rz. 3021).

Beginn der Befreiung

Grundsätzlich wird die Befreiung mit der Einreichung des Gesuches wirksam; eine Ausnahme besteht bei einer ersten Unterstellung, bei welcher bis zur Einreichung des Gesuches keine Beiträge an die AHV bezahlt worden sind, oder bei einer rückwirkenden Aufnahme in eine ausländische obligatorische Versicherung oder wenn ein Sozialversicherungsabkommen anderes vorsieht (120 V 402 E. 2a). Reicht der Versicherte das Gesuch innert drei Monaten seit seiner Aufnahme in die ausländische staatliche Alters- und Hinterlassenenversicherung ein, so erfolgt die Befreiung rückwirkend auf diesen Zeitpunkt (111 V 68 f. E. 2c).

Verfahren

Die Befreiung wegen unzumutbarer Doppelbelastung ist nicht von Amtes wegen vorzunehmen, sondern setzt ein entsprechendes *Gesuch* voraus (98 V 183 f.; vgl. zur Bedeutung des Gesuchs auch 96 V 121 f.). Dabei ist ausgeschlossen, dass der Arbeitgeber die Befreiung des Arbeitnehmers aus eigenem Recht beantragt (EVGE 1967 220 E. 3).

3. Kurzzeitige Erfüllung der Voraussetzungen gemäss Abs. 1

Allgemeines

Die Bestimmung beruht auf der *Überlegung*, dass Personen, welche sich nur für kurze Zeit in die Schweiz begeben, versicherungstechnisch schwer zu erfassen sind und dass oft das finanzielle Ergebnis in keinem vernünftigen Verhältnis zu den Verwaltungsumtrieben stehen würde (ZAK 1989 302 E. 2).

Die *Verordnungsbestimmung* von Art. 2 Abs. 1 lit. b AHVV ist mit Rücksicht auf den Ausnahmecharakter der Befreiung sowie auch aus wirtschaftlichen Gründen einschränkend auszulegen; dies entspricht insoweit dem Willen des Gesetzgebers, als damit eine Konkurrenzierung inländischer Arbeitskräfte durch solche aus dem Ausland vermieden werden soll, indem Arbeitgeber einzig aus Gründen der Einsparung von Sozialversicherungsbeiträgen letztere bevorzugen könnten (111 V 74 f. E. 3b).

Wer das Vorliegen eines Befreiungsgrundes *geltend macht*, hat nachzuweisen oder zumindest glaubhaft zu machen, dass die Voraussetzungen erfüllt sind (111 V 76 f. E. 4).

Einzelfälle

Im Ausland wohnhafte *Verwaltungsratsmitglieder* von Aktiengesellschaften mit Sitz in der Schweiz gelten nicht als Personen, welche die Voraussetzungen der Versicherungs- und Beitragspflicht nur für eine verhältnismässig kurze Zeit erfüllen (119 V 71 ff. E. 5).

Ausländer, die in der Schweiz für einen Arbeitgeber in einer Weise erwerbstätig sind, die sich von einem *üblichen Arbeitsverhältnis nicht unterscheidet*, gehören nicht zu den in Art. 1 Abs. 2 lit. c AHVG sowie Art. 2 Abs. 1 lit. b AHVV genannten Personen (ZAK 1990 133 E. 6b). Das ist der Fall bei Krankenpflegepersonal (ZAK 1985 569 f. E. 4).

Tänzerinnen ausländischer Nationalität, die während höchstens drei aufeinanderfolgenden Monaten eine Erwerbstätigkeit in der Schweiz ausüben, können sich auf Art. 1 Abs. 2 lit. c AHVG i.V.m. Art. 2 Abs. 1 lit. b AHVV berufen (111 V 74 ff.).

Wer erst kurz vor Erreichen des AHV-rechtlichen Rentenalters die *Voraussetzung des schweizerischen Wohnsitzes* erfüllt, gehört nicht zu jener Kategorie von Personen, welche die Wohnsitz-Voraussetzungen bloss für eine verhältnismässig kurze Zeit erfüllen (ZAK 1989 302 f.).

Ein Ausländer, der *eine Kurzaufenthaltsbewilligung für 90 Tage pro Kalenderjahr* besitzt, kann davon über das ganze Jahr Gebrauch machen und erfüllt daher die Voraussetzung von Art. 1 Abs. 1 lit. b AHVG nicht nur für eine verhältnismässig kurze Zeit (ZAK 1990 340 E. 2b.bb).

Für einen *Anwendungsfall* in bezug auf aus dem Ausland eingereiste Solisten und Orchestermitglieder vgl. ZAK 1956 111 f. E. 1.

2 Freiwillig Versicherte

1 (31) Im Ausland niedergelassene Schweizer Bürger, die nicht gemäss Artikel 1 versichert sind, können sich nach Massgabe dieses Gesetzes versichern, sofern sie das 50. Altersjahr noch nicht zurückgelegt haben.

2 Schweizer Bürger, die aus der obligatorischen Versicherung ausscheiden, können die Versicherung ohne Rücksicht auf ihr Alter freiwillig weiterführen.

3 (49) Der Bundesrat bestimmt, unter welchen Voraussetzungen die im Ausland niedergelassenen Schweizer Bürger sich freiwillig versichern können, wenn sie vor Vollendung des 50. Altersjahres dazu keine gesetzliche Möglichkeit hatten (A).

4 (24) Ehefrauen nicht freiwillig versicherter Auslandschweizer können sich nur dann freiwillig versichern, wenn der Ehemann nach diesem Gesetz keine Möglichkeit des Beitritts hat oder gehabt hat oder wenn sie seit mindestens einem Jahr vom Ehemann getrennt leben; sie können jedoch in jedem Fall die Versicherung freiwillig fortführen, wenn sie unmittelbar vor der Eheschliessung freiwillig oder obligatorisch versichert waren.

5 (17) Die Auslandschweizer können unter Wahrung der nach diesem Gesetz erworbenen Rechte von der freiwilligen Versicherung zurücktreten.

6 (17) Die Auslandschweizer sind aus der freiwilligen Versicherung ausgeschlossen, wenn sie ihre Verpflichtungen trotz Mahnung nicht erfüllen. Nach diesem Gesetz erworbene Rechte bleiben gewahrt.

7 (49) Der Bundesrat erlässt ergänzende Vorschriften über die freiwillige Versicherung; er ordnet namentlich den Beitritt, den Rücktritt und den Ausschluss sowie die Erhebung der Beiträge und die Gewährung der Leistungen. Er kann die Dauer der Beitragspflicht sowie die Bemessung und Anrechnung der Beiträge den Besonderheiten der freiwilligen Versicherung anpassen (A).

(A) VFV, hier im Anhang 6 abgedruckt. Ferner Übergangsbestimmung für die Jahre 1984 und 1985 sowie Verordnung über den nachträglichen Beitritt zur freiwilligen AHV/IV für Ehefrauen von obligatorisch versicherten Schweizern im Ausland.

Art. 2 Abs. 1, 3 und 4

[1] Schweizer Bürger im Ausland, die nicht gemäss Artikel 1 versichert sind, können sich versichern, sofern sie das 50. Altersjahr noch nicht vollendet haben.

[3] Der Bundesrat bestimmt, unter welchen Voraussetzungen Schweizer Bürger im Ausland sich freiwillig versichern können, wenn sie vor Vollendung des 50. Altersjahres dazu keine gesetzliche Möglichkeit hatten.

[4] Aufgehoben

Literatur: Valterio, Les Suisses à l'étranger, 33 ff.

Übersicht

I. Allgemeines

Die *Freiwilligkeit* beschränkt sich bei Auslandschweizern lediglich auf den Versicherungsbeitritt; für das Versicherungsverhältnis haben – ist der Beitritt erfolgt – dieselben Grundsätze Geltung, wie sie für die im Inland wohnenden Versicherten durch Gesetz und Rechtsprechung festgesetzt wurden (113 V 85 E. 4a). Ausgeschlossen sind jedoch die Befreiung wegen unzumutbarer Doppelbelastung gemäss Art. 1 Abs. 2 lit. b AHVG sowie die Herabsetzung gemäss Art. 11 Abs. 1 AHVG (EVGE 1952 32 f.).

Grundsätzlich ist eine *gleichzeitige freiwillige und obligatorische Versicherung* ausgeschlossen. Anders verhält es sich allerdings im Falle von Auslandschweizern, die ihr Einkommen teils von einem schweizerischen und teils von einem ausländischen Arbeitgeber beziehen. In solchen Fällen ist der mit der freiwilligen Versicherung angestrebte

Versicherungsschutz nur gewährleistet, wenn sich der Auslandschweizer zusätzlich freiwillig versichern kann (106 V 69 E. 2a).

II. Voraussetzungen des Beitritts zur freiwilligen Versicherung

1. Für bisher nicht Versicherte (Abs. 1)

Ob ein ausländischer Wohnsitz gegeben ist, ist durch die Schweizerische Ausgleichskasse selbständig abzuklären (110 V 66 ff.).

2. Für bisher obligatorisch Versicherte (Abs. 2)

Betr. Fristen vgl. nachstehend Ziff. 4.

3. Für Ehefrauen (Abs. 4)

Nach dem Grundsatz der Einheit des Ehepaares erstreckt sich grundsätzlich die Versicherteneigenschaft des freiwillig versicherten Auslandschweizers automatisch auch auf seine Ehefrau; dabei ist nicht von Bedeutung, ob diese selber einer Erwerbstätigkeit nachgeht oder nicht. Es bedarf also allein und ausschliesslich des Beitritts des Ehemannes mit der Folge, dass die Ehefrau automatisch mitversichert ist. Den Ehefrauen von Auslandschweizern wird nur unter den besonderen Voraussetzung des Art. 2 Abs. 4 AHVG ein *selbständiges Beitrittsrecht* eingeräumt (117 V 105 f. E. 3a).

Einjährige Frist für Beitrittserklärung: Für eine Ehefrau, die unmittelbar vor der Eheschliessung mit einem nicht freiwillig versicherten Auslandschweizer freiwillig oder obligatorisch versichert war und die nach der Eheschliessung weiterhin ausschliesslich für einen schweizerischen Arbeitgeber im Sinne von Art. 1 Abs. 1 lit. c AHVG tätig war, beginnt die einjährige Frist für die Beitrittserklärung mit dem Wegfall der Voraussetzungen für die obligatorische Versicherung (und nicht mit dem Zeitpunkt der Eheschliessung) zu laufen (109 V 67 ff. E. 2).

4. Fristen

In Art. 10 Abs. 1 VFV wird festgelegt, dass Auslandschweizer ohne Rücksicht auf ihr Alter nur innert Jahresfrist seit Wegfall der Voraussetzungen für die obligatorische Versicherung den Beitritt zur freiwilligen Versicherung erklären können. Die Frist kann bei ausserordentlichen Verhältnissen um längstens ein Jahr erstreckt werden (vgl. Art. 11 VFV).

Solche *ausserordentlichen Verhältnisse* liegen nicht vor, wenn es die schweizerische Auslandvertretung unterlässt, einen Versicherten durch Aushändigung des entsprechenden Merkblattes auf die freiwillige Versicherung aufmerksam zu machen (97 V 215 ff.). Dasselbe gilt, wenn ein bisher obligatorisch Versicherter die Schweiz verlässt, um im Ausland Wohnsitz zu nehmen, sich aber nicht um seinen Übertritt von der obligatorischen zur freiwilligen Versicherung kümmert (EVGE 1958 96 f.).

Anders ist zu entscheiden, wenn ein Auslandschweizer durch äussere, von seinem Willen unabhängige Umstände an der rechtzeitigen Einreichung einer Beitrittserklärung gehindert war oder wegen einer falschen Auskunft der zuständigen Ausgleichskasse über die Beitrittsmodalitäten die Anmeldung zu spät einreichte; nicht dazu zu zählen sind das mangelnde Wissen des Versicherten um seine Rechte und Pflichten sowie der (Rechts-)Irrtum über den Versichertenstatus (114 V 1 f.).

III. Rücktritt von der freiwilligen Versicherung (Abs. 5)

Dass der Rücktritt – gemäss Art. 12 Abs. 2 VFV – nur auf das Ende des Kalenderjahres möglich ist, hält sich im Rahmen des Gesetzes (113 V 91).

IV. Ausschluss (Abs. 6)

Der Ausschluss aus der freiwilligen AHV/IV ist ein äusserst schwerwiegender Eingriff in die Rechtsstellung des Betroffenen; Art. 2 Abs. 6 AHVG ist daher nicht so zu verstehen, dass der Ausschluss von Gesetzes wegen erfolgt, sondern dass der Ausschluss durch *rechtsgestaltende Verfügung* im Sinne von Art. 5 Abs. 1 lit. a VwVG zu erfolgen hat (117 V 103 f. E. 2c).

Aus dem in Art. 2 Abs. 4 AHVG enthaltenen Grundsatz der Einheit des Ehepaares lässt sich keine Grundlage ableiten, in den Ausschluss der gegenüber der freiwilligen Versicherung pflichtwidrig handelnden Ehefrau automatisch auch den Ehemann einzubeziehen (117 V 110 ff. E. 6 und 7). Es kann also nur derjenige *Ehegatte* ausgeschlossen werden, der im Sinne von Art. 2 Abs. 6 AHVG seine persönlichen Verpflichtungen gegenüber der AHV nicht erfüllt hat (117 V 120 E. 9).

V. Vollzugsbestimmungen (Abs. 7)

Es besteht bei der Festlegung der Beiträge ein gewisser Beurteilungsspielraum der Verwaltung (113 V 89 ff. E. 5).

Zweiter Abschnitt: Die Beiträge

A. Die Beiträge der Versicherten

I. Die Beitragspflicht

3 Beitragspflichtige Personen

1 (49) **Die Versicherten sind beitragspflichtig, solange sie eine Erwerbstätigkeit ausüben. Für Nichterwerbstätige beginnt die Beitragspflicht am 1. Januar nach Vollendung des 20. Altersjahres und dauert bis zum Ende des Monats, in welchem Frauen das 62. und Männer das 65. Altersjahr vollendet haben.**

2 **Von der Beitragspflicht sind befreit:**

- a. (8) **die erwerbstätigen Kinder bis zum 31. Dezember des Jahres, in welchem sie das 17. Altersjahr zurückgelegt haben;**
- b. **die nichterwerbstätigen Ehefrauen von Versicherten sowie die im Betriebe des Ehemannes mitarbeitenden Ehefrauen, soweit sie keinen Barlohn beziehen;**
- c. **die nichterwerbstätigen Witwen;**
- d. (49) **mitarbeitende Familienglieder, die keinen Barlohn beziehen, bis zum 31. Dezember des Jahres, in welchem sie das 20. Altersjahr vollendet haben.**

Art. 3 Abs. 1, 2 Bst. b und c sowie Abs. 3

1 Die Versicherten sind beitragspflichtig, solange sie eine Erwerbstätigkeit ausüben. Für Nichterwerbstätige beginnt die Beitragspflicht am 1. Januar nach Vollendung des 20. Altersjahres und dauert bis zum Ende des Monats, in welchem Frauen das 64. und Männer das 65. Altersjahr vollendet haben.

2 Von der Beitragspflicht sind befreit:

- *b. Aufgehoben*
- *c. Aufgehoben*

3 Die eigenen Beiträge gelten als bezahlt, sofern der Ehegatte Beiträge von mindestens der doppelten Höhe des Mindestbeitrages bezahlt hat, bei:

a. nichterwerbstätigen Ehegatten von erwerbstätigen Versicherten;
b. Versicherten, die im Betrieb ihres Ehegatten mitarbeiten, soweit sie keinen Barlohn beziehen.

Literatur: Käser, Unterstellung und Beitragswesen in der obligatorischen AHV, 44 ff.

Übersicht

I. Allgemeines

Abgrenzung Steuern – AHV-Beiträge

Zwischen den Leistungen an die AHV und den Steuern besteht ein wesentlicher Unterschied. AHV-Beiträge sind keine Geldleistungen, die der Staat zur Deckung seines Finanzbedarfes fordert, sondern stellen Versicherungsbeiträge dar, die in einen verselbständigten Ausgleichsfonds fliessen und für den Versicherten bzw. seine Familie einen potentiellen Rechtsanspruch auf Leistungen begründen. Da sich die AHV materiell als Versicherung charakterisiert, wurde keine Beitragspflicht der juristischen Personen statuiert und das Kapitaleinkommen nicht erfasst (EVGE 1949 162 f.).

Entstehen der Beitragspflicht

Die Verpflichtung zur Entrichtung von Beiträgen ergibt sich nicht erst aus einer Verfügung oder einer Zahlungsaufforderung, sondern beruht auf dem *Gesetz* selber und entsteht, sobald die sie nach dem Gesetz begründenden Tatsachen eingetreten sind (ZAK 1984 388 E. 3a).

Relation der Beiträge zum Einkommen

Nach dem Beitragssystem der AHV ist es grundsätzlich ausgeschlossen, Beiträge auf nichtbezogenen Erwerbseinkommen zu entrichten; gleichzeitig ist die Bezahlung von Beiträgen auf jedem bezogenen Einkommen vorgeschrieben. Es gibt also keine Möglichkeit, einen in Relation zum Erwerbseinkommen zu hohen oder zu niedrigen Beitrag zu bezahlen. Dieses Prinzip gilt aber de lege lata nicht ausnahmslos. Es sind auch, ausser den in Gesetz und Verordnung vorgesehenen, weitere Fällen denkbar, bei denen es – unter Umständen in noch vermehrtem Mass – sich rechtfertigt, der Beitragsberechnung Globaleinkommen zugrundezulegen. Dies ist aber i.d.R. nur unter den folgenden zwei Voraussetzungen zulässig: Die Bestimmung des genauen Erwerbseinkommens ist praktisch unmöglich oder würde administrative Umtriebe verursachen, die sich im Verhältnis zum Ergebnis kaum verantworten lassen; ferner müssen die der Beitragsberechnung zugrundeliegenden Einkommen zuverlässige Annäherungswerte darstellen (ZAK 1976 394 f. E. 2a). Entsprechend ist eine freiwillige Beitragsleistung seitens nichterwerbstätiger Witwen – auch wenn dies in ihrem Interesse liegen würde – ausgeschlossen (EVGE 1950 30).

Beitragspflicht und rentenbildende Wirkung

Für die Frage der Beitragspflicht ist es unerheblich, ob die zu leistenden Beiträge rentenbildend sind oder nicht (ZAK 1989 378 E. 5). Die AHV beruht auf dem Gedanken der Solidarität sämtlicher Versicherter, was zur Folge hat, dass auch für den Fall des Nichterlebens der Rentenbezugsberechtigung die Beiträge geschuldet sind und dass kein Recht auf eine mit der Beitragsleistung im Total sich deckende Rentenleistung besteht (EVGE 1948 116).

Beitragsumgehung

Namentlich dann, wenn das Vorliegen einer Beitragsumgehung zu prüfen ist, ist die zivilrechtliche Form, in der ein Sachverhalt erscheint, für die Organe der AHV nicht unter allen Umständen verbindlich. Eine solche Beitragsumgehung ist anzunehmen, wenn

- die von den Beteiligten gewählte Rechtsgestaltung als den wirtschaftlichen Gegebenheiten völlig unangemessen erscheint,
- anzunehmen ist, dass diese Wahl lediglich getroffen wurde, um Beiträge einzusparen, und
- das gewählte Vorgehen tatsächlich zu einer erheblichen Ersparnis führen würde (113 V 94 f. E. 4b).

Geht es um die Frage, ob und bei wem *treuhänderisch erzieltes Einkommen* zu erfassen ist, ist vom allgemeinen Grundsatz auszugehen, dass sich die AHV in ihrer Beitragsordnung i.d.R. an die nach aussen kundgemachten rechtlichen Verhältnisse hält. Damit ist allerdings nicht gesagt, dass treuhänderisch erzieltes Erwerbseinkommen aus selbständiger Tätigkeit in jedem Fall beim Treuhänder zu erfassen wäre; es sind immerhin Fälle von Beitragsumgehungen durch solche Verhältnisse denkbar. Umgekehrt müsste ein Verzicht auf Erfassung solchen Einkommens beim Treuhänder dann zu Missbräuchen und

Beitragsumgehungen führen, wenn man einen solchen Verzicht unbesehen auch dann gelten lassen würde, wenn der Treugeber im Ausland wohnt (EVGE 1967 227 f.).

Keine Beitragspflicht für Entgelte an juristische Personen
Entgelte an juristische Personen können nicht massgebenden Lohn darstellen; eine Ausnahme ist lediglich zu machen, wenn eine Beitragsumgehung vorliegt (AHI-Praxis 1995 26 E. 2a).

Weitere Einzelfragen
Die *unterschiedlichen Altersgrenzen* von Männern und Frauen stehen nicht im Widerspruch zur EMRK (105 V 3 f.).

Die Frage, ob sich aus der Ausübung einer Erwerbstätigkeit eine Beitragspflicht ergibt, kann keinesfalls verschieden beantwortet werden, je nachdem, ob es sich um eine *ledige, verheiratete, verwitwete oder geschiedene Frau* handelt. Liegt Erwerbstätigkeit vor, ist grundsätzlich die Beitragspflicht gegeben, und zwar ohne Rücksicht auf die Nutzungsrechte des Ehemannes (ZAK 1970 329 E. 3).

II. Beginn und Dauer der Beitragspflicht (Abs. 1)

Beginn der selbständigen Erwerbstätigkeit
Sie beginnt nicht erst, wenn Einkünfte erzielt werden, sondern in dem Zeitpunkt, in dem sie im Wirtschaftsverkehr als solche wahrnehmbar wird (115 V 163 ff. E. 4, 5, 9 und 10a).

Dauer der Beitragspflicht

Literatur: Weiss, Die Beitragspflicht der Altersrentner, 206 ff.

Beitragspflichtig ist auch der ausländische Staatsangehörige, der nach Vollendung des 65. Altersjahres in der Schweiz Wohnsitz nimmt und eine Erwerbstätigkeit ausübt; unerheblich ist, dass die nach dieser Altersgrenze geleisteten Beiträge nicht mehr rentenbildend sind (ZAK 1982 365).

III. Befreiung von der Beitragspflicht (Abs. 2)

1. Erwerbstätige Kinder
Aus dieser Bestimmung ergibt sich, dass ein erwerbstätiges Kind ohne Rücksicht auf elterliche Eigentums- oder Nutzungsrechte für sein Erwerbseinkommen persönlich beitragspflichtig wird, sobald es das entsprechende Alter zurückgelegt hat. Das einzig massgebende Krite-

rium, das die Beitragspflicht auszulösen vermag, ist die Erwerbstätigkeit des Kindes. Dabei kann es keinen Unterschied machen, ob die Erwerbstätigkeit eine selbständige oder eine unselbständige ist (EVGE 1959 182 E. 2).

Für ein Anwendungsbeispiel vgl. 108 V 180 ff.

2. Ehefrauen

Allgemeines

Die Gerichtsinstanzen sind nicht befugt, Art. 3 Abs. 2 lit. b AHVG am verfassungsmässigen Grundsatz der Rechtsgleichheit zu messen (ZAK 1989 169 f. E. 4 und 5).

Die Rechtsprechung nimmt an, die nichterwerbstätige Ehefrau sei hauptberuflich als Hausfrau und Mutter tätig; sie gilt deshalb immer noch als nichterwerbstätig, selbst wenn sie einen nebenberuflichen selbständigen Bagatellerwerb erzielt; von diesem Einkommen sind deshalb Beiträge nur auf Verlangen hin zu erheben; diese Rechtsprechung gilt analog für die Witwe (EVGE 1964 145 f.; vgl. zu dieser Frage auch Kommentar zu Art. 8 AHVG, Ziff. III). Die Ehefrau gilt auch dann noch als nichterwerbstätig, wenn sie ihren drei erwachsenen Kindern Kost und Logis erbringt; eine solche Arbeit sprengt den Rahmen der Tätigkeit einer Hausfrau unter den konkreten Bedingungen noch nicht (EVGE 1950 198).

Erhält eine Ehefrau – gestützt auf Art. 165 Abs. 1 ZGB – Entgelte für ausserordentliche Beiträge im Beruf oder Gewerbe des anderen, liegt massgebender Lohn vor, auf welchem somit Beiträge zu entrichten sind. Wird ein solches Beitragsverhältnis geltend gemacht, so sind im Rahmen der im Sozialversicherungsprozess geltenden Mitwirkungspflicht zumindest Zeitpunkt und Höhe der behaupteten Zahlungen nachzuweisen (AHI-Praxis 1993 13 E. 4c).

Mitarbeit ohne Barlohn

Es handelt sich um eine Ausnahmebestimmung, die keine analoge Auslegung zulässt. Ehemänner, die im Betrieb ihrer Frau arbeiten, ohne einen Barlohn zu beziehen, können daher von der Beitragspflicht nicht befreit werden (ZAK 1951 33).

Für einen Anwendungsfall zur Frage, ob die Ehefrau einen Barlohn bezieht, vgl. ZAK 1954 186 ff.

Zur Frage der Berücksichtigung von Zeiten, in welchen eine Ehefrau ohne Barlohn im Betrieb des Ehemannes mitgearbeitet hat, für die Berechnung des Sonderbeitrags auf Liquidationsgewinnen vgl. AHI-Praxis 1993 231 sowie Kommentar zu Art. 9 AHVG, Ziff. I.3.e.

3. Witwen

Diese Norm bezweckt eine Begünstigung der nicht erwerbstätigen Witwe; sie beruht auf dem Gedanken, dass es unsozial wäre, eine solche mit Beiträgen zu belasten (EVGE 1951 274 E. 1).

Die nichterwerbstätige Witwe gilt nach der Rechtsprechung hauptberuflich als Hausfrau und Mutter; selbst wenn sie einen nebenberuflichen selbständigen Bagatellerwerb erzielt, wird sie immer noch als nichterwerbstätig angesehen; von diesem Einkommen sind deshalb Beiträge nur auf Verlangen hin zu erheben (EVGE 1964 145 f.). Eine freiwillige Beitragsleistung seitens nichterwerbstätiger Witwen ist – auch wenn dies in ihrem Interesse liegen würde – ausgeschlossen (EVGE 1950 30).

Die geschiedene Frau darf – was die Befreiung von der Beitragspflicht betrifft – nicht der Witwe gleichgestellt werden (EVGE 1949 199 f.).

II. Die Beiträge der erwerbstätigen Versicherten

Literatur: Bratschi, Der Einkommensbegriff in der AHV.

4(49) Bemessung der Beiträge

[1] Die Beiträge der erwerbstätigen Versicherten werden in Prozenten des Einkommens (A) **aus unselbständiger und selbständiger Erwerbstätigkeit festgesetzt.**

[2] Der Bundesrat kann von der Beitragsbemessung ausnehmen:

a. das Erwerbseinkommen aus einer im Ausland ausgeübten Tätigkeit (B)**;**

b. das von Frauen nach Vollendung des 62., von Männern nach Vollendung des 65. Altersjahres erzielte Erwerbseinkommen bis zur Höhe des anderthalbfachen Mindestbetrages der einfachen Altersrente nach Artikel 34 Absatz 2 (C)**.**

(A) Art. 6, Art. 6bis AHVV
(B) Art. 6ter AHVV
(C) Art. 6quater AHVV

Art. 4 Abs. 2 Bst. b

[2] Der Bundesrat kann von der Beitragsbemessung ausnehmen:

b. das von Frauen nach Vollendung des 64., von Männern nach

Vollendung des 65. Altersjahres erzielte Erwerbseinkommen bis zur Höhe des anderthalbfachen Mindestbetrages der Altersrente nach Artikel 34 Absatz 5.

Übersicht

I. Begriff des massgebenden Erwerbseinkommens (Abs. 1)

1. Allgemeines

Der Begriff der Erwerbstätigkeit setzt die Ausübung einer auf Erzielung von Einkommen gerichteten bestimmten (persönlichen) Tätigkeit voraus, mit welcher die wirtschaftliche Leistungsfähigkeit erhöht werden soll. Es kommt nicht darauf an, wie ein Beitragspflichtiger sich selber – subjektiv – qualifiziert. Entscheidend sind vielmehr die tatsächlichen wirtschaftlichen Verhältnisse und Gegebenheiten, die durch eine Tätigkeit begründet werden oder in deren Rahmen eine solche ausgeübt wird. Wesentliches Merkmal einer Erwerbstätigkeit ist sodann eine planmässige Verwirklichung der Erwerbsabsicht in Form von Arbeitsleistung (ZAK 1991 312).

2. Einzelne Abgrenzungsfragen

Vgl. dazu Kommentar zu Art. 5 AHVG, Ziff. II (Abgrenzung der unselbständigen von der selbständigen Erwerbstätigkeit) sowie zu Art. 10 AHVG, Ziff. I.2 (Abgrenzung der Nichterwerbstätigen von den Erwerbstätigen).

II. Ausnahmen von der Beitragsbemessung (Abs. 2)

1. Im Ausland erzieltes Erwerbseinkommen von obligatorisch Versicherten

Gemäss der Ausführungsbestimmung von Art. 6ter lit. a AHVV ist entscheidend, ob im Ausland eine *Betriebsstätte* besteht. Ob der Begriff der Betriebsstätte bei Art. 6ter lit. a AHVV anders umschrieben werden kann als bei Art. 12 AHVG, muss im konkreten Fall nicht entschieden werden (110 V 80 f. E. 5b).

2. Erwerbseinkommen von Altersrentnern

Der ganze jährliche Freibetrag darf nur dann berücksichtigt werden, wenn auch tatsächlich während des ganzen Jahres eine Erwerbstätigkeit ausgeübt wurde (110 V 238 E. 2). Für eine praktisch regelmässige Tätigkeit, bei der jedoch die periodische Lohnabrechnung in schwankenden Zeitabständen erfolgt, ist nicht der Monatsabzug, sondern der Jahresabzug vorzunehmen (110 V 238 ff.). Es kann nur ein Ehegatte den Rentnerfreibetrag beanspruchen, wenn in einem von Eheleuten betriebenen Gewerbe nur einer der beiden Ehegatten beitragspflichtig ist (ZAK 1983 322 f.).

Zur Frage, ob bei der Erhebung des Sonderbeitrags auf dem Kapitalgewinn gestützt auf Art. 6quater AHVV ein Ausnehmen von der Beitragsbemessung möglich ist, vgl. 120 V 267 ff. sowie im Kommentar zu Art. 9 AHVG, Ziff. I.3.d.

5 Beiträge vom Einkommen aus unselbständiger Erwerbstätigkeit

1. Grundsatz

[1] (49) **Vom Einkommen aus unselbständiger Erwerbstätigkeit, im folgenden massgebender Lohn genannt, wird ein Beitrag von 4,2 Prozent erhoben.**

[2] **Als massgebender Lohn gilt jedes Entgelt für in unselbständiger Stellung auf bestimmte oder unbestimmte Zeit geleistete Arbeit. Der massgebende Lohn umfasst auch Teuerungs- und andere Lohnzulagen, Provisionen, Gratifikationen, Naturalleistungen, Ferien- und Feiertagsentschädigungen und ähnliche Bezüge, ferner Trinkgelder, soweit diese einen wesentlichen Bestandteil des Arbeitsentgeltes darstellen** (A).

[3] (49) **Für mitarbeitende Familienglieder** (B) **gilt**

- **a. bis zum 31. Dezember des Jahres, in welchem sie das 20. Altersjahr vollendet haben, sowie**
- **b. nach dem letzten Tag des Monats, in welchem Frauen das 62. und Männer das 65. Altersjahr vollendet haben, nur der Barlohn als massgebender Lohn. Das gleiche gilt für die im Betrieb des Ehemannes mitarbeitende Ehefrau, ohne Rücksicht auf ihr Alter.**

[4] **Der Bundesrat kann Sozialleistungen sowie anlässlich besonderer Ereignisse erfolgende Zuwendungen eines Arbeitgebers an seine Arbeitnehmer vom Einbezug in den massgebenden Lohn ausnehmen** (C).

[5] (49) **Der Bundesrat kann Vorschriften erlassen, wonach geringfügige Entgelte aus Nebenerwerb mit Zustimmung des Arbeitgebers und des Arbeitnehmers nicht in den massgebenden Lohn einbezogen werden** (D). **Stipendien und ähnliche Leistungen können ebenfalls ausgenommen werden** (E).

(A) Art. 7, Art. 9 bis Art. 15 AHVV
(B) Art. 14 AHVV
(C) Art. 8 AHVV
(D) Art. 8bis AHVV
(E) Art. 6 Abs. 2 lit. g AHVV

Art. 5 Abs. 3

[3] *Als massgebender Lohn für mitarbeitende Familienglieder gilt nur der Barlohn:*

a. bis zum 31. Dezember des Jahres, in welchem sie das 20. Altersjahr vollendet haben; sowie

b. nach dem letzten Tag des Monats, in welchem Frauen das 64. und Männer das 65. Altersjahr vollendet haben.

Literatur: Bersier, Salaire brut ou net?, 299 ff.; Cadotsch, Der AHV-Arbeitnehmerbegriff im Wandel der Zeit, 120 ff.

Übersicht

3. Geringfügige Entgelte aus Nebenerwerb
4. Stipendien und ähnliche Leistungen

I. Beitragssatz und Berechnungsgrundlage (Abs. 1)

Der Arbeitgeber ist verpflichtet, mindestens die Hälfte der auf den Lohnzahlungen an den Arbeitnehmer geschuldeten Beiträge zu übernehmen (vgl. Art. 13 AHVG). Abmachungen, die es dem Arbeitgeber erlauben, die von ihm selbst geschuldeten Beiträge vom Lohn abzuziehen, sind nichtig (ZAK 1983 146; Entscheid des Bundesgerichts)

II. Abgrenzung der unselbständigen Erwerbstätigkeit von der selbständigen Erwerbstätigkeit

Literatur: Meyer, Abgrenzung der selbständigen von der unselbständigen Erwerbstätigkeit, 121 ff.; Meyer, Sozialversicherungsbeiträge der Arbeitnehmer und der Selbständigerwerbenden, 237 ff.; Zuppinger, Die Abgrenzung zwischen dem Einkommen aus unselbständiger und dem Einkommen aus selbständiger Erwerbstätigkeit, 385 ff.

1. Allgemeine Kriterien

Massgeblichkeit der wirtschaftlichen Gegebenheiten/Beurteilung des Einzelfalles

Die Frage, ob im Einzelfall selbständige oder unselbständige Erwerbstätigkeit vorliegt, beurteilt sich nicht aufgrund der Rechtsnatur des Vertragsverhältnisses zwischen den Parteien. Entscheidend sind vielmehr die *wirtschaftlichen Gegebenheiten*. Die zivilrechtlichen Verhältnisse vermögen dabei allenfalls gewisse Anhaltspunkte für die AHV-rechtliche Qualifikation zu bieten, ohne jedoch ausschlaggebend zu sein. Als unselbständig erwerbstätig ist im allgemeinen zu betrachten, wer von einem Arbeitgeber in betriebswirtschaftlicher bzw. arbeitsorganisatorischer Hinsicht abhängig ist und kein spezifisches Unternehmerrisiko trägt. – Aus diesen Grundsätzen lassen sich indessen noch *keine einheitlichen, schematisch anwendbaren Lösungen* ableiten. Die Vielfalt der im wirtschaftlichen Leben anzutreffenden Sachverhalte zwingt dazu, die beitragsrechtliche Stellung eines Erwerbstätigen jeweils unter Würdigung der gesamten Umstände des Einzelfalles zu beurteilen. Weil dabei vielfach Merkmale beider Erwerbsarten zutage treten, muss sich der Entscheid oft danach richten, welche dieser Merkmale im konkreten Fall überwiegen (119 V 162 E. 2). Jedenfalls wird ein bisheriger Arbeitnehmer nicht dadurch zum Selbständigerwerbenden, dass er das bisherige Anstellungsverhältnis durch ein Auftragsverhältnis ersetzt, wenn sich an seiner tatsächlichen Stellung nichts ändert (ZAK 1978 509 f. E. 3b).

Zu einer *Kritik* an der Rechtsprechung des EVG vgl. AHI-Praxis 1995 137 E. 6, wo eine Ausgleichskasse andere Abgrenzungskriterien geltend machte, welche indessen vom EVG als für eine Massenverwaltung nicht genügend praktikabel bezeichnet wurden.

Ergibt die Untersuchung der massgebenden Gesichtspunkte das Vorliegen einer unselbständigen Erwerbstätigkeit, haben die Vertragsparteien jedoch festgelegt, dass der Arbeitnehmer sämtliche Sozialversicherungsbeiträge zu tragen habe, ist eine solche Abrede *nichtig* (Urteil des Bundesgerichts vom 21. März 1995, in: plädoyer 4/1995 67).

Umschreibung der selbständigen Erwerbstätigkeit

Selbständige Erwerbstätigkeit liegt im Regelfall vor, wenn der Beitragspflichtige durch Einsatz von Arbeit und Kapital in frei bestimmter Selbstorganisation und nach aussen sichtbar am wirtschaftlichen Verkehr teilnimmt mit dem Ziel, Dienstleistungen zu erbringen oder Produkte zu schaffen, deren Inanspruchnahme oder Erwerb durch finanzielle oder geldwerte Gegenleistungen abgegolten wird (115 V 170 f. E. 9a).

Ausübung mehrerer Tätigkeiten

Wenn ein Versicherter *gleichzeitig mehrere Tätigkeiten* ausübt, ist jedes Erwerbseinkommen dahin zu prüfen, ob es aus selbständiger oder unselbständiger Erwerbstätigkeit stammt, selbst wenn die Arbeiten für eine und dieselbe Firma vorgenommen werden (104 V 127). Da ein Versicherter grundsätzlich gleichzeitig Selbständig- wie auch Unselbständigerwerbender für verschiedene Firmen oder sogar für denselben Betrieb sein kann, vermag die Tatsache, dass ein Beitragspflichtiger bereits mit einer Ausgleichskasse als Selbständigerwerbender abrechnet, seine beitragsrechtliche Stellung nicht zu präjudizieren (AHI-Praxis 1995 136).

Die Rechtsprechung hat auf eine Koordination zwischen den einzelnen Zweigen des Sozialversicherungsrechts hinzuwirken. Dies gilt vorab bei Erwerbstätigen, welche gleichzeitig mehrere erwerbliche Tätigkeiten für verschiedene Arbeit- oder Auftraggeber ausüben. Es soll nach Möglichkeit vermieden werden, dass verschiedene Erwerbstätigkeiten für denselben Arbeit- oder Auftraggeber oder dieselbe Tätigkeit für verschiedene Arbeit- oder Auftraggeber unterschiedlich qualifiziert werden (119 V 164).

Zurückhaltung beim Wechsel des Beitragsstatuts

Überwiegen weder die Merkmale einer selbständigen noch diejenigen einer unselbständigen Erwerbstätigkeit, ist beim *Wechsel des Beitragsstatuts* eine gewisse Zurückhaltung zu üben (ZAK 1989 440 E. 2b). Dabei ist neben dem Grundsatz der Verfahrensökonomie auch zu berücksichtigen, dass die unter dem Titel der früheren beitragsrechtlichen Qualifikation bezahlten Beiträge unter Umständen wegen Ablaufs der absoluten Verjährungsfrist gar nicht mehr zurückgefordert werden können; zudem könnte der frühere Entscheid kaum je als zweifellos unrichtig bezeichnet werden, was eine Wiedererwägung ausschliesst (ZAK 1985 315 f. E. 3c).

Jedenfalls bedarf es für den Wechsel des Beitragsstatuts in denjenigen Fällen, wo über die in Frage stehenden Sozialversicherungsbeiträge bereits eine formell rechtskräftige Verfügung ergangen ist, eines Rückkommenstitels (i.S. einer Wiedererwägung oder einer prozessualen Revision). Anders verhält es sich, wenn es um einen nur für die Zukunft wirkenden Wechsel des Beitragsstatuts geht; hier greift grundsätzlich die freie erstmalige Prüfung der Statusfrage (AHI-Praxis 1995 144 E. 6).

Zu den Wirkungen des Wechsels des Beitragsstatuts auf früher ergangene rechtskräftige Verfügungen vgl. im übrigen auch die Darstellung der Rechtsprechung bei Käser, Unterstellung und Beitragswesen in der obligatorischen AHV, 254 ff.

Berücksichtigung von Koordinationsgesichtspunkten

Die Rechtsprechung hat bei der Handhabung der verschiedenen Anknüpfungsbegriffe mittels einer harmonisierenden Auslegung auf eine Koordination zwischen den verschiedenen Sozialversicherungszweigen hinzuwirken. Dieser Gesichtspunkt gebietet, dass eine und dieselbe Erwerbstätigkeit in den einzelnen Zweigen des Sozialversicherungsrechts gleich gewertet wird, soweit dem nicht eine gesetzliche Regelung entgegensteht (119 V 164).

2. Einzelfälle

Ablagehalter

Inhaber einer Ablage der Sport-Toto-Gesellschaft sind – aufgrund der konkreten Verhältnisse – bezüglich der Provisionen, welche sie von dieser Gesellschaft beziehen, als unselbständigerwerbend anzusehen (EVGE 1960 223 ff.).

Agent

I.d.R. zählen Agenten zu den Unselbständigerwerbenden (ZAK 1986 121 f. E. 3). Es wird auf Grund der Erfahrungen vermutet, ein solcher sei unselbständigerwerbend, wobei es immerhin Umstände gibt, die in Sonderfällen auf selbständige Erwerbstätigkeit schliessen lassen (97 V 137 f. E. 2). – Eine unselbständige Erwerbstätigkeit übt auch ein auf Kommissionsbasis tätiger Agent aus (ZAK 1988 378 f. E. 3a und b). Nicht massgebend ist, dass ein Agent nicht verpflichtet ist, ausschliesslich Produkte eines Anbieters zu vertreiben (ZAK 1975 26 E. 2).

Gegenteilig ist nur zu entscheiden, wenn der Agent in eigenen Geschäftsräumlichkeiten einen Betrieb mit Angestellten führt und dadurch ein echtes Unternehmerrisiko trägt (ZAK 1988 378 E. 3b). Eine selbständige Erwerbstätigkeit kann angenommen werden, wenn der Agent ein wirtschaftliches Risiko trägt und wenn er gleichzeitig für mehrere Gesellschaften in eigenem Namen tätig sein kann, ohne von diesen abhängig zu sein (ZAK 1982 216 E. 4b). Praxisgemäss können somit Agenten nur als selbständigerwerbend gelten, wenn sie kumulativ eigene Geschäftsräumlichkeiten benutzen, eigenes Personal beschäftigen und die Geschäftskosten im wesentlichen selber tragen (119 V 163).

Akkordant

Allgemein: I.d.R. üben Akkordanten eine unselbständige Erwerbstätigkeit aus. Als Selbständigerwerbender gilt ein Akkordant grundsätzlich nur, wenn er Inhaber eines eigenen Betriebes ist und so als gleichgeordneter Geschäftspartner mit eigenem Unternehmerrisiko für den Akkordvergeber arbeitet (114 V 69 E. 2b). Zu beachten ist, dass bei denjenigen Akkordanten, für deren Versicherung die SUVA zuständig ist, eine Bindung der Ausgleichskasse (nicht jedoch des Sozialversicherungsrichters) an den SUVA-Entscheid über den entsprechenden Status des Akkordanten besteht; der Richter soll in das administrative Ermittlungsverfahren jedoch nur eingreifen, wenn ihm der SUVA-Entscheid in seinem Ergebnis fragwürdig erscheint (ZAK 1989 25 E. 3b).

Unterakkordant: Unterakkordanten können nur ausnahmsweise als selbständigerwerbend angesehen werden; dies ist der Fall, wenn erstellt ist, dass die Kennzeichen einer selbständigen Unternehmung offensichtlich im Vordergrund stehen, und wenn der Unterakkordant als gleichgeordneter Geschäftspartner erscheint (97 V 219).

Weinbauakkordant: Weinbauakkordanten verpflichten sich vertraglich gegenüber den Rebeigentümern, einen oder mehrere Rebberge zu einer nach Bodenfläche vereinbarten Entschädigung zu bebauen. Vorliegend übernimmt der Beitragspflichtige kein Unternehmerrisiko und ist auch nicht gleichgeordneter Geschäftspartner. Folglich übt er eine unselbständige Erwerbstätigkeit aus (114 V 69 f. E. 2c).

Akquisiteur

Obwohl im konkreten Fall die Existenz eines (Inseraten-)Akquisiteurs von seinem persönlichen Arbeitserfolg abhängt, ist eine unselbständige Erwerbstätigkeit anzunehmen, da dieser keine beträchtlichen Investitionen zu tätigen und keine Angestelltenlöhne zu bezahlen hat (ZAK 1986 333).

Alphirt

Wer nicht Pächter ist, sondern für einen Dritten die Bewirtschaftung einer Alp zu übernehmen hat, ist Arbeitnehmer (ZAK 1957 73 E. 2). Hingegen ist insoweit selbständige Erwerbstätigkeit anzunehmen, als der Alphirt das ihm eingeräumte Nutzungsrecht der Alp für die Haltung eigenen Viehs verwendet; insoweit betreibt er Landwirtschaft auf eigene Rechnung (ZAK 1957 73 f. E. 3).

Artist

Dass sich Artisten als typische Angehörigen der freien Berufsarten bezeichnen, mag nicht zu hindern, dass sie auf kürzere oder längere Zeit einen eigentlichen Engagementsvertrag eingehen. Wenn angenommen werden muss, dass die in Frage stehenden Artisten während der Dauer des Engagements kein irgendwie in Betracht fallendes Unternehmerrisiko zu tragen haben, ist eine unselbständige Erwerbstätigkeit anzunehmen (EVGE 1951 226 f.). – Vgl. auch Stichwort Musiker.

Arzt

Grundsatz: Die beitragsrechtliche Qualifikation des Erwerbseinkommens aus ärztlicher Tätigkeit bestimmt sich nach den wirtschaftlichen Gegebenheiten, unter welchen der Arzt ein Entgelt erzielt. Zum massgebenden Lohn gehören sämtliche Vergütungen, die der Arzt in abhängiger Stellung erzielt, zum Einkommen aus selbständiger Erwerbstätigkeit dagegen die Einkünfte aus der eigenen Praxis (101 V 254 E. 1b).

Anwendungsfälle: Ein Narkosearzt an einem Spital, der abgesehen vom Delkredererisiko kein spezifisches Unternehmerrisiko trägt und nicht massgeblich über Investitionen und Personalfragen mitentscheiden kann, übt eine unselbständige Erwerbstätigkeit aus (ZAK 1988 291 f.). Gehört zum Pflichtenheft eines Arztes sowohl die Führung der Privatabteilungen wie auch diejenige der allgemeinen Spitalabteilung, ist – aufgrund dieser Tatsache sowie weiterer Gesichtspunkte – Einkommen aus unselbständiger Erwerbstätigkeit anzunehmen (ZAK 1983 196 ff.). Wenn ein Arzt für jede von ihm vorgenommene Vorkehr durch den Spital entschädigt wird, reicht dies allein ebenfalls noch nicht aus, um eine selbständige Erwerbstätigkeit anzunehmen (ZAK 1979 144 E. 4); dies gilt auch, wenn ein geringes Risiko eines Honorarverlustes besteht (ZAK 1979 146 E. 3). Wenn die Höhe des Einkommens in wesentlichem Mass von der Präsenzzeit des Arztes im Spital abhängt, der Zahl der Patienten sowie der Art der Behandlung dagegen nur mittelbare und begrenzte Bedeutung zukommt, ist unselbständige Erwerbstätigkeit anzunehmen (101 V 255 E. 3a).

Autor

Ist jemand bezüglich der Zeit, in der er die Arbeit zur Erstellung eines Buches leistet, gänzlich frei und steht das Resultat der schöpferischen Tätigkeit ausgesprochen im Vordergrund, d.h. dass eigentlicher Gegenstand des Vertrages das einmalige Produkt wissenschaftlicher Arbeit bildet, während die zu dessen Herstellung erforderliche Zeit eine sekundäre Rolle spielt (indem ein bestimmter Ablieferungstermin festgesetzt und das Arbeitsentgelt etwa nach Massgabe des Zeitaufwandes bemessen wird), ist eine selbständige Erwerbstätigkeit anzunehmen (EVGE 1951 107).

Die Einkünfte, die ein Buchhaltungslehrer dadurch erzielt, dass er ein Lehrbuch verfasst, es drucken lässt und vertreibt, bilden Einkommen aus selbständiger Erwerbstätigkeit; ein – beitragsfreier – Kapitalertrag kann nicht angenommen werden (ZAK 1961 310 f.).

Entschädigungen für die Ausbeutung von Verlagsrechten unterliegen der Beitragspflicht wie Lizenzgebühren eines Erfinders, der seine Erfindung durch Dritte ausnützen lässt (ZAK 1959 33). – Vgl. dazu näheres im Kommentar zu Art. 9 AHVG, Ziff. I.2.n.

Babysitter

Babysitter, welche zwar frei entscheiden können, ob sie einem Angebot des Vermittlers Folge leisten wollen, sich jedoch an vorgegebene Weisungen halten müssen und von der tarifgemässen Vergütung einen Drittel dem Vermittler abzugeben haben, sind in unselbständiger Stellung erwerbstätig (ZAK 1955 35).

Bauführer
Aufgrund der konkreten Ausgestaltung der Vertragsverhältnisse wird eine selbständige Erwerbstätigkeit angenommen. Soweit eine betriebswirtschaftliche bzw. arbeitsorganisatorische Bindung des Bauführers an den Architekten gegeben ist, liegt diese im üblichen, durch die Natur des Auftragsverhältnisses begründeten Rahmen und mithin im normalen Bereich jener Anordnungen, welche ein Auftraggeber einem auch im sozialversicherungsrechtlichen Sinne selbständigen Beauftragten geben kann (ZAK 1984 222 E. 5).

Bankangestellter
Wer die Niederlassung einer Bank führt, ist – aufgrund der konkreten Umstände des Falles – als unselbständigerwerbend zu betrachten (EVGE 1953 132 ff.).

Beamter
Wer aus dem Staatsdienst austritt, jedoch für seinen ehemaligen Arbeitgeber eine bereits begonnene Arbeit noch zu Ende führt (im vorliegenden Fall einen Band der kantonalen Verwaltungspraxis), ist in unselbständiger Stellung erwerbstätig (ZAK 1953 418 f.).

Betreibungsbeamter
Vgl. nachstehend Ziff. III.2, Stichwort Sporteln.

Betriebsberater
Es ist eine bekannte Erscheinung der neueren Zeit, dass sich Einzelpersonen oder Organisationen, die auf ein bestimmtes technisches oder kaufmännisches Fachgebiet spezialisiert sind, einer Firma (exklusiv oder neben anderen) auf bestimmte oder unbestimmte Zeit in einem selbständigen Auftragsverhältnis in Beraterfunktion zur Verfügung stellen. Da im konkreten Fall der *materielle* Inhalt des Vertrages überwiegend auf selbständige Erwerbstätigkeit hindeutet, vermögen die Tatsache, dass der Versicherte während der Dauer des Vertragsverhältnisses ausschliesslich für die betreffende Firma tätig sein musste, sowie diejenige, dass er nur wenige Investitionen vorzunehmen hatte, nicht zur Annahme einer unselbständigen Erwerbstätigkeit zu führen (110 V 79 f.). Dasselbe gilt für einen Betriebsberater, der zwar monatlich entschädigt wurde, dessen Spesen separat vergütet wurden und von dem eine ganzzeitliche Tätigkeit erwartet wurde, wenn er in keinem arbeitsorganisatorischen Abhängigkeitsverhältnis stand (ZAK 1983 199 f. E. 3; vgl. für einen Anwendungsfall ferner ZAK 1971 163 f.).

Brockenstube-Leiter

Indizien für eine selbständige Erwerbstätigkeit sind die erfolgsgebundene Vergütung und die Haftung gegenüber Dritten (ZAK 1985 315 E. 3b).

Buchhalter

Wer die Besorgung der Buchhaltung in völliger Freiheit und Selbstbestimmung ausübt, d.h. selber die Zeit wählt, seine Arbeit ganz oder grösstenteils zu Hause erledigt, eigene Arbeitsmittel benutzt und keine Weisungen entgegenzunehmen hat, übt eine selbständige Erwerbstätigkeit aus (ZAK 1953 463 f.).

Coiffeur

Wenn ein Coiffeur über die von ihm als Untermieter benutzte Betriebseinrichtung nicht frei verfügen kann, wie dies in eigenen Geschäftsräumlichkeiten der Fall wäre, liegt – unter Berücksichtigung weiterer Gesichtspunkte – eine unselbständige Erwerbstätigkeit vor (ZAK 1978 507 f.).

EDV-Mitarbeiter

In der Regel ist bei freien Mitarbeitern auf dem Gebiet der EVG eine unselbständige Erwerbstätigkeit anzunehmen (AHI-Praxis 1995 141 E. 3).

Wenn ein Mitarbeiter kein spezifisches Unternehmerrisiko trägt, die Aufträge nicht selber zu akquirieren hat, keinen massgeblichen Kapitaleinsatz und keine Investitionen zu tätigen hat und keine Unkosten für Personal und Miete trägt, jedoch einer gewissen Weisungsbefugnis untersteht, ist eine unselbständige Erwerbstätigkeit anzunehmen (ZAK 1989 100 f. E. 5). Dasselbe gilt für einen freien Mitarbeiter, der sich gegenüber der Firma verpflichtet, gewisse Dienstleistungen zu erbringen (z.B. Ausarbeitung von Computer-Programmen), dabei an einen bestimmten Arbeitsplan gebunden sowie auf firmeneigene Einrichtungen angewiesen ist und keine erheblichen Unkosten zu tragen hat (ZAK 1982 185 f.). Anders ist ein EDV-Spezialist zu beurteilen, der als Aussenstehender zur betrieblichen Reorganisation beigezogen wird und dem Auftraggeber als gleichberechtigter Partner gegenübersteht (ZAK 1983 198 f.). – Für einen Anwendungsfall, in dem unselbständige Erwerbstätigkeit angenommen wurde, vgl. AHI-Praxis 1993 14.

Erfinder

Nach der Praxis ist Erwerbseinkommen aus unselbständiger Tätigkeit insbesondere gegeben, wenn der Erfinder verpflichtet ist, im Betrieb des Lizenznehmers in abhängiger Stellung an der Auswertung der Erfindung persönlich mitzuarbeiten. Einkommen aus selbständiger Erwerbstätigkeit ist namentlich anzunehmen, wenn eine patentierte Erfindung vom Erfinder selber ausgebeutet wird, allein oder als Teilhaber jener ausbeutenden Personengesellschaft (97 V 29 E. 2).

Vgl. auch Kommentar zu Art. 9 AHVG, Ziff. I.2.n.

Feldmauser

Wer sich gegenüber einer Gemeinde vertraglich verpflichtet und nach Zahl der gefangenen Mäuse entschädigt wird, ist unselbständig erwerbstätig (ZAK 1956 39).

Fleischschauer

Fleischschauer, die von einem Gemeinwesen für eine bestimmte Amtsdauer mit gesundheitspolizeilichen Funktionen betraut sind, haben als öffentliche Funktionäre zu gelten; das Gemeinwesen ist für die von ihnen bezogenen Entschädigungen abrechnungspflichtig (EVGE 1967 229).

Förster

Die Forstverwaltung bildet einen Zweig der kantonalen Verwaltung; es liegt somit auf der Hand, dass die Kantons-, Gemeinde- und Korporationsförster Beamte und deshalb im AHV-rechtlichen Sinne Unselbständigerwerbende sind; wird einem Kreisförster als Hilfskraft ein diplomierter Forstingenieur beigegeben, gilt für diesen nichts anderes (ZAK 1954 306).

Der Gemeindeförster ist hinsichtlich seiner amtlichen Funktion als Unselbständigerwerbender zu betrachten (98 V 233).

Fotomodell

Fotomodelle üben grundsätzlich eine unselbständige Erwerbstätigkeit aus (ZAK 1964 541 f.).

Freier Mitarbeiter

Vgl. vorstehend Stichwort EDV-Mitarbeiter.

Friedhofgärtner

Wenn ein Friedhofgärtner sich an ein Pflichtenheft zu halten hat, welches detaillierte Anordnungen der Gesundheitsbehörde enthält, und die Entschädigungen durch Gemeinderatsbeschluss festgelegt werden, liegt unselbständige Erwerbstätigkeit vor (ZAK 1970 470 E. 2).

Fussballer
Fussballspieler, die für ihre Spieltätigkeit Prämien erhalten, üben eine unselbständige Erwerbstätigkeit aus (EVGE 1964 17 E. 3).

Gebäudeschätzer
Richtet eine öffentlich-rechtliche Anstalt einem Gebäudeschätzer Entschädigungen aus, ist von einer unselbständigen Erwerbstätigkeit auszugehen (ZAK 1950 448 f.).

Geistlicher
Vgl. nachstehend Stichwort Pfarrer.

Gerichtsperson
Wenn eine Gerichtsperson für ihre amtliche Tätigkeit Taggelder bezieht und diese nicht Ersatz der Aufwendungen für Verpflegung, Reisen etc. darstellen, handelt es sich bei ihnen grundsätzlich um massgebenden Lohn (EVGE 1966 83).

Geschäftsführer
Wer ein Verkaufsgeschäft mietet und vom Vermieter Waren nach dessen Vorschriften verkauft, wobei er wöchentlich die Einnahmen abzüglich einer Provision dem Vermieter zu überweisen hat, gilt insoweit als Unselbständigerwerbender (ZAK 1957 317 f.).

Golfplatzgehilfe
Sowohl der «Chef-Caddie» als auch die jeweiligen «Caddies» gelten als Unselbständigerwerbende (ZAK 1957 257 ff.).

Grundbuchführer
Nebenberufliche Grundbuchführer sind in ihrer öffentlichen Funktion unselbständig erwerbstätig (ZAK 1958 63).

Hauswart
Wer nicht persönlich für die Betriebsspesen aufkommen und daher kein Unternehmerrisiko tragen muss, übt – wenn das notwendige Material zur Verfügung gestellt wird – eine unselbständige Erwerbstätigkeit aus (ZAK 1970 471 E. 2).

Heimarbeiter
Wer in Heimarbeit für die PTT bzw. das EMD Sackreparaturen vornimmt, ist in unselbständiger Stellung erwerbstätig (ZAK 1979 496 f. E. 3). – Zur Stellung des sog. Zwischenmeisters vgl. ZAK 1966 197 f. – Zur Stellung des Heimarbeiters eines Warenhauses vgl. ZAK 1957 153 f.

Journalist

Freierwerbenden Journalisten, welche regelmässig für die nämliche Zeitschrift arbeiten, kommt für diese Tätigkeit i.d.R. die Stellung eines Unselbständigerwerbenden zu. Dies verhält sich somit gleich wie bei Agenten oder Reisevertretern, die praxisgemäss nur als selbständigerwerbend gelten, wenn sie kumulativ eigene Geschäftsräumlichkeiten benützen, eigenes Personal beschäftigen und die Geschäftskosten im wesentlichen selber tragen (119 V 162 ff. E. 3; Präzisierung von ZAK 1955 492 f.).

Kollektivgesellschafter

Vgl. dazu Kommentar zu Art. 9 AHVG, Ziff. I.2.a.

Kommanditgesellschafter

Vgl. dazu Kommentar zu Art. 9 AHVG, Ziff. I.2.a.

Komponist

Am Entscheid, dass eine selbständige Erwerbstätigkeit vorliegt, ändert nichts, dass eine Bindung an die SUISA besteht, die die Rechte des Komponisten an den von ihm geschaffenen Werken, v.a. die aus deren Verwertung entstehenden Entschädigungsansprüche, wahrt (SVR 1994 AHV Nr. 10 S. 23).

Konkubine

Gemäss ständiger (vom BSV in SVR 1995 AHV Nr. 52 S. 143 f. in Frage gestellter; Anm. Red.) Rechtsprechung ist die im Konkubinat lebende Frau, die den gemeinsamen Haushalt führt und dafür von ihrem Partner Naturalleistungen und allenfalls zusätzlich ein Taschengeld erhält, hinsichtlich dieser Tätigkeit beitragsrechtlich als Unselbständigerwerbende zu betrachten (116 V 179 E. 2). Liegt allerdings der für den Konkubinatspartner geschuldete Beitrag unterhalb des Mindestbetrags gemäss Art. 10 Abs. 1 Satz 1 AHVG, wird er in Anwendung von Art. 10 Abs. 1 Satz 2 AHVG – und in Abweichung von den Grundsätzen gemäss 110 V 1 ff.– zu den nichterwerbstätigen Versicherten gezählt (116 V 181 E. 5). – Vgl. zur Abgrenzung der Erwerbstätigkeit zur Nichterwerbstätigkeit näheres im Kommentar zu Art. 10 AHVG, Ziff. I.2, Stichwort Konkubinatspartner.

Krankenschwester

Anwendungsfall, in dem eine unselbständige Erwerbstätigkeit bejaht wurde, in ZAK 1950 33 E. 2.

Kreditvermittler
Bei der Tätigkeit der Kreditvermittler überwiegen – im konkreten Fall – die Merkmale, welche für eine unselbständige Tätigkeit sprechen, deutlich (AHI-Praxis 1995 26 E. 2a).

Kurier
Aufgrund des zwischen den Parteien bestehenden Vertragsverhältnisses liegt im konkreten Fall eine unselbständige Erwerbstätigkeit vor (ZAK 1992 164 f. E. 4).

Lastwagenfahrer
Wenn ein Lastwagenfahrer Eigentümer des von ihm für die Transporte benützten Fahrzeuges ist und auch für dessen Kosten aufkommt, liegt ein wesentliches Indiz für eine selbständige Erwerbstätigkeit vor; dass eine gewisse wirtschaftliche Abhängigkeit besteht, ist nicht entscheidend; derartige Abhängigkeiten kleinerer Betriebe von ihren Auftraggebern sind in der Wirtschaft weit verbreitet, ohne dass darum Verhältnisse im Sinne einer unselbständigen Erwerbstätigkeit angenommen werden könnten (ZAK 1983 444). Wer Weisungen einzuhalten hat und den – zwar in seinem Eigentum stehenden – Lastwagen ausschliesslich dem Vertragspartner zur Verfügung zu stellen hat, ist unselbständig erwerbstätiger Lastwagenfahrer (ZAK 1979 345).

Lehrer
Annahme einer unselbständiger Erwerbstätigkeit: Aufgrund der konkreten Umstände wird eine Eislauflehrerin als unselbständigerwerbend angesehen (ZAK 1969 733 f.).

Eine unselbständige Erwerbstätigkeit liegt vor, wenn – bei Entschädigung nach einem vom Institut aufgestellten Schema – im Nebenberuf für ein Sprachinstitut Arbeiten korrigiert werden, welche von Schülern des Instituts eingereicht wurden (ZAK 1956 38 f.).

Wird durch ein Reglement die Arbeitsorganisation eingehend bestimmt und das Entgelt nach einem Tarif festgesetzt, ist ein in einem Konservatorium tätiger Musiklehrer als unselbständigerwerbend anzusehen (ZAK 1952 437 f.).

Aufgrund der konkreten Umstände liegt bei einer Kurserteilung an der Klubschule Migros eine unselbständige Erwerbstätigkeit vor (AHI-Praxis 1995 136 f.).

Annahme einer selbständigen Erwerbstätigkeit: Gestalten sich die konkreten Verhältnisse so, dass die Aufnahme von Schülern, die Gewinnung von Lehrkräften und die Gestaltung des Unterrichts einzig dem Lehrerkollegium zustehen, so ist dieses autonom und sind die einzelnen Lehrer und Lehrerinnen Mitglieder einer die Schule selbständig betreuenden Gemeinschaft, so dass eine selbständige Erwerbstätigkeit anzunehmen ist (EVGE 1959 129).

Wer als Privatskilehrer Unterricht erteilt, der von der Skischule weder organisiert noch honoriert wird, und wenn die diesbezüglichen Einkünfte auch nicht Bestandteil der Buchhaltung der Schule bilden, ist selbständige Erwerbstätigkeit anzunehmen (ZAK 1957 153 E. 3).

Losverkäufer

Losverkäufer gelten, wenn sie ihre Arbeit zu festen Zeiten zu leisten haben, sich an Weisungen zu richten haben, weder über das Arbeitsergebnis verfügen noch ein wirtschaftliches Risiko tragen und das Mass des Arbeitsentgelts nicht selber bestimmen können, als unselbständigerwerbend (EVGE 1950 43 f.).

Mäkler

Mäkler gelten i.d.R. als Selbständigerwerbende (ZAK 1988 292 ff.).

Musiker

Annahme einer selbständigen Erwerbstätigkeit: Steht beim Auftritt eines Musikers dessen Persönlichkeit dermassen im Vordergrund, dass daneben dessen Festlegung auf ein bestimmtes Konzertprogramm als irrelevant erscheint, liegt eine selbständige Erwerbstätigkeit vor (ZAK 1956 112 E. 2). Wenn – wofür insbesondere auch praktische Gründe angeführt werden können – in bezug auf einzelne Gala-Auftritte eines Musikers eine selbständige Erwerbstätigkeit angenommen wird, hingegen bezüglich der längerfristigen Verpflichtungen auf eine unselbständige Tätigkeit geschlossen wird, mag zwar ein gewisser Widerspruch bestehen; beides entspricht jedoch der Gerichts- und Verwaltungspraxis (SVR 1994 AHV Nr. 10 S. 23 f.).

Annahme einer unselbständigen Erwerbstätigkeit: Wenn ein Musiker in einem Orchester als Zuzüger mitwirkt, ist in der Regel unselbständige Erwerbstätigkeit anzunehmen. Ein solcher Musiker befindet sich in abhängiger Stellung; er hat die Weisungen der Orchesterleitung zu befolgen, und die Entschädigung wird vom Veranstalter nach der Dauer der Anwesenheit bei Proben und Aufführung bemessen (ZAK 1949 257 f.).

Vgl. auch Stichwort Artist sowie nachstehend Kommentar zu Art. 9 AHVG, Ziff. I.2.s.

Pfarrer

Annahme einer unselbständigen Erwerbstätigkeit: Die Pfarrer einer als Verein mit eigener Rechtspersönlichkeit organisierten Glaubensgemeinschaft gelten - aufgrund der konkreten Umstände – als deren Arbeitnehmer (ZAK 1958 65 f.). Unselbständige Erwerbstätigkeit liegt ferner vor, wenn das Einkommen des Pfarrers für seine Amtstätigkeit aus der kirchlichen Pfründe erwächst (EVGE 1954 20 ff.) und wenn – beim Bestehen eines Abhängigkeitsverhältnisses – die zu qualifizierenden Beiträge regelmässig ausbezahlt werden (ZAK 1950 159 f.).

Annahme einer selbständigen Erwerbstätigkeit: Wer – als Wanderprediger – seinen Lebensunterhalt aus Kollekten, die regelmässig für seinen Unterhalt erhoben werden, deckt, gilt als Selbständigerwerbender (ZAK 1950 407).

Vgl. auch Kommentar zu Art. 10 AHVG, Ziff. I.2, Stichwort Missionar (Annahme einer Nichterwerbstätigkeit).

Pilzkontrolleur
Der Pilzkontrolleur ist hinsichtlich seiner amtlichen Funktion als Unselbständigerwerbender zu betrachten (98 V 233).

Postautohalter
Private Postautohalter und deren Personal, soweit dieses Postautokurse führt, gelten als Arbeitnehmer der PTT (ZAK 1979 555).

Radio-Mitarbeiter
Wer – als Schauspieler – sich nach den Weisungen der Sendeleitung zu richten hat, zur persönlichen Dienstleistung zu festgesetzten Zeiten verpflichtet ist und eine Entschädigung erhält, welche von der Radiogesellschaft nach der Dauer der Anwesenheit bemessen wird, gilt als Unselbständigerwerbender (EVGE 1949 43).

Reisevertreter
Vgl. nachstehend Stichwort Vertreter.

Schmiergeld-Empfänger
Ob selbständige oder unselbständige Erwerbstätigkeit vorliegt, ist in jedem einzelnen Fall unter Berücksichtigung der konkreten Umstände zu prüfen. Aus Praktikabilitätsgründen ist in der Annahme selbständiger Erwerbstätigkeit jedoch Zurückhaltung geboten (115 V 3 E. 4c).

Schneider
Ein Schneider, der in Heimarbeit für ein Zeughaus erwerbstätig ist, gilt aufgrund der konkreten Umstände als unselbständigerwerbend; es liegt allerdings ein Grenzfall vor (EVGE 1950 93 ff.).

Taxifahrer
Wenn ein Taxifahrer nicht frei über seine Arbeitszeit verfügen kann und er nicht wirksam gegen den Beizug zusätzlicher Fahrer durch die

Gesellschaft, welcher er angeschlossen ist, Einspruch erheben kann, ist – unter Hinweis auf sonstige Gegebenheiten – eine unselbständige Erwerbstätigkeit anzunehmen (ZAK 1971 31 f.).

Tierarzt

Ein Tierarzt, der – im Rahmen des Tuberkulosebekämpfungsverfahrens – vom Kantonstierarzt im Einvernehmen mit dem Viehbesitzer bezeichnet und nur von Fall zu Fall zur Erfüllung einer bestimmten Aufgabe herangezogen wird, ist für diese Tätigkeit selbständigerwerbend (ZAK 1955 108 ff.).

Totengräber

Vgl. vorstehend Stichwort Friedhofgärtner.

Übersetzer

Bei der Qualifizierung von Übersetzern ist der arbeitsorganisatorischen Unabhängigkeit gegenüber dem wirtschaftlichen Risiko ein besonderes Gewicht zuzumessen (ZAK 1986 513 E. 2b). Wenn sich ein Übersetzer bei Bedarf und nach Möglichkeit einem Übersetzungsbüro zur Verfügung stellt und ein eigentliches Unternehmerrisiko fehlt, ist – wenn auch ein Grenzfall zu selbständiger Erwerbstätigkeit vorliegt – auf Unselbständigkeit zu schliessen (ZAK 1978 407). Wenn ein Übersetzer sich für eine bestimmte Zeit und gegen eine feste Entschädigung anstellen lässt, liegt eine unselbständige Erwerbstätigkeit vor (ZAK 1972 725 f.).

Umlader

Wer für Rechnung eines Eisenbahnunternehmens Umladearbeiten verrichtet, dabei zahlreiche und eingehende Weisungen zu beachten hat und faktisch kein Unternehmerrisiko trägt, gilt als Unselbständigerwerbender (ZAK 1961 355 f.).

Vertreter

Vgl. allgemein vorstehend Stichwort Agent.

Eine *Reisevertreter* gilt als Unselbständigerwerbender, sofern nicht besondere Umstände gegeben sind, die es rechtfertigen, ihn ausnahmsweise als selbständigen Reisevertreter zu qualifizieren (ZAK 1980 325). Zu berücksichtigen ist bei dem Entscheid, ob selbständige oder unselbständige Erwerbstätigkeit vorliegt, dass die arbeitsorganisatorischen Verhältnisse des Vertreters besonders gestaltet sind; insoweit lässt die Freiheit in Zeiteinteilung und Arbeitsgestaltung noch nicht auf selbständige Erwerbstätigkeit schliessen (EVGE 1955 22). Praxisgemäss können Reisevertreter nur als selbständigerwerbend gelten, wenn sie kumulativ eigene Geschäftsräumlichkeiten benutzen, eigenes Personal beschäftigen und die Geschäftskosten im wesentlichen selber tragen (119 V 163).

Vgl. für einen Anwendungsfall ZAK 1960 473 f. (Annahme einer unselbständigen Erwerbstätigkeit) sowie ZAK 1949 320 (Annahme einer selbständigen Erwerbstätigkeit).

Der *Versicherungsvertreter*, der zwar in seiner Vermittlertätigkeit weitgehende Freiheit geniesst, jedoch die Weisungen des Generalagenten zu beachten hat und kein Unternehmerrisiko trägt, übt eine unselbständige Erwerbstätigkeit aus (ZAK 1955 451).

Verwaltungsrat

Bei Leistungen einer Aktiengesellschaft an ein Verwaltungsratsmitglied wird vermutet, dass sie diesem als Organ einer juristischen Person zukommen und daher als massgebender Lohn zu betrachten sind (ZAK 1983 23). Ist ein Verwaltungsrat zugleich als Rechtsanwalt für die Gesellschaft tätig, ist bezüglich der Qualifikation der ihm ausgerichteten Entschädigung massgebend, ob die Tätigkeit, für welche die Entschädigung ausgerichtet wird, mit dem Amt als Verwaltungsrat verbunden ist oder ob sie ebensogut losgelöst von diesem Amt erfolgen kann (105 V 115). – Für den Fall, dass das Verwaltungsratshonorar nicht dem Verwaltungsrat selbst, sondern dessen Arbeitgeber zugewendet wird, vgl. ZAK 1970 28 f.

Vormund

Die Rechtsprechung nimmt an, wer kraft staatlicher Ernennung eine Funktion der öffentlichen Verwaltung ausübe, arbeite in unselbständiger Stellung und sei folglich mit Bezug auf diese Tätigkeit als Unselbständigerwerbender zu behandeln. Beim Vormund ist somit zunächst massgebend, ob dieser im Auftrag des Gemeinwesens und gestützt auf öffentlich-rechtliche Bestimmungen eine Aufgabe der staatlichen Verwaltung erfüllt. Wenn der Vormund gestützt auf Art. 416 ZGB Entschädigungen erhält, sind diese als massgebender Lohn zu betrachten (98 V 233 ff.).

Zahnarzt

Entgelte nebenberuflicher Schulzahnärzte für schulzahnärztliche Untersuchungen stellen Erwerb aus unselbständiger Erwerbstätigkeit dar. Ebenso fallen darunter die Entgelte für die Behandlung, sofern der Schulzahnarzt verpflichtet ist, die ihm zugewiesenen Schüler zu behandeln, und er kein Risiko für den Eingang der Behandlungskosten trägt, weil das Gemeinwesen deren Entschädigung garantiert (ZAK 1987 357 E. 2a).

Zeitungs(wieder)verkäufer
Im konkreten Fall liegen Merkmale der selbständigen Erwerbstätigkeit (wirtschaftliches Risiko aus Verlusten oder Diebstählen; Anschaffungs- und Unterhaltskosten eines Privatwagens) und der unselbständigen Erwerbstätigkeit vor (wobei die Frage der Weisungsbefugnis bei der Verbreitung einer Tageszeitung nicht entscheidend ist) (ZAK 1989 440 f. E. 3b).

III. Begriff des massgebenden Lohns (Abs. 2)

1. Allgemeines

Massgebend ist die Beziehung des zu qualifizierenden Einkommens zur Betätigung des Bezügers. Besteht ein solcher Zusammenhang, kann es nicht darauf ankommen, ob diese Tätigkeit überhaupt nicht oder auch nicht vorwiegend in Erwerbsabsicht ausgeübt wird, weil etwa ideelle oder gemeinnützige Zwecke im Vordergrund stehen (EVGE 1953 34 E. 2a).

Der Einwand, es handle sich bei einem Lohn um einen «Bagatell-Lohn», vermag die Beitragspflicht nicht aufzuheben (EVGE 1955 172 E. 1).

Nicht beitragspflichtig sind Leistungen, die offensichtlich nichts mit Lohn zu tun haben, d.h. nicht Entgelt für geleistete Arbeit darstellen. Dies gilt etwa für die Übernahme der Einbürgerungskosten eines Arbeitnehmers durch den Arbeitgeber, wenn jener nicht der Charakter einer Leistungsprämie zukommt (EVGE 1955 100).

2. Einzelfälle

Abfindung
Eine Vergütung, die ein Arbeitnehmer wegen vorzeitiger Entlassung erhält, gilt als massgebender Lohn (EVGE 1958 111).

Abgangsentschädigung

Literatur: Tschudi, Probleme bei der Abgangsentschädigung, 237 ff.

Vgl. dazu Art. 6 Abs. 2 lit. i AHVV. – Damit eine Abgangsentschädigung nicht zum massgebenden Lohn zu zählen ist, muss sie einen Sozialleistungscharakter haben; stellt sich hingegen die Abgangsentschädigung als verdeckten Lohn dar, beinhaltet sie solchen oder enthält sie auch Gewinnanteile, gehört sie zum massgebenden Lohn (ZAK 1986 463 E. 3).

Arbeitnehmeraktien

Vgl. dazu Art. 7 lit. c AHVV. – Massgebender Lohn liegt vor, wenn zwischen dem Erwerbspreis der Aktie und dem Verkehrswert derselben eine Differenz besteht (102 V 154). Es kann dabei ausnahmsweise von einem mittleren Kurswert der Aktie ausgegangen werden, wenn – bei einer grossen Zahl von Aktien – es einen nicht zu rechtfertigenden administrativen Aufwand bedeuten würde, für jeden einzelnen Aktienbezug eine besondere Beitragsabrechnung zu erstellen (ZAK 1976 395 E. 2b).

Als Arbeitnehmeraktien gelten dabei auch Aktien, die nicht von der Arbeitgeberfirma selber, sondern von einem Dritten abgegeben werden. Entscheidend ist einzig, dass der Aktienerwerb – zu den genannten Vorzugsbedingungen – an das Arbeitsverhältnis anknüpft (AHI-Praxis 1995 149 E. 3a).

Auslagenersatz

Massgebender Lohn ist anzunehmen, wenn Kosten der Bewirtung von Geschäftsfreunden anlässlich einer privaten Feier übernommen werden (ZAK 1982 368).

Baubeiträge

Bedingt rückzahlbare Baubeiträge des Arbeitgebers an das Eigenheim des Arbeitnehmers bilden nicht Bestandteil des massgebenden Lohnes, soweit sich die Leistung im üblichen Mass und in einem vernünftigen, insbesondere eine Umgehungsabsicht ausschliessenden Verhältnis zum eigentlichen Arbeitsentgelt hält (106 V 136 E. 3).

Dienstaltersgeschenke

Dienstaltersgeschenke gelten – seit einer Verordnungsänderung vom 29. Juni 1983 – generell als Bestandteil des massgebenden Lohnes (vgl. ZAK 1983 368 f.). – Vgl. auch nachfolgend Stichwort Gratifikation.

Die frühere Rechtsprechung, wonach Dienstaltersgeschenke – im Gegensatz zu den Treueprämien, welche sich durch gehäufte Wiederholung kennzeichnen – eindeutig Ausnahmecharakter haben und wonach als beitragsfrei insgesamt drei Zuwendungen zu Dienstjubiläen anerkannt werden können (107 V 202 E. 3b) und gemäss welcher nicht zu unterscheiden ist zwischen dem privaten und dem öffentlich-rechtlichen Arbeitgeber (EVGE 1969 34), ist nicht mehr anwendbar. – Unzutreffende Erwähnung der Dienstaltersgeschenke in 111 V 79 E. 2b.

(Dienst-)Wohnung

Wenn ein Arbeitgeber seinem Arbeitnehmer eine Wohnung wesentlich unter dem ortsüblichen Mietwert zur Verfügung stellt, bildet der Differenzbetrag massgebenden Lohn (ZAK 1981 376 f.). – Vgl. auch nachstehend Stichwort Naturallohn.

Familienzulagen

Vgl. dazu Kommentar zu Art. 5 AHVG, Ziff. IV.1.

Feuerwehrsold

Der Feuerwehrsold gehört nicht zu dem für die Beitragspflicht massgebenden Lohn. Wie der Militärdienst ist auch der Feuerwehrdienst nicht eine auf Erwerb gerichtete Tätigkeit. Geht es um die Qualifikation einer Pauschalvergütung, welche für den Materialdienst gewährt wird, ist entscheidend, ob die damit abgegoltenen Arbeiten funktionell Bestandteil des gesamten – nebenamtlichen – Feuerwehrdienstes sind, was in bezug auf die Frage des Materialdienstes ohne Zweifel zu bejahen ist (ZAK 1972 50 f.). Nicht beitragspflichtig ist sodann die Entschädigung, welche die Feuerwehrleute für die Leistung von Verkehrsordnungsdienst erhalten (ZAK 1969 184 f.). Geht es um die Qualifizierung eines Feuerwehrsoldes eines Angehörigen einer privaten Werkfeuerwehr, ist – wenn diese nicht nur privaten, sondern auch öffentlichen Interessen dient und staatlich anerkannt ist – Beitragsfreiheit anzunehmen (ZAK 1950 316 f.).

Freiwillige Leistungen des Arbeitgebers

Wenn freiwillige Leistungen des Arbeitgebers auch als Anreiz dienen, das Arbeitsverhältnis fortzusetzen, gehören sie zum massgebenden Lohn (EVGE 1965 231).

Gewinnanteil

Bei Leistungen, welche eine juristische Person an ihre Arbeitnehmer erbringt, die gleichzeitig Inhaber gesellschaftlicher Beteiligungsrechte sind, kann sich bei der Festsetzung der Beiträge die Frage stellen, ob und inwieweit es sich um massgebenden Lohn oder um Kapitalertrag handelt. Massgebender Lohn ist anzunehmen, wenn die Vergütung im Arbeitsverhältnis ihren hinreichenden Grund hat. Sonstige Zuwendungen sind nicht beitragspflichtig; es handelt sich bei entsprechenden Gewinnausschüttungen um sog. geldwerte Leistungen, d.h. Leistungen, die eine Gesellschaft ihren Gesellschaftern ohne entsprechende

Gegenleistung zuwendet, aber unbeteiligten Dritten unter den gleichen Umständen nicht erbringen würde (103 V 3 f.).

Dass die Höhe eines Gewinnanteiles auch durch die Entwicklung der Konjunktur bedingt ist, ist – falls im Grundsatz der Gewinnanteil als massgebender Lohn zu betrachten ist – nicht von Bedeutung (ZAK 1964 296 f.).

Bei Zuwendungen aus dem Reingewinn einer juristischen Person soll i.d.R. von der bundessteuerrechtlichen Betrachtungsweise nicht abgewichen werden (ZAK 1989 304 f. E. 3c).

Globallohn mitarbeitender Familienmitglieder

Wenn ein Vater zu seinen Lebzeiten dem Hauskind für während dessen Mündigkeit geleistete Dienste eine einmalige Zuwendung macht, ist massgebender Lohn anzunehmen. Bei dieser Betrachtungsweise resultiert im Ergebnis zwar eine doppelte Belastung des Vaters mit Sozialversicherungsbeiträgen, da dieser wegen der Einsparungen von Barlöhnen für das Kind während Jahren auf einem entsprechend höheren Einkommen aus selbständiger Erwerbstätigkeit persönliche AHV-Beiträge bezahlen musste; dieses Ergebnis ist jedoch hinzunehmen, da es eine Folge des AHV-rechtlichen Systems der Ermittlung des Einkommens aus selbständiger Erwerbstätigkeit ist (EVGE 1961 25 f.).

Gratifikation

Wenn an das gesamte Personal Zuwendungen erbracht werden, können diese nicht je nach ihrer Höhe in beitragspflichtige Gratifikationen und beitragsfreie Geschenke aufgeteilt werden (EVGE 1960 297). – Vgl. auch vorstehend Stichwort Dienstaltersgeschenke.

Handgeld

Wird beim Übertritt eines Fussballspielers zu einem neuen Club ein Handgeld an den Spieler ausgerichtet, stellt dies massgebenden Lohn dar, wenn es eine Entschädigung für die Bereitschaft des Spielers, beim neuen Club mitzuwirken, darstellt (ZAK 1981 544).

Konkubinatsentschädigung

Wenn wegen der bescheidenen wirtschaftlichen Lage des zur Entrichtung paritätischer Beiträge verpflichteten anderen Konkubinatspartners (betr. Einordnung der Haushaltsführung im Konkubinat als unselbständige Erwerbstätigkeit vgl. Kommentar zu Art. 5 AHVG, Ziff. II.2, Stichwort Konkubine) die Bewertung des Naturaleinkommens offensichtlich in keinem Verhältnis zu den wirtschaftlichen Verhältnissen steht, ist auf jenen Betrag abzustellen, der nach Abzug des betreibungsrechtlichen Notbedarfs des beitragspflichtigen Partners von seinem Bruttoeinkommen verbleibt (116 V 180 E. 3). Übt der Konkubinatspartner, der den Haushalt führt, eine erhebliche Erwerbstätigkeit aus, ist von einer Beitragserhebung auf den vom Partner gewährten Naturalleistungen (in Form von Verpflegung und Unterkunft) abzusehen (ZAK 1990 428 E. 3d). – Vgl. auch Kommentar zu Art. 10 AHVG, Ziff. I.2, Stichwort Konkubinatspartner.

Konkurrenzverbotsentschädigung

Wird einem ehemaligen Arbeitnehmer für die Einhaltung eines Konkurrenzverbotes eine Entschädigung ausgerichtet, bildet diese massgebenden Lohn. Die Entschädigung ist nämlich dazu bestimmt, die Verdiensteinbusse, welche dieser Arbeitnehmer dadurch erleidet, dass er in Befolgung des Konkurrenzverbotes in seinen Erwerbsmöglichkeiten eingeschränkt ist, auszugleichen. Sodann soll der Arbeitnehmer für die über das Ende des Arbeitsvertrages hinaus bestehende Treuepflicht entschädigt werden. Sonach liegt eine Leistung vor, die ihre Ursache in einem dienstvertraglichen Institut hat (EVGE 1955 264 ff.).

Konkursdividende betr. Lohnanspruch

Konkursdividenden, welche dem Arbeitnehmer wegen vorzeitiger Auflösung des Arbeitsverhältnisses zufolge Konkurses zustehen, gehören – ebenso wie die Entschädigung, die ein Arbeitnehmer wegen vorzeitiger Entlassung vom Arbeitgeber enthält – zum massgebenden Lohn (102 V 157 f.). – Vgl. dazu auch vorstehend Stichwort Abfindung.

Krankengeld

Richtet der Arbeitgeber bei fortbestehendem Dienstverhältnis für krankheitsbedingten Lohnausfall Entschädigungen aus, bilden diese massgebenden Lohn und zwar unabhängig davon, ob sie der Arbeitgeber in Erfüllung einer rechtlichen Pflicht oder aus anderen Motiven gewährt (113 V 167 E. 5a).

Leistungsprämie

Als Bestandteil des Lohnes anzusehen sind an den Arbeitnehmer ausbezahlte «Durchhalteprämien» für das Durchhalten auf einer entlegenen Arbeitsstelle im Winter und Sommer (Staumauerbau) (ZAK 1954 190 f.).

Lidlohn

Literatur: Herold, Der Lidlohn im Zivil-, Steuer- und Sozialversicherungsrecht, 161 ff.

Lidlohn, d.h. ein Lohnanspruch für früher im gemeinsamen Haushalt geleistete, damals nicht entschädigte Arbeit, hat nicht mehr erbrechtlichen Charakter, sondern stellt einen gesetzlichen obligationenrechtlichen Anspruch sui generis dar. Es ist insoweit davon auszugehen, dass massgebendes, beitragspflichtiges Einkommen vorliegt. Die Beiträge sind in dem Zeitpunkt geschuldet, in welchem das Einkommen realisiert wird (ZAK 1989 28 f. E. 3).

Lizenzeinnahmen

Vgl. auch Kommentar zu Art. 9 AHVG, Ziff. I.2.n.

Massgebend für die Frage, ob selbständige oder unselbständige Erwerbstätigkeit vorliegt, d.h. ob die Lizenzeinnahmen zum massgebenden Lohn gehören, ist nicht der Abschluss des Lizenzvertrages, sondern der Charakter der Tätigkeit des Lizenzgebers über den Abschluss des Lizenzvertrages hinaus, d.h. derjenigen, die ihn mit der Ausbeutung verbindet (97 V 29 E. 2).

Nach der Praxis ist Erwerbseinkommen aus unselbständiger Tätigkeit insbesondere gegeben, wenn der *Erfinder* verpflichtet ist, im Betrieb des Lizenznehmers in abhängiger Stellung an der Auswertung der Erfindung persönlich mitzuarbeiten. Einkommen aus selbständiger Erwerbstätigkeit ist namentlich anzunehmen, wenn eine patentierte Erfindung vom Erfinder selber ausgebeutet wird, allein oder als Teilhaber jener ausbeutenden Personengesellschaft (97 V 29 E. 2). Für einen *Anwendungsfall* vgl. EVGE 1966 157 ff.

Wer ihm gehörende Rechte *systematisch verwertet*, ist für die daraus fliessenden Lizenzeinnahmen beitragspflichtig; es liegt kein beitragsfreier Kapitalertrag vor (ZAK 1971 504).

Naturallohn

Grundsatz: Regelmässige Naturalbezüge gehören zum massgebenden Lohn, sofern sie nicht Spesenersatz darstellen (vgl. Art. 7 lit. f AHVV).

Einzelfragen: Der Wert der vom Arbeitgeber unentgeltlich zur Verfügung gestellten Wohnung sowie derjenige der privaten Benutzung des zur Verfügung gestellten Fahrzeuges stellen im konkreten Fall massgebenden Lohn dar (ZAK 1989 384 ff. E. 3). Naturallohn ist ferner bei einem Verein anzunehmen, der die Vereinsmitglieder für die zur Erreichung des Vereinszwecks geleistete Arbeit in Form der Gewährung des Lebensunterhaltes entschädigt (ZAK 1978 459 E. 2a). Die freie Verpflegung, welche der Zivilschutzinstruktor erhält, ist – da sie erwerbswirtschaftliche Bedeutung hat – Bestandteil des massgebenden Lohns (101 V 93 E. 2b). Ebenfalls so zu entscheiden ist bezüglich des Wertes von Anzügen, die ein Kleidergeschäft dem Verkaufspersonal unentgeltlich abgibt; es kann dabei auch nicht geltend gemacht werden, es handle sich um Repräsentationsaufwand (ZAK 1968 298 f.).

Peculium

Ein an Behinderte in einer geschützten Werkstatt ausgerichtetes Peculium gehört zum massgebenden Lohn, wenn es mindestens teilweise mit der Tätigkeit in einer solchen Werkstatt zusammenhängt und nicht aus fürsorgerischen Gründen erfolgt (ZAK 1987 421 E. 3b).

Schichtzulage

Nachtdienstzulagen stellen – da im konkreten Fall nicht davon ausgegangen werden kann, dass sie Unkostenersatz umfassen – Bestandteil des massgebenden Lohns dar (ZAK 1987 360 ff. E. 3). Anders ist hingegen zu entscheiden, wenn mit der Staffelung von Schichtzulagen offenbar den unterschiedlich anfallenden Unkosten Rechnung getragen werden will (104 V 60).

Schulgelder

Ein Beitrag an Schulgelder kann Bestandteil des massgebenden Lohns darstellen (ZAK 1989 153 f.). Für einen Anwendungsfall vgl. EVGE 1954 187 f.

Sitzungsgelder

Sitzungsgelder, welche an einen Schulrat ausgerichtet werden, gehören zum massgebenden Lohn (AHI-Praxis 1994 165 E. 3a). Zum Umfang des möglichen Spesenabzugs vgl. AHI-Praxis 1994 166 f.

Sporteln

Bei Sporteln handelt es sich um Beiträge, welche gewisse Funktionäre – z.B. Mitglieder des Waisenamtes (EVGE 1953 135 f.). – mit dem Willen ihres Arbeitgebers direkt bei den ihre Dienste beanspruchenden Drittpersonen erheben (ZAK 1960 224 E. 3). Bei ihnen handelt es sich um Bestandteile des massgebenden Lohns (vgl. Art. 7 lit. k AHVV).

Tantieme

Die Regelung von Art. 7 lit. h AHVV, wonach Tantiemen massgebenden Lohn darstellen, ist gesetzmässig (103 V 6 E. 2e). Nicht entscheidend für die Qualifikation als massgebender Lohn ist, ob die Tantieme als solche oder in Form einer Dividende ausgerichtet wird (ZAK 1978 180 ff.). Tantiemen sind auch dann als massgebender Lohn zu betrachten, wenn sie bundessteuerrechtlich zu einem Teil dem Reingewinn der Gesellschaft zugerechnet wurden (ZAK 1973 570 f.).

Ist jedoch eine aus dem Reingewinn einer Gesellschaft fliessende Zuwendung nicht als Tantieme – sondern als verdeckte Gewinnausschüttung – und somit nicht als AHV-rechtlicher Lohn zu qualifizieren, besteht keine Beitragspflicht (EVGE 1969 144 f.).

Treueprämie

Treueprämien, die eine Stiftung aus ideellen Gründen (insbesondere im Hinblick auf die gezeigte «Treue zum Pflegeberuf») ausrichtet, stellen keinen massgebenden Lohn dar; es geht wirtschaftlich gesehen nicht um eine zusätzlich und stellvertretend ausgerichtete Arbeitgeberleistung (ZAK 1989 35 E. 6b).

Umzugsentschädigung

Soweit eine vom Arbeitgeber ausgerichtete Entschädigung über die Vergütung der tatsächlichen Kosten hinausgeht, liegt massgebender Lohn vor. Art. 8 lit. c AHVV, der vorsieht, dass besondere Zuwendungen des Arbeitgebers bei beruflich bedingtem Wohnungswechsel nicht zum massgebenden Lohn gehören, ist als Ausnahmebestimmung nicht extensiv auszulegen; die Bestimmung bezieht sich nur auf Leistungen, deren Wert das übliche Mass nicht übersteigt (ZAK 1989 152 E. 3).

Unkosten

Die Aufwendungen des Arbeitnehmers für seinen normalen Unterhalt sind grundsätzlich Lohn*verwendung*. Für solche Zwecke kann kein – beitragsfreier – Spesenersatz angenommen werden. Unkosten entstehen erst dann, wenn der Arbeitnehmer infolge seiner beruflichen Tätigkeit zu vermehrten Ausgaben gezwungen wird (EVGE 1965 233).

Spesenersatz stellt nicht massgebenden Lohn dar (vgl. Art. 7 AHVV). Der Arbeitgeber bzw. Arbeitnehmer hat nachzuweisen oder mindestens glaubhaft zu machen, dass die behaupteten Unkosten tatsächlich entstanden sind; wegen des Untersuchungsprinzips hat aber auch die Ausgleichskasse von Amtes wegen für die Beschaffung der erforderlichen Beweisunterlagen zu sorgen, soweit dies ohne übermässige Schwierigkeiten möglich ist (ZAK 1990 38 E. 4). Eine Bindung an die steuerrechtliche Beurteilung besteht nicht (ZAK 1990 40 E. 5).

In Anwendung dieser Grundsätze sind die üblicherweise anfallenden Wegkosten zwischen Wohn- und Arbeitsort in der Regel als Lohnverwendung zu betrachten; anders ist nur zu entscheiden, wenn die beiden Orten in einer beachtenswerten Entfernung voneinander liegen (AHI-Praxis 1994 83 E. 3b). Bei einem Arbeitsweg von 55 bzw. 47 Kilometern kann – angesichts der von den Arbeitnehmern heute geforderten Mobilität – nicht von einer beachtenswerten Entfernung gesprochen werden (AHI-Praxis 1994 84 E. 4).

Bezüglich Repräsentationsspesen vgl. die Hinweise in ZAK 1968 298 auf die strenge Praxis des Bundesgerichts. – Zur Bestimmung von Art. 9 Abs. 1 AHVV vgl. AHI-Praxis 1994 165 E. 3b.

Vorsorgeleistungen
Vgl. die Regelung in Art. 6 Abs. 2 lit. h, lit. i sowie lit. k und Art. 7 lit. q AHVV; vgl. auch Art. 8 lit. a AHVV und dazu Kommentar zu Art. 5 AHVG, Ziff. IV.1.

Demgemäss gehören zum *massgebenden Lohn* Abgangsentschädigungen und freiwillige Vorsorgeleistungen, soweit es sich nicht um Leistungen nach Art. 6 Abs. 2 lit. i und k AHVV handelt. *Sinn und Zweck dieser Ausnahmebestimmungen* ist es, dass Vorsorgeleistungen im Sinne des verfassungsrechtlichen Auftrages von Art. 34quater BV zur Förderung möglichst gut ausgebauter Vorsorgeeinrichtungen auch über die minimalen Leistungen der 2. Säule hinaus beitragsfrei sein sollen (AHI-Praxis 1994 262 f. E. 3b).

Eine *vertraglich vereinbarte Vorsorgeleistung* (vgl. Art. 6 Abs. 2 lit. h AHVV) liegt vor, wenn die vertragliche Vereinbarung im Rahmen des Arbeitsvertrages oder einer späteren Ergänzung desselben abgeschlossen wurde. Eine *freiwillige Vorsorgeleistung* (vgl. Art. 6 Abs. 2 lit. k AHVV) ist demgegenüber anzunehmen, wenn sie erst bei Gelegenheit der Beendigung des Arbeitsverhältnisses vereinbart wird, ohne dass ein arbeitsvertraglicher Anspruch auf Abschluss einer solchen Vereinbarung besteht (ZAK 1982 314 f.); keine solche freiwillige Vorsorgeleistung ist deshalb gegeben, wenn gemäss Stiftungsurkunde und -reglement ein Anspruch auf dieselbe besteht (AHI-Praxis 1995 150 E. 3c).

Indizien für den Vorsorgecharakter einer freiwilligen Leistung des Arbeitgebers bei Beendigung des Arbeitsverhältnisses sind das höhere Lebensalter und/oder eine längere Betriebszugehörigkeit. Sodann ist bei Aufgabe der Erwerbstätigkeit vor der ordentlichen Pensionierung von Bedeutung, ob den Leistungen eine vorsorgemässige Überbrückungsfunktion zukommt, weil beispielsweise Altersleistungen erst ab Eintritt der (ordentlichen) Pensionierung ausgerichtet werden (AHI-Praxis 1994 264 E. 5b).

IV. Ausnahmen vom massgebenden Lohn (Abs. 3 und Abs. 4)

1. Sozialleistungen

Allgemeine Grundsätze

Ob von einem Arbeitgeber ausgerichtete Lohnzulagen als beitragsfreie Sozialleistungen zu qualifizieren sind, ist nicht generell-abstrakt nach der einschlägigen Besoldungs- oder Zulagenordnung, sondern konkret nach Massgabe von Gesetz, Verwaltungspraxis und Rechtsprechung zu beurteilen (119 V 387). Jedenfalls darf – um eine beitragsfreie Sozialleistung anzunehmen – nicht das Bestehen einer Bedürftigkeit bzw. Notlage des Empfängers vorausgesetzt werden (113 V 162 ff.). Die vom Bundesrat – gestützt auf Art. 5 Abs. 4 AHVG – erlassene Liste der vom massgebenden Lohn ausgenommenen Arbeitgeberleistungen ist grundsätzlich abschliessend (101 V 4 E. 2b).

Einzelfälle

Aufwendungen, die der beruflichen Vorsorge dienen

Der Wortlaut der Bestimmung von Art. 8 lit. a AHVV lehnt sich – vom Verordnungsgeber gewollt – an Art. 82 BVG an. Wesentliches Merkmal der gesetzlich anerkannten Formen der beruflichen Vorsorge, d.h. der 2. Säule und der Säule 3a, ist, dass die (anwartschaftlichen) Leistungsansprüche grundsätzlich vor Eintritt des Vorsorgefalles weder abgetreten, verpfändet noch mit Gegenforderungen verrechnet werden können. Daraus ist zu schliessen, dass als entsprechende Aufwendungen bloss Leistungen des Arbeitgebers – oder eines Dritten – gelten können, über die der Arbeitnehmer vor Eintritt des Vorsorgefalles (Alter, Invalidität, Tod) nicht frei verfügen kann. Dabei verlangt das Prinzip der Beitragserhebung an der Quelle, dass Zweckbestimmung und (zeitliche) Gebundenheit dieser Leistungen im Zeitpunkt, in welchem sie erbracht werden, verbindlich feststehen (AHI-Praxis 1995 149 f. E. 3b). Werden Mitarbeiteraktien bei Auflösung des Arbeitsverhältnisses, d.h. vor Eintritt des Vorsorgefalles, ausgehändigt, liegen keine solchen Aufwendung vor (AHI-Praxis 1995 150 E. 3c).

Haushaltszulagen

Beitragsfrei sind nur solche Haushaltszulagen, welchen der Charakter von Familienzulagen beizumessen ist. Im konkreten Fall werden von der Beitragserhebung ausgenommen Haushaltszulagen an Personen, welche verheiratet sind oder welche ledig, verwitwet oder geschieden sind und mit Kindern zusammenleben (119 V 386 ff. E. 4a). Massgebend ist, ob die Zulage sich in einem gewissen ortsüblichen Rahmen hält und in einem vernünftigen Verhältnis zum gewährten Grundlohn steht (ZAK 1980 580 E. 2b). Dass die Haushaltszulage nicht jedem Bezüger betragsmässig gleich ausgerichtet wird, sondern dass ihr Betrag sich umgekehrt proportional zum Gehalt ändert, vermag das Vorliegen einer beitragsfreien Haushaltszulage noch nicht auszuschliessen (SVR 1995 AHV Nr. 50 S. 138 f.).

Taggelder

Taggelder, welche im Falle der Erkrankung von Angehörigen zusätzlich zum Lohn des Arbeitnehmers ausgerichtet werden, stellen einen typischen Fall einer – beitragsfreien – Sozialleistung dar (113 V 168 E. 5b).

Freiwillige Leistungen an arbeitslose Arbeitnehmer während der Fortdauer des Arbeitsvertrages
Sie bilden Bestandteil des massgebenden Lohnes (EVGE 1960 22 f.).

2. Zuwendungen anlässlich besonderer Ereignisse

Bei Art. 8 lit. c AHVV, mit welcher Bestimmung der Bundesrat von seiner Befugnis Gebrauch gemacht hat, anlässlich besonderer Ereignisse erfolgende Zuwendungen vom Einbezug in den massgebenden Lohn auszunehmen, handelt es sich um eine Ausnahmevorschrift; die dort genannten Zuwendungen – wie Jubiläumsgaben oder Hochzeitsgeschenke – haben eindeutig Ausnahmecharakter und können nur anerkannt werden, wenn sie ihrer Höhe nach Zuwendungen in üblichem Ausmass darstellen (111 V 78 f. E. 2b). Bei der Bestimmung dieses Ausmasses sind neben der Höhe des Lohnes auch die vom Arbeitnehmer zurückgelegten Dienstjahre zu berücksichtigen (111 V 79 f. E. 3b). Die Frage, ob massgebender Lohn angenommen wird, darf insoweit nicht vom Gutdünken des Arbeitgebers abhängen (ZAK 1968 118 E. 2). Keine «Zuwendung anlässlich besonderer Ereignisse» liegt vor, wenn jährlich wiederkehrende Leistungen zu beurteilen sind, die – abgestuft nach der wirtschaftlichen Lage des einzelnen – dem gesamten Personal des Arbeitgebers als Ergänzung zum Lohneinkommen und als Äquivalent für geleistete Arbeit entrichtet werden (ZAK 1953 334 f.). – Für einen Anwendungsfall bzgl. eines Hochzeitsgeschenkes vgl. EVGE 1964 217 f.

Nicht beitragspflichtig ist ein Vermächtnis des Arbeitgebers zugunsten der Arbeitnehmer, sofern die einzelne Zuwendung nicht einen Monatslohn übersteigt (101 V 5 f.).

3. Geringfügige Entgelte aus Nebenerwerb

Eine Beitragsbefreiung setzt – abgesehen vom Einverständnis des Beitragspflichtigen – eine Haupttätigkeit voraus. Diese kann in einer selbständigen oder einer unselbständigen Erwerbstätigkeit bestehen, darüber hinaus aber auch in einer nichterwerblichen Beschäftigung, insbesondere in der Besorgung des Familienhaushaltes (113 V 246 E. 4c). Übt jemand verschiedene unselbständige Erwerbstätigkeiten aus, machen diese zusammengenommen seine Haupterwerbstätigkeit aus; es ist damit ausgeschlossen, sie je als Nebenerwerb anzusehen (ZAK 1975 156 E. 2).

4. Stipendien und ähnliche Leistungen

Im Grundsatz gehören Stipendien und ähnliche Leistungen zum massgebenden Lohn, wenn sie nicht der Bundesrat ausdrücklich davon ausnimmt (ZAK 1988 31 E. 3c). Ein künftiges Arbeitsverhältnis (vgl. zur Bedeutung des Arbeitsverhältnisses Art. 6 Abs. 2 lit. g AHVV) ist nur zu berücksichtigen, wenn es nach den gesamten Umständen wenigstens sehr wahrscheinlich ist, dass der Stipendiat früher oder später mit dem Geldgeber ein solches abschliessen wird. Für diese Annahme wird man i.d.R. fordern müssen, dass der Stipendiat zur künftigen Eingehung eines Arbeitsverhältnisses rechtlich verpflichtet ist (EVGE 1960 194 E. 1).

6[49] 2. Beiträge der Arbeitnehmer nicht beitragspflichtiger Arbeitgeber

Die Beiträge der Arbeitnehmer, deren Arbeitgeber nicht der Beitragspflicht untersteht, betragen 7,8 Prozent des massgebenden Lohnes. Dieser wird für die Berechnung des Beitrages auf die nächsten 100 Franken abgerundet. Beträgt der massgebende Lohn weniger als 25 200 (A) **Franken im Jahr, so vermindert sich der Beitragssatz nach einer vom Bundesrat aufzustellenden sinkenden Skala bis auf 4,2 Prozent** (B).

(A) Fr. 46'600.– seit 1. Januar 1996. Siehe Art. 1 V 96.
(B) Art. 16, Art. 21 AHVV

Art. 6 2. Beiträge der Arbeitnehmer nicht beitragspflichtiger Arbeitgeber

[1] Die Beiträge der Arbeitnehmer, deren Arbeitgeber nicht beitragspflichtig sind, betragen 7,8 Prozent des massgebenden Lohnes. Dieser wird für die Berechnung des Beitrages auf die nächsten 100 Franken abgerundet. Beträgt der massgebende Lohn weniger als 43 200 Franken im Jahr, so vermindert sich der Beitragssatz nach einer vom Bundesrat aufzustellenden sinkenden Skala bis auf 4,2 Prozent.

[2] Die Beiträge der Arbeitnehmer, deren Arbeitgeber nicht beitragspflichtig sind, können gemäss Artikel 14 Absatz 1 erhoben werden, wenn der Arbeitgeber dem zustimmt. In diesem Falle beträgt der Beitragssatz für den Arbeitgeber und den Arbeitnehmer je 4,2 Prozent des massgebenden Lohnes.

Auf Arbeitnehmer ohne beitragspflichtigen Arbeitgeber finden in verschiedener Hinsicht sonst nur für Selbständigerwerbende geltende Bestimmungen Anwendung. So können sie gleich wie die Selbständigerwerbenden *alle Gewinnungskosten abziehen*; eine Anwendung von Art. 9 Abs. 1 AHVV ist nicht möglich (EVGE 1958 185 E. 1).

Möglich ist – ebenso wie bei den Selbständigerwerbenden – die *Herabsetzung* gemäss Art. 11 Abs. 1 AHVG (EVGE 1950 123 ff.).

Für die *Festsetzung der Beiträge der Arbeitnehmer* nicht beitragspflichtiger Arbeitgeber muss grundsätzlich das durch die Art. 22 ff. AHVV festgelegte Verfahren angewendet werden (110 V 71 f. E. 2b).

Muss eine *Umrechnung einer ausländischen Währung in Schweizer Franken* vorgenommen werden, kann kein Abstellen auf den jeweiligen Tageskurs erfolgen; dies würde unverhältnismässig zeitraubende administrative Umtriebe verursachen und zudem, was noch schwerer wiegt, zu rechtsungleichen Ergebnissen führen (EVGE 1966 162).

7 3. Globallöhne

Für die Berechnung der Beiträge der Angehörigen von Berufsgruppen, bei denen sich die Höhe des massgebenden Lohnes in der Regel nicht oder nur mit grossen Schwierigkeiten ermitteln lässt, kann der Bundesrat nach Anhörung der Kantone und Berufsverbände Globallöhne festsetzen und deren Anwendung für alle oder bestimmte Berufsangehörige verbindlich erklären.

8[49] (A) Beiträge von Einkommen aus selbständiger Erwerbstätigkeit 1. Grundsatz

[1] Vom Einkommen aus selbständiger Erwerbstätigkeit wird ein Beitrag von 7,8 Prozent erhoben. Das Einkommen wird für die Berechnung des Beitrages auf die nächsten 100 Franken abgerundet. Beträgt es weniger als 25 200 (B), **aber mindestens 4200** (C) **Franken im Jahr, so vermindert sich der Beitragssatz nach einer vom Bundesrat aufzustellenden sinkenden Skala bis auf 4,2 Prozent** (D).

[2] Beträgt das Einkommen aus selbständiger Erwerbstätigkeit 4200 (E) **Franken oder weniger im Jahr, so ist der Mindestbeitrag**

von 168 (F) **Franken im Jahr zu entrichten. Der Bundesrat kann anordnen, dass von geringfügigen Einkommen aus einer nebenberuflich ausgeübten selbständigen Erwerbstätigkeit nur auf Verlangen des Versicherten Beiträge erhoben werden** (G).

(A) Art. 20 AHVV
(B) Fr. 46'600.– seit 1. Januar 1996. Siehe Art. 1 V 96.
(C) Fr. 7'800.– seit 1. Januar 1996. Siehe Art. 1 V 96.
(D) Art. 21 AHVV
(E) Fr. 7'700.– seit 1. Januar 1996. Siehe Art. 2 V 96.
(F) Fr. 324.– seit 1. Januar 1996. Siehe Art. 2 V 96.
(G) Art. 19 AHVV

Art. 8 Abs. 1 letzter Satz und Abs. 2 erster Satz

1 ... Beträgt es weniger als 43 200, aber mindestens 6500 Franken im Jahr, so vermindert sich der Beitragssatz nach einer vom Bundesrat aufzustellenden sinkenden Skala bis auf 4,2 Prozent.

2 Beträgt das Einkommen aus selbständiger Erwerbstätigkeit 6400 Franken oder weniger im Jahr, so ist ein Mindestbeitrag von 269 Franken im Jahr zu entrichten.

Übersicht

I. Grundsatz (Abs. 1)

Wird eine Einzelgesellschaft in eine Aktiengesellschaft umgewandelt, bleibt der Inhaber der Einzelgesellschaft bis zur Eintragung der Umwandlung im Handelsregister als Selbständigerwerbender beitragspflichtig, selbst wenn die Aktiengesellschaft Aktiven und Passiven der Gesellschaft rückwirkend übernimmt (EVGE 1966 165 f.).

Die Erhebung der Beiträge im ausserordentlichen Verfahren nach Art. 25 Abs. 3 und Abs. 4 AHVV kann zu einer *höheren Beitragsbelastung* als zu der in Art. 8 Abs. 1 AHVG genannten von 7,8 Prozent führen. Darin liegt keine Gesetzwidrigkeit. Der genannte Beitragssatz bezieht sich auf jene Einkommen aus selbständiger Erwerbstätigkeit, welche nach Massgabe von Art. 9 AHVG und der dazu erlassenen Verordnungsbestimmungen ermittelt worden sind (ZAK 1986 285 f. E. c sowie ZAK 1986 286 f.).

II. Beitragspflichtige Personen

Einfache Gesellschaft

Einkünfte aus einer einfachen Gesellschaft gehören zum Erwerbseinkommen aus selbständiger Erwerbstätigkeit. Wer beitragspflichtig ist, ergibt sich aus der im Handelsregister vorgenommenen Eintragung, ausser wenn nachgewiesen ist, dass die Eintragung offensichtlich und seit längerer Zeit den tatsächlichen Verhältnissen nicht entspricht, und zudem triftige Gründe vorliegen, welche gegen eine Änderung des Eintrages sprechen (ZAK 1981 383 E. 3).

Einzelgesellschaft

Wird eine *Einzelgesellschaft durch eine bereits bestehende Aktiengesellschaft übernommen*, dauert die Beitragspflicht des Inhabers der Einzelgesellschaft aus selbständiger Erwerbstätigkeit bis zu dem Zeitpunkt, in dem er seine Stellung als verfügungsberechtigter Inhaber der Einzelgesellschaft zivilrechtlich effektiv verloren hat (ZAK 1986 399 E. 3c).

Wird eine *Einzelgesellschaft in eine Aktiengesellschaft umgewandelt*, ist der bisherige Geschäftsinhaber bis zu dem Zeitpunkt als Selbständigerwerbender zu veranlagen, da die Aktiengesellschaft im Handelsregister eingetragen wird (102 V 105).

Familiengemeinderschaft

Wird zur Weiterführung eines zur Erbschaft gehörenden Betriebs eine Familiengemeinderschaft nach Art. 336 ff. ZGB errichtet, fallen Einkünfte von Miterben unter den Begriff des Einkommens aus selbständiger Erwerbstätigkeit (114 V 76 E. 4b).

Kollektivgesellschaft

Beitragspflichtig kann nur ein Kollektivgesellschafter im formellen Sinne oder aber ein qualifizierter stiller Gesellschafter sein; letzteres ist etwa anzunehmen, wenn jemand an der Gesellschaft kapitalmässig bezüglich Gewinn und Verlust oder bezüglich Geschäftsleitung und Entscheidungsbefugnis beteiligt ist (102 V 35). Der Vermutung, wonach die vom Teilhaber einer Kollektivgesellschaft bezogenen Anteile Erwerbseinkommen darstellen, ist zusätzliche Bedeutung zuzumessen, wenn aus der Eintragung im Handelsregister klar hervorgeht, dass die Gesellschaft einen erwerblichen Zweck verfolgt (101 V 9).

Vgl. näheres im Kommentar zu Art. 9 AHVG, Ziff. I.2.a.

Kommanditgesellschaft
Wenn ein Komplementär stirbt und die Kommanditgesellschaft infolge dieses Todes in das Liquidationsstadium tritt, wird der Erbe des verstorbenen Komplementärs Mitglied der Liquidationsgesellschaft und damit für die Dauer des Liquidationsstadiums als Selbständigerwerbender beitragspflichtig (114 V 4 f. E. 3b).

Vgl. näheres im Kommentar zu Art. 9 AHVG, Ziff. I.2.a.

III. Nebenberuflich ausgeübte selbständige Erwerbstätigkeit (Abs. 2)

Der Schlusssatz von Art. 8 Abs. 2 AHVG wurde aus verwaltungsökonomischen Gründen erlassen (EVGE 1964 146).

Die Berufung auf den Schlusssatz von Art. 8 Abs. 2 AHVG setzt voraus, dass das geringfügige Einkommen aus der nebenberuflich ausgeübten selbständigen Erwerbstätigkeit von einem im übrigen unselbständig Erwerbstätigen erzielt wird (EVGE 1952 247). Ebenfalls auf Art. 8 Abs. 2 Schlusssatz AHVG zu berufen vermag sich die nach Art. 3 Abs. 2 lit. b AHVG beitragsbefreite Ehefrau; sie übt nämlich einen Hauptberuf als Hausfrau und Mutter aus (ZAK 1951 418; vgl. zu dieser Frage auch Kommentar zu Art. 3 AHVG, Ziff. III.2).

Als *gelegentlich ausgeübt* gilt die Erwerbstätigkeit dann, wenn sie nicht auf Dauer angelegt ist (ZAK 1989 308 E. 3b; zur Auswirkung der gelegentlich ausgeübten Erwerbstätigkeit auf die Beitragsbemessung vgl. Art. 22 Abs. 3 AHVV). Dies ist der Fall bei einem Versicherten, der während insgesamt drei Jahren nebenberuflich mit Liegenschaften handelt und nur in den beiden ersten Jahren Gewinne erzielt hat (ZAK 1987 424 E. 3b). Eine gelegentlich ausgeübte Erwerbstätigkeit kann angenommen werden, wenn zwar die ursprüngliche Absicht bestand, eine weitere Tätigkeit auszuüben, dies jedoch nicht erfolgte (ZAK 1975 250 f. E. 3).

Die Beiträge aus der nebenberuflich ausgeübten selbständigen Erwerbstätigkeit sind nicht aufgrund einer Gegenwartsbemessung festzusetzen, sondern im ordentlichen Beitragsfestsetzungsverfahren; eine Gegenwartsbemessung erfolgt nur bei der nebenberuflichen, *gelegentlich ausgeübten* Erwerbstätigkeit (ZAK 1988 116).

9 2. Begriff und Ermittlung

[1] Einkommen aus selbständiger Erwerbstätigkeit ist jedes Erwerbseinkommen, das nicht Entgelt für in unselbständiger Stellung geleistete Arbeit darstellt (A).

[2] Das Einkommen aus selbständiger Erwerbstätigkeit wird ermittelt (B), indem vom hierdurch erzielten rohen Einkommen abgezogen werden (C)

a. die zur Erzielung des rohen Einkommens erforderlichen Gewinnungskosten;

b. die der Entwertung entsprechenden, geschäftsmässig begründeten Abschreibungen und Rückstellungen geschäftlicher Betriebe;

c. die eingetretenen und verbuchten Geschäftsverluste;

d. (31) die Zuwendungen, die Geschäftsinhaber in der Berechnungsperiode für Zwecke der Wohlfahrt ihres Personals machen, sofern sie für diese Zwecke derart sichergestellt sind, dass jede spätere zweckwidrige Verwendung ausgeschlossen ist, sowie Zuwendungen für ausschliesslich gemeinnützige Zwecke. Ausgenommen hievon sind die Beiträge gemäss Artikel 8 sowie gemäss dem Bundesgesetz vom 19. Juni 1959 über die Invalidenversicherung und dem Bundesgesetz vom 25. September 1952 über die Erwerbsausfallentschädigungen an Wehr- und Zivilschutzpflichtige;

e. ein vom Bundesrat auf Antrag der Eidgenössischen Kommission für die Alters-, Hinterlassenen- und Invalidenversicherung (24) festzusetzender Zins des im Betrieb arbeitenden eigenen Kapitals (D).

Der Bundesrat ist befugt, nötigenfalls weitere Abzüge vom rohen Einkommen aus selbständiger Erwerbstätigkeit zuzulassen (E).

[3] Für die Fälle, in denen sich das Einkommen aus selbständiger Erwerbstätigkeit nicht oder nur mit grossen Schwierigkeiten ermitteln lässt, kann der Bundesrat nach Anhörung der Kantone und Berufsverbände Globaleinkommen auf Grund bestimmter Faktoren festsetzen, die der Berechnung der Beiträge zugrunde zu legen sind.

[4] Der Bundesrat kann kantonale Behörden mit der Ermittlung des Einkommens aus selbständiger Erwerbstätigkeit beauftragen sowie eidgenössische und kantonale Behörden zur Auskunfterteilung an die zur Festsetzung der Beiträge zuständigen Organe verpflichten (F).

(A) Art. 17 AHVV
(B) Art. 22 bis Art. 27 AHVV
(C) Art. 18 Abs. 1 AHVV
(D) Art. 18 Abs. 2 AHVV
(E) Art. 18 Abs. 3 AHVV
(F) Art. 23, Art. 27 AHVV

Art. 9 Abs. 2 Bst. d, e und f sowie Abs. 3 und 4

[2] Das Einkommen aus selbständiger Erwerbstätigkeit wird ermittelt, indem vom hierdurch erzielten rohen Einkommen abgezogen werden:

d. die Zuwendungen, die Geschäftsinhaber in der Berechnungsperiode für Zwecke der Wohlfahrt ihres Personals machen, sofern sichergestellt ist, dass jede spätere zweckwidrige Verwendung ausgeschlossen ist, sowie Zuwendungen für ausschliesslich gemeinnützige Zwecke. Ausgenommen hievon sind die Beiträge nach Artikel 8 sowie diejenigen nach dem Bundesgesetz über die Invalidenversicherung und dem Bundesgesetz vom 25. September 1952 über die Erwerbsersatzordnung für Dienstleistende in Armee und Zivilschutz;

e. die persönlichen Einlagen in Einrichtungen der beruflichen Vorsorge, soweit sie dem üblichen Arbeitgeberanteil entsprechen;

f. der Zins des im Betrieb eingesetzten eigenen Kapitals. Dieser wird vom Bundesrat auf Antrag der Eidgenössischen Kommission für die Alters-, Hinterlassenen- und Invalidenversicherung festgesetzt.

Der Bundesrat ist befugt, nötigenfalls weitere Abzüge vom rohen Einkommen aus selbständiger Erwerbstätigkeit zuzulassen.

[3] Das Einkommen aus selbständiger Erwerbstätigkeit und das im Betrieb eingesetzte eigene Kapital werden von den kantonalen Steuerbehörden ermittelt und den Ausgleichskassen gemeldet.

[4] Aufgehoben

Literatur: Baumann, Berechnung der AHV-Beiträge der Selbständigerwerbenden, 120 ff.

Übersicht

I. Bestandteile und Ermittlung des Einkommens aus selbständiger Erwerbstätigkeit (Abs. 1)

1. Allgemeines

Damit ein beitragspflichtiges Einkommen aus selbständiger Erwerbstätigkeit anzunehmen ist, muss immer eine relevante kausale Beziehung zwischen einer erwerblichen Tätigkeit und dadurch erzielten, die wirtschaftliche Leistungsfähigkeit erhöhenden Einkünften bestehen. In welchem Zeitpunkt diese Einkünfte fliessen, spielt für die Einkommensart an sich keine Rolle; verlangt ist einzig, dass die Einkünfte dem Beitragspflichtigen nicht zufliessen würden, hätte er früher keine erwerbliche Tätigkeit ausgeübt (AHI-Praxis 1994 135 E. 2c).

Bei der Ermittlung des Einkommens fällt der bundessteuerrechtlichen Veranlagung das Primat zu, während der Ermittlung anhand der kantonalen Veranlagung nur subsidiärer Charakter zukommt, der sich überdies nur auswirken kann, wenn die kantonale Veranlagung nach gleichen oder ähnlichen Grundsätzen erfolgt (EVGE 1952 132). – Vgl. dazu Art. 23 Abs. 1 und 2 AHVV.

2. Einzelfälle

a) Anteil

Bei der *Kollektivgesellschaft* ist – wie bei der *Kommanditgesellschaft* – zu vermuten, sie sei ein auf Erwerb gerichtetes Unternehmen (ZAK 1985 317 E. 2). Anteile sämtlicher Teilhaber von Kollektiv- und Kommanditgesellschaften sowie von anderen auf einen Erwerbszweck gerichteten Personengesamtheiten ohne juristische Persönlichkeit gehören insoweit zum Einkommen aus selbständiger Erwerbstätigkeit (vgl. Art. 20 Abs. 3 AHVV). Diese Regelung ist gesetzmässig (ZAK 1986 460 E. 4a, 105 V 7 f.). Nicht von Bedeutung ist, ob die Teilhaber in der Schweiz Wohnsitz haben und persönlich in der Gesellschaft mitarbeiten oder nicht; auch im letzteren Fall unterliegen die Teilhaber dem Versicherungsobligatorium und sind für ihr Einkommen beitragspflichtig (119 V 74; vgl. dazu auch Kommentar zu Art. 1 AHVG, Ziff. I.2.b). Ebenfalls nicht massgebend ist, wer in bundessteuerrechtlicher Hinsicht für die Gewinnanteile steuerpflichtig ist (101 V 86 E. 3).

Verfolgt eine *einfache Gesellschaft* einen Erwerbszweck, stellen die von ihr erwirtschafteten Gewinne Erwerbseinkommen dar (ZAK 1984 224 E. 2b).

Wenn wegen einer familien- oder betreibungsrechtlichen Bestimmung ein Teil des Reingewinnes *an eine Drittperson weiterfliesst*, ist für die Beitragspflicht trotzdem vom gesamten Reingewinn auszugehen (ZAK 1962 418). – Vgl. für einen Anwendungsfall auch EVGE 1959 237 ff., wo der Weiterfluss des Reingewinns sich aufgrund einer familieninternen Verteilung ergab.

b) (Eigene) Arbeitsleistung

Zum Einkommen aus selbständiger Erwerbstätigkeit gehört auch der Wert eigener Arbeitsleistungen, die bei der Schaffung von Privatvermögen, insbesondere beim Bau eines Hauses, erbracht wird. Dies gilt aber nicht, wenn die Eigenleistungen nicht im Zusammenhang mit der Berufstätigkeit des Beitragspflichtigen stehen und zu privaten Zwekken erfolgen (106 V 131 f. E. 3).

c) Autoreneinkunft

Die Einkünfte, die ein Buchhaltungslehrer dadurch erzielt, dass er ein Lehrbuch verfasst, es drucken lässt und vertreibt, bilden Einkommen aus selbständiger Erwerbstätigkeit; ein – beitragsfreier – Kapitalertrag kann nicht angenommen werden (ZAK 1961 310 f.).

d) Bundesbeitrag

Der Bundesbeitrag an Rindviehhalter im Berggebiet gehört zum Einkommen aus selbständiger Erwerbstätigkeit. Er steht in engem Zusammenhang mit den staatlich festgesetzten oder garantierten Produktepreisen und will den Bergbauern einen Ausgleich dafür schaffen, dass sie von den Milchpreiserhöhungen nicht im gleichen Mass Nutzen ziehen wie die Flachlandbauern (ZAK 1965 275).

e) Eigenmietwert

Beim Eigenmietwert handelt es sich grundsätzlich um beitragsrechtlich unerhebliches Einkommen aus Vermögen und nicht um Erwerbseinkommen. Einkommen aus – selbständiger – Erwerbstätigkeit liegt nur vor, wenn die dem Eigenmietwert zugrunde liegende Liegenschaft als Teil des Geschäftsvermögens zu betrachten ist (ZAK 1989 202 E. 3). Bei einer landwirtschaftlichen Liegenschaft ist – aus Praktikabilitätsgründen – von einer Aufteilung zwischen privat genutztem Wohnteil und Betriebsteil abzusehen; der private Wohnteil ist ebenfalls als zum Geschäftsvermögen gehörig zu betrachten, weshalb hier der anzurechnende Eigenmietwert Erwerbseinkommen bildet (ZAK 1989 203).

f) Erfindereinkommen

Vgl. nachstehend n), Stichwort Lizenzeinnahmen.

g) Goodwill

Als Goodwill zu betrachten sind immaterielle Güter wie Firma, Ruf, Kundschaft, Geschäftsbeziehungen, Lieferanten, Arbeitsweise und möglicherweise sogar die Tatsache, dass ein Betrieb seit einiger Zeit besteht, organisiert ist und funktioniert. Der Goodwill, welcher nach Übergabe eines Geschäftes in Teilzahlungen zu entrichten ist, unterliegt – da insoweit Einkommen aus selbständiger Erwerbstätigkeit anzunehmen ist – der Beitragspflicht (96 V 60 f.).

h) Kapitalertrag

Literatur: Käser, Abgrenzung zwischen Erwerbs- und Ertragseinkommen, 103 ff.

Vom reinen Kapitalertrag sind keine Beiträge geschuldet, weil die blosse Verwaltung des eigenen Vermögens nicht Erwerbstätigkeit ist (SVR 1994 AHV Nr. 13 S. 31, 111 V 83 E. 2a). Ist die Frage zu beantworten, ob – beitragsfreier – privater *Kapitalertrag* oder – beitragspflichtiges – Einkommen aus selbständiger Erwerbstätigkeit vorliegt, ist von der bundesgerichtlichen Abgrenzung zwischen Privat- und Geschäftsvermögen bei der Besteuerung von Kapitalgewinnen auszugehen. Das entscheidende Kriterium für die Zuteilung eines Vermögenswertes zum Geschäftsvermögen besteht darin, dass er für Geschäftszwecke erworben worden ist oder dem Geschäft tatsächlich dient. In Zweifelsfällen ist aufgrund der Gesamtheit der Umstände zu entscheiden. Der Wille des Steuerpflichtigen, wie er insbesondere in der buchmässigen Behandlung, in der Aufnahme eines Gegenstandes in die Geschäftsbücher und in der Ausscheidung aus diesen zum Ausdruck kommt, stellt i.d.R. ein gewichtiges Indiz für die steuerliche Zuteilung dar (ZAK 1988 559).

i) Kapitalgewinn

Literatur: Duc, Cotisations AVS – Quelques réflexions sur le statut des gains en capital, 26 ff.

Bestandteil des beitragspflichtigen Einkommens bilden – analog zur Rechtslage bei der direkten Bundessteuer – nur diejenigen *Kapitalgewinne*, die im *Betrieb einer zur Führung kaufmännischer Bücher verpflichteter Unternehmung* bei der Veräusserung oder Verwertung von

Vermögensgegenständen erzielt werden. Von diesen beitragspflichtigen ausserordentlichen Kapitalgewinnen ist der Gewinn zu unterscheiden, der von einem *nicht buchführungspflichtigen Versicherten* durch Verkauf eines oder mehrerer Vermögensstücke erzielt wird. Dieser Gewinn stellt beitragspflichtiges Erwerbseinkommen dar, wenn der Veräusserer gewerbsmässig, d.h. im Rahmen einer haupt- oder nebenberuflichen geschäftlichen Tätigkeit, gehandelt hat (ZAK 1988 515 f.).

Grundstückgewinne eines nicht buchführungspflichtigen Versicherten unterstehen der Beitragspflicht nur dann nicht, wenn sie im Rahmen der blossen Verwaltung des privaten Vermögens angefallen oder in Ausnützung einer zufällig aufgetretenen Gelegenheit erzielt worden sind (ZAK 1988 516 E. 4c). – Vgl. dazu näheres nachstehend m), Stichwort Liegenschaftenertrag und -gewinn.

Kapitalgewinn liegt auch vor, wenn ein Vermögenswert vom Geschäftsvermögen in das *Privatvermögen überführt* wird (EVGE 1965 71).

k) Kollektivgesellschaft

Vgl. vorstehend a), Stichwort Anteil.

l) Kommanditgesellschaft

Vgl. vorstehend a), Stichwort Anteil.

m) Liegenschaftenertrag und -gewinn

Literatur: Käser, Abgrenzung zwischen Erwerbs- und Ertragseinkommen, 103 ff.

aa) Allgemeines

Die Kriterien, ob beitragsfreier Vermögensertrag oder Einkommen aus selbständiger Erwerbstätigkeit vorliegt (vgl. dazu vorstehend i), Stichwort Kapitalgewinn), gelten auch für die Qualifikation von Liegenschaftenertrag bzw. -gewinn (ZAK 1988 559 ff.). Erwerbseinkommen liegt insoweit vor, wenn der Veräusserer gewerbsmässig, d.h. im Rahmen einer (haupt- oder nebenberuflichen) geschäftlichen Tätigkeit mit Liegenschaften gehandelt hat. Nicht Erwerbseinkommen, sondern Vermögenszuwachs bilden solche Gewinne hingegen, wenn sie bei der Verwaltung eigenen Vermögens erzielt worden oder als Frucht der Ausnützung einer zufällig aufgetretenen Gelegenheit angefallen sind (ZAK 1981 345 E. 2c).

Das entscheidende Kriterium besteht darin, ob die Liegenschaft für Geschäftszwecke erworben wurde oder dem Geschäft tatsächlich dient. In Zweifelsfällen ist aufgrund der Gesamtheit der Umstände zu entscheiden (109 V 162 f. E. 4b); nicht zulässig ist es, a priori nur die vom Versicherten veräusserten Liegenschaften als Geschäftsvermögen zu betrachten (109 V 164 E. 4d). Auf gewerbsmässigen Liegenschaftenhandel ist jedenfalls dann zu schliessen, wenn es zu einer Häufung der Ankäufe und Verkäufe, zu einer namhaften Inanspruchnahme fremder Gelder oder zur Investition der erzielten Grundstückgewinne in neuem Grundbesitz gekommen ist (ZAK 1981 345 E. 2c). Wird ein gewerbsmässiger Liegenschaftenhandel betrieben, fallen darunter primär die Käufe und Verkäufe von Liegenschaften; zum Erwerbseinkommen gehört jedoch auch der während der Besitzesdauer anfallende Ertrag (ZAK 1983 387 E. 4c).

bb) Einzelfragen

Vermietung möblierter Wohnungen

Der Betrieb eines Apartmenthauses unterscheidet sich wesentlich von der blossen Vermögensverwaltung, da er eine auf Erwerb gerichtet Tätigkeit in sich schliesst und dadurch den Charakter einer wirtschaftlichen Unternehmung erhält; dabei ist nicht ausschlaggebend, wie stark die betriebliche Nutzung den Hauseigentümer oder dessen Hilfspersonen beansprucht (111 V 83 E. 2a). Allerdings muss im konkreten Fall geprüft werden, ob ein wesentlicher Unterschied gegenüber der Vermietung unmöblierter Räume besteht. Dabei sind gemischt genutzte Liegenschaften AHV-rechtlich getrennt zu erfassen (111 V 84 E. 2b).

Vermietung unmöblierter Wohnungen

Es gilt der Grundsatz, dass das Einkommen aus einer Vermietung solcher Wohnungen einer zum Privateigentum des Versicherten gehörenden Liegenschaft beitragsfreier Kapitalertrag darstellt (111 V 86 E. 4). – Die erwähnte Praxis zur Vermietung von Wohnungen gilt auch dann, wenn der Grundeigentümer nicht persönlich die Vermietertätigkeit ausübt, sondern sie auf seinen Namen und auf seine Rechnung durch eine *Drittperson* vornehmen lässt (ZAK 1987 520 E. 3c).

Vermietung einer Tankstelle

Gerade in Fällen, in denen die Natur der Mietsache es mit sich bringt, dass die Rolle des Vermieters nicht bloss auf die Überlassung der Sache zum Gebrauch durch den Mieter beschränkt bleibt, sondern die Erfüllung von verschiedenen Nebenpflichten (z.B. periodische Revisionen) erfordert oder zumindest als üblich erscheinen lässt, ist der Mietzins von vornherein nicht nur als Abgeltung für die Überlassung der Sache zum bestimmungsgemässen Gebrauch, sondern zusätzlich als Entgelt für die gleichzeitig eingegangenen Nebenpflichten und damit als Einkommen aus einer erwerblichen Tätigkeit zu betrachten (SVR 1994 AHV Nr. 23 S. 60).

Untermiete

Für die beitragsrechtliche Qualifikation der Mietzinse aus Untervermietung ist nicht entscheidend, dass diese aus der Nutzung fremden Eigentums stammen; es kommt allein darauf an, was die auf die Erzielung der Untermietzinse gerichtete Tätigkeit des Versicherten umfasst (ZAK 1987 203 E. 4c); dabei kann auch die blosse Weitervermietung u.U. erwerblichen Charakter haben (ZAK 1987 521 E. 5).

Weitere Einzelfälle

Keine Beitragspflicht einer Ehefrau besteht – im konkreten Fall – für das *Entgelt*, das sie von ihrem getrennt lebenden Ehemann für die *Verwaltung von dessen hälftigen Miteigentumsanteil an Liegenschaften des ehelichen Vermögens* erhält (SVR 1994 AHV Nr. 13 S. 31 f.).

Die Vermietung einer vom Betreffenden erstellten *Halle auf gepachtetem Land*, wobei die Halle nach Ablauf der Pachtdauer entschädigungslos entfernt werden muss, stellt beitragspflichtige Erwerbstätigkeit dar (SVR 1994 AHV Nr. 23 S. 59 f.).

Bei Liegenschaftenbesitz von *Architekten* geht es nicht an, wegen eines vermuteten Zusammenhangs zum beruflichen Wirkungskreis Liegenschaften ausnahmslos als Geschäftsvermögen zu behandeln (ZAK 1980 436 E. 3c).

Bei *gemischt genutzten Liegenschaften* ist der Wert der Liegenschaften nach dem Verhältnis, in dem die private und die geschäftliche Zweckbestimmung zueinander stehen, zu zerlegen und einzig der sich daraus ergebende geschäftliche Teilwert einzubeziehen; die ungeteilte Zuweisung zum Geschäfts- oder Privatvermögen kommt nur in Betracht, wenn die private Zweckbestimmung im Verhältnis zu geschäftlichen oder umgekehrt diese im Verhältnis zu jener völlig belanglos wäre (ZAK 1976 34 E. 3b).

Auch die *Liquidation eines Nachlasses*, bei welcher Liegenschaften veräussert werden, kann je nach den Umständen gewerbsmässig erfolgen, was eine Beitragspflicht nach sich zieht (ZAK 1976 220 f. E. 3).

Wer *von Anfang an beabsichtigt*, eine bestimmte Liegenschaft zu überbauen und zu verkaufen, erzielt – wenn der Verkauf erfolgt – ein beitragspflichtiges Erwerbseinkommen; dass die Liegenschaft vom Verkäufer auch für eigene Wohnzwecke benutzt wurde und

Verbesserungsarbeiten vorgenommen wurden, ist insoweit nicht von Bedeutung (ZAK 1974 36 ff.).

n) Lizenzeinnahmen

Literatur: Duc, Cotisations AVS – Quelques réflexions sur le statut ... des royautés, 36 ff.

Ob Lizenzeinnahmen beitragspflichtig oder beitragsfrei sind, ist aufgrund der Beziehungen der Lizenzeinnahmen zur Person des Bezügers und dessen erwerblicher Betätigung zu entscheiden. Dabei werden Lizenzeinnahmen als beitragsfreier Kapitalertrag behandelt, wenn die Lizenzgebühren nur noch die Entschädigung für die Abtretung eines Rechts darstellen, also den Gegenwert für eine gleichsam vom Lizenzgeber entäusserte Sache; dies hat das EVG nur äusserst selten angenommen (SVR 1994 AHV Nr. 10 S. 24, ZAK 1985 613 f. E. 3).

Zentrale Bedeutung kommt der Abgrenzung des Begriffs des berufsmässigen Erfinders zu demjenigen des Gelegenheitserfinders zu, wobei beizufügen ist, dass die in der Rechtsprechung verwendeten Begriffe «berufsmässig» oder «gewerbsmässig» nichts anderes bedeuten als «erwerblich» (AHI-Praxis 1994 135 E. 3).

Von *Berufsmässigkeit* kann gesprochen werden, wenn ein enger Zusammenhang mit der hauptberuflichen Tätigkeit besteht; dabei kann die Berufsmässigkeit schon bei einer einzigen Erfindung angenommen werden. Die Einkünfte des berufsmässigen Erfinders aus Lizenzverträgen sind Einkommen aus selbständiger Erwerbstätigkeit ohne Rücksicht darauf, ob er im lizenznehmenden Betrieb bei der Auswertung der Erfindung massgebenden Einfluss ausübt oder persönlich mitarbeitet (ZAK 1988 289 f.). Ein berufsmässiger Erfinder erzielt nicht nur Erwerbseinkommen in Zeiten, da er die Erfindertätigkeit ausübt, sondern auch noch nachher, wenn, sofern und soweit ihm Einkünfte zufliessen, welche aus dieser zurückliegenden, zwischenzeitlich vielleicht eingeschränkten oder allenfalls sogar aufgegebenen, Erfindertätigkeit herrühren (AHI-Praxis 1994 136 E. 4). Eine Berufsmässigkeit kann im übrigen schon angenommen werden, wenn (bisher) nur eine einzige Erfindung gemacht wurde (EVGE 1966 207). – Zur Berufsmässigkeit eines Komponisten vgl. SVR 1994 AHV Nr. 10 S. 24; vgl. dazu auch nachstehend s), Stichwort Tonträgereinnahmen.

Beim *Gelegenheitserfinder* ist ein – nicht beitragspflichtiger – Kapitalertrag anzunehmen, wenn sich der Erfinder und Lizenzgeber von seinem Erzeugnis gänzlich gelöst und auf die Auswertung und Weiterentwicklung keinen Einfluss mehr hat (ZAK 1988 290; vgl. auch

97 V 29). Massgebende Kriterien sind dabei das Mitbestimmungsrecht oder die persönliche Mitarbeit des Erfinders in der Produktionsfirma (SVR 1994 AHV Nr. 10 S. 24). – Für einen Anwendungsfall vgl. EVGE 1966 204 ff.

Zur Frage, unter welchen Voraussetzungen die Lizenzgebühren als Einkommen aus unselbständiger Erwerbstätigkeit anzusehen sind, d.h. Bestandteil des massgebenden Lohns bilden, vgl. Kommentar zu Art. 5 AHVG, Ziff. III.2, Stichwort Lizenzeinnahmen.

o) Nutzung fremden Vermögens

Einkommen, welches mit der erwerbsmässigen Nutzung fremden Vermögens erzielt wird, stellt beitragspflichtiges Einkommen dar (ZAK 1984 28 E. 3b und c).

p) Pachteinnahmen

Vgl. auch Art. 20 Abs. 1 AHVV.

Pachtzinseinnahmen stellen an sich nicht Erwerbseinkommen, sondern Vermögensertrag dar. Es rechtfertigt sich allerdings dann nicht, von Pachtzinsen keine Beiträge zu erheben, wenn die im übrigen angerechnete Hypothekarschuld die ganze Liegenschaft (mit Einschluss des verpachteten Teiles) beschlägt und wenn überdies der Wert des verpachteten Landes bei der Ermittlung des Eigenkapitals mitberücksichtigt worden ist (ZAK 1969 63 E. 3c). Wenn trotz Verpachtung der Verpächter weiterhin die betrieblichen Anordnungen trifft, das Geschäftsrisiko trägt und sich den Betriebsertrag zur Hauptsache sichert, ist anzunehmen, dass die Bezüge des Verpächters Einkommen aus selbständiger Erwerbstätigkeit darstellen (EVGE 1953 210 ff.).

q) Prostitution

Einkünfte aus Prostitution sind beitragspflichtig (107 V 194 f.).

r) Schulderlass

Die Frage, ob der Erlass von Geschäftsschulden Erwerbseinkommen darstellt, kann nicht generell beantwortet werden. Es ist durchaus denkbar, dass der Erlass die Gegenleistung für eine üblicherweise entgeltliche Tätigkeit des Schuldners im Interesse des verzichtenden Gläubigers ausdrückt; wirtschaftlich betrachtet, wäre in solcher Lage wohl Erwerbseinkommen im Umfange des Erlasses anzunehmen (98 V 189 f.).

s) Tonträgereinnahmen

Die Einkünfte eines Musikers, Dirigenten oder Solisten aus Schallplattenverkäufen können hinsichtlich Beitragspflicht mit den Lizenzeinnahmen eines Erfinders verglichen werden, welche entweder beitragspflichtiges Erwerbseinkommen oder beitragsfreien Kapitalertrag darstellen können. Die Frage, ob ein beitragspflichtiges Einkommen vorliegt, ist im Einzelfall unter Berücksichtigung der wirtschaftlichen Bedeutung der Einkünfte sowie der Art der Erwerbstätigkeit zu prüfen (114 V 131 E. 3a).

Wie Lizenzeinnahmen zu behandeln sind ferner urheberrechtliche Vergütungen, die ein Komponist von der SUISA für die Verwendung seiner Werke erhält (SVR 1994 AHV Nr. 10 S. 24).

t) Verzichtsentschädigung

Die Entschädigung für den *Verzicht auf die Ausübung einer Erwerbstätigkeit* gilt als beitragspflichtiges Erwerbseinkommen (EVGE 1950 52 f.).

3. Sonderbeitrag auf Liquidationsgewinnen

Vgl. zum Sonderbeitrag auf Liquidationsgewinnen im einzelnen die Regelung in Art. 23bis und Art. 23ter AHVV.

Literatur: Duc, Cotisations AVS – Quelques réflexions sur le statut des gains en capital, 26 ff.

a) Begründung der Sonderregelung

Nach der früheren Rechtslage war eine Beitragserhebung auf Liquidationsgewinnen praxisgemäss dann nicht möglich, wenn keine der im Beitragsrecht vorgesehenen Methoden der Beitragsfestsetzung zur Anwendung gelangen konnte; dies traf insbesondere zu, wenn die Beitragserhebung auf Liquidationsgewinnen für einen Zeitraum in Frage stand, in welchem der Versicherte nicht mehr selbständigerwerbend war. Dauerte allerdings die selbständige Erwerbstätigkeit in der fraglichen Beitragsperiode an, so waren auf dem Liquidationsgewinn Beiträge zu entrichten. Dies hatte zur Folge, dass es von zeitlichen Zufälligkeiten abhing, ob auf einem Liquidationsgewinn Beiträge erhoben werden konnten oder nicht. Diese – nicht befriedigende – Rechtslage rief nach der Einführung einer Sonderregelung, was mit dem neuen Art. 23bis AHVV verwirklicht wurde (AHI-Praxis 1993 225 f.).

b) Allgemeines

Liquidationsgewinne stellen *Geschäftserträge* dar, die während der Dauer des Betriebs erzielt worden sind, aber erst bei dessen Auflösung in Erscheinung treten. Sie entsprechen dem Geschäftserfolg, der während des Betriebes aus dem einen oder anderen Grund steuerrechtlich bzw. beitragsrechtlich nicht erfasst wurde. Es handelt sich insoweit um das wirtschaftliche Ergebnis aus einer selbständigen Erwerbstätigkeit (AHI-Praxis 1993 224 f. E. 6a).

Die Erfassung als beitragspflichtiges Einkommen hält sich *im Rahmen von Art. 3 Abs. 1 AHVG* (ZAK 1986 580 E. 2b). Die Veräusserung von Geschäftsvermögen ist noch ein Akt der Betriebsführung; sie ist darauf gerichtet, diese abzuschliessen, und gehört notwendigerweise dazu, auch wenn sie sich zeitlich nicht unmittelbar an die eigentliche Betriebsführung anschliesst (AHI-Praxis 1993 225).

Die *Zuständigkeit des Bundesrates* zum Erlass einer Regelung über den Sonderbeitrag auf Liquidationsgewinnen ist gegeben (AHI-Praxis 1993 226 E. 6a).

Dass die Erhebung des Sonderbeitrags *nur buchführungspflichtige Unternehmen* trifft, hält vor dem Grundsatz der rechtsgleichen Behandlung stand (ZAK 1986 581 E. 3). Dass das Bundesgesetz über die direkte Bundessteuer (DGB) (vom 14. Dezember 1990) (SR 642.11) die Unterscheidung in buchführungspflichtige und nicht buchführungspflichtige Betriebe fallenlässt, ändert daran nichts (AHI-Praxis 1993 228).

Vom Liquidationsgewinn sind *geldwertbedingte Wertsteigerungen* infolge konjunktureller oder inflatorischer Einflüsse nicht in Abzug zu bringen (AHI-Praxis 1993 229).

Nicht von Bedeutung ist, dass das Liquidationsergebnis nicht in einer Einmalauszahlung, sondern in einer *periodischen Leistung* besteht (ZAK 1985 50 E. 2d).

c) Einzelfragen

Auf einem Liquidationsgewinn aus der Auflösung von *stillen Reserven* eines Betriebes, welche sowohl vom Erblasser als auch von den Erben (welche zur Weiterführung des Betriebs eine Gemeinderschaft bildeten) geäufnet wurden, ist der Sonderbeitrag geschuldet (114 V 77 E. 4c).

Eine *Wertzerlegung* dahingehend, dass teilweise nicht beitragspflichtige Kapitalgewinne und teilweise beitragspflichtige Geschäftserträge angenommen werden, fällt ausser Betracht, wenn das betreffende Vermögensobjekt während hinreichend langer Zeit vom Beitragspflichtigen als Geschäftsaktivum bezeichnet und bundessteuer- wie AHV-rechtlich als solches behandelt worden ist (EVGE 1968 44). – Für einen Anwendungsfall, in dem eine Wertzerlegung vorgenommen wurde, vgl. EVGE 1967 85 f.

In *steuerrechtlicher Hinsicht* ist – falls die in Frage stehende Liegenschaft nicht im Wohnsitzkanton des Versicherten gelegen ist – der AHV-Sonderbeitrag in demjenigen Kanton zum Abzug zuzulassen, in dem die in Frage stehende Liegenschaft gelegen ist (120 Ia 367 f.; Entscheid des Bundesgerichts).

d) Berechnung des Sonderbeitrags

Bindung an die Steuermeldung

Literatur: Boesch, Zusammenarbeit der Ausgleichskassen und der Steuerbehörden, 269 ff.; Cadotsch, Die Verbindlichkeit der Steuermeldungen für die AHV-Beitragsfestsetzung, 371 ff.

In Beitragsfragen ist die Bindung von Ausgleichskasse und Sozialversicherungsrichter an die Steuermeldung stets auf massliche Gesichtspunkte beschränkt; Fragen der rechtlichen Qualifikation sind davon ausgenommen (vgl. dazu näheres im Kommentar zu Art. 9 AHVG, Ziff. III). Es bestehen keine ausreichenden Gründe dafür, weshalb im Zusammenhang mit Liquidationsgewinnen eine über diese gefestigte Rechtsprechung hinausgehende Bindung an die Steuermeldung notwendig oder zumindest vertretbar sein sollte (AHI-Praxis 1993 233 E. 3b). Allerdings können sich die Ausgleichskassen grundsätzlich an die in der Steuermeldung erhobenen Tatsachen ebenso wie an deren rechtliche Würdigung halten und haben nur bei ernsthaften Zweifeln eigene Abklärungen vorzunehmen (AHI-Praxis 1993 236).

Die Ausgleichskassen haben somit für die Ermittlung des beitragspflichtigen Liquidationsgewinnnes von den von der Steuerverwaltung festgestellten Tatsachen auszugehen (ZAK 1986 582 E. 2b). Hingegen haben sie *eigenständig zu beurteilen*, ob ein von den Steuerbehörden gemeldeter Kapitalgewinn als Erwerbseinkommen oder als beitragsfreier Kapitalgewinn zu qualifizieren ist; dasselbe gilt für die Frage, ob eine Unternehmung zur Führung kaufmännischer Bücher verpflichtet ist (AHI-Praxis 1993 232 f. E. 3a). Keine Bindung an die Steuermeldung besteht sodann bezüglich des Realisierungszeitpunktes eines Kapitalgewinnes; dabei geht es ebenfalls um eine Rechtsfrage, welche die Ausgleichskasse analog der beitragsrechtlichen Qualifikation des Einkommens bzw. Einkommensbezügers grundsätzlich frei zu prüfen hat (AHI-Praxis 1993 240 E. 2c).

Kein Zinsabzug gemäss Art. 9 Abs. 2 lit. e AHVG

Vermögensbestandteile, aus denen der Liquidationsgewinn erzielt wurde, wurden bereits im ordentlichen oder ausserordentlichen Beitragsfestsetzungsverfahren berücksichtigt; zudem ist im Realisationszeitpunkt wegen der Veräusserung der Aktiven kein Betriebskapital mehr vorhanden. Somit kann kein Zinsabzug für investiertes Eigenkapital mehr erfolgen (AHI-Praxis 1993 229 E. 7a).

Freibetrag für Altersrentner

Der Freibetrag nach Art. 6quater AHVV ist auch dann nicht anwendbar, wenn der beitragspflichtige Liquidationsgewinn nach Vollendung des 62. bzw. 65 Altersjahres erzielt worden ist (120 V 268 ff.).

Liquidation durch Erben

Falls ein oder mehrere Erben den Geschäftsbetrieb unmittelbar nach dem Tod des Betriebsinhabers liquidieren, ist der Sonderbeitrag von den einzelnen Erben in dem Ausmass und in dem Zeitpunkt geschuldet, da ihnen der Liquidationsgewinn zukommt; beitragspflichtig sind nicht die Erben gesamthaft als Mitglieder der Erbengemeinschaft (ZAK 1989 549 f. E. 4).

e) **Berechnung des Sonderbeitrags bei Kapitalgewinnen, welche den Vorsorgeleistungen gleichgestellt sind, im speziellen** (vgl. Art. 23ter AHVV)

Allgemeines

Dadurch, dass (gemäss Art. 23ter Abs. 1 AHVV) unter bestimmten Voraussetzungen für die Berechnung des Sonderbeitrages auf Kapitalgewinnen Art. 6bis AHVV sinngemäss anwendbar ist, soll in Abhängigkeit des Lebensalters, der Dauer der selbständigen Erwerbstätigkeit und eines möglichst repräsentativen durchschnittlichen Jahreseinkommens aus dem veräusserten Betrieb derjenige Teil des Gewinnes ermittelt werden, der als Vorsorgeleistung von dem für die Beitragserhebung massgebenden Erwerbseinkommen ausgenommen wird (AHI-Praxis 1993 230 E. 7b).

Grundsatz

Um den beitragspflichtigen Betrag zu ermitteln, sind folgende Berechnungen durchzuführen:

- Ermittlung des beitragsfreien Jahresbetrages (vgl. Art. 6bis AHVV),
- Umwandlung des Kapitalgewinnes in eine Rente, um einen Vergleich mit dem beitragsfreien Jahresbetrag zu ermöglichen,

– Kapitalisierung der Differenz zwischen der errechneten Jahresrente und dem beitragsfreien Jahresbetrag. – Vgl. ein Beispiel in 113 V 172 f. E. 3d.

Der Sonderbeitrag ist nur dann nach Art. 23ter AHVV zu berechnen, wenn dem Kapitalgewinn eine selbständige Erwerbstätigkeit des Sonderbeitragsschuldners zugrunde liegt; ein *Erbe*, der das ererbte Geschäftsaktivum veräussert, kann sich nicht darauf berufen (ZAK 1990 342 f.).

Einzelfragen

Auslegung des Begriffes des *«letzten Jahreslohnes»* gemäss Art. 6bis Abs. 1 AHVV: In jenen Fällen, in denen die Erwerbstätigkeit zeitlich vor der Gewinnrealisierung aufgegeben und deshalb in den letzten fünf Jahren vor dieser Realisierung kein Erwerbseinkommen erzielt wurde, ist als Vergleichsgrösse das durchschnittliche Jahreseinkommen der letzten fünf Jahre der Eigenbewirtschaftung heranzuziehen (116 V 67). Allerdings kann ein solchermassen ermitteltes Erwerbseinkommen nicht aufgewertet werden, um der zwischen der Erwerbsaufgabe und der Gewinnerzielung eingetretenen Teuerung Rechnung zu tragen. Eine solche Lösung wäre in administrativer Hinsicht keineswegs leicht umzusetzen; es ist auch nicht einzusehen, weshalb derjenige, der die Erwerbstätigkeit bereits vor längerer Zeit aufgegeben hat, ohne indessen das Geschäfts- in das Privatvermögen überzuführen, gleich behandelt werden soll, wie derjenige, der im Betrieb weitergearbeitet und einen Teil seines Einkommens darin investiert hat (AHI-Praxis 1993 25 E. 2b).

Bei der Berechnung des der Sonderbeitragspflicht nicht unterliegenden Teils des Kapitalgewinns hinsichtlich der letzten fünf vollen Beitragsjahre ist auf das *beitragspflichtige Einkommen* abzustellen (AHI-Praxis 1993 230 E. 7b.aa).

Nicht unter den *Anwendungsbereich von Art. 23ter Abs. 2 lit. b AHVV* (Bestimmung der massgebenden Zahl der Dienstjahre) fällt die nicht entlöhnte Tätigkeit einer Ehefrau im Betrieb des Ehemannes (AHI-Praxis 1993 231).

Ist ein Sonderbeitrag auf dem Kapitalgewinn zu ermitteln, den *eine noch nicht 50jährige Invalidenrenten-Bezügerin* erzielt hat, ist Art. 6bis Abs. 5 AHVV analog anzuwenden (113 V 8 ff. E. 3).

Ermittlung des Sonderbeitrags bei Personen, welche das AHV-Rentenalter noch nicht erreicht haben: Es ist eine getrennte Berechnung vorzunehmen und zwar für die Zeit vor und nach Erreichen des AHV-Rentenalters; dies erklärt sich daraus, dass der beitragsfreie Betrag nur bis zum Erreichen dieses Alters um den Höchstbetrag der einfachen Altersrente erhöht wird (vgl. Art. 6bis Abs. 2 a.E. AHVV) (113 V 172 f. E. 3d).

f) Festsetzung des Sonderbeitrags im ausserordentlichen Verfahren

Die Ausgleichskasse ist befugt, bei der Festsetzung des Sonderbeitrags in Analogie zu Art. 24 AHVV zu verfahren. Sie kann somit den Sonderbeitrag – ohne die rechtskräftige Veranlagung abzuwarten – aufgrund einer – in Anlehnung an die provisorische Steuermeldung ergangenen – eigenen Einschätzung erst vorläufig verfügen. Einer solchen Sonderbeitragsverfügung kommt jedoch kein endgültiger Charakter zu. Sofern sich aufgrund der zu meldenden rechtskräftigen Steuerveranlagung ein tieferer oder höherer Liquidationsgewinn ergeben sollte, müsste die Ausgleichskasse gemäss Art. 25 Abs. 5 AHVV eine entsprechende Rückerstattung bzw. Nachforderung vornehmen (AHI-Praxis 1993 243 f.). – Vgl. näheres zum ausserordentlichen Verfahren mangels Steuermeldung im Kommentar zu Art. 14 AHVG, Ziff. II.3.b.

II. Abzüge vom rohen Einkommen aus selbständiger Erwerbstätigkeit (Abs. 2)

1. Gewinnungskosten

Gewinnungskosten sind Aufwendungen, die mit der Erzielung des für die Beitragsbemessung massgebenden Einkommens der entsprechenden Berechnungsjahre in unmittelbarem und direktem Zusammenhang stehen. Dabei handelt es sich um allgemeine Unkosten, welche der Erhaltung der Einkommensquellen dienen, nicht aber um Aufwendungen, die getätigt werden, um eine Einkommensquelle zu erwerben (=Anlagekosten). Deshalb fallen Pfrundleistungen als Gegenwert für die Abtretung eines Betriebes nicht unter den Begriff der Gewinnungskosten (101 V 94 f.).

2. Abschreibungen und Rückstellungen

Wie im Steuerrecht dürfen auch für die AHV nur Abschreibungen berücksichtigt werden, die *geschäftsmässig begründet* sind (ZAK 1950 272).

3. Geschäftsverluste

Geschäftsverluste dürfen nur innerhalb der für die betreffende Veranlagungsperiode massgebenden gleichen Berechnungsperiode verrechnet werden (ZAK 1988 452 f.). Wenn der Verlust nur in einem der beiden Berechnungsjahre angefallen ist, kann er insoweit mit dem Einkommen aus selbständiger Erwerbstätigkeit im anderen Berechnungsjahr verrechnet werden; für diese Lösung sprechen veranlagungstechnische Gründe, da die Berechnungsperiode im Grundsatz zwei Jahre umfasst (EVGE 1960 31 E. 1).

4. Wohlfahrtszuwendungen (ausgenommen AHV/IV/EO-Beiträge)

Aus Art. 9 Abs. 2 lit. d AHVG ergibt sich eindeutig, dass unter Wohlfahrtszuwendungen ausschliesslich gewisse Zuwendungen des Geschäftsinhabers zum *Schutze oder zur Vorsorge seines Personals* zu verstehen sind; eine Ausdehnung der Abzugsmöglichkeit auf Prämien der privaten Unfallversicherung des Geschäftsinhabers ist nicht möglich (ZAK 1986 221 E. 3).

Da die *AHV/IV/EO-Beiträge* der Selbständigerwerbenden – im Gegensatz zur direkten Bundessteuer – bei der AHV-rechtlichen Beitragsbemessung nicht abgezogen werden dürfen, sind diese von der Ausgleichskasse aufzurechnen; insoweit hat die Ausgleichskasse die ihr von den Steuerbehörden gemeldeten Angaben weiterzuverarbeiten. Dabei muss sie die in den Berechnungsjahren betraglich festgesetzten, d.h. verfügten bzw. in Rechnung gestellten Beiträge aufrechnen, wobei es ihr freisteht, auch bloss die in diesen Jahren effektiv schon bezahlten Beiträge aufzurechnen (111 V 295 ff.). Auch bei Ermessenseinschätzungen haben die Steuerbehörden das Einkommen nach Abzug der persönlichen Beiträge zu melden, und es hat somit auch insoweit eine Korrektur zu erfolgen (111 V 295 E. 4a mit Hinweis auf die frühere andere Rechtsprechung).

5. Zins des investierten Eigenkapitals

Allgemeines

Vgl. zur Darstellung der Gesetzesmaterialien EVGE 1952 254 E. b. Im Ertrag eines Geschäftsbetriebes, bei welchem ein Eigenkapital investiert ist, ist der Vermögensertrag inbegriffen; dieser darf jedoch für die Beitragsbemessung nicht miterfasst werden und muss deshalb ausgesondert werden; der Ausscheidung dieser Quote dient der in Art. 9 Abs. 2 lit. e AHVG angeordnete Zinsabzug (EVGE 1953 141).

Zum investierten Eigenkapital wird ein Aktivum grundsätzlich dann gerechnet, wenn es zum *Geschäftsvermögen* gehört, d.h. wenn es im Zusammenhang mit dem Geschäftsbetrieb aus Mitteln des Geschäfts oder für Zwecke des Unternehmens erworben wurde und tatsächlich dem Geschäftszweck dient (EVGE 1957 115 f.).

Das *Eigenkapital* wird nach den Vorschriften über die direkte Bundessteuer bewertet (ZAK 1987 425 E. 6a).

Die bei der Ermittlung des investierten Eigenkapitals zu berücksichtigenden *Geschäftspassiven* werden aufgrund einer Verhältniszahl bestimmt, welche sich aus dem Vergleich zwischen Geschäftsaktiven und Gesamtaktiven ergibt. Im gleichen Umfang ist sodann ein Anteil der Gesamtpassiven als Geschäftspassiven zu betrachten (ZAK 1987 426 E. 6b).

Beim *Sonderbeitrag auf Liquidationsgewinnen* kann kein Zinsabzug vorgenommen werden (AHI-Praxis 1993 229 E. 7a). – Vgl. näheres dazu im Kommentar zu Art. 9 AHVG, Ziff. I.3.d.

Stichtag

Als *Stichtag* gilt der erste Tag nach Ablauf der Berechnungsperiode (ZAK 1987 425 E. 6a). Dies verhält sich sowohl im ordentlichen wie auch im ausserordentliche Festsetzungsverfahren so (ZAK 1981 382 E. 2a); die Frage ist jedoch offen, ob anders vorzugehen ist in einem Fall, da sich das ausserordentliche Bemessungsverfahren über mehrere Jahre erstreckt und – bei erheblichen Schwankungen des Eigenkapitals – die Ausgleichskasse den Zinsabzug auf einen einzigen Stichtag, den 1. Januar nach Ablauf des letzten Gegenwartsbemessungsjahres, rückwirkend für alle Beitragsjahre festlegen will (AHI-Praxis 1994 269 f.).

Liegenschaftenhändler besitzen zwar an diesem Stichtag die Liegenschaften, aus deren Verkauf sie einen Gewinn erzielten, nicht mehr; es muss jedoch davon ausgegangen werden, dass der Wert der Liegenschaften vor der Veräusserung im Zeitraum zwischen Verkauf und Reinvestition in neuen Grundbesitz dem investierten Eigenkapital entspricht (ZAK 1987 425 E. 6a).

Bestandteile des Eigenkapitals

Zugehörigkeit bejaht

Zum Eigenkapital zu zählen sind *Wertschriften*, die als Sicherheit für Geschäftsschulden dienen (ZAK 1979 498 f. E. 3b).

Bestandteil des Eigenkapitals bildet zudem der entgeltlich erworbene *Goodwill* (100 V 150 f. E. 2; anders noch EVGE 1951 248 ff.).

Ein *Bankguthaben* kann als im Betrieb arbeitendes Eigenkapital betrachtet werden, wenn es in einem erheblichen Zusammenhang mit dem Geschäftsbetrieb steht; dabei ist nach der Gesamtheit der tatsächlichen Verhältnisse zu entscheiden (ZAK 1971 209 f.). Insoweit stellt ein Kapital, welches von einem Gesellschafter als persönliches Darlehen aufgenommen und ins Geschäft eingebracht wurde, Eigenkapital dar (EVGE 1953 60).

Wer aus der Vermietung von möblierten Zimmern ein Erwerbseinkommen erzielt, kann bei der Berechnung des Eigenkapitals den *Wert des Mobiliars der vermieteten Zimmer* geltend machen (ZAK 1965 38 E. 4).

Zum Eigenkapital gehören sodann *Grundstücke*, sofern sie dem Geschäftsvermögen zuzurechnen sind (EVGE 1957 115 f.).

Zur Frage, ob der Rückkaufswert einer für Geschäftsschulden *verpfändeten Lebensversicherung* zum investierten Eigenkapital zu schlagen ist, vgl. EVGE 1951 242 ff.

Zugehörigkeit verneint

Nicht zum Eigenkapital gehört – aufgrund der konkreten Umstände – eine von einer Gesellschaft einem Gesellschafter *zum Bau eines Privathauses zur Verfügung gestellte Geldsumme*; es handelt sich vielmehr um einen – zumindest vorübergehenden – Kapitalrückzug (EVGE 1956 172 ff.).

Für einen *Anwendungsfall* vgl. EVGE 1950 105 ff. (Bestimmung der Zuordnung des Betriebsinventars, des Geschäftsgebäudes, des Wohngebäudes sowie von Darlehen an Kunden).

Bindung an die Steuermeldung

Literatur: Boesch, Zusammenarbeit der Ausgleichskassen und der Steuerbehörden, 269 ff.; Cadotsch, Die Verbindlichkeit der Steuermeldungen für die AHV-Beitragsfestsetzung, 371 ff.

Grundsätzlich sind die Ausgleichskassen bezüglich der Angabe der Höhe des investierten Eigenkapitals an die Angaben in der Steuermeldung gebunden (vgl. Art. 23 Abs. 1 und 4 AHVV sowie Kommentar zu Art. 9 AHVG, Ziff. III). Dabei ist ein *klar ausgewiesener Irrtum*, welcher diese Bindungswirkung aufhebt, anzunehmen, wenn die von der Steuerbehörde vorgenommene Schätzung des Grundstückes, das einem Geschäftsbetrieb dient, gegen die einschlägigen Bewertungsnormen des Bundessteuerrechts verstösst (98 V 91 f.).

6. Weitere Abzüge

Selbständigerwerbende können – aufgrund von Art. 18 Abs. 3 AHVV – Beiträge an Einrichtungen der zweiten Säule abziehen; dies ist jedoch nicht möglich bei Einlagen in der individuell gebundenen beruflichen Vorsorge *(Säule 3a)* (SVR 1994 AHV Nr. 15 S. 35, 115 V 339 f.).

III. Ermittlung des Einkommens sowie Verbindlichkeit der Meldungen der Steuerbehörden (Abs. 4)

Verbindlichkeit der Meldungen der Steuerbehörden

Literatur: Boesch, Zusammenarbeit der Ausgleichskassen und der Steuerbehörden, 269 ff.; Cadotsch, Die Verbindlichkeit der Steuermeldungen für die AHV-Beitragsfestsetzung, 371 ff.

Allgemeines

Eigentlich würde es zur Aufgabe der Ausgleichskassen gehören, dass sie selber auch das Einkommen ermitteln. Nun werden aber im Zusammenhang mit der bundessteuerrechtlichen Veranlagung auch die Grundlagen für die Ermittlung des bei der AHV massgebenden Einkommens erstellt. Deshalb war es gegeben, die mit jenem Verfahren verbundenen Einkommenserhebungen auch für die AHV-Beitragsbemessung zu verwenden. Wenn so die Steuerbehörden für die Ausgleichskassen das Erwerbseinkommen ermitteln, ist das gleichbedeutend mit einer Funktion der Ausgleichskasse selber, weshalb es sich rechtfertigt, die diesen gelieferten Angaben als für sie verbindlich zu erklären; das braucht aber nicht auch Verbindlichkeit gegenüber den gerichtlichen Instanzen zur Folge zu haben (EVGE 1949 62).

Grundsatz

Die Angaben der kantonalen Steuerbehörden über das für die Berechnung der Beiträge massgebende Erwerbseinkommen – bei dessen Ermittlung sich die Ausgleichskassen grundsätzlich auf die rechtskräftige Veranlagung für die direkte Bundessteuer abzustützen haben (vgl. Art. 23 Abs. 1 AHVV) – sowie über das im Betrieb arbeitende Eigenkapital sind für die Ausgleichskassen verbindlich (vgl. Art. 23 Abs. 4 AHVV; betr. Gesetzmässigkeit der Bestimmung vgl. ZAK 1992 35 f. E. 4). Dabei begründet nach der Rechtsprechung grundsätzlich jede rechtskräftige Steuerveranlagung die nur mit Tatsachen widerlegbare Vermutung, dass sie der Wirklichkeit entspreche. Die ordentliche Einkommensermittlung obliegt nämlich den Steuerbehörden, in deren Aufgabenkreis der Sozialversicherungsrichter nicht mit eigenen Veranlagungsmassnahmen einzugreifen hat. Der selbständigerwerbende Versicherte hat demnach seine Rechte auch im Hinblick auf die AHV-rechtliche Beitragspflicht in erster Linie im Steuerjustizverfahren zu wahren (110 V 371).

Einzelfragen

Bei der Steuermeldung, welche das Einkommen aus einer nebenberuflichen, gelegentlich ausgeübten selbständigen Erwerbstätigkeit betrifft, erstreckt sich die Verbindlichkeit auch auf den *Zeitpunkt (Kalenderjahr)*, in welchem das Einkommen erzielt wurde (ZAK 1989 307 E. 2b).

Die Verbindlichkeit besteht auch in bezug auf die Höhe des Kapitalgewinns beim *Sonderbeitrag* gemäss Art. 23bis AHVV (113 V 7 f. E. 2b).

Verbindlich ist auch die auf einer *Ermessenstaxation* beruhende Steuermeldung (ZAK 1988 298; für eine Ausnahme vgl. 114 V 6 f.).

Hat sich eine Ausgleichskasse auf eine Steuermeldung abgestützt, darf der kantonale Richter sie nicht dazu verpflichten, die massgebenden Einkünfte durch eine *kasseneigene Schätzung* zu ermitteln (ZAK 1959 258).

Ausnahmen von der Verbindlichkeit

Grundsatz

Da die Ausgleichskassen an die Angaben der Steuerbehörden gebunden sind und der Sozialversicherungsrichter grundsätzlich nur die Kassenverfügungen auf ihre Gesetzmässigkeit zu überprüfen hat, darf von rechtskräftigen Steuertaxationen bloss dann abgewichen werden, wenn diese klar ausgewiesene *Irrtümer* enthalten, die ohne weiteres richtiggestellt werden können, oder wenn *sachliche Umstände* gewürdigt werden müssen, die steuerrechtlich belanglos, sozialversicherungsrechtlich aber bedeutsam sind. Blosse Zweifel an der Richtigkeit einer Steuertaxation genügen hiezu nicht (110 V 371).

Einzelfragen

Von einer rechtskräftigen Steuertaxation darf selbst dann nicht abgewichen werden, wenn die Abklärung ergibt, dass die Veranlagung für die direkte Bundessteuer wahrscheinlich korrigiert worden wäre, wenn sie mit einem *Rechtsmittel angefochten* worden wäre (110 V 372 E. 2b); anders ist lediglich zu entscheiden, wenn mangels relevanten Streitwertes der Anlass für ein Steuerjustizverfahren fehlte (110 V 374 E. 3b: Streitwert im Betrag von Fr. 195.80 nicht relevant; ZAK 1992 36 f. E. 5a: Jahressteuerbetrag von Fr. 579.70 bei veranlagtem Einkommen von Fr. 39'000.— relevant). Ein Abweichen ist auch dann nicht gerechtfertigt, wenn einer Einsprache gegen die für die massgebende Periode erfolgte Veranlagung für die *kantonale Staatssteuer* teilweise stattgegeben wurde (ZAK 1992 34 E. 3c).

Die Bindung an die Meldungen der Steuerbehörden betrifft nicht die beitragsrechtliche *Qualifikation des Einkommens bzw. Einkommensbezügers.* Wer also für ein gemeldetes Einkommen beitragspflichtig ist und ob – überhaupt – selbständige oder unselbständige Erwerbstätigkeit vorliegt, haben die Ausgleichskassen selbständig zu beurteilen (110 V 371).

Keine Bindung besteht sodann an eine Steuermeldung betreffend die Einkommenszahlen einer Ehefrau, wenn die Steuermeldung auf einer *Ermessenstaxation* der aus selbständiger Erwerbstätigkeit erzielten Einkommen von Ehepaaren beruht (114 V 6 f.); dasselbe gilt, wenn das gemeldete Einkommen auch solches der Ehefrau aus *unselbständiger Erwerbstätigkeit* enthält (ZAK 1986 55 E. 3c).

Keine Bindung besteht sodann, wenn die Steuermeldung *formell nicht korrekt* ist (fehlende Unterschrift, kein Amtsstempel, Korrekturen) (ZAK 1976 38 E. 2).

Nicht verbindlich ist eine – wegen eines *Übermittlungsfehlers* inhaltlich unrichtige – Steuermeldung; hier ist eine berichtigte Meldung einzuholen (ZAK 1988 564 f. E. 5b).

Ein *klar ausgewiesener Irrtum* ist etwa anzunehmen, wenn die von den Steuerbehörden bei einem Grundstück, welches einem Geschäftsbetrieb dient, vorgenommene Schätzung des investierten Eigenkapitals gegen die einschlägigen Bewertungsnormen des Bundessteuerrechts verstösst (98 V 91 f.).

Eine Bindung ist dann nicht anzunehmen, wenn das gemeldete Einkommen auch *Lohnbestandteile* enthält (98 V 244).

Subsidiäre Massgeblichkeit der Veranlagung für die kantonale Einkommens- oder Erwerbssteuer (vgl. Art. 23 Abs. 2 AHVV)

Der Einwand, die Berücksichtigung kantonaler Veranlagungen verstosse gegen das Gleichbehandlungsgebot, ist unbehelflich (115 V 188 f. E. 3d).

9bis (49) Anpassung der sinkenden Beitragsskala

Der Bundesrat kann die Grenzen der sinkenden Beitragsskala nach den Artikeln 6 und 8 sowie den Mindestbeitrag nach Artikel 8 Absatz 2 dem Rentenindex gemäss Artikel 33ter anpassen.

III. Die Beiträge der nichterwerbstätigen Versicherten

10 (49)

[1] Nichterwerbstätige bezahlen je nach ihren sozialen Verhältnissen einen Beitrag von 168 (A) **– 8400 Franken im Jahr. Erwerbstätige, die im Kalenderjahr, gegebenenfalls mit Einschluss des Arbeitgeberbeitrags, weniger als 168** (A) **Franken entrichten, gelten als Nichterwerbstätige. Der Bundesrat kann den Grenzbetrag nach den sozialen Verhältnissen des Versicherten erhöhen** (B)**, wenn dieser nicht dauernd voll erwerbstätig ist. Artikel 9bis ist anwendbar.**
[2] Nichterwerbstätige Studenten und Versicherte, die aus öffentlichen Mitteln oder von Drittpersonen unterhalten oder unterstützt werden, bezahlen den Mindestbeitrag. Der Bundesrat kann den Mindestbeitrag für weitere Nichterwerbstätige vorsehen, denen höhere Beiträge nicht zuzumuten sind.
[3] Der Bundesrat erlässt nähere Vorschriften über den Kreis der Personen, die als Nichterwerbstätige gelten, und über die Bemessung der Beiträge. Er kann bestimmen, dass vom Erwerbseinkommen bezahlte Beiträge auf Verlangen des Versicherten an die Beiträge angerechnet werden, die dieser als Nichterwerbstätiger schuldet (C)**.**

(A) Fr. 324.– seit 1. Januar 1996. Siehe Art. 2 V 96.
(B) Art. 28bis AHVV
(C) Art. 28, Art. 29, Art. 30 AHVV

Art. 10 Abs. 4
[4] Der Bundesrat kann Lehranstalten verpflichten, der zuständigen Ausgleichskasse alle Studierenden zu melden, die als Nichterwerbstätige beitragspflichtig sein könnten. Die Ausgleichskasse kann den Bezug der geschuldeten Beiträge der Lehranstalt übertragen, falls diese zustimmt.

Übersicht

I. Begriff der Nichterwerbstätigen (Abs. 1)

1. Allgemeines

Aus der Systematik des Gesetzes folgt, dass ein Versicherter für den gleichen Zeitraum die Beiträge alternativ als Erwerbstätiger oder als Nichterwerbstätiger entrichtet. Eine Kumulation von Beiträgen vom Erwerbseinkommen und von solchen nach Massgabe des Vermögens und des Renteneinkommens ist nicht zulässig. Es kann somit nicht dem Versicherten anheimgestellt sein, wie er sein Versicherungsstatut bestimmen will (EVGE 1950 112 ff.). Naturgemäss muss aber ein Wechsel von einer Versichertenkategorie zur anderen möglich sein (ZAK 1952 193).

Der Einbezug der Nichterwerbstätigen in das Versicherungsobligatorium bedingte die Schaffung eines besonderen, mit demjenigen der Erwerbstätigen in keinerlei organischem Zusammenhang stehenden Beitragssystems (EVGE 1950 115).

2. Abgrenzung zu den Erwerbstätigen

Allgemeines

Die Klassierung von Personen, die überhaupt keine Erwerbstätigkeit ausüben, als Nichterwerbstätige liegt auf der Hand. Hingegen muss bei Versicherten, die einerseits eine gewisse Erwerbstätigkeit ausüben und anderseits über Vermögen bzw. Renteneinkommen verfügen, entschieden werden, ob sie nach Art. 4 ff. AHVG oder nach den Bestimmungen des Art. 10 AHVG zur Beitragsleistung herangezogen werden sollen. Keine anwendbaren Kriterien bilden:

- eine absolute Subsidiarität der Beitragspflicht nach Art. 10 AHVG,
- die Dauer der Erwerbstätigkeit im Verlaufe eines Kalenderjahres (Annahme der Erwerbstätigkeit bei Personen, die mehr als sechs Monate einem Erwerb obliegen),
- die Differenzierung nach der absoluten Höhe des Arbeitserwerbs.

Da das Gesetz auf die «sozialen Verhältnisse» abstellt, ist dieses Moment beim hier zu treffenden Entscheid nicht ausser acht zu lassen. Es liegt deshalb in der Linie des Gesetzes, zur Beitragsleistung als Nichterwerbstätige diejenigen Versicherten heranzuziehen, deren «soziale Verhältnisse» oder – anders ausgedrückt – deren wirtschaftliche Existenz sich offenkundig überwiegend auf ökonomische Werte gründet, die ihnen aus anderer Quelle als aus Erwerbstätigkeit zufliessen, nämlich aus Eigentum bzw. Rentenberechtigung. In den Vordergrund rückt somit die Frage, was den Versicherten nach seiner ganzen wirtschaftlichen Stellung charakterisiert. Dabei wird normalerweise der

Beitragspflicht nach Art. 4 ff. AHVG das Primat zufallen (EVGE 1950 115 ff.).

Auf den 1. Januar 1986 ist die Neufassung von Art. 28bis AHVV in Kraft getreten. Mit der darin enthaltenen Festlegung der Grenzbeträge auf 50 Prozent der Nichterwerbstätigenbeiträge wurde eine eigentliche *Schwergewichtstheorie* entwickelt: Wer als nicht dauernd voll Erwerbstätiger nicht einmal die Hälfte der Beiträge eines Nichterwerbstätigen bezahlt, ist schwergewichtig Nichterwerbstätiger; wer mehr als die Hälfte der Beiträge eines Nichterwerbstätigen bezahlt, ist schwergewichtig erwerbstätig und fällt in die Kategorie der Erwerbstätigen (vgl. dazu die Erläuterungen in ZAK 1985 437 f.).

Einzelfragen

Selbständigerwerbende allgemein

Art. 10 Abs. 1 Satz 3 AHVG gilt auch für Selbständigerwerbende (115 V 170 E. 8). Volle Erwerbstätigkeit im Sinne dieser Bestimmung liegt i.d.R. vor, wenn für die Tätigkeit ein erheblicher Teil der im betreffenden Erwerbszweig üblichen Arbeitszeit aufgewendet wird (115 V 174 E. 10d).

Nicht als selbständige Erwerbstätigkeit kann anerkannt werden, wenn diese nur zum Schein ausgeübt wird oder sonstwie keinen erwerblichen Charakter aufweist, wie das für die blosse Liebhaberei zutrifft, die von rein persönlichen Neigungen beherrscht wird (115 V 171 E. 9b).

Selbständigerwerbender ohne Erwerbseinkünfte oder mit Geschäftsverlusten

Ein solcher Versicherter darf nicht mit dem blossen Hinweis auf fehlendes beitragspflichtiges Einkommen als Nichterwerbstätiger qualifiziert werden. Ob ein Versicherter erwerbstätig ist, beurteilt sich nicht in Funktion der Beitragshöhe gemäss Art. 10 Abs. 1 AHVG, sondern nach den tatsächlichen wirtschaftlichen Gegebenheiten (115 V 168 f. E. 6e). Wer zwar behauptet, als Architekt eine volle Erwerbstätigkeit auszuüben, jedoch daraus ein Einkommen von Null bzw. von wenigen hundert Franken pro Monat erzielt, ist als nicht dauernd voll erwerbstätige Person im Sinne von Art. 28bis AHVV zu betrachten (ZAK 1986 515 E. 3a).

Konkubinatspartner

Unterhaltsleistungen, die ein Mann der mit ihm im Konkubinat lebenden Frau für deren Haushaltführung gewährt, gelten beitragsrechtlich als massgebender Lohn (vgl. dazu vorstehend Kommentar zu Art. 5 AHVG, Ziff. III.2, Stichwort Konkubinatsentschädigung). Diese Rechtsprechung ist zu einem wesentlichen Teil im Interesse der haushaltführenden Person begründet: Sie gewährt deren sozialen Schutz, indem ihr i.d.R. im individuellen Konto ein höherer Betrag gutgeschrieben wird als bei Annahme von Nichterwerbstätigkeit (ZAK 1990 427 f. E. 3).

Dieser soziale Schutzzweck tritt allerdings in den Hintergrund, wenn der haushaltführende Konkubinatspartner einer erheblichen ausserhäuslichen Erwerbstätigkeit nachgeht. Dabei gilt als «erheblich» eine Erwerbstätigkeit, mit welcher ein Einkommen erzielt wird, welches mindestens den Naturallohnansätzen der Art. 10 ff. AHVV entspricht. Diesem Fall ist gleichgestellt, wenn sich ein Konkubinatspartner nachweisbar dazu entschlossen hat, eine erhebliche Erwerbstätigkeit auszuüben, indem er sich beim Arbeitsamt meldet und die Voraussetzungen zum Bezug von Arbeitslosenentschädigungen erfüllt. Dieselben Überlegungen gelten schliesslich, wenn der haushaltführende Partner zwar nicht mit einer ausserhäuslichen Erwerbstätigkeit ein massgebliches Einkommen erzielt, seinen Lebensunterhalt aber mittels eines Renteneinkommens zu decken vermag; in einem solchem Fall besteht kein Anlass, zusätzlich zum Renteneinkommen Naturallohn anzunehmen und darauf Beiträge zu erheben (SVR 1995 AHV Nr. 52 S. 144).

Falls der für den Konkubinatspartner geschuldete Beitrag unterhalb des Mindestbeitrags gemäss Art. 10 Abs. 1 Satz 1 AHVG liegt, wird er jedoch in Anwendung von Art. 10 Abs. 1 Satz 2 AHVG – und in Abweichung von den Grundsätzen gemäss 110 V 1 ff. – zu den nichterwerbstätigen Versicherten gezählt (116 V 181 E. 5).

Ehefrau

Vgl. Kommentar zu Art. 3 AHVG, Ziff. III.2.

Liquidationstätigkeit

Sie darf nicht einfach der vorangegangenen Erwerbstätigkeit beitragsrechtlich gleichgestellt werden; die Annahme einer Nichterwerbstätigkeit ist nicht ausgeschlossen (ZAK 1988 556 f.).

Beschäftigung in einer Anstalt

Es widerspricht den wirtschaftlichen Gegebenheiten, die Eigenschaft eines Erwerbstätigen einem in einer Anstalt Beschäftigten auch dann abzusprechen, wenn er offensichtlich betriebsnützliche Arbeit leistet und so aus eigener Kraft seinen Lebensunterhalt verdient (EVGE 1952 116).

Missionar

Aufgrund der konkreten Umstände – kein relevanter Zusammenhang zwischen freiwilligen Spenden oder Hilfeleistungen und den von den Missionaren ausgeübten Tätigkeiten; Beschränkung der Lebensbedürfnisse auf das Allernotwendigste – ist anzunehmen, dass es sich um Nichterwerbstätige handelt (EVGE 1949 174 f.). – Für einen Fall, in dem eine Erwerbstätigkeit angenommen wurde, vgl. ZAK 1950 159 f. – Vgl. ferner Kommentar zu Art. 5 AHVG, Ziff. II.2, Stichwort Pfarrer.

Abverdienen einer Busse oder einer Fronsteuer

Das Abverdienen einer Busse (gemäss Art. 49 Ziff. 1 Abs. 2 Satz 2 StGB) stellt – wie dasjenige einer Fronsteuer (dazu EVGE 1955 173) – keine Erwerbstätigkeit dar (ZAK 1991 312 f.).

II. Nichterwerbstätige Studenten und von Dritten Unterstützte (Abs. 2)

Studenten

Grundsatz

Als Studenten gelten praxisgemäss Schüler mittlerer oder höherer Lehranstalten, die sich regelmässig und vorwiegend ihrer Ausbildung widmen. Diese muss auf ein berufliches Ziel ausgerichtet sein (115 V 74 E. 7a). Die Berechtigung des Studenten, bloss den Mindestbeitrag nach Art. 10 Abs. 2 AHVG bezahlen zu müssen, hängt einzig und allein davon ab, ob er die Eigenschaft eines Studenten aufweist; nicht massgebend ist also, ob der Student aus öffentlichen Mitteln oder von Drittpersonen unterhalten oder unterstützt wird (AHI-Praxis 1994 87 E. 5a).

Bezüger von Stipendien des Schweizerischen Nationalfonds

Bezüger von Stipendien des Schweizerischen Nationalfonds gelten dann als Studenten, wenn der gewährte Beitrag überwiegend für die berufliche Weiterbildung ausgerichtet wird; anders wäre zu entscheiden, wenn der Beitrag primär zu Forschungszwecken eingesetzt wird, was etwa dann anzunehmen ist, wenn sich der Stipendiat einem konkreten Forschungsprojekt widmet, das mit seiner beruflichen Weiterbildung in keinem Zusammenhang steht (AHI-Praxis 1994 92 E. 6b).

Beitragsrechtliche Behandlung des Studenten

Studenten gemäss Art. 10 Abs. 2 AHVG haben nur den *Mindestbeitrag* zu leisten; sie können beitragsrechtlich nicht nach Art. 10 Abs. 1 AHVG erfasst werden. Diese beitragsrechtliche Sonderstellung des wohlsituierten Studenten gegenüber anderen Nichterwerbstätigen könnte allenfalls unter dem Blickwinkel rechtsgleicher Behandlung gewisse Bedenken wecken, doch ist dem Richter eine entsprechende Überprüfung verwehrt (115 V 68 ff.).

Von Dritten Unterstützte

Es handelt sich um Personen, die auf Kosten Angehöriger leben oder von diesen wenigstens teilweise unterstützt werden (ZAK 1990 470 E. 2b). Entscheidend für die Anwendung von Art. 10 Abs. 2 AHVG ist, dass die fraglichen Personen unterhalten oder unterstützt werden müssen, weil sie sonst ihre Grundbedürfnisse nicht befriedigen könnten. Personen, die sich nicht aus Zwang, sondern aus ihrem eigenen Willen damit begnügen, von Unterstützungsleistungen Dritter zu leben, haben gemäss Art. 10 Abs. 1 AHVG Beiträge zu bezahlen (ZAK 1983 534 E. 3b); dies ist der Fall bei einer Person, die sich freiwillig dazu bereit erklärte, seinen Auslandaufenthalt zumindest teilweise vom Schweizerischen Nationalfonds finanzieren zu lassen (AHI-Praxis 1994 86 E. 4).

Die Bestimmung ist nur dann anwendbar, wenn die Leistungen der Drittpersonen in einem solchen Rahmen bleiben, dass man vom Versicherten vernünftigerweise nicht erwarten kann, Beiträge gemäss Art. 10 Abs. 1 AHVG zu entrichten (ZAK 1973 428 E. 2c).

III. Beitragsfestsetzung (Abs. 3)

Allgemeines

Die verordnungsmässige Regelung in Art. 28 bis Art. 30 AHVV und somit auch das Vorgehen, dass die sozialen Verhältnisse der Nichterwerbstätigen durch deren Vermögen und Renteneinkommen umschrieben werden, sind gesetzmässig (120 V 166 E. 2).

Beitragsfestsetzung aufgrund des Vermögens

Dass die Belastung des Vermögens zunächst – bis zum unteren Grenzvermögen – degressiv, dann progressiv und über dem oberen Grenzvermögen wieder degressiv verläuft, kann nicht als willkürlich erachtet werden (ZAK 1984 485 f. E. 2c).

An der Rechtsprechung, wonach die vom nichterwerbstätigen Ehemann geschuldeten Beiträge auch aufgrund des *Vermögens der Ehefrau* bestimmt werden, ist auch unter der Herrschaft des neuen Eherechts festzuhalten (ZAK 1991 418 f. E. 4). Keine Bedeutung hat der zwischen den Eheleuten vereinbarte Güterstand (ZAK 1986 515 E. 3b), und es ist auch nicht die Berufung darauf möglich, dass aus dem

Vermögen des in Gütertrennung lebenden Ehegatten kein Nutzen gezogen wird (103 V 51).

Erfasst ist auch das *Vermögen der minderjährigen Kinder* (101 V 178).

Beitragsfestsetzung aufgrund des Renteneinkommens

Allgemeines

Der *Begriff des Renteneinkommens* ist im weitesten Sinne zu verstehen. Entscheidend ist nicht, ob die Leistungen mehr oder weniger die Merkmale einer Rente aufweisen, sondern vielmehr, ob sie zum Unterhalt des Versicherten beitragen (AHI-Praxis 1994 169 E. 4c).

Renteneinkommen bejaht

Als Renteneinkommen hat die Rechtsprechung insbesondere betrachtet (vgl. dazu auch ZAK 1991 416 E. 3a):

- Invalidenrenten der Militärversicherung (EVGE 1949 177),
- Taggelder der Krankenversicherung, welche Lohnersatz darstellen (ZAK 1980 225 E. 2),
- die einem Versicherten von seiner beruflichen Vorsorgeeinrichtung vor Erreichen der AHV-Altersgrenze in monatlichen Zahlungen gewährten «AHV-Vorschüsse» (ZAK 1988 170 E. 3c),
- Invalidenrenten und Taggelder der obligatorischen Unfallversicherung (107 V 69),
- Erwerbsausfallrenten einer privaten Lebensversicherungs-Gesellschaft und Renten, welche von einer ausländischen Versicherungseinrichtung Kriegsopfern erbracht werden (ZAK 1985 119 f.),
- Leibrenten aus einem Vertrag mit einer privaten Versicherungsgesellschaft (120 V 166 E. 3),
- Kinderzusatzrenten (ZAK 1990 429 ff.).
- Vermögensrechtliche Ansprüche der geschiedenen Ehefrau, die nicht vereinbarungsgemäss beglichen werden, können nur insoweit angerechnet werden, als sie eintreibbar sind (104 V 185).
- Zu berücksichtigen sind auch Leistungen, welche freiwillig, d.h. ohne Bestehen einer Rechtspflicht, erbracht werden (ZAK 1975 27 E. 2).
- Der Vermögensvorteil, welchen das Recht auf unentgeltliche Benutzung einer Wohnung darstellt, bildet Renteneinkommen; dabei ist aber nur der tatsächliche wirtschaftliche Nutzen für den Versicherten massgebend (ZAK 1965 97 E. 2).

Renteneinkommen verneint

Praxisgemäss werden die *Renten der AHV und der IV* bei der Beitragsberechnung nicht berücksichtigt (107 V 69).

Nicht zu berücksichtigen ist ferner das *AHV-pflichtige Erwerbseinkommen der Ehefrau*; zwar beeinflusst auch dieses die soziale Stellung des nichterwerbstätigen Ehemannes, doch ist zu berücksichtigen, dass die erwerbstätige Ehefrau von ihrem Einkommen Sozialversicherungsbeiträge zu entrichten hat (AHI-Praxis 1994 169 E. 4d). Anders zu entscheiden ist allerdings, wenn das Erwerbseinkommen des Ehegatten der beitragspflichtigen, nichterwerbstätigen Person von der Abgabepflicht nach schweizerischem Recht befreit ist (AHI-Praxis 1994 170 E. 4e); so kann u.U. der Arbeitslohn des Ehepartners als Renteneinkommen teilweise angerechnet werden (105 V 244 ff. E. 5).

Ein *Vermögensertrag* ist dann nicht als Renteneinkommen zu behandeln und als solches zu kapitalisieren, wenn die Höhe des Vermögens bekannt ist oder von der Ausgleichskasse festgestellt werden kann (120 V 167 E. 4b).

Weitere Einzelfragen

Dass *Invalidenrenten ausländischer Sozialversicherungen* – im Gegensatz zur schweizerischen IV-Rente – zum massgebenden Renteneinkommen gehören, stellt keine Verletzung des Rechtsgleichheitsgebotes oder von Art. 14 EMRK dar (ZAK 1991 416 ff. E. 3b bis d).

Vom Renteneinkommen können Leistungen, welche gestützt auf Art. 151 ZGB an die geschiedene Frau zu erbringen sind, *nicht in Abzug gebracht* werden; es handelt sich dabei um normale Einkommensverwendung wie irgend eine andere Schuldentilgung aus laufendem Einkommen (EVGE 1960 40). Zur Frage, ob die an den geschiedenen Ehegatten zu bezahlenden *Unterhaltsbeiträge* vom Renteneinkommen des Belasteten in Abzug gebracht werden können, vgl. allerdings auch Käser, Unterstellung und Beitragswesen in der obligatorischen AHV, 186 f. (bejahend).

Zur Notwendigkeit der *Kapitalisierung des Renteneinkommens* sowie zum Kapitalisierungsfaktor vgl. 120 V 168 f. E. 4c.

Verfahren der Beitragsfestsetzung

Grundsatz

Vgl. Art. 29 AHVV, insbesondere Art. 29 Abs. 4 AHVV, wonach Art. 22 bis Art. 27 AHVV (betreffend die Beiträge der Selbständigerwerbenden) analog anwendbar sind. Dies gilt sowohl bei der Beitragsfestsetzung aufgrund des Renteneinkommens als auch bei derjenigen aufgrund des Vermögens (ZAK 1990 433 E. 2).

Einzelfragen
Die Beiträge eines Versicherten, der seine *Erwerbstätigkeit aufgibt*, werden nach seinem Vermögen im Zeitpunkt der Erwerbsaufgabe bestimmt (EVGE 1959 45 f.).

Der *Stichtag* für die Bemessung des Vermögens wird nach den für die direkte Bundessteuer geltenden Regeln festgelegt (105 V 117 f.).

Ein *Neueinschätzungsgrund* liegt – in sinngemässer Anwendung von Art. 25 AHVV – vor, wenn sich die sozialen Verhältnisse eines Nichterwerbstätigen infolge Erbschaft in massgebender Weise ändern (ZAK 1958 188).

Renteneinkommen, welche in *ausländischer Währung* ausgerichtet werden, sind in schweizerische Währung umzurechnen; dabei sind die von der Schweizerischen Ausgleichskasse für die freiwillig versicherten Auslandschweizer festgesetzten Kurse massgebend (ZAK 1979 560 E. 2c). Nicht zulässig ist die Umrechnung zum Tageskurs; dies würde zu rechtsungleicher Behandlung führen, wäre in der Durchführung sehr schwierig und von Zufälligkeiten abhängig (100 V 29 E. 3).

IV. Herabsetzung und Erlass von Beiträgen

11 (49)

[1] **Beiträge nach den Artikeln 6, 8 Absatz 1 oder 10 Absatz 1, deren Bezahlung einem obligatorisch Versicherten nicht zumutbar ist, können auf begründetes Gesuch hin für bestimmte oder unbestimmte Zeit angemessen herabgesetzt werden; sie dürfen jedoch nicht geringer sein als der Mindestbeitrag** (A).

[2] **Der Mindestbeitrag, dessen Bezahlung für einen obligatorisch Versicherten eine grosse Härte bedeutet, kann erlassen werden, wenn ein begründetes Gesuch vorliegt und eine vom Wohnsitzkanton bezeichnete Behörde angehört worden ist. Für diese Versicherten bezahlt der Wohnsitzkanton den Mindestbeitrag. Die Kantone können die Wohnsitzgemeinden zur Mittragung heranziehen** (B).

(A) Art. 31 AHVV
(B) Art. 32 AHVV

Literatur: Oswald, Herabsetzung und Erlass von AHV-Beiträgen.

Übersicht

I. Herabsetzung (Abs. 1)

1. Allgemeines

Durch das Rechtsinstitut der Herabsetzung soll aus sozialpolitischen und volkswirtschaftlichen Gründen auf den Beitragsschuldner, der den gesetzlichen Beitrag nicht oder nur teilweise aufzubringen vermag, Rücksicht genommen werden. Andernfalls hätte dieser betreibungsrechtliche Massnahmen zu gewärtigen, die seine Existenz oder sein Fortkommen in wirtschaftlicher Hinsicht gefährden könnten (EVGE 1951 132).

Auf dem Weg der Herabsetzung können in Rechtskraft erwachsene Beitragsverfügungen nicht nachträglich überprüft werden (120 V 272 E. 2); eine andere Betrachtungsweise verkennt die verschiedenen Funktionen des Veranlagungsverfahrens und des Herabsetzungsverfahrens. Bei der Herabsetzung können nicht Einwände betreffend Bestand und Umfang der Beitragsforderung, sondern bloss betreffend deren Geltendmachung vorgebracht werden (EVGE 1952 256).

Da durch die vorbehaltlose Zahlung das Beitragsbezugsverfahren seinen Abschluss findet, kommt eine Herabsetzung für *bereits geleistete Beiträge* nicht mehr in Frage (EVGE 1953 284). Bei einem *in Konkurs geratenen Versicherten* kann keine Herabsetzung mehr erfolgen; eine Beitragsreduktion käme hier nur seinen Gläubigern zugute (EVGE 1951 192).

Herabgesetzt werden können *Beiträge von Selbständigerwerbenden, von Nichterwerbstätigen* (EVGE 1952 143) sowie *Beiträge von Arbeitnehmern ohne beitragspflichtigen Arbeitgeber* (EVGE 1950 123 ff.). Für diese Kategorien bildet Art. 11 Abs. 1 AHVG eine abschliessende Ordnung (113 V 251 E. 2b).

Grundsätze zur Festlegung der zeitlich massgebenden Verhältnisse: Der Herabsetzungsentscheid muss auf diejenigen ökonomischen Verhältnisse des Schuldners abstellen, die im Zeitpunkt gegeben sind, da er zahlen sollte. Der erstinstanzliche Richter kann u.U. nach Gewährung des rechtlichen Gehörs seinem Entscheid einen nach Erlass der zu beurteilenden Herabsetzungsverfügung eingetretenen Sachverhalt zugrundelegen; das EVG geht nur ausnahmsweise und zudem nur bei offensichtlich klar bewiesenen Tatsachen so vor (ZAK 1989 112 E. 3b).

2. Voraussetzungen der Herabsetzung

Allgemeines

Art. 40 Abs. 1 AHVV findet auf Selbständigerwerbende keine Anwendung; die Voraussetzungen der Herabsetzung beurteilen sich ausschliesslich nach Art. 11 AHVG. Das Kriterium des guten Glaubens hat somit keine Bedeutung (EVGE 1959 49 ff.).

Voraussetzungen

Die *Unzumutbarkeit* ist ein wirtschaftlich zu verstehender Begriff, der die Berücksichtigung anderer Elemente ausschliesst, welche die Beitragszahlung *subjektiv* als hart erscheinen lassen (ZAK 1984 172 E. 5b). – Überblick über die Rechtsprechung zur Unzumutbarkeit in 120 V 274 ff. E. 5.

Die *Voraussetzung der Unzumutbarkeit* ist erfüllt, wenn der Beitragspflichtige bei Bezahlung des vollen Beitrags seinen Notbedarf und denjenigen seiner Familie nicht befriedigen könnte. Ob eine Notlage besteht, ist aufgrund der gesamten wirtschaftlichen Verhältnisse und nicht allein anhand des Erwerbseinkommens zu beurteilen. Unter Notbedarf ist dabei das Existenzminimum im Sinne des SchKG zu verstehen (ZAK 1989 111 E. 3a), wobei unter besonderen Umständen davon abzugehen ist (ZAK 1979 47 E. 3). – Nicht anzurechnen ist die Beitragsschuld, um deren Herabsetzung ersucht wird (ZAK 1989 113 E. 4). Steuerschulden gehören nicht zu den in die Berechnung des Existenzminimums einzubeziehenden Verpflichtungen des täglichen Lebens (ZAK 1984 172 E. 5c). Zu berücksichtigen sind auch die Einkommens- und Vermögensverhältnisse des Ehegatten und der im gemeinsamen Haushalt lebenden Kinder (ZAK 1981 545 E. 2a). Dass Vermögenswerte blockiert sind, vermag eine Unzumutbarkeit nicht zu begründen, wenn diese im Hinblick auf die Erfüllung der Beitragspflicht allenfalls belehnt werden können (ZAK 1980 531 f. E. 2). Wenn die Steuerschuld wegen grosser Härte erlassen wurde, zieht dies nicht zwangsläufig eine Herabsetzung des AHV-Beitrages wegen Unzumutbarkeit nach sich (ZAK 1954 235). Die Tatsache, dass eine Verweigerung der Beitragsherabsetzung die Existenz des Betriebs bedrohen und zur Entlassung von Personal führen könnte, vermag für sich allein genommen nicht zur Herabsetzung zu führen (120 V 276 E. 7).

Dass der zu entrichtende Beitrag mit einer Familienzulage verrechnet werden kann (vgl. dazu ZAK 1955 112), entbindet die Verwaltung nicht von der Verpflichtung, die Voraussetzung der Unzumutbarkeit zu prüfen (106 V 139 E. 3).

3. Verfahren

Das Herabsetzungsgesuch ist zu begründen, d.h. es müssen ausreichende Gründe angegeben werden, welche die Ausgleichskasse aufgrund eigener Erhebungen dahingehend prüfen kann, ob sie zutreffen (ZAK 1949 175 f.).

Wird ein Erlassgesuch gestellt, dieses jedoch von der Ausgleichskasse abgelehnt, hat die Ausgleichskasse das Gesuch im Sinne eines *Eventualbegehrens* als Gesuch um Herabsetzung zu prüfen (ZAK 1959 491 E. 2).

Falls die Ausgleichskasse erklärt, sie treibe während eines hängigen Herabsetzungsverfahrens die Zwangsvollstreckung ohne Verzug voran, ist – da es sich insoweit um eine negative Verfügung handelt – diese Verfügung der aufschiebenden Wirkung nicht zugänglich; es bedarf der Anordnung positiver *vorsorglicher Massnahmen* (117 V 187 ff.). – Vgl. dazu näheres im Kommentar zu Art. 86 AHVG, Ziff. VII, sowie zu Art. 97 AHVG, Ziff. III.

Wird ein Herabsetzungsgesuch erst *im Laufe eines Beschwerdeverfahrens gestellt*, genügt es, wenn die Ausgleichskasse ihre Auffassung zu diesem Gesuch in spruchreifen Fällen im Rahmen ihrer Vernehmlassung kundtut und eindeutig Antrag stellt; der Erlass einer formellen Verfügung durch die Ausgleichskasse ist nicht erforderlich (103 V 113).

Nicht möglich ist ein *rückwirkender Verzicht auf die – bewilligte – Herabsetzung* (ZAK 1949 460).

Das Herabsetzungsgesuch darf nicht allein gestützt darauf, dass die fraglichen Beiträge zufolge *Uneinbringlichkeit* abgeschrieben wurden, als erledigt erklärt werden (AHI-Praxis 1995 158 Ingress mit Hinweis auf ein unveröffentlichtes Urteil vom 5. August 1993).

Das Rechtsmittelverfahren ist *als gegenstandslos geworden abzuschreiben*, wenn in dessen Verlauf die Forderung auf Vollstreckung der rechtskräftig verfügten Beiträge erlischt (AHI-Praxis 159 E. 2b).

II. Erlass (Abs. 2)

Da Fälle denkbar sind, in denen selbst die Zahlung des Mindestbeitrages unmöglich ist, hat das Gesetz die Zulässigkeit eines gänzlichen

Erlasses statuiert (EVGE 1951 29); dabei ist anzunehmen, dass sich der *Anwendungsbereich* der Bestimmung auf diejenigen Fälle beschränkt, bei welchen jemand ganz oder teilweise ohnehin Leistungen der Sozialhilfe bzw. von gemeinnützigen Institutionen zu beanspruchen hat (EVGE 1951 31).

Das *Kriterium der grossen Härte* wird bei einem Versicherten, der von seinem Vater unterhalten wird, gestützt auf dessen Verhältnisse beurteilt (ZAK 1990 471 E. 3b). Besteht die Möglichkeit, den Minimalbetrag mit einer Rente zu verrechnen, entbindet dies die Verwaltung nicht davon, zu prüfen, ob eine grosse Härte vorliegt (108 V 49 f.).

Keine grosse Härte ist anzunehmen, wenn ein Versicherter aus dem von der Strafanstalt ausgerichteten Verdienstanteil im Sinne von Art. 376 ff. StGB (Peculium) den Mindestbeitrag bezahlen muss (ZAK 1962 309).

Wenn eine *Drittperson* – hier eine Strafanstalt – den Mindestbeitrag bezahlt, kann das Recht auf Erlass nicht ausgeschaltet werden, wenn diese auf den Beitragsschuldner zurückgreifen will (ZAK 1961 126 E. 3).

Für einen Anwendungsfall zur Bestimmung des für die Bezahlung des Mindestbeitrags verpflichteten *Wohnsitzkantons* vgl. EVGE 1950 129 ff. – Zur Beschwerdebefugnis vgl. Kommentar zu Art. 84 AHVG, Ziff. II.7, und insbesondere EVGE 1957 65 f.

B. Die Beiträge der Arbeitgeber

12 Beitragspflichtige Arbeitgeber

[1] Als Arbeitgeber gilt, wer obligatorisch versicherten Personen Arbeitsentgelte gemäss Artikel 5 Absatz 2 ausrichtet.

[2] Beitragspflichtig sind alle Arbeitgeber, die in der Schweiz eine Betriebsstätte haben. Für im Haushalt tätige Arbeitnehmer sind alle Arbeitgeber beitragspflichtig, deren Wohnsitz oder Aufenthaltsort sich in der Schweiz befindet.

[3] Vorbehalten bleibt die Befreiung von der Beitragspflicht auf Grund zwischenstaatlicher Vereinbarung oder völkerrechtlicher Übung (A).

(A) Art. 33 AHVV

Art. 12 Abs. 2

[2] *Beitragspflichtig sind alle Arbeitgeber, die in der Schweiz eine Betriebsstätte haben oder in ihrem Haushalt obligatorisch versicherte Personen beschäftigen.*

Übersicht

I. Begriff des Arbeitgebers (Abs. 1)

Allgemeines

Aus den Gesetzesmaterialien ergibt sich, dass eine *möglichst umfassende Umschreibung* des Arbeitgeberbegriffs angestrebt wurde, was speziell in der gegenüber dem Gesetzesentwurf etwas erweiterten Fassung der Bestimmung zum Ausdruck kommt (EVGE 1950 136).

Wenn nach der Rechtsprechung i.d.R. derjenige Arbeitgeber ist, der dem Arbeitnehmer den massgebenden Lohn auszahlt, bedeutet dies nicht, dass als beitragspflichtiger Arbeitgeber auch zu betrachten ist, wer den Lohn im Auftrage eines Dritten auszahlt (ZAK 1990 130 E. 3b). Als Arbeitgeber gilt in solchen Fällen vielmehr derjenige, der die Arbeitnehmer tatsächlich beschäftigt und entlöhnt (ZAK 1976 148 E. 1). Nicht massgebend ist es, wenn der ausbezahlte Lohn vom als Arbeitgeber Angesprochenen nicht aus eigenen Mitteln geleistet wird, sondern er ihn von dritter Seite zur Auszahlung an den Arbeitnehmer erhielt (ZAK 1957 255).

In administrativer Hinsicht können als Arbeitgeber auch *Personengesamtheiten ohne Rechtspersönlichkeit* behandelt werden (ZAK 1981 378 E. 3).

Beteiligung mehrerer Personen

Wird ein *Lohn von mehreren Personen ausbezahlt* und ist unklar bzw. nur schwer zu ermitteln, welcher Person die eigentliche Lohnzahlungspflicht zukommt, weil gleichzeitig und in bezug auf dieselbe Tätigkeit ein Abhängigkeitsverhältnis gegenüber beiden Personen besteht, gilt diejenige Person als Arbeitgeberin, die gegenüber der Ausgleichskasse die Abrechnungs- und Beitragspflicht übernommen hat (118 V 74). Werden einem Arbeitnehmer *für dieselbe Arbeitsleistung Arbeitsentgelte von verschiedener Seite* geleistet, ist jede Person, welche Entgelte entrichtet, für deren effektive Zahlung als beitragspflichtige Arbeitgeberin zu qualifizieren (EVGE 1950 138).

Mehrstufiges Arbeitsverhältnis

Grundsatz

Ein mehrstufiges Arbeitsverhältnis liegt vor, wenn der Oberarbeitnehmer einen Unterarbeitnehmer beizieht, um die ihm vom Arbeitgeber übertragenen Arbeiten auszuführen, und der Unterarbeitnehmer einen Teil des Lohnes erhält, den der Oberarbeitnehmer für die Arbeit erhält. Bei Vorliegen eines solchen Verhältnisses hat der Arbeitgeber auch die Sozialversicherungsbeiträge für den Unterarbeitnehmer abzurechnen (ZAK 1981 479 E. 1).

Anwendungsfälle

Die von einem – unselbständigerwerbenden – Gerichtspräsidenten mit Kanzleiarbeiten beschäftigte und aus seiner Besoldung entlöhnte Hilfskraft gilt als Arbeitnehmerin des Staates (EVGE 1954 98).

Oberarbeitnehmer ist – im Bereich des Golfsports – der Chef-Caddie, während die Caddies als Unterarbeitnehmer zu betrachten sind; Arbeitgeber ist der für die Arbeiten auf dem Golfplatz verantwortliche Golf-Club (ZAK 1957 258 f.).

Anwendungsfälle

- Werden einem *Vormund* gestützt auf Art. 416 ZGB Entschädigungen ausgerichtet, gilt als Arbeitgeber das Gemeinwesen, welches Träger der Vormundschaftsbehörde ist (98 V 237 f. E. 4c).
- Zahlung von Ausgleichsbeiträgen einer kantonalen *Landeskirche* an die Kirchgemeinden, wenn diese Gelder zum Teil als Gehaltszuschüsse an die Pfarrer verwendet werden: Landeskirche wird nicht als Arbeitgeberin angesehen (EVGE 1967 233 f.).
- Anwendungsfall zur Frage, wer im *Hausdienstverhältnis* Arbeitgeber ist: EVGE 1957 27 ff.
- Richtet ein *Kanton* an von den Gemeinden besoldete Lehrpersonen Gehaltszulagen aus, ist der Kanton für die von ihm ausbezahlten Zulagen beitragspflichtiger Arbeitgeber (EVGE 1950 136 ff.).
- Der Eigentümer, der sein Hotel durch einen *Géranten* führen lässt, ist trotzdem als Arbeitgeber anzusehen (ZAK 1951 364).
- Werden Gebühren als Bestandteil des massgebenden Lohns angesehen (im vorliegenden Fall bei einem Pilzkontrolleur), gilt als Arbeitgeber, wer die Erhebung der Gebühren festgelegt hat (ZAK 1950 490).

II. Begrenzung der Beitragspflicht in örtlicher Hinsicht (Abs. 2)

Als Betriebsstätte ist eine ständige Anlage und Einrichtung zu verstehen, in der Arbeitskräfte tätig sind. Nicht erforderlich ist, dass der in der Schweiz befindlichen ständigen Anlage und Einrichtung des im Ausland domizilierten Arbeitgebers eigene Rechtspersönlichkeit zukommt; unmassgeblich ist auch die interne betriebliche und wirtschaftliche Organisation (ZAK 1966 426 E. 2). Insoweit genügt es, wenn in der fraglichen Anlage und Einrichtung eine Tätigkeit ausgeübt wird, welche nicht nur einen bloss nebensächlichen wirtschaftlichen Wert hat (ZAK 1958 179).

Ein Weinbauakkordant, dessen Arbeitgeber in der Schweiz eine Betriebsstätte hat, kann nicht einem Arbeitnehmer ohne beitragspflichtigen Arbeitgeber gleichgestellt werden (114 V 70 E. 3a).

III. Befreiung (Abs. 3)

Diese Bestimmung hat eine ähnliche Funktion wie Art. 1 Abs. 2 AHVG (ZAK 1989 593 E. 2b). Die Verkehrsunternehmungen ausländischer Staaten, welche gemäss Art. 33 lit. c AHVV von der Beitragspflicht ausgenommen sind, sind nur solche, die *direkt* durch eine staatliche Behörde verwaltet werden. Bei einer privatrechtlich organisierten Gesellschaft, deren Grundkapital durch den Staat zur Verfügung gestellt und welche indirekt auch durch den Staat verwaltet wird, ist dies nicht der Fall (ZAK 1989 594 E. 2c). Gemeint sein können nur solche Verkehrsunternehmungen, die von einem ausländischen Staat selbst betrieben werden (EVGE 1949 34).

13 (49) Höhe des Arbeitgeberbeitrages

Der Arbeitgeberbeitrag beträgt 4,2 Prozent der Summe der an beitragspflichtige Personen bezahlten massgebenden Löhne.

C. Der Bezug der Beiträge

14 Bezugstermine und -verfahren

[1] Die Beiträge vom Einkommen aus unselbständiger Erwerbstätigkeit sind bei jeder Lohnzahlung in Abzug zu bringen und vom Arbeitgeber zusammen mit dem Arbeitgeberbeitrag periodisch zu entrichten (A).

[2] (3) Die Beiträge vom Einkommen aus selbständiger Erwerbstätigkeit, die Beiträge der Nichterwerbstätigen sowie die Beiträge der Arbeitnehmer ohne beitragspflichtige Arbeitgeber sind periodisch festzusetzen und zu entrichten (B). **Der Bundesrat bestimmt die Bemessungs- und Beitragsperioden** (C).

[3] Unterlässt es ein Beitragspflichtiger auf erfolgte Mahnung hin, die zur Bemessung der Beiträge notwendigen Angaben zu machen, so werden die Beiträge durch Veranlagungsverfügung festgesetzt (D).

[4] (49) Der Bundesrat erlässt Vorschriften über

a. die Zahlungstermine für die Beiträge (E);
b. das Mahn- und Veranlagungsverfahren (F) (D);
c. die Nachzahlung zuwenig und die Rückerstattung zuviel bezahlter Beiträge (G) (H);
d. den Erlass der Nachzahlung (I);
e. die Erhebung von Verzugszinsen und die Ausrichtung von Vergütungszinsen (K).

(A) Art. 34 bis Art. 36 AHVV
(B) Art. 34 AHVV
(C) Art. 22, Art. 24 Abs. 2, Art. 25, Art. 26 AHVV
(D) Art. 38 AHVV
(E) Art. 34, Art. 38bis AHVV
(F) Art. 37 AHVV
(G) Art. 39 AHVV
(H) Art. 41 AHVV
(I) Art. 40 AHVV
(K) Art. 41bis, Art.41ter AHVV

Übersicht

Näheres zum *Sonderbeitrag auf Liquidationsgewinnen* im Kommentar zu Art. 9 AHVG, Ziff. I.3.

I. Paritätische Beiträge (Abs. 1)

1. Allgemeines

Verpflichtung des Arbeitgebers

Art. 14 Abs. 1 AHVG enthält das Prinzip der *Beitragserhebung an der Quelle* (AHI-Praxis 1995 149 E. 3b).

Zur Entrichtung der paritätischen Beiträge, die an der Quelle erhoben werden, ist nach dem Gesetz *einzig der Arbeitgeber verpflichtet.* Er hat zu diesem Zweck den Beitrag des Arbeitnehmers von dessen Lohn abzuziehen und mit seinem eigenen Beitrag an die Ausgleichskasse zu überweisen. Der Arbeitgeber ist in dieser Stellung sowohl zahlender Selbstschuldner als auch gesetzlicher Erfüllungsvertreter des Arbeitnehmers für dessen Schuld (EVGE 1968 242). Den Ausgleichskassen ist es nicht gestattet, den Arbeitnehmerbeitrag direkt beim Arbeitnehmer einzufordern (ZAK 1960 39 E. 1); sie sind eine mit öffentlich-rechtlichen Aufgaben betraute Anstalt und «nicht ein privates Inkassobureau» (EVGE 1956 186).

Abzug bei der Lohnzahlung

Die Beiträge vom Einkommen aus unselbständiger Erwerbstätigkeit sind bei jeder Lohnzahlung abzuziehen. Wenn die Ausübung der Erwerbstätigkeit und die Realisierung des damit erzielten Einkommens in zeitlicher Hinsicht auseinanderfallen, ist für die Frage nach dem Bestehen einer Beitrags*pflicht* auf die Rechtslage zur Zeit der Ausübung der Erwerbstätigkeit abzustellen (110 V 227 f. E. 3).

Zu erheben sind die Beiträge jeweils dann, wenn der Versicherte den Lohnanspruch *realisiert*; eine Beitragspflicht entsteht insoweit nicht, sofern und solange ein allfälliger Lohn für bereits geleistete Arbeit vom künftigen Geschäftserfolg des Arbeitgebers abhängig gemacht wird und demnach der Arbeitnehmer bloss eine Anwartschaft auf künftige Lohnnachzahlung hat (ZAK 1976 85 f.). Ist bereits vor der Lohnzahlung eine *Gutschrift* erfolgt, ist davon auszugehen, dass diese buchmässig lediglich einen verdienten, aber noch nicht realisierten Lohnanspruch festhält (EVGE 1960 44).

Eine Besonderheit gilt, wenn die Ausgleichskasse dem Arbeitgeber bewilligt, für die Zahlungsperiode statt der genauen Beiträge einen diesen ungefähr entsprechenden Betrag zu entrichten; hier erfolgt jeweils am Ende des Kalenderjahres ein Ausgleich (vgl. Art. 34 Abs. 3 AHVV; *Pauschalverfahren*). Hier wird in Kauf genommen, dass der Arbeitgeber je nach den Umständen vorübergehend zu geringe oder zu hohe Akontozahlungen leistet (AHI-Praxis 1993 165 E. 4c).

Verhält es sich so, dass zwischen Arbeitnehmer und Arbeitgeber *vereinbart* wird, dass letzterer auch die Arbeitnehmerbeiträge auf sich nimmt, entfaltet dies nach aussen keine Rechtswirkungen; dabei gilt dieser Grundsatz sowohl bezüglich des innerstaatlichen Rechts wie auch bezüglich staatsvertraglichen Regelungen (EVGE 1952 205).

Einzelfragen

Wer ein *Geschäft übernimmt*, muss in Fällen, in denen Beiträge nachzufordern sind, die Beitragsschuld bezahlen. Auf einen solchen Tatbestand ist nämlich Art. 181 Abs. 1 OR sinngemäss zu übertragen. Dabei ist zu berücksichtigen, dass die (privatrechtliche) Lohnzahlung und der (öffentlich-rechtliche) Bezug der Beiträge nach dem System der AHV untrennbar miteinander verbunden sind; sodann ist darauf zu verweisen, dass nicht nur die vom Gesetzgeber als besonders schützenswert erachteten Forderungen der AHV und das Interesse des Geschäftsnachfolgers im Spiele sind, sondern insbesondere auch die Interessen der in Frage kommenden Arbeitnehmer (EVGE 1965 11 f.).

Wenn ein Arbeitgeber entsprechend der ihm gesetzlich zustehenden Befugnis auf den Arbeitnehmer für den Arbeitnehmerbeitrag *Rückgriff nimmt*, macht er damit eine privatrechtliche Forderung geltend; mit entsprechenden Streitigkeiten haben sich weder die administrativen noch die richterlichen Organe der AHV zu befassen (ZAK 1960 41 E. 3).

2. Sonderfälle

Entrichtung der paritätischen Beiträge durch Entrichtung von Beitragsmarken (vgl. Art. 145 f. AHVV)
Die Hochschulen sind gesetzlich nicht dazu verpflichtet, die Studienabgänger darüber zu informieren, dass sie für das laufende Jahr die Beitragspflicht nicht mehr mittels Beitragsmarken erfüllen können (ZAK 1991 374 ff. E. 3).

Entrichtung der paritätischen Beiträge bei mehrstufigen Arbeitsverhältnissen (vgl. Art. 36 AHVV)
Weinbauakkordanten zählen nach 114 V 71 f. nicht zu den in altArt. 36 AHVV aufgezählten Erwerbszweigen. Art. 36 AHVV wurde in der Folge neu gefasst (vgl. dazu ZAK 1989 424).

Arbeitnehmer ohne beitragspflichtigen Arbeitgeber (vgl. Art. 6 AHVG sowie den dortigen Kommentar)
Bei solchen Fällen ist es den Ausgleichskassen gestattet, die Beiträge direkt beim Arbeitnehmer einzufordern (Umkehrschluss aus ZAK 1960 39 E. 1).

Verrechnung
Für einen Sonderfall, in dem bei einer Nachforderung von paritätischen Beiträgen eine Verrechnung der Arbeitnehmerbeiträge mit der von einer anderen Ausgleichskasse erfolgenden Rentenausrichtung erfolgt, vgl. ZAK 1958 98 E. 2.

II. Beiträge von Selbständigerwerbenden (Abs. 2)

1. Allgemeines

Dass die Beiträge der Selbständigerwerbenden nach einem anderen Modus (Bemessung nach einem in der Vergangenheit erzielten Einkommen) als demjenigen bei Unselbständigerwerbenden (Bemessung nach dem Gegenwartseinkommen) erhoben werden, ist *mit dem Gesetz vereinbar* (EVGE 1951 113 ff.).

Dem Entscheid, die Beiträge der Selbständigerwerbenden gestützt auf die *bundessteuerrechtliche* Veranlagung festzusetzen, liegt die Erwägung zugrunde, dass auf solche Weise ein besonderer Ermittlungsapparat für die AHV erspart werden kann (EVGE 1951 113).

Eine *solidarische Haftung der Ehefrau* für persönliche Beiträge des Ehemannes besteht nicht (ZAK 1957 321 E. 2).

Ein Einkommen gilt als in dem Zeitpunkt *erzielt*, in welchem der Rechtsanspruch auf die Leistung erworben wird (ZAK 1989 308 E. 3c).

1. Ordentliches Verfahren

Vgl. die Regelung in Art. 22 ff. AHVV. – Zum Beitragserhebung bei nebenberuflicher, gelegentlich ausgeübter Erwerbstätigkeit vgl. Kommentar zu Art. 8 AHVG, Ziff. III. – Zur Beitragserhebung beim Sonderbeitrag auf Liquidationsgewinnen vgl. Kommentar zu Art. 9 AHVG, Ziff. I.3.

2. Ausserordentliches Verfahren

a) Allgemeines

Vgl. im einzelnen die Regelung in Art. 24 ff. AHVV.

Grundsatz

Wird das ausserordentliche Verfahren angewendet, sind – bis zum Übergang zum ordentlichen Verfahren – die Beiträge für jedes Kalenderjahr auf Grund des jeweiligen Jahreseinkommens festzusetzen. Für das Vorjahr der nächsten ordentlichen Beitragsperiode sind die Beiträge aufgrund des reinen Erwerbseinkommens festzusetzen, das der Beitragsbemessung für diese Periode zugrunde zu legen ist (vgl. Art. 25 Abs. 3 AHVV; zur Anwendung auf landwirtschaftliche Betriebe vgl. ZAK 1981 385 f.).

Dass die Anwendung des ausserordentlichen Verfahrens dazu führt, dass das Einkommen eines bestimmten Jahres für mehrere Beitragsjahre als Bemessungsgrundlage dient, stellt keine rechtsungleiche Behandlung dar (ZAK 1976 270 E. 1).

Die Beitragsfestsetzung im ausserordentlichen Verfahren erfolgt – abgesehen von den besonderen Verfahrensregeln – nach den gleichen allgemeinen Grundsätzen wie die Festsetzung im ordentlichen Verfahren; insbesondere sind die Rechtswirkungen hinsichtlich Rechtskraft und Vollstreckbarkeit im Prinzip die gleichen (113 V 177 E. 1). Beim ausserordentlichen Verfahren handelt es sich also nicht um ein «provisorisches» Verfahren; die darin ergangenen Verfügungen können ebenso in Rechtskraft erwachsen wie sonstige, im ordentlichen Verfahren ergangene Verfügungen (120 V 272 f. E. 3); vgl. allerdings den Vorbehalt von Art. 25 Abs. 5 AHVV und dazu nachstehend g).

Zu Art. 25 AHVV im besonderen
Art. 25 AHVV stellt eine *Ausnahmebestimmung* dar, die nicht extensiv auszulegen und anzuwenden ist. Die Zweckbestimmung des gesamten Art. 25 AHVV liegt darin, dass möglichst bald vom ausserordentlichen zum ordentlichen Verfahren gewechselt werden soll; deshalb sollen für das Vorjahr der nächsten ordentlichen Beitragsperiode die gleichen Bemessungsgrundlagen gelten wie für die nächste bzw. erste ordentliche Beitragsperiode (98 V 247).

Besonderheit bei Nichterreichen der nächsten ordentlichen Beitragsperiode
Die Regelung betreffend das Vorjahr hat nur dort Sinn und Berechtigung, wo in den folgenden Jahren eine Veranlagung im ordentlichen Verfahren überhaupt stattfinden kann; gibt es keine «nächste ordentliche Beitragsperiode», so gibt es auch kein «Vorjahr» dazu. Ist der Beitragspflichtige in der auf das Vorjahr folgenden ordentlichen Beitragsperiode nicht mehr als Selbständigerwerbender zu erfassen und ist mithin ein Übergang vom ausserordentlichen zum ordentlichen Verfahren der Beitragsfestsetzung aus diesem Grund unmöglich, so kann auch die «Übergangs»-Regelung über das Vorjahr nicht Anwendung finden. Vielmehr ist in diesen Fällen das ausserordentliche Verfahren bis zum Ausscheiden aus der Beitragspflicht als Selbständigerwerbender beizubehalten (AHI-Praxis 1993 248).

b) Mangels Steuermeldung
Hat die Ausgleichskasse eine kasseneigene Einschätzung vorzunehmen (vgl. dazu Art. 24 Abs. 1, Art. 26 Abs. 1 AHVV), hat sie den Sachverhalt sorgfältig abzuklären und im Rahmen ihres pflichtgemässen Ermessens eine Schätzung vorzunehmen, die auf überprüfbaren Faktoren beruht; es ist nicht zulässig, dass die Ausgleichskasse das Einkommen veranlagt, ohne über hinreichend zuverlässige Anhaltspunkte für die Einkommensermittlung zu verfügen (ZAK 1968 229). Dabei hat die Ausgleichskasse darauf zu achten, dass das Einkommen im Hinblick auf die drohende Verwirkung nicht zu tief eingeschätzt wird (AHI-Praxis 1993 244 E. 4b).

Bei einstweilen ausstehender Steuermeldung ohne Gefahr eines Beitragsverlustes ist es der Ausgleichskasse verwehrt, eine «provisorische» Beitragsverfügung aufgrund des zuletzt rechtskräftig veranlagten Erwerbseinkommens zu erlassen, ohne den Beitragspflichtigen zuvor aufzufordern, Akontozahlungen zu leisten (ZAK 1991 35 f. E. 4).

Um den Eintritt der Rechtskraft und der daraus resultierenden Folgen zu verhindern, ist – auch bei der «provisorischen» Beitragsverfügung – ein Rechtsmittel zu ergreifen; andernfalls kann – abgesehen vom Vorbehalt des Art. 25 Abs. 5 AHVV – auch auf eine solche Verfügung nur noch zurückgekommen werden bei Entdeckung neuer Tatsachen oder Beweismittel bzw. wegen zweifelloser Unrichtigkeit (109 V 73 f. E. 2b). – Zur Wiedererwägung vgl. Kommentar zu Art. 97 AHVG, Ziff. I.

c) Wegen Aufnahme der selbständigen Erwerbstätigkeit

Wenn beim Übergang vom ausserordentlichen zum ordentlichen Verfahren zu entscheiden ist, welches die «nächste ordentliche Beitragsperiode» (vgl. Art. 25 Abs. 3 AHVV) ist, ist auf jene abzustellen, für welche das Jahr der Aufnahme der selbständigen Tätigkeit Teil der nach Art. 22 Abs. 2 AHVV massgebenden Berechnungsperiode bildet, wobei mindestens zwölf Monate der selbständigen Tätigkeit in diese Berechnungsperiode fallen müssen (113 V 176 f.). Dabei ist bei besonderen Verhältnissen – namentlich bei Einkommen aus landwirtschaftlichen Betrieben, wenn die Steuerbehörden eine Globalberechnung anwenden – eine Ausnahme von der erwähnten Mindestdauer angebracht (ZAK 1985 574 E. 3).

Um feststellen zu können, ob – wie dies in Art. 25 Abs. 4 AHVV vorgesehen ist – erst vom Vorjahr der *übernächsten* ordentlichen Beitragsperiode hinweg vom ausserordentlichen auf das ordentliche Beitragsfestsetzungsverfahren überzugehen ist, müssen die Einkommen *nach* Aufrechnung der persönlichen Beiträge miteinander verglichen werden (115 V 180 ff. E. 2). – Vgl. näheres zu dieser Ausdehnung der Gegenwartsbemessung nachstehend f).

d) Wegen Grundlagenänderung

Literatur: Baumann, Anpassung der AHV-Beiträge der Selbständigerwerbenden, 311 ff.

Allgemeines

Die Beitragsfestsetzung im ausserordentlichen Verfahren setzt die kumulative Erfüllung folgender Bedingungen voraus:

- Es muss eine einschneidende Veränderung in den Grundlagen der Tätigkeit vorliegen (nicht blosse konjunkturelle Schwankungen);
- die Veränderung muss von Dauer sein;
- die Einkommensveränderung muss wesentlich sein, was eine Veränderung von wenigstens 25 Prozent bedeutet;

– zwischen Grundlagenänderung und Einkommensveränderung muss ein Kausalzusammenhang bestehen (ZAK 1992 474 f. E. 2b).

Dass die Einkommensveränderung wenigstens 25 % betragen muss, ist eine Konkretisierung des unbestimmten Rechtsbegriffes «wesentlich» in Art. 25 Abs. 1 AHVV durch die weisungsberechtigte Aufsichtsbehörde, was nicht zu beanstanden ist (120 V 162 E. 3c). – Zur gleichlautenden Konkretisierung des Erfordernisses der «unverhältnismässig starken» Abweichung gemäss Art. 25 Abs. 4 AHVV vgl. nachstehend f).

Beispiele

Vorbemerkung

Die nachfolgenden Beispiele betreffen *lediglich* die Voraussetzung der *Grundlagenänderung*. Damit eine Neueinschätzung vorzunehmen ist, müssen auch die weiteren, vorstehend genannten Voraussetzungen erfüllt sein.

Annahme einer Grundlagenänderung

Die Tatsache, dass ein Versicherter den väterlichen *Landwirtschaftsbetrieb nicht mehr als Pächter*, sondern als Eigentümer bewirtschaftet, kommt einem Geschäftswechsel gleich und bildet deshalb einen Neueinschätzungsgrund (ZAK 1980 326 f.). Dasselbe gilt für eine *Änderung der Betriebsart* (beispielsweise Übergang von einem Klein- zu einem Grossbetrieb oder umgekehrt) (EVGE 1964 97). Wenn ein Landwirt, der einen kleineren oder mittleren Betrieb bewirtschaftet, wegen Amputation beider Beine seine körperliche Arbeitsfähigkeit fast völlig verliert, kann – wie im übrigen auch bei einem *Handwerker*, der einem kleineren Unternehmen vorsteht – ein Neueinschätzungsgrund angenommen werden (EVGE 1961 282 f.). Ob eine Verminderung der *Pachtfläche* dem Verlust einer Einkommensquelle gleichkommt, ist eine offene Frage (ZAK 1953 286).

Eine *Änderung der Rechtsform* der Unternehmung kann eine rechtserhebliche Veränderung der Einkommensgrundlagen nach sich ziehen (ZAK 1969 297). So kann ein *Zusammenschluss zweier Personen*, welche bisher als Selbständigerwerbende tätig waren, zu einer Kollektivgesellschaft einen Geschäftswechsel darstellen (ZAK 1975 194 f. E. 2).

Es kann allenfalls ein Neueinschätzungsgrund angenommen werden, wenn ein Landarzt, welcher Hausbesuche notwendigerweise vorzunehmen hat, solche nicht mehr ausführen kann und deshalb seine Tätigkeit *überhaupt nicht oder kaum mehr ausführen* kann (96 V 65 E. 2).

Wenn ein *Kollektivgesellschafter die Geschäftsführertätigkeit aufgibt*, kann dies unter besonderen Umständen den Wegfall einer dauernden beträchtlichen Einkommensquelle und somit das Vorliegen eines Neueinschätzungsgrundes bedeuten (EVGE 1963 108 ff.).

Das ausserordentliche Verfahren kann Anwendung finden, wenn ein Selbständigerwerbender eine vorwiegend unselbständige Erwerbstätigkeit aufnimmt und seine bisherige ausschliessliche selbständige Tätigkeit nur noch in vermindertem Mass nebenberuflich ausübt (EVGE 1958 19).

Ablehnung einer Grundlagenänderung

Die *Aufgabe der Bürogemeinschaft* mit weiteren Rechtsanwälten, welche sich an den Unkosten beteiligten, und die Verlegung der Tätigkeit in neue Lokalitäten, um allein zu praktizieren, stellen keinen Neueinschätzungsgrund dar (ZAK 1992 475 f. E. 3a).

Kein Neueinschätzungsgrund ist gegeben im Falle der Umstellung auf eine *kleinere Arztpraxis*, verbunden mit der Aufgabe einzelner Dienstleistungen und dem Verzicht auf nicht notwendiges Hilfspersonal (ZAK 1981 257 E. 4). Dasselbe gilt, wenn ein Arzt wegen *gesundheitlicher Beeinträchtigungen* seine Krankenbesuche unterlassen, seine Tätigkeit auf die Praxis verlegen und auch diese einschränken muss (96 V 64 f.; mit der Einschränkung, dass beim Landarzt gegebenenfalls die Situation anders zu beurteilen ist).

Scheidung eines Ehepaares, welches steuerrechtlich als wirtschaftliche Einheit gewerbsmässig Liegenschaftenhandel betreibt, wobei die Ehefrau dem Betrieb des Ehemannes lediglich die in ihrem Eigentum stehenden Liegenschaften zur Verfügung stellt, stellt keine einschneidende strukturelle Änderung dar (ZAK 1988 512). Dasselbe gilt, wenn die im Betrieb *mitarbeitende Ehefrau stirbt* und sie durch neue Arbeitskräfte ersetzt werden muss (ZAK 1955 359 E. 2).

Verändert sich das *Verhältnis zweier Einkommensquellen* zueinander, stellt dies allein keinen Neueinschätzungsgrund dar (ZAK 1984 328 f. E. 5b).

Kein Übergang vom ordentlichen zum ausserordentlichen Verfahren erfolgt im Falle der *Gewährung einer ordentlichen Nachlassstundung* und der *Genehmigung des ordentlichen Nachlassvertrages* (107 V 5 f. E. 4a).

Wenn eine Einzelgesellschaft in eine *Aktiengesellschaft umgewandelt* wird, tritt eine Grundlagenänderung solange nicht ein, als nicht die Aktiengesellschaft Rechtspersönlichkeit erlangt; dies ist ebenfalls nicht der Fall in bezug auf die vorgängig der Gründung der Aktiengesellschaft bestehende einfache Gesellschaft, da dies keine Veränderung von Dauer darstellt (ZAK 1983 531 f.).

Keine Grundlagenänderung ist anzunehmen, wenn eine von mehreren selbständigen *Einkommensquellen wegfällt*, das Gesamt-Erwerbseinkommen sich jedoch dadurch nicht vermindert (106 V 77).

Nicht als dauernde Veränderung der Einkommensgrundlagen können eine vorübergehende *kurzfristige Einstellung der Erwerbstätigkeit* oder die blosse *Domizilverlegung* eines Kleinbetriebes betrachtet werden (ZAK 1981 350).

Wenn eine Tätigkeit *allmählich vermindert* wird, stellt dies keinen Neueinschätzungsgrund dar (ZAK 1979 51 E. 4).

Die Tatsache, dass das Einkommen aus einer *nebenberuflichen, regelmässig ausgeübten selbständigen Erwerbstätigkeit* erstmals den Betrag von Fr. 2'000.— übersteigt (vgl. dazu Art. 19 AHVV), darf nicht zur Annahme einer Grundlagenänderung führen (ZAK 1979 185 E. 3).

Die blosse *Einschränkung der nebenberuflichen Tätigkeit* stellt noch keine Veränderung der Einkommensgrundlagen darf (ZAK 1972 291 E. 3).

Ein *Berufswechsel* liegt nur vor, wenn ein solcher innerhalb der (haupt- oder nebenberuflichen) selbständigen Erwerbstätigkeit erfolgt, nicht jedoch bei einem Wechsel in der unselbständigen Erwerbstätigkeit (ZAK 1978 218 E. 2b).

Eine einschneidende Veränderung in den Grundlagen der wirtschaftlichen Tätigkeit ist nicht anzunehmen, wenn lediglich die *Kostenstruktur eines Betriebes* sich ändert, insbesondere durch Vermehrung oder Verminderung des Personalbestandes (ZAK 1976 225 E. 2b).

Die blosse Tatsache, dass jemand wegen *fehlender Gesundheit* seine Erwerbstätigkeit einschränken muss, bildet keinen Grund, eine Veränderung der Einkommensgrundlagen anzunehmen; anders ist zu entscheiden, wo jemand wegen der gesundheitlichen Beeinträchtigung genötigt ist, tiefgreifende Änderungen in seiner Erwerbstätigkeit vorzunehmen, d.h. der Versicherte eines Teiles seiner für die Art des Betriebes wesentlichen Tätigkeiten gänzlich beraubt wurde (ZAK 1971 34).

Keine Veränderung der Einkommensgrundlagen ist anzunehmen, wenn ein Versicherter mit zwei oder mehr Geschäften der gleichen Branche eines davon *erweitert oder in eine andere Ortschaft verlegt* (ZAK 1968 306 E. 2).

Liegt bloss eine *Stockung im Geschäftsgang* vor, kann nicht angenommen werden, eine Einkommensquelle sei weggefallen (ZAK 1968 623 E. 3).

Keinen Neueinschätzungsgrund bildet der *Wegfall eines wichtigen Kunden* (ZAK 1961 410 E. 3).

Bei *landwirtschaftlichen Betrieben* kann eine Vergrösserung bzw. Verkleinerung der Anbaufläche allein nicht als Veränderung der Struktur des Betriebes betrachtet werden; verlangt ist vielmehr eine Änderung der Betriebsart (beispielsweise Übergang von einem Klein- zu einem Grossbetrieb oder umgekehrt) (EVGE 1964 97).

Einzelfragen

Ob eine *wesentliche Einkommensveränderung* vorliegt, ist am gesamten Einkommen aus selbständiger Erwerbstätigkeit zu messen; in der Folge ist auch dieses Gesamteinkommen der Neueinschätzung zu unterwerfen (ZAK 1988 33). – Zur Auslegung des Begriffes der «wesentlichen» Einkommensveränderung vgl. ZAK 1952 52 (Übernahme der Festlegung auf 25 Prozent von den Verhältnissen bei der Revision von Übergangsrenten).

Die *Geltendmachung* einer Neueinschätzung kann nicht unbeschränkt erfolgen; sie erfolgt jedoch nicht verspätet, wenn sie bis zum Ende der Beitragsperiode erfolgt, in deren ordentliche Berechnungsperiode die Grundlagenänderung fällt (ZAK 1989 552).

Wenn der Eintritt einer Veränderung der Einkommmensgrundlage und der Eintritt einer wesentlichen Veränderung der Einkommenshöhe *zeitlich auseinanderfallen*, ist für die Frage, ob das ausserordentliche Bemessungsverfahren überhaupt anwendbar ist, das Vorliegen eines adäquaten Kausalzusammenhangs zwischen den erwähnten Veränderungen massgebend (110 V 8 f. E. 3b).

e) Wegen Einschränkung der Erwerbstätigkeit im Rentenalter

Das ausserordentliche Bemessungsverfahren kann im Rentenalter mehrmals zur Anwendung gelangen (ZAK 1988 565 f.). Bei der Frage, ob ein wesentlicher Einkommensrückgang vorliegt, dient als Vergleichseinkommen jenes Einkommen, das im letzten vorangegangenen Geschäftsjahr erzielt worden ist (ZAK 1982 410 E. 1). Damit ein Neueinschätzungsgrund angenommen werden kann, muss erwiesen sein, dass durch die erhebliche und dauernde Einschränkung der Erwerbstätigkeit eine wesentliche Einkommenseinbusse stattfindet; ein Arztzeugnis, welches bescheinigt, dass der Versicherte nur noch knapp zu 25 Prozent arbeitsfähig ist, reicht allein noch nicht aus (ZAK 1981 482 E. 3).

f) Ausdehnung der Gegenwartsbemessung

Vgl. im einzelnen die Regelung in Art. 25 Abs. 4 AHVV.

Zur *intertemporalrechtlichen Anwendung* der Bestimmung vgl. die Zusammenstellung in AHI-Praxis 1995 3 ff. (bezüglich der auf den 1. Januar 1995 in Kraft getretenen Fassung von Art. 25 Abs. 4 AHVV) sowie AHI-Praxis 1994 138 ff. (bezüglich der auf den 1. Januar 1988 in Kraft getretenen Fassung von Art. 25 Abs. 4 AHVV).

Zweck der Regelung in Art. 25 Abs. 4 AHVV ist, die Beiträge so festzusetzen, dass sie den erzielten Erwerbseinkommen angemessen sind (120 V 163 E. 4b).

Zur Feststellung, ob erst vom Vorjahr der *übernächsten* ordentlichen Beitragsperiode hinweg vom ausserordentlichen auf das ordentliche Beitragsfestsetzungsverfahren überzugehen ist, sind die Einkommen *nach* Aufrechnung der persönlichen Beiträge miteinander zu vergleichen (115 V 180 ff. E. 2). Dabei ist eine *unverhältnismässig starke Abweichung* anzunehmen, wenn sie wenigstens 25 Prozent beträgt und auch beitragsmässig erheblich ist (107 V 66 f. E. 3b), an welcher Rechtsprechung festzuhalten ist (120 V 162 f. E. 4).

Die Regelung betreffend das Vorjahr hat nur dort Sinn und Berechtigung, wo in den folgenden Jahren eine Veranlagung im ordentlichen Verfahren überhaupt stattfinden kann; gibt es keine «nächste ordentliche Beitragsperiode», so gibt es auch kein «Vorjahr» dazu. In solchen Fällen ist das ausserordentliche Verfahren bis zum Ausscheiden aus der Beitragspflicht als Selbständigerwerbender beizubehalten. Diese Rechtsprechung ist auch anzuwenden, wenn ein Übergang zum ordentlichen Beitragsfestsetzungsverfahren erst für die übernächste ordentliche Beitragsperiode möglich ist (AHI-Praxis 1993 248).

g) Vorbehalt einer späteren Steuermeldung

Im Gegensatz zum ordentlichen Verfahren ist im ausserordentlichen Verfahren die Verwaltung *verpflichtet*, trotz eingetretener Rechtskraft der Beitragsverfügung die Beiträge neu festzusetzen und je nachdem zu wenig bezahlte Beiträge nachzufordern oder zuviel bezahlte zurückzuerstatten (ZAK 1989 553 E. 4c). Die *Berichtigung* kann auch darin bestehen, dass aufgrund der erst nachträglich erhaltenen Einkommensangaben das ausserordentliche Beitragsfestsetzungsverfahren im Sinne von Art. 25 Abs. 4 AHVV weitergeführt wird (113 V 179 E. 2c).

Die Nachforderung und der Anspruch auf Rückerstattung von Beiträgen, welche sich aus einer späteren Steuermeldung ergeben, können jedoch nur solange geltend gemacht werden, als dafür noch keine Verwirkung nach Art. 16 AHVG eingetreten ist (ZAK 1988 242 f.).

III. Beiträge von Arbeitnehmern ohne beitragspflichtigen Arbeitgeber (Abs. 2)

Vgl. Kommentar zu Art. 6 AHVG.

IV. Beiträge von Nichterwerbstätigen (Abs. 2)

Vgl. Kommentar zu Art. 10 AHVG, Ziff. III.

V. Veranlagungsverfügung (Abs. 3)

Grundsatz

Nach der Ordnung von Art. 14 Abs. 3 AHVG ist die Ausgleichskasse überall dort, wo es die Interessen der AHV und der beteiligten Versicherten erfordern, befugt, vom Arbeitgeber *Unterlagen zu verlangen*, aus denen sich ergibt, welche unter den ausbezahlten Löhnen er zu verabgaben hat und welche nicht (EVGE 1968 243 E. 2b). Insoweit mutet das AHVG dem Arbeitgeber Umtriebe zu, die er möglicherweise sonst nicht hätte; dies kann ihm indessen nicht erspart bleiben, da nur so eine ordnungsgemässe Abrechnung und Führung der individuellen Beitragskonten möglich ist (EVGE 1959 243).

Einzelfragen

Art. 14 Abs. 3 AHVG bezieht sich nicht auf die Selbständigerwerbenden und Nichterwerbstätigen; deren Beiträge sind nicht durch Veranlagungsverfügung, sondern durch *Beitragsverfügung* festzusetzen (ZAK 1991 34 f. E. 3b).

Keine *Veranlagungskosten* dürfen auferlegt werden, wenn der Arbeitgeber die notwendigen Angaben gar nicht verweigert, sondern die Ausgleichskasse den massgebenden Sachverhalt von sich aus abklären kann (ZAK 1950 363).

Eine Veranlagungsverfügung mit *schätzungsweiser* Ermittlung der beitragspflichtigen Löhne ist zulässig, wenn es für die Ausgleichskasse praktisch unmöglich ist, die beitragspflichtigen Lohnsummen mit der vom Gesetz verlangten Genauigkeit in Erfahrung zu bringen, weil es der Arbeitgeber trotz Mahnung unterlässt, innert nützlicher Frist die für die Festsetzung der paritätischen Beiträge erforderlichen Angaben zu machen (118 V 71 E. 3b). Als Massnahme, welche von der Ausgleichskasse zu treffen ist, kann die Erkundigung bei den Steuerbehörden gelten, wieviel an Löhnen als Gewinnungskosten geltend gemacht wurde; denkbar ist auch eine Begutachtung durch einen Sachverständigen (EVGE 1961 151 f.). – Auch durch eine solche Veranlagungsverfügung kann die Verwirkung gemäss Art. 16 Abs. 1 AHVG ausgeschlossen werden (ZAK 1992 316 f. E. 5).

VI. Einzelfragen (Abs. 4)

1. Zahlungstermine

Der Auftrag an den Bundesrat, die Zahlungstermine festzusetzen, schliesst die Ermächtigung in sich, den Zahlungsaufschub einzuführen (ZAK 1953 156).

Wenn ein Versicherter den gemäss Art. 38bis AHVV erstellten Tilgungsplan nicht einhält, steht ihm kein Recht darauf zu, dass die Ausgleichskasse nachträglich einen neuen Tilgungsplan prüfe, welcher seiner bisherigen säumigen Zahlungsweise Rechnung tragen würde (ZAK 1959 259).

Ein Zahlungsaufschub kann dann gerechtfertigt sein, wenn die Beitragszahlung innert Frist die Existenz des Betriebes gefährden und die Entlassung von Personal nach sich ziehen könnte (120 V 276 E. 7).

2. Mahn- und Veranlagungsverfahren

Die Verzugszinspflicht entsteht auch ohne Durchführung des Mahnverfahrens (ZAK 1985 273 E. 3b).

3. Nachzahlung und Rückerstattung

a) Nachzahlung geschuldeter Beiträge

Zur Gesetzmässigkeit von Art. 39 AHVV sowie zu den Materialien vgl. EVGE 1951 37.

Die Ausgleichskasse, welche Beiträge nachfordert, handelt *gesetzmässig* auch dann, wenn an sich die Beitragserhebung schon früher möglich gewesen wäre. *Gegen Treu und Glauben* verstiesse eine Nachforderung nur, wenn ganz besondere Umstände es als schlechthin unbillig und mit dem Gedanken der Rechtssicherheit unvereinbar erscheinen liessen, den gesetzlichen Zustand rückwirkend herzustellen (ZAK 1967 546 E. 3).

Vor Erlass einer Nachzahlungsverfügung bedarf es keiner *Mahnung*. Die Mahnung ist gemäss Art. 37 AHVV nur für das ordentliche Abrechnungsverfahren und für die Beitragszahlung vorgesehen; nach dem klaren Wortlaut von Art. 39 AHVV erübrigt sie sich im Falle der Nachzahlung (EVGE 1962 197 E. 1).

b) Rückerstattung zuviel bezahlter Beiträge

Die Rückerstattung ist nur möglich, wenn die fraglichen Beiträge nicht durch eine formelle Verfügung, sondern formlos festgesetzt wurden; in denjenigen Fällen, in denen die Beiträge durch eine Verfügung festgesetzt wurden, sind die Rechte des Versicherten durch die Möglichkeit, dagegen Beschwerde zu erheben, hinreichend gewährleistet (EVGE 1952 67 f.). – Zur Möglichkeit der Wiedererwägung der in Rechtskraft erwachsenen Verfügung durch die Ausgleichskasse vgl. Kommentar zu Art. 97 AHVG, Ziff. I.

Eine Rückerstattung zuviel bezahlter bzw. nicht geschuldeter Beiträge fällt nur in Betracht, wenn der Arbeitgeber durch ein rechtskräftiges Urteil oder sonstwie (z.B. durch schriftliche Schuldanerkennung des Lohnbezügers) *beweist*, dass er für einen bestimmten Arbeitnehmer mehr Beiträge als von dem geschuldet gewesenen Lohn entrichtet hat (ZAK 1968 306 f.).

Zurückzuerstatten sind auch Beiträge, die von *nicht beitragspflichtigen Personen* zu Unrecht bezahlt wurden (110 V 154 E. 4a). – Zur Verwirkungsfrist in solchen Fällen vgl. Kommentar zu Art. 16 AHVG, Ziff. III.

Hingegen können *Beiträge, die auf geringfügigen Entgelten aus Nebenerwerb* entrichtet wurden, nicht zurückerstattet werden (ZAK 1983 389).

Ein Anwendungsfall der Rückerstattung zuviel bezahlter Beiträge ist darin zu sehen, dass ein Versicherter, welcher bislang als Selbständigerwerbender Beiträge bezahlt hat, neu als Unselbständigerwerbender betrachtet wird (vgl. ZAK 1992 166 E. 5 a.E.).

4. Erlass der Nachzahlung

Allgemeines

Da Art. 11 AHVG für Selbständigerwerbende, Nichterwerbstätige und Arbeitnehmer nicht beitragspflichtiger Arbeitgeber eine abschliessende Ordnung bildet, ist Art. 40 Abs. 1 AHVV ausschliesslich auf paritätische Beiträge anwendbar (113 V 251 E. 2b). Dabei besteht die Erlassmöglichkeit auch, wenn der Arbeitgeber eine juristische Person bzw. eine Kollektiv- oder Kommanditgesellschaft ist (113 V 251 f. E. 2c). Der Erlass ist nur möglich in bezug auf *nachgeforderte* (paritätische) Beiträge (EVGE 1958 121).

Voraussetzungen

Voraussetzung für den Erlass der Nachzahlung ist das Vorliegen des guten Glaubens sowie einer grossen Härte (vgl. im einzelnen Art. 40 Abs. 1 AHVV). Ausserdem verlangt die Praxis, dass der Erlass den beteiligten Arbeitnehmern nicht schadet (EVGE 1963 189 E. 6).

Wer Weisungen der Ausgleichskasse nicht beachtet, durch die er über die gesetzlichen Pflichten aufgeklärt wird, kann sich nicht darauf berufen, eine dieser Pflichten in *gutem Glauben* missachtet zu haben (100 V 153 E. 3b). Wenn ein Arbeitgeber für einen Teil der Arbeitnehmer paritätische Beiträge abrechnet, für andere jedoch – weil er sie, obwohl sie in ähnlicher Weise für ihn arbeiteten, als Selbständigerwerbende betrachtete – nicht, kann er sich nicht auf seinen guten Glauben berufen; er wäre verpflichtet gewesen, sich bei der Ausgleichskasse über das Beitragsstatut dieser Personen zu erkundigen (ZAK 1961 169 f. E. 1).

Eine *grosse Härte* ist bei einer juristischen Person gegeben, wenn sie durch die Nachzahlung in ihrer wirtschaftlichen Existenz ernsthaft gefährdet wäre (113 V 252 f. E. 3b); dabei ist die grosse Härte in dem Zeitpunkt zu prüfen, in welchem der Arbeitgeber bezahlen sollte (113 V 254 E. 4b). Die Tatsache allein, dass ein Beitragspflichtiger für den Arbeitnehmerbeitrag nicht mehr auf seine ehemaligen Arbeitskräfte zurückgreifen kann, begründet noch keine grosse Härte (EVGE 1963 189 f.). Ebenfalls nicht anzunehmen ist das Vorliegen einer grossen Härte, wenn eine Bibliothek wegen der Nachzahlung sich vorübergehend in der Anschaffung von Büchern und Zeitschriften einschränken muss (ZAK 1956 249 E. 3).

5. Verzugs- und Vergütungszinsen

a) Grundsatz

Mit der Bestimmung von Art. 14 Abs. 4 lit. e AHVG wollte der Gesetzgeber grundsätzlich eine allgemeine Verzugs- und Vergütungszinspflicht einführen (SVR 1994 AHV Nr. 39 S. 106). Zudem sollte der Bundesrat zum Erlass einer entsprechenden Regelung verpflichtet werden (110 V 257 E. 4b).

b) Verzugszins

Vgl. im einzelnen die Regelung in Art. 41bis AHVV. – Bezüglich des Verzugszinses bei Schadenersatzforderungen vgl. Kommentar zu Art. 52 AHVG, Ziff. II.1.

Allgemeines

Verzugszinsen haben den *Zweck*, einen Ausgleich dafür zu schaffen, dass der Schuldner bei verspäteter Bezahlung einen Zinsvorteil geniessen kann, während der Gläubiger einen Zinsnachteil erleidet (AHI-Praxis 1995 80 E. 4b). Im Bereich der Sozialversicherung werden – sofern sie nicht gesetzlich vorgesehen sind (vgl. dazu insbesondere Art. 41bis AHVV) – grundsätzlich keine Verzugszinsen geschuldet. Nach der Gerichtspraxis sind allerdings Ausnahmen zu machen, wenn «besondere Umstände» (etwa: widerrechtliche oder trölerische Machenschaften der Verwaltungsorgane) vorliegen; dabei lehnt die Praxis es jedoch ab, die Verzugszinspflicht generell für bestimmte Gruppen von Fällen (etwa gerichtlich festgestellte Rechtsverzögerungen) zu bejahen (119 V 81 ff.).

Im *Beitragsbereich* ist nicht massgebend, ob den Beitragspflichtigen oder die Ausgleichskasse ein Verschulden an der Verzögerung der Beitragsfestsetzung oder -zahlung trifft (ZAK 1992 168 E. 4b). Keinen Einfluss auf die Verzugszinspflicht hat es, wenn der Versicherte eine Beitragsverfügung anficht und der Beschwerde aufschiebende Wirkung zukommt; dasselbe gilt für die Gewährung eines Zahlungsaufschubs nach Art. 38bis AHVV (111 V 93 E. 4c).

Die Regeln über die Erhebung von Verzugszinsen sind auch auf Lohnbeiträge anwendbar, welche von einer *unselbständigen Mittelsperson* (im vorliegenden Fall im Weinbau) zu entrichten sind (ZAK 1984 488 f. E. 3).

Der Berechnung der Verzugszinsen zugrundezulegen sind die geschuldeten Sozialversicherungsbeiträge *inklusive der Verwaltungskostenbeiträge* (ZAK 1987 527 E. 6).

Der *Verzugszinssatz* von 0,5 Prozent je Kalendermonat bzw. 6 Prozent im Jahr – wie er in Art. 41bis Abs. 4 AHVV vorgesehen ist – ist gesetzes- und verfassungskonform (ZAK 1990 284 ff.).

Beginn der Verzugszinspflicht

Für die Entstehung der Verzugszinspflicht bedarf es keiner speziellen Mahnung bzw. Inverzugsetzung; die Verpflichtung entsteht, sobald die in Art. 41bis AHVV genannten Voraussetzungen eingetreten sind (ZAK 1985 273 E. 3b).

Bezüglich des Beginns nach Art. 41bis Abs. 2 lit. c bzw. lit. d AHVV vgl. 119 V 76 ff. (massgebend ist der Zeitpunkt des Erlasses der Nachzahlungsverfügung, nicht derjenige ihrer Zustellung an den Beitragspflichtigen, bzw. der Zeitpunkt der Ausstellung der Rechnung, nicht derjenige ihrer Zustellung an den Adressaten). Mit der Erhebung einer Beschwerde gegen eine Nachzahlungsverfügung betreffend persönliche Beiträge, welche im ausserordentlichen Verfahren zu wenig bezahlt wurden, wird weder der Zinsenlauf hinausgeschoben noch der einmal begonnene Zinsenlauf unterbrochen; eine Ausnahme ist nur zu machen, wenn die Nachzahlungsverfügung nichtig ist (AHI-Praxis 1995 79 f. E. 4).

Ende der Verzugszinspflicht
Bei Verzugszinsen betreffend eine Nachforderung, welche im ausserordentlichen Verfahren zu wenig bezahlte Beiträge zum Gegenstand hat, richtet sich das Ende der Verzugszinspflicht nach Art. 41bis Abs. 3 lit. c AHVV und nicht nach Art. 41bis Abs. 3 lit. a AHVV. Werden hingegen erstmals provisorisch ermittelte Beiträge nachgefordert oder kann die Ausgleichskasse die nachzufordernden Beiträge aufgrund einer bereits vorhandenen Steuermeldung direkt definitiv ermitteln, ist für das Ende der Verzugszinspflicht Art. 41bis Abs. 3 lit. a AHVV anwendbar (AHI-Praxis 1993 79 f. E. 5).

Erlöschen des Verzugszinsanspruchs
Die in Art. 16 Abs. 2 AHVG enthaltene Frist kann – weil sie die *Vollstreckung* rechtskräftiger Beitragsforderungen betrifft – für die Geltendmachung von Verzugszinsen nicht Anwendung finden. Eine entsprechende Frist kann jedenfalls erst von dem Zeitpunkt an zu laufen beginnen, in welchem die Ausgleichskasse die Höhe der Verzugszinsen überblicken und berechnen kann, was grundsätzlich nach Eingang der Beitragszahlung bzw. – bei Abschlagszahlungen – nach Entrichtung der letzten Rate zutrifft (119 V 239 f., 111 V 98 E. 5).

c) Vergütungszins
Vgl. im einzelnen die Regelung in Art. 41ter AHVV.

Ob die in Art. 41ter Abs. 3 AHVV getroffene Ausnahmeregelung hinsichtlich der paritätischen Beiträge der Arbeitgeber gesetzes- und verfassungskonform ist, kann offenbleiben; jedenfalls hält die Regelung, wie sie durch altArt. 41ter Abs. 3 für die Selbständigerwerbenden vorgesehen wurde, vor Gesetz und Verfassung nicht stand (110 V 256 ff. E. 4).

Zu einem Anschauungsbeispiel vgl. SVR 1994 AHV Nr. 39 S. 105 ff. (Vergütungszinsanspruch des Arbeitgebers in einem Fall, in dem die Ausgleichskasse aufgrund einer korrekten Meldung des Arbeitgebers versehentlich zu hohe Beiträge eingefordert hat).

15 (A) Vollstreckung von Beitragsforderungen

[1] Beiträge, die auf erfolgte Mahnung hin nicht bezahlt werden, sind ohne Verzug auf dem Wege der Betreibung einzuziehen, soweit sie nicht mit fälligen Renten verrechnet werden können.

[2] Die Beiträge werden in der Regel auch gegenüber einem der Konkursbetreibung unterliegenden Schuldner auf dem Wege der Pfändung eingetrieben (Art. 43 SchKG).

(A) Art. 42 AHVV

In Art. 15 Abs. 1 AHVG bekennt sich das AHVG ausdrücklich zum *Grundsatz*, dass die Ausgleichskasse ihr zustehende Forderungen gegen den Pflichtigen auf dem Schuldbetreibungs- und Konkursweg durchzusetzen hat (AHI-Praxis 1993 38 E. 5b). Eine Betreibung ist dabei nur einzuleiten, wo aufgrund einer summarischen Prüfung vernünftigerweise erwartet werden darf, dass die rückständigen Beiträge auf diesem Weg ganz oder wenigstens teilweise eingebracht werden können. Wo die Betreibung keinen solchen Erfolg verspricht, ist davon abzusehen; sie würde in einem derartigen Fall nur unnütze Kosten und Umtriebe verursachen (77 III 42; Entscheid des Bundesgerichts). – Zur *Auskunftspflicht* der Betreibungsämter vgl. Kommentar zu Art. 93 AHVG.

Art. 42 Abs. 1 AHVV, welche Bestimmungen unter bestimmten Umständen den Verzicht auf eine Betreibung zulässt, richtet sich ausschliesslich an die *Verwaltung*. Der Beitragspflichtige darf daraus keinen Anspruch auf Abschreibung geschuldeter Beiträge ohne vorgängige Betreibung ableiten (ZAK 1989 204 f.).

Beitragsverfügung und *Mahnung* dürfen nicht miteinander vermischt werden (EVGE 1955 43).

Wenn die Ausgleichskasse feststellt, dass die geschuldeten Beiträge uneinbringlich sind, liegt eine *Vollstreckungsmassnahme* vor (113 V 282 ff. E. 4; betr. Art. 79bis AHVV).

Betr. *Haftung der Erben* gemäss Art. 43 AHVV: Mit dem Erlass dieser Bestimmung hat der Bundesrat die ihm in Art. 154 Abs. 2 AHVG übertragene Ermächtigung nicht überschritten (97 V 222 E. 1). – Grundsätzlich haben die Ausgleichskassen ihre Beitragsforderungen zur Aufnahme ins öffentliche Inventar anzumelden. Ob ein Fall gemäss Art. 590 Abs. 2 ZGB (Unterlassung der Anmeldung ohne Schuld des Gläubigers) vorliegt, hängt bei Beitragsforderungen weitgehend von den konkreten Umständen ab (97 V 223 f. E. 2).

16 (3) Verjährung

[1] Werden Beiträge nicht innert fünf Jahren nach Ablauf des Kalenderjahres, für welches sie geschuldet sind, durch Verfügung geltend gemacht, so können sie nicht mehr eingefordert oder entrichtet werden. Für Beiträge, die auf Grund einer Nachsteuerveranlagung festgesetzt werden, beginnt die Frist mit dem Ablauf des Kalenderjahres, in welchem die Nachsteuer rechtskräftig veranlagt wurde. Wird eine Nachforderung aus einer strafbaren Handlung hergeleitet, für welche das Strafrecht eine längere Verjährungsfrist festsetzt, so ist diese Frist massgebend.

[2] Die gemäss Absatz 1 geltend gemachte Beitragsforderung erlischt drei Jahre nach Ablauf des Kalenderjahres, in welchem sie rechtskräftig wurde. Während der Dauer eines öffentlichen Inventars oder einer Nachlassstundung ruht die Frist. Ist bei Ablauf der Frist ein Schuldbetreibungs- oder Konkursverfahren hängig, so endet die Frist mit dessen Abschluss. Artikel 149 Absatz 5 des Bundesgesetzes über Schuldbetreibung und Konkurs ist nicht anwendbar. Bei Entstehung des Rentenanspruches nicht erloschene Beitragsforderungen können in jedem Fall gemäss Artikel 20 Absatz 2 noch verrechnet werden.

[3] [(31)] Der Anspruch auf Rückerstattung zuviel bezahlter Beiträge erlischt mit Ablauf eines Jahres, nachdem der Beitragspflichtige von seinen zu hohen Leistungen Kenntnis erhalten hat, spätestens aber fünf Jahre nach Ablauf des Kalenderjahres in dem die Beiträge bezahlt wurden. Sind Arbeitgeber- und Arbeitnehmerbeiträge von Leistungen bezahlt worden, die der Wehrsteuer* vom Reinertrag juristischer Personen unterliegen, so erlischt der Anspruch auf Rückerstattung mit Ablauf eines Jahres, nachdem die Steuerveranlagung rechtskräftig wurde.

* Heute: direkte Bundessteuer

Art. 16 Abs. 1 zweiter Satz, Abs. 2 erster Satz und Abs. 3 letzter Satz

[1] ... Für Beiträge nach den Artikeln 6, 8 Absatz 1 und 10 Absatz 1 endet die Frist jedoch erst ein Jahr nach Ablauf des Kalenderjahres, in welchem die massgebende Steuerveranlagung oder Nachsteuerveranlagung rechtskräftig wurde....

[2] Die gemäss Absatz 1 geltend gemachte Beitragsforderung erlischt fünf Jahre nach Ablauf des Kalenderjahres, in welchem sie rechtskräftig wurde....

[3] *... Sind Arbeitgeber- und Arbeitnehmerbeiträge von Leistungen bezahlt worden, die der direkten Bundessteuer vom Reinertrag juristischer Personen unterliegen, so erlischt der Anspruch auf Rückerstattung mit Ablauf eines Jahres, nachdem die Steuerveranlagung rechtskräftig wurde.*

Übersicht

I. Festsetzungsverjährung (Abs. 1)

Allgemeines

Für die *Wahrung der Verwirkungsfrist* des Art. 16 Abs. 1 AHVG muss die Verfügung vor Ablauf der Frist nicht bloss zur Post gegeben, sondern dem Verfügungsadressaten ordnungsgemäss eröffnet sein (119 V 96 mit Hinweis auf die Praxis sowie darauf, dass nicht zu entscheiden ist, ob daran festzuhalten ist).

Mit dem fristgerechten Erlass einer Beitragsverfügung wird die Verwirkung *ein für allemal ausgeschlossen*, und zwar auch dann, wenn die Verfügung in der Folge vom Richter oder von der Verwaltung aufgehoben und durch eine andere ersetzt wird; jedoch dürfen dann keine höheren als die fristgemäss verfügten Beiträge einverlangt werden (ZAK 1992 316 E. 4a). Für die Frage der Verwirkung nicht von Bedeutung ist, wenn – nach Erlass einer innert der Festsetzungsverjährung ergangenen Verfügung – im Gerichtsverfahren die Beitragsfestsetzung derart berichtigt wird, dass zwischen den einzelnen Beitragsjahren Verschiebungen vorgenommen werden (ZAK 1964 36 E. 3). Nicht massgebend ist es auch, wenn die Ausgleichskasse zunächst paritätische Beiträge festsetzt, in der Folge jedoch von einer selbständigen Erwerbstätigkeit ausgeht und somit persönliche Beiträge verlangt, falls die jeweiligen Beiträge das gleiche Beitragsjahr und den gleichen Versicherten betreffen und dieser tatsächlich Kenntnis von der ersten Verfügung erhalten hat. Es liegt in einem solchen Fall eine blosse Berichtigung der ersten Verfügung vor (EVGE 1958 103 f.).

Auch eine Veranlagungsverfügung, welche die – zudem nicht nach den einzelnen Versicherten spezifizierte – Beitragssumme lediglich *schätzt*, vermag die Verwirkung auszuschliessen (ZAK 1992 316 f. E. 5).

Gemäss Art. 16 Abs. 1 Satz 3 AHVG tritt u.U. an die Stelle der ordentlichen eine besondere *strafrechtliche Verjährungsfrist.* Diese ergänzende Bestimmung beruht auf dem Gedanken, dass eine Nachforderung zulässig sein soll, solange wegen der strafbaren Handlung, aus der sich die Nachforderung ableitet, eine strafrechtliche Verurteilung erfolgen kann; es wäre unverständlich, wenn der Nachforderung aus einer strafbaren Handlung die Verjährung entgegenstände, gleichzeitig aber die Strafverfolgung mit ihren weit schwereren Folgen durchgeführt werden könnte (EVGE 1957 197 E. 1). Will sich eine Ausgleichskasse darauf berufen, ohne dass ein entsprechendes Strafurteil vorliegt, muss von ihr erwartet werden, dass sie ein Aktenmaterial produziert, welches das strafbare Verhalten hinreichend ausweist (EVGE 1957 52 E. 2).

Einzelfragen

Fristwahrung abgelehnt

Nicht gewahrt ist die Verwirkungsfrist, wenn eine *bloss grundsätzliche Unterstellung* unter die Beitragspflicht erfolgte, ohne dass geschuldete Beiträge geltend gemacht wurden (EVGE 1958 187).
Für die Wahrung der Verwirkungsfrist bezüglich von Beiträgen, welche durch eine Ehefrau geschuldet sind, genügt es nicht, dass die Beitragsverfügung *dem Ehemann zugestellt* wird (ZAK 1965 38 E. 3).

Fristwahrung angenommen

Fristwahrende Wirkung ist einer während der Rechtshängigkeit eines verwaltungsgerichtlichen Beschwerdeverfahrens innert der Frist von Art. 16 Abs. 1 AHVG erlassenen Verfügung der Ausgleichskasse über höhere Beiträge zuzumessen, obwohl ihr prozessual praxisgemäss lediglich der Charakter eines Antrages an den Sozialversicherungsrichter zukommt (AHI-Praxis 1994 272 E. 4c.bb).

Art. 16 Abs. 1 AHVG ist *sowohl auf Arbeitgeber- als auch auf Arbeitnehmerbeiträge* anwendbar; dass der Arbeitgeber die Arbeitnehmerbeiträge abgezogen, jedoch nicht abgeliefert hat, ist insoweit nicht von Bedeutung (EVGE 1956 179 f.).

Die Frist für die Geltendmachung von *Verzugszinsen* beginnt in dem Zeitpunkt zu laufen, in welchem die Ausgleichskasse die Höhe der Verzugszinsen überblicken und berechnen kann, was grundsätzlich erst nach Eingang der Beitragszahlung zutrifft (119 V 236 ff. E. 5b bis d).

Begriff der Nachsteuerveranlagung

Unter Nachsteuerveranlagung im Sinne von Art. 16 Abs. 1 Satz 2 AHVG ist nicht nur eine Veranlagung im bundesrechtlichen, sondern auch eine solche im kantonalen Nachsteuerverfahren zu verstehen (115 V 186 ff. E. 3).

Folgen des Eintritts der Verjährung

Ist die Verjährung eingetreten, besteht auch keine *Naturalobligation* mehr, die freiwillig entrichtet werden könnte; es entspricht Gründen der Rechtssicherheit und verwaltungstechnischen Überlegungen, nach Ablauf eines bestimmten Zeitraumes in einem bestimmten Schuldverhältnis zwischen AHV und Beitragspflichtigem Ruhe eintreten zu lassen (EVGE 1955 196 f.).

Nach *Ablauf der Festsetzungsverjährung* darf ein von einem Ehegatten erzieltes und in seinem individuellen Konto eingetragenes Einkommen nicht auf das individuelle Konto des anderen Ehegatten übertragen werden; vorbehalten ist lediglich der Fall der Berichtigung des Eintrages im individuellen Konto gemäss Art. 141 Abs. 3 AHVV (ZAK 1972 290 E. 3).

II. Vollstreckungsverjährung (Abs. 2)

Bei der dreijährigen Vollstreckungsfrist handelt es sich – entgegen dem Randtitel – um eine *Verwirkungsfrist*; nicht massgebend ist, ob eine Beitrags- oder eine Rückerstattungsforderung vorliegt (117 V 210 f. E. 3b). Anders als bei der Vollstreckung der Leistungsrückerstattung wird der Lauf der dreijährigen Beitragsvollstreckungsfrist nicht durch ein Verfahren betreffend Herabsetzung oder Erlass der rechtskräftig verfügten Schuld gehemmt (AHI-Praxis 1995 158 E. 2a).

Lässt eine Ausgleichskasse im Betreibungsverfahren die Frist zur Stellung des Verwertungsbegehrens verstreichen – und wäre ohne Betreibung die Verwirkungsfolge bereits eingetreten –, erlischt damit gemäss Art. 16 Abs. 2 Satz 3 AHVG gleichzeitig die Forderung auf Vollstreckung der rechtskräftig verfügten Beiträge (AHI-Praxis 1995 159 E. 2b).

Art. 16 Abs. 2 letzter Satz AHVG ist auf die *Verrechnung einer Rückerstattungsforderung mit einer laufenden Rente* nicht anwendbar (117 V 212 f. E. 4c).

Beitragsschulden, für welche ein *Zahlungsaufschub* gewährt wurde, bleiben der Verwirkung gemäss Art. 16 Abs. 2 AHVG unterworfen (ZAK 1982 118 E. 2).

III. Rückerstattungsverjährung (Abs. 3)

Allgemeines

Zur Rückerstattung allgemein vgl. Kommentar zu Art. 14 AHVG, Ziff. VI.3.b.

Beiträge, welche – wegen der Verwirkungsfrist – nicht rückerstattet werden können, sind als *rentenbildend* zu behandeln (101 V 182 f. E. 1b). Vorbehalten bleiben die Fälle, in denen ein Versicherter durch bewusste Irreführung der AHV dieser zu hohe Beiträge entrichtet, um rechtswidrig eine höhere als die ihm zustehende Rente zu erlangen (97 V 149 f.).

Fristen

Satz 2 von Art. 16 Abs. 3 AHVG stellt eine reine Verjährungs- bzw. Verwirkungsbestimmung dar; er bezweckt nicht, die Frage der Rückerstattung von der bundessteuerrechtlichen Beurteilung abhängig zu machen (103 V 7).

Einjährige Frist

Der Begriff der *Kenntnisnahme* ist gleich zu deuten, ob sie nun eine natürlich oder eine juristische Person betrifft. Wenn jemand eine Zuschrift zugestellt erhält, welche in klarer und erschöpfender Weise einen Anspruch auf Rückerstattung bescheinigt, ist es gerechtfertigt, die einjährige Frist von der Zustellung dieses Dokumentes an laufen zu lassen; ob letzteres tatsächlich zur Kenntnis genommen wurde, ist insoweit nicht von Bedeutung (EVGE 1960 49 ff.). Es gibt keinen Grund, für Nichtversicherte eine längere relative Verwirkungsfrist vorzusehen, als dies für Beitragspflichtige der Fall ist (SVR 1994 AHV Nr. 36 S. 98).

Fünfjährige Frist

Die absolute Verwirkungsfrist von fünf Jahren ist auf ungeschuldete Zahlung Nichtversicherter nicht anwendbar. Der Wortlaut der Norm spricht nur von Beitragspflichtigen und enthält keine ausdrückliche Regelung für die Nichtversicherten; bei solchen ist eine zehnjährige, absolute Verwirkungsfrist anwendbar (SVR 1994 AHV Nr. 36 S. 97, 110 V 154 f. E. 4a).

Dritter Abschnitt: Die Renten

A. Der Rentenanspruch

I. Allgemeines

Literatur

Allgemeine Literatur: Lüthy, Finanzielle Auswirkungen des flexiblen Rentenalters, 102 ff.; Maurer, Schweizerische Alters- und Hinterlassenenversicherung – Die Leistungen und ihre Finanzierung, 196 ff.; Büchi, Leistungs- oder Bedarfsgerechtigkeit in der AHV?, 1 ff.; Bürgisser, Verteilungswirkungen der schweizerischen AHV; Braun, Beitragshöhe, Beitragsdauer und Beitragslükken in der AHV.

Literatur zur Stellung von Mann und Frau in der AHV: Arnold-Lehmann, Stellung der Frau, 41 ff.; Maurer, Die soziale Alterssicherung der Frau in der Schweiz, 187 ff.; Koller, Die eidgenössische Alters- und Hinterlassenenversicherung im Verhältnis zum schweizerischen Eherecht; Kohler, La situation de la femme dans l'AVS; Hort, L'égalité des droits entre hommes et femmes, 225 ff.; Bigler-Eggenberger, Probleme um die zivilstandsunabhängige Alterssicherung, 379 ff.; Riemer-Kafka, Die Gleichstellung von Mann und Frau in der schweizerischen Sozialversicherung, 225 ff., 291 ff.

18 Rentenberechtigung

[1] **Anspruch auf Alters-, Witwen- und Waisenrenten haben Schweizer Bürger, Ausländer und Staatenlose gemäss den nachfolgenden Bestimmungen** (1). **Hat eine Witwe oder eine Waise den Tod des Versicherten vorsätzlich oder grobfahrlässig oder bei Ausübung eines Verbrechens oder Vergehens herbeigeführt, so können die Renten dauernd oder vorübergehend verweigert, gekürzt oder entzogen werden** (11).

[2] (31) **Ausländer und ihre nicht das Schweizer Bürgerrecht besitzenden Hinterlassenen sind nur rentenberechtigt, solange sie ihren zivilrechtlichen Wohnsitz in der Schweiz haben und sofern die Beiträge während mindestens 10 vollen Jahren entrichtet worden sind. Vorbehalten bleiben die besonderen bundesrechtlichen Vorschriften über die Rechtsstellung der Flüchtlinge und der Staatenlosen** (A) **sowie abweichende zwischenstaatliche Vereinbarungen** (B), **insbesondere mit Staaten, deren Gesetzgebung den Schweizer Bürgern und ihren Hinterlassenen Vorteile bietet, die denjenigen dieses Gesetzes ungefähr gleichwertig sind.**

[3] [(31)] **Ausländern, mit deren Heimatstaat keine zwischenstaatliche Vereinbarung besteht, und ihren Hinterlassenen können ausnahmsweise die gemäss den Artikeln 5, 6, 8 oder 10 bezahlten Beiträge zurückvergütet werden, sofern diese keinen Rentenanspruch begründen und der Heimatstaat Gegenrecht hält. Die gleichen Beiträge können auch Flüchtlingen und Staatenlosen ohne Rentenanspruch zurückvergütet werden. Der Bundesrat umschreibt die weiteren Voraussetzungen und das Ausmass der Rückvergütung** (C).

(A) FlüB, hier im Anhang 3 abgedruckt.
(B) Es bestehen Abkommen mit folgenden Staaten: Belgien, Bundesrepublik Deutschland, Dänemark, Finnland, Frankreich, Griechenland, Grossbritannien, Israel, Italien, Jugoslawien, Kanada (bzw. Quebec), Liechtenstein, Luxemburg, Niederlande, Norwegen, Österreich, Portugal, San Marino, Schweden, Spanien, Türkei, USA; vgl. ferner das internationale Übereinkommen über die Soziale Sicherheit der Rheinschiffer (vom 30. November 1979) (SR 0.831.107).
(C) Vgl. die Bestimmungen in der RV, hier im Anhang 7 abgedruckt.

Art. 18 Sachüberschrift, Abs. 1, 2 erster Satz und 3
Sachüberschrift: Betrifft nur den französischen Text

[1] Anspruch auf Alters- und Hinterlassenenrenten haben Schweizer Bürger, Ausländer und Staatenlose gemäss den nachfolgenden Bestimmungen. Hat ein Hinterlassener den Tod des Versicherten vorsätzlich oder grobfahrlässig oder bei Ausübung eines Verbrechens oder Vergehens herbeigeführt, so können die Renten dauernd oder vorübergehend verweigert, gekürzt oder entzogen werden.

[2] Ausländer sowie ihre Hinterlassenen ohne Schweizer Bürgerrecht sind nur rentenberechtigt, solange sie ihren Wohnsitz und gewöhnlichen Aufenthalt in der Schweiz haben. Dieses Erfordernis ist von jeder Person, für die eine Rente ausgerichtet wird, einzeln zu erfüllen. Vorbehalten bleiben ...

[3] Den Ausländern, die ihren Wohnsitz im Ausland haben und mit deren Heimatstaat keine zwischenstaatliche Vereinbarung besteht, sowie ihren Hinterlassenen können die gemäss den Artikeln 5, 6, 8, 10 oder 13 bezahlten Beiträge rückvergütet werden. Der Bundesrat regelt die Einzelheiten, insbesondere das Ausmass der Rückvergütung.

Übersicht

I. Grundsatz des Rentenanspruchs (Abs. 1)

Allgemeines

Der Anspruch auf eine Rente entsteht von Gesetzes wegen, sobald nach Erfüllung des leistungsbegründenden Sachverhalts der *Versicherungsfall* eingetreten ist. Er besteht unabhängig von der Verfügung der Ausgleichskasse und wird nicht erst durch diese begründet. Die Verfügung hat somit keinen konstitutiven Charakter, sondern stellt lediglich fest, ob und allenfalls wann der Versicherungsfall sich verwirklicht hat (101 V 160). Es sind somit der leistungsbegründende Sachverhalt und der Versicherungsfall auseinanderzuhalten. Ersterer umfasst alle jene Elemente, die in tatbeständlicher Hinsicht gegeben sein müssen, damit der Versicherungsfall überhaupt eintreten kann. Der leistungsbegründende Sachverhalt beinhaltet also noch kein Rechtsverhältnis. Dies bedeutet, dass der Versicherungsfall hinsichtlich des Anspruchs auf eine Witwenrente gemäss Art. 23 Abs. 3 AHVG nicht schon mit der Erfüllung des anspruchsbegründenden Sachverhaltes, nämlich mit dem Tod des Ehemannes, sondern am ersten Tag des darauffolgenden Monats entsteht (100 V 209 f.).

Rentenkürzungen

Die Kürzungsregeln des Übereinkommens Nr. 128 der IAO und der Europäischen Ordnung der Sozialen Sicherheit (EOSS) sind direkt anwendbar; folglich sind die bisherigen Leistungskürzungen bei grobfahrlässigem Verhalten des Versicherten nicht mehr möglich (119 V 173 ff.; betr. Art. 7 Abs. 1 IVG; Entscheide zur Auswirkung auf den Bereich der AHV noch nicht ersichtlich). Betr. Auswirkung dieser Rechtsprechung auf rechtskräftig verfügte Leistungskürzungen vgl. 119 V 410. Eine Leistungskürzung infolge Herbeiführung des versicherten Risikos bei Ausübung eines Verbrechens oder Vergehens ist jedoch konform mit den Satzungen des internationalen Rechts der Sozialen Sicherheit (119 V 244 ff. E. 3; betr. Invalidität).

Für ein – vor Inkrafttreten des per 1. Januar 1960 revidierten Art. 18 Abs. 1 AHVG ergangenes – Anschauungsbeispiel vgl. EVGE 1951 205 (Rentenanspruch einer wegen Totschlages – begangen an ihrem Ehemann – verurteilten Ehefrau).

II. Rentenanspruch der Ausländer (Abs. 2)

Bestimmung der massgebenden Staatsangehörigkeit

Besitzt eine Person, die Leistungen der AHV beansprucht, mehrere ausländische Staatsangehörigkeiten, so ist für die Bestimmung der massgebenden Staatsangehörigkeit Art. 23 Abs. 2 IPRG anzuwenden. Dabei kann auf den Zeitpunkt der Entrichtung der AHV-Beiträge oder auf denjenigen der Entstehung des Rentenanspruchs abgestellt werden. Besitzt der Versicherte mehrere Staatsangehörigkeiten, darunter die schweizerische oder diejenige eines Staates, der mit der Schweiz ein Abkommen über Soziale Sicherheit abgeschlossen hat, so ist immer diese letztere Staatsangehörigkeit als massgebend zu betrachten (119 V 2 ff.). Es ist in jedem Einzelfall die Intensität aller wesentlichen Beziehungen mit dem einen oder anderen Staat zu berücksichtigen (112 V 93 E. 2b).

Erfordernis des zivilrechtlichen Wohnsitzes

Die vom EVG zu den ausserordentlichen Renten (vgl. dazu Art. 42 AHVG) entwickelte Rechtsprechung, welche für die Gewährung des Rentenanspruchs neben dem zivilrechtlichen Wohnsitz den tatsächlichen Aufenthalt verlangt, ist auch bei Art. 18 Abs. 2 AHVG anwendbar (ZAK 1992 38 f. E. 2). Keinen Anspruch auf eine Witwenrente kann somit eine im Ausland lebende Witwe eines in der Schweiz verstorbenen Flüchtlings erheben, auch wenn dieser während mehr als zehn Jahren Beiträge geleistet hat (EVGE 1969 147 f.). – Festzuhalten ist, dass der Rentenanspruch ausländischer Hinterlassener von *schweizerischen* Versicherten nicht voraussetzt, dass jene ihren Wohnsitz in der Schweiz haben (EVGE 1969 208 ff.).

III. Rentenanspruch der Flüchtlinge und Staatenlosen im besonderen (Abs. 2)

Der Gesetzgeber wollte die Anwendbarkeit des Bundesbeschlusses über die Rechtsstellung der Flüchtlinge und Staatenlosen in der Alters-, Hinterlassenen- und Invalidenversicherung (vom 4. Oktober 1962)

(FlüB; SR 831.131.11; hier im Anhang 3 abgedruckt) auf diejenigen *Flüchtlinge* beschränkt wissen, die in der Schweiz Asyl erhalten haben, d.h. anerkannt sind. Die Verwaltungspraxis, welche den Status des Flüchtlings von dessen Anerkennung abhängig macht, ist nicht zu beanstanden (115 V 6 ff. E. 2a). Bei *Staatenlosen* ist nicht die tatsächliche Staatenlosigkeit, sondern die rechtliche Staatenlosigkeit massgebend; dieser Status ist in dem Moment gegeben, da die hiezu notwendigen Voraussetzungen erfüllt sind (115 V 8 f. E. 2b).

Wird das Asyl *widerrufen*, ist für die Frage des Rentenanspruchs die bisherige Staatsangehörigkeit zu beachten. Dies bedeutet, dass die Rente eines Versicherten, der als Flüchtling die einjährige Mindestbeitragsdauer erfüllte, beim Verlust der Flüchtlingseigenschaft erlischt, wenn er bei Eintritt des Versicherungsfalles nicht die für Nichtvertragsausländer geltende zehnjährige Mindestbeitragsdauer aufwies (ZAK 1987 163).

IV. Rückvergütung von Beiträgen (Abs. 3)

Literatur: Schmid, Rückvergütung von AHV-Beiträgen an Ausländer, 242 ff.; Bendel, Rückvergütung und Überweisung von AHV-Beiträgen, 99 ff.

Zum Text der RV vgl. Anhang 7.

Zweck

Zweck der Bestimmung ist es, der Verwaltung die Möglichkeit zu geben, die Beiträge zurückzuerstatten, wenn die Billigkeit eine solche Lösung aufdrängt, nicht hingegen, dem Versicherten zu ermöglichen, den Vorteil der Rentenleistung im Verhältnis zur Rückerstattung eines Kapitals, wie es die von ihm bezahlten Beiträge darstellt, abzuwägen (ZAK 1968 65 E. 2).

Nicht rückvergütet werden können die *Arbeitgeberbeiträge* (ZAK 1972 582 E. 1).

Dass nach Art. 5 Abs. 2 RV Beiträge, welche *nach Erreichung des Rentenalters* entrichtet wurden, nicht rückvergütet werden, ist gesetzeskonform (107 V 197 f. E. 3).

Voraussetzung, dass die Beiträge keinen Rentenanspruch begründen (vgl. Art. 1 RV)

Ein bloss möglicher Anspruch in der Zukunft hindert die Rückvergütung nicht (ZAK 1970 290). – Für einen Anwendungsfall, in dem ein Rentenanspruch bestand, vgl. ZAK 1968 64 f.

Voraussetzung des Gegenrechts
Ob diese Voraussetzung erfüllt ist, ist eine Rechtsfrage, welche vom Richter frei überprüft werden kann. Dabei auferlegt er sich jedoch eine gewisse Zurückhaltung, wenn er eine von der zuständigen Verwaltungsbehörde erlassene Verfügung überprüft, da er – ausser wenn er auf andere Informationsquellen als diejenigen zurückgreifen kann, welche dieser Behörde zur Verfügung standen – i.A. nicht über die notwendigen Kenntnisse der jeweiligen ausländischen Gesetzgebung verfügt, um entscheiden zu können, ob das verlangte Gegenrecht besteht oder nicht (111 V 305 E. 5b).

Verweigerung der Rückvergütung (vgl. Art. 4 RV)
Wer Steuern schuldig bleibt, hat seine *Pflichten gegenüber dem öffentlichen Gemeinwesen offensichtlich nicht erfüllt*; in solchen Fällen besteht kein Anspruch auf Rückvergütung der Beiträge (ZAK 1972 582 E. 2a). Dasselbe gilt für den Fall, dass ein besonderes Missverhältnis zwischen Passiven und Aktiven im Konkurs besteht (ZAK 1972 583 f. E. 2c).

Die Rückvergütung kann auch verweigert werden, wenn sie *der Billigkeit widersprechen* würde. Die Verwaltungspraxis, welche diesen Begriff so konkretisiert, dass die Rückvergütung nur im Ausmass des Barwertes der künftigen AHV-Leistung zulässt, die unter denselben Bedingungen einem Schweizerbürger zustehen würde, ist nicht zu beanstanden (EVGE 1961 221 f.).

Wirkung der Rückvergütung
Die Bestimmung von Art. 6 RV, wonach aus rückvergüteten Beiträgen gegenüber der AHV keinerlei Rechte mehr abgeleitet werden können und eine Wiedereinzahlung solcher Beiträge nicht mehr möglich ist, schliesst ein Zurückkommen der Verwaltung auf eine verfügte und vollzogene Rückvergütung aus. Anders könnte nur entschieden werden, wenn die Verfügung irgendwelche Mängel aufwiese, welche dazu führen könnten, sie als nicht rechtswirksam zu betrachten (ZAK 1970 226 E. 2); dies ist bei schwerwiegenden Verfahrensmängeln der Fall (EVGE 1956 59).

Die nicht rückerstatteten Arbeitgeberbeiträge berechtigen nicht zum Bezug einer Rente (ZAK 1957 414 f.).

Verfahren
Ob auch Gläubiger des Versicherten – im konkreten Fall eine Gemeindekasse – befugt sind, die Rückerstattung von AHV-Beiträgen zu verlangen, ist jedenfalls dann zu verneinen, wenn der Versicherte selbst keinen Anspruch auf Rückerstattung besitzt (EVGE 1960 58 f. E. 2).

Anwendungsfall
ZAK 1969 68 ff.

V. Verzugszins

Allgemeines

Verzugszinsen haben den *Zweck*, einen Ausgleich dafür zu schaffen, dass der Schuldner bei verspäteter Bezahlung einen Zinsvorteil geniessen kann, während der Gläubiger einen Zinsnachteil erleidet (ZAK 1992 167 E. 4b). Im Bereich der Sozialversicherung werden grundsätzlich keine Verzugszinsen geschuldet, sofern sie nicht gesetzlich vorgesehen sind. Nach der Gerichtspraxis sind allerdings Ausnahmen zu machen, wenn «besondere Umstände» (etwa: widerrechtliche oder trölerische Machenschaften der Verwaltungsorgane) vorliegen; dabei lehnt die Praxis es jedoch ab, die Verzugszinspflicht generell für bestimmte Gruppen von Fällen (etwa gerichtlich festgestellte Rechtsverzögerungen) zu bejahen (119 V 81 ff.).

Im *Leistungsbereich* setzt die Verzugszinspflicht neben der Rechtswidrigkeit auch ein schuldhaftes Verhalten voraus (ZAK 1992 168 E. 4b).

Der Umstand, dass ein Versicherter durch eine fehlerhafte Rentenberechnung eines Betrags von insgesamt rund Fr. 10‘000.– verlustig geht, erscheint im Hinblick auf die soziale Schutzfunktion von Rentenleistungen in besonderer Weise stossend; ein teilweiser Ausgleich über den Weg von Verzugszinsen für die nachzuzahlenden Differenzbeträge ist daher ein Gebot der Gerechtigkeit (ZAK 1990 43 E. 5).

Anwendungsfall

Für einen Anwendungsfall vgl. ZAK 1976 152 f. (Bejahung des Anspruchs auf Verzugszins) sowie AHI-Praxis 1995 116 E. 4 (Verneinung des Anspruchs auf Verzugszins).

VI. Wohlerworbene Rechte/Besitzstandsgarantie

Allgemeines

Ein wohlerworbenes und damit unentziehbares Recht auf unveränderten Weiterbezug einer laufenden Rente besteht nur dann, wenn das neue Gesetz eine entsprechende Garantie vorsieht. Ein stillschweigendes Zugeständnis dieser Art anzunehmen, widerspräche der Lehre und Praxis im Sozialversicherungsrecht und auch der Notwendigkeit, dem Gesetzgeber namentlich auf diesem, den sich rasch ändernden Umständen besonders ausgesetzten Gebiet diejenigen Gestaltungsmöglichkeiten zu wahren, auf die er zur Erfüllung seiner Aufgabe angewiesen ist. Er muss die Möglichkeit haben, laufende Renten zu ändern, sei es zugunsten oder zuungunsten des Rentenbezügers (108 V 119). Dies gilt insbesondere dann, wenn der Gesetzgeber gleichzeitig einen Ausgleich oder gar eine Besserstellung des Versicherten in einem anderen Bereich der Sozialversicherung schafft (ZAK 1973 376 E. 3).

Einzelfragen

- *Ablösung einer Ehepaar-Altersrente durch einfache Altersrente* (wegen Scheidung), wobei die Ehepaar-Altersrente eine vorher bezogene einfache Altersrente ersetzt hatte: Die Berechnung der einfachen Altersrente hat grundsätzlich anhand der in diesem Zeitpunkt geltenden Grundlagen zu erfolgen; die so berechnete Rente hat indes umfangmässig zumindest der zuletzt bezogenen einfachen Rente unter Einschluss der seitherigen Rentenanpassungen zu entsprechen (118 V 4 ff. E. 4).
- Die Bestimmung von *Art. 31 Abs. 2 AHVG* will der betreffenden Person gewissermassen einen Besitzstand wahren (EVGE 1966 20 E. 3). – Vgl. näheres dazu im Kommentar zu Art. 31 AHVG, Ziff. II.
- Die Einstufung als *Vollrentenberechtigter* stellt kein wohlerworbenes Recht dar (108 V 119).
- Dasselbe gilt für den Anspruch auf eine *Waisenrente* des mindestens hälftig invaliden Kindes bis zu einem bestimmten Alter (ZAK 1973 375 E. 2).
- Nach der Rechtsprechung besteht ferner beim Übergang von einer Rentenordnung zur anderen, d.h. *von einer ausserordentlichen zu einer ordentlichen Rente*, kein Anspruch auf Aufrechterhaltung des status quo (96 V 118).
- Bei *Zivilstandswechseln* kennt das Sozialversicherungsrecht keine Besitzstandsgarantie (113 V 118 E. 4c).

19 (17)

20 (17) Sicherung und Verrechnung der Renten

[1] Jeder Rentenanspruch ist unabtretbar, unverpfändbar und der Zwangsvollstreckung entzogen. Jede Abtretung oder Verpfändung ist nichtig. Vorbehalten bleibt Artikel 45.

[2] (49) Forderungen auf Grund dieses Gesetzes und der Bundesgesetze vom 19. Juni 1959 über die Invalidenversicherung, vom 25.

September 1952 über die Erwerbsersatzordnung für Wehr- und Zivilschutzpflichtige und vom 20. Juni 1952 über die Familienzulagen für landwirtschaftliche Arbeitnehmer und Kleinbauern* sowie Rückforderungen von Ergänzungsleistungen zur Alters-, Hinterlassenen- und Invalidenversicherung und von Renten und Taggeldern der obligatorischen Unfallversicherung, der Militärversicherung, der Arbeitslosenversicherung und der Krankenversicherung können mit fälligen Leistungen verrechnet werden.

* Heute: Bundesgesetz über die Familienzulagen in der Landwirtschaft (vom 20. Juni 1952) (SR 836.1)

Art. 20 Abs. 2

[2] *Mit fälligen Leistungen können verrechnet werden:*

a. die Forderungen aufgrund dieses Gesetzes, des Bundesgesetzes über die Invalidenversicherung, des Bundesgesetzes vom 25. September 1952 über die Erwerbsersatzordnung für Dienstleistende in Armee und Zivilschutz und des Bundesgesetzes vom 20. Juni 1952 über die Familienzulagen in der Landwirtschaft;

b. Rückforderungen von Ergänzungsleistungen zur Alters-, Hinterlassenen- und Invalidenversicherung;

c. die Rückforderung von Renten und Taggeldern der obligatorischen Unfallversicherung, der Militärversicherung, der Arbeitslosenversicherung und der Krankenversicherung.

Übersicht

I. Sicherung des Rentenanspruchs (Abs. 1)

Zur Gewährleistung der zweckgemässen Verwendung vgl. Kommentar zu Art. 45 AHVG.

II. Verrechnung der Rente mit Gegenforderungen (Abs. 2)

Allgemeines

Die hier vorgesehene Verrechnungsordnung ist auf die *Besonderheiten der Sozialgesetzgebung* im AHV-Bereich zugeschnitten. Dabei geht die Regelung über die obligationenrechtlichen Regeln hinaus; denn versicherungsrechtlich bzw. -technisch zusammenhängende Beiträge und Renten sind ohne Rücksicht auf die pflichtige bzw. berechtigte Person und ungeachtet erbrechtlicher Gegebenheiten verrechenbar (115 V 342 f. E. 2b). Eine Verrechnung ist somit grundsätzlich auch nach einer *amtlichen Liquidation* (vgl. Art. 593 ff. ZGB) (EVGE 1969 95 f.) oder im Falle der *Ausschlagung* einer Erbschaft (vgl. Art. 566 ff. ZGB) (EVGE 1956 190 f.) möglich. Hingegen kann eine im *öffentlichen Inventar* (vgl. Art. 580 ff. ZGB) schuldhaft nicht angemeldete Beitragsforderung nicht mehr mit Leistungen an die Hinterlassenen verrechnet werden (111 V 3). Die Vornahme der Verrechnung ist eine Pflicht – und nicht bloss eine Befugnis – der Ausgleichskassen (111 V 102 E. 3b).

Einzelfragen

Die Verrechnung geschuldeter persönlicher Beiträge mit der Rente darf nur insoweit erfolgen, als der Verrechnungsabzug an den monatlichen Renten das *betreibungsrechtliche Existenzminimum* nicht beeinträchtigt (115 V 343 E. 2c).

Ergibt sich – bei einer Neuabklärung nach Rückweisung der Sache an die Verwaltung –, dass die Einkünfte des Versicherten in keinem Zeitpunkt das betreibungsrechtliche Existenzminimum überschritten haben, ist jede Verrechnung ausgeschlossen, und die Kasse hat die während des Beschwerdeverfahrens bereits verrechneten Beiträge zurückzuerstatten (111 V 104 E. 4b). – Für einen Anwendungsfall, in dem die vorgenommene Verrechnung das Existenzminimum in einer kleinen Differenz berührt, vgl. ZAK 1971 509 E. 3.

In die Verrechnungsforderung können die *Betreibungsspesen* und die übrigen *Verwaltungskosten* miteinbezogen werden (111 V 103 E. 3b).

Wird geltend gemacht, dass der zu verrechnende Beitrag bereits bezahlt worden sei, ist zur Prüfung dieser *Einrede der Schuldentilgung* der AHV-Richter (und nicht der Rechtsöffnungsrichter) zuständig; die Beurteilung der Frage, ob die Tilgungseinrede zutrifft, bildet eine Vorfrage für den Entscheid darüber, ob die Ausgleichskasse zum Vollzug der von ihr in Aussicht genommenen Verrechnung befugt ist (ZAK 1959 260).

Verrechnung zugelassen

Die Verrechnung der vom verstorbenen geschiedenen Mann geschuldeten und im öffentlichen Inventar angemeldeten persönlichen Beiträge mit der *Witwenrente der geschiedenen Frau* ist zulässig (115 V 345 f. E. 3b).

Verrechnet werden kann *auch die von der Ehefrau beanspruchte halbe Ehepaarrente* mit einem Guthaben der AHV gegenüber dem Ehemann (107 V 74 f.).

Der notwendige versicherungsrechtliche Zusammenhang besteht auch zwischen den persönlichen Beiträgen des Ehemannes und einer *Witwenabfindung* (EVGE 1969 94 E. f).

Der *Verrechnungsausschluss* des Art. 213 Abs. 2 SchKG (Gläubiger des Gemeinschuldners wird erst nach Konkurseröffnung Schuldner desselben oder der Konkursmasse) gilt im Anwendungsbereich von Art. 20 Abs. 2 AHVG nicht (104 V 7 f.).

Eine Verrechnung ist grundsätzlich auch möglich, wenn in einem früheren Zeitpunkt eine Rückerstattungsforderung als *uneinbringlich abgeschrieben* wurde (EVGE 1957 53 f. E. 1).

Verrechnung ausgeschlossen

Wird der Ehefrau eine *einfache Altersrente aufgrund der von ihr geleisteten Beiträge* gewährt, hängt sie also nicht von den vom Ehemann geschuldeten Beiträgen ab, ist eine Verrechnung der Rente mit ausstehenden Beiträgen des Ehemannes nicht zulässig (EVGE 1966 88 E. 3).

Ausgeschlossen ist die Verrechnung einer *Rückerstattungsschuld der Pflegemutter* wegen zuviel bezogener Witwenrente mit der dem Pflegekind zukommenden Waisenrente (EVGE 1956 61 f.).

II. Der Anspruch auf Altersrente

21 Einfache Altersrente

1 (17) Anspruch auf eine einfache Altersrente haben, sofern kein Anspruch auf Ehepaar-Altersrente besteht,

a. Männer, welche das 65. Altersjahr zurückgelegt haben;
b. Frauen, welche das 62. Altersjahr zurückgelegt haben.

2 (8) Der Anspruch auf eine einfache Altersrente entsteht am ersten Tag des Monats, welcher der Vollendung des gemäss Absatz 1 massgebenden Altersjahres oder dem Erlöschen des Anspruches auf eine Ehepaar-Altersrente folgt. Der Anspruch auf eine einfache Altersrente erlischt mit der Entstehung des Anspruches auf eine Ehepaar-Altersrente oder mit dem Tode des Berechtigten.

3 (11) Der Ehepaar-Altersrente gemäss den Absätzen 1 und 2 ist die Ehepaar-Invalidenrente gemäss dem Bundesgesetz vom 19. Juni 1959 über die Invalidenversicherung gleichgestellt.

Die unterschiedliche Altersgrenze bei Männern und Frauen steht nicht im Widerspruch zur EMRK (105 V 3 f.). Es steht dem EVG nicht zu, zu prüfen, ob der verfassungsmässige Grundsatz der Rechtsgleichheit gemäss Art. 4 BV verletzt ist (105 V 2).

Art. 21 Altersrente [1)]

1 Anspruch auf eine Altersrente haben:

a. Männer, welche das 65. Altersjahr vollendet haben;

b. Frauen, welche das 64. Altersjahr vollendet haben.

2 Der Anspruch auf die Altersrente entsteht am ersten Tag des Monats, welcher der Vollendung des gemäss Absatz 1 massgebenden Altersjahres folgt. Er erlischt mit dem Tod.

22 Ehepaar-Altersrente

1 (78) **Anspruch auf eine Ehepaar-Altersrente hat der Ehemann, sofern er das 65. Altersjahr zurückgelegt hat und seine Ehefrau entweder das 62. Altersjahr zurückgelegt hat oder nach Artikel 28 des Bundesgesetzes über die Invalidenversicherung invalid ist.**

2 (31) (A) **Die Ehefrau ist befugt, für sich die halbe Ehepaar-Altersrente zu beanspruchen. Bei Beginn des Ehepaar-Rentenanspruchs hat die Ehefrau zu erklären, ob sie die halbe Ehepaar-Altersrente beanspruchen will. Sie kann in einem späteren Zeitpunkt auf ihren Entscheid zurückkommen. Vorbehalten bleiben abweichende zivilrichterliche Anordnungen.**

3 Der Anspruch auf eine Ehepaar-Altersrente entsteht am ersten Tag des der Erfüllung der in Absatz 1 genannten Voraussetzungen folgenden Monats (8). **Er erlischt mit der Scheidung der Ehe, mit dem Tode eines Ehegatten oder mit dem Wegfall der mindestens hälftigen Invalidität der Ehefrau, im Falle einer ausserordentlichen Rente zudem mit der Entstehung eines Anspruchs der Ehefrau auf eine ordentliche einfache Altersrente** (11).

(A) Art. 44 AHVV. In den Jahren 1993–1996 gilt eine abweichende Regelung. Siehe Art. 5 des Bundesbeschlusses über Leistungsverbesserungen in der AHV und der IV sowie ihre Finanzierung (vom 19. Juni 1992) (SR 831.100.1); hier im Anhang 2 abgedruckt.

Art. 22

Aufgehoben

[1)] Berichtigt von der Redaktionskommission der BVers (Art. 33 GVG).

Übersicht

I. Allgemeines

Das Institut der Ehepaar-Altersrente beruht auf dem Gedanken der ehelichen Gemeinschaft auch in wirtschaftlicher Hinsicht (EVGE 1951 54).

Verhältnis zur EMRK

Dass bei einer Verheiratung die bisher bezogenen zwei einfachen Altersrenten durch eine Ehepaar-Altersrente, welche ausschliesslich auf die Beitragsdauer des Ehemannes abstellt, ersetzt werden, entspricht den geltenden Gesetzesbestimmungen und verletzt weder Art. 8 Abs. 1 EMRK (Recht auf Achtung des Familienlebens) noch Art. 12 EMRK (Ehefreiheit) (120 V 2 ff. E. 1 und 2).

Berechnung der Ehepaar-Altersrente

Dass bei der Berechnung der Ehepaar-Altersrente die Beitragsdauer der Ehefrau nicht berücksichtigt wird, stellt keine echte Gesetzeslücke dar, die vom Richter ausgefüllt werden dürfte (SVR 1994 AHV Nr. 12 S. 28). Es liegt auch keine Verletzung der in Frage kommenden Bestimmungen der EMRK, d.h. von Art. 8 und Art. 12 EMRK vor (SVR 1994 AHV Nr. 12 S. 28 f.).

Besitzstandswahrung

Der Rentenansprecher kann – falls seine Ehefrau bisher eine ganze einfache ausserordentliche Invalidenrente bezogen hatte – beim Übergang zur ordentlichen Ehepaar-Altersrente nicht die Wahrung des Besitzstandes verlangen. Nach der Rechtsprechung besteht beim Übergang von einer Rentenordnung zur anderen, d.h. von einer ausserordentlichen zu einer ordentlichen Rente, kein Anspruch auf Aufrechterhaltung des status quo (96 V 118).

Sonderfall

Zur Berechnung der Ehepaar-Altersrente eines – verwitweten – Versicherten, der bereits früher eine Ehepaar-Altersrente bezogen hatte und sich mit einer ebenfalls verwitweten Altersrentenbezügerin verheiratet, vgl. 118 V 129 ff.

II. Anspruchsberechtigte (Abs. 1)

Wenn Bezug genommen wird auf Art. 28 IVG, hat das zum Zweck, das Rentensystem der AHV mit demjenigen der IV in Einklang zu bringen. Bei der Invalidität, auf die in Art. 22 Abs. 1 AHVG abgestellt wird, muss es sich um eine im Sinne des IVG rechtserhebliche Invalidität handeln. (EVGE 1965 17 f.).

III. Anspruch der Ehefrau auf die halbe Ehepaar-Altersrente (Abs. 2)

Beim Anspruch der Ehefrau auf die halbe Ehepaar-Altersrente liegt ein abgeleiteter Anspruch vor, der nur dann besteht, wenn der Ehemann die allgemeinen und besonderen Voraussetzungen für den Bezug der Rente erfüllt. Der Ehefrau steht insoweit kein selbständiger Anspruch auf die halbe Ehepaar-Altersrente zu (107 V 74).

Wenn in Art. 76 Abs. 1 AHVV zur Gewährleistung der zweckgemässen Verwendung der Ehepaar-Altersrente die Drittauszahlung vorgesehen ist, übernimmt diese Bestimmung keineswegs die Rolle, welche die richterlichen Massnahmen zum Schutz der ehelichen Gemeinschaft zu spielen haben; zivilrichterliche Anordnungen sind in Art. 22 Abs. 2 AHVG ausdrücklich vorbehalten (100 V 31 E. 2).

22bis (31) Zusatzrente für die Ehefrau

1 (49) **Ehemänner, denen eine einfache Altersrente zusteht, haben für die Ehefrau, die das 55. Altersjahr** (B) **zurückgelegt hat, Anspruch auf eine Zusatzrente. Der Anspruch besteht auch für eine jüngere Frau, wenn der Ehemann unmittelbar vor der Entstehung des Anspruchs auf die einfache Altersrente eine Zusatzrente der Invalidenversicherung bezogen hat. Die geschiedene Frau ist der Ehefrau gleichgestellt, sofern sie für die ihr zugesprochenen Kinder überwiegend aufkommt und weder eine Alters- noch eine Invalidenrente beanspruchen kann.**

2 **Sorgt der Ehemann nicht für die Ehefrau, oder leben die Ehegatten getrennt oder sind sie geschieden, so ist auf Verlangen die Zusatzrente der Frau auszuzahlen** (A). **Vorbehalten bleiben abweichende zivilrichterliche Anordnungen.**

(A) Art. 45 AHVV
(B) Übergangsbestimmungen 1. Januar 1979 lit. c Abs. 2

Art. 22bis Zusatzrente

[1] Männern und Frauen, die bis zur Entstehung des Anspruchs auf die Altersrente eine Zusatzrente der Invalidenversicherung bezogen haben, wird diese Rente weitergewährt, bis ihr Ehegatte einen Anspruch auf eine Altersrente oder eine Invalidenrente erwirbt. Eine geschiedene Person ist der verheirateten gleichgestellt, sofern sie für die ihr zugesprochenen Kinder überwiegend aufkommt und selbst keine Invaliden- oder Altersrente beanspruchen kann.

[2] Kommt der rentenberechtigte Ehegatte seiner Unterhaltspflicht gegenüber der Familie nicht nach oder leben die Ehegatten getrennt, so ist die Zusatzrente dem andern Ehegatten auszuzahlen, wenn dieser es verlangt. Sind sie geschieden, so ist die Zusatzrente von Amtes wegen dem nicht rentenberechtigten Ehegatten auszuzahlen. Vorbehalten bleiben abweichende zivilrichterliche Anordnungen.

Allgemeines

Der geschiedene oder getrennt lebende Ehemann kann nicht gültig auf die seiner Frau zukommende Zusatzrente verzichten (EVGE 1968 71).

Abs. 1

Gleichstellung der geschiedenen Frau: Wenn zu prüfen ist, ob die geschiedene Frau für die ihr zugesprochenen Kinder überwiegend aufkommt, sind – neben den Unterhaltsbeiträgen des Mannes – die Kinderrenten auch dann zu berücksichtigen, wenn sie zwar dem Vater ausbezahlt werden, jedoch die Voraussetzungen für die Auszahlung an die Frau erfüllt sind. Insoweit ist auf die effektiv realisierten bzw. realisierbaren Beiträge abzustellen (ZAK 1985 585 f. E. 3). Die geschiedene Frau kommt dann nicht überwiegend für die Kinder auf, wenn die Kinderrenten der AHV sowie Drittleistungen mehr als die Hälfte der Unterhaltskosten der Kinder ausmachen (ZAK 1976 92 E. 2c).

Abs. 2

Voraussetzungen der Auszahlung an die Ehefrau: Der Begriff des «Sorgens» muss im Licht des neuen Art. 163 ZGB ausgelegt werden; eine wörtliche Auslegung von Art. 22bis Abs. 2 AHVG ist insoweit nicht mehr zulässig (119 V 429 f. E. 5).

Vorbehalt abweichender zivilrichterlicher Anordnungen: Es obliegt nicht den Organen der AHV noch dem Sozialversicherungsrichter, über familienrechtliche Fragen zu entscheiden (119 V 430 E. 6).

22ter (31) Kinderrente

[1] Männer und Frauen, denen eine Altersrente zusteht, haben für jedes Kind, das im Falle ihres Todes eine Waisenrente beanspruchen könnte, Anspruch auf eine Kinderrente. Für Pflegekinder, die erst nach der Entstehung des Anspruches auf eine Altersrente oder auf eine ihr vorausgehende Rente der Invalidenversicherung in Pflege genommen werden, besteht kein Anspruch auf Kinderrente. Der Bundesrat kann ergänzende Vorschriften, namentlich über den Anspruch von Ehefrauen auf Kinderrenten, erlassen.

[2] Männern und Frauen, die bis zur Entstehung des Anspruchs auf die Altersrente Doppel-Kinderrenten der Invalidenversicherung bezogen haben, werden diese weiter gewährt, solange die Voraussetzungen für eine Kinderrente gegeben sind.

Art. 22ter Kinderrente

[1] Personen, welchen eine Altersrente zusteht, haben für jedes Kind, das im Falle ihres Todes eine Waisenrente beanspruchen könnte, Anspruch auf eine Kinderrente. Für Pflegekinder, die erst nach der Entstehung des Anspruchs auf eine Altersrente oder auf eine ihr vorausgehende Rente der Invalidenversicherung in Pflege genommen werden, besteht kein Anspruch auf Kinderrente, es sei denn, es handle sich um Kinder des andern Ehegatten.

[2] Die Kinderrente wird wie die Rente ausbezahlt, zu der sie gehört. Vorbehalten bleiben die Bestimmungen über die zweckgemässe Rentenverwendung (Art. 45) und abweichende zivilrichterliche Anordnungen. Der Bundesrat kann ergänzende Vorschriften über die Auszahlung erlassen, namentlich für Kinder aus getrennter oder geschiedener Ehe.

Allgemeines

Der Anspruch auf eine Kinderrente setzt - ebensowenig wie jener auf die Waisenrente - voraus, dass das Kind wirtschaftlich darauf angewiesen ist. Ein Unterschied gilt insofern, als zu Lebzeiten des Vaters bzw. der Mutter diese die Forderungsträger der Kinderrente sind, während nach deren Ableben das Kind ein selbständiges Recht erhält (ZAK 1969 123 f.).

Die Kinderrente ist zweckgebunden; sie muss ausschliesslich für den Unterhalt und die Erziehung des Kindes verwendet werden. Zwar ist die Kinderrente, die dem Vater ausbezahlt wird, dem Kind nicht immer summenmässig zuzuwenden; sie ist dies aber dann, wenn der

Vater keinen Naturalunterhalt mehr zu leisten hat und auch keinen mehr leistet, oder falls er bloss zu Unterhaltsbeiträgen in bar verpflichtet oder sogar davon befreit ist. Insoweit kann die Zusatzrente direkt dem anderen Ehegatten ausbezahlt werden (ZAK 1969 124).

In Ausbildung begriffenes, verheiratetes Kind

Für verheiratete oder geschiedene Kinder besteht unter den gleichen Voraussetzungen wie für ledige Anspruch auf Kinderrenten (108 V 2 f.).

Pflegekind

Begriff

Als Pflegekind gilt ein Kind, das sich in der Pflegefamilie tatsächlich der Lage eines ehelichen Kindes erfreut und dessen Pflegeeltern die Verantwortung für Unterhalt und Erziehung wie gegenüber einem eigenen Kind wahrnehmen. Dabei ist zu berücksichtigen, dass die Pflegekindschaft in zahlreichen Formen erscheint, die sich in Zweck, Dauer, Beschaffenheit der aufnehmenden Stelle, in der finanziellen Ausgestaltung und den rechtlichen Grundlagen unterscheiden; insoweit können die von den Pflegeeltern eingegangenen öffentlich-rechtlichen Pflichten nicht von vornherein unberücksichtigt bleiben, wenn letztere die Deckung des mit Kinder- (oder Waisen-)Renten pauschal abzugeltenden Lebensunterhalts betreffen (ZAK 1992 124 E. 3b). Dadurch, dass die Pflegefamilie sich entsprechend verhält, werden die leiblichen Eltern tatsächlich von ihrer Verantwortung befreit (ZAK 1966 435 f. E. 2a).

Voraussetzungen

Die Voraussetzung der Unentgeltlichkeit der Pflege und Erziehung eines Pflegekindes – wie sie in Art. 49 Abs. 1 AHVV genannt wird – ist erfüllt, wenn die von Dritten geleisteten Unterhaltsbeiträge nicht mehr als einen Viertel der tatsächlichen Unterhaltskosten ausmachen (104 V 196 E. 1b). Abzustellen ist dabei nur auf die effektiv geleisteten Unterhaltsbeiträge (ZAK 1979 351 E. 2a). Miteingeschlossen sind aber auch Beträge, welche der Vormund für das Pflegekind als Sparguthaben anlegt (98 V 254 E. 2).

Zeitlich massgebende Verhältnisse

Für die Frage, ob die Voraussetzungen der Ausrichtung einer Rente für ein Pflegekind erfüllt sind (vgl. dazu Art. 49 AHVV), ist auf den Zeitpunkt abzustellen, in dem sich das versicherte Risiko verwirklicht; zudem muss angenommen werden können, dass das Pflegekindverhältnis wahrscheinlich längere Zeit unentgeltlich bleiben wird (103 V

58 E. 1c). Insoweit ist die voraussichtliche Entwicklung auf lange Sicht mitzuberücksichtigen (104 V 196 E. 1b). Ist das Pflegeverhältnis erst nach dem Tod des Pflegevaters zu einem unentgeltlichen geworden, erhält das Pflegekind keine Waisenrente (EVGE 1967 157 f.); anders ist jedoch bezüglich der Kinderrente für das Pflegekind zu entscheiden (EVGE 1966 235 ff. E. 4).

Aufenthalt des Kindes
Erfüllt ein Versicherter die Voraussetzungen, welche ihm Anspruch geben auf eine ausserordentliche Rente, so erfüllt er sie ebenfalls für die dazugehörige Kinderrente; nicht von Bedeutung ist dabei der tatsächliche Aufenthaltsort des Kindes (108 V 77 f. E. 3).

III. Der Anspruch auf Witwenrente

23 Witwenrente

[1] (31) **Anspruch auf eine Witwenrente haben Witwen,**

a. **sofern sie im Zeitpunkt der Verwitwung eines oder mehrere Kinder** (64) **haben** (A);
b. **sofern im Zeitpunkt der Verwitwung eines oder mehrere Kinder** (64) **des verstorbenen Ehemannes als Pflegekinder** (B) **der Witwe im Sinne von Artikel 28 Absatz 2 im gemeinsamen Haushalt leben, die durch den Tod des Ehemannes Anspruch auf eine Waisenrente erwerben, und sofern der Ehemann unmittelbar vor dem Tode im Sinne von Artikel 1 oder 2 versichert war;**
c. **sofern im Zeitpunkt der Verwitwung eines oder mehrere Pflegekinder** (B) **im Sinne von Artikel 28 Absatz 2 im gemeinsamen Haushalt leben, die durch den Tod des Ehemannes Anspruch auf eine Waisenrente erwerben, und sofern der Ehemann unmittelbar vor dem Tode im Sinne von Artikel 1 oder 2 versichert war und das oder die Pflegekinder von der Witwe adoptiert** (64) **werden;**
d. **sofern sie im Zeitpunkt der Verwitwung keine Kinder** (64) **oder Pflegekinder im Sinne der Buchstaben b und c haben, das 45. Altersjahr von ihnen zurückgelegt worden ist und sie mindestens fünf Jahre verheiratet gewesen sind; war eine Witwe mehrmals verheiratet, so wird auf die Gesamtdauer der Ehen abgestellt.**

[2] Die geschiedene Frau ist nach dem Tode ihres geschiedenen Ehemannes der Witwe gleichgestellt, sofern der Mann ihr gegenüber zu Unterhaltsbeiträgen verpflichtet war und die Ehe mindestens zehn Jahre gedauert hatte.

[3] (31) **Der Anspruch auf eine Witwenrente entsteht am ersten Tag des dem Tode des Ehemannes folgenden Monats, im Falle der Adoption** (64) **eines Pflegekindes gemäss Absatz 1 Buchstabe c am ersten Tag des der Adoption** (64) **folgenden Monats. Er erlischt mit der Wiederverheiratung, mit der Entstehung des Anspruchs auf eine einfache Altersrente oder mit dem Tode der Witwe. Er lebt unter bestimmten, vom Bundesrat festzusetzenden Voraussetzungen wieder auf, wenn die neue Ehe der Witwe geschieden oder ungültig erklärt wird** (C)**.**

(A) Art. 46 Abs. 1 AHVV
(B) Art. 46 Abs. 2 AHVV
(C) Art. 46 Abs. 3 AHVV

Art. 23 Witwen- und Witwerrente

[1] Anspruch auf eine Witwen- oder Witwerrente haben Witwen oder Witwer, sofern sie im Zeitpunkt der Verwitwung Kinder haben.

[2] Kindern von Witwen oder Witwern sind gleichgestellt:

a. Kinder des verstorbenen Ehegatten, die im Zeitpunkt der Verwitwung mit der Witwe oder dem Witwer im gemeinsamen Haushalt leben und von ihr oder ihm als Pflegekinder im Sinne von Artikel 25 Absatz 3 aufgenommen werden;

b. Pflegekinder im Sinne von Artikel 25 Absatz 3, die im Zeitpunkt der Verwitwung mit der Witwe oder dem Witwer im gemeinsamen Haushalt leben und von ihr oder ihm adoptiert werden.

[3] Der Anspruch auf die Witwen- oder Witwerrente entsteht am ersten Tag des dem Tod des Ehemannes oder der Ehefrau folgenden Monats, im Falle der Adoption eines Pflegekindes gemäss Absatz 2 Buchstabe b am ersten Tag des der Adoption folgenden Monats.

[4] Der Anspruch erlischt:

a. mit der Wiederverheiratung;

b. mit dem Tode der Witwe oder des Witwers.

[5] Der Anspruch lebt auf, wenn die neue Ehe geschieden oder ungültig erklärt wird. Der Bundesrat regelt die Einzelheiten.

Art. 24 Besondere Bestimmungen

[1] Witwen haben überdies Anspruch auf eine Witwenrente, wenn sie im Zeitpunkt der Verwitwung keine Kinder oder Pflegekinder im Sinne von Artikel 23, jedoch das 45. Altersjahr vollendet haben und mindestens fünf Jahre verheiratet gewesen sind. War die Witwe mehrmals verheiratet, so wird auf die Gesamtdauer der Ehen abgestellt.

[2] Zusätzlich zu den in Artikel 23 Absatz 4 aufgezählten Beendigungsgründen erlischt der Anspruch auf die Witwerrente, wenn das letzte Kind des Witwers das 18. Altersjahr vollendet hat.

Art. 24a Geschiedene Ehegatten

[1] Eine geschiedene Person ist einer verwitweten gleichgestellt, wenn:
- *a. sie eines oder mehrere Kinder hat und die geschiedene Ehe mindestens zehn Jahre gedauert hat;*
- *b. die geschiedene Ehe mindestens zehn Jahre gedauert hat und die Scheidung nach Vollendung des 45. Altersjahres erfolgte;*
- *c. das jüngste Kind sein 18. Altersjahr vollendet hat, nachdem die geschiedene Person ihr 45. Altersjahr zurückgelegt hat.*

[2] Ist nicht mindestens eine der Voraussetzungen von Absatz 1 erfüllt, so besteht ein Anspruch auf eine Witwen- oder Witwerrente nur, wenn und solange die geschiedene Person Kinder unter 18 Jahren hat.

Übersicht

I. Voraussetzungen des Anspruchs auf Witwenrente (Abs. 1)

1. Tod des Ehemannes

Verschollenerklärung

Notwendigkeit des Vorliegens einer Verschollenerklärung: Das AHV-Recht fusst grundsätzlich auf der Ordnung des ZGB, soweit es zivilrechtliche Begriffe nicht ausdrücklich oder dem Sinn nach selbständig fasst. Demzufolge bedarf es bei bloss höchst wahrscheinlichem Tod zur Geltendmachung der aus dem Tod abgeleiteten Rentenansprüche grundsätzlich der Verschollenerklärung (EVGE 1960 97).

Auswirkungen der Aufhebung der Verschollenerklärung: Witwen- (und Waisen-)Renten sind bis zur richterlichen Aufhebung der Verschollenerklärung auszurichten. Für die während der Zeit der Verschollenerklärung bezogenen Witwenrenten ist die Ehefrau im Falle der Aufhebung der Verschollenerklärung nicht rückerstattungspflichtig (110 V 250 ff. E. 2).

Bezüglich der *Nachzahlung* der Witwenrente bei Verschollenheit vgl. Kommentar zu Art. 46 AHVG.

Bedeutung der Kommorientenregel gemäss Art. 32 Abs. 2 ZGB

Die Kommorientenregel ist im AHV-Recht sinngemäss anwendbar (101 V 259).

Nichtigkeit der Ehe

Solange der Zivilrichter die Ehe nicht für ungültig erklärt hat, ist die hinterlassene Ehefrau als Witwe zu betrachten (EVGE 1965 74 f.).

2. Witwen mit Kindern

Als Witwe mit Kindern gilt nur diejenige Frau, deren Kinder beim Tod des Ehemannes noch leben (EVGE 1953 292 ff.).

3. Witwen mit Pflegekindern

Pflegekinder, die von einer früheren Witwe erst nach ihrer Wiederverheiratung adoptiert wurden, vermögen nicht den Anspruch auf eine Witwenrente zu begründen (105 V 10 ff.).

II. Anspruch der geschiedenen Ehefrau auf Witwenrente (Abs. 2)

Literatur: Reber, Scheidungsrecht und Sozialversicherung, 89 ff.; Geiser, Auswirkungen der AHV und der beruflichen Vorsorge auf die Scheidung, 1 ff.; Isaak-Dreyfus, Das Verhältnis des schweizerischen Ehescheidungsrechts zum Sozialversicherungsrecht.

Allgemeines

Bei Art. 23 Abs. 2 AHVG handelt es sich um eine Ausnahmebestimmung, die nicht extensiv auszulegen ist (110 V 246).

Voraussetzungen des Anspruchs

Die geschiedene Ehefrau wird im Rahmen des Anspruchs auf eine Witwenrente beim Tod ihres geschiedenen Ehemannes der Witwe gleichgestellt, wenn die folgenden Voraussetzungen erfüllt sind:

– *Ehedauer von mindestens zehn Jahren*

Literatur: Koller, Prozessverzögerung als Anwaltspflicht?, 51 ff.

Das Erfordernis der mindestens zehnjährigen Ehedauer für den Anspruch auf eine Witwenrente ist absolut zu verstehen (115 V 78 ff.).

– *Verpflichtung des Ehemannes zur Zahlung von Unterhaltsbeiträgen*

Die Unterhaltspflicht des geschiedenen Ehegatten - welche auch in einer einmaligen Abfindung bestehen kann - muss im Scheidungsurteil oder in einer vom Scheidungsrichter genehmigten Scheidungskonvention festgelegt sein. Bei Scheidungen, die nach ausländischem Recht ausgesprochen wurden, genügt es, dass die Unterhaltspflicht auf einem nach dem betreffenden ausländischen Recht gültigen und vollstreckbaren Rechtstitel beruht. Eine Unterhaltspflicht ist auch zu bejahen, wenn sie sich erst aufgrund eines - nach dem Tod des geschiedenen Ehemannes erwirkten - Revisionsurteils ergibt (110 V 245 E. 2a).

Die Unterhaltsverpflichtung kann sich - wenn sie nicht schon aufgrund des Wortlautes des Scheidungsurteils oder der Scheidungskonvention ausgewiesen ist - aus anderen zusätzlichen Beweismitteln ergeben; das Gericht ist zwar nicht verpflichtet, von sich aus solche anderen Akten beizuziehen, hat jedoch auf entsprechende konkrete Beweisanträge einzutreten (110 V 246).

Diese Voraussetzung kann nicht als erfüllt betrachtet werden, wenn die Ehefrau auf Unterhaltsbeiträge verzichtet hat, weil beim Ehemann im Zeitpunkt der Ehescheidung eine rentenbegründende Invalidität bestand, welche die Verpflichtung zur Zahlung von Unterhaltsbeiträgen als unmöglich erscheinen liess (120 V 85 ff. E. 4).

Zur Bedeutung der Tatsache, dass dem Ehemann gestützt auf Art. 22bis Abs. 2 AHVG bzw. Art. 34 Abs. 2 IVG für die geschiedene Ehefrau eine Zusatzrente zusteht, vgl. 120 V 87 f. E. 5.

Nicht massgebend ist die Dauer der Verpflichtung zur Zahlung von Unterhaltsbeiträgen (100 V 91 E. 3).

III. Entstehen und Erlöschen des Anspruchs (Abs. 3)

Für den Beginn der Witwenrente ist nicht der im Todesregister verurkundete Zeitpunkt des Leichenfundes massgebend, sondern es ist nach dem Beweisgrad der überwiegenden Wahrscheinlichkeit zu beurteilen, wann der *Tod des Versicherten* eingetreten ist (117 V 258 ff. E. 1). - Näheres zu diesem Beweisgrad im Kommentar zu Art. 85 AHVG, Ziff. III.7.

Wenn nach *Scheidung der zweiten Ehe* der erste Ex-Mann stirbt, kann ein Witwenrentenanspruch nur anerkannt werden, wenn ein solcher Anspruch bereits vor der zweiten Eheschliessung entstanden ist (116 V 69 ff. E. 2).

Die Witwe, die einen IV-Renten-Bezüger heiratet, hat Anspruch auf die Witwenrente bis Ende des Monats, in dem sie sich wiederverheiratet hat (105 V 130 f.).

24 Einmalige Abfindung

Anspruch auf eine einmalige Abfindung haben Witwen, welche im Zeitpunkt der Verwitwung die Voraussetzungen für den Anspruch auf eine Witwenrente nicht erfüllen.

Es handelt sich nicht um eine Abfindung im gewöhnlichen Sinne des Wortes; sie erscheint vielmehr als eine besondere Leistungsart für solche Witwen, welche die Voraussetzungen für eine *laufende* Witwenrente nicht erfüllen (EVGE 1965 32 E. 2).

Vorausgesetzt ist auch bei der Abfindung, dass während mindestens eines vollen Jahres Beiträge geleistet wurden (EVGE 1952 147).

24bis (11) Zusammentreffen mit Invalidenrenten

Der Anspruch auf eine Witwenrente oder eine einmalige Abfindung entsteht nicht und ein bestehender Anspruch auf eine Witwenrente erlischt, wenn die Witwe eine Rente gemäss dem Bundesgesetz vom 19. Juni 1959 über die Invalidenversicherung beanspruchen kann.

Art. 24bis wird – in geändertem Wortlaut – zu Art. 24b

Art. 24b Zusammentreffen von Witwen- oder Witwerrenten mit Alters- oder Invalidenrenten
Erfüllt eine Person gleichzeitig die Voraussetzungen für eine Witwen- oder Witwerrente und für eine Altersrente oder für eine Rente gemäss dem Bundesgesetz über die Invalidenversicherung, so wird nur die höhere Rente ausbezahlt.

Diese Bestimmung legt den Grundsatz des Vorranges der IV-Renten fest und soll die Kumulation von Leistungen der AHV und solchen der IV verhindern. Der Ausrichtung einer Witwenrente oder einer Abfindung steht jedoch nur ein klagbarer Anspruch auf eine IV-Rente entgegen (EVGE 1969 38 f.).

IV. Der Anspruch auf Waisenrente

25 Einfache Waisenrente

1 (31) **Anspruch auf eine einfache Waisenrente haben ...** (64) **Kinder, deren Vater** (64) **gestorben ist** (A). **Der Bundesrat ist befugt, Vorschriften zu erlassen über die Rentenberechtigung von Kindern, deren Mutter** (64) **gestorben ist** (B) (C).

2 **Der Anspruch auf eine einfache Waisenrente entsteht am ersten Tag des dem Tode des Vaters folgenden Monats und erlischt mit der Entstehung des Anspruches auf eine Vollwaisenrente, mit der Vollendung des 18. Altersjahres oder mit dem Tode der Waise. Für Kinder, die noch in Ausbildung begriffen sind, dauert der Rentenanspruch bis zum Abschluss der Ausbildung, längstens aber bis zum vollendeten 25. Altersjahr** (17).... (23)

(A) Art. 47 AHVV
(B) Art. 48 AHVV
(C) Übergangsbestimmung 1. Januar 1984

Art. 25 Waisenrente

1 Kinder, deren Vater oder Mutter gestorben ist, haben Anspruch auf eine Waisenrente. Sind Vater und Mutter gestorben, so haben sie Anspruch auf zwei Waisenrenten.

2 Findelkinder haben Anspruch auf eine Waisenrente.

3 Der Bundesrat regelt den Anspruch der Pflegekinder auf Waisenrente.

4 Der Anspruch auf die Waisenrente entsteht am ersten Tag des dem Tode des Vaters oder der Mutter folgenden Monats. Er erlischt mit der Vollendung des 18. Altersjahres oder mit dem Tod der Waise.

5 Für Kinder, die noch in Ausbildung sind, dauert der Rentenanspruch bis zu deren Abschluss, längstens aber bis zum vollendeten 25. Altersjahr. Der Bundesrat kann festlegen, was als Ausbildung gilt.

Entstehen und Erlöschen des Anspruchs

Vgl. auch Kommentar zu Art. 23 AHVG, Ziff. III.

Heirat der Waise: Für verheiratete oder geschiedene Waisen besteht grundsätzlich unter den gleichen Voraussetzungen wie für ledige Anspruch auf Waisenrenten (108 V 2 f).

Wenn der Beginn der Ausbildung wegen *Krankheit oder Unfalls* verzögert wird, dauert der Anspruch auf Waisenrente bis zur Entstehung des Anspruchs auf eine Invalidenrente oder bis die Ausbildung abgeschlossen wäre, an, jedoch nicht länger als zwölf Monate (ZAK 1982 415 f.).

Der Anspruch auf eine Waisenrente erlischt mit der *Adoption* der Waise (ZAK 1968 555 E. 2).

Wer eine *Ausbildung erst nach Vollendung des 18. Altersjahres* aufnimmt, erhält die Zusatz- oder Waisenrente vom ersten Tag des Kalendermonats an, der dem Beginn der Ausbildung folgt (EVGE 1965 20 ff.).

Ausbildung

Allgemeines

Zweck der Bestimmung über den Anspruch auf Waisenrente während der Ausbildung ist die Förderung der beruflichen Ausbildung (EVGE 1950 62).

Begriff der Ausbildung

Der gesetzliche Begriff der Ausbildung kann verstanden werden im Sinne der beruflichen Ausbildung; anderseits geht es um Ausbildung aber auch dort, wo entweder zum vornherein kein spezieller Berufsabschluss beabsichtigt und nur die Ausübung des betreffenden Berufes angestrebt wird oder wo es sich um eine Ausbildung handelt, die vorerst nicht einem speziellen Beruf dient. Unter allen Umständen ist eine systematische Vorbereitung auf eines der genannten Ziele hin erforderlich, und zwar auf der Grundlage eines ordnungsgemässen, rechtlich oder zumindest faktisch anerkannten (üblichen) Lehrganges. In allen Fällen muss sich sodann die strittige Vorkehr in dem von der Rechtsprechung umschriebenen Masse auf die Erwerbseinkünfte auswirken (108 V 56 f. E. 1c). Eine systematische Ausbildung verlangt, dass die betreffende Person die Ausbildung mit dem ihr objektiv zumutbaren Einsatz betreibt, um sie innert nützlicher Frist erfolgreich hinter sich zu bringen (104 V 68). Dabei setzt die Ausbildung den Willen voraus, einem im voraus festgelegten Programm zu folgen, und die Absicht, dieses zu Ende zu führen (ZAK 1974 486).

Keinen Anspruch auf eine Rente hat, wer zwar einer Ausbildung obliegt, jedoch den grösseren Teil seiner Zeit einer erwerblichen Tätigkeit widmet. Dabei wird als Kriterium auf einen Einkommensvergleich (und nicht auf einen Zeitvergleich) abgestellt. Von Ausbildung kann demnach gesprochen werden, wenn der Versicherte ein Gehalt erhält, welches - nach Abzug der Ausbildungskosten - um mehr als 25 Prozent tiefer liegt als die übliche Anfangsbesoldung eines Mitarbeiters derselben Branche (109 V 106 E. 2a). Nicht massgebend ist jedoch, ob der Rentenansprecher ein Arbeitsentgelt bezieht, welches die Eltern von der Unterhaltspflicht ganz oder teilweise befreit (106 V 152 E. 3b).

Die Fortsetzung der Studien zur Erlangung eines höheren Universitätsgrades wie des Diploms oder Doktorats steht der Gewährung einer Rente nicht entgegen (109 V 105 f. E. 1).

Wer sich - nach Abbruch einer Ausbildung - ins Ausland begibt, um dort seine Sprachkenntnisse zu verbessern, ohne dass eine weitere, ausreichend feststehende Ausbildung in Aussicht genommen wird, befindet sich nicht in Ausbildung (102 V 210 E. 2).

Beginn der Ausbildung

Wird die Ausbildung erst nach vollendetem 18. Altersjahr aufgenommen, hindert das die Entstehung des Anspruchs nicht; der in Art. 25 Abs. 2 Schlussatz AHVG verwendete Ausdruck «noch» darf nicht dahin ausgelegt werden, dass das Kind bereits im Zeitpunkt des 18. Altersjahres die Ausbildung angetreten haben muss (EVGE 1950 63 ff.).

Ausbildungsunterbrüche

Kein Erlöschen des Anspruchs: Wenn die Ausbildung wegen Krankheit oder Unfall unterbrochen werden muss, dauert der Anspruch auf Waisenrente bis zur Entstehung des Anspruchs auf eine Invalidenrente oder bis die Ausbildung abgeschlossen wäre, an, jedoch nicht länger als zwölf Monate (ZAK 1982 415).

Noch nicht als erheblichen Unterbruch der Ausbildung ist es anzusehen, wenn jemand im April die Lehrabschlussprüfungen absolviert und im November desselben Jahres eine weitere Ausbildung beginnt (104 V 69 f.).

Ein Ausbildungsunterbruch liegt nicht vor, wenn die Ausbildung durch obligatorischen Militärdienst unterbrochen wird oder wenn durch eine solche Militärdienstleistung die Aufnahme eines Studiums hinausgeschoben wird (100 V 165); dabei sind auch Beförderungsdienste entsprechend zu berücksichtigen (EVGE 1966 173).

Ebenfalls kein Unterbruch ist anzunehmen, wenn ein früheres Lehrverhältnis aufgelöst und ein neues begründet wird, wenn dabei die notwendigen Schritte unternommen werden, um eine neue Lehrstelle zu finden (ZAK 1975 376 f. E. 2).

Erlöschen des Anspruchs: Wenn ein langer Ausbildungsunterbruch von einem Jahr oder mehr vorliegt und (kumulativ) während dieses Ausbildungsunterbruchs eine Erwerbstätigkeit ausgeübt wird, welche nicht der Vorbereitung auf die zweite berufliche Ausbildung dient, kann nicht gesagt werden, der Jugendliche stehe in diesem Zeitraum in Ausbildung (119 V 45 E. 5c).

Ist jemand zwischen zwei landwirtschaftlichen Winterkursen im elterlichen Bauernbetrieb tätig, liegt ein Unterbruch der Ausbildung vor (EVGE 1956 123 f.).

Abschluss der Ausbildung

Massgebend für das Ende eines Studiums ist nicht das Datum der Exmatrikulation, sondern das Ende des zuletzt besuchten Semesters (ZAK 1980 121). Es ist abzustellen auf den effektiven Austritt aus der Schule und nicht auf den Zeitpunkt des Entschlusses, nach Verlassen der Ausbildungsstätte sich nicht mehr weiter ausbilden zu lassen (ZAK 1956 443).

Berechnung

Dass die Mutterwaisenrente aufgrund der Erwerbseinkommen und Beitragsjahre der Mutter berechnet wird (vgl. Art. 48 Abs. 4 AHVV), widerspricht dem Gesetz nicht (112 V 259 ff. E. 2).

26 Vollwaisenrente

[1] **Anspruch auf eine Vollwaisenrente haben ...** (64) **Kinder, deren Eltern** (64) **gestorben sind** (A).

[2] **Der Anspruch auf eine Vollwaisenrente entsteht am ersten Tage des dem Tode des überlebenden Elternteiles folgenden Monats und erlischt mit der Vollendung des 18. Altersjahres oder mit dem Tode der Waise. Für Kinder, die noch in Ausbildung begriffen sind, dauert der Rentenanspruch bis zum Abschluss der Ausbildung, längstens aber bis zum vollendeten 25. Altersjahr** (17). **...** (23)

(A) Übergangsbestimmung 1. Januar 1984

Vgl. Kommentar zu Art. 25 AHVG.

Art. 26–28
Aufgehoben

27 (64) Besondere Vorschriften 1. Einseitiges Kindesverhältnis

Kinder, die nur zu einem Elternteil im Kindesverhältnis stehen, haben bei dessen Tod Anspruch auf eine Vollwaisenrente.

28 (64) 2. Findel- und Pflegekinder

[1] Findelkinder haben Anspruch auf eine Vollwaisenrente.
[2] Der Bundesrat regelt den Anspruch der Pflegekinder auf Waisenrenten (A).

(A) Art. 49 AHVV

Zum Pflegekind vgl. Kommentar zu Art. 22ter AHVG.

28bis (31) Zusammentreffen mit anderen Renten

Der Anspruch auf eine Waisenrente entsteht nicht und ein bestehender Anspruch erlischt, wenn die Waise eine Invalidenrente oder ihre Eltern für sie eine Kinderrente zur Alters- oder zur Invalidenrente beanspruchen können. Die Kinderrente muss jedoch mindestens dem Betrag der ausfallenden Waisenrente entsprechen.

Art. 28bis Zusammentreffen von Waisenrenten mit anderen Renten
Erfüllt eine Waise gleichzeitig die Voraussetzungen für eine Waisenrente und eine Witwen- oder Witwerrente oder für eine Rente gemäss dem Bundesgesetz über die Invalidenversicherung, so wird nur die höhere Rente ausbezahlt. Sind beide Elternteile gestorben, so wird für den Vergleich auf die Summe der beiden Waisenrenten abgestellt.

Die Kumulation von Renten gemäss AHVG und IVG wird überall dort ausgeschlossen, wo das Gesetz das Zusammenfallen solcher Leistungen ausdrücklich regelt. Hier wird die Zusatzrente für Kinder den anderen Renten gleichgestellt. Deshalb ist anzunehmen, es entspreche dem Sinn des Gesetzes, auch die *Kumulation zweier für die gleiche Person ausgerichteter Zusatzrenten* zu untersagen (EVGE 1968 108 f. E. 3).

B. Die ordentlichen Renten

29 Bezügerkreis: Voll- und Teilrenten

[1] **Anspruch auf eine ordentliche Rente haben die rentenberechtigten Personen, die während mindestens eines vollen Jahres Beiträge geleistet haben, oder ihre Hinterlassenen** (A).

[2] (10) **Die ordentlichen Renten gelangen zur Ausrichtung in Form von**

a. Vollrenten für Versicherte mit vollständiger Beitragsdauer sowie für deren Witwen und Waisen;

b. Teilrenten für Versicherte mit unvollständiger Beitragsdauer sowie für deren Witwen und Waisen.

(A) Art. 50 AHVV

Art. 29 Abs. 1 und 2

[1] *Anspruch auf eine ordentliche Alters- oder Hinterlassenenrente haben die rentenberechtigten Personen, denen für mindestens ein volles Jahr Einkommen, Erziehungs- oder Betreuungsgutschriften angerechnet werden können, oder ihre Hinterlassenen.*

[2] *Die ordentlichen Renten werden ausgerichtet als:*

a. Vollrenten für Versicherte mit vollständiger Beitragsdauer;

b. Teilrenten für Versicherte mit unvollständiger Beitragsdauer.

Abs. 1

Die Voraussetzung der minimalen Beitragsdauer muss bei *Eintritt des Versicherungsfalls* erfüllt sein (EVGE 1965 27 E. 2a). Wenn der Versicherte wegen *Vorverlegung des Rentenalters* die Beiträge nicht mehr während eines vollen Jahres leisten kann, entsteht kein Rentenanspruch (EVGE 1958 125 f.).

Ein Anspruch der verheirateten Frau auf eine ordentliche Altersrente setzt voraus, dass diese während der vom Gesetz festgelegten Mindestbeitragsdauer *persönlich* Beiträge entrichtet hat; dieser Grundsatz gilt auch für die gestützt auf Art. 3 Abs. 2 lit. b AHVG befreiten Ehefrauen (111 V 106 E. 1b).

Abs. 2

Bei der Berechnung von *Hinterlassenenrenten* ist für die Bestimmung der Rentenskala einzig die anrechenbare Beitragsdauer des Verstorbenen massgebend; die Regelung von Art. 29 Abs. 2 AHVG enthält insoweit keine - vom Richter auszufüllende - echte Gesetzeslücke (106 V 2 f.). Hinterlassene von Personen, welche nicht während mindestens eines vollen Jahres Beiträge geleistet haben, haben keinen Anspruch auf eine ordentliche Rente; nicht von Bedeutung ist, ob die Hinterlassenen selbst die Mindestbeitragsdauer erfüllt haben oder nicht (ZAK 1989 249 ff.).

I. Grundlagen der Berechnung der ordentlichen Renten

29bis (10) Vollständige Beitragsdauer

[1] (49) Die Beitragsdauer ist vollständig, wenn der Versicherte vom 1. Januar nach der Vollendung des 20. Altersjahres bis zur Entstehung des Rentenanspruchs während gleich viel Jahren wie sein Jahrgang Beiträge geleistet hat. Der Bundesrat regelt die Anrechnung der vor diesem Zeitabschnitt zurückgelegten Beitragsjahre (A).

[2] Bei der Berechnung der einer Ehefrau oder einer geschiedenen Frau zukommenden einfachen Altersrente werden die Jahre, während welcher die Frau auf Grund von Artikel 3 Absatz 2 Buchstabe b keine Beiträge entrichtet hat, als Beitragsjahre gezählt.

(A) Art. 52ter, Übergangsbestimmungen 1. Januar 1979 lit. a

Art. 29bis Allgemeine Bestimmungen für die Rentenberechnung

[1] Für die Rentenberechnung werden Beitragsjahre, Erwerbseinkommen sowie Erziehungs- oder Betreuungsgutschriften der rentenberechtigten Person zwischen dem 1. Januar nach Vollendung des 20. Altersjahres und dem 31. Dezember vor Eintritt des Versicherungsfalles (Rentenalter oder Tod) berücksichtigt.

[2] Der Bundesrat regelt die Anrechnung der Beitragsmonate im Jahr der Entstehung des Rentenanspruchs, der Beitragszeiten vor dem 1. Januar nach Vollendung des 20. Altersjahres sowie der Zusatzjahre.

Bisheriger Art. 29bis wird – in geändertem Wortlaut – zu Art. 29ter

Art. 29ter Vollständige Beitragsdauer

[1] Die Beitragsdauer ist vollständig, wenn eine Person gleich viele Beitragsjahre aufweist wie ihr Jahrgang.

[2] Als Beitragsjahre gelten Zeiten:

a. in welchen eine Person Beiträge geleistet hat;
b. in welchen der Ehegatte gemäss Artikel 3 Absatz 3 mindestens den doppelten Mindestbeitrag entrichtet hat;
c. für die Erziehungs- oder Betreuungsgutschriften angerechnet werden können.

Art. 29quater Durchschnittliches Jahreseinkommen
1. Grundsatz

Die Rente wird nach Massgabe des durchschnittlichen Jahreseinkommens berechnet. Dieses setzt sich zusammen aus:

a. den Erwerbseinkommen;
b. den Erziehungsgutschriften;
c. den Betreuungsgutschriften.

Art. 29quinquies 2. Erwerbseinkommen sowie Beiträge nichterwerbstätiger Personen

[1] Bei erwerbstätigen Personen werden nur die Einkommen berücksichtigt, auf denen Beiträge bezahlt wurden.

[2] Die Beiträge von nichterwerbstätigen Personen werden mit 100 vervielfacht, durch den doppelten Beitragsansatz gemäss Artikel 5 Absatz 1 geteilt und als Erwerbseinkommen angerechnet.

[3] Einkommen, welche die Ehegatten während der Kalenderjahre der gemeinsamen Ehe erzielt haben, werden geteilt und je zur Hälfte den beiden Ehegatten angerechnet. Die Einkommensteilung wird vorgenommen:

a. wenn beide Ehegatten rentenberechtigt sind;
b. wenn eine verwitwete Person Anspruch auf eine Altersrente hat;
c. bei Auflösung der Ehe durch Scheidung.

[4] Der Teilung und der gegenseitigen Anrechnung unterliegen jedoch nur Einkommen:
a. aus der Zeit zwischen dem 1. Januar nach Vollendung des 20. Altersjahres und dem 31. Dezember vor Eintritt des Versicherungsfalles beim Ehegatten, welcher zuerst rentenberechtigt wird; und
b. aus Zeiten, in denen beide Ehegatten in der schweizerischen Alters- und Hinterlassenenversicherung versichert gewesen sind. Artikel 29bis Absatz 2 bleibt vorbehalten.

[5] Der Bundesrat regelt das Verfahren. Er bestimmt insbesondere, welche Ausgleichskasse die Einkommensteilung vorzunehmen hat.

Art. 29sexies 3. Erziehungsgutschriften

[1] Versicherten wird für die Jahre, in welchen sie die elterliche Gewalt über eines oder mehrere Kinder ausüben, die das 16. Altersjahr noch nicht erreicht haben, eine Erziehungsgutschrift angerechnet. Dabei werden Ehepaaren jedoch nicht zwei Gutschriften kumulativ gewährt. Der Bundesrat regelt die Einzelheiten, insbesondere die Anrechnung der Erziehungsgutschrift, wenn:
a. Eltern Kinder unter ihrer Obhut haben, ohne die elterliche Gewalt über sie auszuüben;
b. lediglich ein Elternteil in der schweizerischen Alters- und Hinterlassenenversicherung versichert ist;
c. die Voraussetzungen für die Anrechnung einer Erziehungsgutschrift nicht während des ganzen Kalenderjahres erfüllt werden.

[2] Die Erziehungsgutschrift entspricht dem Betrag der dreifachen minimalen jährlichen Altersrente gemäss Artikel 34 im Zeitpunkt der Entstehung des Rentenanspruchs.

[3] Bei verheirateten Personen wird die Erziehungsgutschrift während der Kalenderjahre der Ehe hälftig aufgeteilt. Der Teilung unterliegen aber nur die Gutschriften für die Zeit zwischen dem 1. Januar nach Vollendung des 20. Altersjahres und dem 31. Dezember vor Eintritt des Versicherungsfalles beim Ehegatten, welcher zuerst rentenberechtigt wird.

Art. 29septies 4. Betreuungsgutschriften

[1] Versicherte, welche im gemeinsamen Haushalt Verwandte in auf- oder absteigender Linie oder Geschwister mit einem Anspruch auf eine Hilflosenentschädigung der AHV oder der IV für mindestens mittlere Hilflosigkeit betreuen, haben Anspruch auf Anrechnung

einer Betreuungsgutschrift. Sie müssen diesen Anspruch jährlich schriftlich anmelden. Verwandten sind Ehegatten, Schwiegereltern und Stiefkinder gleichgestellt.

2 Für Zeiten, in welchen gleichzeitig ein Anspruch auf eine Erziehungsgutschrift besteht, kann keine Betreuungsgutschrift angerechnet werden.

3 Der Bundesrat kann das Erfordernis des gemeinsamen Haushaltes näher umschreiben. Er regelt das Verfahren sowie die Anrechnung der Betreuungsgutschrift für die Fälle, in denen:

a. mehrere Personen die Voraussetzungen der Anrechnung einer Betreuungsgutschrift erfüllen;

b. lediglich ein Ehegatte in der schweizerischen Alters- und Hinterlassenenversicherung versichert ist;

c. die Voraussetzungen für die Anrechnung einer Betreuungsgutschrift nicht während des ganzen Kalenderjahres erfüllt werden.

4 Die Betreuungsgutschrift entspricht dem Betrag der dreifachen minimalen jährlichen Altersrente gemäss Artikel 34 im Zeitpunkt der Entstehung des Rentenanspruchs. Sie wird im individuellen Konto vermerkt.

5 Wird der Anspruch auf Betreuungsgutschrift nicht innert fünf Jahren nach Ablauf des Kalenderjahres angemeldet, in welchem eine Person betreut wurde, so wird die Gutschrift für das betreffende Jahr nicht mehr im individuellen Konto vermerkt.

6 Bei verheirateten Personen wird die Betreuungsgutschrift während der Kalenderjahre der Ehe hälftig aufgeteilt. Der Teilung unterliegen aber nur die Gutschriften für die Zeit zwischen dem 1. Januar nach Vollendung des 20. Altersjahres und dem 31. Dezember vor Eintritt des Versicherungsfalles beim Ehegatten, welcher zuerst rentenberechtigt wird.

Literatur: Braun, Beitragshöhe, Beitragsdauer und Beitragslücken in der AHV.

Übersicht

I. Allgemeines

Allgemeine Grundsätze der Rentenberechnung

Bei einer durch *Änderungen der Rentenart oder der Berechnungsgrundlagen* notwendig gewordenen Neuberechnung einer Rente haben die in diesem Zeitpunkt gültigen Berechnungsregeln zur Anwendung zu gelangen (118 V 131 E. 3a). Bei Rentenänderungen wird jeweils der frühere Verwaltungsakt aufgehoben und ist der weitere Anspruch auf eine Rente von Grund auf neu zu prüfen (98 V 204 E. 1).

Wird eine bisherige Rente durch eine neue Hauptrente abgelöst, schliesst die *formelle Rechtskraft* der früheren Rentenzusprechung die richterliche Prüfungszuständigkeit bezüglich der neu verfügten Hauptrente nicht aus (117 V 123 f.).

Der Begriff des *Beitragsjahres* ist einheitlich auszulegen (99 V 26 E. 2).

Das *Prinzip der Familieneinheit* ist im Gebiet der AHV dazu bestimmt, bei Auflösung der Ehe als *Begünstigung* zu wirken; vor besseren Versicherungsrechten eines einzelnen Beteiligten hat es dagegen zurückzutreten (EVGE 1966 87 f.).

II. Vollständige Beitragsdauer

Als Beitragsdauer wird derjenige Zeitabschnitt angesehen, während welcher der Versicherte beitragspflichtig war und für den die geschuldeten Beiträge ganz oder zumindest teilweise entrichtet worden sind bzw. noch entrichtet werden können.

Zur Umschreibung des vollen Beitragsjahres vgl. Art. 50 AHVV.

Für die Prüfung, ob eine vollständige Beitragsdauer vorliegt, sind einzig die vollen Beitragsjahre im Sinne von Art. 50 AHVV heranzuziehen. Es obliegt der Verwaltung, von Amtes wegen die tatsächlichen Beitragsperioden zu ermitteln (99 V 26 E. 2).

III. Unvollständige Beitragsdauer

Abs. 1

Die in Art. 52bis AHVV vorgesehene Möglichkeit, Lücken in der Beitragsdauer durch die *Anrechnung zusätzlicher Beitragsjahre* aufzufüllen, besteht auch, wenn nur einzelne Beitragsmonate fehlen (ZAK 1985 630 E. 3b).

Beitragsmonate im Kalenderjahr, in welchem der Rentenanspruch entsteht, dürfen nur angerechnet werden, wenn Beitragslücken aus früheren Jahren zuvor – soweit möglich – durch die Anrechnung von

«*Jugendjahren*» gemäss Art. 52ter AHVV und/oder durch Anrechnung von Zusatzjahren gemäss Art. 52bis AHVV aufgefüllt worden sind (ZAK 1985 630 f. E. 3c). Es würde einen unbefriedigenden Rechtszustand bedeuten, wenn die vor dem 1. Januar des der Volljährigkeit folgenden Kalenderjahres zurückgelegten Beitragszeiten nicht berücksichtigt werden könnten (vgl. 103 V 129 zum früheren Rechtszustand).

In Fällen, in denen *in einem Kalenderjahr die Beitragsdauer nicht zusammenhängend* ist, sind die einzelnen Beitragsperioden zusammenzuzählen; ergibt das Total keine Anzahl ganzer Monate, ist der Bruchteil eines Monates auf einen ganzen Monat aufzurunden, um ganze Beitragsperioden zu erhalten (107 V 14 f. E. 3a).

Bei der Ermittlung der *Beitragszeiten aus den Jahren 1948 bis 1968* bestehen Schwierigkeiten, weil für diese Zeiträume für die Ausgleichskassen keine Verpflichtung bestand, die Beitragsdauer in Monaten auf den individuellen Konten der Versicherten aufzuzeichnen. Soweit aus den individuellen Konten und den diesbezüglichen Unterlagen die Beitragszeiten nicht feststellbar sind, sind die Beitragszeiten anhand der Tabellen zur Ermittlung der mutmasslichen Beitragsdauer in den Jahren 1948–1968 festzusetzen (107 V 15 f. E. 3b).

Ist jemand nur während eines Teiles eines Jahres versichert und beitragspflichtig, kann kein volles Beitragsjahr angenommen werden, selbst wenn der für den anderen Teil des Jahres entrichtete Beitrag den Mindestbeitrag übersteigt (99 V 26 E. 1).

Damit ein Jahr als volles Beitragsjahr angerechnet wird, muss eine Beitragsdauer von mehr als elf Monaten vorliegen; dies ist nicht der Fall, wenn eine Beitragsdauer von elf Monaten ohne einen zusätzlichen Bruchteil eines weiteren Monats besteht (ZAK 1971 323 E. 3).

Abs. 2

Für die Anrechnung von beitragslosen Ehejahren ist – falls das Ehepaar mit der Wohnsitznahme in der Schweiz die Versicherteneigenschaft erwirbt – die Wohnsitznahme als solche (und nicht die Erfüllung der Beitragspflicht durch den Ehemann) massgebend (ZAK 1976 183 E. 2).

Zeiten, während denen die Ehefrau mit ihrem Ehemann im Ausland Wohnsitz hatte, wobei dieser gemäss Art. 1 Abs. 1 lit. c AHVG obligatorisch versichert war, zählen nicht als Beitragsjahre, wenn die Ehefrau selbst nicht der freiwilligen Versicherung beigetreten war (107 V 1 ff.).

30 (24) Durchschnittliches Jahreseinkommen

[1] **Die Rente wird nach Massgabe des durchschnittlichen Jahreseinkommens des Versicherten berechnet.**

[2] (49) **Das durchschnittliche Jahreseinkommen wird ermittelt, indem die Summe der Erwerbseinkommen, von denen der Versicherte Beiträge geleistet hat, durch die Zahl der Beitragsjahre geteilt wird. Es werden aber nur die Beiträge, die der Versicherte seit dem 1. Januar nach Vollendung des 20. Altersjahres bis zum 31. Dezember vor der Entstehung des Rentenanspruchs entrichtet hat, und die entsprechenden Beitragsjahre angerechnet** (B).

[2bis] (49) **Hat der Versicherte vom 1. Januar nach Vollendung des 20. Altersjahres bis zum 31. Dezember vor Entstehung des Rentenanspruchs nicht während eines vollen Jahres Beiträge geleistet, so wird die Summe aller Erwerbseinkommen, von denen der Versicherte vom 1. Januar nach Vollendung des 17. Altersjahres bis zur Entstehung des Rentenanspruchs Beiträge geleistet hat, durch die Summe der Jahre und Monate, während welcher Beiträge geleistet wurden, geteilt** (B).

[3] (31) **Die Beiträge, die ein Versicherter als Nichterwerbstätiger geleistet hat, werden mit 100 vervielfacht, durch den doppelten Beitragsansatz gemäss Artikel 5 Absatz 1 geteilt und als Erwerbseinkommen angerechnet.**

[4] (49) **Die Summe der Erwerbseinkommen wird entsprechend dem Rentenindex gemäss Artikel 33ter aufgewertet. Der Bundesrat lässt die Aufwertungsfaktoren jährlich feststellen** (A).

[5] (49) **Der Bundesrat kann die Anpassung der anrechenbaren Erwerbseinkommen an den Rentenindex nach Artikel 33ter ordnen. Dies gilt namentlich für Fälle mit unvollständiger Beitragsdauer und für die Auf- oder Abrundung der anrechenbaren Einkommen** (A).

(A) Art. 51bis AHVV
(B) Übergangsbestimmungen 1. Januar 1979 lit. f

Art. 30 5. Ermittlung des durchschnittlichen Jahreseinkommens

[1] Die Summe der Erwerbseinkommen wird entsprechend dem Rentenindex gemäss Artikel 33ter aufgewertet. Der Bundesrat lässt die Aufwertungsfaktoren jährlich feststellen.

[2] *Die Summe der aufgewerteten Erwerbseinkommen sowie die Erziehungs- oder Betreuungsgutschriften werden durch die Anzahl der Beitragsjahre geteilt.*
3 1)

Bisherige Abs. 2bis–5 aufgehoben

Ermittlung des durchschnittlichen Jahreseinkommens (Abs. 2 und Abs. 2bis)
Als *volles Beitragsjahr* im Sinne von Art. 30 Abs. 2bis AHVG gilt ein Kalenderjahr, in welchem der Versicherte gemäss Art. 3 Abs. 1 AHVG während mindestens elf Monaten der Beitragspflicht unterstellt war und den Mindestbeitrag entrichtet hat (111 V 310 E. 2c).

Sind bei der Berechnung einer Rente *Fraueneinkommen* mit zu berücksichtigen, so werden Erwerbseinkommen nicht mitgezählt, von denen die Ehefrau bis zum 31. Dezember des Jahres, in dem sie das 20. Altersjahr zurückgelegt hat, Beiträge entrichtet hat (106 V 4 E. 2).

Zur Berechnung des durchschnittlichen Jahreseinkommens gemäss Art. 51 Abs. 3 AHVV: Unter Bezug einer Invalidenrente ist nicht bloss ein virtueller Anspruch auf eine solche Leistung, sondern die tatsächliche Zusprechung derselben zu verstehen (96 V 119 f.).

Der *Sonderbeitrag*, der bei einer Betriebsliquidation im Jahr der Entstehung des Anspruchs auf eine Altersrente geschuldet ist, muss bei der Berechnung dieser Rente berücksichtigt werden; das entsprechende Einkommen ist im individuellen Konto dem Jahr vor der Entstehung des Rentenanspruchs gutzuschreiben (116 V 4 ff. E. 4 und 5).

30bis (49) (A) Tabellen und Sondervorschriften

Der Bundesrat stellt verbindliche Tabellen zur Ermittlung der Renten auf. Dabei kann er die Renten auf- oder abrunden. Er kann Vorschriften erlassen über die Anrechnung der Bruchteile von Beitragsjahren und der entsprechenden Erwerbseinkommen und vorsehen, dass Beitragsjahre und Erwerbseinkommen für die Zeit, in der eine Invalidenrente bezogen wurde, nicht angerechnet werden.

(A) Art. 51 bis Art. 53 AHVV

[1)] gestrichen von der Redaktionskommission der BVers (Art. 33 GVG).

Art. 30bis zweiter und dritter Satz
... Dabei kann er die anrechenbaren Einkommen und die Renten auf- oder abrunden. Er kann Vorschriften erlassen über die Anrechnung der Bruchteile von Jahren und der entsprechenden Einkommen und vorsehen, dass Beitragsjahre und Erwerbseinkommen für die Zeit, in der eine Invalidenrente bezogen wurde, nicht angerechnet werden.

Die vom Bundesrat anlässlich der neunten AHV-Revision erarbeitete *Abstufung der Teilrenten* in Art. 52 AHVV ist gesetzeskonform (107 V 134 E. 1).

Unter *Bezug einer Invalidenrente* (vgl. Art. 30bis a.E. AHVG) ist nicht bloss ein virtueller Anspruch auf eine solche Leistung, sondern die tatsächliche Zusprechung derselben zu verstehen (96 V 119 f.). Zeiten, während derer Taggelder der IV bezogen wurden, können der Zeit des Bezugs der Invalidenrente nicht gleichgestellt werden (96 V 86 f).

30ter (24) (A) Individuelle Konten

Für jeden beitragspflichtigen Versicherten werden individuelle Konten geführt, in welche die für die Berechnung der ordentlichen Renten erforderlichen Angaben eingetragen werden. Der Bundesrat ordnet die Einzelheiten.

(A) Art. 133 bis Art. 141 AHVV

Allgemeines

Diese Bestimmung ist geschaffen worden, um eine einwandfreie Berechnung der Rente zu gewährleisten; sie schliesst es aus, die Eintragungen in die individuellen Konten dem Betrag nach zu begrenzen. Das Interesse an Wahrung der Diskretion betreffend Einkommensverhältnisse ist zwar berechtigt und beachtlich; diesem Interesse wird jedoch durch Art. 50 AHVG Rechnung getragen (EVGE 1953 65 ff.; bezogen auf altArt. 17 AHVG).

Das beitragspflichtige Einkommen aus *unselbständiger Erwerbstätigkeit* muss im individuellen Konto unter dem Jahr eingetragen werden, in welchem die fragliche Tätigkeit ausgeübt wurde; die Beitragspflicht ist nämlich im Verlauf eben dieses Jahres entstanden. Wird der Lohn erst später ausbezahlt, ist die Eintragung unter dem Auszahlungsjahr nur dann zulässig, wenn sich dies bei der künftigen Rentenberechnung nicht nachteilig auf die Ansprüche des Versicherten auswirken kann oder wenn sie nicht dazu führt, die gesetzliche Beitragspflicht Nichterwerbstätiger zu umgehen. Diese Prinzip der Bindung an die Erwerbstätigkeitsperiode (Erwerbsjahrprinzip) ist auch für die *Selbständigerwerbenden* anwendbar (116 V 5 E. 4a). Der *Sonderbeitrag*, der bei einer Betriebsliquidation im Jahr der Entstehung des Anspruchs auf eine Altersrente geschuldet ist, muss im individuellen Konto dem Jahr vor der Entstehung des Rentenanspruchs gutgeschrieben werden (116 V 4 ff. E. 4 und 5).

Die *Beweiskraft* der Eintragungen im individuellen Konto kommt, wenn die Eintragungen vor Eintritt des Versicherungsfalls unangefochten waren, derjenigen eines öffentlichen Registers (vgl. Art. 9 ZGB) gleich (ZAK 1969 72 f. E. 2).

Berichtigung von Eintragungen

Im Berichtigungsverfahren bei Eintritt des Versicherungsfalles darf die Ausgleichskasse nicht über Rechtsfragen entscheiden, die der Versicherte schon früher hätte beurteilen lassen können. So kann einem Antrag auf Berichtigung nicht entsprochen werden, wenn ein Geschäft unter dem Namen des Ehepartners geführt wird und der andere Ehepartner später wünscht, dass die Beiträge auf sein individuelles Konto übertragen werden (ZAK 1984 441 f.). Im Berichtigungsverfahren darf die Ausgleichskasse nur allfällige Buchungsfehler (beispielsweise unrichtige Bezeichnungen, fehlerhafte Eintragungen oder Additionen, Nichtregistrierung tatsächlich geleisteter Zahlungen) korrigieren. Wird das Berichtigungsverfahren vor Eintritt eines Versicherungsfalles durchgeführt, muss es sich ebenfalls auf die Behebung solcher Fehler beschränken (ZAK 1991 373).

Wenn Art. 141 Abs. 3 AHVV die Berichtigung von Eintragungen im individuellen Konto u.a. nur zulässt, wenn dafür der volle Beweis erbracht wird, schliesst dies den *Untersuchungsgrundsatz* nicht aus; der Mitwirkungspflicht des Betroffenen kommt jedoch ein erhöhtes Gewicht zu (117 V 265 f. E. 3d).

Gemäss Art. 138 Abs. 1 AHVV sind die von einem Arbeitnehmer erzielten Erwerbseinkommen, von welchen der Arbeitgeber die gesetzlichen Beiträge abgezogen hat, in das individuelle Konto einzutragen, selbst wenn der Arbeitgeber die entsprechenden Beiträge der Ausgleichskasse nicht entrichtet hat. Das gleiche gilt, wenn eine Nettolohnvereinbarung getroffen wurde. Diese beiden Sondertatbestände müssen aber einwandfrei nachgewiesen sein (117 V 262 E. 3a; für einen Anwendungsfall vgl. EVGE 1958 191 f. betr. Nettolohnvereinbarung). Dies betrifft auch verjährte Arbeitgeber- und Arbeitnehmerbeiträge

(ZAK 1969 586). – Zur Nettolohnvereinbarung vgl. Bersier, Salaire brut ou salaire net?, 299 ff.

31 (24) (A) Massgebendes durchschnittliches Jahreseinkommen

1. Berechnung der einfachen Altersrente

[1] Massgebend für die Berechnung der einfachen Altersrente ist grundsätzlich das gemäss Artikel 30 ermittelte durchschnittliche Jahreseinkommen (A).

[2] Der Berechnung der einfachen Altersrente für verwitwete Männer und Frauen, die vor dem Tode des Ehegatten bereits eine Ehepaar-Altersrente bezogen haben, wird das für die Berechnung der Ehepaar-Altersrente massgebende durchschnittliche Jahreseinkommen zugrunde gelegt.

[3] (31) **Der Berechnung der einfachen Altersrente der geschiedenen Frau wird das für die Berechnung der Ehepaar-Altersrente massgebende durchschnittliche Jahreseinkommen zugrunde gelegt, sofern dies die Ausrichtung einer höheren Rente erlaubt und die geschiedene Frau**
a. bis zur Entstehung des Anspruchs auf eine einfache Altersrente eine Witwenrente bezogen hat oder
b. bei der Scheidung das 45. Altersjahr zurückgelegt oder Kinder (64) **hatte und die geschiedene Ehe mindestens fünf Jahre gedauert hat.**

[4] (31) **Der Anspruch auf die gemäss Absatz 3 berechnete Rente entsteht frühestens am Tage des dem Tode des geschiedenen Mannes folgenden Monats.**

(A) Art. 54, Art. 55 Abs. 1 AHVV. Geschiedene Altersrentnerinnen können in den Jahren 1994–1996 die Anrechnung von Erziehungsgutschriften verlangen. Siehe Art. 2 des Bundesbeschlusses über Leistungsverbesserungen in der AHV und der IV sowie ihre Finanzierung (vom 19. Juni 1992) (SR 831.100.1); hier im Anhang 2 abgedruckt.

Art. 31 Neufestsetzung der Rente

Muss eine Altersrente neu festgesetzt werden, weil der Ehegatte rentenberechtigt oder die Ehe aufgelöst wird, so bleiben die im Zeitpunkt der erstmaligen Rentenberechnung geltenden Berechnungsvorschriften massgebend. Die aufgrund dieser Bestimmungen neu festgesetzte Rente ist in der Folge auf den neuesten Stand zu bringen.

Literatur: Reber, Scheidungsrecht und Sozialversicherung, 89 ff.; Geiser, Auswirkungen der AHV und der beruflichen Vorsorge auf die Scheidung, 1 ff.; Isaak-Dreyfus, Das Verhältnis des schweizerischen Ehescheidungsrechts zum Sozialversicherungsrecht.

Übersicht

I. Allgemeines (Abs. 1)

1. Grundsatz

Der Anspruch auf den Bezug einer Rente in der Höhe, wie sie gemäss der Regelung in Art. 31 Abs. 2 AHVG berechnet wurde, stellt kein wohlerworbenes Recht dar. Verheiratet sich ein verwitweter Mann, ist die Rentenhöhe den neuen persönlichen Verhältnissen des Versicherten zur Zeit seiner Zivilstandsänderung anzupassen, d.h. ausschliesslich aufgrund seiner eigenen Beiträge zu berechnen (EVGE 1967 26 ff.).

2. Vergleichsrechnungen bei Ehefrauen und geschiedenen Frauen

Grundsatz

Um bei der Berechnung einfacher Altersrenten *verheirateter oder geschiedener Frauen* gewisse Unzulänglichkeiten einer wörtlichen Auslegung von Art. 29bis Abs. 3 und Art. 31 AHVG zu vermeiden, hat das EVG - in 101 V 184 ff. - eine auf dem Prinzip einer Vergleichsrechnung basierende Berechnungsmethode eingeführt. Einerseits wird die Summe der Erwerbseinkommen durch die Anzahl Jahre der gesamten Versicherungszeit geteilt (Variante I); anderseits werden nur die vor und gegebenenfalls nach der Heirat erzielten Einkommen durch die entsprechende Anzahl Beitragsjahre geteilt (Variante II). Massgebend ist sodann das für die Versicherte günstigere Resultat (111 V 11 E. 2a). Einkommen und Beitragsmonate der Kalenderjahre, in denen die Eheschliessung und/oder die Scheidung erfolgten, sind bei Variante II nicht anzurechnen (ZAK 1984 226 f.).

Mit dieser Vergleichsrechnung hat das EVG von Anfang an auch dem Umstand Rechnung getragen, dass die frühere Rentenberechnungsmethode zu Missbräuchen Anlass gegeben hatte, indem die gemäss Art. 3 Abs. 2 lit. b AHVG von der Beitragspflicht befreite Ehefrau mit der Aufnahme einer Erwerbstätigkeit kurz vor Erreichen der Altersgrenze eine maximale Altersrente erwirken konnte (120 V 262 E. 4b).

Zum Einfluss der neunten AHV-Revision auf die Berechnung der einfachen Altersrente, welche einer geschiedenen Frau zukommt, vgl. 106 V 202 ff.

Betr. Berechnung der einfachen Altersrente der *Witwe* vgl. Kommentar zu Art. 33 AHVG.

Einzelfragen

Die Berechnung der einfachen Altersrente einer geschiedenen Frau, die vor dem 1. Januar 1948 heiratete und deren Ehe weniger als ein volles *Kalenderjahr* vor dem Rentenbeginn geschieden wird, erfolgt ausschliesslich nach Variante I; die Verwaltungsweisung, wonach das Kalenderjahr, in dem die Ehescheidung erfolgte, bei der Vergleichsrechnung gemäss Variante II nicht berücksichtigt wird, ist nämlich nicht gesetzwidrig (111 V 13 f. E. 2c).

II. Berechnung der Altersrente für verwitwete Männer und Frauen, die bereits eine Ehepaar-Altersrente bezogen haben (Abs. 2)

Für die Berechnung der ordentlichen einfachen Altersrente sind grundsätzlich nur die Beiträge des Versicherten massgebend. Insofern stellt die Bestimmung von Art. 31 Abs. 2 AHVG eine Ausnahme dar (EVGE 1967 27). Diese Bestimmung will der betreffenden Person einen Vorteil über ihre eigenen AHV-Rechte hinaus einräumen oder ihr gewissermassen einen Besitzstand wahren. Sie stellt somit die Vermutung auf, die Berechnung der einfachen Altersrente einer verwitweten Person nach den Grundlagen der Ehepaar-Altersrente als AHV-rechtliche Nachwirkung der Ehe garantiere ihr das günstigere Resultat. Doch wird diese Vermutung zugunsten der Rentenberechnung auf der Grundlage der eigenen vollen Beitragsjahre und des durchschnittlichen Jahreseinkommens der Witwe zerstört, wenn dies die Ausrichtung einer höheren einfachen Altersrente erlaubt (EVGE 1966 20 E. 3).

III. Berechnung der Altersrente für geschiedene Frauen (Abs. 3)

Berechnung der einfachen Altersrente der geschiedenen Frau, deren Ehemann - nach Vollendung des 62. Altersjahres der Frau - stirbt (weswegen sie aus Altersgründen keine Witwenrente beziehen kann): Auch in diesem Fall ist die Berechnung der einfachen Altersrente nach Art. 31 Abs. 3 lit. a AHVG vorzunehmen (109 V 78 f. E. 2a).

Persönliche Erfüllung der Mindestbeitragsdauer gemäss Art. 29 Abs. 1 AHVG: Die Berechnung der einfachen Altersrente kann auch dann nach Art. 31 Abs. 3 lit. a AHVG erfolgen, wenn die Rentenansprecherin persönlich die einjährige Mindestbeitragsdauer nicht erfüllt hat (109 V 79 E. 2b).

Zur Regelung von Art. 54 AHVV, wonach in bestimmten Fällen eine Berechnung nach Art. 31 Abs. 3 AHVG nur auf Antrag hin erfolgt: Dies gilt auch für den Fall, dass die geschiedene Frau bloss wegen der Unkenntnis des Todes ihres geschiedenen Ehemannes keine Witwenrente bezogen hat (104 V 71 f. E. 5).

Fall der geschiedenen Frau, welche eine einfache Altersrente bereits vor der Scheidung bezogen hatte und hierauf an einer Ehepaar-Altersrente beteiligt war: Vgl. 103 V 61 ff.

Fall der mehrfach geschiedenen Frau: Es ist bei der Berechnung der einfachen Altersrente auf die letzte Ehe abzustellen, die mindestens fünf Jahre gedauert hat (101 V 12 ff.).

IV. Erziehungsgutschriften

Vgl. die Erläuterung der Grundzüge der Regelung betreffend Anrechnung von Erziehungsgutschriften in AHI-Praxis 1994 2 ff. - Zur gesetzlichen Grundlage vgl. Anhang 2 sowie Art. 29sexies AHVG in der durch die 10. AHV-Revision festgelegten Fassung.

32 (24) 2. Berechnung der Ehepaar-Altersrente

1 Massgebend für die Berechnung der Ehepaar-Altersrente ist das durchschnittliche Jahreseinkommen des Ehemannes.

2 Bei der Ermittlung des durchschnittlichen Jahreseinkommens des Ehemannes werden Erwerbseinkommen, von denen die Ehefrau vor oder während der Ehe bis zur Entstehung des Anspruches auf die Ehepaar-Altersrente Beiträge entrichtet hat, den Erwerbseinkommen des Ehemannes hinzugerechnet.

3 (31) Wäre die ausschliesslich auf Grund ihrer eigenen Erwerbseinkommen und Beitragsjahre berechnete einfache Altersrente der

Ehefrau höher als die Ehepaar-Altersrente, so wird zur Ehepaar-Altersrente ein Zuschlag bis zum Betrag der einfachen Altersrente der Ehefrau gewährt.

Art. 32
Aufgehoben

Literatur: Wirthlin, Die Berechnung der Ehepaar-Altersrente, 484 ff.

Abs. 3
Der hier verwendete Begriff der «einfachen Altersrente» ist in dem Sinne auszulegen, dass darunter sowohl jene ordentliche einfache Altersrente zu verstehen ist, welche die Ehefrau unmittelbar vor der Ablösung durch die Ehepaarrente bezieht, als auch jene ordentliche einfache Altersrente, welche die Ehefrau vor der Ablösung durch die Ehepaarrente bezogen hätte, wenn ihr nicht an deren Stelle die höhere ausserordentliche einfache Altersrente ausgerichtet worden wäre (105 V 133; Präzisierung gegenüber 102 V 161 f.).

33 (24) 3. Berechnung der Hinterlassenenrenten und der Altersrenten für Witwen

[1] **Massgebend für die Berechnung der Hinterlassenenrenten ist das für die Berechnung der Ehepaar-Altersrente massgebende durchschnittliche Jahreseinkommen** (A).

[2] (64) **Massgebend für die Berechnung der Vollwaisenrente für Kinder, die nur zum verstorbenen Elternteil im Kindesverhältnis gestanden sind, ist dessen durchschnittliches Jahreseinkommen** (C).

[3] **Massgebend für die Berechnung der einfachen Altersrente für Witwen über 62 Jahren sind die für die Berechnung der Witwenrente massgebenden Grundlagen, sofern die vollen Beitragsjahre der Witwe und ihr durchschnittliches Jahreseinkommen nicht die Ausrichtung einer höheren einfachen Altersrente erlauben. Der Bundesrat erlässt die näheren Vorschriften** (B).

(A) Art. 48 Abs. 4 AHVV
(B) Art. 55 Abs. 2 AHVV
(C) Übergangsbestimmungen 1. Januar 1984

Art. 33 Hinterlassenenrente

[1] Für die Berechnung der Witwen-, Witwer- und Waisenrente sind die Beitragsdauer und das aufgrund der ungeteilten Einkommen der verstorbenen Person sowie ihrer Erziehungs- oder Betreuungsgutschriften ermittelte durchschnittliche Jahreseinkommen massgebend. Absatz 2 bleibt vorbehalten.

[2] Sind die Eltern gestorben, so sind für die Berechnung der beiden Waisenrenten die Beitragsdauer jedes Elternteils und die nach den allgemeinen Grundsätzen (Art. 29^{quater} ff.) ermittelten durchschnittlichen Jahreseinkommen der Verstorbenen massgebend.

[3] Hat die verstorbene Person bei ihrem Tode das 45. Altersjahr noch nicht vollendet, so wird für die Berechnung der Hinterlassenenrente ihr durchschnittliches Erwerbseinkommen prozentual erhöht. Der Bundesrat setzt die Prozentsätze nach dem Alter der verstorbenen Person fest.

Allgemeines zur Berechnung der einfachen Altersrente von Witwen in 120 V 258 f. E. 1.

Zur Anwendung der sog. *Vergleichsrechnung* auf die einfache Altersrente der Witwe vgl. Kommentar zu Art. 31 AHVG, Ziff. I.2, sowie 103 V 117 E. 2b (grundsätzliche Bejahung der Frage, ob die Vergleichsrechnung, wie sie durch 101 V 184 ff. für die Berechnung der einer Ehefrau oder einer geschiedenen Frau zukommenden einfachen Altersrente eingeführt wurde, auch auf die einfache Altersrente der Witwe Anwendung finden kann). Weil sich die tatsächlichen Verhältnisse seit dem Entscheid 103 V 114 ff. geändert haben, sind - entgegen dem letztgenannten Entscheid - bei der Berechnung der einfachen Altersrente der Witwe nach *Variante II* die Einkommen vor *und nach* der Ehe sowie die entsprechenden Beitragsjahre zu berücksichtigen (120 V 264 E. 4c).

Die in Art. 33 Abs. 3 AHVG vorgesehene Vergleichsrechnung ist nicht nur dann durchzuführen, wenn die Witwe bis zur Erreichung des 62. Altersjahres bereits eine Witwenrente bezogen hat, sondern auch dann, wenn die Ehefrau bis zum Tod des noch nicht rentenberechtigten Ehemannes auf Grund ihrer eigenen Beiträge eine einfache Altersrente erhalten hat (EVGE 1966 87).

Art. 33 Abs. 3 AHVG hat auch für diejenige Witwe Bedeutung, die nach dem Tod ihres Ehemannes eine *Abfindung* erhalten hat. Eine solche Abfindung hat nämlich nicht die Bedeutung, dass damit die Beitragsleistungen des verstorbenen Ehemannes abgegolten werden; sie erscheint vielmehr als eine Leistungsart für solche Witwen, welche die

Voraussetzungen für eine *laufende* Witwenrente nicht erfüllen (EVGE 1965 32 ff.).

Ist der Witwe eine einfache Altersrente zugesprochen worden, ist es ausgeschlossen, in einem späteren Zeitpunkt auf eine andere, ursprünglich ungünstigere, wegen Gesetzesrevisionen in der Zwischenzeit jedoch günstiger gewordene Berechnungsgrundlage abzustellen (ZAK 1977 225 f.).

33bis (11) 4. Bei Ablösung einer Invalidenrente

1 Für die Berechnung von Alters- oder Hinterlassenenrenten, die an die Stelle einer Rente gemäss dem Bundesgesetz vom 19. Juni 1959 über die Invalidenversicherung treten, ist auf die für die Berechnung der Invalidenrente massgebende Grundlage abzustellen, falls dies für den Berechtigten vorteilhafter ist (A).

2 (31) **Ist die Invalidenrente gemäss Artikel 37 Absatz 2 des Bundesgesetzes vom 19. Juni 1959 über die Invalidenversicherung bemessen worden, so gilt diese Bestimmung sinngemäss auch für die Alters- oder Hinterlassenenrente, die auf der für die Invalidenrente massgebenden Grundlage berechnet wird** (A).

3 (31) **Treten an die Stelle der gemäss den Artikeln 39 Absatz 2 und 40 Absatz 3 des Bundesgesetzes vom 19. Juni 1959 über die Invalidenversicherung bemessenen ausserordentlichen Invalidenrenten ordentliche Alters- oder Hinterlassenenrenten, so betragen diese bei vollständiger Beitragsdauer mindestens 133 1/3 Prozent der Mindestansätze der zutreffenden Vollrenten.**

(A) Übergangsbestimmungen 1. Januar 1979 lit. b Abs. 4 und 5

Art. 33bis Sachüberschrift, Abs. 1bis und 4
Ablösung einer Invalidenrente

1bis Bei verheirateten Personen ist die Rentenberechnung gemäss Absatz 1 anzupassen, wenn die Voraussetzungen für die Teilung und die gegenseitige Anrechnung der Einkommen erfüllt sind.

4 Für die Berechnung der Altersrente einer Person, deren Ehegatte eine Invalidenrente bezieht oder bezogen hat, wird das im Zeitpunkt der Entstehung der Invalidenrente massgebende durchschnittliche Jahreseinkommen des invaliden Ehegatten während der Dauer des Bezuges der Invalidenrente wie ein Erwerbseinkommen im Sinne von Artikel 29quinquies berücksichtigt. Beträgt der Invaliditätsgrad weniger als zwei Drittel, so wird nur ein ent-

sprechend herabgesetzter Teil des durchschnittlichen Jahreseinkommens berücksichtigt. Der Bundesrat regelt die Einzelheiten und das Verfahren.

Abs. 1

Als «massgebende Grundlage» zur Ermittlung der für den Berechtigten vorteilhafteren Berechnungsart gelten sowohl das durchschnittliche Jahreseinkommen als auch die Rentenskala (104 V 75 f.).

33ter (49) Anpassung der Renten an die Lohn- und Preisentwicklung

[1] Der Bundesrat passt die ordentlichen Renten in der Regel alle zwei Jahre auf Beginn des Kalenderjahres der Lohn- und Preisentwicklung an, indem er auf Antrag der Eidgenössischen Kommission für die Alters-, Hinterlassenen- und Invalidenversicherung den Rentenindex neu festsetzt (A).

[2] Der Rentenindex ist das arithmetische Mittel des vom Bundesamt für Industrie, Gewerbe und Arbeit ermittelten Lohnindexes und des Landesindexes der Konsumentenpreise (B).

[3] Der Bundesrat stellt je nach der finanziellen Lage der Versicherung Antrag auf Änderung des Verhältnisses zwischen den beiden Indexwerten nach Absatz 2 (B).

[4] (92) **Der Bundesrat passt die ordentlichen Renten früher an, wenn der Landesindex der Konsumentenpreise innerhalb eines Jahres um mehr als 4 Prozent angestiegen ist.**

[5] Der Bundesrat kann ergänzende Vorschriften erlassen, den Rentenindex auf- oder abrunden und das Verfahren der Rentenanpassung regeln (C).

(A) Art. 1 und 2 V 95, hier im Anhang 5 abgedruckt
(B) Art. 51ter AHVV
(C) Art. 51quater AHVV

II. Die Vollrenten

34 (49) Berechnung und Höhe der Vollrenten

1. Die einfache Altersrente

[1] Die monatliche einfache Altersrente setzt sich zusammen aus: (B)

a. einem festen Rententeil von vier Fünfteln des Mindestbetrages der Rente und

b. einem veränderlichen Rententeil von einem Sechzigstel des massgebenden durchschnittlichen Jahreseinkommens.

[2] Der Mindestbetrag der einfachen Altersrente wird auf den Zeitpunkt des Inkrafttretens der neunten AHV-Revision auf 525 Franken festgesetzt. Er entspricht einem Stand des Landesindexes der Konsumentenpreise von 167,5 Punkten (A).

[3] Der Höchstbetrag der einfachen Altersrente entspricht dem doppelten Mindestbetrag.

[4] Der Mindestbetrag wird gewährt, wenn das massgebende durchschnittliche Jahreseinkommen höchstens zwölfmal grösser ist, und der Höchstbetrag, wenn das massgebende durchschnittliche Jahreseinkommen wenigstens zweiundsiebzigmal grösser ist als der Mindestbetrag.

(A) Seit 1. Januar 1995 beläuft sich der Mindestbetrag der vollen einfachen Altersrente auf Fr. 970.—. Siehe Art. 1 V 95, hier im Anhang 5 abgedruckt.

(B) In den Jahren 1993-1996 gilt eine abweichende Rentenformel. Siehe Art. 1 des Bundesbeschlusses über Leistungsverbesserungen in der AHV und der IV sowie ihre Finanzierung (vom 19. Juni 1992) (SR 831.100.1); hier im Anhang 2 abgedruckt.

Art. 34 Berechnung und Höhe der Vollrenten

1. Die Altersrente

[1] Die monatliche Altersrente setzt sich zusammen aus (Rentenformel):

a. einem Bruchteil des Mindestbetrages der Altersrente (fester Rententeil);

b. einem Bruchteil des massgebenden durchschnittlichen Jahreseinkommens (variabler Rententeil).

[2] Es gelten folgende Bestimmungen:

a. Ist das massgebende durchschnittliche Jahreseinkommen kleiner oder gleich dem 36fachen Mindestbetrag der Altersrente, *so beträgt der feste Rententeil $^{74}/_{100}$ des Mindestbetrages der Altersrente und der variable Rententeil $^{13}/_{600}$ des massgebenden durchschnittlichen Jahreseinkommens.*

b. Ist das massgebende durchschnittliche Jahreseinkommen grösser als das 36fache des Mindestbetrages der Altersrente, so beträgt der feste Rententeil $^{104}/_{100}$ des Mindestbetrages der Altersrente und der variable Rententeil $^{8}/_{600}$ des massgebenden durchschnittlichen Jahreseinkommens.

[3] Der Höchstbetrag der Altersrente entspricht dem doppelten Mindestbetrag.

[4] Der Mindestbetrag wird gewährt, wenn das massgebende durchschnittliche Jahreseinkommen höchstens zwölfmal grösser ist, und der Höchstbetrag, wenn das massgebende durchschnittliche Jahreseinkommen wenigstens zweiundsiebzigmal grösser ist als der Mindestbetrag.

[5] Der Mindestbetrag der vollen Altersrente von 550 Franken entspricht dem Rentenindex von 100 Punkten.

35 (31) **2. Die Ehepaar-Altersrente**

Die Ehepaar-Altersrente beträgt 150 Prozent der dem massgebenden durchschnittlichen Jahreseinkommen entsprechenden einfachen Altersrente.

Art. 35 2. Summe der beiden Renten für Ehepaare

[1] Die Summe der beiden Renten eines Ehepaares beträgt maximal 150 Prozent des Höchstbetrages der Altersrente, wenn:

a. beide Ehegatten Anspruch auf eine Altersrente haben;

b. ein Ehegatte Anspruch auf eine Altersrente und der andere Anspruch auf eine Rente der Invalidenversicherung hat.

[2] Die Kürzung entfällt bei Ehepaaren, deren gemeinsamer Haushalt richterlich aufgehoben wurde.

[3] Die beiden Renten sind im Verhältnis ihrer Anteile an der Summe der ungekürzten Renten zu kürzen. Der Bundesrat regelt die Einzelheiten, insbesondere die Kürzung der beiden Renten bei Versicherten mit unvollständiger Beitragsdauer.

35bis (31) 3. Die Zusatzrente für die Ehefrau und die Kinderrente

1 (52) Die Zusatzrente für die Ehefrau beträgt 30 Prozent und die Kinderrente 40 Prozent der dem massgebenden durchschnittlichen Jahreseinkommen entsprechenden einfachen Altersrente.
2 Für die Zusatzrente und die Kinderrente gelten die gleichen Berechnungsregeln wie für die jeweilige Altersrente.

Art. 35bis 3. Zuschlag für verwitwete Bezügerinnen und Bezüger von Altersrenten

Verwitwete Bezügerinnen und Bezüger von Altersrenten haben Anspruch auf einen Zuschlag von 20 Prozent zu ihrer Rente. Rente und Zuschlag dürfen den Höchstbetrag der Altersrente nicht übersteigen.

Art. 35ter 4. Kinderrente

Die Kinderrente beträgt 40 Prozent der dem massgebenden durchschnittlichen Jahreseinkommen entsprechenden Altersrente. Haben beide Elternteile einen Anspruch auf Kinderrente, so sind die beiden Kinderrenten zu kürzen, soweit ihre Summe 60 Prozent der maximalen Altersrente übersteigt. Für die Durchführung der Kürzung ist Artikel 35 sinngemäss anwendbar.

36 4. Die Witwenrente und die Witwenabfindung

1 (13) Die Witwenrente beträgt 80 Prozent der dem massgebenden durchschnittlichen Jahreseinkommen (24) entsprechenden einfachen Altersrente.
2 (31) Die einmalige Witwenabfindung beträgt für Witwen,
a. die weniger als ein Jahr verheiratet waren, das Doppelte,
b. die mindestens ein Jahr verheiratet waren und vor Vollendung des 40. Altersjahrs verwitwet sind, das Dreifache,
c. die mindestens ein Jahr, jedoch weniger als fünf Jahre verheiratet waren und nach dem 40. Altersjahr verwitwet sind, das Vierfache,
d. die mehr als fünf Jahre verheiratet waren und nach Zurücklegung des 40. Altersjahres und vor Vollendung des 45. Altersjahres verwitwet sind, das Fünffache des Jahresbetreffnisses der Witwenrente. Die Abfindung darf jedoch den Gesamtbetrag nicht übersteigen, den die Witwe in der

Form einer Witwenrente bis zur Entstehung des Anspruchs auf eine einfache Altersrente beziehen könnte.

Art. 36 5. Witwen- oder Witwerrente
Die Witwen- oder Witwerrente beträgt 80 Prozent der dem massgebenden durchschnittlichen Jahreseinkommen entsprechenden Altersrente.

Die Bestimmung von Art. 36 Abs. 2 a.E. AHVG ist auch anwendbar, wenn eine einmalige Witwenabfindung mit einer IV-Rente zusammentrifft. Damit kann vermieden werden, dass im Falle der späteren Zusprechung einer IV-Rente die Witwe mit Anspruch auf eine einmalige Abfindung bevorteilt wird gegenüber derjenigen, die Anspruch auf eine Hinterlassenenrente hat (EVGE 1969 39).

37 5. Die Waisenrenten

1 (13) **Die einfache Waisenrente beträgt 40 Prozent der dem massgebenden durchschnittlichen Jahreseinkommen** (24) **entsprechenden einfachen Altersrente** (A).
2 (13) **Die Vollwaisenrente beträgt 60 Prozent der dem massgebenden durchschnittlichen Jahreseinkommen** (24) **entsprechenden einfachen Altersrente.**
3 (3) **Findelkinder erhalten den Höchstbetrag der Vollwaisenrente.**

(A) Art. 48 Abs. 4 AHVV

Art. 37 6. Waisenrente
1 Die Waisenrente beträgt 40 Prozent der dem massgebenden durchschnittlichen Jahreseinkommen entsprechenden Altersrente. Die Waisenrente von Kindern, die nur zum verstorbenen Elternteil in einem Kindesverhältnis standen, beträgt 60 Prozent der dem massgebenden durchschnittlichen Jahreseinkommen entsprechenden Altersrente.
2 Sind die Eltern gestorben, so sind die Waisenrenten zu kürzen, soweit ihre Summe 60 Prozent der maximalen Altersrente übersteigt. Für die Durchführung der Kürzung ist Artikel 35 sinngemäss anwendbar.
3 Findelkinder erhalten eine Waisenrente in Höhe von 60 Prozent der maximalen Altersrente.

Art. 37bis 7. Zusammentreffen von Waisen- und Kinderrenten

Sind für das gleiche Kind sowohl die Voraussetzungen für eine Waisenrente als auch für eine Kinderrente erfüllt, so beträgt die Summe der beiden Renten höchstens 60 Prozent der maximalen Altersrente. Für die Durchführung der Kürzung ist Artikel 35 sinngemäss anwendbar.

III. Die Teilrenten

38 Berechnung

1 (10) **Die Teilrente entspricht einem Bruchteil der gemäss den Artikeln 34–37 zu ermittelnden Vollrente.**

2 (31) **Bei der Berechnung des Bruchteils werden das Verhältnis zwischen den vollen Beitragsjahren des Versicherten zu denjenigen seines Jahrganges sowie die eingetretenen Veränderungen der Beitragsansätze berücksichtigt.**

3 (31) **Der Bundesrat erlässt nähere Vorschriften** (A) **über die Abstufung der Renten. Er kann für Fälle mit langer Beitragsdauer und verhältnismässig wenigen fehlenden Beitragsjahren besondere Regeln aufstellen** (B).

(A) Art. 52 AHVV
(B) Art. 52bis AHVV

Art. 38 Abs. 3

3 Der Bundesrat erlässt nähere Vorschriften über die Abstufung der Renten.

Abs. 2

Die von der Verwaltung getroffene Regelung für die Kürzung der Teilrenten aufgrund der unterschiedlichen durchschnittlichen Beitragsansätze ist bundesrechtskonform. Selbst wenn sich eine andere Auffassung vom Ergebnis her ebensogut vertreten liesse, kann ihr nicht gefolgt werden (109 V 84 f. E. 3b).

Abs. 3

Der Bundesrat kann die einmal getroffene Regelung der Abstufung der Teilrenten im Rahmen der eingeräumten Befugnisse durch eine andere gesetzes- und verfassungskonforme Teilrentenordnung ersetzen. Einer neuen Delegationsbestimmung bedarf es in diesem Falle nicht. Art. 38 Abs. 3 AHVG räumt dem Bundesrat ein weites gesetzgeberisches Ermessen ein, das verschiedene (gesetzeskonforme und mehr oder weniger zweckmässige) Lösungen erlaubt.

Die Regelung von Art. 52bis AHVV, wonach die Anrechnung zusätzlicher Beitragsjahre voraussetzt, dass eine Versicherung vorlag oder möglich gewesen wäre, ist verfassungs- und gesetzmässig (ZAK 1992 48).

IV. Der Aufschub der Altersrenten (24)

39 (24) Möglichkeit und Wirkung des Aufschubs

[1] Personen, die Anspruch auf eine ordentliche Altersrente haben, können den Anfang des Rentenbezuges mindestens ein Jahr und höchstens fünf Jahre aufschieben und innerhalb dieser Frist die Rente nach freier Wahl im voraus von einem bestimmten Monat an abrufen. Während der Aufschubszeit besteht kein Anspruch auf ausserordentliche Rente.

[2] Die aufgeschobene Altersrente und die sie allenfalls ablösende Hinterlassenenrente wird um den versicherungsmässigen Gegenwert der nicht bezogenen Leistung erhöht.

[3] Der Bundesrat setzt die Erhöhungsfaktoren für Männer und Frauen einheitlich fest und ordnet das Verfahren. Er kann einzelne Rentenarten vom Aufschub ausschliessen (A).

(A) Art. 55bis bis Art. 55quater AHVV

Gliederungstitel vor Art. 39

IV. Das flexible Rentenalter

Art. 39 Abs. 1 und 2

[1] Personen, die Anspruch auf eine ordentliche Altersrente haben, können den Beginn des Rentenbezuges mindestens ein Jahr und höchstens fünf Jahre aufschieben und innerhalb dieser Frist die Rente von einem bestimmten Monat an abrufen.

[2] Die aufgeschobene Altersrente und die sie allenfalls ablösende Hinterlassenenrente wird um den versicherungstechnischen Gegenwert der nicht bezogenen Leistung erhöht.

Der Betrag des Zuschlages bei der aufgeschobenen Rente wird der *Preis- und Einkommensentwicklung* nicht angepasst (vgl. Art. 55ter Abs. 3 AHVV). Diese Regelung ist gesetzes- und verfassungskonform (117 V 127 ff.).

Dass Art. 55ter Abs. 2 a.E. AHVV für die *Ermittlung des frankenmässigen Zuschlags* jene Rente als massgebend erklärt, die im Zeitpunkt des Abrufs beansprucht werden könnte, ist weder gesetzwidrig noch verstösst dies gegen das Willkürverbot des Art. 4 BV (AHI-Praxis 1994 147 f.).

Das *Aufschubsrecht* fällt mit Beginn des Rentenbezugs dahin; wer unwidersprochen Rentenzahlungen entgegennimmt, hat durch konkludentes Verhalten auf den Rentenaufschub verzichtet und deshalb sein Wahlrecht verwirkt (105 V 50 ff.).

Ist der Aufschub der Rente verlangt worden, ist eine *Nachzahlung* ausgeschlossen (98 V 256 f. E. 1).

V. Die Kürzung der ordentlichen Renten

40 (31)

Art. 40 Möglichkeit und Wirkung des Vorbezuges

[1] Männer und Frauen, welche die Voraussetzungen für den Anspruch auf eine ordentliche Altersrente erfüllen, können die Rente ein oder zwei Jahre vorbeziehen. Der Rentenanspruch entsteht in diesen Fällen für Männer am ersten Tag des Monats nach Vollendung des 64. oder 63. Altersjahres, für Frauen am ersten Tag des Monats nach Vollendung des 63. oder 62. Altersjahres. Während der Dauer des Rentenvorbezuges werden keine Kinderrenten ausgerichtet.

[2] Die vorbezogene Altersrente sowie die Witwen-, Witwer- und Waisenrente werden gekürzt.

[3] Der Bundesrat legt den Kürzungssatz nach versicherungstechnischen Grundsätzen fest.

41 (31) **Kürzung wegen Überversicherung**

[1] Kinderrenten und Waisenrenten werden gekürzt, soweit sie zusammen mit den Renten des Vaters und der Mutter das für sie massgebende durchschnittliche Jahreseinkommen wesentlich übersteigen.

[2] (52) **Der Bundesrat setzt jedoch einen Mindestbetrag fest** (A).

[3] Der Bundesrat ist befugt, die Einzelheiten zu regeln und für die Teilrenten besondere Vorschriften zu erlassen (A).

(A) Art. 53bis AHVV

Art. 41 Abs. 1 und 3

[1] Kinderrenten und Waisenrenten werden gekürzt, soweit sie zusammen mit der Rente des Vaters oder der Rente der Mutter das für diese Rente jeweils massgebende durchschnittliche Jahreseinkommen wesentlich übersteigen.

[3] Betrifft nur den italienischen Text.

C. Die ausserordentlichen Renten (10)

42 Bezügerkreis

[1] (49) **Anspruch auf eine ausserordentliche Rente haben in der Schweiz wohnhafte Schweizer Bürger** (A), **denen keine ordentliche Rente zusteht oder deren ordentliche Rente kleiner ist als die ausserordentliche, soweit zwei Drittel des Jahreseinkommens, dem ein angemessener Teil des Vermögens zuzurechnen ist, folgende Grenzen nicht erreichen:**

Für Bezüger von	**Fr.**
– einfachen Altersrenten und Witwenrenten	**8 400** (B)
– Ehepaar-Altersrenten	**12 600** (B)
– einfachen Waisenrenten und Vollwaisenrenten	**4 200** (B).

[2] (24) **Die Einkommensgrenzen gemäss Absatz 1 finden keine Anwendung** (C)

a. **auf die vor dem 1. Juli 1883 geborenen Personen und ihre Hinterlassenen;**

b. **auf die vor dem 1. Dezember 1948 verwitweten Frauen und verwaisten Kinder;**

c. (49) **auf Ehefrauen, wenn der Ehemann die gleiche Zahl von Beitragsjahren aufweist wie sein Jahrgang und noch keine Ehepaar-Altersrente beanspruchen kann;**

d. (49) **auf Frauen, die nach Vollendung des 61. Altersjahres geschieden werden und während der gleichen Zahl von Jahren versichert waren wie ihr Jahrgang, jedoch nach Artikel 3 Absatz 2 Buchstaben b und c von der Beitrags-**

pflicht befreit waren und deshalb nicht während mindestens eines vollen Jahres Beiträge geleistet haben.

3 (24) **Der Bundesrat erlässt über die Anrechnung und die Bewertung des Einkommens und Vermögens sowie über die anwendbare Einkommensgrenze bei Familien nähere Vorschriften** (D)**, Ergänzungsleistungen und zusätzliche Alters- und Hinterlassenenbeihilfen von Kantonen und Gemeinden dürfen nicht als Einkommen angerechnet werden.**

4 (10) **Ist die ordentliche Rente kleiner als die ausserordentliche, so wird, solange die Voraussetzungen gemäss Absatz 1 erfüllt sind, ausschliesslich die ausserordentliche Rente gewährt.**

5 (23) **Ehefrauen von obligatorisch versicherten Schweizer Bürgern im Ausland, die gemäss zwischenstaatlicher Vereinbarung oder völkerrechtlicher Übung der Alters-, Hinterlassenen- und Invalidenversicherung ihres Wohnsitzstaates nicht angehören, sind den in der Schweiz wohnhaften Ehefrauen von Schweizer Bürgern gleichgestellt.**

(A) Gestützt auf zwischenstaatliche Abkommen können auch die Angehörigen der folgenden Staaten nach einer bestimmten Mindestaufenthaltsdauer Anspruch auf ausserordentliche Renten haben: Belgien, Bundesrepublik Deutschland, Dänemark, Finnland, Frankreich, Griechenland, Grossbritannien, Italien, Jugoslawien, Kanada (bzw. Quebec), Liechtenstein, Luxemburg, Niederlande, Norwegen, Österreich, Portugal, San Marino, Schweden, Spanien, Türkei, USA. Für Flüchtlinge und Staatenlose siehe FlüB, hier im Anhang 3 abgedruckt.

(B) Seit 1. Januar 1995 betragen die Einkommensgrenzen Fr. 14'800.–/22'200.–/7'400.–. Siehe Art. 3 V 95, hier im Anhang 5 abgedruckt.

(C) Art. 48 Abs. 5 AHVV

(D) Art. 56 bis Art. 63 AHVV

Art. 42 Bezügerkreis

1 Anspruch auf eine ausserordentliche Rente haben Schweizer Bürger mit Wohnsitz und gewöhnlichem Aufenthalt in der Schweiz, die während der gleichen Zahl von Jahren versichert waren wie ihr Jahrgang, denen aber keine ordentliche Rente zusteht, weil sie bis zur Entstehung des Rentenanspruchs nicht während eines vollen Jahres der Beitragspflicht unterstellt gewesen sind. Der Anspruch steht auch ihren Hinterlassenen zu.

2 Das Erfordernis des Wohnsitzes und des gewöhnlichen Aufenthalts ist von jedem Versicherten, für den eine Rente ausgerichtet wird, einzeln zu erfüllen.

[3] *Der Ehegatte, der mit einem obligatorisch versicherten Schweizer Bürger verheiratet ist und im Ausland lebt, aber gemäss zwischenstaatlicher Vereinbarung oder völkerrechtlicher Übung der Alters-, Hinterlassenen- und Invalidenversicherung seines Wohnsitzstaates nicht angehört, ist dem in der Schweiz wohnhaften Ehegatten von Schweizer Bürgern gleichgestellt.*

Übersicht

I. Anspruchsvoraussetzungen (Abs. 1)

Wohnsitz in der Schweiz

Grundsatz

Dem Wohnsitzbegriff, wie er hier verwendet wird, liegt der zivilrechtliche Wohnsitzbegriff gemäss Art. 23 ff. ZGB zugrunde (106 V 7 E. 3a). Neben diesem Wohnsitz gemäss Art. 23 ff. ZGB sind auch der effektive Aufenthalt in der Schweiz und der Wille, diesen Aufenthalt aufrechtzuerhalten, massgebend; zusätzlich dazu muss der Schwerpunkt aller Beziehungen in der Schweiz bestehen bleiben. Der Begriff des Aufenthalts ist dabei in objektivem Sinne zu verstehen (111 V 182 f. E. 4a und b).

Auslandaufenthalt

Bei Auslandaufenthalten ist zu differenzieren: Das Aufenthaltsprinzip lässt einen kurzfristigen Auslandaufenthalt im Rahmen dessen zu, was üblich ist, bzw. er muss aus triftigen Gründen erfolgen; ein Jahr darf nicht überschritten werden. Ein längerfristiger Auslandaufenthalt hebt den Anspruch nur dann nicht auf, wenn ein grundsätzlich als kurzfristig beabsichtigter Aufenthalt wegen zwingender unvorhergesehener Umstände über ein Jahr hinaus verlängert werden muss oder wenn zum vornherein zwingende Gründe einen voraussichtlich überjährigen Auslandaufenthalt erfordern (111 V 183 E. 4c, d und e). – Für einen Anwendungsfall vgl. auch ZAK 1966 510 f. sowie EVGE 1962 22 ff.

Wohnsitz bei verheirateten Frauen

Bei *verheirateten Frauen* ist ein eigener Wohnsitz v.a. in den Fällen, wo die familiären und ehelichen Bande weder zerrissen noch gelokkert sind, nur mit Vorsicht und Zurückhaltung anzunehmen (106 V 7 E. 2; Entscheid unter altem Eherecht ergangen).

Einkommensgrenzen

Siehe die eingehende Regelung in Art. 56 ff. AHVV.

II. Ausserordentliche Renten ohne Einkommensgrenzen (Abs. 2)

Abs. 2 lit. c

Ob der Ehemann eine vollständige Beitragsdauer aufweist, bemisst sich ausschliesslich aufgrund der schweizerischen Beitragszeiten (113 V 106 ff.). Beitragszeiten, die gemäss Art. 52bis oder Art. 52ter AHVV anzurechnen sind, sind zu berücksichtigen (ZAK 1982 221 E. 2).

Wird eine ausserordentliche einfache Altersrente der Ehefrau durch die niedrigere Ehepaar-Altersrente abgelöst, findet Art. 32 Abs. 3 AHVG keine Anwendung (102 V 160 ff.).

Abs. 2 lit. d

Die einer geschiedenen Frau ausgerichtete Rente ohne Einkommensgrenze erlischt, wenn sie einen Mann heiratet, der nicht die gleiche Zahl von Beitragsjahren aufweist wie sein Jahrgang und noch keine Ehepaar-Altersrente beanspruchen kann (113 V 114 ff.).

III. Weitere Bestimmungen zum Bezügerkreis (Abs. 3 bis Abs. 5)

Abs. 3

Wertvermehrungen sind in die für die Anspruchsberechtigung massgebende Einkommensberechnung einzubeziehen, sofern sie nicht bloss vorübergehend sind und zumutbarerweise realisiert werden können (102 V 181).

Wenn sich das Einkommen aus einem *Verpfründungsvertrag und ähnlichen Leistungen* (vgl. dazu Art. 56 lit. d AHVV) ergibt, kann nicht auf den Beschaffungswert der Leistungen, sondern allein auf ihren Nutzungswert abgestellt werden. Der Wert des Unterhalts bestimmt sich also nicht danach, was dieser für den Schuldner effektiv kostet, sondern nach dem, was er für den Empfänger darstellt. Eine andere Betrachtungsweise verstiesse nicht nur gegen den Grundsatz rechtsgleicher Behandlung aller Versicherten, sondern könnte sogar zu offensichtlichem Missbrauch führen (97 V 113).

Abs. 5

Eine ausserordentliche Rente kann auch diejenige Ehefrau beziehen, deren Ehemann gemäss Art. 1 Abs. 1 *lit. b* AHVG obligatorisch versichert ist (107 V 216 ff. E. 3 und 4).

42bis (8) Schweizer im Ausland

[1] Von den im Ausland niedergelassenen Schweizer Bürgern haben unter den in Artikel 42 Absatz 1 genannten Voraussetzungen Anspruch auf eine ausserordentliche Rente (10):

a. die vor dem 1. Juli 1883 geborenen Personen und ihre Hinterlassenen;

b. die vor dem 1. Dezember 1948 verwitweten Frauen und verwaisten Kinder.

[2] Der Bundesrat kann die Einkommensgrenzen den Verhältnissen in den einzelnen Wohnsitzstaaten anpassen und besondere Verfahrensvorschriften erlassen (A).

[3] Doppelbürger, deren ausländisches Bürgerrecht das schweizerische überwiegt, haben keinen Anspruch auf eine ausserordentliche Rente (10).

(A) Art. 66, Art. 124 Abs. 3 AHVV

Art. 42bis und 42ter
Aufgehoben

42ter (49) Anpassung der Einkommensgrenzen

Bei der Neufestsetzung der ordentlichen Renten nach Artikel 33ter kann der Bundesrat die Einkommensgrenzen in Artikel 42 Absatz 1 der Preisentwicklung anpassen.

43 Höhe der ausserordentlichen Renten

[1] (13) Die ausserordentlichen Renten entsprechen, vorbehältlich Absatz 2, dem Mindestbetrag der zutreffenden ordentlichen Vollrenten.

[2] (24) Die jährliche Rente, auf die gemäss Artikel 42 Absatz 1 ein Anspruch besteht, wird gekürzt, soweit sie zusammen mit den zwei Dritteln des Jahreseinkommens sowie des anzurechnenden Teils des Vermögens die anwendbare Einkommensgrenze übersteigt (A)... (31)

[3] (52) Die ausserordentlichen Kinder- und Waisenrenten werden gekürzt, soweit sie zusammen mit den Renten des Vaters und der Mutter einen vom Bundesrat festzusetzenden Höchstbetrag (B) übersteigen.

(A) Art. 65 AHVV
(B) Art. 64 AHVV

Art. 43 Abs. 1 und 2
[1] *Die ausserordentlichen Renten entsprechen dem Mindestbetrag der zutreffenden ordentlichen Vollrenten. Vorbehalten bleibt Absatz 3.*
[2] *Aufgehoben*

D. Die Hilflosenentschädigung und die Hilfsmittel (49)

43bis (24) Hilflosenentschädigung

1 (78) **Anspruch auf eine Hilflosenentschädigung haben Bezüger von Altersrenten mit Wohnsitz und gewöhnlichem Aufenthalt in der Schweiz, die in schwerem Grad hilflos sind und keinen Anspruch auf eine Hilflosenentschädigung nach dem Bundesgesetz vom 20. März 1981 über die Unfallversicherung** (A) **besitzen. Männer müssen das 65. und Frauen das 62. Altersjahr zurückgelegt haben** (D).

2 (78) **Der Anspruch auf eine Hilflosenentschädigung entsteht am ersten Tag des Monats, in dem sämtliche Voraussetzungen erfüllt sind und die Hilflosigkeit schweren Grades ununterbrochen während mindestens eines Jahres bestanden hat. Er endet mit dem Monat, in dem die Voraussetzungen nach Absatz 1 wegfallen** (D).

3 (31) **Die Hilflosenentschädigung entspricht 80 Prozent des Mindestbetrages der einfachen Altersrente gemäss Artikel 34 Absatz 2** (D).

4 (31) **Hat ein Hilfloser bis zum Ende des Monats, in welchem Männer das 65. und Frauen das 62. Altersjahr zurückgelegt haben, eine Hilflosenentschädigung der Invalidenversicherung bezogen, so wird ihm die Entschädigung mindestens im bisherigen Betrag weitergewährt.**

4bis (64) **Der Bundesrat kann eine anteilmässige Leistung an die Hilflosenentschädigung der Unfallversicherung vorsehen, falls die Hilflosigkeit nur zum Teil auf einen Unfall zurückzuführen ist** (A).

5 **Für den Begriff und die Bemessung der Hilflosigkeit sind die Bestimmungen des Bundesgesetzes vom 19. Juni 1959 über die Invalidenversicherung** (B) **sinngemäss anwendbar. Die Bemessung der Hilflosigkeit zuhanden der Ausgleichskassen obliegt den Invalidenversicherungs-Stellen** (90). **Der Bundesrat kann ergänzende Vorschriften erlassen** (C).

(A) Art. 66quater AHVV
(B) Art. 42 IVG
(C) Art. 66bis AHVV
(D) In den Jahren 1993-1996 besteht ausserdem Anspruch auf eine Entschädigung bei Hilflosigkeit mittleren Grades. Siehe Art. 4 des Bundesbeschlusses über Leistungsverbesserungen in der AHV und der IV sowie ihre Finanzierung (vom 19. Juni 1992) (SR 831.100.1); hier im Anhang 2 abgedruckt.

Art. 43bis Abs. 1–4

1 Anspruch auf eine Hilflosenentschädigung haben Bezüger von Altersrenten oder Ergänzungsleistungen mit Wohnsitz und gewöhnlichem Aufenthalt in der Schweiz, die in schwerem oder mittlerem Grad hilflos sind und keinen Anspruch auf eine Hilflosenentschädigung nach dem Bundesgesetz über die Unfallversicherung oder nach dem Bundesgesetz vom 19. Juni 1992 über die Militärversicherung besitzen. Dem Bezug einer Altersrente ist der Rentenvorbezug gleichgestellt.

2 Der Anspruch auf eine Hilflosenentschädigung entsteht am ersten Tag des Monats, in dem sämtliche Voraussetzungen erfüllt sind und die Hilflosigkeit schweren oder mittleren Grades ununterbrochen während mindestens eines Jahres bestanden hat. Er erlischt am Ende des Monats, in dem die Voraussetzungen nach Absatz 1 nicht mehr gegeben sind.

3 Die Entschädigung für eine Hilflosigkeit schweren Grades beträgt 80 Prozent, jene für eine Hilflosigkeit mittleren Grades 50 Prozent des Mindestbetrages der Altersrente nach Artikel 34 Absatz 5.

4 Hat ein Hilfloser bis zum Ende des Monats, in welchem er das Rentenalter erreicht hat, eine Hilflosenentschädigung der Invalidenversicherung bezogen, so wird ihm die Entschädigung mindestens im bisherigen Betrag weitergewährt.

Übersicht

I. Allgemeines

Vorbemerkung: Im folgenden werden - soweit von Bedeutung - auch Entscheide aus dem Bereich der IV aufgeführt.

Bei der Hilflosenentschädigung nach dem AHVG und nach dem IVG handelt sich begrifflich um ein und dasselbe Rechtsinstitut. Es ist lediglich eine Frage des von Amtes wegen anzuwendenden Rechtes, ob die Hilflosenentschädigung zu Lasten der IV oder der AHV zu gewähren ist. Grundsätzlich genügt es daher, dass der interessierte Versicherte eine Hilflosenentschädigung verlangt; welches Recht anzuwenden ist - ob das AHVG oder das IVG -, muss sodann vom Verwaltungsträger bzw. dem Sozialversicherungsrichter entschieden werden (96 V 71).

Bei den gestützt auf diese Bestimmungen ausgerichteten Hilflosenentschädigungen handelt es sich um Leistungen der AHV und - auch wenn sie wegen der Besitzstandswahrung über die in Art. 42 Abs. 1 IVG festgelegte Altersgrenze hinaus ausgerichtet werden - nicht um solche der IV (102 V 6). Die gesetzliche Ordnung und die Natur der Sache lassen dem Ermessen der Verwaltung bei der Würdigung der Umstände des Einzelfalles für die Ermittlung des Grades der Hilflosigkeit einen weiten Spielraum, sofern der massgebende Sachverhalt mit hinreichender Zuverlässigkeit abgeklärt worden ist (98 V 25 E. 2).

II. Anspruchsvoraussetzungen (Abs. 1 und Abs. 2)

Als *hilflos* gilt, wer für die alltäglichen Lebensverrichtungen dauernd der Hilfe Dritter oder der persönlichen Überwachung bedarf. Dabei sind praxisgemäss die folgenden sechs alltäglichen Lebensverrichtungen massgebend:

- Ankleiden, Auskleiden;
- Aufstehen, Absitzen, Abliegen;
- Essen;
- Körperpflege;
- Verrichtung der Notdurft;
- Fortbewegung (im oder ausser Haus), Kontaktaufnahme.

Bei Lebensverrichtungen, welche mehrere Teilfunktionen umfassen, ist nicht verlangt, dass der Versicherte bei der Mehrzahl dieser Teilfunktionen fremder Hilfe bedarf; vielmehr ist bloss erforderlich, dass er bei einer dieser Teilfunktionen regelmässig in erheblicher Weise auf direkte oder indirekte Dritthilfe angewiesen ist (117 V 148, ZAK 1987 248 E. 1).

Es muss alles *Zumutbare vorgekehrt* werden, um die Folgen der Hilflosigkeit bestmöglich zu mildern. So kann verlangt werden, dass der Versicherte sich mit leidensangepassten Kleidern und Schuhen versieht; die entsprechenden Abänderungskosten müssen im Rahmen der Selbsteingliederung von ihm selbst getragen werden (ZAK 1989 215 E. 2b).

Die *Wartezeit* von einem Jahr als Anspruchsvoraussetzung für eine Hilflosenentschädigung der AHV bezieht sich nur auf die erstmalige Entstehung des Anspruchs (ZAK 1990 137 f. E. 2b).

III. **Besitzstandswahrung** (Abs. 4)

Auf die Besitzstandsgarantie kann sich nicht nur der Hilflose berufen, der bei Erreichen der Altersgrenze eine Hilflosenentschädigung der IV bezogen hat, sondern auch derjenige, der eine solche - im Rahmen der Verjährungsvorschrift des Art. 48 Abs. 2 IVG - nachfordern kann (105 V 134 E. 1b).

IV. **Begriff und Bemessung der Hilflosigkeit** (Abs. 5)

Die Umschreibung der schweren Hilflosigkeit, wie sie in Art. 36 Abs. 1 IVV vorgenommen wird, widerspricht Art. 43bis Abs. 1 AHVG nicht; mit dem Hinweis auf das IVG wollte der AHV-Gesetzgeber offensichtlich dessen Bestimmungen über Begriff und Bemessung der Hilflosigkeit für die Hilflosenentschädigung nach dem AHVG übernehmen (104 V 129 f.).

43ter (49) (A) **Hilfsmittel**

[1] Der Bundesrat bestimmt, unter welchen Voraussetzungen in der Schweiz wohnhafte Bezüger von Altersrenten, die für die Fortbewegung, für die Herstellung des Kontaktes mit der Umwelt oder für die Selbstsorge kostspieliger Geräte bedürfen, Anspruch auf Hilfsmittel haben.

[2] Er bestimmt, in welchen Fällen Bezüger von Altersrenten Anspruch auf Hilfsmittel für die Ausübung einer Erwerbstätigkeit oder der Tätigkeit in ihrem Aufgabenbereich haben.

[3] Er bezeichnet die Hilfsmittel, welche die Versicherung abgibt oder an welche sie einen Kostenbeitrag gewährt; er regelt die Abgabe sowie das Verfahren und bestimmt, welche Vorschriften des

Bundesgesetzes vom 19. Juni 1959 über die Invalidenversicherung anwendbar sind.

(A) Art. 66ter AHVV, HVA (hier im Anhang 8 abgedruckt)

Art. 43ter Abs. 1

[1] Der Bundesrat bestimmt, unter welchen Voraussetzungen Bezüger von Altersrenten mit Wohnsitz und gewöhnlichem Aufenthalt in der Schweiz, die für die Fortbewegung, für die Herstellung des Kontaktes mit der Umwelt oder für die Selbstsorge kostspieliger Geräte bedürfen, Anspruch auf Hilfsmittel haben.

Übersicht

Zum Text der HVA vgl. Anhang 8.

I. Anspruchsvoraussetzungen (Abs. 1 und Abs. 2)

Hilfsmittel für die «Tätigkeit im Aufgabenbereich» (vgl. Art. 2 Abs. 1 HVA): Der Anspruch auf Hilfsmittel setzt nicht voraus, dass der Versicherte den Haushalt überwiegend selbständig besorgt; es genügt, dass die Tätigkeit im Aufgabenbereich einen beachtlichen Umfang erreicht. Was als beachtlich zu gelten hat, bestimmt sich aufgrund des konkreten Aufgabenbereichs unter Berücksichtigung der durch das Hilfsmittel möglichen Verbesserungen (117 V 272 ff. E. 2b.bb; betr. IV).

II. Besitzstandsgarantie

Allgemeines

Die Besitzstandsgarantie bezieht sich ohne sprachliche Einschränkung auf alle Hilfsmittel oder Ersatzleistungen nach Art. 21 und Art. 21bis IVG. Bezüglich der Voraussetzung, dass das Hilfsmittel für die (fortdauernde) Erwerbstätigkeit erforderlich sein muss, stellt sich die quantitative Frage, welche Erwerbstätigkeit als erheblich zu betrachten ist. Dabei rechtfertigt es sich, die bundesrechtskonformen Einkommensgrenzen der «Wegleitung über die Abgabe von Hilfsmitteln durch die Invalidenversicherung» (WHMI) auch für die im Rahmen der Besitzstandsgarantie von der AHV abzugebenden Hilfsmittel anzuwenden. Zusätzlich ist eine fortdauernde Erwerbstätigkeit von einer gewissen Regelmässigkeit zu fordern (119 V 230 ff. E. 4 und 5).

Einzelfragen

Das Hilfsmittelbegehren gilt *im Rahmen der Invalidenversicherung* als rechtzeitig gestellt, wenn es bis zum Ende des Monats geltend gemacht wird, in welchem das für den Anspruch auf die Altersrente massgebende Altersjahr vollendet wird (107 V 78).

Im Rahmen der Besitzstandsgarantie kann Anspruch auf eine binaurale Hörapparate-Versorgung bestehen, auch wenn vor Erreichen des AHV-Rentenalters nur ein monaurales Gerät abgegeben worden ist (ZAK 1984 229 E. 3b, 106 V 13 E. 1).

III. Arten der Hilfsmittel und Ersatzleistungen (gemäss Liste im Anhang zur HVA)

Allgemeines zum Anhang zur HVA

Es besteht kein Grund, die zu Art. 21 IVG ergangene Rechtsprechung nicht auch im Bereich der HVA zur Anwendung zu bringen. Demgemäss ist der Bundesrat nicht verpflichtet, sämtliche Hilfsmittel, deren der Altersrentner zur Eingliederung bedarf, in die Hilfsmittelliste aufzunehmen; vielmehr kann eine Auswahl getroffen und die Zahl der Hilfsmittel beschränkt werden, wobei ein weiter Spielraum der Gestaltungsfreiheit besteht; eine Schranke bildet das Willkürverbot, worauf sich das richterliche Eingreifen zu beschränken hat. Zu beachten ist, dass Art. 43ter AHVG Eingliederungsziele erwähnt, welche mit der Abgabe von Hilfsmitteln angestrebt werden. Stellt die Nichtaufnahme eines bestimmten Behelfs das Erreichen der gesetzlichen Eingliederungsziele in einem bestimmten Bereich in schlechthin unannehmbarer, stossender und innerlich unbegründeter Weise in Frage, liegt Willkür und damit Verletzung von Bundesrecht vor (117 V 181 ff. E. 3).

Prothesen

Bezüglich der Aufnahme von Armprothesen, welche in der Fassung des Anhangs zur HVA vom 24. November 1988 nicht enthalten waren, vgl. 117 V 179 ff.

Schuhwerk

Orthopädische Innenschuhe fallen unter den Begriff der «orthopädischen Massschuhe» im Sinne von Ziff. 4 HVA-Anhang (ZAK 1989 395 f. E. 3b).

Hilfsmittel für den Kopfbereich
Soweit der Anspruch auf *Hörapparate-Versorgung* auf eine einseitige Versorgung beschränkt ist, ist dies nicht willkürlich (ZAK 1984 228 E. 3a).

Hilfsmittel für Sehbehinderte
Ein Anspruch auf Kostenübernahme für Kontaktlinsenkontrollen und -ersatz besteht nicht, da im Anhang zur HVA nur Lupenbrillen aufgeführt sind (119 V 229).

E. Verschiedene Bestimmungen

43quater (49) Überwachung des finanziellen Gleichgewichtes

Der Bundesrat lässt periodisch prüfen und durch die Eidgenössische Kommission für die Alters-, Hinterlassenen- und Invalidenversicherung begutachten, ob sich die finanzielle Entwicklung der Versicherung im Gleichgewicht befindet. Er stellt nötigenfalls Antrag auf Änderung des Gesetzes.

43quinquies (68)

44 (A) Auszahlung der Renten und Hilflosenentschädigungen

[1] **Die Renten und Hilflosenentschädigungen** (24) **werden in der Regel monatlich und zum voraus ausbezahlt** (B).
[2] (24) **Für die Monate, in denen der Anspruch erlischt, werden die Renten und Hilflosenentschädigungen voll ausgerichtet.**
[3] **Die Auszahlung der Renten und Hilflosenentschädigungen** (24) **erfolgt in der Regel durch Vermittlung der Post** (C).

(A) Art. 67 bis Art. 70, Art. 210 AHVV (betreffend Geltendmachung des Anspruchs); Art. 122 bis Art. 127 AHVV (betreffend zuständige Ausgleichskasse); Art. 70bis AHVV (betreffend Meldepflicht)
(B) Art. 72 AHVV
(C) Art. 71, Art. 71bis, Art. 73 bis Art. 75 AHVV

Art. 44 Abs.3

[3] Die Auszahlung der Renten und Hilflosenentschädigungen erfolgt in der Regel auf ein Bank- oder Postcheckkonto. Auf Antrag des Bezügers können sie ihm direkt ausbezahlt werden. Der Bundesrat regelt das Verfahren.

Abs. 3

Gemäss Art. 71 Abs. 1 AHVV kann die Auszahlung auch durch Vermittlung einer Bank erfolgen. Es handelt sich dabei um eine Kann-Vorschrift, welche verbunden ist mit dem Erfordernis, dass der Berechtigte zustimmt (vgl. Wortlaut der Bestimmung). Diese Verbindung lässt sich nur dahingehend verstehen, dass es im pflichtgemässen Ermessen der Ausgleichskasse liegt, ob sie die Rente durch Vermittlung einer Bank auszahlen will. Ein Rechtsanspruch des Leistungsempfängers auf diese Auszahlungsart lässt sich aus Art. 71 Abs. 1 AHVV jedoch nicht ableiten. Hingegen darf die Ausgleichskasse die Auszahlung durch Vermittlung einer Bank nicht an die Zustimmung des Empfängers knüpfen, dass die Bank zur Rückerstattung von zu Unrecht ausbezahlten Leistungen ermächtigt wird (AHI-Praxis 1993 36 ff.).

45 (A) Gewährleistung zweckgemässer Verwendung

Der Bundesrat ist befugt, nach Anhörung der Kantone Massnahmen zu treffen, damit die Renten und Hilflosenentschädigungen (24)**, soweit notwendig, zum Unterhalt des Berechtigten und der Personen, für die er zu sorgen hat, verwendet werden.**

(A) Art. 76, Art. 76bis, Art. 80 Abs. 2 AHVV

Literatur: Hollinger, Die Sicherung des Leistungszwecks in der Sozialversicherung.

Allgemeines

Art. 45 AHVG und Art. 76 AHVV beinhalten eine Kompetenzabgrenzung zwischen den Ausgleichskassen und anderen Verwaltungsorganen, welche an einer zweckgemässen Rentenverwendung interessiert sind, insbesondere den Vormundschafts- und Fürsorgebehörden. Wo

Verfügungen gemäss Art. 76 AHVV mit vormundschaftlichen Anordnungen kollidieren, gebührt diesen der Vorrang. Dies gilt allerdings nicht, wenn die vormundschaftliche Anordnung einen Elternteil betrifft, dem die elterliche Gewalt gar nicht entzogen wurde (102 V 37 f.).

Möglich ist auch eine teilweise Drittauszahlung; Schwierigkeiten durchführungstechnischer Natur dürfen dem nicht entgegengehalten werden (101 V 21 E. 3).

Voraussetzungen der Drittauszahlung

Eine Drittauszahlung kann vorgenommen werden, auch wenn der Versicherte noch über gewisse finanzielle Reserven verfügt, jedoch die Notwendigkeit der fürsorgerischen Unterstützung unmittelbar bevorsteht (101 V 20). Die Tatsachen allein, dass jemand von einer Fürsorgebehörde unterstützt wird, rechtfertigt allerdings noch nicht die Auszahlung der Rente an diese Behörde (118 V 91 E. 1b; betr. IV-Rente).

Bedeutung des kantonalen Rechts

Die Frage bleibt offen, ob Art. 45 AHVG Raum lässt für allfällige darüber hinausgehende Drittauszahlungsnormen des kantonalen Sozialhilferechts (118 V 94).

46 (24) (A) Nachzahlung nicht bezogener Renten und Hilflosenentschädigungen

[1] Der Anspruch auf Nachzahlung erlischt mit dem Ablauf von fünf Jahren seit Ende des Monats, für welchen die Leistung geschuldet war.

[2] Macht jedoch ein Versicherter den Anspruch auf eine Hilflosenentschädigung mehr als zwölf Monate nach dessen Entstehung geltend, so wird die Entschädigung lediglich für die zwölf der Geltendmachung vorangehenden Monate ausgerichtet.

[3] Der Bundesrat kann die Nachzahlung ordentlicher Altersrenten, für die der Aufschub in Betracht kommt, einschränken oder ausschliessen.

(A) Art. 77, Art. 79ter AHVV

Art. 46 Abs. 2

[2] Macht jedoch ein Versicherter den Anspruch auf eine Hilflosenentschädigung mehr als zwölf Monate nach dessen Entstehung gel-

tend, so wird die Entschädigung lediglich für die zwölf Monate ausgerichtet, die der Geltendmachung vorangehen. Weitergehende Nachzahlungen werden erbracht, wenn der Versicherte den anspruchsbegründenden Sachverhalt nicht kennen konnte und die Anmeldung innert zwölf Monaten seit Kenntnisnahme vornimmt.

Allgemeines

Die Frage ist offen, ob Art. 77 AHVV der Verwaltung, welche eine Rentenverfügung überprüft, die Modalitäten der Wiedererwägung vorschreibt und ob diese Vorschrift ganz allgemein dem Versicherten einen Anspruch auf Wiedererwägung der Verwaltungsverfügung einräumt (119 V 185 ff. E. 4a). – Nach EVGE 1950 75 bezieht sich die Vorschrift von Art. 77 AHVV lediglich auf dic Auszahlung bereits zugesprochener Renten und derogiert den normalen Wirkungsbereich der Rechtskraft in keiner Weise.

Wird bei einer Ausgleichskasse ein Nachzahlungsbegehren eingereicht, gilt dies auch für Renten, die zuständigkeitshalber von einer anderen Ausgleichskasse auszuzahlen waren (ZAK 1957 74 f.).

Abs. 1

Die Bestimmung von Art. 46 Abs. 1 AHVG ist sinngemäss anwendbar für den Anspruch auf eine Witwenabfindung (EVGE 1955 112; vgl. auch 113 V 15 E. 3a).

Art. 46 Abs. 1 ist nicht anwendbar für die Verwirkung einer Witwenrente, welche - aufgrund einer *staatsvertraglichen Regelung* - in der Form einer einmaligen Abfindung ausgerichtet werden muss (113 V 15 f. E. 3b).

Die Frist gemäss Abs. 1 beginnt in dem Zeitpunkt zu *laufen*, da die Hinterbliebene frühestens eine zivilrechtliche Verschollenerklärung durch den Richter erwirken kann. Im Falle der langen nachrichtenlosen Abwesenheit ist dieser Zeitpunkt auf sechs Jahre nach dem nachrichtenlosen Verschwinden zu legen (fünfjährige Wartefrist sowie einjährige Dauer des Verschollenerklärungsverfahrens) (120 V 175 f.).

Abs. 2

Art. 48 Abs. 2 Satz 2 IVG, wonach unter bestimmten Voraussetzungen Nachzahlungen über die zwölf der Anmeldung vorangehenden Monate hinaus erbracht werden, gilt auch für die Hilflosenentschädigung im Rahmen von Art. 46 Abs. 2 AHVG (114 V 136 f. E. 3a und b).

47 (A) Rückerstattung unrechtmässig bezogener Renten und Hilflosenentschädigungen

[1] Unrechtmässig bezogene Renten und Hilflosenentschädigungen (24) sind zurückzuerstatten. Bei gutem Glauben und gleichzeitigem Vorliegen einer grossen Härte kann von der Rückforderung abgesehen werden.

[2] Der Rückforderungsanspruch verjährt mit dem Ablauf eines Jahres, nachdem die Ausgleichskasse davon Kenntnis erhalten hat, spätestens aber mit dem Ablauf von fünf Jahren seit der einzelnen Rentenzahlung. Wird der Rückforderungsanspruch aus einer strafbaren Handlung hergeleitet, für welche das Strafrecht eine längere Verjährungsfrist festsetzt, so ist diese Frist massgebend.

[3] Der Bundesrat ordnet das Verfahren.

(A) Art. 78 bis Art. 79ter AHVV

Art. 47 Abs. 1
Betrifft nur den italienischen Text.

Literatur: Widmer, Die Rückerstattung unrechtmässig bezogener Leistungen in den Sozialversicherungen; Meyer-Blaser, Rückerstattung von Sozialversicherungsleistungen, 473 ff.

Übersicht

I. Rückerstattungspflicht (Abs. 1)

Grundsatz

Eine *Rückerstattungspflicht* kann nur angenommen werden, wenn die Voraussetzungen für ein wiedererwägungs- oder revisionsweises Zurückkommen auf die formell rechtskräftige Verfügung, mit welcher die betreffende Leistung zugesprochen worden ist, erfüllt sind (110 V 179 E. 2a).

Aus der Regelung von Art. 47 Abs. 1 AHVG ergibt sich der *Grundsatz*, dass die Leistungsanpassung rückwirkend (d.h. ex tunc) erfolgt (119 V 432). Werden Renten auch nach Eingang einer verspäteten Meldung betreffend Änderung der Anspruchsgrundlagen bezogen, unterliegen diese - im Gegensatz zu den bis zum Eintreffen der verspäteten Meldung bezogenen - nicht mehr der Rückerstattungspflicht (118 V 218 ff.; betr. IV-Rente; Anwendung der Rechtsprechung auf AHV-Renten nicht entschieden).

Rückerstattungspflichtiger

Die Rückerstattungspflicht trifft in erster Linie den *Bezüger* der Rente, d.h. den (vermeintlich) Anspruchsberechtigten selbst. Leben *Ehegatten* unter dem Güterstand der Errungenschaftsbeteiligung, ist eine zivilrechtliche Haftung des Ehepartners und eine daraus abgeleitete Rückerstattungspflicht für vom anderen zu Unrecht bezogene Renten zu verneinen (ZAK 1989 397 E. 3c). *Stirbt der Rückerstattungspflichtige*, wird die Rückerstattungsschuld des Erblassers eine persönliche Schuld der Erben (96 V 74 E. 1). Eine Rückerstattungspflicht eines *Dritten* besteht nur, wenn dieser als Drittempfänger im Sinne von Art. 76 AHVV bzw. der hiezu ergangenen Rechtsprechung zu betrachten ist (ZAK 1989 398 E. 4a., 112 V 101 f. E. 2b; vgl. näheres dazu im Kommentar zu Art. 45 AHVG). *Eltern*, die eine Leistung erhalten haben, auf welche ihr - bereits volljähriges - Kind keinen Anspruch hatte (im vorliegenden Fall eine Waisenrente), haften für die Rückerstattung solidarisch (ZAK 1968 556 f.).

Einzelfragen

Stellt die Ausgleichskasse fest, dass die Rückerstattung *uneinbringlich* ist, liegt eine Vollstreckungsmassnahme vor (113 V 282 ff. E. 4). Die Rückerstattungspflicht betrifft auch die *einmalige Witwenabfindung* (EVGE 1969 40 E. 3)

Wird ein Scheidungsurteil *rückwirkend rechtskräftig*, kann für eine über diesen Zeitpunkt hinaus ausgerichtete Ehepaar-Altersrente nicht schlechtweg Rechtswidrigkeit angenommen werden (EVGE 1960 217 f.).

II. Erlass (Abs. 1)

1. Allgemeines

Von der Rückforderung unrechtmässig bezogener Renten kann abgesehen werden, wenn der Pflichtige die Renten in gutem Glauben entgegengenommen hat und wenn die Rückerstattung für ihn eine grosse Härte bedeuten würde.

Obliegt die Rückerstattungspflicht den *Erben* des verstorbenen Rentenbezügers, so haben diese die Möglichkeit, auf Grund ihrer persönlichen Verhältnisse um Erlass zu ersuchen. Er wird ihnen gewährt, wenn und soweit sie persönlich die Erlassvoraussetzungen erfüllen (96 V 74 E. 2).

2. Voraussetzung der grossen Härte

Der Begriff der *grossen Härte* ist nach allgemeinen Kriterien auszulegen im Sinne einer wirtschaftlichen Härte für den Betroffenen nach Massgabe seines Einkommens und Vermögens unter Berücksichtigung allfälliger weiterer Faktoren, die für die konkrete wirtschaftliche Lage massgebend sein können, wie Unterhaltspflichten, Krankheiten, Lebenserwartungen usw. (ZAK 1973 199 E. 3).

Nach der Rechtsprechung liegt eine solche Härte vor, wenn zwei Drittel des anrechenbaren Einkommens (und der allenfalls hinzuzurechnende Vermögensteil) die nach Art. 42 Abs. 1 AHVG anwendbare und um 50 Prozent erhöhte Einkommensgrenze nicht erreichen. Für die Ermittlung des anrechenbaren Einkommens gelten die Regeln der Art. 56 ff. AHVV. Vom Vermögen ist der Rückerstattungsbetrag abzuziehen. In bestimmten Fällen ist besonderen Umständen - etwa Krankheit, Invalidität, ins Gewicht fallende Unterhaltsverpflichtungen - Rechnung zu tragen. Massgebend sind die wirtschaftlichen Verhältnisse, wie sie im Zeitpunkt vorliegen, da der Rückerstattungspflichtige bezahlen soll (116 V 12 E. 2a, 116 V 293 E. 2c). Wird der Rückerstattungsbetrag im für die Prüfung des Härtefalles massgeblichen Zeitpunkt durch das die massgebliche Einkommensgrenze überschreitende anrechenbare Einkommen *nur zu einem Teil gedeckt*, ist die Rückforderung im darüber hinausgehenden Umfang zu erlassen (116 V 14). Jedenfalls darf die grosse Härte nicht allein deshalb verneint werden, weil der Versicherte über ein gewisses Vermögen verfügt (ZAK 1985 588 E. 4c).

Einkommen und Vermögen des *Ehegatten* sind bei der Frage, ob eine grosse Härte gegeben ist, mitzuberücksichtigen. Dies gilt auch, wenn das Erlassgesuch die Rückerstattung der Waisenrente eines Stiefkindes zum Gegenstand hat (108 V 60).

Beim *bevormundeten Versicherten* ist die grosse Härte einzig in seiner Person und nach seinen Verhältnissen zu prüfen (112 V 105 E. 3c).

3. Voraussetzung des guten Glaubens

Allgemeines

Der gute Glaube als Erlassvoraussetzung entfällt von vornherein, wenn der Rückerstattungstatbestand durch ein arglistiges oder grobfahrlässiges Verhalten herbeigeführt wurde. Anderseits kann sich der Versicherte auf den guten Glauben berufen, wenn seine fehlerhafte Handlung oder Unterlassung nur eine leichte Verletzung der Melde- oder Auskunftspflicht darstellt (112 V 103 E. 2c).

Berufung auf den guten Glauben abgelehnt

Keine Berufung auf den guten Glauben ist möglich, wenn der Versicherte Leistungen über eine verfügungsweise angeordnete *Befristung* hinaus entgegennimmt (ZAK 1983 507 f.; betr. Taggelder der IV). Er hat insoweit die Pflicht, sich bei der Ausgleichskasse über die Richtigkeit der über die Befristung hinaus vorgenommenen Auszahlung zu vergewissern (ZAK 1965 374).

Die Berufung auf den guten Glauben ist ferner ausgeschlossen, wenn während eines Beschwerdeverfahrens die Rente – wegen der *aufschiebenden Wirkung* – weiter ausgerichtet wird, der Rentenempfänger somit mit der Rückerstattung zu rechnen hatte (ZAK 1988 523 E. 3b).

Keine Berufung auf den – beim Vertretenen grundsätzlich vorhandenen – guten Glauben ist möglich, wenn *der Vertreter bösgläubig* ist (EVGE 1956 129 f.).

Berufung auf den guten Glauben zugelassen

Rechtsunkenntnis stellt zwar im Allgemeinen keine gültige Entschuldigung dar. Es gibt jedoch Fälle, in denen eine solche Unkenntnis mit dem Erfordernis des guten Glaubens nicht unvereinbar ist; im vorliegenden Fall kann dem Versicherten angesichts seiner Fähigkeiten und Kenntnisse und in Berücksichtigung der Umstände, in der er sich befand, die Unwissenheit nicht zum Vorwurf gemacht werden (ZAK 1970 338 E. 2).

Wird ein Leistungsgesuchsformular durch eine *Behörde ausgefüllt* und vom Versicherten nur unterschrieben, aber nicht überprüft, darf nicht sogleich auf das Fehlen des guten Glaubens geschlossen werden (ZAK 1987 166).

4. Verfahren

Bei der in Art. 79 Abs. 2 AHVV vorgesehenen 30tägigen Frist zur Einreichung des Gesuches um Erlass der Rückerstattung handelt es sich um eine *Ordnungsvorschrift* (ZAK 1987 165).

III. Verjährung (Abs. 2)

Allgemeines

Die Verjährungsbestimmungen von Art. 47 Abs. 2 AHVG sind vor dem Hintergrund zu sehen, dass die Bestimmung es in gleicher Weise wie Art. 67 OR ermöglichen will, eine dem materiellen Recht entgegenstehende Bereicherung rückgängig zu machen (EVGE 1954 27).

Bei den in Abs. 2 genannten Verjährungsfristen handelt es sich um *Verwirkungsfristen* (119 V 433 E. 3a). Sie können grundsätzlich nur durch den Erlass einer Verfügung gewahrt werden (119 V 434 E. 3c).

Die Rückforderung ist als *einheitliche Gesamtforderung* zu betrachten; die Ausgleichskasse darf demnach mit dem Erlass der Rückforderungsverfügung warten, bis der Umfang des Gesamtbetrages der unrechtmässig bezogenen Renten feststeht (111 V 19 E. 5).

Die genannten Fristen betreffen lediglich die *Festsetzung* der Rückerstattungsforderung, nicht deren Vollstreckung. Für die *Vollstrekkung* einer rechtskräftig festgesetzten Rückerstattungsforderung ist - in analoger Anwendung von Art. 16 Abs. 2 AHVG - eine dreijährige Frist massgebend (117 V 209 E. 2b); dabei ist diese Frist als Verwirkungs- (und nicht als Verjährungs-)Frist zu betrachten (117 V 210 f. E. 3b). Nach fristgerechter, rechtskräftiger Anordnung der Rückerstattung kann somit im nachfolgenden Erlassverfahren Abs. 2 nicht angerufen werden; diese Bestimmung betrifft nicht die Begrenzung des Vollzugs nach Erlass einer rechtskräftigen Verfügung (111 V 95).

Einjährige Verjährungsfrist

Diese Frist beginnt zu laufen, wenn die Ausgleichskasse bei Beachtung der ihr zumutbaren Aufmerksamkeit hätte erkennen müssen, dass die Voraussetzungen für eine Rückerstattung bestehen (119 V 433 E. 3a).

Die Verwaltung hat diese Aufmerksamkeit auch bei den sich allenfalls aufdrängenden weiteren Erhebungen anzuwenden, damit ihre noch ungenügende Kenntnis so vervollständigt wird, dass der Rückforderungsanspruch die nötige Bestimmtheit erhält. Falls es für die Ermittlung des Rückforderungsanspruchs des Zusammenwirkens mehrerer hiermit betrauter Verwaltungsstellen bedarf, genügt es für den Beginn des Fristenlaufs, wenn die erforderliche Kenntnis bei einer der zuständigen Verwaltungsstellen vorhanden ist (ZAK 1989 560 E. 4b).

Fünfjährige Verjährungsfrist

Die absolute Verjährungsfrist von fünf Jahren beginnt in dem Zeitpunkt zu laufen, an welchem die Leistung effektiv erbracht worden ist, und nicht etwa mit dem Datum, an welchem sie hätte erbracht werden sollen (111 V 17 E. 3).

Herleitung aus einer strafbaren Handlung

Vgl. dazu im Kommentar zu Art. 16 AHVG, Ziff. I, sowie im Kommentar zu Art. 52 AHVG, Ziff. V.1.a.

48 (64)

48bis (49) Verhältnis zu anderen Sozialversicherungszweigen

Der Bundesrat ordnet das Verhältnis zu den anderen Sozialversicherungszweigen und erlässt ergänzende Vorschriften zur Verhinderung von Überentschädigungen beim Zusammenfallen von Leistungen.

48ter (49) (B) Rückgriff auf haftpflichtige Dritte 1. Grundsatz

Gegenüber einem Dritten, der für den Tod oder die Gesundheitsschädigung eines Versicherten haftet, tritt die Alters- und Hinterlassenenversicherung im Zeitpunkt des Ereignisses bis auf die Höhe ihrer gesetzlichen Leistungen in die Ansprüche des Versicherten und seiner Hinterlassenen ein. Artikel 129 des Bundesgesetzes vom 13. Juni 1911 über die Kranken- und Unfallversicherung (A) **bleibt vorbehalten.**

(A) Bezieht sich seit 1. Januar 1984 auf Art. 44 UVG
(B) Übergangsbestimmungen 1. Januar 1979 lit. e

Art. 48ter letzter Satz

... Artikel 44 des Bundesgesetzes vom 20. März 1981 über die Unfallversicherung (UVG) bleibt vorbehalten.

Literatur: Stoessel, Das Regressrecht der AHV/IV gegen den Haftpflichtigen.

Der Gesetzgeber hat die AHV – und nicht etwa die Eidgenossenschaft – als Anspruchsberechtigte bezeichnet; diese ist insoweit rechtsfähig und für die Durchsetzung der auf sie übergegangenen Ansprüche partei- und prozessfähig (ZAK 1986 417 f. E. 1; Entscheid des Bundesgerichts).

Satz 2 der Bestimmung statuiert kein Haftungsprivileg; ein Rückgriff auf haftpflichtige Familienangehörige des Versicherten ist jedoch nur bei Absicht oder Grobfahrlässigkeit möglich (ZAK 1986 631 f. E. 2b; Entscheid des Bundesgerichts).

48quater (49) 2. Umfang des Übergangs der Ansprüche

1 Die Ansprüche des Versicherten und seiner Hinterlassenen gehen nur so weit auf die Versicherung über, als deren Leistungen zusammen mit dem vom Dritten geschuldeten Ersatz den Schaden übersteigen.

2 Hat jedoch die Versicherung ihre Leistungen wegen vorsätzlicher oder grobfahrlässiger Herbeiführung des Versicherungsfalles gekürzt, so gehen die Ansprüche des Versicherten und seiner Hinterlassenen entsprechend dem Verhältnis der Versicherungsleistungen zum Schaden auf die Versicherung über.

3 Die Ansprüche, die nicht auf die Versicherung übergehen, bleiben dem Versicherten und seinen Hinterlassenen gewahrt. Kann nur ein Teil des vom Dritten geschuldeten Ersatzes eingebracht werden, so sind daraus zuerst die Ansprüche des Versicherten und seiner Hinterlassenen zu befriedigen.

48quinquies (49) 3. Gliederung der Ansprüche

1 Die Ansprüche gehen für Leistungen gleicher Art auf die Versicherung über.

2 Leistungen gleicher Art sind namentlich:

a. Witwen- oder Waisenrenten und Ersatz für Versorgerschaden;

b. Altersrenten, die anstelle von Invalidenrenten ausgerichtet werden, einschliesslich Zusatz- und Kinderrenten und Ersatz für Erwerbsunfähigkeit;

c. Leistungen für Hilflosigkeit sowie Vergütungen für Pflegekosten und für andere aus der Hilflosigkeit erwachsende Kosten.

48sexies (49) (A) 4. Ausübung des Rückgriffsrechtes

Der Bundesrat erlässt nähere Vorschriften über die Ausübung des Rückgriffsrechtes.

(A) Art. 79quater AHVV

Vierter Abschnitt: Die Organisation

A. Allgemeines

Literatur: Ferrari, Stellung und faktische Bedeutung der Verbände in der Alters- und Hinterlassenen-Versicherung.

49 Grundsatz

Die Durchführung der Alters- und Hinterlassenenversicherung erfolgt unter der Aufsicht des Bundes durch die Arbeitgeber und Arbeitnehmer, ... (68), Verbandsausgleichskassen, kantonale Ausgleichskassen, Ausgleichskassen des Bundes und eine zentrale Ausgleichsstelle.

50 Schweigepflicht

[1] Die Personen, die mit der Durchführung, mit der Beaufsichtigung und mit der Kontrolle der Durchführung betraut sind, haben über ihre Wahrnehmungen Verschwiegenheit zu bewahren.

[1bis] (96) Die Schweigepflicht gilt nicht gegenüber Behörden, die mit dem Vollzug der Steuergesetze betraut sind und die um Auskünfte für die Anwendung dieser Gesetze ersuchen. Die Auskünfte dürfen nur für die Zeit ab Inkrafttreten (B) des Bundesgesetzes über die direkte Bundessteuer, einschliesslich der dem Inkrafttreten vorangehenden Berechnungsperiode, gegeben werden.

[2] Wo kein schützenswertes Privatinteresse vorliegt, kann der Bundesrat Ausnahmen von der Schweigepflicht bewilligen (A).

(A) Art. 209bis AHVV
(B) 1. Januar 1995 (AS 1991, 1184)

Anwendungsfall: Die mit einer Arbeitgeberkontrolle beauftragte Revisionsstelle ist nicht befugt, dem kontrollierten Arbeitgeber oder dessen Arbeitnehmern Einsicht in den Bericht zu geben (ZAK 1965 99 E. 2a). – Vgl. auch EVGE 1953 65 ff. (dem Interesse des Versicherten nach möglichster Wahrung der Diskretion der Einkommensverhältnisse kann nicht dadurch Rechnung getragen werden, dass die Einträge in die individuellen Konten zahlenmässig beschränkt werden; dem genannten Interesse trägt nämlich die Schweigepflicht Rechnung).

B. Die Arbeitgeber

51 Aufgaben

[1] (24) **Die Arbeitgeber haben von jedem Lohn im Sinne von Artikel 5 Absatz 2 den Beitrag des Arbeitnehmers abzuziehen** (A).

[2] **Den Arbeitgebern obliegt, vorbehältlich Artikel 78 Absatz 1, die Auszahlung der Renten und Hilflosenentschädigungen** (24) **an die Versicherten mit unselbständiger Erwerbstätigkeit, die im Zeitpunkt der Entstehung des Rentenanspruchs mindestens zwei Jahre bei ihnen in Anstellung waren, oder an deren Hinterlassene** (B). **Auf Verlangen des Rentenberechtigten oder des Arbeitgebers sind die Renten und Hilflosenentschädigungen** (24) **durch die Ausgleichskasse auszubezahlen** (C).

[3] (31) **Die Arbeitgeber haben die von den Arbeitnehmern in der Anmeldung zum Bezug eines Versicherungsausweises gemachten Angaben auf Grund amtlicher Ausweispapiere zu überprüfen. Sie rechnen mit der Ausgleichskasse über die abgezogenen und die selbst geschuldeten Beiträge sowie über die ausbezahlten Renten und Hilflosenentschädigungen periodisch ab und machen die erforderlichen Angaben für die Führung der individuellen Konten der Arbeitnehmer** (D).

[4] **Der Bundesrat kann den Arbeitgebern weitere Aufgaben, die mit dem Beitragsbezug oder der Rentenauszahlung in Zusammenhang stehen, übertragen.**

(A) Art. 35 AHVV
(B) Art. 71 bis Art. 75, Art. 80 Abs. 1 und Abs. 2 AHVV
(C) Art. 80 Abs. 3 AHVV
(D) Art. 34, Art. 142, Art. 143 AHVV.

Art. 51 Abs. 2
Aufgehoben

Literatur: Sommerhalder, Die Rechtsstellung des Arbeitgebers in der AHV, 33 ff.

52 (A) Deckung von Schäden

Verschuldet ein Arbeitgeber durch absichtliche oder grobfahrlässige Missachtung von Vorschriften einen Schaden, so hat er diesen der Ausgleichskasse zu ersetzen.

(A) Art. 81, Art. 82, Art. 138 Abs. 3 AHVV

Literatur: Winzeler, Die Haftung der Organe und der Kassenträger, 64 ff.; Frésard, La responsabilité de l'employeur, 1 ff.; Knus, Die Schadenersatzpflicht des Arbeitgebers; Frésard, Les développements récents de la jurisprudence du Tribunal fédéral des assurances relatives à la responsabilité de l'employeur, 162 ff.; Nussbaumer, Die Ausgleichskasse als Partei im Schadenersatzprozess, 383 ff., 433 ff.; Dieterle/Kieser, Der Schadenersatzprozess nach Art. 52 AHVG, 657 ff.

Übersicht

2. Einspruch
3. Klage an die kantonale Instanz
4. Verwaltungsgerichtsbeschwerde an das EVG
5. Verschiedenes

I. Allgemeines

Der Ersatz des Schadens, welchen ein Arbeitgeber einer Ausgleichskasse verursacht hat und den er gemäss Art. 52 AHVG dieser zu ersetzen hat, ist rechtlich etwas völlig anderes als der nach Gesetz geschuldete AHV-Beitrag (EVGE 1960 205 E. 3). – Zur rentenbildenden Kraft von Schadenersatzleistungen vgl. Art. 138 Abs. 3 AHVV (EVGE 1960 205 E. 3 bezüglich der Feststellung zur rentenbildenden Kraft nicht mehr anwendbar).

II. Haftungsvoraussetzungen

1. Schaden

Allgemeines

Ein Schaden im Sinne von Art. 52 AHVG liegt immer dann vor, wenn der Ausgleichskasse als Organ der AHV ein ihr zustehender Betrag entgeht; dabei entspricht die Höhe des Schadens dem Betrag, dessen die Ausgleichskasse verlustig geht (EVGE 1961 230 E. 1).

Arbeitnehmer- und Arbeitgeberbeiträge

Die Verschuldenshaftung erstreckt sich nicht nur auf die nichtabgelieferten Arbeitnehmerbeiträge. Das hoheitliche Handeln des Arbeitgebers bezieht sich auf Bezug, Ablieferung und Abrechnung der paritätischen Sozialversicherungsbeiträge, d.h. der Arbeitnehmer- und der Arbeitgeberbeiträge (AHI-Praxis 1994 106 E. 7a). Können paritätische Beiträge wegen der Verwirkung gemäss Art. 16 AHVG nicht mehr eingebracht werden, ist für die Ausgleichskasse eine Vorgehen gemäss Art. 52 AHVG möglich (EVGE 1956 181).

Nichtbezahlung von ALV-Beiträgen

Für einen dadurch entstandenen Schaden sind die in der AHV geltenden Bestimmungen anwendbar (113 V 186 ff.).

Differenz zwischen geleisteten Akontozahlungen und den genauen Beiträgen

Für eine solche Differenz kann der Arbeitgeber nicht haftbar gemacht werden, es sei denn, er bezwecke aufgrund von finanziellen Schwierigkeiten die Fälligkeit seiner Schulden durch deutlich ungenügende Akontozahlungen weitestmöglich hinauszuschieben (ZAK 1992 247 E. 3b).

Verzugszins auf der Schadenssumme

Wegen Fehlens einer gesetzlichen Grundlage besteht keine allgemeine Verzugszinspflicht; eine solche Pflicht kann auch nicht mit Begründung bejaht werden, es dränge sich eine vermehrt am öffentlich-rechtlichen Haftpflichtrecht (wo eine Verzugszinspflicht auch ohne besondere gesetzliche Grundlage zugelassen wird) orientierte Sichtweise auf. Eine ausnahmsweise Zusprechung eines Verzugszinses ist allerdings möglich, wo ein Haftpflichtiger nach Konkurseröffnung bzw. Ausstellung des Pfändungsverlustscheines durch trölerische Machenschaften zur Verzögerung beiträgt (119 V 84 ff. E. 5).

2. Kausalzusammenhang

Nach der Rechtsprechung des EVG hat ein Ereignis dann als adäquate Ursache eines Erfolges zu gelten, wenn es nach dem gewöhnlichen Lauf der Dinge und nach der allgemeinen Lebenserfahrung an sich geeignet ist, einen Erfolg von der Art des eingetretenen herbeizuführen, der Eintritt dieses Erfolges also durch das Ereignis allgemein begünstigt erscheint (119 V 406 E. 4a).

Wer Geschäftsführer einer bereits insolventen Aktiengesellschaft wird, bei welcher der Schaden bereits eingetreten war, haftet - wenn der Geschäftsführer daran nichts ändern konnte - insoweit wegen Fehlens des adäquaten Kausalzusammenhangs nicht (119 V 405 ff. E. 4).

Der Kausalzusammenhang wird nicht dadurch unterbrochen, dass es die Ausgleichskasse unterlassen hat, bei ihr eingereichte Abrechnungsunterlagen zu bearbeiten. Eine Unterlassung der Ausgleichskasse ist ohne Einfluss auf die Verpflichtung, für die gesetzmässige Beitragsabrechnung und -zahlung besorgt zu sein. Eine Verschuldenskompensation kommt insoweit nicht in Betracht (AHI-Praxis 1994 105 E. 6). Eine solche Unterlassung stellt auch keinen Herabsetzungsgrund dar (AHI-Praxis 1994 106 E. 6).

3. Widerrechtlichkeit

Unter dem Begriff der «Vorschriften» sind nicht nur die Vorschriften der AHV-Gesetzgebung zu verstehen, sondern auch die nach den objektiven Umständen und den persönlichen Verhältnissen gebotene Pflicht, dafür zu sorgen, dass keine Zahlungsunfähigkeit eintritt (ZAK 1985 580 f.).

4. Verschulden

Allgemeines

Es ist zu prüfen, ob ein Verschulden im Sinne von Absicht oder zumindest grober Fahrlässigkeit vorliegt. Dabei ist beim Handeln mit Wissen und Willen *Absicht* anzunehmen (die Bestimmung von Art. 18 Abs. 2 StGB findet insoweit auch im Sozialversicherungsrecht Anwendung). *Grobfahrlässig* handelt, wer das ausser acht lässt, was jedem verständigen Menschen in gleicher Lage und unter gleichen Umständen als beachtlich hätte einleuchten müssen (ZAK 1988 599 E. 5a, 112 V 159). Das Mass der zu verlangenden Sorgfalt ist dabei abzustufen entsprechend der Sorgfaltspflicht, die in den kaufmännischen Belangen jener Arbeitgeberkategorie, welcher der Betreffende angehört, üblicherweise erwartet werden kann und muss. An die Sorgfaltspflicht einer Aktiengesellschaft sind grundsätzlich strenge Anforderungen zu stellen, wobei die entsprechende Pflicht des Verwaltungsratspräsidenten einer Grossfirma anders ausgestaltet ist als diejenige bei einem Verwaltungsrat, der faktisch das einzige ausführende Organ der Firma ist oder welchem aus irgendwelchen Quellen bekannt ist oder doch bekannt sein sollte, dass die Abrechnungspflicht möglicherweise mangelhaft erfüllt wird (108 V 203).

Einzelfälle

Als *Grobfahrlässigkeit* zu werden sind die folgenden Tatbestände:
- die Verkennung der Pflicht eines Verwaltungsrates; eine Exkulpation ist nicht möglich, wenn ein Verwaltungsrat geltend macht, er habe dem geschäftsführenden Verwaltungsratsmitglied (und zugleich Ehegatten) vertraut (ZAK 1992 255 E. 7b);
- die Passivität trotz (möglicher) Kenntnis ausstehender Beitragszahlungen (ZAK 1989 104 f.);
- Verwaltungsratspräsident holt trotz offenkundig gewordener Verluste von bedrohlichem Ausmass keine Auskünfte über die Ablieferung und Abrechnung der Beiträge ein, erteilt keine Weisungen oder veranlasst keine Kontrollen (ZAK 1989 109 f. E. 4b);
- Verwaltungsratspräsident bringt vor, seine Tätigkeit habe sich v.a. auf die Leitung der Verwaltungsratssitzungen beschränkt und er habe als Nichtaktionär auch keinen faktischen Einfluss auf die Geschäftsführung gehabt; er kam im Verlaufe mehrerer Jahre seiner Pflicht nicht nach, zu wissen, dass und wieviel AHV-Beiträge zu bezahlen waren, und dafür zu sorgen, dass mit den Löhnen auch die Beiträge bezahlt werden (109 V 88 f. E. 6);
- Arbeitgeber zieht seinen Arbeitnehmern Beiträge vom Lohn ab und

beweist damit die Kenntnis der gesetzlichen Vorschriften; in entsprechenden Fällen ist eine leichte Fahrlässigkeit nur in ganz besonderen Fällen gegeben (112 V 160);
- Aktiengesellschaft betrachtet die bei ihr vorgenommene Tätigkeit eines Versicherten als selbständige Erwerbstätigkeit; da ihr bei der gegebenen Sachlage ernstlich als zweifelhaft hätte erscheinen müssen, ob die Tätigkeit wirklich als selbständige Erwerbstätigkeit bewertet werden darf, sie es jedoch nicht für nötig erachtete, sich über die Abrechnungspflicht zu vergewissern, ist eine grobfahrlässige Missachtung von Vorschriften anzunehmen (98 V 30).

Abgelehnt wurde das Vorliegen einer Grobfahrlässigkeit in folgenden Fällen:
- Nicht grobfahrlässig handelt der Liquidator, der Lohnbezüge nicht abrechnete, für deren Vorhandensein er keine greifbaren Anhaltspunkte oder Hinweise hatte (ZAK 1985 52 f. E. 2b);
- Willigt eine Ausgleichskasse ohne Bedingungen in das *Pauschalverfahren* (vgl. dazu Art. 34 Abs. 3 AHVV sowie Kommentar zu Art. 14 AHVG, Ziff. I.1) ein, besteht keine Pflicht des Arbeitgebers, die Erhöhung der Lohnsumme vor Ablauf des Kalenderjahres der Ausgleichskasse zu melden. Diese Nichtanmeldung darf somit dem Arbeitgeber nicht als grobfahrlässiges Verhalten vorgeworfen werden (AHI-Praxis 1993 166 E. 4e). – Immerhin muss aber nach Ablauf des Kalenderjahres als der gegebenenfalls massgeblichen Abrechnungsperiode die Abweichung umgehend gemeldet werden (AHI-Praxis 1994 104 E. 5b.aa).

Rechtfertigungsgründe

Ein *Rechtfertigungsgrund* ist anzunehmen, wenn der Arbeitgeber durch die verspätete Zahlung der Beiträge das Überleben des Unternehmens ermöglichen kann, etwa bei besonderen Liquiditätsengpässen. Es muss aber feststehen, dass der Arbeitgeber im Zeitpunkt, in welchem er diese Entscheidung trifft, aus ernsthaften und objektiven Gründen annehmen durfte, seine Beitragsschulden innert nützlicher Frist bezahlen zu können (ZAK 1988 600 E. 5c). Ein solcher Rechtfertigungsgrund wurde bei einem Unternehmer angenommen, der in einer für die ganze betreffende Branche schwierigen Phase das getan hat, was vernünftigerweise von ihm erwartet werden konnte; im Bestreben, sein Unternehmen zu erhalten, hat er zuerst die für dessen Überleben wesentlichen Forderungen der Arbeitnehmer und Lieferanten befriedigt, wobei er damit rechnen durfte, die Forderungen der Sozialversicherung innert nützlicher Frist begleichen zu können (108 V 188).

Keinen Rechtfertigungsgrund stellt die Delegation von Geschäftsführungskompetenzen dar; auch in einem solchen Fall besteht ein strenger Verschuldensmassstab (114 V 223 f. E. 4a). Ebenfalls keinen Rechtfertigungsgrund stellen fehlende finanzielle Mittel dar (ZAK 1985 621 f. E. 4).

Der einzige Verwaltungsrat einer AG kann nicht mit der Delegation von Funktionen an Dritte zugleich auch seine Verantwortung als einziges Verwaltungsorgan an diese Dritte delegieren (112 V 3).

Abgelehnt wurde der genannte Rechtfertigungsgrund schliesslich in einem Fall, in dem die Gesellschaft bis zur und nach der Notstundung erhebliche Entgelte an Dritte, ja sogar an in der Gesellschaft mitarbeitende Verwaltungsräte ausrichtete, ohne dass die Ausstände gegenüber der Ausgleichskasse beglichen worden wären (AHI-Praxis 1994 105 E. 5b.cc).

Der Rechtfertigungsgrund muss für *jenen Zeitraum* vorliegen, in welchem die entgangenen Beiträge zu entrichten waren (ZAK 1986 224 E. 5b).

III. Schadenersatzpflichtiger

Allgemeine Grundsätze

Nach dem klaren Wortlaut der Bestimmung haftet *primär der Arbeitgeber*; an der Rechtsprechung, dass - wenigstens subsidiär - auch die verantwortlichen Organe haftbar sind, wird festgehalten (114 V 220 ff. E. 3).

Für die Beantwortung der Frage, ob eine Person *Organstellung* hat, betrachtet die neuere Lehre weder den Handelsregistereintrag noch die Unterschriftsberechtigung als entscheidend; dasselbe gilt für die Rechtsprechung des Bundesgerichts und des EVG. Massgeblich ist für die Beurteilung der Organstellung von Personen, die nicht Verwaltungsräte sind, ob sie tatsächlich die Funktion von Organen erfüllen (114 V 218 E. 4e). Als *faktische Organe* anzusehen sind insoweit Personen, die den Organen vorbehaltene Entscheide treffen oder die eigentliche Geschäftsführung besorgen, ohne als Organe der AG ernannt worden zu sein (114 V 79 f.; Änderung der Rechtsprechung gemäss ZAK 1983 485 ff.).

Es steht im Belieben der Ausgleichskasse, *welchen der verschiedenen Solidarschuldner* sie in Anspruch nehmen will; darin liegt keine rechtsungleiche Behandlung (109 V 93 E. 10). Bei einer Mehrheit von Haftpflichtigen steht der Ausgleichskasse eine Klagenkonkurrenz zu; um interne Beziehungen zwischen den Mitverpflichteten braucht sie sich nicht zu kümmern. Zwar vermag sie nur einmal den Schadenersatz zu fordern, doch haftet ihr jeder Schuldner solidarisch für den gesamten Schaden. Der ins Recht gefasste Arbeitgeber wird dadurch in keiner Weise eingeschränkt, gegen einen nicht belangten Dritten Rückgriff zu nehmen (119 V 87 E. 5a).

Zeitliche Beschränkung der Haftung

Der Arbeitgeber haftet grundsätzlich nur für jenen Schaden, der durch die Nichtbezahlung von paritätischen Beiträgen entstanden ist, die zu einem Zeitpunkt zur Bezahlung fällig waren, als er über allenfalls vorhandenes Vermögen disponieren und eine Zahlung an die Ausgleichskassen veranlassen konnte. Dies hat zur Folge, dass während des Konkursverfahrens keine Haftung mehr besteht; hier bildet sämtliches Vermögen, das dem Arbeitgeber zur Zeit der Konkurseröffnung gehört, die Konkursmasse; über diese können der Gemeinschuldner bzw. seine Organe jedoch nicht verfügen (AHI-Praxis 1994 36 E. 6b).

Wenn ein Arbeitgeber seinen Zahlungspflichten gegenüber der Ausgleichskasse nicht nachkommen kann, weil zwischen dem Ende der Zahlungsperiode und dem Ende der zehntägigen Zahlungsfrist der *Konkurs eröffnet* wird, verletzt er insoweit seine ihm obliegende Zahlungspflichten nicht. Wird hingegen das *Konkursverfahren mangels Aktiven nicht durchgeführt*, der Betrieb jedoch bis zur Auflösung der Gesellschaft weitergeführt, haften die Aktiengesellschaft (in Liquidation) bzw. deren Organe (die auch als Liquidatoren amten) für die nach Schluss des Konkurses fällig gewordenen Sozialversicherungsabgaben ebenfalls (AHI-Praxis 1994 37 f.).

Wer effektiv aus dem Verwaltungsrat einer AG *ausgeschieden* ist, hat ab diesem Datum keine Möglichkeit mehr, Zahlungen an die Ausgleichskasse zu veranlassen. Insoweit besteht für diesen Zeitraum keine Haftpflicht mehr. Anders ist nur im Sonderfall einer grobfahrlässig verursachten Zahlungsunfähigkeit zu entscheiden, welche die Bezahlung der Forderungen innert den jeweiligen Zahlungsfristen zum vornherein verunmöglicht hätte (112 V 5 E. 3d).

Keine Haftung besteht sodann für den Schaden, der bereits *vor dem Eintritt* in den Verwaltungsrat entstanden ist; dies verhält sich so, weil der Schaden bereits eingetreten ist und der neu in den Verwaltungsrat Eingetretene daran nichts ändern konnte (119 V 406 ff. E. 4b und c).

Schadenersatzpflichtiger bei der Aktiengesellschaft im speziellen

Bei einer *AG* geht das EVG davon aus, dass alle mit der Verwaltung, Geschäftsführung oder Kontrolle betrauten Personen sowohl der Gesellschaft als auch den einzelnen Aktionären und Gesellschaftsgläubigern für den Schaden verantwortlich sind, den sie durch absichtliche oder fahrlässige Verletzung der ihnen obliegenden Pflichten verursachen (114 V 214 E. 3). Wird ein Mitglied des Verwaltungsrates faktisch von der Geschäftsführung *ausgeschlossen*, bleibt seine Rechtsstellung als Organ der AG bis zur Abberufung durch die Generalversammlung unangetastet (ZAK 1989 104). Bei einem kleinen Unternehmen mit einfacher Verwaltungsstruktur muss vom *einzigen Verwaltungsrat einer AG*, der als solcher die Verwaltung der Gesellschaft als einzige Person in Organstellung zu besorgen hat, der Überblick über alle wesentlichen Belange selbst dann verlangt werden, wenn gewisse Befugnisse von aussenstehenden Personen wahrgenommen werden. Er kann mit der Delegation von Funktionen an Dritte nicht zugleich auch seine Verantwortung als einziges Verwaltungsorgan an diese Dritten delegieren (112 V 2 f.). Dem Verwaltungsrat einer *Grossfirma* kann es allerdings nicht als grobfahrlässiges Verschulden angerechnet werden, wenn er nicht jedes einzelne Geschäft, sondern die Tätigkeit der Geschäftsleitung und den Geschäftsgang allgemein überprüft (ZAK 1978 252 E. 6). Wer effektiv aus dem Verwaltungsrat *ausscheidet*, hat ab diesem Datum keine Möglichkeiten mehr, Zahlungen an die Ausgleichskasse zu veranlassen; insoweit ist die Haftung bis zu diesem Datum zu beschränken, es sei denn, es liege der Sonderfall einer grobfahrlässig verursachten Zahlungsunfähigkeit vor, welche die Bezahlung der Forderungen innert den jeweiligen Zahlungsfristen zum vornherein verunmöglicht hätte (112 V 5 E. 3d). Eine Verletzung der Pflichten der *Kontrollstelle* kann eine Haftung nach Art. 52 AHVG begründen (109 V 96). Ein *Revisor* kann in seiner Eigenschaft als statutarisches Organ einer Aktiengesellschaft nicht Arbeitgeber im Sinne von Art. 52 AHVG sein; er nimmt seine Tätigkeit erst auf, nachdem die Verbuchungen vorgenommen wurden oder hätten vorgenommen werden sollen, weshalb er weder über Entscheidungs- noch Handlungsbefugnisse verfügt (ZAK 1983 486 E. 5; vgl. näheres zur Revisionsstelle in Art. 727 ff. OR).

Weitere Einzelfragen

- *Ablehnung einer Organstellung:* Keine Organstellung angenommen wurde bei einer Person, die als Einzelunterschriftsberechtigte im Handelsregister eingetragen war und daneben Büroarbeiten in der betreffenden AG besorgte (114 V 218 f. E. 5).
- *Haftung des Prokuristen:* Die Verantwortlichkeit eines Prokuristen bestimmt sich nicht nach seiner Handlungsvollmacht im Aussenver-

hältnis, sondern nach seinen Rechten und Pflichten im Innenverhältnis (111 V 178 E. 5a).
- *Solidarische Haftung:* Haben mehrere Arbeitgeber (beispielsweise die Mitglieder einer einfachen Gesellschaft) oder mehrere Organe einer juristischen Person einen Schaden verursacht, haften sie solidarisch (114 V 214 E. 3).
- Die Organe einer juristischen Person können als Schadenersatzpflichtige belangt werden, *bevor die juristische Person zu existieren aufgehört hat* (113 V 256 ff. E. 3c).
- *Übertragung von Aktiven und Passiven von einer Gesellschaft auf eine andere Gesellschaft:* Die übernehmende neue Arbeitgeberin hat sich die vorher verwirklichte Verletzung der AHV-rechtlichen Vorschriften schadenersatzrechtlich nicht anrechnen zu lassen; ein solcher Tatbestand unterscheidet sich nämlich vom Fall, wo jemand neu Organ einer seit je bestehenden Arbeitgeberin wird (119 V 395 ff. E. 5).
- *Übernahme einer Gesellschaft mit Aktiven und Passiven durch eine AG:* Die Organe der AG können unter dem Gesichtspunkt der Haftung nach Art. 52 AHVG nicht haftbar gemacht werden, wenn die AG die von der früheren Gesellschaft geschuldeten Beiträge nicht bezahlt hat (112 V 154 f.).

IV. Schadenersatzgläubigerin

Schadenersatzgläubigerin ist grundsätzlich die Ausgleichskasse. - Vgl. näheres bei Nussbaumer, Ausgleichskasse, 385.

V. Verfahren

1. Erlass der Schadenersatzverfügung

a) Fristen

Literatur: Cadotsch, Wann hat die AHV-Ausgleichskasse Kenntnis des im Konkurs eines Arbeitgebers erlittenen Schadens?, 243 ff.

Grundsatz

Die Schadenersatzverfügung muss innert einer einjährigen Frist seit Kenntnis des Schadens, jedenfalls aber mit Ablauf von fünf Jahren seit Eintritt des Schadens erlassen sein (vgl. Art. 82 AHVV). Es handelt sich bei diesen Fristen um Verwirkungsfristen, die von Amtes wegen zu berücksichtigen sind (119 V 92 E. 3). In bezug auf die Einhaltung der formellen Voraussetzungen der Schadenersatzklage durch die Ausgleichskasse ist dabei die Anwendung von Strenge am Platz (AHI-Praxis 1995 163 E. 4b).

Einjährige Frist seit Kenntnis des Schadens (Art. 82 Abs. 1 AHVV)

Allgemeines

Kenntnis des Schadens ist i.d.R. von dem Zeitpunkt an gegeben, in welchem die Ausgleichskasse unter Beachtung der ihr zumutbaren Aufmerksamkeit erkennen muss, dass die tatsächlichen Gegebenheiten nicht mehr erlauben, die Beiträge einzufordern, wohl aber eine Schadenersatzpflicht begründen können (119 V 92 E. 3). Zudem muss der Ersatzpflichtige bekannt sein (ZAK 1991 128 E. 2b).

Wer im Rahmen eines Konkurses oder Nachlassvertrages mit Vermögensabtretung einen Verlust erleidet, hat i.d.R. bereits dann ausreichende Kenntnis des Schadens, wenn die Kollokation der Forderung eröffnet bzw. der Kollokationsplan (und das Inventar) zur Einsicht aufgelegt wird (119 V 92 E. 3). Wird dazu auf die Publikation im Schweizerischen Handelsamtsblatt abgestellt, ist vorauszusetzen, dass am Tag der Bekanntmachung das Konkursamt der Öffentlichkeit zugänglich ist; trifft dies nicht zu, so fällt für die Fristberechnung erst jener der öffentlichen Bekanntmachung folgende Werktag in Betracht, an welchem das Konkursamt, bei dem der Kollokationsplan aufliegt, dem Publikumsverkehr geöffnet ist (119 V 93 E. 4a).

Wird die Bestätigung eines Nachlassvertrages mit Vermögensabtretung durch die Gerichtsinstanz *verweigert*, ist von der Ausgleichskasse zu verlangen, dass sie sich über die Gründe dieser Verweigerung informiert und gegebenenfalls die nötigen Massnahmen trifft, um die einjährige Verwirkungsfrist einzuhalten; so kann etwa Einsicht in den entsprechenden Gerichtsentscheid verlangt werden (AHI-Praxis 1995 163 E. 4c).

Bei Betreibung auf Pfändung besteht Kenntnis des Schadens mit der Zustellung des definitiven Pfändungsverlustscheines; die Zustellung des provisorischen Pfändungsverlustscheines begründet demgegenüber i.d.R. noch keine Kenntnis (ZAK 1991 127 E. 2a).

Bei Einstellung des Konkursverfahrens mangels Aktiven gilt der Schaden als mit dem entsprechenden Beschluss des Konkursrichters eingetreten (ZAK 1990 289 E. 4b).

Abweichungen und Einzelfälle

Von diesen allgemeinen Regeln sind allerdings *Abweichungen* möglich. So kann sich der Zeitpunkt der Schadenskenntnis *nach denjeni-*

gen der Auflegung des Kollokationsplanes verschieben, wenn beispielsweise zuerst Immobilien veräussert werden müssen und die Konkursverwaltung keine Angaben über eine mögliche Dividende machen kann (118 V 196 E. 3b). Die Ausgleichskasse ist aber nicht befugt, mit der Geltendmachung ihrer Schadenersatzforderung zuzuwarten bis zu jenem Zeitpunkt, in welchem sie das – grundsätzlich erst bei Abschluss des Konkursverfahrens feststehende – absolut genaue Ausmass ihres Verlustes kennt (116 V 76 E. 3b). Der Zeitpunkt kann sich ausnahmsweise auch *vor denjenigen der Auflegung des Kollokationsplanes* verschieben, wenn die Ausgleichskasse anlässlich von Gläubigerversammlungen vernimmt, dass ihre Forderung auf jeden Fall ungedeckt bleibt; die Annahme entsprechender Umstände soll jedoch mit Zurückhaltung angenommen werden (118 V 196 E. 3b; ZAK 1992 478 f. E. 3; Korrektur der Rechtsprechung gemäss 116 V 77). Keine Schadenskenntnis ist anzunehmen, wenn anhand provisorischer Schätzungswerte bei der ersten Gläubigerversammlung die Rede ist von «stark gefährdeten» Dividendenaussichten (116 V 78).

Die Ausgleichskasse kann durch eine *Mitteilung der Konkursverwaltung an Dritte* (z.B. an die Strafverfolgungsbehörde) vom Ausmass des Schadens Kenntnis haben, wenn diese ihr bekannt gewordene Mitteilung sich zur voraussichtlich zu erwartenden Dividende der Ausgleichskasse äussert (112 V 9).

Fünfjahresfrist seit Eintritt des Schadens (Art. 82 Abs. 1 AHVV)
Der Schaden gilt als eingetreten, wenn anzunehmen ist, dass die geschuldeten Beiträge aus rechtlichen oder tatsächlichen Gründen nicht mehr erhoben werden können (113 V 257 f.).

Bei der Prüfung der Frage des Eintritts des Schadens ist - wie bei derjenigen der Kenntnis des Schadens – auf die Umstände des konkreten Falles abzustellen. Es ist nicht erforderlich, dass der Zeitpunkt des Eintritts des Schadens zwingend vor jenem der Schadenskenntnis liegt; es ist durchaus möglich, dass die beiden Zeitpunkte zusammenfallen (ZAK 1992 254 E. 6b). Dass die Fünfjahresfrist mit dem Zeitpunkt des Schadenseintrittes zu laufen beginnt, entspricht dem deutschen und italienischen Wortlaut von Art. 82 Abs. 1 AHVV und dem Sinne des französischen Textes (112 V 159 E. 3b).

Um die Fünfjahresfrist zu wahren, ist lediglich verlangt, dass die Ausgleichskasse innert dieser Frist die Schadenersatzverfügung erlässt und – bei Einspruch – sodann innert 30 Tagen die Klage anhängig macht (ZAK 1991 129 E. 2c).

Durch das Strafrecht vorgeschriebene längere Verjährungsfrist (Art. 82 Abs. 2 AHVV)

Diese längere Verwirkungsfrist findet nur auf den vom Arbeitgeber abgezogenen Arbeitnehmeranteil der Beiträge Anwendung. Sie ersetzt die in Art. 82 Abs. 1 AHVV vorgesehene einjährige Frist, und ihr Beginn bestimmt sich nach Art. 71 StGB. Sie beginnt - weil es sich um ein fortgesetztes Delikt handelt - ab dem Tag zu laufen, an dem der Arbeitgeber zum letzten Mal Beiträge von Löhnen der Arbeitnehmer abgezogen und sie ihrem Zweck entfremdet hat (118 V 197 E. 4a). Massgebend ist dabei die Frist der ordentlichen Verjährung des Art. 70 StGB und nicht diejenige der absoluten Verjährung gemäss Art. 72 Ziff. 2 Abs. 2 StGB (112 V 163).

Der Sozialversicherungsrichter ist an das strafrechtliche Erkenntnis gebunden. Liegt ein solches noch nicht vor, müssen die AHV-Behörden das Vorhandensein einer strafbaren Handlung nachweisen, wenn sie sich auf die Frist von Art. 82 Abs. 2 AHVV berufen wollen (118 V 198 E. 4a); dabei bestehen erhebliche Zweifel am Vorliegen einer strafbaren Handlung, wenn die Ausgleichskasse eine Strafanzeige unterlässt (113 V 259 E. 4a).

Die längere Verwirkungsfrist des Strafrechts ist nur auf die Person anwendbar, welche die strafbare Handlung begangen hat (118 V 198 f. E. 4b).

Fristwahrung

Für die Wahrung der Frist ist die rechtzeitige Postaufgabe der Schadenersatzverfügung und nicht der Zeitpunkt der ordnungsgemässen Zustellung an den Adressaten massgebend (119 V 96 f.).

Vollstreckungsverjährung

Für die Vollstreckungsverjährung ist Art. 16 Abs. 2 AHVG sinngemäss anwendbar (ZAK 1991 129 E. 2c).

b) Ausgestaltung der Schadenersatzverfügung

Kann im Zeitpunkt der Auflegung des Kollokationsplans und des Inventars die Schadenshöhe infolge ungewisser Konkursdividende nicht bzw. auch nicht annähernd zuverlässig ermittelt werden, rechtfertigt sich deren Berücksichtigung in dem Sinne, dass der Belangte gegen Abtretung einer allfälligen Konkursdividende zur Ersetzung des ganzen dem Geschädigten entzogenen Betrages verpflichtet wird (113 V 183 f.).

c) Wahl der haftpflichtigen Arbeitgeber

Die Kasse muss bei der Entscheidung, ob sie einen Arbeitgeber belangen und welche Personen sie haftbar machen will, den Grundsatz der rechtsgleichen Gesetzesanwendung beachten. Besteht hingegen unter einer Mehrheit von Schuldner Solidarhaftung, hat sie die Wahl, gegen wen sie vorgehen will. Die Kasse braucht sich dabei nicht um die internen Beziehungen zwischen mehreren Schuldnern zu kümmern (108 V 195 f. E. 3).

d) Begrenzung der Schadenersatzsumme durch Erlass der Verfügung

Der in Art. 81 Abs. 3 AHVV enthaltene Begriff «Verwirkungsfolge» schliesst eine Erhöhung der Forderung im nachfolgenden Klageverfahren aus (108 V 198 f. E. 6).

e) Abklärung des Sachverhaltes

Die Ausgleichskasse hat im Rahmen des Untersuchungsprinzips abzuklären, ob keine Anhaltspunkte für die Rechtmässigkeit des Handelns oder die Schuldlosigkeit des Arbeitgebers bestehen. Solche Abklärungen dürfen nicht in das Einspruchsverfahren verschoben werden (ZAK 1987 301 E. 6).

f) Anspruch auf Parteientschädigung

Im Administrativverfahren besteht kein Anspruch auf Parteientschädigung (AHI-Praxis 1994 181 E. 3).

g) Zustellung der Schadenersatzverfügung

Das Organ eines Arbeitgebers, welcher der Ausgleichskasse nach Ausschöpfung der betreibungsrechtlichen Möglichkeiten Sozialversicherungsbeiträge schuldig bleibt, hat nicht mit dem Erlass und der Zustellung einer Schadenersatzverfügung zu rechnen; ein laufendes Verfahrens- oder Prozessrechtsverhältnis liegt nicht vor. Ein solches Organ muss sich daher keine Zustellungsversuche entgegenhalten lassen, sondern darf darauf vertrauen, dass ihm die Schadenersatzverfügung ordnungsgemäss zugestellt wird (119 V 95 E. 4b.bb).

2. Einspruch

Seinem Wesen nach ist der Einspruch ohne jede *Begründung* gültig, sofern daraus der klare Wille zum Einspruch hervorgeht; es handelt sich nicht um einen Einspruch im eigentlichen Sinne, sondern um ein dem Rechtsvorschlag gemäss SchKG vergleichbares Institut (117 V 134 f. E. 5).

Macht der Arbeitgeber im Einspruchsverfahren Rechtfertigungs- und Exkulpationsgründe geltend, hat die Ausgleichskasse dieselben in Anwendung des Untersuchungsprinzips zu prüfen. Erachtet die Ausgleichskasse die vorgebrachten Gründe als gegeben, heisst sie den Einspruch gut. Andernfalls hat sie Klage zu erheben (108 V 187 E. 1b).

Ein Anspruch auf Parteientschädigung im Einspruchsverfahren besteht nicht (AHI-Praxis 1994 181 E. 3).

3. Klage an die kantonale Gerichtsinstanz

Allgemeines

Betr. *Sistierung des Verfahrens bei laufender Strafuntersuchung* vgl. Kommentar zu Art. 85 AHVG, Ziff. I.9.

Die *Anforderungen*, welche der Bundesgesetzgeber in Art. 85 Abs. 2 AHVG für das Beschwerdeverfahren aufgestellt hat, gelten im kantonalen Klageverfahren sinngemäss (114 V 86 E. 3).

Zuständigkeit

Die Ausgleichskasse muss bei der Gerichtsinstanz desjenigen Kantons Klage erheben, in welchem der Arbeitgeber bis zum Konkurs seinen Sitz hatte (110 V 358 E. 4b). Wenn es zu wählen gilt zwischen der Gerichtsinstanz desjenigen Kantons, in welchem eine Unternehmung ihren Hauptsitz, und der Instanz desjenigen Kantons, in welchem sie ihre Zweigniederlassung hat, ist die Gerichtsinstanz desjenigen Kantons zuständig, dessen kantonaler Ausgleichskasse die Unternehmung angeschlossen ist (110 V 359 f. E. 5c).

Überprüfung in masslicher Hinsicht

In *masslicher Hinsicht* ist die auf einer rechtskräftigen Nachzahlungsverfügung beruhende Schadenersatzforderung nur zu überprüfen, wenn Anhaltspunkte für eine zweifellose Unrichtigkeit der durch die Nachzahlungsverfügung festgesetzten Beiträge besteht (ZAK 1991 126 E. 1b). Beruht allerdings die eingeklagte Schadenersatzforderung auf rechtskräftigen Nachzahlungsverfügungen und wurden diese erst in der Zeit nach Konkurseröffnung erlassen, ist das Gericht gehalten, sich mit der Schadenersatzforderung auch in masslicher Hinsicht auseinanderzusetzen; in solchen Fällen sind nämlich die Gesellschaftsorgane zur Anfechtung der Verfügung gar nicht mehr berechtigt gewesen. Dass die Konkursverwaltung von der ihr zustehenden Anfechtungsbefugnis keinen Gebrauch machte, darf den Gesellschaftsorganen nicht zum Nachteil erwachsen; es ist nämlich der hohen Wahrscheinlichkeit Rechnung zu tragen, dass dieser Untätigkeit der Konkursverwaltung sachfremde Motive zugrunde lagen (AHI-Praxis 1993 173 E. 3b).

Einzelfragen

Wegen der Geltung des *Untersuchungsprinzips* verbleibt für eine Androhung, wonach bei Säumnis Anerkennung der tatsächlichen Klagegründe und Verzicht auf Einreden angenommen werde, kein Raum (SVR 1994 AHV Nr. 2 S. 4).

Dass die Klage *innert Frist erhoben* wurde, muss mit Gewissheit feststehen; der im Sozialversicherungsrecht sonst übliche Beweisgrad der überwiegenden Wahrscheinlichkeit genügt dazu nicht (119 V 10 E. 3c.bb; vgl. dazu auch Kommentar zu Art. 85 AHVG, Ziff. III.7).

Erhebt eine Ausgleichskasse - nachdem ein von der Ausgleichskasse mittels Schadenersatzverfügung Belangter Einspruch eingelegt hat - gegen diesen *keine Klage,* kann nicht die Gerichtsinstanz diesen Einspruch aufheben (108 V 195 E. 3).

Eine *Streitverkündung* gegenüber einem haftpflichtigen Dritten seitens des ins Recht gefassten Arbeitgebers ist aufgrund des Bundesrechts ausgeschlossen (112 V 263 ff. E. 2c).

Wird die Schadenersatzklage *zurückgezogen*, ist dies deren Abweisung gleichzusetzen, weshalb der Beklagte als obsiegende Partei einen *Anspruch auf Parteientschädigung* hat (AHI-Praxis 1994 182 E. 4a).

4. Verwaltungsgerichtsbeschwerde an das EVG

Betreffend Befugnis, Verwaltungsgerichtsbeschwerde an das EVG zu erheben, vgl. Kommentar zu Art. 86 AHVG, Ziff. VI.

5. Verschiedenes

Das Schadenersatzverfahren nach einer durch den Richter angeordneten *Rückweisung zu ergänzenden Abklärungen* zur Höhe der Schadenersatzpflicht richtet sich nicht nach Art. 81 AHVV, sondern nach Art. 84 f. AHVG (ZAK 1987 427 E. 2b).

Stirbt der Beklagte im Schadenersatzprozess während des laufenden Verfahrens, richtet sich die Forderung gegen die Erben, welche die Erbschaft angenommen haben; es liegt also nicht eine Forderung mit höchstpersönlichem Charakter vor, welche mit dem Tod des Beklagten untergeht (119 V 168 E. 3c).

Der Ausgleichskasse steht das Recht zu, eine Forderung, die auf einer noch nicht in Rechtskraft erwachsenen Schadenersatzverfügung beruht, zu *verrechnen* mit einer nicht bestrittenen Forderung des Arbeitgebers auf Rückerstattung zuviel bezahlter Beiträge. Art. 120 Abs. 2 OR ist auch im Bereich des Sozialversicherungsrechts anwendbar (AHI-Praxis 1994 208 E. 3).

C. Die Ausgleichskassen

Literatur: Saxer, Die AHV-Ausgleichskassen als neue Organisationsform der schweizerischen Sozialversicherung.

I. Die Verbandsausgleichskassen

53 (3) (A) Errichtung 1. Voraussetzungen a. Ausgleichskassen der Arbeitgeber

[1] Befugt zur Errichtung von Verbandsausgleichskassen sind schweizerische Berufsverbände oder mehrere solche Verbände gemeinsam sowie schweizerische oder regionale zwischenberufliche Verbände von Arbeitgebern oder von Selbständigerwerbenden oder mehrere solche Verbände gemeinsam, wenn

a. (31) **auf Grund der Zahl und Zusammensetzung der Verbandsmitglieder anzunehmen ist, dass die zu errichtende Ausgleichskasse mindestens 2000 Arbeitgeber beziehungsweise Selbständigerwerbende umfassen oder Beiträge von mindestens 10 Millionen Franken im Jahr vereinnahmen wird;**

b. der Beschluss über die Errichtung einer Ausgleichskasse von dem zur Statutenänderung zuständigen Verbandsorgan mit einer Mehrheit von drei Vierteln der abgegebenen Stimmen gefasst und öffentlich beurkundet worden ist.

[2] Errichten mehrere der in Absatz 1 genannten Verbände gemeinsam eine Ausgleichskasse oder will sich ein solcher Verband an der Führung einer bestehenden Ausgleichskasse beteiligen, so ist über die gemeinsame Kassenführung von jedem Verband gemäss Absatz 1 Buchstabe b Beschluss zu fassen.

(A) Art. 83 bis Art. 86 AHVV

Art. 53 Sachüberschrift, Abs. 1 Einleitungssatz und Bst. a

1.Voraussetzungen

a. Errichtung von Ausgleichskassen der Arbeitgeber

[1] Befugt zur Errichtung von Verbandsausgleichskassen sind ein oder mehrere schweizerische Berufsverbände sowie ein oder mehrere schweizerische oder regionale zwischenberufliche Verbände von Arbeitgebern oder von Selbständigerwerbenden, wenn:

a. aufgrund der Zahl und Zusammensetzung der Verbandsmitglieder anzunehmen ist, dass die zu errichtende Ausgleichskasse mindestens 2000 Arbeitgeber beziehungsweise Selbständigerwerbende umfassen oder Beiträge von mindestens 50 Millionen Franken im Jahr einnehmen wird;

54 (A) b. Paritätische Ausgleichskassen

[1] Einzelne oder mehrere Arbeitnehmerverbände gemeinsam, denen mindestens die Hälfte der von einer zu errichtenden oder bereits bestehenden Verbandsausgleichskasse erfassten Arbeitnehmer angehört, haben das Recht, die paritätische Mitwirkung an der Verwaltung dieser Ausgleichskasse zu verlangen. Dieses Recht steht auch Arbeitnehmerverbänden zu, die mindestens ein Drittel der von der Ausgleichskasse erfassten Arbeitnehmer umfassen, sofern alle andern Arbeitnehmerverbände, denen einzeln oder zusammen mindestens 10 Prozent der von der Kasse erfassten Arbeitnehmer angehören, der paritätischen Kassenverwaltung ausdrücklich zustimmen.

[2] Machen Arbeitnehmerverbände von dem ihnen gemäss Absatz 1 zustehenden Recht Gebrauch, so haben die beteiligten Arbeitgeber- und Arbeitnehmerverbände gemeinsam ein Kassenreglement aufzustellen, in welchem alle für die Kassenführung bedeutsamen Fragen abschliessend geregelt sind.

[3] Für die Beurteilung von Streitigkeiten, die bei der Aufstellung des Kassenreglementes entstehen, ist ein von der Eidgenössischen Kommission für die Alters-, Hinterlassenen- und Invalidenversicherung (24) **aus ihrer Mitte zu bestellendes Schiedsgericht, in welchem Arbeitgeber und Arbeitnehmer in gleicher Zahl vertreten sein müssen, zuständig. Dieses Schiedsgericht entscheidet endgültig** (B), **wobei es alle aus der Kassenführung erwachsenden Rechte und Pflichten zu gleichen Teilen auf die Arbeitgeber- und auf die Arbeitnehmerverbände zu verlegen hat. Der Bundesrat ordnet das Schiedsverfahren** (C).

[4] Arbeitnehmerverbände, welche dem Entscheid des Schiedsgerichtes nicht zustimmen, verwirken das Recht auf paritätische Mitwirkung an der Kassenverwaltung; Arbeitgeberverbände, welche dem Entscheid des Schiedsgerichtes nicht zustimmen, verwirken das Recht auf Errichtung einer Verbandsausgleichskasse.

(A) Art. 88 bis Art. 91, Art. 99 Abs. 3, Art. 101 Abs. 2 AHVV
(B) Heute ist gegen den Entscheid dieses Schiedsgerichtes die Verwaltungsgerichtsbeschwerde an das EVG zulässig (Art. 128 ff. OG).
(C) Reglement für das Schiedsgericht der Eidgenössischen AHV/IV-Kommission (vom 11. Oktober 1972) (SR 831.143.15).

Art. 54 Sachüberschrift und Abs. 3 zweiter bis vierter Satz
b. Errichtung von paritätischen Ausgleichskassen

3 ... Dieses Schiedsgericht hat in seinem Entscheid alle aus der Kassenführung erwachsenden Rechte und Pflichten zu gleichen Teilen auf die Arbeitgeber- und auf die Arbeitnehmerverbände zu verteilen. Gegen seinen Entscheid ist die Verwaltungsgerichtsbeschwerde an das Eidgenössische Versicherungsgericht zulässig. Der Bundesrat ordnet das Schiedsverfahren.

55 2. Sicherheitsleistung

1 Verbände, welche eine Ausgleichskasse errichten wollen, haben zur Deckung allfälliger Schäden, für die sie gemäss Artikel 70 haften, Sicherheit zu leisten.

2 Die Sicherheit ist nach Wahl der Verbände zu leisten:
- **a. durch Hinterlegung eines Geldbetrages in schweizerischer Währung** (A);
- **b. durch Verpfändung schweizerischer Wertpapiere** (B);
- **c. durch Beibringung einer Bürgschaftsverpflichtung** (C).

3 (24) **Die Sicherheit ist zu leisten in der Höhe eines Zwölftels der Summe der Beiträge, welche die Ausgleichskasse voraussichtlich im Jahre vereinnahmen wird; sie muss jedoch mindestens 200 000 Franken betragen und darf 500 000 Franken nicht übersteigen. Weicht die tatsächliche Beitragssumme um mehr als 10 Prozent von der Schätzung ab, so ist die Sicherheit entsprechend anzupassen** (D).

4 Der Bundesrat erlässt die näheren Vorschriften über die Sicherheitsleistung (E).

(A) Art. 92 bis Art. 94 AHVV
(B) Art. 93, Art. 94 AHVV
(C) Art. 95, Art. 96 AHVV
(D) Art. 97 AHVV
(E) Art. 92 bis Art. 97 AHVV

56 3. Verfahren

[1] Verbände, die eine Ausgleichskasse errichten wollen, haben dem Bundesrat ein schriftliches Gesuch einzureichen unter Beilage des Entwurfes zu einem Kassenreglement. Gleichzeitig haben sie den Nachweis zu erbringen, dass die Voraussetzungen des Artikels 53 und gegebenenfalls des Artikels 54 erfüllt sind (A).

[2] Der Bundesrat erteilt die Bewilligung zur Errichtung einer Verbandsausgleichskasse, sofern die Voraussetzungen des Artikels 53 und gegebenenfalls des Artikels 54 erfüllt sind und Sicherheit gemäss Artikel 55 geleistet ist.

[3] Die Verbandsausgleichskasse gilt als errichtet und erlangt das Recht der Persönlichkeit mit der Genehmigung des Kassenreglementes durch den Bundesrat (B).

(A) Art. 98, Art. 99 AHVV
(B) Art. 87, Art. 100 AHVV

57 4. Kassenreglement

[1] Das Kassenreglement wird von den Gründerverbänden aufgestellt. Diese sind auch ausschliesslich zu dessen Abänderung zuständig. Das Kassenreglement und allfällige Abänderungen desselben bedürfen der Genehmigung des Bundesrates (A).

[2] Das Reglement muss Bestimmungen enthalten über

a. den Sitz der Ausgleichskasse;
b. die Zusammensetzung und die Wahlart des Kassenvorstandes (B);
c. die Aufgaben und Befugnisse des Kassenvorstandes und des Kassenleiters;
d. die interne Kassenorganisation;
e. die Errichtung von Zweigstellen sowie deren Aufgaben und Befugnisse;
f. die Grundsätze, nach welchen die Verwaltungskostenbeiträge erhoben werden;
g. die Kassenrevision und die Arbeitgeberkontrolle;
h. falls mehrere Gründerverbände bestehen, deren Beteiligung an der Sicherheitsleistung gemäss Artikel 55 und die Regelung des Rückgriffes für den Fall der Inanspruchnahme gemäss Artikel 70.

(A) Art. 100 AHVV
(B) Art. 101 Abs. 1 AHVV

58 Organisation
1. Der Kassenvorstand

[1] Oberstes Organ einer Verbandsausgleichskasse ist der Kassenvorstand.

[2] Der Kassenvorstand setzt sich zusammen aus Vertretern der Gründerverbände und gegebenenfalls aus Vertretern von Arbeitnehmerorganisationen, sofern diesen insgesamt mindestens 10 Prozent der von der Ausgleichskasse erfassten Arbeitnehmer angehören. Der Präsident sowie die Mehrzahl der Vorstandsmitglieder werden von den Gründerverbänden, die übrigen Mitglieder, jedoch mindestens ein Drittel, von den beteiligten Arbeitnehmerorganisationen nach Massgabe der Zahl der durch sie vertretenen, von der Ausgleichskasse erfassten Arbeitnehmer gewählt. Zu Vorstandsmitgliedern dürfen nur Schweizer Bürger gewählt werden, welche der betreffenden Ausgleichskasse als Versicherte oder Arbeitgeber angeschlossen sind (A).

[3] Der Vorstand paritätischer Verbandsausgleichskassen setzt sich nach deren Reglement zusammen.

[4] Dem Kassenvorstand obliegen (B)

a. die interne Organisation der Kasse;
b. die Ernennung des Kassenleiters;
c. die Festsetzung der Verwaltungskostenbeiträge;
d. die Anordnung der Kassenrevisionen und der Arbeitgeberkontrollen;
e. die Genehmigung von Jahresrechnung und Jahresbericht.

Dem Kassenvorstand können durch das Reglement weitere Aufgaben und Befugnisse übertragen werden.

(A) Art. 102, Art. 103, Art. 105 AHVV
(B) Art. 104 AHVV

Literatur: Crevoisier, Le Comité de direction: un organe discret des caisses AVS professionnelles, 209 ff.

59 (A) 2. Der Kassenleiter

[1] Der Kassenleiter führt die Geschäfte der Ausgleichskasse, soweit dafür nicht der Kassenvorstand zuständig ist.

[2] Der Kassenleiter hat dem Kassenvorstand jährlich über die Abwicklung der Geschäfte Bericht zu erstatten und ihm eine Jahresabrechnung vorzulegen.

(A) Art. 106 AHVV

60 Auflösung

[1] Der Beschluss über die Auflösung einer Verbandsausgleichskasse ist von dem zur Statutenänderung zuständigen Verbandsorgan mit einer Mehrheit von drei Vierteln der abgegebenen Stimmen zu fassen, öffentlich beurkunden zu lassen und dem Bundesrat unverzüglich zur Kenntnis zu bringen. Der Bundesrat bestimmt darauf den Zeitpunkt der Auflösung.
[2] (31) Ist eine der in den Artikeln 53 und 55 genannten Voraussetzungen dauernd nicht erfüllt oder haben sich die Organe einer Ausgleichskasse wiederholter schwerer Pflichtverletzungen schuldig gemacht, so wird die Ausgleichskasse vom Bundesrat aufgelöst. Vor dem 1. Januar 1973 errichtete Ausgleichskassen werden wegen Nichterfüllung der Voraussetzungen von Artikel 53 Absatz 1 Buchstabe a hinsichtlich der Beiträge nur aufgelöst, wenn sie Beiträge von weniger als 1 Million Franken im Jahr vereinnahmen (A).
[3] Der Bundesrat erlässt die näheren Vorschriften über die Liquidation von Verbandsausgleichskassen.

(A) Art. 107 AHVV

Art. 60 Abs. 2

[2] Ist eine der in den Artikeln 53 und 55 genannten Voraussetzungen während längerer Zeit nicht erfüllt oder haben sich die Organe einer Ausgleichskasse wiederholt schwerer Pflichtverletzungen schuldig gemacht, so wird die Ausgleichskasse vom Bundesrat aufgelöst. Vor dem 1. Januar 1973 errichtete Ausgleichskassen werden wegen Nichterreichens der Mindestbeitragssumme nur aufgelöst, wenn sie Beiträge von weniger als 1 Million Franken im Jahr einnehmen. Für die seit dem 1. Januar 1973 bis zum Inkrafttreten dieser Bestimmung errichteten Ausgleichskassen gilt ein Grenzbetrag von 10 Millionen Franken.

II. Die kantonalen Ausgleichskassen

61 (A) Kantonale Erlasse

[1] Jeder Kanton errichtet durch besonderen Erlass eine kantonale Ausgleichskasse als selbständige öffentliche Anstalt.

[2] Der kantonale Erlass bedarf der Genehmigung des Bundesrates und muss Bestimmungen enthalten über:

a. die Aufgaben und Befugnisse des Kassenleiters;

b. die interne Kassenorganisation;

c. die Errichtung von Zweigstellen sowie deren Aufgaben und Befugnisse;

d. die Grundsätze, nach welchen die Verwaltungskostenbeiträge erhoben werden;

e. die Kassenrevision und die Arbeitgeberkontrolle.

(A) Art. 109 AHVV

Literatur: Fleiner-Gerster, Die Rechtsstellung der kantonalen Ausgleichskassen, 193 ff.

Verwaltungskostenbeiträge

Der kantonale Erlass, welcher die Verwaltungskostenbeiträge regelt, muss nicht ein formelles Gesetz sein; die Ordnung solcher Beiträge kann auch in einer regierungsrätlichen Verordnung festgelegt werden (ZAK 1984 174 f. E. 3a). - Vgl. im übrigen auch Kommentar zu Art. 69 AHVG.

III. Die Ausgleichskassen des Bundes

62 (3) Errichtung und Aufgaben

[1] Der Bundesrat errichtet eine Ausgleichskasse für das Personal der Bundesverwaltung und der Bundesanstalten (A).

[2] Der Bundesrat errichtet eine Ausgleichskasse, welcher die Durchführung der freiwilligen Versicherung, der ihr durch zwischenstaatliche Vereinbarungen zugewiesenen Aufgaben sowie die Ausrichtung von Leistungen an im Ausland wohnende Personen obliegt (B).

(A) Art. 110 bis Art. 112 AHVV
(B) Art. 113 AHVV

Art. 62 Abs. 2

[2] *Er errichtet eine Ausgleichskasse, welche die freiwillige Versicherung durchführt sowie Aufgaben erfüllt, die ihr durch zwischenstaatliche Vereinbarungen zugewiesen sind. Sie hat zudem die Leistungen an Personen im Ausland auszurichten.*

Zugehörigkeit zur Eidgenössischen Ausgleichskasse

Art. 111 AHVV, welcher die Kassenzugehörigkeit regelt, stellt es in das Ermessen der Verwaltung, welche anderen Institutionen, die der Oberaufsicht des Bundes unterstellt sind oder zum Bund in enger Beziehung stehen, der Eidgenössischen Ausgleichskasse angeschlossen sind (116 V 312 E. 3b). Diese Regelung ist gesetzmässig (116 V 310 ff. E. 3a).

IV. Gemeinsame Vorschriften

Art. 63 Aufgaben der Ausgleichskassen

[1] Den Ausgleichskassen obliegen nach Massgabe der gesetzlichen Bestimmungen

a. die Festsetzung, die Herabsetzung und der Erlass der Beiträge;
b. die Festsetzung der Renten und Hilflosenentschädigungen (24);
c. der Bezug der Beiträge und die Auszahlung der Renten und Hilflosenentschädigungen (24)**, soweit dafür nicht ein Arbeitgeber zuständig ist;**
d. die Abrechnung über die bezogenen Beiträge und die ausbezahlten Renten und Hilflosenentschädigungen (24) **mit den ihnen angeschlossenen Arbeitgebern, Selbständigerwerbenden und Nichterwerbstätigen einerseits und mit der Zentralen Ausgleichsstelle anderseits;**
e. der Erlass von Veranlagungsverfügungen und die Durchführung des Mahn- und Vollstreckungsverfahrens;
f. die Führung der individuellen Konten (24);
g. der Bezug von Verwaltungskostenbeiträgen.

[2] Den kantonalen Ausgleichskassen obliegt überdies die Kontrolle über die Erfassung aller Beitragspflichtigen (A).

[3] (17) Der Bundesrat kann den Ausgleichskassen im Rahmen dieses Gesetzes weitere Aufgaben übertragen. Er ordnet die Zusammenarbeit zwischen den Ausgleichskassen und der Zentralen Ausgleichsstelle und sorgt für einen zweckmässigen Einsatz technischer Einrichtungen (B).

[4] Den Ausgleichskassen können durch den Bund und, mit Genehmigung des Bundesrates, durch die Kantone und die Gründerverbände weitere Aufgaben, insbesondere solche auf dem Gebiete des Wehrmanns- und des Familienschutzes, übertragen werden (C).

[5] (49) Die Ausgleichskassen können mit Bewilligung des Bundesrates und unter Haftung der Gründerverbände oder der Kantone nach Artikel 70 bestimmte Aufgaben Dritten übertragen. Die Beauftragten und ihr Personal unterstehen hiefür der Schweigepflicht nach Artikel 50. Die Bewilligung kann an Bedingungen geknüpft und mit Auflagen verbunden werden (D).

(A) Art. 129 AHVV
(B) Art. 176 Abs. 4 AHVV
(C) Art. 130 bis Art. 132 AHVV
(D) Art. 132bis AHVV

Art. 63 Abs. 1 Bst. c

[1] Den Ausgleichskassen obliegen nach Massgabe der gesetzlichen Bestimmungen:

c. der Bezug der Beiträge sowie die Auszahlung der Renten und Hilflosenentschädigungen;

Abs. 1 lit. e

Im Vollstreckungsverfahren tritt die Ausgleichskasse dem Schuldner in gleicher Weise gegenüber wie ein privater Betreibungsgläubiger; sie hat die nämlichen Rechte und Pflichten wie er und wird demgemäss durch die Verweigerung der definitiven Rechtsöffnung nicht anders betroffen als ein Privater. Es steht ihr demzufolge die Befugnis zu, gegen einen Entscheid betr. Verweigerung der definitiven Rechtsöffnung staatsrechtliche Beschwerde zu erheben (88 I 109; Entscheid des Bundesgerichts).

64 (A) Kassenzugehörigkeit und Meldepflicht (31)

[1] Den Verbandsausgleichskassen werden alle Arbeitgeber und Selbständigerwerbenden angeschlossen, die einem Gründerverband angehören. Arbeitgeber oder Selbständigerwerbende, die sowohl einem Berufsverband wie einem zwischenberuflichen Verband angehören, werden nach freier Wahl der Ausgleichskasse eines der beiden Verbände angeschlossen.
[2] Den kantonalen Ausgleichskassen werden alle Arbeitgeber und Selbständigerwerbenden angeschlossen, die keinem Gründerverband einer Verbandsausgleichskasse angehören, ferner die Nichterwerbstätigen und die versicherten Arbeitnehmer nicht beitragspflichtiger Arbeitgeber.
[3] Die Kassenzugehörigkeit eines Arbeitgebers erstreckt sich auf alle Arbeitnehmer, für die er den Arbeitgeberbeitrag zu leisten hat.
[4] Der Bundesrat erlässt die erforderlichen Vorschriften über die Kassenzugehörigkeit von Arbeitgebern und Selbständigerwerbenden, die mehr als einem Berufsverband angehören oder deren Tätigkeit sich auf mehr als einen Kanton erstreckt.
[5] (31) Arbeitgeber, Selbständigerwerbende, Nichterwerbstätige und versicherte Arbeitnehmer nicht beitragspflichtiger Arbeitgeber, die von keiner Ausgleichskasse erfasst wurden, haben sich bei der kantonalen Ausgleichskasse zu melden.

(A) Art. 117 bis Art. 127 AHVV

Art. 64 Abs. 4 zweiter Satz

[4] ... Ferner kann er bestimmen, unter welchen Bedingungen Versicherte, die ihre Erwerbstätigkeit vor Erreichen der Altersgrenze nach Artikel 21 Absatz 1 aufgeben, als Nichterwerbstätige der bisher zuständigen Verbandsausgleichskasse angeschlossen bleiben.

Art. 64a Zuständigkeit zur Festsetzung und Auszahlung der Renten von Ehepaaren

Zuständig zur Festsetzung und Auszahlung der Renten von Ehepaaren ist die Ausgleichskasse, welcher die Auszahlung der Rente des Ehegatten obliegt, der das Rentenalter zuerst erreicht hat, Artikel 62 Absatz 2 bleibt vorbehalten. Der Bundesrat regelt das Verfahren.

Allgemeines

Die Kassenzugehörigkeit ist gesetzlich geregelt und damit der freien Vereinbarung zwischen den Ausgleichskassen entzogen. Jede Kasse hat von Amtes wegen zu prüfen, welche Personen ihr anzuschliessen sind. Die kantonalen Ausgleichskassen haben ausserdem zu überwachen, dass alle Beitragspflichtigen einer Kasse angeschlossen sind (ZAK 1982 84 E. 2).

Kassenzugehörigkeit von Zweigniederlassungen (vgl. dazu Art. 117 Abs. 3 AHVV)

Als *Zweigniederlassung* ist - nach der vom Bundesgericht für das Handelsregisterrecht entwickelten Umschreibung - jeder kaufmännische Betrieb zu verstehen, der zwar rechtlich Teil des Hauptunternehmens ist, von dem er abhängt, der aber in eigenen Räumlichkeiten dauernd eine gleichartige Tätigkeit wie das Hauptunternehmen ausübt und dabei eine gewisse wirtschaftliche und geschäftliche Selbständigkeit geniesst. Diese Umschreibung ist grundsätzlich auch für die Auslegung des in Art. 117 Abs. 3 AHVV enthaltenen Begriffs der Zweigniederlassung heranzuziehen (116 V 313 f. E. 4a).

Grundsätzlich sind Zweigniederlassungen derjenigen Ausgleichskasse anzuschliessen, welcher der Hauptsitz angehört (vgl. Art. 117 Abs. 3 Satz 1 AHVV). Eine Ausnahme ist nur beim «Vorliegen besonderer Verhältnisse» möglich. Solche Verhältnisse sind jedenfalls bei einem Sachverhalt, wie er in der überwiegenden Mehrzahl der Fälle vorliegt, nicht gegeben; es ist zudem nicht unhaltbar, sich für die Umschreibung der entsprechenden «besonderen Verhältnisse» am Begriff der ordnungsgemässen Durchführung der AHV/IV zu orientieren (116 V 315 f. E. 4b).

Zur Einreichung eines Gesuchs um dezentrale Kassenzugehörigkeit sind die jeweiligen Zweigniederlassungen der Arbeitgeberfirma, nicht jedoch die Ausgleichskassen, legitimiert (116 V 317 E. 4c).

Festzuhalten ist, dass ein *unselbständiger Betriebszweig* nicht einer anderen Ausgleichskasse angehören kann als derjenigen des gesamten Betriebes; die Kassenzugehörigkeit des Arbeitgebers erstreckt sich auf alle Arbeitnehmer, auch wenn diese in einem solchen Betriebszweig beschäftigt sind (101 V 34).

Auswirkungen des Erwerbs der Mitgliedschaft eines Gründerverbandes (vgl. dazu Art. 121 Abs. 2 AHVV)

Ein solcher Erwerb vermag den Anschluss an die betreffende Verbandsausgleichskasse nicht zu begründen, wenn er ausschliesslich zu diesem Zweck erfolgt ist. Dabei kann der Anschluss jedoch nur verweigert werden, wenn objektiv kein anderes wesentliches Interesse am Verbandsbeitritt nachgewiesen ist; ein solcher Nachweis ist nicht möglich, wenn ein Arbeitgeber Mitglied des eigenen Berufsverbandes wird (ZAK 1988 35 E. 2). - Für Anwendungsfälle vgl. 102 V 216 ff. sowie 101 V 28 ff.

Streitigkeiten betreffend die Zugehörigkeit zu einer Ausgleichskasse
Auf Verwaltungsebene entscheidet ausschliesslich das BSV über entsprechende Streitigkeiten. Beschwerdebefugt gegen die entsprechende Verfügung ist auch die Ausgleichskasse, welcher die Versicherten entgegen ihrem Antrag nicht angeschlossen wurden (101 V 24 ff.).

Abs. 1
Die in dieser Bestimmung festgelegte Wahlmöglichkeit ist primär massgebend; Einzelheiten des administrativen Ablaufs haben in den Hintergrund zu treten und dürfen das Wahlrecht nicht beeinträchtigen (ZAK 1984 26 E. 2).

65 Zweigstellen

[1] Die Verbandsausgleichskassen können in einzelnen Sprachgebieten oder in Kantonen, in denen sich eine grössere Zahl ihnen angeschlossener Arbeitgeber und Selbständigerwerbender befindet, Zweigstellen errichten. Sofern in einem Sprachgebiet oder einem Kanton eine grössere Anzahl der Ausgleichskasse angeschlossener Arbeitgeber und Selbständigerwerbender dies verlangt, ist daselbst eine Zweigstelle zu errichten (A).

[2] Die kantonalen Ausgleichskassen unterhalten in der Regel für jede Gemeinde eine Zweigstelle. Wo die Verhältnisse es rechtfertigen, kann für mehrere Gemeinden eine gemeinsame Zweigstelle errichtet werden (B).

[3] Die Kantonsregierungen sind befugt, für das Personal der kantonalen Verwaltungen und Betriebe sowie für die Angestellten und Arbeiter der Gemeinden Zweigstellen der kantonalen Ausgleichskasse zu errichten.

(A) Art. 114, Art. 116 Abs. 2 und Abs. 3 AHVV
(B) Art. 115, Art. 116 Abs. 1 und Abs. 3 AHVV

66 Stellung der Kassen-, Revisions- und Kontrollorgane

[1] Personen, welche als Organ einer Ausgleichskasse, einer Revisions- oder Kontrollstelle handeln oder welche sonstige Funktionen in einer Ausgleichskasse ausüben, haben die gleiche strafrechtliche Verantwortlichkeit wie Behördemitglieder und Beamte gemäss den Artikeln 312–317 und 320 des Schweizerischen Strafgesetzbuches.
[2] Der Kassenleiter einer Verbandsausgleichskasse sowie sein Stellvertreter dürfen in keinem Dienstverhältnis zu den Gründerverbänden stehen (A).

(A) Art. 106 Abs. 1 und Abs. 3 AHVV

67 (A) Abrechnungs- und Zahlungsverkehr; Buchführung

Über den Abrechnungs- und Zahlungsverkehr der Ausgleichskassen mit den angeschlossenen Arbeitgebern, Selbständigerwerbenden, Nichterwerbstätigen und Rentenbezügern einerseits und mit der Zentralen Ausgleichsstelle anderseits sowie über die Buchführung der Ausgleichskassen erlässt der Bundesrat die erforderlichen Vorschriften.

(A) Art. 142 bis Art. 156 AHVV

Diese Bestimmung stellt eine genügende gesetzliche Grundlage dar für das System des Beitragsbezugs mit *Beitragsmarken* (110 V 92 ff.) (vgl. die Einzelheiten des Systems in Art. 145 f. AHVV).

68 Kassenrevisionen und Arbeitgeberkontrollen

[1] Jede Ausgleichskasse einschliesslich ihrer Zweigstellen ist periodisch zu revidieren (A). **Die Revision hat sich auf die Buchhaltung und die Geschäftsführung zu erstrecken** (B). **Sie hat durch eine den Anforderungen des Absatzes 3 entsprechende Revisionsstelle zu erfolgen. Die Kantone können die Revision ihrer Ausgleichskasse einer geeigneten kantonalen Kontrollstelle übertra-**

gen. Der Bundesrat ist befugt, nötigenfalls ergänzende Revisionen vornehmen zu lassen (C).
[2] **Die der Ausgleichskasse angeschlossenen Arbeitgeber sind periodisch auf die Einhaltung der gesetzlichen Bestimmungen hin zu kontrollieren** (D). **Die Kontrolle hat durch eine den Anforderungen des Absatzes 3 entsprechende Revisionsstelle oder durch eine besondere Abteilung der Ausgleichskasse zu erfolgen. Werden die vorgeschriebenen Arbeitgeberkontrollen nicht oder nicht ordnungsgemäss durchgeführt, so ordnet der Bundesrat ihre Vornahme auf Kosten der betreffenden Ausgleichskasse an** (E).
[3] **Die gemäss den Absätzen 1 und 2 für die Durchführung der Kassenrevisionen und Arbeitgeberkontrollen vorgesehenen Revisionsstellen dürfen an der Kassenführung nicht beteiligt sein und für die Gründerverbände keine ausserhalb der Kassenrevisionen und der Arbeitgeberkontrollen stehenden Aufträge ausführen; sie müssen ausschliesslich der Revisionstätigkeit obliegen und in jeder Beziehung für eine einwandfreie und sachgemässe Durchführung der Revisionen und Kontrollen Gewähr bieten** (F).
[4] **Der Bundesrat erlässt die näheren Vorschriften über die Zulassung von Revisionsstellen sowie über die Durchführung der Kassenrevisionen und Arbeitgeberkontrollen** (G).

(A) Art. 159, Art. 161 AHVV
(B) Art. 160 AHVV
(C) Art. 171 Abs. 1 AHVV
(D) Art. 162, Art. 163 AHVV
(E) Art. 171 Abs. 2 AHVV
(F) Art. 164, Art. 165 Abs. 4, Art. 167 AHVV
(G) Art. 159 bis Art. 171, Art. 209 Abs. 1 AHVV

Den Ausgleichskassen obliegt, durch Kontrollen festzustellen, ob die Arbeitgeber ihren Pflichten nachkommen, namentlich, ob sie alle Beiträge, die sie von den ausbezahlten Löhnen schulden, entrichtet haben. Dabei sind die Arbeitgeber gehalten, alles zu tun, um die Kontrolle zu erleichtern. Die Ausgleichskassen können somit von den Arbeitgebern diejenigen Unterlagen verlangen, die sie benötigen, um die Löhne zu ermitteln, die der Beitragspflicht unterworfen sind; ob der Arbeitgeber buchführungspflichtig ist oder nicht, ist insoweit nicht von Bedeutung (EVGE 1961 148).

Abs. 3

Der Bedeutung der Kontrolle der einer Ausgleichskasse angeschlossenen Arbeitgeber entspricht es, strenge Anforderungen an die Revisionsstellen aufzustellen. Wer Revisionen und Kontrollen zu leiten hat, muss i.d.R. im Besitz des eidgenössischen Diploms für Bücherexperten sein. Als Ausnahmen werden nur andere, mindestens gleichwertige Ausweise anerkannt. Dabei vermag das eidgenössische Buchhalterdiplom nicht zu genügen (ZAK 1985 129 f. E. 3).

Ein Arbeitgeber kann eine mit der Vornahme einer Arbeitgeberkontrolle beauftragte Revisionsstelle ablehnen, wenn er wenigstens glaubhaft macht, dass diese ihm gegenüber befangen sei (ZAK 1965 99 E. 2).

69 Deckung der Verwaltungskosten

[1] Zur Deckung ihrer Verwaltungskosten erheben die Ausgleichskassen besondere Beiträge von den ihnen angeschlossenen Arbeitgebern, Selbständigerwerbenden und Nichterwerbstätigen. Diese Beiträge sind nach der Leistungsfähigkeit der Pflichtigen abzustufen. Artikel 15 findet Anwendung. Der Bundesrat ist befugt, die nötigen Massnahmen zu treffen, um zu verhindern, dass die Ansätze für die Verwaltungskostenbeiträge bei den einzelnen Ausgleichskassen allzusehr voneinander abweichen (A).

[2] Den Ausgleichskassen können an ihre Verwaltungskosten Zuschüsse aus dem Ausgleichsfonds der Alters- und Hinterlassenenversicherung gewährt werden, deren Höhe unter angemessener Berücksichtigung der Struktur und des Aufgabenbereiches der einzelnen Kasse vom Bundesrat zu bestimmen ist (B).

[3] Die Verwaltungskostenbeiträge gemäss Absatz 1 und die Zuschüsse gemäss Absatz 2 sind ausschliesslich zur Deckung der Verwaltungskosten der Ausgleichskassen und ihrer Zweigstellen sowie zur Deckung der Revisions- und Kontrollkosten zu verwenden. Die Ausgleichskassen haben darüber besonders Buch zu führen.

[4] Über die Deckung der Verwaltungskosten paritätischer Verbandsausgleichskassen können die Gründerverbände besondere Vereinbarungen treffen, die im Kassenreglement niederzulegen sind.

(A) Art. 132ter, Art. 157 AHVV
(B) Art. 158 AHVV

Für die von den Ausgleichskassen auszuführenden Arbeiten wie Arbeitgeberkontrolle, Rentenberechnung oder Beitragsfestsetzung darf ausser den vorgesehenen Verwaltungskostenbeiträgen von der Ausgleichskasse nichts verlangt werden (ZAK 1954 264). - Vgl. im übrigen auch Kommentar zu Art. 61 AHVG.

Abs. 1

Was unter «Leistungsfähigkeit der Pflichtigen» zu verstehen ist, lässt sich den Materialien zu dieser Bestimmung nicht entnehmen. Jedoch ist dem erwähnten Erfordernis hinreichend Genüge getan, wenn die Verwaltungskostenbeiträge in Form einer für alle Pflichtigen gleich hohen prozentualen Quote ihres jeweils verschieden hohen Beitragsaufkommens festgesetzt werden (ZAK 1984 175 E. 3b).

70 (A) Haftung für Schäden

[1] Die Gründerverbände, der Bund und die Kantone haften

a. für Schäden aus strafbaren Handlungen, die von ihren Kassenorganen oder einzelnen Kassenfunktionären bei Ausübung ihrer Obliegenheiten begangen werden;

b. für Schäden, die infolge absichtlicher oder grobfahrlässiger Missachtung der Vorschriften durch ihre Kassenorgane oder einzelne Kassenfunktionäre entstanden sind.

[2] (99) Die zuständige Bundesbehörde macht allfällige aus der Haftung erwachsende Ansprüche geltend und erlässt nötigenfalls eine Verfügung. Vorbehalten bleibt die verwaltungsrechtliche Klage nach Artikel 116 Buchstabe a des Bundesrechtspflegegesetzes (B) bei Streitigkeiten über das Verhältnis zwischen Bund und Kantonen.

[3] Schäden, für welche die Gründerverbände einer Verbandsausgleichskasse haften, sind aus der geleisteten Sicherheit zu decken. Die Sicherheit ist nötigenfalls innerhalb von drei Monaten auf den vorgeschriebenen Betrag zu ergänzen. Soweit der Schaden die geleistete Sicherheit übersteigt, haften die Gründerverbände der Ausgleichskasse solidarisch.

[4] Schäden, für welche die Kantone haften, können mit Bundesbeiträgen verrechnet werden.

(A) Art. 138 Abs. 3, Art. 172, Art. 173 AHVV
(B) OG

Art. 70 Abs. 2 zweiter Satz [1)]

[1)] Von der Redaktionskommission der BVers als gegenstandslos gestrichen (Art. 33 GVG).

Literatur: Winzeler, Die Haftung der Organe und der Kassenträger, 76 ff.; Geiger, Die rechtliche Verantwortlichkeit der AHV-Verbandsausgleichskasse, 197 ff.

Im Rahmen der hier statuierten Haftung besteht keine Entlastungsmöglichkeit des Haftenden; so kann er sich nicht darauf berufen, seiner Sorgfaltspflicht bei der Einstellung, Überwachung und Instruktion des Kassenpersonals nachgekommen zu sein (112 V 270 E. 3d).

In Art. 70 Abs. 1 lit. a AHVG sind – entgegen dem weiteren Begriff der «acte illicite» in der französischen Fassung – tatsächlich nur die strafbaren Handlungen gemeint (112 V 272 E. 4a).

Die in Art. 173 AHVV aufgestellten Fristen haben Verwirkungscharakter (112 V 268 E. 2b).

Wenn in Art. 172 Abs. 1 AHVV festgelegt wird, dass den Gründerverbänden unverzüglich Kenntnis zu geben ist von einem Schaden, handelt es sich dabei lediglich um eine Ordnungsvorschrift (ZAK 1986 519 E. 4b).

Als grobfahrlässig im Sinne von Art. 70 Abs. 1 lit. b AHVG ist dasjenige Verhalten zu bezeichnen, bei dem die Organe oder Funktionäre der Ausgleichskasse die gebotene elementare Vorsicht bei der Erfüllung der ihnen obliegenden Aufgaben nicht beachtet haben, wobei das Verhalten derart schwer wiegen muss, dass ein pflichtbewusster Funktionär in der gleichen Lage und unter den gleichen Umständen keinesfalls hätte gleich handeln können (ZAK 1986 520 E. 5a). Wenn eine Ausgleichskasse ein Erlassgesuch nicht behandelt, bis die nach Art. 16 Abs. 2 AHVG für die Vollstreckungsverjährung geltende Frist abgelaufen war, stellt dies ohne Zweifel eine grobe Pflichtverletzung dar (106 V 209 E. 4b). Für einen Anwendungsfall, in dem das Vorliegen einer groben Fahrlässigkeit verneint wurde, vgl. 105 V 124 ff. E. 3.

D. Die Zentrale Ausgleichsstelle

71 (A) Errichtung und Aufgaben

[1] Der Bundesrat errichtet im Rahmen der Bundesverwaltung eine zentrale Ausgleichsstelle.

[2] Die Zentrale Ausgleichsstelle rechnet periodisch mit den Ausgleichskassen über die vereinnahmten Beiträge und die ausbezahlten Renten und Hilflosenentschädigungen (24) **ab. Sie überwacht den Abrechnungsverkehr und kann zu diesem Zweck bei den Aus-**

gleichskassen die Abrechnungen an Ort und Stelle prüfen oder Belege einverlangen.

[3] Die Zentrale Ausgleichsstelle sorgt dafür, dass die sich aus den Abrechnungen ergebenden Saldi von den Ausgleichskassen dem Ausgleichsfonds der Alters- und Hinterlassenenversicherung überwiesen bzw. aus diesem den Ausgleichskassen vergütet werden. Zu diesem Zweck sowie zur Gewährung von Vorschüssen an die Ausgleichskassen ist sie befugt, direkt Anweisungen auf den Ausgleichsfonds der Alters- und Hinterlassenenversicherung auszustellen.

[4] Die Zentrale Ausgleichsstelle führt ein Register über die bei den Ausgleichskassen bestehenden individuellen Konten (24) **und sorgt dafür, dass bei Eintritt eines Rentenfalles alle individuellen Konten** (24) **des Versicherten berücksichtigt werden.**

(A) Art. 174, Art. 175 AHVV

E. Die Aufsicht des Bundes

72 (A) Aufsichtsbehörde

[1 (76)] **Der Bundesrat übt die Aufsicht über die Durchführung dieses Gesetzes aus. Er sorgt für eine einheitliche Anwendung der gesetzlichen Vorschriften auf dem ganzen Gebiet der Eidgenossenschaft. Er erlässt die notwendigen Verordnungen und kann das zuständige Bundesamt beauftragen, den mit der Durchführung der Versicherung betrauten Stellen für den einheitlichen Vollzug Weisungen zu erteilen. Ferner kann er das Bundesamt ermächtigen, verbindliche Tabellen zur Berechnung von Beiträgen und Leistungen aufzustellen.**

[2] Kassenfunktionäre, die ihre Obliegenheiten nicht ordnungsgemäss erfüllen, sind in Fällen schwerer Pflichtverletzung auf Verlangen des Bundesrates von den Kantonen bzw. vom Kassenvorstand ihrer Stellung zu entheben.

[3] In Fällen wiederholter schwerer Missachtung der gesetzlichen Vorschriften durch eine Ausgleichskasse kann der Bundesrat deren kommissarische Verwaltung anordnen (B)**. Vorbehalten bleibt die Auflösung einer Verbandsausgleichskasse gemäss Artikel 60.**

[4] Die Ausgleichskassen haben dem Bundesrat periodisch in einheitlicher, von ihm vorgeschriebener Form über ihre Geschäftsführung Bericht zu erstatten (C)**. Die Revisions- und Kontrollstellen haben dem Bundesrat nach dessen Weisungen über die von**

ihnen gemäss Artikel 68 vorgenommenen Kassenrevisionen und Arbeitgeberkontrollen Bericht zu erstatten (D). **Der Bundesrat veranlasst die Behebung festgestellter Mängel** (E).

5 (59) **Die Durchführungsorgane stellen dem Bundesrat jährlich die erforderlichen statistischen Angaben zur Verfügung.**

(A) Art. 176, Art. 209 Abs. 3 AHVV
(B) Art. 180 AHVV
(C) Art. 178 AHVV
(D) Art. 169 AHVV
(E) Art. 179 AHVV

Literatur: Schmid, Von der Aufsicht über die AHV-Ausgleichskassen, 177 ff.; Schwarzenbach, Weisungsrecht und Rechtsprechung in der AHV, 33 ff.; Geiger, Die rechtliche Verantwortlichkeit der AHV-Verbandsausgleichskasse, 197 ff.

Die Bundesaufsicht hat nach der gesetzlichen Umschreibung die einheitliche Rechtsanwendung auf dem ganzen Gebiet der Eidgenossenschaft zu gewährleisten. Im Rahmen dieser Bundesaufsicht können allgemeine Instruktionen erteilt und Richtlinien aufgestellt werden. Die Weisungsbefugnis der Aufsichtsbehörde schliesst sodann die Befugnis in sich, die Ausgleichskasse zum Widerruf einer fehlerhaften Verfügung anzuhalten; dies erklärt sich daraus, dass die Aufsichtsbehörde nur zum Weiterzug von Rekursentscheiden - nicht jedoch von Verwaltungsverfügungen - befugt ist; in bezug auf Verwaltungsverfügungen müssen somit der Aufsichtsbehörde andere Mittel der Aufsicht zustehen (EVGE 1952 194 ff.).

Im Rahmen der *Aufsichtsbefugnis* steht es dem BSV zu, über eine Beschwerde zu befinden, die ein Versicherter gegen die Verweigerung oder Verzögerung einer Verfügung durch eine kantonale oder ein Verbands-Ausgleichskasse erhebt (114 V 147 ff.). Der Entscheid der Aufsichtsbehörde, der Aufsichtsbeschwerde keine Folge zu geben, stellt keine beschwerdefähige Verfügung dar (ZAK 1985 240 E. 2).

Die *kommissarische Verwaltung* einer Ausgleichskasse kann durch das Eidgenössische Departement des Innern (zur Zuständigkeit vgl. Art. 180 Abs. 1 AHVV) nur angeordnet werden, wenn gesetzliche Vorschriften oder behördliche Weisungen wiederholt schwer missachtet worden sind; die Massnahme darf nur aufgrund amtlicher Feststellungen getroffen werden (ZAK 1985 72 E. 2; Entscheid des Bundesrates).

73 (A) Eidgenössische Kommission für die Alters-, Hinterlassenen- und Invalidenversicherung

[1] Der Bundesrat ernennt die Eidgenössische Kommission für die Alters-, Hinterlassenen- und Invalidenversicherung (24), **in welcher die Versicherten, die schweizerischen Wirtschaftsverbände, die ...** (68) **Versicherungseinrichtungen, der Bund und die Kantone angemessen vertreten sein müssen. Die Kommission kann zur Behandlung besonderer Geschäfte Ausschüsse bilden.**

[2] (24) **Der Kommission obliegt ausser den in diesem Gesetz ausdrücklich genannten Aufgaben die Begutachtung von Fragen über die Durchführung und Weiterentwicklung der Alters- und Hinterlassenenversicherung zuhanden des Bundesrates. Der Bundesrat kann ihr weitere Aufgaben übertragen. Sie hat das Recht, dem Bundesrat von sich aus Anregungen zu unterbreiten.**

(A) Art. 177 AHVV

Fünfter Abschnitt: Die Versicherungseinrichtungen

74–83 (68)

Vorbemerkungen zum 6. Abschnitt: Das Verwaltungsverfahren

Vorbemerkung

Nachfolgend werden nur solche Entscheide aufgeführt, welche sich direkt auf das Verwaltungsverfahren beziehen. Vgl. deshalb für weitere Fragen den Kommentar zu Art. 85 AHVG.

I. Allgemeine Grundsätze

1. Rechtliches Gehör

Begründung von Verfügungen
Die Entscheidungsgründe müssen dem Betroffenen bekannt sein. Denn ohne Kenntnis der Tatsachen und Rechtsnormen, welche für die verfügende Behörde massgeblich waren, kann er sich oft kein Bild über die Tragweite der Verfügung machen (ZAK 1990 396 E. 2).

Anspruch auf rechtliches Gehör bei Verfügungen über paritätische Beiträge
Der Anspruch auf rechtliches Gehör der von solchen Verfügungen betroffenen *Arbeitnehmer* ist - unter Vorbehalt von Ausnahmen aus praktischen Gründen - zu beachten, sowohl wenn die Qualifikation der Erwerbstätigkeit zu beurteilen als auch wenn die Natur einzelner Zahlungen strittig ist; wenn es um die nachträgliche Erfassung als massgebenden Lohn geht, ist dieses Verfahren im allgemeinen jedesmal anzuwenden (113 V 3 ff.).

2. Vertretung im Verfahren

Die Verwaltung ist nicht gehalten, sich vom Vertreter eine schriftliche Vollmacht vorlegen zu lassen, sondern kann sich mit einer mündlichen oder aus konkludentem Handeln zu schliessenden Bevollmächtigung begnügen (ZAK 1988 399 E. 2b).

3. Grundsatz von Treu und Glauben

Literatur: Schmid, Von der Relevanz des guten Glaubens im Sozialversicherungsrecht, 182 ff.; Egli, Treu und Glauben im Sozialversicherungsrecht, 377 ff.; Soldini, Il principio della buona fede nel diritto delle assicurazioni sociali, 103 ff.

Allgemeines
Der Grundsatz von Treu und Glauben bedeutet u.a., dass *falsche Auskünfte* von Verwaltungsbehörden unter bestimmten - kumulativ zu erfüllenden - Voraussetzungen eine vom materiellen Recht abweichende Behandlung des Rechtsuchenden gebieten:

1. Die Behörde hat in einer konkreten Situation mit Bezug auf bestimmte Personen gehandelt.
2. Sie war für die Erteilung der betreffenden Auskunft zuständig, oder der Bürger durfte die Behörde aus zureichenden Gründen für zuständig betrachten.

3. Der Bürger konnte die Unrichtigkeit der Auskunft nicht ohne weiteres erkennen.
4. Der Bürger hat im Vertrauen auf die Richtigkeit der Auskunft Dispositionen getroffen, die nicht ohne Nachteil rückgängig gemacht werden können.
5. Die gesetzliche Ordnung hat seit der Auskunfterteilung keine Änderung erfahren (118 V 76 f., 116 V 298 f. E. 3a).

Die *frühere Rechtsprechung*, wonach für die Berufung auf den Vertrauensschutz zusätzlich vorausgesetzt wird, dass keine unmittelbar und zwingend aus dem Gesetz sich ergebende Sonderregelung vorliegen darf, vor welcher das Vertrauensprinzip zurücktreten muss, findet keine Anwendung mehr (Praxisänderung in 116 V 298 ff.; vgl. für einen Anwendungsfall der früheren Praxis 101 V 183).

Der erwähnte Grundsatz gilt sinngemäss auch dann, wenn die Verwaltung einer ihr vom Gesetz auferlegten *Informationspflicht* nicht nachkommt (ZAK 1991 374 E. 2b). Ausweichende, nicht aussagekräftige Antworten können einer falschen Auskunft gleichgestellt werden (ZAK 1990 436 f. E. 2d).

Die Voraussetzungen des Vertrauensschutzes müssen - soweit es sich um Tatsachen handelt - mit dem im Sozialversicherungsrecht ausreichenden *Beweisgrad* der überwiegenden Wahrscheinlichkeit ausgewiesen sein (ZAK 1989 160 E. 6b).

Auswirkungen allgemein

Verlangt der Versicherte zu einer bestimmten, ihn betreffenden Frage von der Verwaltung eine Auskunft und erteilt ihm die Behörde diese in Form der *Abgabe eines Merkblattes*, kann damit eine individuell-konkrete Zusicherung verbunden sein. Trifft dies zu, kann sich der Betroffene auf die Unrichtigkeit der Auskunft berufen, sofern die übrigen Voraussetzungen des Vertrauensschutzes erfüllt sind (109 V 55 f. E. 3a und b).

Die Abgabe eines Merkblattes durch eine *internationale Organisation*, wobei die Ausgleichskasse dieselbe als *«Zwischenorgan»* bezeichnet, vermag den Anspruch auf Schutz des guten Glaubens zu begründen (111 V 69 ff. E. 4).

Keine Berufung auf den Grundsatz von Treu und Glauben ist möglich, wenn ein Fehler nicht der Ausgleichskasse, sondern dem *Arbeitgeber* (hier einer internationalen Organisation) vorgeworfen wird (SVR 1995 AHV Nr. 51 S. 142).

Wenn eine Behörde gestützt auf *geänderte Gesetzesbestimmung oder eine Änderung der Rechtsprechung* bei der rechtlichen Beurteilung des seinem Wesen nach gleichen Verfügungsobjektes für einen späteren Zeitraum als für denjenigen, über den sie bereits verfügt hat, anders entscheidet, so verstösst sie dadurch nicht gegen den Vertrauensgrundsatz (111 V 88).

Auswirkungen im Beitragsbereich

Wenn eine *Beitragsverfügung* den Vermerk enthält, sie habe zum Zweck, die Verjährung zu unterbrechen oder die Verwirkung auszuschliessen, liegt darin das implizite Versprechen, die Vollstreckung der zum Ausschluss der Wirkungen des Zeitablaufs eröffneten Beitragsverfügung nicht zu verlangen (ZAK 1992 314 f. E. 3a).

Die Abgabe eines Merkblattes durch den *Schweizerischen Nationalfonds* in bezug auf die Beitragspflicht der einem Forscher zugesprochenen Unterstützungsleistungen vermag den Anspruch auf Schutz des guten Glaubens zu begründen (SVR 1994 AHV Nr. 11 S. 26).

Geht es um den Vertrauensschutz in bezug auf *paritätische Beiträge*, sind die Voraussetzungen für den Arbeitgeber- und den Arbeitnehmerbeitrag gesondert zu prüfen (108 V 182 f. E. 4a und b).

Wenn bei der *Nachforderung von Beiträgen* eine Berufung auf den Vertrauensschutz erfolgt, kann dies nur in solchen Fällen zur Beschränkung der Nachforderung führen, in denen ganz besondere Umstände die Nachforderung als unvereinbar mit der Rechtssicherheit oder schlechthin unbillig erscheinen lassen (97 V 220 E. 4).

Auswirkungen im Leistungsbereich

Wer trotz *fehlender Beitragspflicht* Beiträge entrichtet hat und sich im konkreten Fall auf den Grundsatz von Treu und Glauben zu berufen vermag, hat Anspruch darauf, dass die geleisteten Beiträge als rentenbildende Beiträge anerkannt werden (110 V 154 ff. E. 4).

Bezieht sich der Grundsatz von Treu und Glauben auf die *Schliessung einer Beitragslücke*, kann sich die Wirkung des Vertrauensschutzes nicht darauf beschränken, dass bei der Rentenberechnung lediglich die fehlenden Beitragsjahre berücksichtigt werden; es ist der ganze Nachteil auszugleichen. Diese Wirkung ist deshalb nebst den zusätzlichen Beitragsjahren auf die weiteren rentenbildenden Faktoren wie Erwerbseinkommen und Aufwertungsfaktor auszudehnen (AHI-Praxis 1995 113 f. E. 2c und d).

II. Einleitung des Verwaltungsverfahrens

Die Ausgleichskasse ist nicht verpflichtet, auf formlose Leistungsbegehren einzutreten. Sie darf davon ausgehen, dass der Versicherte seinen Anspruch in der vorgeschriebenen Form geltend macht, wenn sie ihn über die Anmeldeformalitäten orientiert und ihm ein amtliches Anmeldeformular zugestellt hat (ZAK 1975 379 E. 1b).

III. Durchführung des Verwaltungsverfahrens

Praxisänderung

Im Rechtsstaat gilt für die Verwaltung als oberstes Prinzip der Grundsatz der Gesetzmässigkeit. Die Wahrung dieses Prinzips kann dazu führen, dass die Verwaltung ihre Praxis ändern muss (EVGE 1969 92). Dies hat zu erfolgen, wenn die Verwaltung eine bisherige Praxis als unrichtig erkannt hat oder wenn sie deren Verschärfung wegen veränderter Verhältnisse oder zufolge zunehmender Missbräuche für zweckmässig hält. Einer vorgängigen Bekanntmachung der Praxisänderung bedarf es nur, wenn sie Fragen der Zulässigkeit einer Klage oder eines Rechtsmittels betrifft oder den Verlust eines Rechts bewirkt (111 V 170 E. 5b).

Eine *neue Praxis* ist im Grundsatz sofort und überall anzuwenden; sie gilt nicht nur für künftige, sondern für alle im Zeitpunkt der Praxisänderung noch hängigen Fälle (ZAK 1990 257 E. 3b; vgl. auch 119 V 412 E. 3).

Eine *rückwirkende Anwendung* einer Praxisänderung ist zum vornherein ausgeschlossen, wenn sie Fragen der Zulässigkeit einer Klage oder eines Rechtsmittels betrifft oder den Verlust eines Rechts bewirkt (AHI-Praxis 1995 151 E. 4b). Sie verbietet sich zudem in einem Fall, in dem die rückwirkende Anpassung mit - für den Arbeitgeber - kaum mehr einbringlichen Arbeitnehmerbeiträgen in der Höhe von über Fr. 320‘000.— verbunden wäre und der Arbeitgeber in guten Treuen davon ausgehen durfte, dass die Praxis nicht ohne vorherige Ankündigung geändert werde (AHI-Praxis 1995 152 E. 4c).

Zum Einfluss der Praxisänderung auf *rechtskräftige Verfügungen* vgl. Kommentar zu Art. 97 AHVG, Ziff. I, Stichwort Wiedererwägung der Verwaltungsverfügung.

IV. Abschluss des Verwaltungsverfahrens

Erlass einer Verfügung

Literatur: Gossweiler, Die Verfügung im schweizerischen Sozialversicherungsrecht.

Allgemeines

Verwaltungsakte, mit welchen über *Rechte und Pflichten eines Versicherten* befunden wird, sind in die Form einer schriftlichen, von der zuständigen Ausgleichskasse zu erlassenden Verfügung zu kleiden. Schriftliche Verfügungen sind als solche zu bezeichnen und mit einer Rechtsmittelbelehrung zu versehen. Weist ein Schreiben den Gehalt einer Verfügung auf, ohne jedoch als solche bezeichnet zu sein, liegt trotzdem eine anfechtbare Verfügung vor (ZAK 1989 176 f. E. 2a und b).

Verfügungen im Vollstreckungsverfahren

Beitragsveranlagung und Beitragsbezug sind klar zu trennen. Unter Beitragsveranlagung ist dabei ausschliesslich die Bestimmung der gesetzlichen Grundlagen der Beitragsbemessung und die Bemessung selbst zu verstehen; dagegen gehören die Feststellung, inwieweit eine Beitragsschuld noch besteht, und die auf die Tilgung dieser Schuld gerichtete Mahnung zum Beitragsbezug. Deshalb hat sich der Sozialversicherungsrichter grundsätzlich nicht mit spezifisch betreibungsrechtlichen Einwendungen zu befassen. Nur ausnahmsweise können gewisse Vollstreckungshandlungen in der Form der Verfügung vorgenommen werden, so die Verrechnung und der Zahlungsaufschub (ZAK 1970 31).

Eine *Abrechnung* stellt insoweit keine anfechtbare Verfügung dar und kann dadurch, dass sie als Verfügung bezeichnet und mit einer Rechtsmittelbelehrung versehen wird, nicht zu einer solchen gemacht werden (ZAK 1978 461 E. 2b). Unzulässig ist es auch, dass eine Ausgleichskasse den Versicherten, der Beiträge schuldet, durch eine «Verfügung» *mahnt* (ZAK 1970 31).

Einzelfragen

Wenn eine Beitrittserklärung zur freiwilligen AHV/IV für Auslandschweizer eingereicht wird und die Schweizerische Ausgleichskasse in der Folge einen *Versicherungsausweis zustellt*, hat die Ausgleichskasse sinngemäss eröffnet, dass dem Beitrittsgesuch entsprochen wird. Insoweit liegt eine – gegebenenfalls anfechtbare – Verfügung vor (ZAK 1983 245 f. E. 2).

Wenn die Ausgleichskasse vom Betroffenen alle für die *Ermittlung des Erwerbseinkommens* notwendigen Angaben fordert und sich damit an eine bestimmte Person wendet, welche sie als der Versicherung unterstellt erklärt und deren Stellung als erwerbstätiger Versicherter sie klar umschreibt, liegt bei diesem Verwaltungsakt eine anfechtbare Verfügung vor (ZAK 1973 497 E. 1).

Keine Verfügung – auch keine Feststellungsverfügung – liegt vor, wenn die Ausgleichskasse einen Beitragspflichtigen *orientiert*, dieser gehöre ihr als Selbständigerwerbender an, ohne die von ihm geschuldeten Beiträge festzusetzen (ZAK 1978 61).

In der Beitragsverfügung dürfen kantonalrechtliche Abgaben mit bundesrechtlichen Abgaben nicht summenmässig vermengt werden (ZAK 1970 32 E. 2).

Sprache der Verfügung

Die kantonalen Verwaltungen unterstehen – im Gegensatz zu Gerichtspersonen und Beamten der zentralen Bundesbehörden – dem Territorialitätsprinzip; demgemäss können die Kantone vorschreiben, welche der drei Amtssprachen anzuwenden ist. Insbesondere die *kantonalen Ausgleichskassen* sind als selbständige Anstalten des öffentlichen Rechts einzustufen und werden von den Kantonen mit Genehmigung des Bundesrates errichtet. Eine solche Ausgleichskasse hat deshalb das Recht, mit den Versicherten in der Amtssprache des betreffenden Kantons zu verkehren (108 V 208 f.).

Anspruch auf Erlass einer Feststellungsverfügung

Voraussetzung für den Erlass einer Feststellungsverfügung ist ein *schutzwürdiges Interesse*; dieses kann rechtlicher oder tatsächlicher Natur sein (114 V 202 f. E. 2c). Wenn der Erlass einer *rechtsgestaltenden Verfügung* möglich ist, verbleibt kein Raum für den Erlass einer Feststellungsverfügung (ZAK 1980 628 E. 2).

Das *Beitragsstatut* kann Gegenstand einer Feststellungsverfügung sein, sofern ein gewichtiges Interesse an seiner vorgängigen Abklärung besteht. Dies ist bei bestimmten komplizierten Sachverhalten gegeben, bei welchen vernünftigerweise Abrechnungen über Lohnbeiträge erst verlangt werden können, nachdem das Vorliegen unselbständiger Erwerbstätigkeit und damit die Beitragspflicht des betroffenen Arbeitgebers erwiesen ist; so ist eine Feststellungsverfügung etwa zulässig bei einer grossen Zahl von Arbeitnehmern (112 V 84). Dasselbe gilt, wenn die Rechtsfrage nach dem Beitragsstatut wegen besonderer Verhältnisse neuartig ist (ZAK 1987 360 E. 1a). – Diese Rechtsprechung gilt auch, wenn die Frage zu beurteilen ist, ob und inwieweit ein *Neben-*

entgelt Bestandteil des massgebenden Lohns ist (ZAK 1987 360 E. 1b).

Eine Feststellungsverfügung, in welcher für die Zukunft *eine Vergütung in – beitragspflichtigen – Lohn und – beitragsfreie – Spesen aufgeteilt* wird, ist unzulässig (ZAK 1959 489 f.).

Für einen *Anwendungsfall* für den Anspruch auf Erlass einer Feststellungsverfügung vgl. ZAK 1978 458 ff.; für einen Anwendungsfall, wo der Anspruch auf Erlass einer Feststellungsverfügung verneint wurde, vgl. ZAK 1973 516 f. E. 3.

Zwischenverfügung

Trifft die Verwaltung eine Verfügung über die vorläufige Regelung eines Rechtsverhältnisses, so ist das nicht eine Zwischenverfügung, sondern eine Endverfügung (ZAK 1988 521 E. 1a).

Verzicht auf das Beschwerderecht

Rechtsprechung und Lehre lassen einen zum voraus ergehenden Verzicht zu, wenn er auch gegenüber dem strittigen Anspruch selbst gegeben ist; der Versicherte muss aber über den Umfang seiner Rechte genau ins Bild gesetzt worden sein (ZAK 1988 400 E. 2c).

Anspruch auf Parteientschädigung

Literatur: Leuzinger-Naef, Bundesrechtliche Verfahrensanforderungen, 126 f.

Für das Administrativverfahren vor der Ausgleichskasse besteht kein Anspruch auf Parteientschädigung (ZAK 1987 35).

Eröffnung der Verfügung

Allgemeines

Nach einem im gesamten Bundessozialversicherungsrecht geltenden Grundsatz darf den Parteien aus *mangelhafter Eröffnung* einer Verfügung kein Nachteil erwachsen. Eine Nichtigkeit der mangelhaft eröffneten Verfügung darf jedoch nicht ohne weiteres angenommen werden; dem Rechtsschutz wird jedenfalls dann Genüge getan, wenn eine objektiv mangelhafte Eröffnung trotz ihres Mangels ihren Zweck erreicht (ZAK 1992 221 E. 5).

Zur staatsvertraglichen Regelung der Eröffnung einer Verfügung vgl. Anhang 1, Ziff. II/Schweizerisch-österreichisches Abkommen.

Eröffnung bei Abwesenheiten

Wer sich während eines hängigen Verfahrens für längere Zeit von dem den Behörden bekanntgegebenen Adressort *entfernt*, ohne für die Nachsendung der an die bisherige Adresse gelangenden Korrespondenz zu sorgen und ohne der Behörde zu melden, wo er nunmehr zu erreichen ist bzw. ohne einen Vertreter zu beauftragen, nötigenfalls während seiner Abwesenheit für ihn zu handeln, hat eine am bisherigen Ort versuchte Zustellung als erfolgt gelten zu lassen. Voraussetzung ist allerdings, dass die Zustellung eines behördlichen Aktes während der Abwesenheit mit einer gewissen Wahrscheinlichkeit zu erwarten ist (119 V 94 E. 4b.aa).

Gibt ein Versicherter rechtzeitig eine *bevorstehende, zeitlich befristete Abwesenheit* bekannt, hat die Behörde nach Treu und Glauben mit der Zustellung einer Verfügung bis zum Zeitpunkt der angegebenen Rückkehr zuzuwarten (ZAK 1991 453 f. E. 2b). Wenn während einer Abwesenheit mit einer gewissen Wahrscheinlichkeit mit der Zustellung eines behördlichen Aktes zu rechnen ist, ist der *Postrückbehaltungsauftrag* keine taugliche Vorkehr für die Zustellbarkeit des Aktes (107 V 189 f.).

Einzelfragen

Verfügungen über *paritätische Beiträge* sind – unter Vorbehalt bestimmter, restriktiv zu verstehender Ausnahmen – sowohl dem Arbeitgeber als auch dem Arbeitnehmer zu eröffnen (113 V 3 E. 2); wird eine solche Verfügung nur dem Arbeitgeber zugestellt, wird dadurch die Beschwerdefrist für den Arbeitnehmer nicht in Gang gesetzt (ZAK 1978 60 f. E. 3a).

Hat der Versicherte einen *Vertreter* bestellt, ist eine Verfügung diesem, und nicht der Partei, zuzustellen; dabei handelt es sich um einen allgemeinen bundesrechtlichen Grundsatz (ZAK 1974 367 E. I.3).

Da eine Rückzahlung von Renten nicht von der Erbengemeinschaft als solcher, sondern nur von den einzelnen Erben verlangt werden kann, muss eine entsprechende Verfügung *allen Erben* eröffnet werden (EVGE 1959 142 f.).

Verfügungen von Ausgleichskassen, die an eine (sachlich zuständige) *kantonale oder kommunale Amtsstelle* adressiert sind, werden als an den Kanton bzw. die Gemeinde gerichtet behandelt (ZAK 1960 143 E. 1).

Unterzeichnung der Verfügung

Die handschriftliche Unterzeichnung von Verfügungen, welche durch EDV ausgefertigt werden, ist kein allgemeines Gültigkeitserfordernis (112 V 87 f.).

Begründung der Verfügung

Es entspricht allgemeinen rechtsstaatlichen Prinzipien, insbesondere dem Grundsatz des rechtlichen Gehörs, dass die Entscheidungsgründe dem Betroffenen bekannt sein sollen. Verfügungen, die Leistungen ganz oder zum Teil ablehnen, müssen deshalb begründet sein (104 V 154 f.).

Rechtsmittelbelehrung
Trägt eine Verfügung den gut sichtbaren Vermerk «Bitte Rückseite beachten», ist dem Versicherten zuzumuten, die auf der Rückseite befindliche Rechtsmittelbelehrung zur Kenntnis zu nehmen (ZAK 1968 642).

Verweigerung oder Verzögerung der Verfügung
Über eine Beschwerde betreffend Verweigerung oder Verzögerung hat das BSV im Rahmen seiner Aufsichtsbefugnis zu entscheiden (114 V 147 ff.). – Vgl. dazu auch Kommentar zu Art. 72 AHVG.

Auslegung der Verfügung
Verfügungen sind nicht nach ihrem (zuweilen nicht sehr treffend verfassten) Wortlaut zu verstehen, sondern es ist nach ihrem tatsächlichen rechtlichen Gehalt zu fragen, wobei sich aus dem Vertrauensschutz ein anderes Ergebnis ergeben kann (120 V 497 f. E. 1a).

V. Abänderung der Verfügung

Zur Abänderung der *rechtskräftigen Verfügung* vgl. Kommentar zu Art. 97 AHVG, Ziff. I.

Ist eine Verfügung noch nicht in Rechtskraft erwachsen, kann sie – auch ohne dass die Voraussetzungen der Wiedererwägung (zweifellose Unrichtigkeit, erhebliche Bedeutung der Berichtigung) erfüllt sind – aufgehoben werden (ZAK 1991 378 E. 3). Der Rechtssicherheit und dem Vertrauensgrundsatz kommt bis zum Eintritt der Rechtskraft der Verfügung nicht die gleiche Bedeutung zu wie nach diesem Zeitpunkt (ZAK 1988 522 E. 2a).

Sechster Abschnitt: Die Rechtspflege

84 Grundsatz

[1] Gegen die auf Grund dieses Gesetzes erlassenen Verfügungen der Ausgleichskassen können die Betroffenen innert 30 Tagen seit der Zustellung Beschwerde erheben. Das gleiche Recht steht den Blutsverwandten in auf- und absteigender Linie und den Geschwistern des Rentenansprechers zu.

[2] [(49)] **Die Beurteilung der Beschwerden obliegt den kantonalen Rekursbehörden, jedoch für Beschwerden von Personen mit Wohnsitz im Ausland der eidgenössischen Rekursbehörde. Der Bundesrat kann die Zuständigkeit abweichend ordnen** (A).

(A) Art. 200, Art. 200bis AHVV

Art. 84 Abs. 2

[2] *Über Beschwerden entscheiden die kantonalen Rekursbehörden. Über Beschwerden von Personen im Ausland entscheidet die eidgenössische Rekursbehörde. Der Bundesrat kann die Zuständigkeit abweichend ordnen.*

Übersicht

I. Allgemeines zur Rechtspflege

Anwendbarkeit von Art. 6 Abs. 1 EMRK: Der Sozialversicherungsprozess fällt unter die Verfahrensgarantien von Art. 6 Abs. 1 EMRK, und zwar mit Bezug auf die Leistungsstreitigkeiten sämtlicher bundesrechtlicher Sozialversicherungszweige (119 V 379).

Bedeutung von Art. 6 Abs. 1 EMRK: Was das in Art. 6 Abs. 1 EMRK enthaltene *Beschleunigungsgebot* betrifft, liegt gegenüber dem schweizerischen Recht kein neues Recht vor (103 V 193 E. 2b). – Zur Bedeutung von Art. 6 Abs. 1 EMRK für die Frage der Durchführung einer *öffentlichen Verhandlung* vgl. Kommentar zu Art. 85 AHVG, Ziff. III.10.

II. Beschwerdebefugnis (Abs. 1)

1. Allgemeines

Gemäss Art. 98a Abs. 3 OG ist im – vor kantonaler Instanz geführten – Beschwerdeverfahren gegen Verfügungen der Ausgleichskassen die Beschwerdebefugnis mindestens im gleichen Umfang wie für die Verwaltungsgerichtsbeschwerde an das EVG zu gewährleisten. – Vgl. deshalb auch Kommentar zu Art. 86 AHVG, Ziff. VI.

2. Bedeutung des Berührtseins und des schutzwürdigen Interesses

Wer vorbehaltlos die verfügten Beiträge entrichtet, hat die Vermutung begründet, dass die fragliche Verfügung anerkannt werde. Anders kann nur entschieden werden, wenn ein Vorbehalt angebracht wird bzw. wenn Anhaltspunkte dafür bestehen, dass in entschuldbarem Irrtum gehandelt wurde oder dass die Zahlung unter Zwang erfolgte (ZAK 1969 67 E. 3).

Ein Kloster kann nicht in eigenem Namen für seine Mitglieder Beschwerde wegen einer Rentenverfügung erheben (ZAK 1950 410).

3. Beschwerdebefugnis des Ehegatten

Die Ehefrau hat in einem Prozess zwischen einer Ausgleichskasse und dem versicherten Ehemann betreffend Zusatzrente für die Ehefrau Parteistellung (119 V 427 E. 1). Sie ist zudem befugt, gegen eine zulasten ihres Ehemannes erlassene Beitragsverfügung Beschwerde zu erheben (ZAK 1989 169 E. 2b).

4. Beschwerdebefugnis von Verwandten

Eine *Mutter* kann den Anspruch ihres Kindes auf eine Waisenrente selbst dann vor dem Gericht verfechten, wenn ihr die elterliche Gewalt über das Kind entzogen worden ist (EVGE 1957 230).

Zur Beschwerde befugt ist das *Kind* des Rentenansprechers (ZAK 1950 364).

5. Beschwerdebefugnis von Erben

Die nutzniessungsberechtigte Witwe ist – wie die Erben – legitimiert, Verfügungen über die von den Erben geforderten Beiträge anzufechten (ZAK 1972 422 E. 1b).

6. Beschwerdebefugnis von Arbeitnehmern/Arbeitgebern

Bei *Verfügungen über paritätische Beiträge* sind sowohl Arbeitgeber als auch Arbeitnehmer beschwerdebefugt (EVGE 1965 240 ff.; vgl. im einzelnen 113 V 3 ff.).

Arbeitgeber eines Versicherten ohne beitragspflichtigen Arbeitgeber: Dieser ist nicht befugt, eine Verfügung anzufechten, mittels welcher eine Ausgleichskasse die Rückerstattung von Beiträgen anordnet, welche zu Unrecht von den betreffenden Arbeitnehmern bezahlt wurden (110 V 150 f. E. 2c).

7. Beschwerdebefugnis von Verwaltungsträgern

Wird gemäss Art. 11 Abs. 2 AHVG der Mindestbeitrag erlassen, ist die Wohnsitzgemeinde – selbst wenn sie gemäss kantonalem Recht ganz oder teilweise den Mindestbeitrag zu bezahlen hat – nicht zur Anfechtung der Erlassverfügung befugt (EVGE 1957 65 f.). – Zur Beschwerdebefugnis des Wohnsitzkantons vgl. Art. 32 Abs. 3 AHVV.

Nicht befugt zur Erhebung einer Beschwerde im eigenen Namen ist der Leiter einer AHV-Zweigstelle (ZAK 1953 80).

III. Beschwerdefrist (Abs. 1)

Vgl. zur Eröffnung der Verfügung auch Vorbemerkungen zum 6. Abschnitt, Ziff. IV, Stichwort Eröffnung der Verfügung.

Die Beschwerdefrist beginnt an dem auf die Zustellung der Verfügung folgenden Tag zu laufen. Dabei gilt eine eingeschriebene Verfügung, die am Postschalter einem Dritten ausgehändigt wird, der bloss eine sich aus den Umständen ergebende stillschweigende Vollmacht besitzt, als *rechtsgültig zugestellt* (110 V 38).

Der *Beweis der Tatsache sowie des Zeitpunktes der Zustellung* obliegt der Verwaltung. Werden die beiden Punkte bestritten, ist im Zweifel auf die Darstellung des Empfängers abzustellen. Im Hinblick auf diese Regelung der Beweislast drängt sich die Zustellung einer Verfügung als eingeschriebene Sendung oder auf andere, geeignete und nachweisbare Art stets dann auf, wenn es auf den genauen Zeitpunkt der Zustellung ankommt. Der normale organisatorische Ablauf bei der Verwaltung im Versand der Verfügungen ist nicht geeignet, den erforderlichen Nachweis zu erbringen (ZAK 1984 124 E. 1b). – Für Anwendungsfälle, in denen aus bestimmten Tatsachen geschlossen wurde, die Verfügung sei innert der üblichen Frist beim Empfänger angelangt, vgl. ZAK 1971 580 f. sowie ZAK 1964 309 f.

Ob eine *im Ausland zuzustellende* Verfügung gültig eröffnet wurde, beurteilt sich nach dem betreffenden ausländischen Recht. Der Zustellungsbeweis obliegt grundsätzlich der Behörde, welche die Verfügung erlässt, währenddem dem Beschwerdeführer der Nachweis für die rechtzeitige Einreichung der Beschwerde obliegt (ZAK 1987 50 ff. E. 3 und 4).

Für die Fristbestimmungen unerheblich ist die *interne Weiterleitung* einer an die Staatskasse zugestellten Verfügung an die kantonale Finanzdirektion (ZAK 1960 144).

Der *Nachweis, dass eine Beschwerdeschrift eingereicht wurde*, obliegt dem Beschwerdeführer; dabei gilt der Nachweis als erbracht, wenn der Beschwerdeführer eine Postquittung oder ein anderer Empfangsschein für eine Sendung vorlegt, in der die behauptete Akte enthalten gewesen sein *kann* (ZAK 1985 132 E. 3).

Die Beschwerdefrist kann nicht *erstreckt* werden. Wird während der laufenden Beschwerdefrist von der IV-Kommission (heute: IV-Stelle; vgl. Art. 53 IVG; Anm. Red.) mitgeteilt, eine Erstreckung der Beschwerdefrist sei möglich, wurde die ursprünglich ordnungsgemässe Eröffnung während des Laufes der Beschwerdefrist mangelhaft; die Partei kann sich darauf berufen, dass ihr aus einer mangelhaften Eröffnung der Verfügung kein Nachteil erwachsen darf (ZAK 1976 466 f. E. 2).

Vor Eröffnung einer Verfügung kann nicht rechtsgültig Beschwerde erhoben werden (ZAK 1988 460 E. 3b). Eine gegen eine frühere Verfügung erhobene Beschwerde kann sich deshalb auch nicht auf später erlassene Verfügungen beziehen, auch wenn den verschiedenen Verfügungen teilweise gleiche tatbeständliche Voraussetzungen zugrundeliegen (ZAK 1958 187).

IV. Anfechtungsobjekt (Abs. 1)

1. Allgemeines

Literatur: Gossweiler, Die Verfügung im schweizerischen Sozialversicherungsrecht.

Begriff des Anfechtungsobjektes

Das Anfechtungsobjekt wird durch die Verfügung bestimmt. Dabei kann – aus prozessökonomischen Gründen – das Beschwerdeverfahren auf eine ausserhalb des Anfechtungsobjektes liegende spruchreife Frage *ausgedehnt* werden, wenn diese mit dem bisherigen Streitobjekt derart eng zusammenhängt, dass von einer Tatbestandsmehrheit gesprochen werden kann, und wenn sich die Verwaltung zu dieser Streitfrage mindestens in Form einer Prozesserklärung geäussert hat (110 V 51 f. E. 3b und c). Zur *Einschränkung* des Anfechtungsobjektes vgl. nachstehend Ziff. 4.

Vorliegen eines Anfechtungsobjektes bejaht

Die *Auferlegung von Mahngebühren* kann beschwerdeweise angefochten werden (ZAK 1988 125).

Anfechtbar ist auch die Verfügung, welche wegen *Erhöhung des Beitragssatzes* zu erlassen war, selbst wenn ihr dieselben Bemessungsfaktoren zugrundeliegen wie einer bereits rechtskräftigen früheren Verfügung (ZAK 1970 330 E. 1).

Das Schreiben einer Ausgleichskasse, wonach ein Arbeitgeber einer bestimmten Revisionsstelle die *Buchhaltung zur Verfügung zu stellen* habe, stellt eine anfechtbare Verfügung dar (ZAK 1965 99 E. 1).

Anfechtbar ist die *Zuweisung eines Arbeitgebers in eine bestimmte Abrechnungsgruppe* (vgl. dazu Art. 35 Abs. 2 AHVV) (EVGE 1961 287 f.).

Anfechtungsobjekt sind die in Anwendung von Art. 38bis AHVV ergangenen *Kassenverfügungen betr. Zahlungsaufschub* (ZAK 1959 259).

Vorliegen eines Anfechtungsobjektes verneint

Als Verfügungen, die durch die Rechtspflegeorgane der AHV überprüft werden können, gelten nur solche, die in einem *rechtlich erheblichen Zusammenhang mit der Anwendung des AHVG* stehen. Verfügungen der Ausgleichskassen dagegen, welche keine materiell- oder verfahrensrechtlichen Ansprüche aus dem AHVG berühren, fallen nicht unter Art. 84 AHVG. Dies ist etwa der Fall bei einer Verfügung betreffend Akteneinsicht, welche verlangt wurde, um eine Genugtuung wegen angeblicher Ehrverletzung zu erlangen (EVGE 1965 144 f.).

Verfügungen betreffend Leistungen, auf welche kein Anspruch besteht: Soweit auf eine Leistung kein Anspruch besteht, ist eine Verfügung über die Gewährung bzw. Verweigerung dieser Leistung nicht mit Beschwerde anfechtbar (116 V 319 f. E. 1). – Vgl. zur Möglichkeit einer Verwaltungsgerichtsbeschwerde Art. 129 Abs. 1 lit. c OG.

Bildet eine *Beitragsverfügung* das Anfechtungsobjekt, können Fragen des Beitragsbezugs nicht in ein Beschwerdeverfahren einbezogen werden, ohne dass damit in unzulässiger Weise über das durch die Verwaltungsverfügung bestimmten Anfechtungsobjekt hinausgegangen würde (115 V 183 E. 3). Massnahmen zur Eintreibung einer Beitragsschuld wie die Zustellung eines Zahlungsbefehls, die Forderungseingabe im Konkurs oder im Nachlassverfahren bilden keine im Sinne von Art. 84 AHVG anfechtbaren Verfügungen (ZAK 1958 185 E. 2).

Abrechnungen können nicht dadurch zu – anfechtbaren – Verfügungen gemacht werden, dass sie als solche bezeichnet und mit einer Rechtsmittelbelehrung versehen werden (ZAK 1988 510 E. 3b).

Eine *Rechtsmittelbelehrung* stellt keine beschwerdefähige Verfügung dar (ZAK 1989 523 E. 2b).

Wurde über das Beitragsstatut eines Versicherten durch Gestaltungsverfügung einer Ausgleichskasse bereits entschieden, kann eine weitere Ausgleichskasse keine *Feststellungsverfügung* zu dieser Frage mehr erlassen; es liegt insoweit ein Verwaltungsakt ohne Verfügungscharakter vor (112 V 85 f.).

Keine anfechtbare Verfügung im Sinne von Art. 84 Abs. 1 AHVG liegt vor beim Entscheid über die *Gewährung von Fürsorgeleistungen* gemäss Art. 92 AHVG (96 V 128 E. 4).

Keine anfechtbare Verfügung liegt vor, wenn die Ausgleichskasse den von der Gerichtsinstanz getroffenen Entscheid nur *rechnerisch auszuwerten* hatte (ZAK 1964 36 E. 2).

Wenn ein Arbeitgeber entsprechend der ihm gesetzlich zustehenden Befugnis für den Arbeitnehmerbeitrag auf den Arbeitnehmer *Rückgriff nimmt*, macht er damit eine privatrechtliche Forderung geltend; mit entsprechenden Streitigkeiten haben sich weder die administrativen noch die richterlichen Organe der AHV zu befassen (ZAK 1960 41 E. 3).

2. Feststellungsverfügung

Vgl. dazu näheres in den Vorbemerkungen zum 6. Abschnitt, Ziff. IV.

3. Zwischenverfügung

Eine Zwischenverfügung kann *selbständig angefochten* werden, wenn dem Beschwerdeführer aus ihr ein nicht wieder gutzumachender Nachteil erwachsen kann. Dieses Erfordernis liegt nicht erst dann vor, wenn sich die nachteiligen Folgen des Zwischenentscheides selbst durch ein für den Beschwerdeführer günstig ausfallendes Endurteil nicht mehr abwenden liessen. Vielmehr genügt bereits ein als schutzwürdig erachtetes Interesse, wobei die Rechtsprechung für dessen Beurteilung nicht nur ein einziges Kriterium gelten lässt (117 V 190 E. 1d).

Nicht anfechtbar ist eine Zwischenverfügung über die Weigerung, angebotene Beweise zu erheben, ausser wenn die Beweise gefährdet sind und erhebliche, bisher noch nicht abgeklärte Umstände betreffen (ZAK 1988 524).

Vgl. zur Anfechtbarkeit einer Zwischenverfügung auch Kommentar zu Art. 86 AHVG, Ziff. V.

4. Abgrenzung des Anfechtungsobjektes vom Streitobjekt
Streitobjekt ist das Rechtsverhältnis, welches den aufgrund der Beschwerdebegehren effektiv angefochtenen Verfügungsgegenstand bildet. Anfechtungsobjekt und Streitobjekt sind somit identisch, wenn die Verwaltungsverfügung insgesamt angefochten wird. Bezieht sich demgegenüber die Beschwerde nur auf einen Teil des durch die Verfügung bestimmten Rechtsverhältnisses, gehören die nicht beanstandeten Teilaspekte des verfügungsweise festgelegten Rechtsverhältnisses zwar wohl zum Anfechtungs-, nicht aber zum Streitobjekt; solche nicht beanstandeten Punkte prüft der Richter nur, wenn sie in einem engen Sachzusammenhang mit dem Streitobjekt stehen (112 V 99 f. E. 1a).

V. **Zuständigkeit** (Abs. 2)

Literatur: Bendel, AHV/IV-Rekurskommission für Personen im Ausland, 241 ff.; Bendel, Die Rechtsstellung des ausländischen Grenzgängers, 81 ff.

Vgl. dazu die Regelung in Art. 200 AHVV. – Im Grundsatz ist diejenige Rekursbehörde desjenigen Kantons zuständig, in welchem der Beschwerdeführer bei Erlass der angefochtenen Verfügung seinen Wohnsitz, Sitz oder Aufenthalt hat. – Für einen Anwendungsfall bzgl. der Massgeblichkeit des Zeitpunktes des *Erlasses der Verfügung* vgl. EVGE 1963 174 E. 1.

Ist *strittig*, wo sich der Wohnsitz des Beschwerdeführers befindet, ist diejenige Gerichtsinstanz als zuständig zu betrachten, die der Streitfrage sachlich und örtlich am nächsten steht (102 V 241 E. 3a).

Wenn in Art. 200 und Art. 200bis AHVV der Begriff «Wohnsitz» bzw. «wohnen» verwendet wird, ist vom *zivilrechtlichen Wohnsitz* auszugehen (100 V 59 E. 4d).

Beschwerden von *Saisonniers* mit ausländischem Wohnsitz sind – nach Art. 200 Abs. 3 AHVV – von der Gerichtsinstanz des Kantons zu beurteilen, in welchem der Arbeitgeber des Versicherten den Sitz hat, oder – falls ein Wohnsitz bzw. Aufenthalt in der Schweiz anzunehmen ist – bei der erwähnten Gerichtsinstanz bzw. von der Gerichtsinstanz des Kantons, in welchem der Versicherte bei Erlass der angefochtenen Verfügung seinen Wohnsitz bzw. Aufenthalt hat (100 V 60 unter Berücksichtigung der Änderung von Art. 200 Abs. 1 AHVV; vgl. dazu ZAK 1974 543 Fn. 1).

Beschwerden von *Grenzgängern*, die in der Schweiz obligatorisch versichert sind, jedoch im Ausland wohnen, sind – nach Art. 200 Abs. 3 AHVV – von der Gerichtsinstanz des Kantons zu beurteilen, in welchem der Arbeitgeber des Versicherten den Sitz hat (100 V 60).

Beschwerden von in der Schweiz nicht mehr obligatorisch versicherten *ehemaligen Grenzgängern*, die im Ausland wohnen, sind von der Rekurskommission für die im Ausland wohnenden Personen zu beurteilen (100 V 60).

85 Kantonale Rekursbehörde

[1] Die Kantone bestimmen eine von der Verwaltung unabhängige kantonale Rekursbehörde. Als solche kann eine bereits bestehende Gerichtsbehörde bezeichnet werden. An der Durchführung der Versicherung oder an der Aufsicht über die Versicherung beteiligte Personen dürfen weder der Rekursbehörde noch ihrem Sekretariat angehören (11).

[2] (11) **Die Kantone regeln das Rekursverfahren. Es hat folgenden Anforderungen zu genügen:**

a. Das Verfahren muss einfach, rasch und für die Parteien grundsätzlich kostenlos sein, wobei jedoch in Fällen leichtsinniger oder mutwilliger Beschwerdeführung dem Beschwerdeführer eine Spruchgebühr und die Verfahrenskosten auferlegt werden können.

b. Die Beschwerde muss eine gedrängte Darstellung des Sachverhaltes, ein Rechtsbegehren und eine kurze Begründung enthalten. Genügt die Beschwerde diesen Anforderungen nicht, so setzt die Rekursbehörde dem Beschwerdeführer eine angemessene Frist zur Verbesserung und verbindet damit die Androhung, dass sonst auf die Beschwerde nicht eingetreten werde.

c. Die Rekursbehörde hat von Amtes wegen die für den Entscheid erheblichen Tatsachen festzustellen; sie erhebt die notwendigen Beweise und ist in der Beweiswürdigung frei.

d. Die Rekursbehörde ist an die Begehren der Parteien nicht gebunden. Sie kann eine Verfügung zuungunsten des Beschwerdeführers ändern oder diesem mehr zusprechen, als er verlangt hat, wobei jedoch den Parteien vorher Gelegenheit zur Stellungnahme zu geben ist.

e. Rechtfertigen es die Umstände, so sind die Parteien zu einer Verhandlung vorzuladen. Die Beratung der Rekursbehörde hat in Abwesenheit der Parteien stattzufinden.

f. Das Recht, sich verbeiständen zu lassen, ist gewährleistet. Wo die Verhältnisse es rechtfertigen, ist dem Beschwerdeführer ein Kostenvorschuss oder die unentgeltliche Verbeiständung zu bewilligen. Ferner hat der obsiegende Beschwerdeführer Anspruch auf Ersatz der Kosten der Prozessführung und Vertretung nach gerichtlicher Festsetzung.

g. Die Entscheide sind, mit einer Begründung und einer Rechtsmittelbelehrung versehen, innert 30 Tagen seit der Ausfällung schriftlich zu eröffnen (A).

h. Gegen Entscheide muss die Revision wegen Entdeckung neuer Tatsachen oder Beweismittel oder wegen Einwirkung durch Verbrechen oder Vergehen auf das Urteil gewährleistet sein.

3 ... (88)

(A) Art. 201 AHVV

Übersicht

9. reformatio in peius und reformatio in melius (Abs. 2 lit. d)
10. Durchführung einer öffentlichen Verhandlung (Abs. 2 lit. e)
11. Verbeiständung (Abs. 2 lit. f)
    a) Vertretung
    b) Unentgeltliche Verbeiständung
12. Parteientschädigung (Abs. 2 lit. f)
13. Begründung des Entscheids (Abs. 2 lit. g)
14. Rechtsmittelbelehrung (Abs. 2 lit. g)
15. Eröffnung (Abs. 2 lit. g)
16. Revision (Abs. 2 lit. h)

Literatur: Schwarzenbach, Der Rechtsschutz des Versicherten; Guyer, Formelle Erledigung des Beschwerdeverfahrens in der AHV, 233 ff.; Meyer-Blaser, Die Rechtspflege in der Sozialversicherung, 1 ff.; Rüedi, Allgemeine Rechtsgrundsätze des Sozialversicherungsprozesses, 451 ff.

I. Allgemeine Grundsätze

1. Rechtliches Gehör

Literatur: Zimmerli, Zum rechtlichen Gehör im sozialversicherungsrechtlichen Verfahren, 313 ff.

Allgemeines

Aus dem Anspruch auf rechtliches Gehör wird abgeleitet das Recht des Betroffenen, sich vor Erlass eines in seine Rechtsstellung eingreifenden Entscheids zur Sache zu äussern, erhebliche Beweise beizubringen, Einsicht in die Akten zu nehmen, mit erheblichen Beweisanträgen gehört zu werden und an der Erhebung wesentlicher Beweise entweder mitzuwirken oder sich zumindest zum Beweisergebnis zu äussern, wenn dieses geeignet ist, den Entscheid zu beeinflussen. Das rechtliche Gehör dient einerseits der Sachaufklärung, anderseits stellt es ein persönlichkeitsbezogenes Mitwirkungsrecht beim Erlass eines Entscheids dar, welcher in die Rechtsstellung des einzelnen eingreift (119 V 168 f. E. 4a).

Teilbereiche des Anspruchs auf rechtliches Gehör

Beweisrecht

Der Anspruch auf rechtliches Gehör umfasst das Recht, an der Erhebung wesentlicher Beweise mitzuwirken oder sich zumindest zum Beweisergebnis zu äussern, wenn dieses geeignet ist, den Entscheid zu beeinflussen; von Bedeutung ist der Anspruch insbesondere im Zusammenhang mit der Durchführung eines Augenscheins, der Befragung von Zeugen sowie bezüglich eines Expertengutachtens (117 V 283 E. 4a; betr. IV).

Akteneinsichtsrecht
Das Akteneinsichtsrecht beinhaltet den Anspruch, dass grundsätzlich alle beweiserheblichen Akten den Beteiligten gezeigt werden müssen, sofern in der sie unmittelbar betreffenden Verfügung darauf abgestellt wird (115 V 302 ff.; betr. UV). Damit das Akteneinsichtsrecht überhaupt wahrgenommen werden kann, ist es notwendig, dass die Behörde die Parteien davon in Kenntnis setzt, wenn sie dem Dossier neue Akten beifügt, die für die Entscheidfindung massgebend sind. Dabei ist sie jedoch nicht verpflichtet, diese über jedes zusätzliche Aktenstück zu orientieren, sondern es genügt, dass sie die Akten zu deren Verfügung bereithält (ZAK 1991 99 E. 4a). Wenn der Gewährung des Akteneinsichtsrechts Interessen Dritter entgegenstehen, muss die Behörde den Parteien jedenfalls das Wesentliche über den Inhalt der Akten mündlich oder schriftlich bekanntgeben (ZAK 1991 100 E. 4a).

Prüfungspflicht der Behörden
Diese Pflicht bildet das Korrelat zum Anspruch des Rechtsuchenden auf rechtliches Gehör. Sie erstreckt sich auf sämtliche für den Entscheid erheblichen Tatbestandselemente, bedeutet jedoch nicht, dass sich die entscheidende Behörde über alle Vorbringen auszusprechen hätte. Vielmehr kann sie sich dabei auf die für den Entscheid wesentlichen Gesichtspunkte beschränken (99 V 188).

Vgl. auch Kommentar zu Art. 85 AHVG, Ziff. III.13.

Verletzung des Anspruchs auf rechtliches Gehör
Die Frage einer allfälligen Verletzung des Gehörsanspruchs kann der Sozialversicherungsrichter grundsätzlich nicht nur aufgrund von Parteibehauptungen und im Rahmen gestellter Rechtsbegehren, sondern auch *von Amtes wegen prüfen* (116 V 185 E. 1a; betr. IV).

Das Recht angehört zu werden, ist formeller Natur. Die Verletzung des rechtlichen Gehörs führt ungeachtet der Erfolgsaussichten der Beschwerde in der Sache selbst zur *Aufhebung* der angefochtenen Verfügung. Es kommt mit anderen Worten nicht darauf an, ob die Anhörung im konkreten Fall für den Ausgang der materiellen Streitentscheidung von Bedeutung ist, d.h. die Behörde zu einer Änderung ihres Entscheids veranlasst wird oder nicht. Laut ständiger Praxis des EVG kann eine – nicht besonders schwerwiegende – Verletzung des rechtlichen Gehörs dann als *geheilt* gelten, wenn der Betroffene die Möglichkeit erhält, sich vor einer Beschwerdeinstanz zu äussern, die sowohl den Sachverhalt wie die Rechtslage frei überprüfen kann. Die Heilung eines – allfälligen – Mangels soll aber die *Ausnahme* bleiben. Ein Anspruch auf einen materiellen Entscheid der Rechtsmittelinstanz besteht im Falle einer Gehörsverletzung nicht (116 V 185 f. E. 1b; betr. IV). Von der Rückweisung der Sache zur Gewährung des rechtlichen Gehörs an die Verwaltung ist – nach dem Grundsatz der Verfahrensökonomie – dann abzusehen, wenn dieses Vorgehen zu einem formalistischen Leerlauf und damit zu unnötigen Verzögerungen führen würde, die mit dem (gleichlaufenden und der Anhörung gleichgestellten) Interesse des Versicherten an einer möglichst beförderlichen Beurteilung seines Anspruchs nicht zu vereinbaren sind (116 V 187 E. 3d; betr. IV).

2. Verfahrensbeteiligung

Hat die Ausgleichskasse es unterlassen, dem Arbeitnehmer eine Verfügung über paritätische Beiträge zu eröffnen (vgl. zur entsprechenden Pflicht Vorbemerkungen zum 6. Abschnitt, Ziff. IV, Stichwort Eröffnung der Verfügung), ist die Rekursbehörde befugt, diesen Mangel dadurch zu beheben, dass sie den betroffenen Arbeitnehmer zu Teilnahme am Beschwerdeverfahren *einlädt* (113 V 5 f. E. 4a).

Im Schadenersatzverfahren gemäss Art. 52 AHVG ist eine *Streitverkündung* gegenüber einem haftpflichtigen Dritten seitens des von der Ausgleichskasse ins Recht gefassten Arbeitgebers aufgrund des Bundesrechts ausgeschlossen (112 V 263 ff. E. 2c).

3. Fristen

Allgemeines

Vor Eröffnung einer Verfügung kann nicht rechtsgültig Beschwerde erhoben werden (ZAK 1988 460 E. 3b).

Eine *nach Ablauf der angesetzten Frist erstattete Vernehmlassung* ist aus dem Recht zu weisen (ZAK 1989 445 E. 1).

Fristwiederherstellung

Vgl. zur Fristwiederherstellung auch Kommentar zu Art. 86 AHVG, Ziff. III.3, sowie zu Art. 96 AHVG.

Allgemeines

Der Grundsatz der Fristwiederherstellung stellt einen allgemeinen Rechtsgrundsatz dar (108 V 110 E. 2c). Eine versäumte Frist kann wiederhergestellt werden, wenn der Gesuchsteller oder sein Vertreter durch ein unverschuldetes Hindernis abgehalten worden ist, innert Frist zu handeln, und binnen einer bestimmten Frist die Wiederherstellung verlangt und die versäumte Rechtshandlung nachholt. Fristwiederherstellung kann auch dann noch verlangt werden, wenn der Prozess wegen Fristversäumnis bereits durch Nichteintretensentscheid erledigt worden ist (ZAK 1989 222 E. 1; betr. Art. 35 Abs. 1 OG).

Die Anwendung kantonaler Regelungen bei der Frage der Fristwiederherstellung ist ausgeschlossen (102 V 243 E. 2a; vgl. dazu Art. 96 AHVG i.V.m. Art. 24 VwVG).

Einzelfragen

Sprachunkenntnis und die daraus folgende Notwendigkeit, eine Verfügung übersetzen zu lassen, entschuldigen die Fristversäumnis nicht; es liegt kein Fristwiederherstellungsgrund vor (ZAK 1991 323 E. 2).

Fristwiederherstellung bei einer *Krankheit* ist möglich, wenn diese derart ist, dass der Versicherte durch sie davon abgehalten wird, innert Frist selber zu handeln oder doch eine Drittperson mit der Vornahme der Prozesshandlung zu betrauen (112 V 255 [betr. Art. 35 Abs. 1 OG]; daselbst verschiedene Beispiele). Von Bedeutung ist insbesondere die letzte Zeit der Rechtsmittelfrist, weil jedermann dazu berechtigt ist, die notwendige Rechtsschrift erst gegen das Ende der Frist auszuarbeiten und einzureichen (112 V 256).

Wer mit der Zustellung einer Verfügung nicht zu rechnen hatte und demzufolge hinsichtlich der Inempfangnahme keine besonderen Vorkehren zu treffen hatte, kann – falls die Beschwerdefrist zufolge Abwesenheit vom Zustellungsort versäumt wurde – seine *Abwesenheit* als Fristwiederherstellungsgrund geltend machen (ZAK 1982 190 E. 2).

4. Berichtigung von Rechnungsfehlern

Weil das Sozialversicherungsrecht sehr viele Möglichkeiten zu Rechnungsfehlern in sich birgt, gebietet die rechtsgleiche Anwendung des materiellen Rechts, dass solche Fehler möglichst formlos korrigiert werden können. Die Berichtigung von Rechnungsfehlern stellt insoweit einen bundesrechtlichen, dem kantonalen Recht übergeordneten und dem Sozialversicherungsprozess innewohnenden Verfahrensgrundsatz dar (99 V 64 E. 2a).

5. Rechtsanwendung von Amtes weg

Bedeutung der Verwaltungsweisungen

Verwaltungsweisungen stellen kein objektives Recht dar und sind für den Sozialversicherungsrichter nicht verbindlich. Er soll diese Weisungen bei seiner Entscheidung mitberücksichtigen, sofern sie eine dem Einzelfall angepasste und gerecht werdende Auslegung der anwendbaren gesetzlichen Bestimmungen zulassen. Anderseits weicht er insoweit davon ab, als sie mit den anwendbaren gesetzlichen Bestimmungen nicht vereinbar sind (120 V 163 E. 4b).

6. Überspitzter Formalismus

Überspitzter Formalismus ist eine besondere Form der *Rechtsverweigerung*. Er liegt u.a. vor, wenn die Behörde formelle Vorschriften mit übertriebener Schärfe handhabt oder an Rechtsschriften überspannte Anforderungen stellt und dem Bürger den Rechtsweg in unzulässiger Weise versperrt. Überspitzter Formalismus ist also anzunehmen, wenn die strikte Anwendung der Formvorschriften durch keine schutzwürdigen Interessen gerechtfertigt ist, zum blossen Selbstzweck wird und die Verwirklichung des materiellen Rechts in unhaltbarer Weise erschwert oder verhindert. Im Bereich des Sozialversicherungsrechts ist das Verbot des überspitzten Formalismus in Art. 85 Abs. 2 lit. a AHVG enthalten (120 V 417 E. 4b).

Es stellt einen überspitzten Formalismus dar, die Partei zur Einreichung einer *Beglaubigung der Vollmacht* zu verpflichten, wenn die von ihr auf der Vollmacht angebrachte Unterschrift die gleiche Bedeutung hat, welche die kantonale Behörde einer nachträglich direkt auf der Beschwerdeschrift angebrachten Unterschrift beimisst (114 V 207 f. E. 3).

7. Dispositionsprinzip

Vgl. dazu auch Kommentar zu Art. 85 AHVG, Ziff. III.8.

Den Parteianträgen kommt im Beschwerdeverfahren für die Festlegung des *Streitobjektes* vorrangige Bedeutung zu. Dem Versicherten steht die Befugnis zu, nur einzelne der verfügungsweise geregelten Rechtsverhältnisse (welche das sog. *Anfechtungsobjekt* bilden) durch Beschwerde richterlich überprüfen zu lassen (118 V 313 f. E. 3b). Dies bedeutet, dass es dem Richter benommen ist, von Amtes wegen den Anspruch auf eine Rente zu überprüfen, wenn nur die Ausrichtung von Verzugszinsen Gegenstand des Streitobjektes bildet (ZAK 1976 151 f. E. 1b). – Vgl. dazu näheres im Kommentar zu Art. 84 AHVG, Ziff. IV.1.

Anerkennung und Vergleich sind in der Sozialversicherungsrechtspflege ohne richterliche Bestätigung grundsätzlich wirkungslos (ZAK 1988 400 E. 2c). Insofern kann das Gericht auch bei übereinstimmenden Parteierklärungen ein Verfahren nicht ohne materielle Prüfung als gegenstandslos geworden abschreiben (EVGE 1962 160).

8. Lite pendente-Verfügung

Literatur: Bendel, Die pendente lite erlassene neue Verfügung, 1 ff.

Gemäss Art. 58 VwVG kann die Verwaltung bis zu ihrer Vernehmlassung an die Beschwerdeinstanz die angefochtene Verfügung in Wiedererwägung ziehen; dabei setzt die Beschwerdeinstanz die Behandlung der Beschwerde fort, soweit diese durch die neue Verfügung der Verwaltung nicht gegenstandslos geworden ist. Zwar findet diese Bestimmung des Bundesrechts auf das Verfahren letzter kantonaler Instanzen grundsätzlich keine Anwendung (vgl. Art. 1 Abs. 3 VwVG). Es ist indessen nicht bundesrechtswidrig, wenn die Kantone aufgrund von ausdrücklichen prozessualen Vorschriften oder einer sinngemässen Praxis ein dem Art. 58 VwVG entsprechendes Verfahren vorsehen. Ist mit einer solchen lite pendente erlassenen neuen Verfügung der Ausgleichskasse eine Schlechterstellung des Versicherten verbunden, kommt dieser lediglich der Charakter eines Antrages an den Richter zu (ZAK 1992 117 E. 5a, 113 V 238 f.). Nach Einreichen der Vernehmlassung an die erstinstanzliche Behörde ist es nicht mehr zulässig, die strittige Verfügung in Wiedererwägung zu ziehen; einer trotzdem erlassenen Verfügung kommt lediglich der Charakter eines Antrags an das Gericht, es möge im Sinne der Verfügung urteilen, zu (ZAK 1989 310 E. 2a).

9. Sistierung

Läuft während eines *Schadenersatzverfahrens gemäss Art. 52 AHVG* eine Strafuntersuchung, steht aber nicht fest, dass in absehbarer Zeit ein Strafurteil gefällt wird, sistiert der Sozialversicherungsrichter das Verfahren nicht, sondern prüft, ob sich die Schadenersatzforderung aus einer strafbaren Handlung herleitet (ZAK 1991 365 f. E. 3b).

Hinsichtlich Rechtskraft und Vollstreckbarkeit entfalten die Beitragsverfügungen, welche im ausserordentlichen Verfahren gemäss Art. 25 AHVV ergehen, die gleichen Wirkungen wie diejenigen, die im ordentlichen Verfahren ergehen. Aus diesem Grund kommt die Sistierung eines Beschwerdeverfahrens, um die *Veranlagung der direkten Bundessteuer* abzuwarten, in der Regel nicht in Frage (ZAK 1982 189 E. 4).

10. Rückweisung

Hat die Ausgleichskasse bei einer *Verfügung über paritätische Beiträge* dieselbe den Arbeitnehmern nicht zugestellt und insoweit deren Anspruch auf rechtliches Gehör verletzt, ist die Beschwerdeinstanz befugt, den Mangel dadurch zu beheben, dass sie die betroffenen Arbeitnehmer zur Teilnahme am Beschwerdeverfahren einlädt; sie kann aber auch die Sache an die Ausgleichskasse zurückweisen (113 V 5 f. E. 4a).

Erfolgt eine Rückweisung, sind die *Erwägungen eines Rückweisungsentscheides*, sofern das Dispositiv ausdrücklich darauf verweist, für die Vorinstanz verbindlich (113 V 159 f.).

Wurde eine Verfügung nur in einem Teilaspekt angefochten, entsprach also das Streitobjekt nur teilweise dem Anfechtungsobjekt, so kann – nach Rückweisung der Sache zu weiterer Abklärung und neuer Verfügung – in einem weiteren Beschwerdeverfahren betreffend die neu erlassene Verfügung auch nur dieser Teilaspekt Streitobjekt sein (ZAK 1986 52 ff. E. 2).

11. Weiterleitungspflicht

Eine unzuständige Behörde hat eine an sie adressierte Eingabe unverzüglich an die zuständige Amtsstelle weiterzuleiten (AHI-Praxis 1995 88 E. 3a). – Dieser Grundsatz ist analog anzuwenden bei Leistung eines Kostenvorschusses bei einer unzuständigen Stelle (111 V 407; bezogen auf Art. 107 Abs. 1 OG).

II. Allgemeines zur Rechtspflegebehörde (Abs. 1)

«unabhängige kantonale Rekursbehörde»

Im Anspruch auf Unparteilichkeit des Gerichts ist derjenige auf Nichtmitwirkung eines befangenen Richters mitenthalten. Die Besetzung des Gerichts muss – damit überhaupt konkrete Befangenheits- oder Ausstandsgründe geltend gemacht werden können – im Laufe des Verfahrens oder spätestens mit dem Endentscheid eröffnet werden. Die Rüge betreffend die unrichtige Besetzung eines Gerichts bzw. die Ablehnung eines Richters ist sodann so früh wie möglich geltend zu machen (114 V 62).

III. Verfahrensanforderungen im einzelnen (Abs. 2)

1. Einfaches und rasches Verfahren (Abs. 2 lit. a)

Literatur: Kieser, Das einfache und rasche Verfahren, 268 ff.

Allgemeines

Bei diesem Prinzip handelt es sich um einen *allgemeinen sozialversicherungsrechtlichen Grundsatz*, welcher im kantonalen Verfahren jeden unnötigen Formalismus ausschliesst (114 V 206 E. 1b). Was das in Art. 6 EMRK enthaltene Beschleunigungsgebot betrifft, liegt gegenüber dem schweizerischen Recht kein neues Recht vor (103 V 193 E. 2b).

Der Grundsatz des einfachen und raschen Verfahrens gilt analog für das Verfahren vor der eidgenössischen Rekursbehörde gemäss Art. 85bis AHVG (103 V 195 f. E. 4).

Auswirkungen

In Art. 85 Abs. 2 lit. a AHVG ist das Verbot des überspitzten Formalismus enthalten (120 V 417 E. 4b). – Vgl. näheres zum überspitzten Formalismus im Kommentar zu Art. 85 AHVG, Ziff. I.6.

Die Frage bleibt offen, ob eine vom kantonalen Recht vorgesehene Verpflichtung zur Beglaubigung der *Vollmacht* gegen den Grundsatz der Einfachheit und Raschheit des Verfahrens verstösst (114 V 207 E. 2).

Bei der Frage, ob eine *öffentliche Verhandlung* durchzuführen ist (vgl. dazu Kommentar zu Art. 85 AHVG, Ziff. III.10), fällt die im Sozialversicherungsprozess gebotene Einfachheit und Raschheit des Verfahrens ins Gewicht (119 V 381 f. E. 4b.dd).

Es bedeutet einen Verstoss gegen den Grundsatz des einfachen und raschen Verfahrens, wenn auf eine Verwaltungsgerichtsbeschwerde gegen eine *Zwischenverfügung*, mit welcher die Einrede zurückgewiesen wird, die Beschwerde sei verspätet eingereicht worden, nicht eingetreten wird (ZAK 1992 369 E. 1c).

Wenn eine kantonale Instanz in einem *Rückweisungsentscheid* die Kosten- und Entschädigungsfolgen auf die Zeit nach Eintritt der Rechtskraft der neu zu erlassenden Verfügung verschiebt, lässt sich ein solches Vorgehen mit dem Gebot des einfachen und raschen Verfahrens nicht vereinbaren (ZAK 1987 268 E. 4a).

Mit der Anforderung des einfachen und raschen Verfahrens lässt sich eine *Gabelung des Prozessweges* (EVG für die Grundsatzfrage der Parteientschädigung, zweite kantonale Instanz für das Quantitativ der Parteientschädigung) nicht vereinbaren (110 V 62 E. 4b).

Aus prozessökonomischen Gründen ist von der kantonalen Gerichtsinstanz auf eine Beschwerde betreffend Rückerstattung von zu Unrecht bezogenen Leistungen einzutreten, auch wenn die Verfügung von einer *unzuständigen Ausgleichskasse* erlassen wurde (ZAK 1979 433 f.).

Es entspricht dem Sinne des Raschheitsgebotes und dient insbesondere der Gewährleistung eines geordneten Verfahrensganges, dass die Gerichtsinstanz eine verspätete Vernehmlassung oder – im

Schadenersatzverfahren gemäss Art. 52 AHVG – eine verspätete Klageantwort aus dem Recht weisen kann (SVR 1994 AHV Nr. 2 S. 4).

2. Grundsatz der Kostenlosigkeit (Abs. 2 lit. a)

Literatur: Leuzinger-Naef, Bundesrechtliche Verfahrensanforderungen, 178 f.

Die Bestimmung ist in bezug auf vom Beschwerdeführer zu übernehmende Parteientschädigungen nicht anwendbar (109 V 63).

Der Grundsatz der Kostenlosigkeit gilt auch für das Schadenersatzverfahren gemäss Art. 52 AHVG; Art. 81 Abs. 3 AHVV lässt es nicht zu, dass die Kantone in solchen Verfahren einen anderen Grundsatz wählen (EVGE 1957 227 f.).

Wegen des Grundsatzes der Kostenlosigkeit sind Kosten eines Gutachtens, welches grundsätzlich dem Richter obliegende Aufgaben betraf, auf die Gerichtskasse zu nehmen; sie dürfen nicht einer Partei auferlegt werden (EVGE 1955 205 f.).

3. Ausnahmen von der Kostenlosigkeit (Abs. 2 lit. a)

Der Grundsatz, dass im Falle mutwilliger oder leichtsinniger Prozessführung die Kostenfreiheit eingeschränkt wird, ist als allgemeiner prozessualer Grundsatz des Bundessozialversicherungsrechts zu verstehen (118 V 319 E. 3c).

An der durch EVGE 1968 22 begründeten Praxis, wonach die Kosten wegen leichtsinniger oder mutwilliger Prozessführung nur dem Beschwerdeführer (und nicht dem Beschwerdegegner) auferlegt werden können, kann nicht festgehalten werden (112 V 334 E. 4b und c).

Leichtsinnige oder mutwillige Prozessführung kann vorliegen, wenn die Partei ihre Stellungnahme auf einen Sachverhalt abstützt, von dem sie weiss oder bei der ihr zumutbaren Sorgfalt wissen müsste, dass er unrichtig ist; sie kann ferner angenommen werden, wenn eine Partei eine ihr in dieser Eigenschaft obliegende Pflicht verletzt oder wenn sie noch vor der Rekursbehörde an einer offensichtlich gesetzwidrigen Auffassung festhält (112 V 334 f. E. 5a). – Für einen Anwendungsfall vgl. ZAK 1973 429 E. 4.

4. Formelle Anforderungen an die Beschwerde (Abs. 2 lit. b)

Allgemeines

Praxisgemäss sind an erforderliche Form und Inhalt einer Beschwerde an die kantonale Rechtsmittelinstanz keine hohen Anforderungen zu stellen. Die Einhaltung der Formvorschriften wird nicht nach strengen Massstäben beurteilt. Immerhin muss – damit überhaupt von einer Beschwerde gesprochen werden kann – eine individualisierte Person gegenüber einer bestimmten Verfügung den klaren Anfechtungswillen schriftlich bekunden, d.h. sie hat erkenntlich ihren Willen um Änderung der sie betreffenden Rechtslage zum Ausdruck zu bringen (116 V 356 E. 2b).

Diese Voraussetzung ist dann *nicht erfüllt*, wenn in einer Eingabe, die nicht einmal als Beschwerde gekennzeichnet ist, eine Kassenverfügung mit Vorbehalt anerkannt wird (ZAK 1988 459 f. E. 3a). Ebenfalls keine Beschwerde kann angenommen werden, wenn ein Versicherter mitteilt, er werde längerer Zeit abwesend sein und fechte deshalb eine allfällige Verfügung vorsorglich schon jetzt an (ZAK 1987 535 f. E. 3a).

Die *Eventualmaxime* ist kein Grundsatz des Sozialversicherungsprozesses (ZAK 1961 455 E. 1).

Erfordernis, die angefochtene Verfügung einzureichen

Eine solche Vorschrift dient dazu, dem angerufenen Gericht Gewissheit zu verschaffen, über welches Streitobjekt welcher Verfügungsinstanz es zu urteilen hat. Wenn feststeht, wer Gegenpartei ist, und sich die angefochtene Verfügung ohne weiteres ermitteln lässt, ist es dem Gericht – wenn die andere Partei die Verfügung nicht einreicht – benommen, auf die Beschwerde mangels Einreichung der angefochtenen Verfügung nicht einzutreten (116 V 358 f. E. 3c und d).

Erfordernis, die Beschwerde in einer bestimmten Amtssprache abzufassen

Eine kantonale Behörde kann verlangen, dass Eingaben in der Amtssprache des betreffenden Kantons verfasst wird. Das (ungeschriebene) Grundrecht der Sprachenfreiheit wird damit nicht verletzt, noch verstösst das Territorialitätsprinzip gegen die EMRK (109 V 225; daselbst auch Ausführungen zur Bedeutung des Staatsvertragsrechts).

5. Nachfrist zur Verbesserung von formellen Fehlern (Abs. 2 lit. b)

Allgemeines

Die Möglichkeit der Nachfristansetzung ist Ausdruck eines aus dem Verbot des überspitzten Formalismus fliessenden allgemeinen prozessualen Rechtsgrundsatzes, der auch im kantonalen Verfahren Geltung hat (120 V 419 E. 6a).

Die Fristansetzung zur Verbesserung der Beschwerde hat ganz allgemein immer dann zu erfolgen, wenn die Beschwerde den in Art. 85 Abs. 2 lit. b AHVG genannten gesetzlichen Anforderungen nicht genügt, also auch dann, wenn es an Begehren oder Begründung gänzlich mangelt (119 V 266). Immerhin muss aber während der Rechtsmittelfrist der Beschwerdewille klar manifestiert werden. Vorbehalten bleibt zudem eine rechtsmissbräuchlich erhobene ungenügende Beschwerde (116 V 356 E. 2b). Eine Nachfrist ist auch anzusetzen, wenn beim Rechtsmittel eine gültige Unterschrift fehlt (120 V 419 E. 6a).

Die Nachfrist ist rechtsunkundigen in gleicher Weise wie rechtsunkundigen Personen zu gewähren (ZAK 1986 427 E. 3).

Wenn ein Versicherter nicht über die nötigen psychischen Voraussetzungen verfügt, die ihm erlauben, die Verbesserung der Beschwerdeschrift vorzunehmen, ist die Gerichtsinstanz von Amtes wegen gehalten, dem Versicherten die Möglichkeit zu geben, auf andere geeignete Weise seine Interessen zu wahren, sei es beispielsweise durch persönliche Befragung oder nötigenfalls durch die Bestellung eines Rechtsbeistandes (ZAK 1968 701 E. 2).

Erklärt eine Partei unaufgefordert, sie werde die mangelhafte Beschwerde innert einer bestimmten Frist verbessern, kann auf Nichteintreten nur erkannt werden, wenn eine von Amtes wegen angesetzte Nachfrist mit entsprechender Androhung nicht eingehalten wurde (ZAK 1956 480).

Verbesserung bzw. Nichtverbesserung der Beschwerde innert Frist

Wird eine mangelhafte Beschwerde innert der gesetzten Frist nicht verbessert, kann auf Nichteintreten nur entschieden werden, wenn diese Folge mit der Fristansetzung angedroht wurde (ZAK 1972 55). Erfolgt hingegen eine Verbesserung, ist der Mangel als ex tunc geheilt zu betrachten (EVGE 1951 59).

Erstreckung

Der Verfahrensgrundsatz, dass richterliche Fristen aus zureichenden Gründen auf Gesuch hin verlängert werden können, hat auch für die Nachfrist zur Verbesserung von formellen Fehlern zu gelten (ZAK 1986 426 E. 1b).

6. Untersuchungsprinzip (Abs. 2 lit. c)

Grundsatz

Das Untersuchungsprinzip besagt, dass die verfügende bzw. urteilende Instanz den rechtserheblichen Sachverhalt von Amtes wegen, aus eigener Initiative und ohne Bindung an die Vorbringen oder Beweisanträge der Parteien, abklären und feststellen muss. Der Grundsatz gilt indessen nicht uneingeschränkt; er findet sein Korrelat in den Mitwirkungspflichten der Parteien (117 V 263 f. E. 3b). Zu den Mitwirkungspflichten gehören die Begründungspflicht und das Rügeprinzip (110 V 53 E. 4a).

Auswirkungen

Wegen des Untersuchungsprinzipes sind – bei der Frage, ob eine Bindung an eine Steuermeldung besteht (vgl. dazu näheres im Kommentar zu Art. 9 AHVG, Ziff. III) – im erstinstanzlichen Beschwerdeverfahren gegebenenfalls die *Steuerakten von Amtes wegen beizuziehen* (110 V 374 E. 3c). Um im Schadenersatzprozess nach Art. 52 AHVG die Frage der *Verwirkung* zu entscheiden, ist im Rahmen des Untersuchungsprinzipes der Ablauf des Liquidationsverfahrens von Amtes wegen abzuklären (112 V 9).

Kommt ein Beschwerdeführer einer prozessleitenden Verfügung, welche im Rahmen des Untersuchungsprinzips erging, nicht nach, darf die Beschwerde nicht durch *Nichteintreten* erledigt werden (ZAK 1985 319 f. E. 2).

Es entspricht dem Untersuchungsprinzip, dass das Gericht auch *nachträgliche Vorbringen* zu berücksichtigen hat, soweit sie für die Urteilsfindung von Bedeutung sind (ZAK 1980 439 E. 2).

Wenn – gemäss Art. 9 AHVV – vom Arbeitgeber bzw. dem Arbeitnehmer *nachzuweisen* ist, dass Unkosten einen bestimmten Anteil erreichen, darf sich das Gericht bzw. die Ausgleichskasse nicht einfach mit der Feststellung begnügen, der Nachweis sei dem Betreffenden nicht gelungen; vielmehr ist von Amtes wegen für die Beschaffung der notwendigen Beweisunterlagen zu sorgen, soweit dies ohne übermässige Schwierigkeiten möglich ist; gegebenenfalls genügt auch bloss eine Aufforderung an den Beitragspflichtigen, das ihm Zumutbare selbst vorzukehren und sachdienliche Unterlagen zur Verfügung zu stellen (ZAK 1990 38 E. 4).

Das Untersuchungsprinzip bringt mit sich, dass mit der Rechtshängigkeit die Pflicht im konkreten Fall das Recht zu verwirklichen, an das *Gericht* übergeht (EVGE 1962 159; vgl. zur Möglichkeit der Ausgleichskasse, lite pendente eine Verfügung zu erlassen, Kommentar zu Art. 85 AHVG, Ziff. I.8).

Wegen des Untersuchungsprinzips darf ein rechtserhebliches Parteivorbringen nicht einfach mit der Bemerkung abgetan werden, es sei *nicht belegt* worden (AHI-Praxis 1994 212 E. 4a).

Das Untersuchungsprinzip ist *nicht verletzt*, wenn die Behörde eine Partei nicht speziell zur Einreichung bestimmter Unterlagen auffordert, wenn diese Partei im Verlauf des Verfahrens wiederholt die Zustellung dieses Beweismittels in Aussicht gestellt hat (AHI-Praxis 1994 212 f. E. 4b).

Im Bereich des Untersuchungsprinzips darf *nicht angedroht* werden, dass bei Säumnis Anerkennung der tatsächlichen Klagegründe sowie Verzicht auf Einreden angenommen wird (SVR 1994 AHV Nr. 2 S. 4).

Vermutungen

Eine Vermutungsregelung hebt das Untersuchungsprinzip nicht auf (113 V 247 E. 4d). Jedenfalls stellt der Grundsatz «Im Zweifel für den Versicherten» kein – geschriebenes oder ungeschriebenes – Prinzip des Sozialversicherungsrechts dar (ZAK 1983 260 E. 2b).

7. Beweisrecht (Abs. 2 lit. c)

Beweisaufnahme

Mündliche bzw. telephonische Auskunft: Eine solche Auskunft stellt nur insoweit ein zulässiges und taugliches Beweismittel dar, als damit blosse Nebenpunkte, namentlich Indizien oder Hilfstatsachen, festgestellt werden (117 V 284 ff. E. 4c; betr. IV).

Beweisgrad

Im Sozialversicherungsrecht hat der Richter seinen Entscheid, sofern das Gesetz nicht etwas Abweichendes vorsieht, nach dem *Beweisgrad der überwiegenden Wahrscheinlichkeit* zu fällen. Die blosse Möglichkeit eines bestimmten Sachverhaltes genügt den Beweisanforderungen nicht. Der Richter hat vielmehr jener Sachverhaltsdarstellung zu folgen, die er von allen möglichen Geschehensabläufen als die wahrscheinlichste würdigt. Dieser Beweisgrad ist eine sozialversicherungsrechtliche Eigenheit, die bei der Feststellung der für den materiellen Leistungsanspruch erheblichen Tatsachen und bei anderen Erscheinungen der Massenverwaltung – nicht jedoch bei der Frage der Rechtzeitigkeit eines Rechtsmittels – zu Anwendung gebracht wird; was die Rechtzeitigkeit des Rechtsmittels betrifft, muss hingegen mit *Gewissheit* feststehen, dass die Frist gewahrt ist (119 V 9 f.).

Beweiswürdigung

Beweiswürdigung nach Erfahrungssätzen: Tatfragen, über die sich gemäss der Natur der Dinge nur Hypothesen aufstellen lassen, beurteilen sich nach Erfahrungssätzen. Es gibt Tatsachen, mit deren Vorhandensein nach den Erfahrungen des Lebens so sehr zu rechnen ist, dass ihr Vorhandensein so lange vorausgesetzt werden darf, als nicht Umstände nachgewiesen sind, welche es unwahrscheinlich machen, dass sie sich verwirklicht haben. Es sind dies Tatsachen, für welche die natürliche Vermutung streitet. Sie dürfen dem Urteil zugrunde gelegt werden, auch wenn sie nicht durch ein Beweismittel nachgewiesen sind. Diese zivilprozessuale Beweiswürdigungsregel ist auch im Sozialversicherungsrecht anzuwenden (117 V 195 f. E. 3b; betr. IV).

Beweislast

Der Untersuchungsgrundsatz schliesst die Beweislast im Sinne der Beweisführungslast begriffsnotwendig aus, da es Sache der verfügenden bzw. urteilenden Instanz ist, für die Zusammentragung des Beweismaterials besorgt zu sein. Im Sozialversicherungsprozess tragen die Parteien i.d.R. eine Beweislast nur insofern, als im Falle der Beweislosigkeit der Entscheid zu Ungunsten jener Partei ausfällt, die aus dem unbewiesen gebliebenen Sachverhalt Rechte ableiten wollte. Diese Beweisregel greift allerdings erst Platz, wenn es sich als unmöglich erweist, im Rahmen des Untersuchungsgrundsatzes aufgrund einer Beweiswürdigung einen Sachverhalt zu ermitteln, der zumindest die Wahrscheinlichkeit für sich hat, der Wirklichkeit zu entsprechen (117 V 264 E. 3b).

8. Bindung an Parteibegehren (Abs. 2 lit. d)

Beschwerderückzug

Die gleiche Dispositionsfreiheit, die den Betroffenen berechtigt, auf die Einreichung eines Rechtsmittels zu verzichten, gibt ihm auch die Befugnis, das ergriffene Rechtsmittel wieder zurückzuziehen, indem er dadurch lediglich den Rechtszustand wiederherstellt, der bei der Unterlassung des Rechtsmittels herrschte (EVGE 1967 245).

Der Beschwerderückzug kann nur klar, ausdrücklich und unbedingt erfolgen; insbesondere kann die Beschwerde nicht stillschweigend zurückgezogen werden (119 V 38 E. 1b). Es ist insofern unzulässig, wenn eine Ausgleichskasse beim Versuch, eine Streitigkeit gütlich zu erledigen, dem Beschwerdeführer mitteilt, bei Stillschweigen werde angenommen, dass die Beschwerde zurückgezogen sei (ZAK 1953 428).

Wird eine gegen eine Beitragsverfügung erhobene Beschwerde zurückgezogen, schliesst dies den späteren Erlass einer Nachzahlungsverfügung nicht aus; eine solche Beitragsverfügung hat nicht eine höhere Rechtsbeständigkeit (ZAK 1978 546 E. 2a).

Betreffend Beschwerderückzug bei drohender reformatio in peius vgl. nachstehend Ziff. 9.

Anerkennung des Rechtsmittelbegehrens durch die Gegenpartei

Eine solche Anerkennung muss vom Richter überprüft werden, da sie lediglich einen Antrag an das Gericht darstellt, im Sinne der übereinstimmenden Parteierklärung zu urteilen (EVGE 1968 118 f.).

Kein Überschreiten der Grenze, welche durch die angefochtene Verfügung gezogen wird, liegt vor, wenn die Gerichtsinstanz nicht einen Tatbestand beurteilt, der ausserhalb der angefochtenen Verfügung liegt, sondern lediglich weitere Folgerungen auf gleicher Grundlage zieht (ZAK 1965 233 E. 1).

9. reformatio in peius und reformatio in melius (Abs. 2 lit. d)
Zur Schlechterstellung des Versicherten durch eine lite pendente erlassene Verfügung vgl. Kommentar zu Art. 85 AHVG, Ziff. Ziff. I.8.

Im Falle einer möglichen reformatio in peius hat der Richter den Parteien Gelegenheit zur Stellungnahme zu geben, muss sie aber nicht auf die Möglichkeit eines Beschwerderückzuges hinweisen. Der Beschwerdeführer ist berechtigt, seine Beschwerde zurückzuziehen, um eine drohende reformatio in peius zu vermeiden (107 V 248 E. 1a; in SVR 1995 ALV Nr. 27 S. 69 erscheint bezüglich des Hinweises auf die Möglichkeit eines Beschwerderückzuges eine andere Auffassung).

Die Aufhebung der angefochtenen Verfügung und die Rückweisung der Sache zu weiteren Abklärungen und neuem Entscheid auch in Punkten, welche im Rechtmittelverfahren nicht beanstandet wurden, ist grundsätzlich keine reformatio in peius (ZAK 1988 615 E. 2b); anders verhält es sich, wenn mit der Rückweisung der Sache an die Verwaltung die Rechtsstellung des Beschwerdeführers sich mit Sicherheit verschlechtern wird (SVR 1995 ALV Nr. 27 S. 69). Dem Beschwerdeführer steht es frei, die Beschwerde – nachdem sie an die gerichtliche Vorinstanz zu weiterer Abklärung und neuem Entscheid zurückgewiesen wurde – zurückzuziehen, um eine reformatio in peius zu verhindern (109 V 281).

10. Durchführung einer öffentlichen Verhandlung (Abs. 2 lit. e)
Grundsätzlich ist für die Durchführung einer öffentlichen Verhandlung im erst- oder letztinstanzlichen Verfahren ein ausdrücklicher oder konkludenter *Antrag* erforderlich, es sei denn, wichtige öffentliche Interessen würden eine öffentliche Verhandlung gebieten (119 V 381 E. 4b.dd). Auf die Durchführung einer öffentlichen Verhandlung kann jedoch – trotz eines entsprechenden Begehrens der Partei – *verzichtet* werden, wenn es sich um rein rechtliche Fragen handelt; es kommt im konkreten Fall dazu, dass die Beschwerde offensichtlich unbegründet ist. Ein solcher Verzicht verletzt Art. 6 Abs. 1 EMRK nicht (120 V 5 ff. E. 3). Für die Frage des Verzichts auf Durchführung einer öffentlichen Verhandlung fällt auch die im Sozialversicherungsprozess gebotene Einfachheit und Raschheit des Verfahrens ins Gewicht (119 V 381 f. E. 4b.dd).

11. Verbeiständung (Abs. 2 lit. f)

Literatur: Leuzinger-Naef, Bundesrechtliche Verfahrensanforderungen, 118 ff., 185 f.

a) Vertretung

Literatur: Meyer, Probleme der Vertretung, 322 ff.

Allgemeines

Das Recht, sich im Beschwerdeverfahren vertreten zu lassen, ist gewährleistet. Die kantonale Gerichtsbehörde kann dabei verlangen, dass sich der Parteivertreter durch eine schriftliche *Vollmacht* ausweist (119 V 266 E. 2b). Da das Einlegen einer Vollmacht kein Gültigkeitserfordernis bildet, darf bei Fehlen einer solchen nicht ohne weiteres auf Nichteintreten erkannt werden (EVGE 1951 59); es ist in solchen Fällen analog zu Art. 85 Abs. 2 lit. b AHVG vorzugehen (119 V 266 E. 2b).

Liegt ein Vertretungsverhältnis vor, hat die Behörde *Mitteilungen* an den Vertreter der Partei zu richten (ZAK 1991 377 E. 2a).

Das kantonale Recht kann die Vertretung im kantonalen Verfahren auf Inhaber des *Rechtsanwaltspatentes* beschränken (ZAK 1980 123 E. 3).

Einzelfragen

Der *Beirat* ist nicht zur selbständigen Prozessführung ermächtigt; es ist die Zustimmung des Verbeirateten erforderlich (119 V 267 ff. E. 4 und 5).

Stirbt der Vollmachtgeber, dauert die Prozessvollmacht über den Tod des Vollmachtgebers hinaus, wenigstens bis zum Zeitpunkt, in dem die Erben bekannt sind und feststeht, ob diese den Prozess weiterführen wollen und ob ein Bevollmächtigter ernannt worden ist. Eine diesbezügliche Aufforderung zur Auskunftserteilung ist dem Rechtsvertreter der Partei und nicht dieser selbst zuzustellen (ZAK 1985 409 f.; betr. das Verfahren vor der Eidgenössischen Rekurskommission der AHV/IV für die im Ausland wohnenden Personen).

b) Unentgeltliche Verbeiständung

Allgemeines

Ob und unter welchen *Voraussetzungen* im kantonalen Beschwerdeverfahren ein Anspruch auf unentgeltlichen Rechtsbeistand besteht, beurteilt sich nach Bundesrecht; die Bemessung der Entschädigung richtet sich hingegen nach kantonalem Recht (110 V 362 f.).

Kein Anspruch auf unentgeltliche Verbeiständung besteht für den *beigeladenen Dritten*; beigeladene Dritte (insbesondere als Arbeitnehmer behandelte Versicherte) sind in der Lage, im AHV-Prozess ihre Rechte ohne Beizug eines Anwalts zu wahren (EVGE 1958 136).

Wird ein Gesuch um Gewährung der unentgeltlichen Verbeiständung gestellt, beinhaltet dies zugleich, dass *im Falle des Obsiegens eine Parteientschädigung* zu Lasten der Gegenpartei beantragt wird (ZAK 1990 140 E. 2). – Zur – nicht mehr bestehenden – Notwendigkeit eines Antrags auf Ausrichtung einer Parteientschädigung vgl. 118 V 139 ff.

Voraussetzungen

Grundsatz

Nach Gesetz und Praxis müssen i.d.R. für die Bewilligung der unentgeltlichen Verbeiständung folgende Voraussetzungen erfüllt sein:

a) der Prozess darf nicht offensichtlich aussichtslos sein;
b) die Partei muss bedürftig sein;
c) die Verbeiständung durch einen Anwalt muss notwendig oder doch geboten sein (98 V 117 E. 2).

Einzelfragen

Keine Aussichtslosigkeit: Offensichtlich aussichtslos ist ein Prozess nur dann, wenn ausgeschlossen erscheint, dass der Beschwerdeführer auch nur teilweise im Hauptprozess obsiegen könnte, so dass dessen Anhebung geradezu rechtsmissbräuchlich wäre (98 V 119 E. 4).

Dass die Gerichtsinstanz in einem Fall, in dem keine Unsicherheiten und Unklarheiten bestehen, die Frage der fehlenden Aussichtslosigkeit aufgrund der vorhandenen Akten entscheidet, kann nicht beanstandet werden (100 V 63).

Bedürftigkeit: Als bedürftig anzusehen ist, wer aus seinen Mitteln nicht die zu gewärtigenden Gerichts- und Anwaltskosten bestreiten kann. Dabei liegt die Grenze über dem betreibungsrechtlichen Existenzminimum. Vgl. näheres bei Leuzinger-Naef, Verfahrensanforderungen, 121 f.

Notwendigkeit: Die unentgeltliche Verbeiständung muss grundsätzlich gewährt werden, sofern sie nach den konkreten objektiven und subjektiven Umständen nicht als unnötig erscheint. Praktisch wird man sich im Einzelfall fragen, ob eine nicht bedürftige Partei unter sonst gleichen Umständen vernünftigerweise einen Rechtsanwalt beiziehen würde, weil sie selber zu wenig rechtskundig ist und das Interesse am Prozessausgang den Aufwand rechtfertigt (98 V 118). Als Frage von weittragender Bedeutung ist anzusehen, ob der Versicherte rentenberechtigt ist oder nicht (ZAK 1961 456 E. 3). Ein «Schulbeispiel» für den Fall einer Notwendigkeit einer Verbeiständung liegt vor, wenn einer Partei vom Zivilrichter attestiert worden ist, dass ihre «Dummheit und Sorglosigkeit» bereits schamlos ausgenützt worden ist (EVGE 1957 64 E. 4b).

Bemessung der Entschädigung

Dem Richter ist bei der Bemessung der Entschädigung ein weiter Ermessensspielraum einzuräumen. Zu berücksichtigen sind die Wichtigkeit der Streitsache, ihre Schwierigkeit sowie der Umfang der Arbeitsleistung und der Zeitaufwand; sodann darf der Richter mitberücksichtigen, dass der Sozialversicherungsprozess vom Untersuchungsprinzip beherrscht wird (110 V 365 E. 3c).

Unentgeltliche Verbeiständung bei teilweisem Obsiegen

Besteht wegen des teilweisen Obsiegens ein Anspruch auf eine teilweise Parteientschädigung, besteht der Anspruch auf Entschädigung aus unentgeltlicher Verbeiständung ebenfalls nur teilweise (EVGE 1960 108 f.).

Verfahren

Der kantonale Entscheid über die Verweigerung der unentgeltlichen Verbeiständung gehört zu den Zwischenverfügungen, welche selbständig mit Verwaltungsgerichtsbeschwerde beim EVG angefochten werden können. Der entsprechende Entscheid ist auch dem BSV zuzustellen, welches zur Erhebung einer Verwaltungsgerichtsbeschwerde an das EVG legitimiert ist (98 V 116 E. 1).

12. Parteientschädigung (Abs. 2 lit. f)

Literatur: Leuzinger-Naef, Bundesrechtliche Verfahrensanforderungen, 180 ff.

Allgemeines

Ob und unter welchen Voraussetzungen ein Anspruch auf Parteientschädigung besteht, beurteilt sich nach Bundesrecht. Dem kantonalen Recht überlassen ist hingegen die Bemessung der Parteientschädigung, weshalb das EVG, das sich grundsätzlich mit dem kantonalen Recht nicht zu befassen hat, deren Höhe «praktisch» nur auf die Verletzung des Willkürverbotes hin überprüfen kann (114 V 86 E. 4a). Letzteres gilt nicht für die Höhe der durch die eidgenössische Rekursbehörde festgesetzten Parteientschädigung; hier ist ein bundesrechtlicher Tarif anwendbar (ZAK 1988 526 f. E. 2b).

Die Ausrichtung einer Parteientschädigung setzt voraus, dass der obsiegenden Partei ein *Schaden entstanden* ist, d.h. dass sie durch das gerichtliche Verfahren zu Aufwendungen, Umtrieben oder Bemühungen im Sinne einer gehörigen Interessenwahrung verhalten wurde (AHI-Praxis 1994 182 E. 4a).

Einem Rechtsanwalt muss bekannt sein, unter welchen *Voraussetzungen* im erstinstanzlichen Verfahren ein Anspruch auf Parteientschädigung besteht (ZAK 1984 567).

Anspruch bei Obsiegen

Eine Parteientschädigung ist bei *Obsiegen* auszurichten. Wird das Verfahren wegen Gegenstandslosigkeit abgeschrieben, schliesst das den Anspruch auf Parteientschädigung nicht aus; auch bei Gegenstandslosigkeit besteht ein solcher Anspruch, wenn die prozessuale Situation dies rechtfertigt (ZAK 1989 311 E. 2b, 109 V 71 f. E. 1). Die Rückweisung an die Verwaltung zur weiteren Abklärung und neuen Verfügung gilt als Obsiegen (ZAK 1987 268 f. E. 5a; betr. IV-Rente). Erzielt der Beschwerdeführer einen wesentlichen Teilerfolg, steht ihm der Anspruch auf eine wesentliche Teilvergütung zu (108 V 111). Im Schadenersatzverfahren nach Art. 52 AHVG gilt der Rückzug der Klage als Obsiegen des Beklagten, weshalb diesem ein Anspruch auf Ausrichtung einer Parteientschädigung zusteht (AHI-Praxis 1994 182 E. 4a).

Verweigerung der Parteientschädigung

Im Sinne eines allgemeinen Prozessrechtsgrundsatzes ist die Zusprechung einer Parteientschädigung dann zu verweigern, wenn die obsiegende Partei das Gerichtsverfahren *in schuldhafter Weise selbst veranlasst* hat (ZAK 1989 283 E. 3c). Der Grundsatz, dass unnötige Kosten derjenige zu bezahlen hat, der sie verursacht hat, gilt entsprechend auch für die Parteientschädigung (ZAK 1988 401 E. 4a).

Entsprechend kann – je nach der Schwere des Fehlers im prozessualen Verhalten und den übrigen Umständen – ein Anspruch auf Parteientschädigung verneint werden, wenn der im Verfahren nach Art. 52 AHVG obsiegende *Arbeitgeber* im vorangegangenen Einspruchsverfahren seine Mitwirkungspflicht verletzt hat (ZAK 1987 300 E. 5c). Der vorerwähnte Grundsatz gilt auch für den Fall, dass der *Versicherte* sich durch einen – unzulässigen, weshalb die Gerichtsinstanzen in der Folge auf das Rechtsmittel nicht eintraten – Verwaltungsakt zur Beschwerdeführung veranlasst sah (112 V 86 E. 4; Auferlegung der Parteientschädigung an die obsiegende Partei).

Massgeblichkeit der Person des Vertreters

Anspruch auf Parteientschädigung besteht auch dann, wenn der Vertreter *nicht Inhaber eines Rechtsanwaltspatentes* ist (108 V 111). Wer durch einen frei praktizierenden Rechtsanwalt vertreten wird, dessen Kosten durch eine Gewerkschaft übernommen werden, hat trotzdem Anspruch auf Parteientschädigung; zwar war für den Beschwerdeführer die Vertretung insoweit unentgeltlich, doch hat er für den Dienst des Rechtsschutzes über die von ihm zu entrichtenden Mitgliederbeiträge aufzukommen (108 V 271 E. 2).

Anspruch der unverbeiständeten Partei auf Parteientschädigung

Grundsätzlich ist für persönlichen Arbeitsaufwand und Umtriebe einer unverbeiständeten Partei keine Parteientschädigung zu gewähren. Davon darf nur beim Vorliegen besonderer Verhältnisse abgewichen werden:

- Es muss sich um eine komplizierte Sache mit hohem Streitwert handeln.
- Ferner muss die Interessenwahrung einen Arbeitsaufwand erfordern, der den Rahmen dessen übersteigt, was der einzelne üblicher- und zumutbarerweise nebenbei zur Besorgung der persönlichen Angelegenheiten auf sich zu nehmen hat (erforderlich ist somit ein Arbeitsaufwand, der die normale Betätigung während einiger Zeit erheblich beeinträchtigt).
- Schliesslich muss zwischen dem betriebenen Arbeitsaufwand und dem Ergebnis der Interessenwahrung ein vernünftiges Verhältnis bestehen (ZAK 1989 257).

In einem Fall, in dem die nicht vertretene Partei im vorinstanzlichen Verfahren notwendigerweise eine sehr umfangreiche Rechtsschrift einreichte, die einen Aufwand von 46 Stunden erforderte, und bei dem eine hohe finanzielle Bedeutung für die Partei bestand, wird eine Parteientschädigung zugesprochen (110 V 135); anders zu entscheiden ist im Verfahren vor EVG, bei dem einziger Gegenstand die Frage der Parteientschädigung für das vorinstanzliche Verfahren war (110 V 136).

Vertretung im Rahmen der ehelichen Beistandspflicht/der gesetzlichen Vertretung

In einem solchen Fall befindet sich der Ehegatte in einer ähnlichen Rechtslage wie das durch seine als Rechtsanwältin tätige Mutter vertretene Kind, dem nach der Rechtsprechung auch keine Parteientschädigung zusteht (ZAK 1985 472 f. E. 4).

Anspruch des Beschwerdegegners auf Parteientschädigung

Der Versicherte, der – in Fällen, wo zwei kantonale Rechtsmittelinstanzen vorgesehen sind – vor zweiter Instanz in die Stellung des Beschwerdegegners versetzt wird, hat im Falle des Obsiegens Anspruch auf eine Parteientschädigung; dass Art. 85 Abs. 2 lit. f AHVG nur vom «Beschwerdeführer» spricht, vermag zu keinem anderen Resultat zu führen (109 V 62 f. E. 4).

Antrag auf Ausrichtung einer Parteientschädigung

Eine kantonale Regelung, die für die Zusprechung einer Parteientschädigung an eine vertretene Partei einen Antrag verlangt, verletzt Bundesrecht (118 V 139 ff.).

Höhe der Parteientschädigung

Zu *berücksichtigen* sind Wichtigkeit und Schwierigkeit der Streitsache, der Umfang der Arbeitsleistung und der Zeitaufwand des Vertreters. Wann eine Streitsache «wichtig» ist, lässt sich nicht ein für allemal festlegen, sondern bestimmt sich nach den Gegebenheiten des konkreten Falls; dabei darf der Streitwert unter dem Gesichtspunkt der Wichtigkeit der Sache lediglich mitberücksichtigt werden; ausschlaggebend ist er jedoch nicht. Bemühungen, welche der Vertreter vor Einleitung des Prozesses unternommen hat, fallen bei der gerichtlichen Festsetzung seines Honorars ausser Betracht (114 V 87 f. E. 4b und c). Wenn die Festsetzung der Parteientschädigung zur Folge hat, dass der Beschwerdeführer dem Vertreter mehr zahlen muss, als er selbst an Parteientschädigung erhält, ist dies unter dem Gesichtspunkt des Willkürverbots untragbar (111 V 51 E. 5b). Hingegen ist es nicht willkürlich, wenn das kantonale Verfahrensrecht für Entschädigungen zufolge Gewährung der unentgeltlichen Verbeiständung und für Parteientschädigungen die gleichen Ansätze vorsieht (ZAK 1985 532 E. 2b).

Kosten für die Erstellung von *Fotokopien* sind unter dem Titel der Barauslagen zu entschädigen, wobei nur solche Kosten berücksichtigt werden können, die bei der Herstellung direkt anfallen (Papier, Strom, Gerätemiete etc.; nicht jedoch Lohnkosten, Miete des Raumes etc.) (ZAK 1991 380 E. 3c).

Schuldner der Parteientschädigung

Das Kostenrisiko trägt die (prozessrechtliche) Gegenpartei. Dies gilt auch, wenn sie den vorinstanzlichen Entscheid nicht zu vertreten hat (ZAK 1987 269 f. E. 6).

Verzugszins für Parteientschädigung

Es besteht keine gesetzliche Grundlage für die Ausrichtung eines Verzugszinses auf einer Parteientschädigung (ZAK 1985 535 E. 5).

Verfahren

Der Versicherte bzw. sein Rechtsvertreter haben dem Gericht unaufgefordert die für die Festsetzung der Parteientschädigung erforderlichen Angaben zu machen (ZAK 1989 255 E. 5a).

13. Begründung des Entscheids (Abs. 2 lit. g)

Die Verpflichtung, die Ausführungen der Beteiligten zu würdigen, bedeutet nicht, dass sich die entscheidende Behörde über alle Vorbringen auszusprechen hat; indem sie nämlich ihre eigene rechtliche Auffassung darlegt, erhalten die Parteien i.d.R. genügend Aufschluss darüber, ob ihr Standpunkt geprüft wurde und ob und warum er zutrifft oder nicht (ZAK 1968 552 E. 3).

14. Rechtsmittelbelehrung (Abs. 2 lit. g)

Die *Rechtsmittelbelehrung* muss klar und ohne weiteres in ihrer Bedeutung erkennbar sein. Bezüglich der Rechtsmittelfrist gilt insbesondere, dass sie derart ausgestaltet sein muss, dass auch ein Rechtsunkundiger unzweideutig erkennen kann, innert welcher Frist ihm das Rechtsmittel zur Verfügung steht (111 V 150 E. 4b).

Sie muss Bestandteil der Urkunde sein, womit dem Versicherten der kantonale Entscheid eröffnet wird. Die Praxis, den Urteilen jeweils eine gedruckte «Mitteilung» über die formellen Voraussetzungen des zu ergreifenden Rechtsmittels separat beizulegen, entspricht diesem Erfordernis nicht; wie es sich verhält, wenn die Rechtsmittelbelehrung zwar in einer Mitteilung dem Entscheid beigelegt, mit diesem jedoch fest verbunden wird, kann offengelassen werden (ZAK 1970 278 E. 1). Die Gefahr, dass der Empfänger die Rechtsmittelbelehrung übersieht, besteht insbesondere dann, wenn es sich bei der Rechtsmittelbelehrung um eine kleinformatige Mitteilung handelt (ZAK 1966 437 E. 1).

15. Eröffnung (Abs. 2 lit. g)

Bei der *Eröffnungsfrist* von 30 Tagen handelt es sich um eine blosse Ordnungsvorschrift (ZAK 1992 116 E. 4). Wird die Bestimmung nicht befolgt, so lässt sich der Mangel weder im Verfahren vor EVG noch durch Rückweisung beheben. Gegebenenfalls wäre in solchen Fällen eine Aufsichtsbeschwerde oder eine Verantwortlichkeitsklage ins Auge zu fassen (ZAK 1968 353 E. 1).

Es besteht kein Rechtsanspruch darauf, das Urteil *uneingeschrieben zugestellt* zu erhalten (ZAK 1980 496 E. 1b und c).

16. Revision (Abs. 2 lit. h)

Allgemeines

Den Kantonen wird nur vorgeschrieben, bei Vorliegen der beiden klassischen Revisionsgründe (neue Tatsachen oder Beweismittel; Einwirken durch Verbrechen oder Vergehen) eine Revisionsmöglichkeit zu gewährleisten. Im übrigen ist die Regelung des kantonalen Revisionsverfahrens ausschliesslich Sache der Kantone; insbesondere ist Art. 85 Abs. 2 lit. a AHVG auf das Revisionsverfahren nicht anwendbar (111 V 53 f. E. 4b und c). Es obliegt dem kantonalen Recht, die Frist, innert der das Revisionsgesuch einzureichen ist, festzulegen; das EVG überprüft dieses nur daraufhin, ob seine Auslegung oder Anwendung zu einer Verletzung von Bundesrecht geführt hat (110 V 395 f. E. 2b). Die in Art. 85 Abs. 2 lit. h AHVG enthaltene Umschreibung der Revisionsgründe verbietet es, wegen unrichtiger Rechtsanwendung oder gar wegen einer blossen Praxisänderung, die zu einer abweichenden Beurteilung führen könnte, einen Gerichtsentscheid abzuändern (EVGE 1960 230 E. 2).

Anwendungsfall

Hat der Richter im Schadenersatzverfahren die Vorfrage bejaht, ob sich das Recht, Schadenersatz zu verlangen, aus einer strafbaren Handlung ableitet, wurde jedoch später ein davon abweichender strafrechtlicher Entscheid gefällt, kann ein Revisionsgesuch gestellt werden (ZAK 1991 366 E. 3b).

85bis (48) Eidgenössische Rekursbehörde

1 Der Bundesrat bestellt die eidgenössische Rekursbehörde. Diese ist von der Verwaltung unabhängig.

2 Er regelt ihre Organisation und ernennt ihre Mitglieder. Diese dürfen nicht der Verwaltung angehören.

3 Ergibt die Vorprüfung vor oder nach einem Schriftenwechsel, dass die Beschwerde unzulässig oder offensichtlich unbegründet ist, so kann ein einzelnes vollamtliches Mitglied mit summarischer Begründung auf Nichteintreten oder Abweisung erkennen. Im übrigen gilt das Bundesgesetz über das Verwaltungsverfahren (A).

(A) VwVG

Literatur: Bendel, AHV/IV-Rekurskommission für Personen im Ausland, 241 ff.

Zur *Zuständigkeit* vgl. Kommentar zu Art. 84 AHVG, Ziff. IV.

Das *Verfahren* der eidgenössischen Rekursbehörde wird eingehend geregelt in der Verordnung über Organisation und Verfahren eidgenössischer Rekurs- und Schiedskommissionen (vom 3. Februar 1993) (SR 173.31).

Verlangt die eidgenössische Rekursbehörde einen *Kostenvorschuss*, liegt eine Zwischenverfügung vor, welche mit einer Rechtsmittelbelehrung zu versehen ist (105 V 110 f. E. 3).

Bezüglich der Höhe der von der eidgenössischen Rekurskommission festzusetzenden *Parteientschädigung* ist ein bundesrechtlicher Tarif anwendbar; vgl. Tarif über die Entschädigungen an die Gegenpartei für das Verfahren vor dem Eidg. Versicherungsgericht (vom 16. November 1992) (SR 173.119.2) (vgl. 120 V 218 E. 2b sowie ZAK 1988 526 E. 2b).

86 (31) Eidgenössische Beschwerdeinstanz

Gegen die Entscheide der Rekursbehörden kann beim Eidgenössischen Versicherungsgericht Verwaltungsgerichtsbeschwerde nach dem Bundesgesetz über die Organisation der Bundesrechtspflege (A) **erhoben werden** (B).

(A) OG
(B) Art. 202 AHVV

Literatur: Ducommun, Le Tribunal fédéral des assurances et la Loi d'organisation judiciaire, 1 ff.

Übersicht

I. Exkurs zur staatsrechtlichen Beschwerde

II. Exkurs zur Zuständigkeit des EVG, Streitigkeiten als einzige Instanz zu entscheiden

III. Frist
1. Beginn des Fristlaufes
2. Einhaltung der Beschwerdefrist
3. Fristwiederherstellung

IV. Formelle Anforderungen

Vorbemerkung

Das Verfahren des Eidgenössischen Versicherungsgerichts (EVG) – wie auch dessen Organisation – wird durch das Bundesgesetz über die Organisation der Bundesrechtspflege (Bundesrechtspflegegesetz [OG]) (vom 16. Dezember 1943) (SR 173 110) geregelt. Nachfolgend wird jeweils zusätzlich zur Darstellung der Rechtsprechung auf die anwendbaren Bestimmungen des Bundesrechtspflegegesetzes verwiesen.

I. Exkurs zur staatsrechtlichen Beschwerde

Vgl. Art. 84 ff. OG.

Die *staatsrechtliche Beschwerde* ist dort gegeben, wo allein die Anwendung kantonalen Rechts ohne qualifizierte Nähe zum Bundes(sozialversicherungs)recht gerügt wird bzw. zu prüfen ist. Sie ist deshalb ausgeschlossen, wenn es um die Anwendung von materiellem Bundessozialversicherungsrecht geht oder um Verfahrensfragen, die auf dem VwVG, einer bundesrechtlichen Minimalbestimmung oder einem allgemeinen Grundsatz des Bundesrechts beruhen, oder wenn ein qualifiziert enger Sachzusammenhang besteht (vgl. dazu Ulrich Meyer, Verwaltungsrechtspflege in zweiter Instanz, in: Obergericht und Verwaltungsgericht des Kantons Luzern (Hrsg.), Sozialversicherungsrecht [Luzerner Rechts-Seminar 1986], 22 f.).

Staatsrechtliche Beschwerde kann etwa erhoben werden wegen Beiträgen an die kantonalen *Familienausgleichskassen*, da sich solche

Beiträge auf kantonales Recht stützen (vgl. dazu 101 V 3 E. 1b). – Vgl. dazu auch näheres im Kommentar zu Art. 86 AHVG, Ziff. VIII.2.

Zur Befugnis einer *Verbandsausgleichskasse*, eine staatsrechtliche Beschwerde zu erheben, vgl. 88 I 107 ff. (Entscheid des Bundesgerichts): Bejahung der Befugnis, einen letztinstanzlichen kantonalen Entscheid betreffend Verweigerung der definitiven Rechtsöffnung für von der Ausgleichskasse in Betreibung gesetzte Beiträge an das Bundesgericht weiterzuziehen.

II. Exkurs zur Zuständigkeit des EVG, Streitigkeiten als einzige Instanz zu entscheiden

Vgl. Art. 130 OG.

Dem EVG kann nicht durch eine Verordnung, sondern nur das Gesetz vorgeschrieben werden, AHV-Streitigkeiten als einzige Instanz zu beurteilen. Für bestimmte Personen oder Tatbestände von der allgemeinen Zuständigkeitsordnung gemäss Art. 84 AHVG abzuweichen, ist nämlich der Bundesrat nur befugt, sofern ihn das Gesetz dazu besonders ermächtigt (EVGE 1952 262).

III. Frist

1. Beginn des Fristlaufes

Vgl. Art. 135 OG i.V.m. Art. 32 Abs. 1 OG sowie Art. 132 OG i.V.m. Art. 106 OG.

Primär beurteilt sich nach kantonalem Recht, das sich jedoch im Rahmen des Bundesrechts halten muss, wann ein kantonaler Entscheid als eröffnet zu gelten hat (EVGE 1969 122).

Die nach Ablauf der ordentlichen Rechtsmittelfrist erfolgte zweite Zustellung eines mit Rechtsmittelbelehrung versehenen Entscheids vermag – auch unter dem Gesichtspunkt des Vertrauensschutzes – keine neue Rechtsmittelfrist in Gang zu setzen (118 V 190 f.; betr. UV).

Wird bei einer eingeschriebenen Sendung die Abholungseinladung in den Briefkasten des Empfängers gelegt, gilt die Sendung in jenem Zeitpunkt als zugestellt, in dem sie auf der Post abgeholt wird, bzw. am letzten Tag der Abholfrist (ZAK 1978 97).

Für einen Anwendungsfall, in dem der kantonale Entscheid verschiedenen Beteiligten in verschiedenen Sprachen zu eröffnen war, vgl. EVGE 1969 122 f. – Zur Zustellung an das BSV vgl. EVGE 1968 252 f.

2. Einhaltung der Beschwerdefrist

Vgl. Art. 135 OG i.V.m. Art. 32 Abs. 2, Abs. 3 und Abs. 4 OG sowie Art. 132 OG i.V.m. Art. 107 OG.

Die *Frist zur Einreichung einer Verwaltungsgerichtsbeschwerde* gilt – nach Art. 107 Abs. 1 OG – auch dann als gewahrt, wenn der Beschwerdeführer fristgerecht an eine unzuständige Behörde gelangt. Diese Bestimmung ist für andere an Fristen gebundene Eingaben und für die Leistung von Kostenvorschüssen sinngemäss anwendbar. Dass diese unzuständige Behörde in einer gewissen Beziehung zum konkreten Streitfall steht, ist nicht verlangt (111 V 407 f. E. 2).

Frist zur Leistung eines Gerichtskostenvorschusses (vgl. dazu Art. 135 OG i.V.m. Art. 150 OG sowie Art. 134 OG): Beim *Giromandat* ist die Frist eingehalten, wenn der entsprechende Überweisungsauftrag spätestens am letzten Tag der Frist der schweizerischen Post übergeben wird. Wird der *Sammelauftragsdienst* benutzt, ist erforderlich, dass der Vorschusspflichtige als Fälligkeitsdatum spätestens den letzten Tag der verfügten Frist einsetzt; zudem hat er den Datenträger der Post so rechtzeitig zu übergeben, dass die Gutschrift auf dem Empfängerkonto nach dem ordentlichen postalischen Gang spätestens am bezeichneten Tag noch erfolgen kann (110 V 220 E. 2).

Wenn in Art. 32 Abs. 2 OG auf den «vom zutreffenden *kantonalen Recht*» anerkannten Feiertag verwiesen wird, ist damit jenes des Wohnsitzkantons des Beschwerdeführers, wenn er selber handelt, sonst jenes seines Vertreters gemeint, wenn ein Zustellungsdomizil bei diesem besteht (98 V 62 f.).

Wird in einem kantonalen Entscheid keine Rechtsmittelbelehrung aufgeführt, liegt eine mangelhafte Eröffnung vor. Aus dem Grundsatz, dass den Parteien aus mangelhafter Eröffnung keine Nachteile entstehen, folgt nicht, dass es sich um eine nichtige Eröffnung handelt; vielmehr ist anzunehmen, dass dem beabsichtigten Rechtsschutz Genüge getan wird, wenn die Eröffnung trotz ihres Mangels ihren Zweck erreicht. Fehlt in dem der Ausgleichskasse zugestellten Entscheid die Rechtsmittelbelehrung, kann sich diese nicht auf diesen Formmangel berufen; es gehört zu ihren Amtspflichten, sich in Belangen der Rechtsmittelfrist auszukennen (98 V 278 f.).

3. Fristwiederherstellung

Vgl. Art. 135 OG i.V.m. Art. 35 Abs. 1 OG sowie Kommentar zu Art. 85 AHVG, Ziff. I.3.

Allgemeines
Eine versäumte Frist kann wiederhergestellt werden, wenn der Gesuchsteller oder sein Vertreter durch ein *unverschuldetes* Hindernis abgehalten worden ist, innert Frist zu handeln, und binnen zehn Tagen nach Wegfall des Hindernisses unter Angabe desselben die Wiederherstellung verlangt und die versäumte Rechtshandlung nachholt. Vorausgesetzt ist also, dass der Partei und gegebenenfalls ihrem Vertreter kein Vorwurf gemacht werden kann (112 V 255).

Fristwiederherstellung ausgeschlossen
Fehler des Vertreters oder Erfüllungsgehilfen hat sich die Partei wie eigene anrechnen zu lassen; dass die Partei durch einen solchen Fehler hart betroffen wird, stellt insoweit keinen Fristwiederherstellungsgrund dar (ZAK 1986 348 E. 2).

Fristwiederherstellung möglich
Eine plötzliche schwere Erkrankung kurz vor Ablauf einer Frist kann einen Fristwiederherstellungsgrund darstellen (EVGE 1969 149 f.). Sie muss aber derart sein, dass der Rechtsuchende durch sie davon abgehalten wird, selber innert Frist zu handeln oder doch eine Drittperson mit der Vornahme der Prozesshandlung zu betrauen (112 V 255; daselbst Zusammenstellung der Praxis zur Erkrankung als Fristwiederherstellungsgrund).

Schweizerischer obligatorischer Militärdienst kann ebenfalls zur Fristwiederherstellung angerufen werden (112 V 255 mit Hinweis auf 104 IV 210 E. 3).

IV. Formelle Anforderungen

Vgl. Art. 132 OG i.V.m. Art. 108 OG.

Nicht rechtsgenüglich *begründet* ist eine Verwaltungsgerichtsbeschwerde mit der blossen Behauptung, die Begründung der Vorinstanz sei zum grössten Teil unrichtig und entspreche nicht den Tatsachen (ZAK 1988 519).

Die Verwaltungsgerichtsbeschwerde muss kein ausdrücklich formuliertes Begehren enthalten; es muss jedoch zumindest aus der Beschwerdebegründung ersichtlich sein, was der Beschwerdeführer verlangt und auf welche Tatsachen er sich beruft (ZAK 1978 98 E. 1).

Antrag und Begründung können nicht durch den blossen Hinweis auf frühere Rechtsschriften oder auf den angefochtenen kantonalen Entscheid ersetzt werden (101 V 127).

V. Anfechtungsobjekt

Vgl. Art. 128 f. OG.

Allgemeines

Kein Anfechtungsobjekt ist gegeben, wenn der kantonale Richter die angefochtene Verfügung nicht aufhebt und an die Kasse zurückweist, sondern lediglich die Sache der Kasse *überweist*; eine solche Überweisung wird vorgenommen, wenn die Abklärung und die neue Verfügung nicht den Gegenstand des laufenden Verfahrens betreffen (ZAK 1990 403 E. 2c).

Ein kantonaler Entscheid im *Revisionsverfahren* gemäss Art. 85 Abs. 2 lit. h AHVG ist mit Verwaltungsgerichtsbeschwerde anfechtbar (ZAK 1970 479 E. 1).

Zwischenentscheide als Anfechtungsobjekte

Auf Verwaltungsgerichtsbeschwerden gegen vorinstanzliche Zwischenentscheide ist nur einzutreten, wenn diese einen nicht wieder gutzumachenden Nachteil bewirken können. – Vgl. Art. 128 OG i.V.m. Art. 97 Abs. 1 OG sowie Art. 5 Abs. 2 VwVG und Art. 45 VwVG.

Zwischenentscheide betreffend aufschiebende Wirkung bei Verfügungen betreffend Leistungen

Führt der *Versicherte* Verwaltungsgerichtsbeschwerde, ist der drohende irreparable Nachteil dann zu bejahen, wenn die plötzliche Einstellung der Leistungen den Versicherten aus dem finanziellen Gleichgewicht bringen und zu kostspieligen oder sonstwie unzumutbaren Massnahmen zwingen könnte (110 V 44 E. 4a). Wie dieser Nachteil zu umschreiben ist, wenn die *Ausgleichskasse* Verwaltungsgerichtsbeschwerde erhebt, bleibt offen, doch kann die vorerwähnte Rechtsprechung nicht einfach übertragen werden (110 V 44 E. 4b).

Zwischenentscheid betreffend Zuständigkeit des Richter

Ein nicht wieder gutzumachender Nachteil ist zu bejahen, wenn ein Zwischenentscheid über die Zuständigkeit des Richters vorliegt, sei es, dass dieser sich als zuständig erklärt und eine Partei seine Zuständigkeit bestreitet, sei es, dass er sich als unzuständig erklärt und die Prozessakten einem anderen Richter überweist (110 V 355 f. E. 1d).

Zwischenentscheid betreffend Sistierung des Verfahrens bis zum Eingang eines ergänzenden Berichts der Ausgleichskasse

Ein solcher Entscheid bewirkt keinen nicht wieder gutzumachenden Nachteil (ZAK 1972 292).

VI. Beschwerdebefugnis

Vgl. Art. 132 OG i.V.m. Art. 103 OG.

Allgemeines

Zur Verwaltungsgerichtsbeschwerde ist berechtigt, wer durch die angefochtene Verfügung berührt ist und ein schutzwürdiges Interesse an deren Aufhebung oder Änderung hat. Die Rechtsprechung betrachtet als schutzwürdiges Interesse jedes praktische oder rechtliche Interesse, welches eine von einer Verfügung betroffene Person an deren Änderung oder Aufhebung geltend machen kann. Der Beschwerdeführer muss durch die angefochtene Verfügung stärker als jedermann betroffen sein und in einer besonderen, beachtenswerten, nahen Beziehung zur Sache stehen (114 V 96 E. 2b; betr. IV).

Einzelfälle

Ausgleichskassen sind nach Art. 103 lit. c OG zur Erhebung einer Verwaltungsgerichtsbeschwerde legitimiert (vgl. Art. 202 AHVV); ihre Beschwerdelegitimation ist nicht davon abhängig, dass sie sich über ein schutzwürdiges Interesse an der Aufhebung oder Abänderung der Verfügung ausweisen (106 V 141 E. 1a). Allerdings ist die prozessuale Parteifähigkeit einer Kasse, die nicht selber in der Sache verfügt hat, ausgeschlossen; die AHV bildet nämlich materiellrechtlich eine Einheit, als deren Organ die im Einzelfall zur Verfügung kompetente Ausgleichskasse handelt; dabei sind die Ausgleichskassen einander gleichgestellt, aber dem BSV als Aufsichtsinstanz untergeordnet (EVGE 1961 295; Verhältnis zu 101 V 26 f. E. 2 nicht geklärt).

Schadenersatzprozess nach Art. 52 AHVG: Erhebt eine Ausgleichskasse gegenüber mehreren Solidarschuldnern Schadenersatzklage und stellt die kantonale Instanz die Haftung nur eines von ihnen fest, hat dieser ein schutzwürdiges Interesse daran, den kantonalen Entscheid insofern anzufechten, als bei den übrigen von der Ausgleichskasse eingeklagten Schuldnern die Haftung verneint wurde (119 V 86 ff.).

Einzelne Mitglieder einer *Erbengemeinschaft* sind zur Verwaltungsgerichtsbeschwerde betreffend vermögensrechtliche Interessen des Nachlasses legitimiert, sofern sie die Bedingungen von Art. 103 lit. a OG erfüllen (99 V 60 E. a).

VII. Aufschiebende Wirkung der Beschwerde; vorsorgliche Massnahmen

Literatur: Scartazzini, Zum Institut der aufschiebenden Wirkung, 313 ff.

Aufschiebende Wirkung der Beschwerde
Vgl. Art. 132 OG i.V.m. Art. 111 OG.

Die einer Beschwerde gegen eine Beitragsverfügung gegebenenfalls zukommende aufschiebende Wirkung hat keinen Einfluss auf den Lauf von *Verzugszinsen* (ZAK 1992 168 E. 4b).

Vorsorgliche Massnahmen
Art. 132 OG i.V.m. Art. 113 OG und Art. 94 OG.

Durch die *Anordnung einer vorsorglichen Massnahme* kann der Richter den Vollzug einer Verfügung, gegen welche Beschwerde erhoben wurde, bis zur Erledigung des hängigen Verfahrens aufschieben; ohne ein solches Mittel wäre es denkbar, dass eine an sich vollstreckbare Beitragsverfügung während der Rechtshängigkeit eingetrieben würde, was bei einer strittigen Herabsetzung u.U. dem Zweck dieses Rechtsinstituts widersprechen würde (EVGE 1954 31 E. 2). Festzuhalten ist, dass *negative Verfügungen* (im vorliegenden Fall der Hinweis einer Ausgleichskasse, dass sie eine Zwangsvollstreckung auch während eines hängigen Herabsetzungsverfahrens [vgl. dazu Art. 11 Abs. 1 AHVG] ohne Verzug vorantreiben werde) der aufschiebenden Wirkung nicht zugänglich sind; hier bedarf es der Anordnung positiver vorsorglicher Massnahmen. Für die dabei regelmässig vorzunehmende Interessenabwägung kann auf die im Zusammenhang mit Art. 97 Abs. 2 AHVG (sowie mit Art. 55 VwVG) entwickelten Grundsätze verwiesen werden (117 V 187 ff.). – Vgl. dazu auch Kommentar zu Art. 97 AHVG, Ziff. III.

VIII. Beschwerdegründe

Vgl. Art. 132 OG sowie Art. 104 OG.

1. Verletzung von Bundesrecht
Bei *Verordnungen* des Bundesrates, welche sich auf eine gesetzliche Delegation stützen, prüft das EVG, ob sie sich in den Grenzen der dem Bundesrat im Gesetz eingeräumten Befugnisse halten. Wird dem Bundesrat durch die gesetzliche Delegation ein sehr weiter Spielraum des Ermessens eingeräumt, muss sich das Gericht auf die Prüfung beschränken, ob die umstrittenen Verordnungsvorschriften offensichtlich aus dem Rahmen der dem Bundesrat im Gesetz delegierten Kompetenzen herausfallen oder aus anderen Gründen verfassungs- und gesetzwidrig sind. Es kann jedoch sein eigenes Ermessen nicht an die Stelle desjenigen des Bundesrates setzen, und es hat auch nicht die Zweckmässig-

keit zu untersuchen (117 V 180 E. 3a, AHI-Praxis 1993 224). Vgl. dazu Spira, Le contrôle juridictionnel des ordonnances administratives en droit fédéral des assurances sociales, 803 ff.

Ein kantonaler Entscheid, der dem Beschwerdeführer *Verfahrenskosten* auferlegt, stützt sich auf öffentliches Recht des Bundes (ZAK 1978 321 E. 3).

2. Verletzung von kantonalem Recht

Zur Möglichkeit, eine staatsrechtliche Beschwerde zu erheben, vgl. Kommentar zu Art. 86 AHVG, Ziff. I.

Kantonales Prozessrecht

Bei einem auf kantonalem Prozessrecht beruhenden Nichteintretensentscheid kann gerügt werden, dass er die Anwendung des materiellen Bundesverwaltungsrechts verunmögliche. Dabei prüft das EVG die Anwendung des kantonalen Verfahrensrechts nicht uneingeschränkt, sondern praktisch nur auf Willkür, weil die Prüfungsbefugnis lediglich die Verletzung von Bundesrecht umfasst, wozu auch der Verstoss gegen verfassungsmässige Rechte und Grundsätze zählt. Frei zu prüfen ist hingegen, ob ein kantonaler Entscheid, der im Rahmen der Willkürprüfung nicht zu beanstanden ist, gegen das Verbot des überspitzten Formalismus verstösst und damit die Verfassung verletzt (116 V 357 E. 3a).

Stützt sich eine Verfügung auf kantonales Recht, kann gerügt werden, es sei zu Unrecht kantonales statt öffentliches Rechts des Bundes angewendet worden (110 V 56 E. 1a).

Kantonales Familienzulagenrecht

Auf eine Verwaltungsgerichtsbeschwerde, welche sich auf einen Entscheid bezieht, der Beiträge an die kantonale Familienausgleichskasse betrifft, kann hinsichtlich dieses Punktes nicht eingetreten werden (101 V 3, AHI-Praxis 1994 210 E. 1a). Dasselbe gilt für das Schadenersatzverfahren nach Art. 52 AHVG (ZAK 1978 250 E. 1).

3. Unrichtige oder unvollständige Feststellung des Sachverhalts

Allgemeines

Sofern es sich bei der angefochtenen Verfügung um die Bewilligung oder Verweigerung von Versicherungsleistungen handelt, bindet die Feststellung des Sachverhaltes das EVG in keinem Falle (Art. 132 lit. b OG). In den übrigen Fällen besteht eine Bindung, es sei denn die Vorinstanz habe den Sachverhalt offensichtlich unrichtig, unvollständig oder unter Verletzung wesentlicher Verfahrensbestimmungen festgestellt (Art. 105 Abs. 2 OG). – Zur Abgrenzung der Leistungsstreitigkeiten von den übrigen Streitigkeiten vgl. nachstehend Ziff. 4.

Eine *Verletzung einer wesentlichen Verfahrensbestimmung* nimmt das EVG bei der Verletzung des Untersuchungsprinzips an (112 V 9).

Auch wenn – gemäss Art. 105 Abs. 2 OG – der Sachverhalt nur beschränkt überprüfbar ist, gilt in diesem Rahmen die *Untersuchungsmaxime* (97 V 136 E. 1).

Abgrenzung Tatbestandsfeststellung – Rechtsfrage

Eine Rechtsfrage liegt vor, wenn im *Schadenersatzprozess* nach Art. 52 AHVG strittig ist, ob Handlungen, welche trotz eines Rücktrittes aus dem Verwaltungsrat vorgenommen wurden, den Schluss zulassen, es liege kein effektives Ausscheiden aus dem Verwaltungsrat vor (112 V 4 E. 3b).

Erlassvoraussetzungen gemäss Art. 47 Abs. 1 AHVG: Die Frage nach dem Unrechtbewusstsein gehört zum inneren Tatbestand und ist insoweit Tatfrage; demgegenüber gilt die Frage nach der Anwendung der gebotenen Aufmerksamkeit als frei überprüfbare Rechtsfrage, soweit es darum geht, festzustellen, ob sich jemand angesichts der jeweiligen tatsächlichen Verhältnisse auf den guten Glauben berufen kann (AHI-Praxis 1994 123 E. 2c).

4. Unangemessenheit

Grundsatz

Die Rüge der Unangemessenheit ist möglich, wenn es sich bei der angefochtenen Verfügung um die Bewilligung oder Verweigerung von Versicherungsleistungen handelt (vgl. Art. 132 OG). Darunter sind Leistungen zu verstehen, über deren Rechtmässigkeit bei Eintritt des Versicherungsfalles befunden wird (112 V 100 E. 1b).

Es gilt, dass der Sozialversicherungsrichter dann, wenn und insoweit die Verwaltung eine Verfügung nach pflichtgemässem Ermessen getroffen hat, nicht sein eigenes Ermessen an die Stelle des Verwaltungsermessens setzen soll (EVGE 1966 243).

Begriff der Unangemessenheit

Bei der *Unangemessenheit* geht es um die Frage, ob der zu prüfende Entscheid, den die Behörde nach dem ihr zustehenden Ermessen im Einklang mit den allgemeinen Rechtsprinzipien in einem konkreten Fall getroffen hat, nicht zweckmässigerweise anders hätte ausfallen sollen. Insoweit ist die Unangemessenheit zu unterscheiden vom *Ermessensmissbrauch* (bei dem die Behörde im Rahmen des ihr eingeräumten Ermessens bleibt, sich aber von unsachlichen, dem Zweck der massgebenden Vorschriften fremden Erwägungen leiten lässt oder allgemeine Rechtsprinzipien missachtet) und von der *Ermessensüberschreitung* (bei welcher die Behörde Ermessen walten lässt, wo ihr das Gesetz keines einräumt) bzw. der *Ermessensunterschreitung* (bei welcher die Behörde sich als gebunden betrachtet, obschon sie nach Gesetz berechtigt wäre, nach Ermessen zu handeln, oder sie auf Ermessensausübung ganz oder teilweise zum vornherein verzichtet) (116 V 310 E. 2).

Begriff der Bewilligung oder Verweigerung von Versicherungsleistungen

Vorliegen von Versicherungsleistungen bejaht

- Rückforderung von Versicherungsleistungen (112 V 100 E. 1b).

Vorliegen von Versicherungsleistungen verneint

- Drittauszahlung einer Rente nach Art. 45 AHVG (118 V 90 f. E. 1);
- Erlass der Rückerstattungsschuld (112 V 100 E. 1b);
- Frage, ob ein Richter zu Recht ein Schreiben der Ausgleichskasse als beschwerdefähige Verfügung qualifizierte und diese mangels Begründung aufhob (ZAK 1990 395 E. 1);
- Rechtsanspruch eines Auslandschweizers auf den Beitritt zur freiwilligen Versicherung (ZAK 1971 320 E. 1).

IX. Einzelfragen der Verfahrensdurchführung

Zur Verfahrensausgestaltung allgemein vgl. Kommentar zu Art. 85 AHVG.

Erfordernis, die Beschwerde eigenhändig zu unterschreiben

Vgl. Art. 132 OG i.V.m. Art. 108 Abs. 2 OG.

Eine per Telefax eingereichte Verwaltungsgerichtsbeschwerde erfüllt dieses Erfordernis nicht (ZAK 1992 85 f.).

Notwendigkeit der Verzeigung eines Zustellungsdomizils bei Wohnsitz im Ausland

Vgl. Anhang 1, Ziff. II/Hinweis.

Öffentliche Verhandlung

Vgl. Art. 125 OG i.V.m. Art. 17 OG.

Auf die Durchführung einer öffentlichen Verhandlung kann – trotz entsprechenden Begehrens einer Partei – verzichtet werden, wenn es sich um rein juristische Fragen handelt; es kommt hinzu, dass im konkreten Fall die Beschwerde offensichtlich unbegründet ist (120 V 9 E. 4).

Feststellung des Sachverhalts

Vgl. Art. 132 OG und Art. 105 OG sowie Art. 113 OG i.V.m. Art. 95 OG.

Soweit das EVG gemäss Art. 105 Abs. 2 OG an die Feststellung des Sachverhalts durch die Vorinstanz gebunden ist, sind nur jene neuen Beweismittel zulässig, welche die Vorinstanz von Amtes wegen hätte erheben müssen und deren Nichterheben eine Verletzung wesentlicher Verfahrensvorschriften darstellt (ZAK 1991 454 f. E. 3c).

Zweiter Schriftenwechsel

Vgl. Art. 132 OG i.V.m. Art. 110 OG.

Ein zweiter Schriftenwechsel findet nur ausnahmsweise statt. Dazu ist nach den Grundsätzen des rechtlichen Gehörs dann Gelegenheit zu geben, wenn in der vorausgehenden Rechtsschrift neue Tatsachen, Beweismittel oder Rechtsgründe vorgetragen worden sind; der zweite Schriftenwechsel soll auf die Stellungnahme zu den neuen Vorbringen in der Vernehmlassung ausgerichtet sein (ZAK 1986 190 E. 3b).

Unentgeltliche Verbeiständung

Vgl. Art. 135 OG i.V.m. Art. 152 OG.

Die Voraussetzung der Bedürftigkeit muss im Zeitpunkt der Entscheidung über das Gesuch um Gewährung der unentgeltlichen Verbeiständung erstellt sein (108 V 269 E. 4).

Bindung an Parteibegehren

Vgl. Art. 132 OG sowie Art. 114 Abs. 1 OG.

Zu den in Art. 114 Abs. 1 OG genannten «Abgabestreitigkeiten» gehören die Sozialversicherungsbeiträge. Das EVG kann somit über die Begehren der Parteien zu deren Gunsten oder Ungunsten hinausgehen, wenn die Vorinstanz Bundesrecht verletzt hat oder den Sachverhalt unrichtig oder unvollständig festgestellt hat (ZAK 1979 77 E. 1b).

Rückweisung an die Vorinstanz

Art. 132 OG i.V.m. Art. 114 Abs. 2 OG.

Die rechtliche Begründung, mit der das EVG eine Sache zurückweist, ist für die Vorinstanz verbindlich (117 V 241 f. E. 2a; betr. BV). Wurde eine Beschwerde zu weiterer Abklärung und neuem Entscheid an die gerichtliche Vorinstanz zurückgewiesen, so befindet sich der Versicherte dort wiederum in der Parteirolle des Beschwerdeführers und ist berechtigt, seine Beschwerde zurückzuziehen, um eine reformatio in peius zu verhindern (109 V 281). Hebt das EVG eine von einer nicht zuständigen Ausgleichskasse erlassene Verfügung auf, so kann es die Sache zur Neubeurteilung an die zuständige Ausgleichskasse zurückweisen (ZAK 1982 87 E. 4).

Rückzug der Verwaltungsgerichtsbeschwerde
Er darf grundsätzlich nicht an Bedingungen geknüpft werden (111 V 60 E. 1).

X. Verfahrenskosten

Vgl. Art. 134 OG sowie Art. 135 OG i.V.m. Art. 153 ff. OG.

Gemäss Art. 134 OG dürfen in Beschwerdeverfahren über die Bewilligung oder Verweigerung von Versicherungsleistungen in der Regel keine Verfahrenskosten auferlegt werden. Zur Umschreibung der «Versicherungsleistungen» vgl. Kommentar zu Art. 86 AHVG, Ziff. VIII.4.

Unterliegen *Ausgleichskassen* im Beitragsprozess, können ihnen Gerichtskosten auferlegt werden. Ausgleichskassen sind nämlich keine Bundesorgane. Sie vertreten im Beschwerdeverfahren die Vermögensinteressen des autonomen AHV-Fonds, die mit denjenigen von Bund, Kantonen und Gemeinden nicht identisch sind. Funktionell ist somit die Tätigkeit der Ausgleichskassen keinem der in Art. 156 Abs. 2 OG erwähnten amtlichen Wirkungsbereiche zurechenbar (97 V 125 f.).

Die Kosten können der *unterlegenen Partei* dann *nicht* auferlegt werden, wenn das Verfahren ausschliesslich verfahrensrechtliche Fragen betraf und sich die Partei nicht am Verfahren vor EVG beteiligte oder Gutheissung der Verwaltungsgerichtsbeschwerde beantragte; dasselbe gilt – selbst wenn eine materielle Frage zu beurteilen war – für den Fall, dass sich die Partei gegen ihren Willen in einen Prozess einbezogen sieht, falls sie sich am Verfahren nicht beteiligte (120 V 270 E. 3).

In Fällen, in denen Gerichtskosten auferlegt werden können, kann das Gericht die *Sicherstellung* dieser Kosten anordnen (ZAK 1976 89). – Betr. *Rechtzeitigkeit der Leistung eines Gerichtskostenvorschusses* vgl. Kommentar zu Art. 86 AHVG, Ziff. III.2.

XI. Parteientschädigung

Vgl. Art. 135 OG i.V.m. Art. 159 f. OG.

Vgl. ferner Tarif über die Entschädigungen an die Gegenpartei für das Verfahren vor dem Eidg. Versicherungsgericht (vom 16. November 1992) (SR 173.119.2). Gemäss Art. 2 Abs. 2 dieses Tarifs kann das

Anwaltshonorar nach dem Streitwert bemessen werden (unter Berücksichtigung weiterer Bemessungselemente und der Grenzwerte), sofern die Verwaltungsgerichtsbeschwerde eine Streitigkeit betrifft, die keine Versicherungsleistung zum Gegenstand hat (vgl. zu einem Anwendungsfall 120 V 217 ff.).

Eine Parteientschädigung steht angesichts seiner in prozessualer und materieller Hinsicht parteiähnlichen Stellung auch dem Beigeladenen zu (97 V 32 E. 5).

XII. Revision

Vgl. Art. 135 OG i.V.m. Art. 136 ff. OG.

Die Revision eines Urteils des EVG ist zulässig, wenn der Gesuchsteller nachträglich neue erhebliche Tatsachen erfährt oder entscheidende Beweismittel auffindet, die er im früheren Verfahren nicht beibringen konnte (vgl. Art. 137 lit. b OG).

Die Revision ist ein ausserordentliches Rechtsmittel, das nur zulässig ist, wenn einer der im Gesetz abschliessend aufgezählten Revisionsgründe vorhanden ist (ZAK 1973 139 E. 1).

Als «neu» gelten dabei *Tatsachen*, die sich bis zum Zeitpunkt, da im Hauptverfahren noch tatsächliche Vorbringen prozessual zulässig waren, verwirklicht haben, jedoch dem Gesuchsteller trotz hinreichender Sorgfalt nicht bekannt waren. *Beweismittel* haben entweder dem Beweis von die Revision begründenden neuen erheblichen Tatsachen oder dem Beweis von Tatsachen zu dienen, die zwar im früheren Verfahren bekannt gewesen, aber zum Nachteil des Gesuchstellers unbewiesen geblieben sind. Sollen bereits vorgebrachte Tatsachen mit den neuen Mitteln bewiesen werden, so hat der Gesuchsteller auch darzutun, dass er die Beweismittel im früheren Verfahren nicht beibringen konnte (108 V 171 f.). Ein angeblicher *Irrtum des Gerichts in der Würdigung* der Tatsachen, Akten, Beweismittel und in der rechtlichen Schlussfolgerung stellt keinen Revisionsgrund dar (ZAK 1969 677 E. 3).

XIII. Erläuterung

Vgl. Art. 135 OG i.V.m. Art. 145 OG.

Die Erläuterung dient dazu, Abhilfe zu schaffen, wenn die Entscheidformel unklar, unvollständig, zweideutig oder in sich widersprüchlich ist. Sie kann sich ferner auf Gegensätze zwischen den Entscheidungsgründen und dem Dispositiv beziehen, nicht dagegen auf die Entscheidungsgründe als solche. Ferner ist die Erläuterung dazu bestimmt, Redaktions-, blanke Rechnungsfehler oder Kanzleiversehen zu berichtigen (110 V 222). Ausgeschlossen ist die Erläuterung einer Frage, die vom EVG nicht zu prüfen war und die es daher nicht geprüft hat (104 V 55).

Siebenter Abschnitt: Strafbestimmungen des ersten Teiles

87 Vergehen

Wer durch unwahre oder unvollständige Angaben oder in anderer Weise für sich oder einen anderen eine Leistung auf Grund dieses Gesetzes erwirkt, die ihm nicht zukommt,
wer sich durch unwahre oder unvollständige Angaben oder in anderer Weise der Beitragspflicht ganz oder teilweise entzieht,
wer als Arbeitgeber einem Arbeitnehmer Beiträge vom Lohn abzieht, sie indessen dem vorgesehenen Zwecke entfremdet,
wer die Schweigepflicht verletzt oder bei der Durchführung dieses Gesetzes seine Stellung als Organ oder Funktionär zum Nachteil Dritter oder zum eigenen Vorteil missbraucht,
wer als Revisor oder Revisionsgehilfe die ihm bei der Durchführung einer Revision bzw. Kontrolle oder bei Abfassung oder Erstattung des Revisions- bzw. Kontrollberichtes obliegenden Pflichten in grober Weise verletzt,
(31) **wird, sofern nicht ein mit einer höheren Strafe bedrohtes Verbrechen oder Vergehen des Schweizerischen Strafgesetzbuches** (A) **vorliegt, mit Gefängnis bis zu sechs Monaten oder mit Busse bis zu 20 000 Franken bestraft. Beide Strafen können verbunden werden.**

(A) StGB

Art. 87 Satzende

Der Betrag von «20 000 Franken» wird durch «30 000 Franken» ersetzt.

Literatur: Homberger, Die Strafbestimmungen im Sozialversicherungsrecht.

Allgemeines

Die Strafbestimmungen von Art. 87 AHVG sind Sondervorschriften, welche die Anwendung des StGB soweit ausschliessen, als die Handlungen und Unterlassungen, die dem Täter zur Last gelegt werden, nicht über den Rahmen der Straftatbestände hinausgehen, welche sie aufstellen (82 IV 137 f.; Entscheid des Bundesgerichts).

Art. 18 Abs. 1 StGB ist auch auf die in Art. 87 AHVG genannten Delikte anwendbar; dies bedeutet, dass strafbar ist, wer die genannten Delikte *vorsätzlich* verübt, es sei denn, das Gesetz bestimme ausdrücklich etwas anderes (113 V 260 E. 4c).

Die Dauer der *Verjährung* der hier genannten Delikte bestimmt sich nach Art. 70 StGB (118 V 197 E. 4a). Für einen Anwendungsfall im Zusammenhang mit der Schadenersatzforderung nach Art. 52 AHVG vgl. 111 V 175 ff.

Abs. 2

Ein Vergehen begeht nicht nur der gegenüber der AHV abrechnungspflichtige Arbeitgeber, sondern auch der *Arbeitnehmer*, der sich durch Abmachungen mit seinem Arbeitgeber der Beitragspflicht entzieht (ZAK 1985 244; Entscheid des Bundesgerichts).

Strafbar gemäss Abs. 2 macht sich nur, wer sich irgendwie der «Pflicht» zur Bezahlung entzieht, nicht auch, wer sie irgendwie *nicht erfüllt*; nicht strafbar ist somit, wer die Zahlung der Beiträge an die Kasse unterlässt (89 IV 169; Entscheid des Bundesgerichts).

Das Erstellen einer inhaltlich falschen Lohnabrechnung stellt keine Falschbeurkundung im Sinn des StGB dar, hingegen kommt eine Bestrafung gemäss Art. 87 Abs. 2 AHVG in Frage (118 IV 365 f.; Entscheid des Bundesgerichts).

Abs. 3

Unter Strafe gestellt ist nur die Zweckentfremdung der Arbeit*nehmer*beiträge (111 V 176 E. 4b).

Eine Bestrafung setzt *keinen ausdrücklichen Hinweis* auf die Strafbarkeit der Nichtablieferung der Beiträge im Falle des unbenützten Ablaufs der Mahnfrist voraus (BGE 117 IV 80 E. 1c; Entscheid des Bundesgerichts). Voraussetzung ist aber die ordnungsgemässe Durchführung des Mahnverfahrens (80 IV 189; Entscheid des Bundesgerichts).

Eine Zweckentfremdung ist – da Grundgedanke der Regelung eine *Substratserhaltungspflicht* ist – nur anzunehmen, wenn der Arbeitgeber im Zeitpunkt der Lohnauszahlung die erforderlichen Mittel oder ein diesen entsprechendes Substrat so für andere Zwecke verwendet, dass nicht davon ausgegangen werden kann, er werde seiner Zahlungspflicht im letztmöglichen Zeitpunkt nachkommen können (117 IV 80 f.; Entscheid des Bundesgerichts; Änderung der Rechtsprechung gemäss 107 IV 205 ff.).

Vorsätzliches Handeln liegt bei bewusstem und gewolltem Vorgehen vor (76 IV 181 E. 4; Entscheid des Bundesgerichts); dabei genügt Eventualvorsatz (80 IV 191; Entscheid des Bundesgerichts).
Zum Einfluss von Art. 87 Abs. 3 AHVG auf die Auslegung von Art. 76 Abs. 3 BVG vgl. BGE 119 IV 188 f.

88 Übertretungen

Wer in Verletzung der Auskunftspflicht wissentlich unwahre Auskunft erteilt oder die Auskunft verweigert,
wer sich einer von der zuständigen Stelle angeordneten Kontrolle widersetzt oder diese auf andere Weise verunmöglicht,
wer die vorgeschriebenen Formulare nicht oder nicht wahrheitsgetreu ausfüllt,
(31) **wird, falls nicht ein Tatbestand des Artikels 87 vorliegt, mit Busse bis zu 5000 Franken bestraft.**

Art. 88 Übertretungen
Wer die Auskunftspflicht verletzt, indem er wissentlich unwahre Auskunft erteilt oder die Auskunft verweigert, wer sich einer von der zuständigen Stelle angeordneten Kontrolle widersetzt oder diese auf andere Weise verunmöglicht, wer die vorgeschriebenen Formulare nicht oder nicht wahrheitsgetreu ausfüllt, wer Versichertennummern missbräuchlich bildet, verändert oder verwendet, wird, falls nicht ein Tatbestand von Artikel 87 erfüllt ist, mit Busse bis zu 10 000 Franken bestraft.

89 Widerhandlungen in Geschäftsbetrieben

[1] Wird die Widerhandlung im Geschäftsbetrieb einer juristischen Person, einer Personengesellschaft oder einer Einzelfirma begangen, so finden die Strafbestimmungen gemäss den Artikeln 87 und 88 auf die Personen Anwendung, welche für sie gehandelt haben oder hätten handeln sollen, jedoch in der Regel unter solidarischer Haftung der juristischen Person, der Personengesellschaft oder des Inhabers der Einzelfirma für Busse und Kosten.

[2] Absatz 1 findet auch Anwendung auf Widerhandlungen, die im Betriebe einer Körperschaft oder Anstalt des öffentlichen Rechts begangen werden.

Abs. 1

Die solidarische Haftung tritt nur «in der Regel» ein; damit wird die Möglichkeit offengelassen, dass die betreffende Person nicht Schuldnerin der Busse und Kosten wird. Es ist aber dennoch nicht geradezu willkürlich, dass Vermögenswerte einer solchen Person beschlagnahmt werden (101 Ia 327 f.; Entscheid des Bundesgerichts).

90 Verfolgung und Beurteilung

[1] Die Verfolgung und die Beurteilung obliegen den Kantonen (A).
[2] Alle rechtskräftigen Urteile sowie die Einstellungsverfügungen sind in vollständiger Ausfertigung unverzüglich der Bundesanwaltschaft zuhanden des Bundesrates kostenlos einzusenden.

(A) Art. 208 AHVV

Art. 90 Abs. 2

[2] Alle Urteile sowie die Einstellungsverfügungen sind in vollständiger Ausfertigung unverzüglich kostenlos zuzustellen:
a. der Bundesanwaltschaft;
b. der Ausgleichskasse, welche die strafbare Handlung angezeigt hatte.

91 (31) (A) Ordnungsbussen

[1] Wer Ordnungs- und Kontrollvorschriften verletzt, ohne dass die Verletzung gemäss Artikel 87 oder 88 unter Strafe gestellt ist, wird von der Ausgleichskasse nach vorausgegangener Mahnung mit einer Ordnungsbusse bis zu 500 Franken belegt, im Rückfall innert zweier Jahre mit einer Ordnungsbusse bis zu 2000 Franken.
[2] Die Bussenverfügung ist zu begründen. Sie kann mit Beschwerde angefochten werden.

(A) Art. 205 bis Art. 207 AHVV

Art. 91 Abs. 1

[1] Wer Ordnungs- und Kontrollvorschriften verletzt, ohne dass die Verletzung gemäss Artikel 87 oder 88 unter Strafe gestellt ist, wird von der Ausgleichskasse nach vorausgegangener Mahnung mit einer Ordnungsbusse bis zu 1000 Franken belegt. Im Wiederholungsfall innert zweier Jahre kann eine Ordnungsbusse bis zu 5000 Franken ausgesprochen werden.

Das Bundesgesetz über das Verwaltungsstrafrecht (SR 313.0) hat Art. 91 AHVG nicht ausser Kraft gesetzt (ZAK 1980 334 E. 1).

Dem Erlass der Bussenverfügung hat eine Mahnung vorauszugehen; mit letzterer wird der Pflichtige zur Erfüllung aufgefordert, wobei ihm eine angemessene Frist angesetzt wird und er auf die Folgen für den Fall aufmerksam gemacht wird, dass er der Aufforderung nicht nachkommt (ZAK 1982 319 E. 1).

Die aufzuerlegende Busse ist im Rahmen der der Ausgleichskasse verursachten Umtriebe festzusetzen (ZAK 1980 334 E. 2).

Achter Abschnitt: Verschiedene Bestimmungen

92 (24) Fürsorgeleistungen für Schweizer im Ausland

[1] Bedürftigen Schweizern im Ausland, die der freiwilligen Versicherung beigetreten sind, aber im Alter oder als Hinterlassene keine Rente oder bei Hilflosigkeit keine Hilflosenentschädigung erhalten, können Fürsorgebeiträge gewährt werden.

[2] Der Fürsorgebeitrag darf im Einzelfall den Betrag der zutreffenden ausserordentlichen Rente und der Hilflosenentschädigung nicht übersteigen. Die Auszahlung erfolgt durch die für die Ausrichtung von Renten an Schweizer im Ausland zuständige Ausgleichskasse.

[3] Der Bundesrat kann über die Höhe der Gesamtaufwendungen und die Voraussetzungen für die Hilfeleistung nähere Vorschriften erlassen (A).

(A) Art. 23, Art. 24 VFV, hier im Anhang 6 abgedruckt

Art. 92 Abs. 2

2 Der Fürsorgebeitrag darf den Betrag der zutreffenden minimalen Vollrente und der Hilflosenentschädigung nicht übersteigen. Die Ausrichtung erfolgt durch die Ausgleichskasse, welche für die Ausrichtung der Renten an Schweizer im Ausland zuständig ist.

Bei den hier in Frage stehenden Leistungen handelt es sich nicht um Versicherungs-, sondern um Fürsorgeleistungen. Es kann nicht angenommen werden, dass damit den betreffenden Personen ein Anspruch auf eine vermögensrechtliche Leistung eingeräumt wird. Aufgrund von Art. 129 Abs. 1 lit. c OG ist somit die Verwaltungsgerichtsbeschwerde an das EVG unzulässig. Ferner kann über eine entsprechende Gewährung von Fürsorgeleistungen nicht eine im Sinne von Art. 84 AHVG anfechtbare Verfügung erlassen werden (96 V 127 f.).

Art. 92a Versichertennummer

Jede im Zusammenhang mit Beiträgen oder Leistungen erfasste Person erhält eine Versichertennummer. Der Bundesrat erlässt die näheren Bestimmungen über die Bildung und die Verwendung der Versichertennummer. Verwaltungen und andere Institutionen, welche die Versichertennummer zu eigenen Zwecken benützen, müssen die echte Versichertennummer verwenden.

92bis (17)

93 (76) **Auskunftspflicht**

Die Verwaltungs- und Rechtspflegebehörden des Bundes, der Kantone, Bezirke, Kreise und Gemeinden sowie die Träger der anderen Sozialversicherungszweige geben den zuständigen Organen der Alters- und Hinterlassenenversicherung auf Anfrage kostenlos die Auskünfte und Unterlagen, die zur Festsetzung, Änderung oder Rückforderung von Leistungen der Alters- und Hinterlassenenversicherung, zur Verhinderung ungerechtfertigter Bezüge, für die Festsetzung und den Bezug der Beiträge oder für den Rückgriff auf haftpflichtige Dritte notwendig sind.

Die Bestimmung – welche sinngemäss in Art. 101 UVG übernommen wurde – geht allfälligen kantonalen Regelungen vor, welche die Auskunftspflicht der Rechtspflegebehörden untersagen oder einschränken (ZAK 1991 98 E. 3).

Die *Betreibungsämter* gehören zu den in Art. 93 AHVG genannten Behörden; sie haben also nach dieser Bestimmung den Ausgleichskassen die zum Bezug der Beiträge erforderlichen Auskünfte kostenlos zu erteilen (77 III 41; Entscheid des Bundesgerichts).

94 Steuerfreiheit

[1] Die Ausgleichskassen sind von den direkten Steuern vom Einkommen und vom Vermögen sowie von den Erbschafts- und Schenkungssteuern befreit.

[2] Urkunden, die bei der Durchführung der Alters- und Hinterlassenenversicherung im Verkehr mit den Versicherten oder zwischen den in Artikel 49 bezeichneten Personen und Organisationen verwendet werden, sind von den kantonalen Stempel- und Registrierungsabgaben ausgenommen. Der Bezug der gesetzlichen Versicherungsbeiträge unterliegt der eidgenössischen Stempelabgabe auf Prämienquittungen nicht.

[3] ... (99)

95 Kostenübernahme und Posttaxen

[1] (3) Der Ausgleichfonds der Alters- und Hinterlassenenversicherung vergütet dem Bund die Kosten der Verwaltung des Ausgleichfonds, die Kosten der Zentralen Ausgleichsstelle und der in Artikel 62 Absatz 2 genannten Ausgleichskasse für die Durchführung der Alters- und Hinterlassenenversicherung sowie dem Bund aus der Durchführung der Alters- und Hinterlassenenversicherung erwachsende weitere Kosten.

[2] (3) Der Ausgleichsfonds der Alters- und Hinterlassenenversicherung übernimmt die Posttaxen, die sich aus der Durchführung der Alters- und Hinterlassenenversicherung ergeben. Sie werden der Post pauschal vergütet. Der Bundesrat erlässt Vorschriften über den Umfang der Pauschalfrankatur (A).

[3] (17) Die auf die Durchführung des Bundesgesetzes vom 20. Juni 1952 über die Familienzulagen für landwirtschaftliche Arbeitnehmer und Kleinbauern* entfallenden Kosten der Zentralen Ausgleichsstelle und Aufwendungen für die Pauschalfrankatur werden nach Massgabe der Artikel 18 Absatz 4 und 19 des genannten Gesetzes gedeckt.

* Heute: Bundesgesetz über die Familienzulagen in der Landwirtschaft (vom 20. Juni 1952) (SR 836.1)

(A) AHVV 211

Art. 95 Abs. 1, 1bis und 3

1 Der Ausgleichsfonds der Alters- und Hinterlassenenversicherung vergütet dem Bund die Kosten:

a. der Verwaltung des Ausgleichsfonds;

b. der Zentralen Ausgleichsstelle; sowie

c. der in Artikel 62 Absatz 2 genannten Ausgleichskasse für die Durchführung der Alters- und Hinterlassenenversicherung.

1bis Der Ausgleichsfonds vergütet dem Bund überdies die weiteren Kosten, die ihm aus der Durchführung der Alters- und Hinterlassenenversicherung und einer allgemeinen Information der Versicherten über die Beiträge und Leistungen der Versicherung erwachsen. Der Bundesrat legt nach Anhörung des Verwaltungsrates des Ausgleichsfonds den Betrag fest, der für die Information der Versicherten verwendet werden darf.[1)]

3 Die Kosten, die der Zentralen Ausgleichsstelle bei der Durchführung des Bundesgesetzes vom 20. Juni 1952 über die Familienzulagen in der Landwirtschaft erwachsen, sowie die Aufwendungen für die Pauschalfrankatur werden nach Massgabe der Artikel 18 Absatz 4 und 19 des genannten Gesetzes gedeckt.

Art. 95a Begriff des Wohnsitzes

Als Wohnsitz gilt derjenige des Zivilgesetzbuches.

96 (31) **Fristen**

Die Artikel 20–24 des Bundesgesetzes über das Verwaltungsverfahren (A) **sind anwendbar.**

(A) VwVG

Aus dieser Bestimmung ergibt sich, dass das Bundesrecht mit Bezug auf die Frage des Fristenstillstandes keinen Raum für kantonales Verfahrensrecht offenlässt. Kantonalrechtliche Bestimmungen über den Stillstand der Fristen haben für Beschwerdeverfahren keine Bedeutung (105 V 107 E. 2).

[1)] Deutsche Fassung von der Redaktionskommission der BVers berichtigt (Art. 33 GVG).

Ausgeschlossen ist zudem die Anwendung kantonaler Regelungen bei der Frage der Säumnisfolgen und der Fristwiederherstellung (102 V 243 E. 2a).

Nach dem klaren Wortlaut von Art. 20 Abs. 3 VwVG zählt diese Vorschrift die Tage abschliessend auf, bei welchen eine Fristverlängerung bis zum nächsten Werktag in Betracht kommt. Dabei werden die Vortage kantonal anerkannter Feiertage nicht genannt. An einem solche Vortag ablaufende Fristen werden daher nicht von Gesetzes wegen verlängert (110 V 39).

97 (49) Rechtskraft und Vollstreckbarkeit

[1] Die Verfügungen der Ausgleichskassen (A) erwachsen in Rechtskraft, sofern gegen sie nicht innert nützlicher Frist Beschwerde erhoben wurde.

[2] Die Ausgleichskasse kann in ihrer Verfügung einer allfälligen Beschwerde die aufschiebende Wirkung entziehen, auch wenn die Verfügung auf eine Geldleistung gerichtet ist; im übrigen gilt Artikel 55 Absätze 2–4 des Bundesgesetzes über das Verwaltungsverfahren (B).

[3] Die Entscheide der Rekursbehörden erwachsen in Rechtskraft, sofern gegen sie nicht innert nützlicher Frist Verwaltungsgerichtsbeschwerde erhoben wurde.

[4] Die auf Geldzahlung gerichteten rechtskräftigen Verfügungen der Ausgleichskassen und Entscheide der Rekursbehörden stehen vollstreckbaren Gerichtsurteilen im Sinne von Artikel 80 des Bundesgesetzes über Schuldbetreibung und Konkurs (C) gleich. Dasselbe gilt für angefochtene Verfügungen, wenn der Beschwerde die aufschiebende Wirkung entzogen wurde.

(A) Art. 128 AHVV
(B) VwVG
(C) SchKG

Art. 97 Abs. 4

[4] Vollstreckbaren Gerichtsurteilen im Sinne von Artikel 80 des Bundesgesetzes über Schuldbetreibung und Konkurs sind gleichgestellt:

- *a. rechtskräftige Verfügungen der Ausgleichskassen, die eine Geldleistung an die Versicherung zum Gegenstand haben;*
- *b. Verfügungen der Ausgleichskassen, wenn der Beschwerde die aufschiebende Wirkung entzogen wurde;*
- *c. in Rechtskraft erwachsene Entscheide von Rekursbehörden.*

Übersicht

I. Eintritt der Rechtskraft von Verwaltungsverfügungen (Abs. 1)

Literatur: Kieser, Die Abänderung der formell rechtskräftigen Verfügung, 132 ff.; Saladin, Wiedererwägung und Widerruf formell rechtskräftiger Verfügungen, 113 ff.; Meyer-Blaser, Die Abänderung formell rechtskräftiger Verwaltungsverfügungen, 337 ff.

Grundsatz

Die formell rechtskräftig gewordene *Beitragsverfügung* ist endgültig und unabänderlich; es geht nicht an, bei Erlass einer Verzugszinsverfügung eine solche Beitragsverfügung zu überprüfen, da die Verzugszinsverfügung nur akzessorischen Charakter hat (119 V 234 f. E. 4). Die Rechtskraftsbindung einer Beitragsverfügung erstreckt sich nicht nur auf die festgesetzten Beiträgen, sondern auch auf das darin genannte beitragspflichtige Einkommen (welches massgebend ist für die spätere Rentenberechnung) (ZAK 1990 345 f. E. 2b). Hingegen besteht bezüglich späterer Beitragsjahre keine Rechtskraftsbindung, auch wenn der später ergangenen Beitragsverfügung die gleichen Bemessungsfaktoren zugrundeliegen wie einer rechtskräftigen Verfügung betreffend ein früheres Beitragsjahr (100 V 150 E. 1); es sind nämlich – auch wenn die Grundlagen unverändert geblieben sind – nach Ablauf der Beitragsperiode nicht identische Streitgegenstände zu beurteilen (EVGE 1960 229). – Beim ausserordentlichen Verfahren gemäss Art. 25 AHVV handelt es sich nicht um ein «provisorisches» Verfahren; die darin ergangenen Verfügungen können ebenso in Rechtskraft erwachsen wie sonstige, im ordentlichen Verfahren ergangene Verfügungen (120 V 272 f. E. 3).

Bei einer *Rentenverfügung* liegen die Verhältnisse im Grundsatz insofern anders, als hier die Verfügung mangels periodischer Überprüfbarkeit grundsätzlich eine zeitlich unbeschränkte Geltung beansprucht (EVGE 1960 229). Allerdings erstreckt sich die formelle Rechtskraft nicht auf die Ablösung der Rente durch eine neue Hauptrente; diese Ablösung beruht auf einem neuen Versicherungsfall, weshalb bei der Berechnung der neuen Hauptrente sämtliche Berechnungsgrundlagen umfassend zu prüfen sind (117 V 124).

Ist eine Verfügung in Rechtskraft erwachsen, darf sie vom Gericht im Zusammenhang mit einem späteren Beschwerdeverfahren, bei dem sich dieselben Fragen stellen, *nicht überprüft werden*. Damit wird aber an der Befugnis der Ausgleichskasse, die in Rechtskraft erwachsene Verfügung – sofern die Voraussetzungen erfüllt sind – zurückzunehmen, nichts geändert (EVGE 1962 202 f.).

Zurückkommen auf die Verfügung während der Rechtsmittelfrist

Während der Rechtsmittelfrist kann die Ausgleichskasse auf eine (unangefochtene) Verfügung zurückkommen, ohne an die für die Wiedererwägung formell rechtskräftiger Verfügungen geltenden Voraussetzungen gebunden zu sein (107 V 192).

Wiedererwägung der Verwaltungsverfügung

Allgemeines

Die Rechtsprechung des EVG und diejenige des Bundesgerichts zur Wiedererwägung weichen voneinander ab, doch ist die Zulässigkeit bereichsspezifischer Grundsätze für die Abänderbarkeit sozialversicherungsrechtlicher Verfügungen über Dauerrechtsverhältnisse von der herrschenden Lehre auch in jüngster Zeit nicht in Frage gestellt worden (115 V 314 f. E. 4b; betr. MV). – Die Möglichkeit der Verwaltung, auf frühere Verfügungen zurückzukommen, bedeutet nicht, dass die Ausgleichskassen auf eine Abklärung der massgebenden Verhältnisse verzichten dürfen; vielmehr sind sie gehalten, diese möglichst genau zu eruieren (EVGE 1957 192 E. 1c).

Voraussetzungen

Die Verwaltung kann eine formell rechtskräftige Verfügung, welche nicht Gegenstand materieller richterlicher Beurteilung gebildet hat, in Wiedererwägung ziehen, wenn sie zweifellos unrichtig und ihre Berichtigung von erheblicher Bedeutung ist (119 V 183 E. 3a).

Bei der Beurteilung, ob eine Wiedererwägung *zweifellos unrichtig* ist, ist vom Rechtszustand auszugehen, wie er im Zeitpunkt des Verfügungserlasses bestanden hat, wozu auch die seinerzeitige Rechtspraxis gehört; eine Praxisänderung vermag aber kaum je die frühere Praxis als zweifellos unrichtig erscheinen lassen (für ein Beispiel vgl. 120 V 132 E. 3c; betr. UV). Die Wiedererwägung dient mithin der Korrektur einer anfänglich unrichtigen Rechtsanwendung (unter Einschluss unrichtiger Feststellung im Sinne der Würdigung des Sachverhalts) (117 V 17 E. 2c). Als zweifellos unrichtig hat regelmässig eine gesetzwidrige Rentenberechnung zu gelten (103 V 128). – Zur Aufgabe der früheren Formel, wonach eine Verfügung «offensichtlich falsch» sein muss, vgl. EVGE 1963 86 f. – Für einen Anwendungsfall, in dem das Vorliegen einer zweifellosen Unrichtigkeit – bzw. in jenem Zeitpunkt einer offensichtlich falschen Verfügung – abgelehnt wurde, vgl. EVGE 1954 201 f.

Bezüglich der *Erheblichkeit der Berichtigung* lässt sich eine allgemein gültige betragliche Grenze nicht festlegen. Massgebend sind die gesamten Umstände des Einzelfalles. Ein Betrag von Fr. 165.90 erscheint im konkreten Fall nicht als erheblich (ZAK 1989 518 E. 2c).

Einzelfragen

Der *Richter* kann die Verwaltung nicht zu einer Wiedererwägung einer zweifellos unrichtigen Verfügung verhalten; mangels einer entsprechenden Vorschrift kann er ihr auch nicht die Modalitäten einer solchen Wiedererwägung vorschreiben (119 V 183 ff. E. 3). Es besteht deshalb kein gerichtlich durchsetzbarer Anspruch auf Wiedererwägung (117 V 13 E. 2a).

Ob – gestützt auf Art. 77 AHVV – ein eigentlicher *Anspruch auf Wiedererwägung* besteht, ist offen (119 V 187 E. 4a). Immerhin ist anzunehmen, dass bei einer unerträglichen Rechtsungleichheit die Ausgleichskasse bei pflichtgemässen Verhalten dazu geführt wird, auf die Verfügung zurückzukommen (EVGE 1967 230 f.). Vgl. auch ZAK 1959 36, wo eine Pflicht zur Wiedererwägung in einem Fall bejaht wurde, wo eine Rentenverfügung offensichtlich zwingenden gesetzlichen Vorschriften widersprach, sowie ZAK 1953 231 E. 1, wo bei einer offensichtlich unrichtigen Verfügung eine Pflicht der Verwaltung zur Rücknahme der Verfügung angenommen wurde.

Beschwerde im Zusammenhang mit der Wiedererwägung einer Verwaltungsverfügung kann nur erhoben werden, wenn die Verwaltung auf ein Wiedererwägungsgesuch eingetreten ist und anschliessend einen Sachentscheid trifft; Verfügungen, mit denen das Eintreten auf ein Wiedererwägungsgesuch abgelehnt wird, sind grundsätzlich nicht anfechtbar, da kein Anspruch auf Wiedererwägung besteht (117 V 13 E. 2a). Es sind deshalb verschiedene Fälle zu unterscheiden:

- Die Verwaltung tritt auf ein Wiedererwägungsgesuch nicht ein.
- Die Verwaltung prüft zwar die Wiedererwägungsvoraussetzungen, verneint diese jedoch und beantwortet das Wiedererwägungsgesuch mit einem erneut ablehnenden Sachentscheid.
- Die Verwaltung prüft die Wiedererwägungsvoraussetzungen, bejaht diese und trifft einen neuen, von der ursprünglichen Verfügung abweichenden Sachentscheid.

In den beiden ersten Fällen kann auch ein an sich klares Verfügungsdispositiv höchstens ein Indiz dafür sein, in welchem Sinn die Verwaltung das Wiedererwägungsgesuch behandelt hat (117 V 14 E. 2b.aa).

Im Bereich der *Rückvergütung der von Ausländern an die AHV bezahlten Beiträge* finden die vorgenannten Grundsätze der Wiedererwägung – wegen Art. 6 RV – keine Anwendung; diese Bestimmung schliesst – unter Vorbehalt von schwerwiegenden Verfahrensmängeln (EVGE 1956 59) – ein entsprechenden Zurückkommen auf eine verfügte und vollzogene Rückvergütung aus (EVGE 1958 23 f.). – Vgl. dazu näheres im Kommentar zu Art. 18 AHVG, Ziff. IV.

Zur Bedeutung der Wiedererwägungsvoraussetzungen beim *Wechsel des Beitragsstatus* vgl. Kommentar zu Art. 5 Ziff. II.1.

Prozessuale Revision der Verwaltungsverfügung

Voraussetzungen

Die Verwaltung hat eine prozessuale Revision vorzunehmen, wenn neue Tatsachen oder neue Beweismittel entdeckt werden, die geeignet sind, zu einer anderen rechtlichen Beurteilung zu führen; in diesem Sinne ist Art. 85 Abs. 2 lit. h AHVG über die Revision kantonaler Entscheide (beziehungsweise Art. 66 ff. VwVG) auch für Verwaltungsverfügungen massgebend (119 V 184 E. 3a).

II. Eintritt der Rechtskraft von erstinstanzlichen Entscheiden (Abs. 3)

Aus Art. 97 AHVG darf nicht herausgelesen werden, dass hinsichtlich der Rechtskraft die Verfügungen der Ausgleichskasse mit den Entscheiden von Gerichtsinstanzen gleichzustellen sind; die Bestimmung, dass Verfügungen der Ausgleichskassen und Entscheid der kantonalen Gerichtsinstanzen in Rechtskraft erwachsen, wurde offensichtlich einfach zwecks Regelung der Vollstreckbarkeit aufgestellt (EVGE 1953 74 f. E. 1).

Wurde eine Verfügung durch den Richter überprüft, ist es der Verwaltung verwehrt, in sinngemässer Anwendung der Grundsätze über die prozessuale Revision auf diese frühere Verfügung zurückzukommen (109 V 121 E. 2b). Ausgeschlossen ist auch eine Wiedererwägung wegen zweifelloser Unrichtigkeit (107 V 85 f.). Es würde nämlich der Rechtsschutzaufgabe der Rechtspflegebehörden zuwiderlaufen, wenn ihre Entscheide jederzeit wieder in Zweifel gezogen werden könnten (EVGE 1954 115).

III. Entzug der aufschiebenden Wirkung (Abs. 2)

Allgemeines

Die aufschiebende Wirkung kann einer Verfügung auch dann entzogen werden, wenn sie auf eine *Geldleistung* gerichtet ist; letzteres ist der Fall, wenn die Verfügung den Adressaten zu einer vermögensrechtlichen Leistung verpflichtet (ZAK 1989 595 f. E. 1a).

Die aufschiebende Wirkung kann dann *nicht wiederhergestellt* werden, wenn dadurch der Hauptprozess notwendigerweise gegenstandslos wird; dies ist der Fall, wenn eine durch die Verwaltung erklärte Verrechnung Gegenstand der Verfügung und des Entzugs ist (ZAK 1989 596 E. 2b).

Ob eine Verfügung, welche wegen der aufschiebenden Wirkung der Beschwerde während des Beschwerdeverfahrens nicht vollzogen werden konnte, auch dann nicht vollzogen werden kann, wenn sie *im Beschwerdeverfahren bestätigt* wird, oder ob der die Verfügung bestätigende Entscheid die rückwirkende Aufhebung des Suspensiveffektes bewirkt, lässt sich nicht einheitlich beantworten; es kommt auf die Besonderheiten des Einzelfalles und auf die jeweilige Interessenlage an (112 V 76 f. E. 2).

Der anlässlich einer Rentenaufhebung erfolgte Entzug der aufschiebenden Wirkung einer allfälligen Beschwerde ist rechtsgültig, auch wenn er sich auf der Rückseite der – auf der Vorderseite unterzeichneten – Verfügung befindet (108 V 234 E. 2c; betr. IV).

Interessenabwägung

Allgemeines

Der Grundsatz der aufschiebenden Wirkung der Beschwerde bedeutet nicht, dass nur ganz aussergewöhnliche Umstände ihren Entzug zu rechtfertigen vermöchten. Vielmehr ist es Sache der zuständigen Behörde zu prüfen, ob die Gründe, die für die sofortige Vollstreckbarkeit der Verfügung sprechen, gewichtiger sind als jene, die für die gegenteilige Lösung angeführt werden können. Dabei steht der Behörde ein gewisser Beurteilungsspielraum zu. Im allgemeinen wird sie ihren Entscheid auf den Sachverhalt stützen, der sich aus den vorhandenen Akten ergibt, ohne zeitraubende weitere Erhebungen anzustellen. Die Aussichten auf den Ausgang des Verfahrens können – falls sie eindeutig sind – ins Gewicht fallen. Jedenfalls müssen aber für den Entzug überzeugende Gründe geltend gemacht werden können (ZAK 1988 522 f. E. 3a).

Interessenabwägung beim Beitragsbezug

Der Sicherstellung des Beitragsbezugs kommt im Interesse der Gesamtheit der Versicherten an der ordnungsgemässen Finanzierung hohe Bedeutung zu; anderseits ist zu beachten, dass der Beitragspflichtige befugt ist, die von der Ausgleichskasse erhobene Beitragsforderung vom Richter überprüfen zu lassen. Das öffentliche Interesse an der sofortigen Vollstreckung der Beitragsverfügung liegt darin, dass in Anbetracht der finanziellen Verhältnisse des Beitragspflichtigen die Annahme der Gefahr eines Beitragsverlustes begründet erscheint (110 V 46 f. E. 7b).

Interessenabwägung bei Leistungsausrichtung

Die Verwaltung hat ein erhebliches Interesse, Rückerstattungsforderungen zu vermeiden. Demgegenüber vermag der Versicherte ein eigenes Interesse nur im Zusammenhang mit der fehlenden Verzinslichkeit einer allfälligen Nachzahlung sowie der Notwendigkeit, während des Beschwerdeverfahrens die Sozialhilfe in Anspruch nehmen zu müssen, geltend zu machen. Dieses Interesse wiegt nicht eindeutig schwerer als dasjenige der Verwaltung an einem sofortigen Vollzug der Verfügung; anders wäre nur zu entscheiden, wenn der Versicherte mit grosser Wahrscheinlichkeit im Hauptverfahren obsiegen wird (ZAK 1980 535 E. 3).

Vorsorgliche Massnahmen

Vgl. dazu Kommentar zu Art. 86 AHVG, Ziff. VII.

Die im Zusammenhang mit der Wiederherstellung der aufschiebenden Wirkung entwickelten Grundsätze zur Interessenabwägung lassen sich übertragen auf die auch bei der Anordnung positiver vorsorglicher Massnahmen vorzunehmende Interessenabwägung (117 V 191 E. 2b).

IV. Vollstreckungstitel (Abs. 4)

Auf dem Gebiet der Sozialversicherung ist die verfügende Verwaltungsbehörde, der erstinstanzliche Richter bzw. das EVG ordentlicher Richter im Sinne von Art. 79 SchKG, der zum materiellen Entscheid über die Aufhebung des Rechtsvorschlags zuständig ist. Daraus ergibt sich für die Ausgleichskassen, dass sie für ihre Geldforderungen auch ohne rechtskräftigen Rechtsöffnungstitel die Betreibung einleiten können, dass sie im Falle des Rechtsvorschlags nachträglich eine formelle Verfügung erlassen und dass sie nach Eintritt der Rechtskraft derselben die Betreibung fortsetzen können. Voraussetzung für eine solche direkte Fortsetzung der Betreibung ist allerdings, dass das Dispositiv der

Verwaltungsverfügung mit Bestimmtheit auf die hängige Betreibung Bezug nimmt und den Rechtsvorschlag ausdrücklich als aufgehoben erklärt, sei es vollumfänglich oder in einer bestimmten Höhe (ZAK 1989 519 E. 5a).

98 (19)

99 Ergänzung des SchKG

Das Bundesgesetz über Schuldbetreibung und Konkurs erhält in Artikel 219 folgenden Zusatz: Zweite Klasse
«f. die Beitragsforderungen gemäss dem Bundesgesetz vom 20. Dezember 1946 über die Alters- und Hinterlassenenversicherung.»

100 (88)

101 (71) (A)

(A) Siehe Art. 155 AHVG

101bis (49) Beiträge zur Förderung der Altershilfe

[1] Die Versicherung kann gemeinnützigen privaten Institutionen Beiträge an die Personal- und Organisationskosten für die Durchführung folgender Aufgaben zugunsten Betagter gewähren:

- **a. Beratung, Betreuung und Beschäftigung;**
- **b. Kurse, die der Erhaltung oder Verbesserung der geistigen oder körperlichen Fähigkeiten, der Selbstsorge sowie der Herstellung des Kontaktes mit der Umwelt dienen;**
- **c. Hilfeleistungen, wie Haushalthilfe, Hilfe bei der Körperpflege und Mahlzeitendienst;**
- **d. Aus- und Weiterbildung von Lehr-, Fach- und Hilfspersonal.**

[2] Der Bundesrat bestimmt die Höhe der Beiträge und die Bedingungen, unter denen sie gewährt werden können (A).

[3] Jeder Kanton bezeichnet eine Koordinationsstelle für Altershilfemassnahmen, welche die Beitragsgesuche begutachtet und mit ihrer Stellungnahme an die zuständige Bundesstelle weiterleitet.

Beitragsgesuche für gesamtschweizerische oder überkantonale Aufgaben werden bei der zuständigen Bundesstelle eingereicht.

[4] Soweit auf Grund anderer Bundesgesetze Beiträge an Aufwendungen im Sinne von Absatz 1 gewährt werden, richtet die Versicherung keine Beiträge aus.

(A) Art. 222 bis Art. 225 AHVV

Mit dieser Bestimmung wird kein bundesrechtlicher Anspruch auf Beiträge zur Förderung der Altershilfe eingeräumt. Verfügungen des BSV über die Beitragsgewährung bzw. -verweigerung sind deshalb nicht mit Verwaltungsgerichtsbeschwerde anfechtbar (116 V 319 ff.).

Zweiter Teil: Die Finanzierung

Erster Abschnitt: Die Aufbringung der Mittel

102 (17) Grundsatz

[1] Die Leistungen der Alters- und Hinterlassenenversicherung werden finanziert durch:

a. die Beiträge der Versicherten und der Arbeitgeber;
b. (71) **den Beitrag des Bundes;**
c. die Zinsen des Ausgleichsfonds;
d. (71) **die Einnahmen aus dem Rückgriff auf haftpflichtige Dritte.**

2 (24)

103 (71) (A) Beitrag der öffentlichen Hand

[1] Der Beitrag des Bundes beläuft sich auf 18,5 Prozent für das Jahr 1986, auf 19 Prozent für die Jahre 1987, 1988 und 1989 und nachher auf 20 Prozent der jährlichen Ausgaben der Versicherung.

[2] Der Beitrag der Kantone beläuft sich für das Jahr 1986 auf 1,5 Prozent, für die Jahre 1987, 1988 und 1989 auf 1 Prozent der jährlichen Ausgaben der Versicherung. Der Bundesrat ordnet die Berechnung in gleicher Weise wie für die Invalidenversicherung (B).

(A) Siehe jedoch Bundesbeschluss über den Beitrag des Bundes und der Kantone an die Finanzierung der Alters- und Hinterlassenenversicherung (vom 4. Oktober 1985) (SR 831.100).

(B) Verordnung über die Beiträge der Kantone an die AHV (vom 2. Dezember 1985) (SR 831.191.2)

Art. 103 Abs. 1

[1] Der Beitrag des Bundes beträgt folgende Anteile der jährlichen Ausgaben der Versicherung:

a. für das Jahr 1986 18,5 Prozent;
b. für die Jahre 1987, 1988 und 1989 19 Prozent;
c. für die Jahre 1990 – .... (Jahr vor Inkrafttreten der 10. AHV-Revision) 20 Prozent;
d. nach .... (Jahr des Inkrafttretens der 10. AHV-Revision) 20,5 Prozent.

104 (71) Deckung des Bundesbeitrages

[1] Der Bund leistet seinen Beitrag vorab aus dem Ertrag der Abgaben auf Tabak und gebrannten Wassern. Er entnimmt ihn der Rückstellung nach Artikel 111.
[2] Der Rest wird aus allgemeinen Mitteln gedeckt.

105–106 (71)

Zweiter Abschnitt: Der Ausgleichsfonds der Alters- und Hinterlassenenversicherung

Literatur: Hunziker, Der Ausgleichsfonds der schweizerischen Alters- und Hinterlassenenversicherung.

107 Bildung

[1] Unter der Bezeichnung Ausgleichsfonds der Alters- und Hinterlassenenversicherung wird ein selbständiger Fonds gebildet, dem alle Einnahmen gemäss Artikel 102 gutgeschrieben und alle Leistungen gemäss dem ersten Teil, dritter Abschnitt, sowie die Zuschüsse gemäss Artikel 69 Absatz 2 belastet werden.
[2] (4) Bund und Kantone leisten ihre Beiträge vierteljährlich an den Ausgleichsfonds.
[3] (31) Der Ausgleichfonds darf in der Regel nicht unter den Betrag einer Jahresausgabe sinken.

Art. 107 Abs. 2

[2] Bund und Kantone leisten ihre Beiträge monatlich an den Ausgleichsfonds.

108 Anlage und Rechnungsführung

[1] Die Aktiven des Ausgleichfonds sind so anzulegen, dass ihre Sicherheit sowie eine angemessene Verzinsung gewährleistet sind. Die Beteiligung an Erwerbsunternehmungen in irgendeiner Form ist unzulässig. Es sind jederzeit genügend Barmittel bereitzuhalten, um den Ausgleichskassen die Abrechnungssaldi zu ihren Gunsten vergüten und ihnen Vorschüsse gewähren zu können.

[2] Die Jahresrechnung, die Bilanz und der detaillierte Vermögensausweis sind zu veröffentlichen.

Art. 108 Abs. 1

[1] Die Aktiven des Ausgleichsfonds sind so anzulegen, dass ihre Sicherheit sowie eine angemessene Verzinsung gewährleistet sind. In begrenztem Rahmen ist der Erwerb von Beteiligungen an schweizerischen Unternehmen, die öffentlich Rechnung ablegen, zugelassen. Es sind jederzeit genügend Barmittel bereitzuhalten, um den Ausgleichskassen die Abrechnungssaldi zu ihren Gunsten vergüten und ihnen Vorschüsse gewähren zu können.

109 Verwaltung

[1] Der Bundesrat ernennt auf Antrag der Eidgenössischen Kommission für die Alters-, Hinterlassenen- und Invalidenversicherung (24) **einen Verwaltungsrat von 15 Mitgliedern. Im Verwaltungsrat ist den Versicherten, den schweizerischen Wirtschaftsverbänden, den** ... (68) **Versicherungseinrichtungen, dem Bund und den Kantonen eine angemessene Vertretung zu gewähren. Der Verwaltungsrat entscheidet über die Anlage der Mittel des Ausgleichfonds, überwacht die Ausführung seiner Beschlüsse und legt die Rechnung ab** (A). **Er kann zur Durchführung oder Überwachung einzelner Geschäfte oder Arten von Geschäften Ausschüsse ernennen.**
[2] Der Bundesrat erlässt ein Geschäftsreglement, das die Tätigkeit des Verwaltungsrates und seiner Ausschüsse, die Sekretariatsführung und den Vollzug seiner Beschlüsse regelt (B).

(A) Art. 213 AHVV
(B) Verordnung über die Verwaltung des Ausgleichsfonds der AHV (vom 27. September 1982) (SR 831.192.1)

110 Steuerfreiheit

[1] Der Ausgleichsfonds der Alters- und Hinterlassenenversicherung ist von den direkten Steuern vom Einkommen und vom Vermögen sowie von den Erbschafts- und Schenkungssteuern befreit; vorbehalten bleibt die Erhebung von Vermögenssteuern für Grundeigentum, das keine notwendige und unmittelbare Beziehung zur Verwaltungstätigkeit des Ausgleichfonds hat.
[2] Artikel 94 Absatz 3 findet Anwendung.

Dritter Abschnitt: Die Rückstellung des Bundes

111 (49) (A)

Die Erträge aus der Belastung des Tabaks und der gebrannten Wasser werden laufend der Rückstellung des Bundes für die Alters-, Hinterlassenen- und Invalidenversicherung gutgeschrieben. Die Rückstellung wird nicht verzinst.

(A) Art. 214 AHVV

112 (17)

Vierter Abschnitt: Die fiskalische Belastung des Tabaks

113–153 (27)

Dritter Teil: Schlussbestimmungen

154 Inkrafttreten und Vollzug

[1] Dieses Gesetz tritt am 1. Januar 1948 in Kraft. Der Bundesrat ist befugt, nach Aufnahme des Gesetzes in die eidgenössische Gesetzessammlung einzelne Bestimmungen organisatorischer Natur schon vor dem 1. Januar 1948 in Kraft zu setzen.
[2] Der Bundesrat ist mit dem Vollzug beauftragt und erlässt die hiezu erforderlichen Verordnungen.

Abs. 2
Für ein Anschauungsbeispiel betreffend die Frage, ob der Bundesrat sich mit dem Erlass einer Vollzugsbestimmung an die durch das Gesetz vorgegebenen Schranken gehalten hat, vgl. 97 V 222 E. 1.

155 (71) Baubeiträge

[1] Die Versicherung kann Beiträge an die Errichtung, den Ausbau und die Erneuerung von Heimen und anderen Einrichtungen für Betagte gewähren, sofern eine Anmeldung nach den Richtlinien des Bundesamtes für Sozialversicherung bis zum Inkrafttreten dieser Bestimmung eingereicht worden ist und der Baubeginn spätestens zweieinhalb Jahre nach Inkrafttreten erfolgt (B).
[2] Der Bundesrat bestimmt, welchen Heimen und Einrichtungen Baubeiträge gewährt werden. Er legt die Voraussetzungen für die Ausrichtung der Baubeiträge und ihre Höhe fest (A).
[3] Soweit aufgrund anderer Bundesgesetze Beiträge nach Absatz 1 gewährt werden, entfällt ein Anspruch auf Beiträge der Versicherung.

(A) Art. 215 bis Art. 221 AHVV
(B) Siehe jedoch Bundesbeschluss über die Verlängerung der Frist zur Ausrichtung von Baubeiträgen durch die Eidgenössische Alters- und Hinterlassenenversicherung (vom 18. März 1988) (SR 831.196)

Abs. 1
Als Baubeginn werden im allgemeinen alle Vorkehren angesehen, welche grundsätzlich eine Bewilligung der Baupolizei voraussetzen und

für welche dem Bauherrn Ausgaben von einer gewissen Grösse erwachsen, welche er – ohne Aussicht auf die Vornahme der Bauarbeiten – sonst nicht übernehmen würde (117 V 136 ff.).

Es handelt sich bei der in Art. 155 Abs. 1 AHVG genannten Frist um eine Verwirkungsfrist (ZAK 1989 37 f. E. 3a).

Übergangsbestimmungen der zehnten AHV-Revision

(Änderung vom 7. Oktober 1994; in Kraft gesetzt auf 1. Januar 1997)

1. Übergangsbestimmungen zur Änderung des AHVG

a. Unterstellung unter die Versicherungspflicht

[1] Für Personen, die nach dem bisherigen Artikel 1 Absatz 1 Buchstabe c versichert sind, gilt weiterhin altes Recht. Sie können jedoch erklären, dass sie nach dem neuen Recht behandelt werden wollen. Bei einem Arbeitgeberwechsel gilt neues Recht.
[2] Personen nach Artikel 1 Absatz 3, die weniger als drei Jahre nicht versichert waren, können im Einvernehmen mit dem Arbeitgeber innert eines Jahres seit Inkrafttreten dieser Gesetzesänderung der Versicherung beitreten.

b. Verjährung der Beiträge

[1] Artikel 16 Absatz 1 zweiter Satz gilt nur für Beiträge, welche bei Inkrafttreten dieser Revision nicht schon verjährt waren. Für Beiträge, welche aufgrund einer Nachsteuerveranlagung festgesetzt werden, die vor Inkrafttreten dieser Gesetzesänderung rechtskräftig wurde, endet die Frist nach Artikel 16 Absatz 1 zweiter Satz spätestens ein Jahr nach Inkrafttreten.
[2] Artikel 16 Absatz 2 erster Satz gilt für Beitragsforderungen, welche bei Inkrafttreten dieser Gesetzesänderung nicht erloschen waren.

c. Einführung des neuen Rentensystems

[1] Die neuen Bestimmungen gelten für alle Renten, auf die der Anspruch nach dem 31. Dezember ... (Jahr vor dem Inkrafttreten der 10. AHV-Revision) entsteht. Sie gelten auch für laufende einfache Altersrenten von Personen, deren Ehegatte nach dem 31. Dezember ... (Jahr vor dem Inkrafttreten der 10. AHV-Revision) einen Anspruch auf eine Altersrente erwirbt oder deren Ehe nach diesem Zeitpunkt geschieden wird.

[2] Bei der Berechnung der Altersrenten von verwitweten und geschiedenen Personen, die vor dem 1. Januar 1953 geboren sind, wird eine Übergangsgutschrift berücksichtigt, wenn ihnen nicht während mindestens 16 Jahren Erziehungs- oder Betreuungsgutschriften angerechnet werden konnten.

[3] Die Übergangsgutschrift entspricht der Höhe der halben Erziehungsgutschrift. Sie wird wie folgt abgestuft:

Jahrgang	Übergangsgutschrift in der Höhe der halben Erziehungsgutschrift für
1945 und älter	16 Jahre
1946	14 Jahre
1947	12 Jahre
1948	10 Jahre
1949	8 Jahre
1950	6 Jahre
1951	4 Jahre
1952	2 Jahre

Die Übergangsgutschrift darf jedoch höchstens für die Anzahl der Jahre angerechnet werden, welche für die Festsetzung der Rentenskala der rentenberechtigten Person berücksichtigt werden.

[4] Bei der Berechnung der Altersrente von geschiedenen Personen wird Artikel 29quinquies Absatz 3 auch angewendet, wenn die Ehe vor dem (... Zeitpunkt des Inkrafttretens der 10. AHV-Revision) geschieden wurde.

[5] Laufende Ehepaar-Altersrenten werden vier Jahre nach dem Inkrafttreten dieser Gesetzesänderung nach folgenden Grundsätzen durch Altersrenten nach neuem Recht ersetzt:

a. Die bisherige Rentenskala wird beibehalten.
b. Jedem Ehegatten wird die Hälfte des bisherigen für die Ehepaarrente massgebenden durchschnittlichen Jahreseinkommens angerechnet.
c. Jedem Ehegatten wird eine Übergangsgutschrift gemäss Absatz 3 angerechnet.

[6] Falls dies für das Ehepaar höhere Renten ergibt, kann eine Ehefrau ab dem 1. Januar ... (Jahr des Inkrafttretens der 10. AHV-Revision) verlangen, dass die Ehepaarrente ihres Mannes nach den Grundsätzen von Absatz 5 durch zwei einfache Renten ersetzt wird, und dass ihre Rente aufgrund der Rentenskala, die sich aus ihrer Beitragsdauer ergibt, festgesetzt wird.

[7] Laufende einfache Altersrente an Verwitwete und Renten an geschiedene Personen, die unter Berücksichtigung der Einkommen von Mann und Frau festgesetzt worden sind, werden vier Jahre nach dem Inkrafttreten dieser Gesetzesänderung nach folgenden Grundsätzen durch Altersrenten nach neuem Recht ersetzt:

a. Die bisherige Rentenskala wird beibehalten.
b. Das für die bisherige Rente massgebende durchschnittliche Jahreseinkommen wird halbiert.
c. Den Berechtigten wird eine Übergangsgutschrift gemäss Absatz 3 angerechnet.
d. Verwitwete Personen erhalten einen Zuschlag gemäss Artikel 35bis.

[8] Artikel 31 gilt auch für Altersrenten an verwitwete und geschiedene Personen, die nach altem Recht festgesetzt wurden, wenn dies zu einer höheren Rente führt. Er ist sinngemäss anwendbar auf Renten, die infolge Scheidung oder Wiederverheiratung unter dem alten Recht neu festgesetzt werden mussten. Die höheren Renten werden jedoch nur auf Antrag und ab dem Inkrafttreten dieser Gesetzesänderung ausgerichtet.

[9] Geschiedene Personen, deren bisherige einfache Altersrente ausschliesslich aufgrund ihrer eigenen Einkommen und ohne Berücksichtigung von Erziehungsgutschriften festgesetzt wurde, erhalten vier Jahre nach dem Inkrafttreten dieser Gesetzesänderung eine Übergangsgutschrift gemäss Absatz 3.

[10] Die neuen massgebenden Einkommen dürfen nicht zu tieferen Leistungen führen. Der Bundesrat erlässt dafür Berechnungsvorschriften.

d. Erhöhung des Rentenalters der Frauen und Einführung des Rentenvorbezuges

[1] Das Rentenalter der Frau wird vier Jahre nach Inkrafttreten der zehnten AHV-Revision auf 63 Jahre und acht Jahre nach dem Inkrafttreten auf 64 Jahre erhöht.

[2] Der Rentenvorbezug wird eingeführt:

a. im Zeitpunkt des Inkrafttretens der zehnten AHV-Revision nach Vollendung des 64. Altersjahres für Männer;
b. vier Jahre nach Inkrafttreten nach Vollendung des 63. Altersjahres für Männer sowie des 62. Altersjahres für Frauen.

[3] Die Renten von Frauen, welche zwischen dem 1. Januar ... (vier Jahre nach Inkrafttreten der 10. AHV-Revision) und dem 31. Dezember ... (12 Jahre nach Inkrafttreten der 10. AHV-Revision) vom Rentenvorbezug Gebrauch machen, werden um die Hälfte des Kürzungssatzes gemäss Artikel 40 Absatz 3 gekürzt.

e. Aufhebung der Zusatzrente für die Ehefrau in der AHV

[1] Die untere Altersgrenze der Ehefrau für den Anspruch auf die Zusatzrente gemäss dem bisherigen Artikel 22bis Absatz 1 wird wie folgt angepasst: Für jedes Kalenderjahr nach Inkrafttreten des neuen Artikels 22bis Absatz 1 wird die bisherige Grenze von 55 Jahren um ein Jahr erhöht.
[2] Hat ein Versicherter, der seine Altersrente vorbezieht, Anspruch auf eine Zusatzrente für seine Ehefrau, so ist die Zusatzrente nach Artikel 40 Absatz 3 zu kürzen.

f. Neue Bestimmungen über die Witwenrente und Einführung der Witwerrenten

[1] Der Anspruch auf Witwenrenten für geschiedene Frauen, welche am 1. Januar ... (Jahr des Inkrafttretens der 10. AHV-Revision) das 45. Altersjahr zurückgelegt haben, richtet sich nach den bisherigen Bestimmungen, sofern kein Anspruch nach dem neuen Artikel 24a besteht.
[2] Sofern aufgrund der neuen Bestimmungen ein Leistungsanspruch entsteht, sind die Artikel 23 - 24a sowie 33 auch für Versicherungsfälle anwendbar, die vor dem 1. Januar ... (Jahr des Inkrafttretens der 10. AHV-Revision) eingetreten sind. Die Leistungen werden jedoch nur auf Antrag und frühestens vom Zeitpunkt des Inkrafttretens an ausgerichtet.

g. Weitergeltung des bisherigen Rechts

[1] Artikel 2 des Bundesbeschlusses vom 19. Juni 1992 (A) über Leistungsverbesserungen in der AHV und der IV sowie ihre Finanzierung gilt für Renten, auf die der Anspruch vor ... (Datum des Inkrafttretens der 10. AHV-Revision) entstanden ist, auch nach dem 31. Dezember 1995. Artikel 2 gilt sinngemäss auch für ledige Versicherte.

[2] Der bisherige Artikel 29bis Absatz 2 gilt für Beitragsjahre vor dem 1. Januar ... (Jahr des Inkrafttretens der 10. AHV-Revision) auch für Renten, die nach dem Inkrafttreten der zehnten AHV-Revision festgesetzt werden.

[3] Arbeitgeber, welche am 1. Januar ... (Zeitpunkt des Inkrafttretens der 10. AHV-Revision) die Renten gestützt auf Artikel 51 Absatz 2 selbst an ihre Arbeitnehmer oder deren Hinterlassene ausbezahlt haben, können die Rentenauszahlungen auch weiterhin unter den bisherigen Voraussetzungen vornehmen.

(A) Hier im Anhang 2 abgedruckt

h. Leistungen an Angehörige von Staaten ohne Sozialversicherungsabkommen mit der Schweiz

Artikel 18 Absatz 2 gilt auch für Versicherungsfälle, die vor dem 1. Januar ... (Jahr des Inkrafttretens der 10. AHV-Revision) eingetreten sind, sofern die AHV-Beiträge nicht rückvergütet worden sind. Ein Anspruch auf ordentliche Renten entsteht aber frühestens im Zeitpunkt des Inkrafttretens. Artikel 18 Absatz 3 ist auf Personen anwendbar, denen noch keine AHV-Beiträge rückvergütet worden sind und deren Rückvergütungsanspruch noch nicht verjährt ist.

2. Übergangsbestimmungen zur Änderung des IVG

[1] Die Buchstaben c Absätze 1 - 9, f Absatz 2 und g Absatz 1 der Übergangsbestimmungen zum AHVG gelten sinngemäss.

[2] Artikel 6 Absatz 1bis gilt auch für Versicherungsfälle, die vor dem Inkrafttreten dieser Bestimmung eingetreten sind. Ein Anspruch auf Renten entsteht aber frühestens im Zeitpunkt des Inkrafttretens.

[3] Artikel 9 Absatz 3 gilt auch für Versicherungsfälle, die vor dem Inkrafttreten dieser Bestimmung eingetreten sind. Der Anspruch auf Eingliederungsmassnahmen entsteht aber frühestens im Zeitpunkt des Inkrafttretens.

[4] Die Übergangsbestimmungen zu Artikel 18 Absatz 2 AHVG sind sinngemäss anwendbar.

Änderung weiterer Bundesgesetze (Auszug)

2. Der Bundesbeschluss vom 4. Oktober 1962 (A) **über die Rechtsstellung der Flüchtlinge und Staatenlosen in der Alters-, Hinterlassenen- und Invalidenversicherung wird wie folgt geändert:**

(A) Hier im Anhang 3 abgedruckt

Die Randtitel werden in Sachüberschriften umgewandelt.

Art. 1 Flüchtlinge in der Schweiz

1. Anspruch auf Renten

[1] Flüchtlinge mit Wohnsitz und gewöhnlichem Aufenthalt in der Schweiz haben unter den gleichen Voraussetzungen wie Schweizer Bürger Anspruch auf ordentliche Renten der Alters- und Hinterlassenenversicherung sowie auf ordentliche Renten und Hilflosenentschädigungen der Invalidenversicherung. Das Erfordernis des Wohnsitzes und des gewöhnlichen Aufenthaltes ist von jeder Person, für die eine Rente ausgerichtet wird, einzeln zu erfüllen.

[2] Flüchtlinge mit Wohnsitz und gewöhnlichem Aufenthalt in der Schweiz haben unter den gleichen Voraussetzungen wie Schweizer Bürger Anspruch auf ausserordentliche Renten der Alters- und Hinterlassenenversicherung sowie der Invalidenversicherung, wenn sie sich unmittelbar vor dem Zeitpunkt, von welchem an eine Rente verlangt wird, ununterbrochen fünf Jahre in der Schweiz aufgehalten haben.

Art. 2

2. Anspruch auf Eingliederungsmassnahmen der Invalidenversicherung

[1] Erwerbstätige Flüchtlinge mit Wohnsitz und gewöhnlichem Aufenthalt in der Schweiz haben unter den gleichen Voraussetzungen wie Schweizer Bürger Anspruch auf Eingliederungsmassnahmen der Invalidenversicherung, wenn sie unmittelbar vor dem Eintritt der Invalidität Beiträge an die Invalidenversicherung entrichtet haben.

[2] Die Nichterwerbstätigen sowie die minderjährigen Kinder mit Wohnsitz und gewöhnlichem Aufenthalt in der Schweiz haben als Flüchtlinge unter den gleichen Voraussetzungen wie Schweizer

Bürger Anspruch auf Eingliederungsmassnahmen der Invalidenversicherung, wenn sie sich unmittelbar vor Eintritt der Invalidität ununterbrochen während mindestens eines Jahres in der Schweiz aufgehalten haben. Den minderjährigen Kindern mit Wohnsitz und gewöhnlichem Aufenthalt in der Schweiz steht dieser Anspruch überdies zu, wenn sie in der Schweiz invalid geboren sind oder sich seit der Geburt ununterbrochen in der Schweiz aufgehalten haben.

[3] Den in der Schweiz invalid geborenen Kindern gleichgestellt sind Kinder mit Wohnsitz und gewöhnlichem Aufenthalt in der Schweiz, die im Ausland invalid geboren sind und deren Mutter sich dort unmittelbar vor der Geburt während höchstens zwei Monaten aufgehalten hat. Der Bundesrat regelt, in welchem Umfang die Invalidenversicherung die Kosten zu übernehmen hat, die sich im Ausland wegen der Invalidität ergeben haben.

Art. 3 Flüchtlinge im Ausland

[1] Flüchtlinge, welche die Schweiz verlassen haben und Wohnsitz und gewöhnlichen Aufenthalt in einem Land haben, mit dem die Schweiz eine Vereinbarung über Alters-, Hinterlassenen- und Invalidenversicherung abgeschlossen hat, sind in ihren Ansprüchen auf ordentliche Renten der schweizerischen Alters- und Hinterlassenenversicherung sowie der schweizerischen Invalidenversicherung den Angehörigen des Wohnsitzstaates gleichgestellt.

[2] Flüchtlingen mit Wohnsitz und gewöhnlichem Aufenthalt im Ausland, auf welche Absatz 1 nicht anwendbar ist, können die Beiträge gemäss Artikel 18 Absatz 3 des Bundesgesetzes über die Alters- und Hinterlassenenversicherung (AHVG) rückvergütet werden.

Übergangsbestimmungen gemäss UVG

(Bundesgesetz vom 20. März 1981, in Kraft seit 1. Januar 1984)

[1] War der verstorbene Vater durch Gerichtsurteil oder aussergerichtlichen Vergleich zur Zahlung von Unterhaltsbeiträgen an ein aussereheliches Kind im Sinne des Schweizerischen Zivilgesetzbuches in der vor dem 1. Januar 1978 geltenden Fassung ver-

pflichtet, so gilt dieses Kind für den Anspruch auf eine Waisenrente nach den Artikeln 25 und 26 AHVG als Kind des Verstorbenen.
[2] Beim Inkrafttreten der geänderten Bestimmungen des AHVG laufende Waisenrenten werden nach den bisherigen Vorschriften weitergewährt.

Übergangsbestimmung gemäss Änderung vom 7. Oktober 1983

Nachträglicher Beitritt zur freiwilligen Versicherung für Ehefrauen von obligatorisch versicherten Schweizern im Ausland

(Bundesgesetz vom 7. Oktober 1983, in Kraft seit 1. Januar 1984)

[1] Innert zweier Jahre nach Inkrafttreten dieser Bestimmung können sich, ungeachtet ihres Alters, Frauen rückwirkend versichern, die:

a. im Ausland Wohnsitz haben und mit einem obligatorisch-versicherten Schweizer Bürger verheiratet sind oder

b. diese Voraussetzung früher erfüllt haben.

[2] Mit dem Beitritt gilt die Frau für die Zeit als versichert, während der sie im Ausland mit einem obligatorisch versicherten Schweizer Bürger verheiratet war. Eine Beitragspflicht beginnt frühestens am 1. Januar des Jahres, in dem der Beitritt erklärt wird.
[3] Das rückwirkend entstehende Versicherungsverhältnis wirkt sich auch auf Versicherungsfälle aus, die vor dem Inkrafttreten dieser Bestimmung eingetreten sind. Allfällige Leistungen oder Leistungserhöhungen werden jedoch nur vom Zeitpunkt des Inkrafttretens an ausgerichtet.
[4] Der Bundesrat regelt die Einzelheiten, namentlich die Folgen von Zivilstandsänderungen, und das Verfahren. Er kann die Beitrittsmöglichkeit auf Schweizerinnen ausdehnen, die mit einem obligatorisch versicherten Ausländer oder Staatenlosen verheiratet sind oder waren (A).

(A) Verordnung über den nachträglichen Beitritt zur freiwilligen AHV/IV für Ehefrauen von obligatorisch versicherten Schweizern im Ausland (vom 28. November 1983) (SR 831.112)

Anhänge

Anhang 1

Entscheide zu Staatsverträgen

Aufbau

Anhang 1 enthält zunächst Entscheide zu grundsätzlichen Fragen des Staatsvertragsrechts. Sodann wurden Entscheide zu den einzelnen Staatsverträgen aufgenommen.

Nicht im Anhang 1, sondern im *Kommentarteil* finden sich – ausnahmsweise – diejenigen Entscheide, welche einen direkten Bezug haben zu einem bestimmten Artikel des AHVG. Dazu zählen insbesondere folgende Fragen:
- zur Bedeutung der Staatsverträge bei *Rentenkürzungen* vgl. Kommentar zu Art. 18 AHVG, Ziff. I;
- zur *Anwendbarkeit* der EMRK vgl. Kommentar zu Art. 84 AHVG, Ziff. I;
- zur *Auswirkung* der EMRK auf einzelne Artikel vgl. Kommentar zu Art. 3 AHVG, Ziff. I (unterschiedliche Altersgrenzen), zu Art. 22 AHVG, Ziff. I (Ersetzen zweier einfacher Altersrenten durch Ehepaar-Altersrente), zu Art. 84 AHVG, Ziff. I (Beschleunigungsgebot), sowie zu Art. 85 AHVG, Ziff. III.10 (Durchführung einer öffentlichen Verhandlung).

I. Grundsätzliches

Literatur: Spira, L'application du droit international de la sécurité sociale, 471 ff.; Berenstein, Le droit international de la sécurité sociale, 3 ff.

1. Allgemeines

Staatsvertragsrecht geht nach schweizerischer Lehre und Praxis internem Landesrecht grundsätzlich vor. Dies gilt insbesondere auch hinsichtlich zwischenstaatlicher Sozialversicherungsabkommen (110 V 76 E. 2b). Jede zwischenstaatliche Vereinbarung stellt ein parteimässig ausgehandeltes Gefüge mit eigenem inneren Gleichgewicht dar, das die Verwaltungsjustiz als Ausdruck des übereinstimmenden Willens beider Vertragspartner zu beachten hat, solange sie nichts anderes abmachen (97 V 44 E. 4).

2. Auslegung

Die Auslegung eines Staatsvertrages hat in erster Linie vom Vertragstext auszugehen. Erscheint dieser klar und ist seine Bedeutung, wie sie sich aus dem gewöhnlichen Sprachgebrauch sowie aus Gegenstand und Zweck des Übereinkommens ergibt, nicht offensichtlich sinnwidrig, so kommt eine über den Wortlaut hinausgehende ausdehnende bzw. einschränkende Auslegung nur in Frage, wenn aus dem Zusammenhang oder der Entstehungsgeschichte mit Sicherheit auf eine vom Wortlaut abweichende Willenseinigung der Vertragsstaaten zu schliessen ist.

Es ist dabei in erster Linie nach der autonomen Bedeutung der Abkommensbestimmung zu suchen (Art. 31 bis Art. 33 des Wiener Übereinkommens über das Recht der Verträge vom 23. Mai 1969; SR 0.111); nur wenn ein Abkommen eine bestimmte Frage weder ausdrücklich noch stillschweigend regelt, ist es angängig, subsidiär die Begriffe und Konzeptionen des anwendbaren Landesrechts zur Auslegung beizuziehen (117 V 269 f. E. 3b).

Bei der Auslegung gilt – bei einer Konkurrenz zweier internationaler Verträge – der Grundsatz der lex specialis (AHI-Praxis 1995 105 E. 5).

II. Einzelne Staatsverträge

1. Vorbemerkungen

Die einzelnen Staatsverträge werden nachfolgend gemäss ihrer Einreihung in der SR aufgeführt. – Für die genaue Bezeichnung der Staatsverträge siehe das Gesetzesverzeichnis im Einleitungsteil, Ziff. 1b.

2. Entscheide mit grundsätzlicher Auswirkung

In einer Reihe von Staatsverträgen, welche die Schweiz abgeschlossen hat, finden sich Bestimmungen, wonach Behörden, Gerichte und Träger der Vertragsparteien bei Anwendung des Abkommens unmittelbar miteinander und mit den beteiligten Personen und ihren Vertretern in ihren Amtssprachen verkehren können. Demgegenüber bestimmt Art. 29 Abs. 4 OG, dass Parteien, welche im Ausland wohnen, in der Schweiz ein Zustellungsdomizil zu verzeigen haben.

Entsprechende Bestimmungen regeln nicht nur die Sprachenfrage, sondern auch die Möglichkeit des «unmittelbaren Verkehrs». Sie gehen demnach als lex specialis der allgemeinen Norm des Art. 29 Abs. 4 OG vor (96 V 140 f.; bezogen auf das schweizerisch-deutsche Abkommen).

3. Entscheide zu den einzelnen Staatsverträgen

a) Schweizerisch-deutsches Abkommen über Soziale Sicherheit

Wegen der im Abkommen enthaltenen *Gleichbehandlungsklausel* ist der Angehörige eines Vertragsstaates, der in einem Drittstaat für einen in der Schweiz domizilierten Arbeitgeber tätig ist und von diesem entlöhnt wird, obligatorisch bei der schweizerischen AHV/IV versichert und der Arbeitgeber der Beitragspflicht unterstellt (112 V 342 f. E. 7a; zur Kritik an diesem Entscheid vgl. 118 V 73 E. 4b). Hingegen kann eine Abgabepflicht hinsichtlich der ALV und der EO nicht aus der Gleichbehandlungsklausel abgeleitet werden (112 V 345 E. 8).

Das Abkommen statuiert mit Bezug auf die Versicherungs- und die damit verbundene Beitragspflicht das *Erwerbsortsprinzip* (119 V 68 E. 3a). Was als Erwerbsort zu verstehen ist, lässt sich weder dem Abkommen noch sonstigen damit verbundenen Unterlagen entnehmen. Es fehlen Anhaltspunkte, dass das Abkommen eine von der innerstaatlichen Gesetzgebung abweichende Regelung treffen wollte. Massgebend für die Festlegung des Erwerbsortes sind somit die Vorschriften des AHV-Rechtes (AHI-Praxis 1994 137 E. 6a).

Nach Art. 7 Abs. 1 des Abkommens ist die Beitragspflicht einer schweizerischen Reederei für die von ihr beschäftigen bundesdeutschen Seeleute zu bejahen (*Flaggenklausel*) (114 V 211 E. 3a).

b) Schweizerisch-österreichisches Abkommen über Soziale Sicherheit

Das Abkommen enthält eine *Gleichbehandlungsklausel* in bezug auf Angehörige eines Vertragsstaates, die in einem Drittstaat für einen in der Schweiz domizilierten Arbeitgeber tätig sind und von diesem entlöhnt werden (114 V 211 E. 3a).

Die in Frage kommenden Abkommen erwähnen die Gesetzgebung über die *EO* nicht, weshalb eine diesbezügliche Beitragspflicht aus ihnen nicht begründet werden kann (114 V 211 E. 3a und b).

Das Abkommen kennt die *Flaggenklausel* nicht (114 V 211 E. 3a).

Gestützt auf Art. 26 Abs. 1 des Abkommens ist die Schweizerische Ausgleichskasse befugt, eine Ablehnungsverfügung durch die österreichische Post direkt dem Versicherten *zuzustellen* (ZAK 1987 51 E. 4c).

c) Schweizerisch-belgisches Abkommen über Soziale Sicherheit

Die im Abkommen enthaltenen Normen über das *Erwerbsortsprinzip* stellen – weil sie inhaltlich hinreichend bestimmt und klar sind – unmittelbar anwendbare Normen dar, welche den Bestimmungen des

AHVG über die Versicherungs- und Beitragspflicht vorgehen (110 V 75 f. E. 2b).

Wegen der im Abkommen enthaltenen *Gleichbehandlungsklausel* ist der Angehörige eines Vertragsstaates, der in einem Drittstaat für einen in der Schweiz domizilierten Arbeitgeber tätig ist und von diesem entlöhnt wird, obligatorisch bei der schweizerischen AHV/IV versichert und der Arbeitgeber der Beitragspflicht unterstellt (112 V 344 E. 7c). Hingegen kann eine Abgabepflicht hinsichtlich der ALV und der EO nicht aus der Gleichbehandlungsklausel abgeleitet werden (112 V 345 E. 8).

d) Schweizerisch-spanisches Abkommen über Soziale Sicherheit

Das Abkommen geht vom *Erwerbsortsprinzip* aus (AHI-Praxis 1995 104 E. 5).

Die Mitglieder und Angestellten diplomatischer Missionen oder konsularischer Posten, die nicht von Art. 5 des Abkommens erfasst werden, fallen unter die Regelung des *Wiener Übereinkommens über diplomatische Beziehungen* (vom 18. April 1961) (SR 0.191.01) (120 V 411 ff. E. 5).

Ist die Rente aufgrund der Erfüllung bestimmter Voraussetzungen in Form einer einmaligen *Abfindung* auszurichten, verliert die berechtigte Person nicht den Anspruch auf Leistung, wenn das Gesuch nicht innert der in Art. 46 Abs. 1 AHVG genannten Frist eingereicht wird. Eine entsprechende staatsvertragliche Regelung, welche anstelle der Rentenzahlung die Möglichkeit einer einmaligen Kapitalabfindung vorsieht, stellt lediglich eine Vorschrift administrativer Art dar. Damit soll ein in keinem Verhältnis zu den Rentenbeträgen stehender Verwaltungsaufwand vermieden werden (113 V 14 f.).

Bei der Ermittlung der Beitragsdauer werden unter bestimmten Voraussetzungen die nach spanischen Rechtsvorschriften zurückgelegten Versicherungszeiten und die ihnen gleichgestellten Zeiten *wie schweizerische Beitragszeiten berücksichtigt* (vgl. Art. 9 Abs. 3 des Abkommens). Dabei müssen Beitragszeiten, die ein versicherte Spanier vor dem 1. Januar des der Vollendung des 20. Altersjahres folgenden Jahres zurückgelegt hat, gemäss Art. 52ter AHVV angerechnet werden, und zwar in dem Umfange, als sie sich nicht mit schweizerischen Beitragszeiten überschneiden (109 V 189 f. E. 3c und 4).

Wird eine – unter Berücksichtigung spanischer Versicherungszeiten festgesetzte – IV-Rente durch eine AHV-Rente abgelöst, bleiben dieselben Grundlagen massgebend, falls dies günstiger ist und feststeht, dass im Zeitpunkt des Entstehens der schweizerischen AHV-Rente keine entsprechende spanische Leistung beansprucht werden kann (112 V 147 ff.).

e) Schweizerisch-amerikanisches Abkommen über Soziale Sicherheit

Anknüpfungspunkt für die Versicherteneigenschaft ist der *Erwerbsort*; was darunter zu verstehen ist, wird vom Staatsvertrag weder direkt noch indirekt festgelegt; es liegt somit eine Lücke im zwischenstaatlichen Vertragsrecht vor, zu deren Ausfüllung schweizerisches Landesrecht ergänzend herangezogen werden darf (117 V 270).

f) Schweizerisch-französisches Abkommen über Soziale Sicherheit

Erwerbsortsprinzip

Die im Abkommen enthaltenen Normen über das Erwerbsortsprinzip stellen – weil sie inhaltlich hinreichend bestimmt und klar sind – unmittelbar anwendbare Normen dar, welche den Bestimmungen des AHVG über die Versicherungs- und Beitragspflicht vorgehen (110 V 76 E. 2b). Vom Erwerbsortsprinzip darf nicht mit der Begründung abgewichen werden, dass bei seiner Beachtung eine Beitragspflicht nicht entsteht (114 V 132 f. E. 4). Das genannte Prinzip bedeutet, dass eine Person, die ausschliesslich in Frankreich erwerbstätig ist, nach der staatsvertraglichen Regelung auch für das seitens des schweizerischen Arbeitgebers bezogene Einkommen vom Versicherungsobligatorium ausgenommen ist (106 V 72). – Das Erwerbsortsprinzip geht jedoch den Bestimmungen des AHVG nach, welche Ausländer im Genuss diplomatischer Vorrechte und Befreiungen oder besonderer steuerlicher Vergünstigungen von der Versicherung ausnehmen; dies bedeutet, dass ein Franzose auch dann nicht der AHV unterstellt werden kann, wenn er nicht im Dienste seines Heimatlandes steht (110 V 154 E. 3c).

Gleichbehandlungsklausel

Wegen der im Abkommen enthaltenen Gleichbehandlungsklausel ist der Angehörige eines Vertragsstaates, der in einem Drittstaat für einen in der Schweiz domizilierten Arbeitgeber tätig ist und von diesem entlöhnt wird, obligatorisch bei der schweizerischen AHV/IV versichert und der Arbeitgeber der Beitragspflicht unterstellt (112 V 343 f. E. 7b). Hingegen kann eine Abgabepflicht hinsichtlich der ALV und der EO nicht aus der Gleichbehandlungsklausel abgeleitet werden (112 V 345 f. E. 8; zur Kritik an diesem Entscheid vgl. 118 V 73 E. 4b).

Verfahren

Sind in AHV-Sachen erlassene Verfügungen von Ausgleichskassen nach Frankreich zu übermitteln, sind ausschliesslich die Bestimmungen des

Abkommens über Soziale Sicherheit und der dazugehörigen Verwaltungsvereinbarung massgebend (110 V356 f. E. 3).

g) Schweizerisch-englisches Abkommen über Soziale Sicherheit

Die im Abkommen enthaltenen Normen über das *Erwerbsortsprinzip* stellen – weil sie inhaltlich hinreichend bestimmt und klar sind – unmittelbar anwendbare Normen dar, welche den Bestimmungen des AHVG über die Versicherungs- und Beitragspflicht vorgehen (110 V 76 E. 2b). Vom Erwerbsortsprinzip darf nicht mit der Begründung abgewichen werden, dass bei seiner Beachtung eine Beitragspflicht nicht entsteht (114 V 132 f. E. 4).

h) Schweizerisch-italienisches Abkommen über Soziale Sicherheit

Literatur: Perret-Schiavi, Sozialversicherungsrechtliche Probleme italienischer Wanderarbeiter.

Das Abkommen gilt sowohl für italienische Staatsangehörige mit Wohnsitz in der Schweiz als auch für solche ohne schweizerischen Wohnsitz (109 V 227 E. 4a).

Nach Art. 4 Abs. 1 des Abkommens beurteilt sich die Versicherungs- und die damit verbundene Beitragspflicht eines Erwerbstätigen nach den Bestimmungen des Staates, in welchem die massgebende Beschäftigung ausgeübt wird (*Erwerbsortsprinzip*); dies gilt auch für Selbständigerwerbende (ZAK 1986 459 f. E. 3).

Zur Frage, unter welchen Voraussetzungen jemand als *der italienischen Sozialversicherung zugehörig* betrachtet werden (was für den Leistungsanspruch nach schweizerischem Recht massgebend sein kann), vgl. 112 V 94 ff. E. 5.

Zur *Überweisung von Beiträgen* von der Schweiz nach Italien gemäss der Regelung von Art. 23 Ziff. 5 des Abkommens und zu den Auswirkungen auf die Rentenberechnung vgl. 113 V 100 ff. sowie die Entscheide zur nachstehend angeführten *Zusatzvereinbarung zum Abkommen.*

Die Enklave *Campione d'Italia* gilt in sozialversicherungsrechtlichen Belangen in jeder Beziehung als italienisches Staatsgebiet; dadurch wird somit auch das Versicherungsverhältnis dort ansässiger und erwerbstätiger Personen bestimmt (107 V 13 E. 2a).

Zusatzvereinbarung zum Abkommen über Soziale Sicherheit

Allgemeines

Die – in Art. 1 Abs. 1 der Zusatzvereinbarung geregelte – Befugnis, Beiträge an die schweizerische AHV an die italienische Sozialversicherung zu *überweisen*, setzt insbesondere voraus, dass aufgrund der in Frage stehenden Beiträge noch keine Leistungen bezogen wurden (114 V 10 ff.).

Entsprechend ist einer ledigen Mutter einer Waisen eine solche Überweisung zu verweigern, weil die von ihr an die AHV entrichteten Beiträge zusammen mit denjenigen des verstorbenen Vaters zur Festsetzung des für die einfache Waisenrente massgebenden Durchschnittseinkommens herangezogen worden waren (ZAK 1991 134 E. 3).

Mit der Beitragsüberweisung gehen – wie dies in Art. 1 Abs. 2 der Zusatzvereinbarung festgelegt ist – sämtliche Ansprüche gegenüber der schweizerischen Alters- und Hinterlassenenversicherung *unter* (AHI-Praxis 1995 35 E. 5).

Ansprüche nach erfolgter Überweisung

Wenn die Beiträge des (geschiedenen) Ehemannes an die italienische Sozialversicherung überwiesen werden, ist ein Anspruch seiner (geschiedenen) Ehefrau auf eine Witwenrente der schweizerischen AHV verwirkt (AHI-Praxis 1995 35 E. 5).

Die italienische Staatsangehörige, welche zwar ihre eigenen Beiträge an die italienische Sozialversicherung überwiesen hat, deren Ehemann jedoch Beiträge an die AHV geleistet hat, hat Anspruch auf eine *Witwenrente* der AHV; es besteht nämlich kein Anlass, die Witwe eines italienischen Staatsangehörigen, die nie Beiträge an die schweizerische AHV entrichtet hat (und der eine Witwenrente zustehen kann), anders zu behandeln, als diejenige, die ihre Beiträge an die italienische Sozialversicherung überweisen liess (111 V 9 E. 2c).

Zum Anspruch des italienischen Staatsangehörigen auf eine *Ehepaar-Altersrente*, wenn die Ehefrau ihre eigenen AHV-Beiträge an die italienische Sozialversicherung überwiesen hat, vgl. BGE 113 V 103 ff. E. 2b.

i) Schweizerisch-liechtensteinisches Abkommen

Zur Berechnung der einfachen Altersrente gestützt auf das frühere Abkommen (vom 3. September 1965) vgl. 100 V 95 f. – Der Entscheid ist unter dem neuen Abkommen nicht mehr anwendbar; hier ist die nichterwerbstätige Ehefrau auch dann von der Beitragspflicht in der schweizerischen AHV befreit, wenn ihr Ehemann nach der liechtensteinischen Gesetzgebung als versichert gilt; dabei wird allerdings vorausgesetzt, dass mindestens einer der beiden Ehegatten die schweizerische oder liechtensteinische Staatsangehörigkeit besitzt. Zur rückwirkenden Anwendung dieser Bestimmung vgl. Ziff. 5a des Schlussprotokolles.

k) Schweizerisch-portugiesisches Abkommen

Das Abkommen enthält in Art. 4 das *Erwerbsortsprinzip*; von ihm darf nicht der Begründung abgewichen werden, dass bei seiner Beachtung eine Beitragspflicht nicht entsteht (114 V 132 f. E. 4).

l) Schweizerisch-jugoslawisches Abkommen über Sozialversicherung

Das Abkommen wird vorläufig in bezug auf alle Angehörigen des ehemaligen Jugoslawien angewendet (118 V 83 E. 3b).

Anhang 2

Bundesbeschluss über Leistungsverbesserungen in der AHV und der IV sowie ihre Finanzierung

vom 19. Juni 1992 (SR 831.100.1)

Die Bundesversammlung der Schweizerischen Eidgenossenschaft,
gestützt auf Artikel 34^{quater} der Bundesverfassung, nach Einsicht in eine Botschaft des Bundesrates vom 5. März 1990 und in einen Bericht vom 18. Februar 1992 der vorberatenden Kommission des Nationalrates,
beschliesst:

Art. 1 Berechnung der Renten in der AHV

In Abweichung von Artikel 34 Absatz 1 des Bundesgesetzes über die Alters- und Hinterlassenenversicherung werden die Renten gemäss diesem Bundesgesetz nach den folgenden Bestimmungen berechnet:

a. Die monatliche einfache Altersrente setzt sich zusammen aus:
   1. einem Bruchteil des Mindestbetrages der einfachen Altersrente (fester Rententeil);
   2. einem Bruchteil des massgebenden durchschnittlichen Jahreseinkommens (variabler Rententeil).

b. Es gelten folgende Bestimmungen:
   1. Ist das massgebende durchschnittliche Jahreseinkommen kleiner oder entspricht es dem 36fachen Mindestbetrag der einfachen Altersrente, so betragen der feste Rententeil 74/100 des Mindestbetrages der einfachen Altersrente und der variable Rententeil 13/600 des massgebenden durchschnittlichen Jahreseinkommens.
   2. Ist das massgebende durchschnittliche Jahreseinkommen grösser als das 36fache des Mindestbetrages der einfachen Altersrente, so betragen der feste Rententeil 104/100 des Mindestbetrages der einfachen Altersrente und der variable Rententeil 8/600 des massgebenden durchschnittlichen Jahreseinkommens.

Art. 2 Berechnung der einfachen Altersrente von geschiedenen Frauen

[1] Geschiedene Altersrentnerinnen können verlangen, dass ihnen bei der Berechnung ihrer Rente gemäss Art. 31 Absatz 1 des Bundesgesetzes über die Alters- und Hinterlassenenversicherung eine jährliche Erziehungsgutschrift in der Höhe der dreifachen minimalen einfachen Altersrente gemäss Artikel 34 Absatz 1 angerechnet wird. Die Gutschrift wird für jene Jahre angerechnet, in denen die geschiedene Altersrentnerin die elterliche Gewalt über Kinder ausgeübt hat, welche das 16. Altersjahr noch nicht vollendet haben.

[2] Die Berechnung gemäss Absatz 1 erfolgt auf Antrag. Die Antragstellerin hat den Nachweis zu erbringen, dass sie die Voraussetzungen für die Anrechnung erfüllt. Der Bundesrat regelt die Einzelheiten, insbesondere die Anrechnung der Erziehungsgutschrift für Mütter, welche Kinder unter ihrer Obhut haben, ohne die elterliche Gewalt über sie auszuüben, sowie bei Pflegekinderverhältnissen.

Art. 3 Berechnung der Renten der IV

Die Artikel 1 und 2 für die Berechnung der Renten der IV sind sinngemäss anwendbar.

Art. 4 Hilflosenentschädigung der AHV

[1] In Abweichung von Artikel 43bis Absätze 1–3 des Bundesgesetzes über die Alters- und Hinterlassenenversicherung haben Bezüger von Altersrenten mit Wohnsitz und gewöhnlichem Aufenthalt in der Schweiz Anspruch auf eine Hilflosenentschädigung, wenn sie in schwerem oder mittlerem Grad hilflos sind und keinen Anspruch auf eine Hilflosenentschädigung nach dem Bundesgesetz vom 20. März 1981 über die Unfallversicherung oder nach dem Bundesgesetz vom 20. September 1949[1] über die Militärversicherung besitzen; Männer müssen das 65. und Frauen das 62. Altersjahr zurückgelegt haben.

[2] Der Anspruch auf eine Hilflosenentschädigung entsteht am ersten Tag des Monats, in dem sämtliche Voraussetzungen erfüllt sind und die Hilflosigkeit schweren oder mittleren Grades ununterbrochen während mindestens eines Jahres bestanden hat. Er erlischt am Ende des Monats, in dem die Voraussetzungen nach Absatz 1 nicht mehr gegeben sind.

[3] Die Entschädigung für eine Hilflosigkeit schweren Grades beträgt 80 Prozent, jene für eine Hilflosigkeit mittleren Grades 50 Prozent des Mindestbetrages der einfachen Altersrente nach Artikel 34 Absatz 2 des Bundesgesetzes über die Alters- und Hinterlassenenversicherung.

[1] Heute: MVG vom 19. Juni 1992

Art. 5 Auszahlung der Ehepaar-Altersrente und Ehepaar-Invalidenrente

[1] In Abweichung von Artikel 22 Absatz 2 des Bundesgesetzes über die Alters- und Hinterlassenenversicherung und Artikel 33 Absatz 3 des Bundesgesetzes über die Invalidenversicherung gelten für die Auszahlung der Ehepaarrenten folgende Bestimmungen:

a. Die Ehepaarrente, deren Anspruch ab Inkrafttreten dieses Beschlusses entsteht, wird den beiden Ehegatten je zur Hälfte und getrennt ausbezahlt.
b. Die Ehegatten können jederzeit gemeinsam verlangen, dass die Rente einem von ihnen ungetrennt ausbezahlt wird; jeder Ehegatte kann auf diesen Entscheid zurückkommen.
c. Vorbehalten bleiben abweichende zivilrichterliche Anordnungen.

[2] Für Rentenzahlungen ins Ausland kann der Bundesrat eine andere Regelung treffen.

(...)

Art. 8* Referendum, Inkrafttreten und Geltungsdauer

[1] Dieser Beschluss ist allgemeinverbindlich; er untersteht dem fakultativen Referendum.

[2] Er tritt am 1. Januar 1993 in Kraft, Artikel 2 jedoch erst am 1. Januar 1994.

[3] Der Beschluss gilt bis zum 31. Dezember 1995.

* Mit Bundesbeschluss vom 7. Oktober 1994 (AS 1995 510) wurde folgender Absatz 4 eingefügt:

[4] Die Geltungsdauer dieses Beschlusses wird bis zum 31. Dezember 1996 verlängert.

Anhang 3

Bundesbeschluss über die Rechtsstellung der Flüchtlinge und Staatenlosen in der Alters-, Hinterlassenen- und Invalidenversicherung

vom 4. Oktober 1962 (SR 831.131.11)

Die Bundesversammlung der Schweizerischen Eidgenossenschaft,
gestützt auf Artikel 34^{quater} der Bundesverfassung,
im Hinblick auf das Abkommen vom 28. Juli 1951 über die Rechtsstellung der Flüchtlinge,
nach Einsicht in eine Botschaft des Bundesrates vom 19. Januar 1962,
beschliesst:

Art. 1[1] Flüchtlinge in der Schweiz
1. Anspruch auf Renten

[1] In der Schweiz wohnhafte Flüchtlinge haben unter den gleichen Voraussetzungen wie Schweizer Bürger Anspruch auf ordentliche Renten der Alters- und Hinterlassenenversicherung sowie auf ordentliche Renten und Hilflosenentschädigungen der Invalidenversicherung.

[2] In der Schweiz wohnhafte Flüchtlinge haben unter den gleichen Voraussetzungen wie Schweizer Bürger Anspruch auf ausserordentliche Renten der Alters- und Hinterlassenenversicherung sowie der Invalidenversicherung, wenn sie sich unmittelbar vor dem Zeitpunkt, von welchem an die Rente verlangt wird, ununterbrochen fünf Jahre in der Schweiz aufgehalten haben.

[1] Für die ab 1. Januar 1997 geltende Fassung vgl. die Übergangsbestimmungen der 10. AHV-Revision.

Art. 2[1] 2. Anspruch auf Eingliederungsmassnahmen der Invalidenversicherung

[1] In der Schweiz wohnhafte Flüchtlinge haben unter den gleichen Voraussetzungen wie Schweizer Bürger Anspruch auf Eingliederungsmassnahmen der Invalidenversicherung, wenn sie unmittelbar vor dem Eintritt der Invalidität während mindestens eines Jahres Beiträge entrichtet haben.

[2] In der Schweiz wohnhafte nichterwerbstätige Ehefrauen und Witwen sowie minderjährige Kinder haben als Flüchtlinge unter den gleichen Voraussetzungen wie Schweizer Bürger Anspruch auf Eingliederungsmassnahmen der Invalidenversicherung, wenn sie sich unmittelbar vor Eintritt der Invalidität ununterbrochen während mindestens eines Jahres in der Schweiz aufgehalten haben. In der Schweiz wohnhaften minderjährigen Kindern steht dieser Anspruch überdies zu, wenn sie in der Schweiz invalid geboren sind oder sich seit der Geburt ununterbrochen in der Schweiz aufgehalten haben.

[1] Für die ab 1. Januar 1997 geltende Fassung vgl. die Übergangsbestimmungen der 10. AHV-Revision.

Art. 3[1] Flüchtlinge im Ausland

[1] Flüchtlinge, welche die Schweiz verlassen haben und in einem Staate wohnen, mit dem die Schweiz eine Vereinbarung über Alters-, Hinterlassenen- und Invalidenversicherung abgeschlossen hat, sind in ihren Ansprüchen auf ordentliche Renten der schweizerischen Alters- und Hinterlassenenversicherung sowie der schweizerischen Invalidenversicherung den Angehörigen des Wohnsitzstaates gleichgestellt.

[2] Im Ausland wohnhaften Flüchtlingen, auf welche Absatz 1 keine Anwendung findet, können die Beiträge gemäss Artikel 18 Absatz 3 des Bundesgesetzes vom 20. Dezember 1946 über die Alters- und Hinterlassenenversicherung zurückvergütet werden.

[1] Für die ab 1. Januar 1997 geltende Fassung vgl. die Übergangsbestimmungen der 10. AHV-Revision.

Art. 3bis [34] Staatenlose

Die Bestimmungen der Artikel 1–3 sind gleicherweise auf Staatenlose anwendbar.

Art. 4 Inkrafttreten und Vollzug

[1] Der Bundesrat bestimmt den Zeitpunkt des Inkrafttretens dieses Beschlusses.

[2] Leistungen der Invalidenversicherung sowie Alters- und Hinterlassenenrenten, die an die Stelle von Invalidenrenten treten, können auf Grund dieses Beschlusses auch für die Zeit vor dessen Inkrafttreten beansprucht werden, wobei die Fristen für die Anmeldung der Ansprüche frühestens vom Inkrafttreten dieses Beschlusses an zu laufen beginnen.

[3] Der Bundesrat ist mit dem Vollzug beauftragt und wird ermächtigt, den von der Schweiz zu Artikel 24 Ziffer 1 Buchstaben a und b sowie Ziffer 3 des Abkommens vom 28. Juli 1951 über die Rechtsstellung der Flüchtlinge gemachten Vorbehalt, soweit er die Alters- und Hinterlassenenversicherung betrifft, zurückzuziehen.

[4] Der Bundesrat wird beauftragt, gemäss den Bestimmungen des Bundesgesetzes vom 17. Juni 1874 betreffend Volksabstimmung über Bundesgesetze und Bundesbeschlüsse die Bekanntmachung dieses Beschlusses zu veranlassen.

Datum des Inkrafttretens: 1. Januar 1963.

Schlussbestimmungen der Änderung vom 28. April 1972

II

[1] Der Bundesrat bestimmt den Zeitpunkt des Inkrafttretens dieses Beschlusses.

[2] Leistungen an Staatenlose auf Grund dieses Beschlusses können von seinem Inkrafttreten an auch für die vor diesem Zeitpunkt eingetretenen Versicherungsfälle gewährt werden; im Falle von Leistungen der Invalidenversicherung ist

hierbei Voraussetzung, dass der Versicherte bei Inkrafttreten des Beschlusses noch in der Schweiz wohnt. Die Fristen für die Anmeldung der Ansprüche beginnen frühestens vom Zeitpunkt des Inkrafttretens dieses Beschlusses an zu laufen.

Datum des Inkrafttretens: 1. Oktober 1972.

Anhang 4

Verordnung über die Alters- und Hinterlassenenversicherung (AHVV)

vom 31. Oktober 1947 (SR 831.101)

Der Schweizerische Bundesrat,
[57] gestützt auf Artikel 154 Absatz 2 des Bundesgesetzes vom 20. Dezember 1946 über die Alters- und Hinterlassenenversicherung (AHVG),
verordnet:

Erster Abschnitt: Die versicherten Personen

A. Ausnahmen von der obligatorischen Versicherung

Art. 1 Ausländer mit diplomatischen Vorrechten

Als Ausländer, die im Genusse diplomatischer Vorrechte und Befreiungen oder besonderer steuerlicher Vergünstigungen im Sinne von Artikel 1 Absatz 2 Buchstabe a AHVG stehen, gelten:

a. in der Schweiz weilende ausländische Staatschefs;
b. die Mitglieder des offiziellen Personals der bei der Schweizerischen Eidgenossenschaft akkreditierten diplomatischen Vertretungen und ihre Familien;
c. die Mitglieder der ausländischen Delegationen bei internationalen Organisationen, die ihren Sitz der Schweiz haben, und ihre Familien;
d. die Berufskonsularbeamten;
e. [50] das ausländische Personal der Vereinten Nationen, des Internationalen Arbeitsamtes, der internationalen Büros und der anderen vom Eidgenössischen Departement des Innern (im folgenden Departement genannt) im Einvernehmen mit dem Eidgenössischen Departement für auswärtige Angelegenheiten zu bezeichnenden internationalen Organisationen;
f. die mit einer vorübergehenden Mission in der Schweiz betrauten ausländischen Funktionäre, die den Mitgliedern des offiziellen Personals der bei der Schweizerischen Eidgenossenschaft akkreditierten diplomatischen Vertretungen gleichgestellt sind.

Art. 2 Erfüllung der Voraussetzungen für eine verhältnismässig kurze Zeit

[1] [86] Als Personen, welche die Voraussetzungen von Artikel 1 Absatz 1 AHVG nur für eine verhältnismässig kurze Zeit erfüllen, gelten solche, die:

a. sich ausschliesslich zu Besuchs-, Kur-, Ferien-, Studien- oder sonstigen Ausbildungszwecken in der Schweiz aufhalten, sofern sie in der Schweiz keine Erwerbstätigkeit ausüben und keinen Wohnsitz begründen;

b. in der Schweiz. während längstens drei aufeinanderfolgenden Monaten eine Erwerbstätigkeit ausüben, sofern sie von einem Arbeitgeber im Ausland entlöhnt werden, wie Reisende und Techniker ausländischer Firmen, oder wenn sie lediglich bestimmte Aufträge auszuführen bzw. Verpflichtungen zu erfüllen haben, wie Künstler, Artisten und Experten;

c. [86] in der Schweiz während insgesamt höchstens sechs Monaten im Kalenderjahr selbständig erwerbstätig sind als Marktfahrer, Scherenschleifer, Korbflicker, Hausierer, Schaubudenbesitzer und in ähnlichen Berufen, sowie deren Arbeitnehmer;

d. [33] zur Verrichtung bestimmter, saisonbedingter Arbeiten in die Schweiz einreisen und sich hier höchstens acht Wochen im Jahr aufhalten;

e. nur vorübergehend der Asylgewährung teilhaftig werden und keine Erwerbstätigkeit in der Schweiz ausüben.

2 ... [86]

Art. 3 Angehörige ausländischer staatlicher Alters- und Hinterlassenenversicherungen

1 Angehörige ausländischer staatlicher Alters- und Hinterlassenenversicherungen, für welche der Einbezug in die Versicherung eine nicht zumutbare Doppelbelastung bedeuten würde, sind von der zuständigen Ausgleichskasse auf begründetes Gesuch hin von der obligatorischen Versicherung auszunehmen.

2 ... [5]

Art. 4 Alters- und Hinterlassenenversicherungen internationaler Organisationen

Alters- und Hinterlassenenversicherungseinrichtungen der in Artikel 1 Buchstabe e dieser Verordnung genannten internationalen Organisationen sind ausländischen staatlichen Alters- und Hinterlassenenversicherungen im Sinne von Artikel 1 Absatz 2 Buchstabe b AHVG gleichgestellt.

B. Freiwillige Versicherung

Art. 5 [5]

Zweiter Abschnitt: Die Beiträge

A. Die Beiträge der erwerbstätigen Versicherten

Art. 6 Begriff des Erwerbseinkommens

1 Zum Erwerbseinkommen gehört, soweit nicht in den nachfolgenden Bestimmungen ausdrücklich Ausnahmen vorgesehen sind, das im In- und Ausland erzielte Bar- oder Naturaleinkommen aus einer Tätigkeit einschliesslich der Nebenbezüge.

2 [57] Nicht zum Erwerbseinkommen gehören:

a. [80] der Militärsold, die Funktionsvergütung des Zivilschutzes sowie die soldähnlichen Vergütungen in öffentlichen Feuerwehren, Jungschützenleiterkursen und Leiterkursen von «Jugend und Sport»;
b. [79] Versicherungsleistungen bei Unfall, Krankheit oder Invalidität, ausgenommen die Taggelder nach Artikel 25ter IVG;
c. Leistungen von Fürsorgeeinrichtungen;
d. ... [97]
e. ... [66]
f. Familienzulagen, die als Kinder-, Ausbildungs-, Haushalts-, Heirats- und Geburtszulagen im orts- oder branchenüblichen Rahmen [65] gewährt werden;
g. Stipendien und ähnliche Zuwendungen für den Besuch von Schulen und Kursen, die Aus- und Weiterbildung, das kulturelle Schaffen, die wissenschaftliche Forschung oder andere hervorragende Leistungen, wenn sie nicht auf einem Arbeitsverhältnis beruhen und der Geldgeber nicht über das Arbeitsergebnis verfügen kann;
h. reglementarische Leistungen von selbständigen Vorsorgeeinrichtungen und vertraglich mit dem Arbeitnehmer vereinbarte Vorsorgeleistungen, wenn der Begünstigte bei Eintritt des Vorsorgefalles oder bei Auflösung der Vorsorgeeinrichtung die Leistungen persönlich beanspruchen kann;
i. Abgangsentschädigungen bis zur Höhe des letzten Jahresgehaltes und darüber hinausgehende Leistungen nach einem Gesamtarbeitsvertrag, soweit keine gleichwertigen Leistungen nach Buchstabe h gewährt werden;
k. freiwillige Vorsorgeleistungen nach Artikel 6bis;
l. ... [101]

Art. 6bis [57] Freiwillige Vorsorgeleistungen

[1] Freiwillige Vorsorgeleistungen des Arbeitgebers oder einer selbständigen Vorsorgeeinrichtung bei Beendigung des Arbeitsverhältnisses gehören nicht zum Erwerbseinkommen, soweit sie für ein Jahr zusammen mit Leistungen nach Artikel 6 Absatz 2 Buchstaben h und i folgende Prozentsätze des letzten Jahreslohnes nicht übersteigen:

Letzter Lohn in Franken für ein Jahr	Prozentsatz
bis 120 000	65
für weitere 120 000	50
für Teile über 240 000	40

[2] Wird die Vorsorgeleistung vor Beginn des AHV-Rentenalters ausgerichtet, so wird der Betrag nach Absatz 1 bis zur Erreichung dieses Alters um den Höchstbetrag der einfachen Altersrente der AHV erhöht.

[3] Hat der Leistungsempfänger das 60. Altersjahr noch nicht vollendet, so wird für jedes fehlende Altersjahr der nach den Absätzen 1 und 2 ermittelte Betrag um je 5 Prozent, jedoch höchstens um 75 Prozent gekürzt.

[4] Hat der Leistungsempfänger weniger als 15 Dienstjahre beim Arbeitgeber gearbeitet, der die Vorsorgeleistung gewährt, wird der nach den Absätzen 1–3 ermittelte Betrag für jedes fehlende Dienstjahr um je einen Fünfzehntel gekürzt.

[5] Wird das Arbeitsverhältnis wegen rentenbegründender Invalidität im Sinne von Artikel 28 IVG aufgelöst. so wird der nach den Absätzen 1 und 2 ermittelte Betrag nicht gekürzt.

[6] Kapitalabfindungen werden in Renten umgerechnet. [82] Das Bundesamt für Sozialversicherung (Bundesamt) stellt dafür verbindliche Tabellen auf.

[7] [60] Der Freibetrag nach Artikel 6quater ist nicht anwendbar.

Art. 6ter [57] Im Ausland erzieltes Erwerbseinkommen

Von der Beitragserhebung ist das Erwerbseinkommen ausgenommen, das Personen mit Wohnsitz in der Schweiz zufliesst

a. als Inhaber oder Teilhaber von Betrieben oder von Betriebsstätten im Ausland,

b. als Organen einer juristischen Person im Ausland,

c. [101] als Personen, welche eine Steuer nach dem Aufwand gemäss Artikel 14 des Bundesgesetzes vom 14. Dezember 1990[1] über die direkte Bundessteuer (DBG) entrichten.

[1] SR 642.11.

Art. 6quater [91] Beiträge der erwerbstätigen Versicherten nach dem 62. bzw. 65. Altersjahr

[1] [104] Frauen, die das 62., und Männer, die das 65. Altersjahr vollendet haben, entrichten vom Einkommen aus unselbständiger Erwerbstätigkeit nur für den Teil Beiträge, der je Arbeitgeber 1 400 Franken im Monat bzw. 16 800 Franken im Jahr übersteigt.

[2] [104] Frauen, die das 62., und Männer, die das 65. Altersjahr vollendet haben, entrichten vom Einkommen aus selbständiger Erwerbstätigkeit nur für den Teil Beiträge, der 16 800 Franken im Jahr übersteigt.

I. Beiträge vom Einkommen aus unselbständiger Erwerbstätigkeit

Art. 7 Bestandteile des massgebenden Lohnes

Zu dem für die Berechnung der Beiträge massgebenden Lohn gehören, soweit sie nicht Spesenersatz darstellen, insbesondere:

a. Zeit-, Stück- (Akkord-) und Prämienlohn, einschliesslich Entschädigungen für Überzeitarbeit, Nachtarbeit und Stellvertreterdienst;

b. [33] Orts- und Teuerungszulagen;

c. [97] Gratifikationen, Treue- und Leistungsprämien sowie der Wert von Arbeitnehmeraktien, soweit dieser den Erwerbspreis übersteigt und der

Arbeitnehmer über die Aktie verfügen kann; bei gebundenen Arbeitnehmeraktien bestimmen sich Wert und Zeitpunkt der Einkommensrealisierung nach den Vorschriften der direkten Bundessteuer.

d. [40] Entgelte der Kommanditäre, die aus einem Arbeitsverhältnis zur Kommanditgesellschaft fliessen; Gewinnanteile der Arbeitnehmer, soweit sie den Zins einer allfälligen Kapitaleinlage übersteigen;

e. Trinkgelder, soweit sie einen wesentlichen Teil des Lohnes darstellen;

f. regelmässige Naturalbezüge;

g. Provisionen und Kommissionen;

h. [2] Tantiemen, feste Entschädigungen und Sitzungsgelder an Mitglieder der Verwaltung, der geschäftsführenden Organe und, soweit es sich nicht um hauptberuflich selbständigerwerbende Revisoren handelt, der Kontrollstelle juristischer Personen;

i. Einkommen der Behördemitglieder von Bund, Kantonen und der Gemeinden;

k. Sporteln und Wartegelder an in einem öffentlichen Dienstverhältnis stehende Versicherte, unter Vorbehalt abweichender kantonaler Regelungen;

l. Honorare der Privatdozenten und ähnlich besoldeter Lehrkräfte;

m. [5] Leistungen des Arbeitgebers für den Lohnausfall infolge Unfalles oder Krankheit;

n. Leistungen der Arbeitgeber für den Lohnausfall infolge Militärdienstes;

o. Ferien- und Feiertagsentschädigungen;

p. [57] Leistungen des Arbeitgebers, die in der Übernahme des Arbeitnehmerbeitrages für die Alters-, Hinterlassenen- und Invalidenversicherung, die Erwerbsersatzordnung und die Arbeitslosenversicherung sowie der Steuern bestehen; ausgenommen sind Arbeitnehmerbeiträge auf Naturalleistungen, Globallöhnen und einmaligen Sonderzuwendungen die im Kalenderjahr einen Brutto-Monatslohn nicht übersteigen;

q. [57] Abgangsentschädigungen und freiwillige Vorsorgeleistungen, soweit es sich nicht um Leistungen nach Artikel 6 Absatz 2 Buchstaben i und k handelt; die Beiträge von diesen Entschädigungen werden bei Beendigung des Arbeitsverhältnisses geschuldet; [82] Renten werden nach den Tabellen des Bundesamtes (Art. 6bis Abs. 6) in Kapital umgerechnet.

Art. 8 [66] Ausnahmen vom massgebenden Lohn

Nicht zum massgebenden Lohn gehören:

a. übliche Aufwendungen des Arbeitgebers, die ausschliesslich und unwiderruflich der beruflichen Vorsorge für die Arbeitnehmer und ihre Hinterlassenen dienen, wie Einlagen in Personalvorsorgeeinrichtungen oder in Sparhefte, Prämienzahlungen für Einzel- und Gruppenlebensversicherungen;

b. Beiträge des Arbeitgebers an die Kranken- und Unfallversicherung der Arbeitnehmer sowie an Familien- und Ferienausgleichskassen;

c. besondere Zuwendungen des Arbeitgebers beim Tod Angehöriger von Arbeitnehmern, an Hinterlassene von Arbeitnehmern, bei beruflich bedingtem Wohnungswechsel der Arbeitnehmer, bei Firmenjubiläen, Verlobung, Hochzeit oder Bestehen von beruflichen Prüfungen;
d. Fürsorgeleistungen des Arbeitgebers, wie die teilweise oder vollständige Übernahme von Arzt-, Arznei-, Spital- oder Kurkosten.

Art. 8bis [50] Geringfügige Entgelte aus Nebenerwerb

Die von einem Arbeitgeber ausgerichteten Entgelte, die für den Arbeitnehmer einen Nebenerwerb bilden und 2 000 Franken im Kalenderjahr nicht übersteigen [72], können von der Beitragserhebung ausgenommen werden.

Art. 9 Unkostenabzüge

[1] Bei Arbeitnehmern, welche die bei der Ausführung ihrer Arbeiten entstehenden Unkosten ganz oder teilweise selbst tragen, so insbesondere bei Handelsreisenden, Versicherungsvertretern und Heimarbeitern, können die Unkosten in Abzug gebracht werden, sofern nachgewiesen wird, dass sie mindestens 10 Prozent des ausbezahlten Lohnes betragen.

[2] Das Departement setzt die zulässigen Unkostenabzüge nach Anhörung der beteiligten Berufsgruppen fest.

Art. 10 [101]

Art. 11 [97] Verpflegung und Unterkunft

[1] [101] Verpflegung und Unterkunft der Arbeitnehmer im Betrieb und im Hausdienst werden mit 27 Franken im Tag bewertet. Vorbehalten bleibt Artikel 14.

[2] Gewährt der Arbeitgeber nicht volle Verpflegung und Unterkunft, so ist der Ansatz wie folgt aufzuteilen:

	Fr.
Frühstück	4.–
Mittagessen	8.–
Abendessen	6.–
Unterkunft	9.–

Art. 12 [101]

Art. 13 [16] Anders geartetes Naturaleinkommen

Der Wert anders gearteten Naturaleinkommens ist von Fall zu Fall den Umständen entsprechend von der Ausgleichskasse zu schätzen.

Art. 14 Mitarbeitende Familienmitglieder

[1] Die Beiträge der mitarbeitenden Familienglieder werden grundsätzlich auf dem Bar- und Naturaleinkommen berechnet. Vorbehalten bleibt Artikel 5 Absatz 3 AHVG.

[2] [72] Das Naturaleinkommen mitarbeitender Familienglieder wird ... [101] nach den Artikeln 11 und 13 bewertet.

[3] [97] Sofern das Bar- und Naturaleinkommen mitarbeitender Familienglieder ... [101] die nachfolgenden Ansätze nicht erreicht, werden die Beiträge bemessen auf Grund eines monatlichen Globaleinkommens von

a. 1 680 Franken für alleinstehende mitarbeitende Familienglieder und für im Betrieb der Ehefrau mitarbeitende Ehemänner;

b. 2 490 Franken für verheiratete mitarbeitende Familienglieder; arbeiten beide Ehegatten im Betrieb voll mit, so gilt für jeden der Ansatz von Buchstabe a.

[4] ... [60]

Art. 15 [50] Trinkgelder

[1-2] ... [60]

[3] Die Trinkgelder der Arbeitnehmer im Transportgewerbe werden soweit zum massgebenden Lohn gezählt, als darauf in der obligatorischen Unfallversicherung Prämien erhoben werden.

Art. 16 [104] Beiträge der Arbeitnehmer nicht beitragspflichtiger Arbeitgeber

Beträgt der massgebende Lohn eines Arbeitnehmers, dessen Arbeitgeber nicht der Beitragspflicht untersteht, weniger als 46 600 Franken im Jahr, so werden seine Beiträge gemäss Artikel 21 berechnet.

II. Beiträge vom Einkommen aus selbständiger Erwerbstätigkeit

1. Allgemeines

Art. 17 [101] Begriff des Einkommens aus selbständiger Erwerbstätigkeit

Als Einkommen aus selbständiger Erwerbstätigkeit im Sinne von Artikel 9 Absatz 1 AHVG gelten alle in selbständiger Stellung erzielten Einkünfte aus einem Handels-, Industrie-, Gewerbe-, Land- und Forstwirtschaftsbetrieb, aus einem freien Beruf, sowie aus jeder anderen selbständigen Erwerbstätigkeit, einschliesslich der Kapital- und Überführungsgewinne nach Artikel 18 Absatz 2 DBG[1] und der Gewinne aus der Veräusserung von land- und forstwirtschaftlichen Grundstücken nach Artikel 18 Absatz 4 DBG.

[1] SR 642.11; vgl. auch Art. 23bis, Art. 23ter AHVV.

Art. 18 Abzüge vom rohen Einkommen

[1] Für die Ausscheidung und das Ausmass der gemäss Artikel 9 Absatz 2 Buchstaben a–d AHVG vom rohen Einkommen zulässigen Abzüge sind bis auf weiteres die Vorschriften über die direkte Bundessteuer [66] massgebend.

[2] [104] Der gemäss Artikel 9 Absatz 2 Buchstabe c AHVG vom rohen Einkommen abzuziehende Zins des im Betrieb investierten Eigenkapitals beträgt 5,5 Prozent. Das Eigenkapital wird auf die nächsten 1 000 Franken aufgerundet.

[3] [75] Vom rohen Einkommen sind ferner persönliche Einlagen an Einrichtungen der beruflichen Vorsorge in dem Ausmasse abzuziehen, das üblicherweise dem Arbeitgeberanteil solcher Einlagen entspricht. Die kantonalen Steuerbehörden ermitteln diese Abzüge nach den Vorschriften über die direkte Bundessteuer[1].

[1] Übergangsbestimmungen 1. Januar 1987.

Art. 19 [50] Geringfügiger Nebenerwerb aus selbständiger Erwerbstätigkeit

Vom Einkommen aus einer nebenberuflich ausgeübten selbständigen Erwerbstätigkeit, das 2 000 Franken im Kalenderjahr nicht übersteigt [72], werden die Beiträge nur auf Verlangen des Versicherten erhoben.

Art. 20 Beitragspflichtige Personen

[1] Die Beiträge auf dem in einem Betrieb erzielten Einkommen aus selbständiger Erwerbstätigkeit sind vom Eigentümer, bei Pacht oder Nutzniessung vom Pächter oder Nutzniesser zu entrichten. In Zweifelsfällen hat derjenige die Beiträge zu entrichten, der für das entsprechende Einkommen steuerpflichtig ist oder, wenn dafür keine Steuerpflicht besteht, den Betrieb auf eigene Rechnung führt.

[2] ... [9]

[3] [104] Die Teilhaber von Kollektiv- und Kommanditgesellschaften sowie von anderen auf einen Erwerbszweck gerichteten Personengesamtheiten ohne juristische Persönlichkeit haben die Beiträge von ihrem Anteil am Einkommen der Personengesamtheit zu entrichten.

Art. 21 [100] Sinkende Beitragskala für Selbständigerwerbende

[1] [104] Beträgt das Einkommen aus selbständiger Erwerbstätigkeit mindestens 7 800 Franken, aber weniger als 46 600 Franken im Jahr, so werden die Beiträge wie folgt berechnet:

Jährliches Erwerbseinkommen in Franken von mindestens	aber weniger als	Beitragsansatz in Prozenten des Erwerbseinkommen
7 800	14 200	4,2
14 200	18 100	4,3
18 100	20 000	4,4
20 000	21 900	4,5
21 900	23 800	4,6
23 800	25 700	4,7
25 700	27 600	4,9
27 600	29 500	5,1
29 500	31 400	5,3
31 400	33 300	5,5
33 300	35 200	5,7
35 200	37 100	5,9
37 100	39 000	6,2
39 000	40 900	6,5
40 900	42 800	6,8
42 800	44 700	7,1
44 700	46 600	7,4

[2] Beträgt das nach Artikel 6^{quater} anrechenbare Einkommen weniger als 7 200[1] Franken, so hat der Versicherte einen Beitrag von 4,2 Prozent zu entrichten.

[1] Zu lesen ist – in Übereinstimmung mit Art. 21 Abs. 1 AHVV – Fr. 7 800 (Anm. Red.).

2. Festsetzung der Beiträge im ordentlichen Verfahren

Art. 22 [20] Beitrags- und Berechnungsperiode

[1] Der Jahresbeitrag vom reinen Einkommen aus selbständiger Erwerbstätigkeit wird durch eine Beitragsverfügung für eine Beitragsperiode von zwei Jahren festgesetzt. Die Beitragsperiode beginnt mit dem geraden Kalenderjahr.

[2] Der Jahresbeitrag wird in der Regel auf Grund des durchschnittlichen reinen Erwerbseinkommens einer zweijährigen Berechnungsperiode bemessen. Diese umfasst das zweit- und drittletzte Jahr vor der Beitragsperiode ... [101].

[3] Der Jahresbeitrag vom reinen Einkommen aus einer nebenberuflichen, gelegentlich ausgeübten selbständigen Erwerbstätigkeit wird für das Kalenderjahr festgesetzt, in dem es erzielt wurde.

Art. 23 [20] Ermittlung des Einkommens und des Eigenkapitals

[1] [101] Die kantonalen Steuerbehörden ermitteln das für die Berechnung der Beiträge massgebende Erwerbseinkommen auf Grund der rechtskräftigen Veranlagung für die direkte Bundessteuer, das im Betrieb arbeitende Eigenkapital auf Grund der entsprechenden rechtskräftigen kantonalen Veranlagung unter Berücksichtigung der interkantonalen Repartitionswerte.

[2] Liegt eine rechtskräftige Veranlagung für die direkte Bundessteuer [66] nicht vor, so werden die massgebenden Steuerfaktoren der rechtskräftigen Veranla-

gung für die kantonale Einkommens- oder Erwerbssteuer entnommen, sofern diese nach gleichen oder ähnlichen Grundsätzen erfolgt wie die Veranlagung für die direkte Bundessteuer [66], andernfalls der überprüften Deklaration für die direkte Bundessteuer [66].

3 Bei Zwischenveranlagungen und Nachsteuerverfahren gelten die Bestimmungen der Absätze 1 und 2 sinngemäss.

4 Die Angaben der kantonalen Steuerbehörden sind für die Ausgleichskassen verbindlich.

Art. 23bis [66] Sonderbeitrag auf Kapitalgewinnen [101]

1 [101] Auf Kapitalgewinnen nach Artikel 17, die einer Jahressteuer nach Artikel 47 DBG[1] unterliegen, wird ein Sonderbeitrag erhoben.

2 [101] Der Sonderbeitrag ist für jenes Jahr geschuldet, für welches der Kapitalgewinn von der direkten Bundessteuer veranlagt wurde.

3 Ein Zins nach Artikel 9 Absatz 9 Buchstabe e AHVG wird nicht abgezogen.

1 SR 642.11.

Art. 23ter [66] Den Vorsorgeleistungen gleichgestellte Kapitalgewinne [101]

1 [101] Für die Berechnung des Sonderbeitrags auf Kapitalgewinnen, welche bei der vollständigen Betriebsaufgabe erzielt werden, ist Artikel 6bis sinngemäss anwendbar, wenn:

a. ein Versicherter in diesem Zeitpunkt das 50. Altersjahr vollendet hat; oder
b. der Gewinn auf eine rentenbegründende Invalidität im Sinne von Artikel 28 IVG zurückzuführen ist.

2 Dabei gilt als:

a. letzter Jahreslohn (Abs. 1) das für die letzten fünf vollen Beitragsjahre massgebende durchschnittliche Jahreseinkommen aus selbständiger Erwerbstätigkeit;
b. Zahl der Dienstjahre (Abs. 4) die Zahl der Jahre, während welcher die Erwerbstätigkeit ausgeübt wurde;
c. Auflösung des Dienstverhältnisses (Abs. 5) die Aufgabe der selbständigen Erwerbstätigkeit.

3 ... [79]

3. Festsetzung der Beiträge im ausserordentlichen Verfahren

Art. 24 [20] Mangels Steuermeldung

1 Die Ausgleichskasse hat das für die Festsetzung des Jahresbeitrages massgebende reine Erwerbseinkommen selbst einzuschätzen, wenn die kantonalen Steuerbehörden keine Meldung erstatten können, oder wenn die Meldung sich so verzögert, dass die Gefahr eines Beitragsverlustes besteht.

[2] Die Ausgleichskasse bestimmt, auf Grund welches Jahreseinkommens der Jahresbeitrag festgesetzt wird.

Art. 25 [50] Wegen Aufnahme einer selbständigen Erwerbstätigkeit oder Änderung der Einkommensgrundlagen

[1] Nimmt der Beitragspflichtige eine selbständige Erwerbstätigkeit auf oder haben sich die Einkommensgrundlagen seit der Berechnungsperiode, für welche die kantonale Steuerbehörde das Erwerbseinkommen ermittelt hat, infolge Berufs- oder Geschäftswechsels, Wegfalls oder Hinzutritts einer Einkommensquelle, Neuverteilung des Betriebs- oder Geschäftseinkommens oder Invalidität dauernd verändert und wurde dadurch die Höhe des Einkommens wesentlich beeinflusst, so ermittelt die Ausgleichskasse das massgebende reine Erwerbseinkommen für die Zeit von der Aufnahme der selbständigen Erwerbstätigkeit bzw. von der Veränderung bis zum Beginn der nächsten ordentlichen Beitragsperiode und setzt die entsprechenden Beiträge fest.

[2] Frauen, die das 62., und Männer, die das 65. Altersjahr vollendet haben und nachweisen oder glaubhaft machen, dass sie ihre Erwerbstätigkeit dauernd und erheblich eingeschränkt haben und dass dadurch die Höhe ihres Einkommens wesentlich beeinflusst wurde, können verlangen, dass die Ausgleichskasse das massgebende reine Erwerbseinkommen von dem darauf folgenden Kalenderjahr an bis zum Beginn der nächsten ordentlichen Beitragsperiode ermittelt und die Beiträge neu festsetzt.

[3] Die Beiträge sind für jedes Kalenderjahr auf Grund des jeweiligen Jahreseinkommens festzusetzen. Für das Vorjahr der nächsten ordentlichen Beitragsperiode sind die Beiträge auf Grund des reinen Erwerbseinkommens festzusetzen, das der Beitragsbemessung für diese Periode zugrunde zu legen ist.

[4] [101] Weicht das reine Erwerbseinkommen des ersten Geschäftsjahres unverhältnismässig stark von dem der beiden folgenden Jahre ab, so sind die Beiträge erst für das Vorjahr der übernächsten ordentlichen Beitragsperiode aufgrund des reinen Erwerbseinkommens festzusetzen, das der Beitragsbemessung für diese Periode zugrunde zu legen ist, wenn das erste Geschäftsjahr:

a. am 1. Januar eines geraden Kalenderjahres beginnt; oder
b. in einem ungeraden Kalenderjahr beginnt und in einem geraden Kalenderjahr endet.

[5] Ergibt sich später aus der Meldung der kantonalen Steuerbehörde ein höheres oder niedrigeres reines Erwerbseinkommen, so hat die Ausgleichskasse die Beiträge nachzufordern oder zurückzuerstatten.

Art. 26 [20] Einschätzung

[1] Die Ausgleichskasse hat das reine Erwerbseinkommen auf Grund aller ihr zur Verfügung stehenden Unterlagen einzuschätzen.

[2] Der Beitragspflichtige hat innert der ihm von der Ausgleichskasse gesetzten Frist das Formular für die Einschätzung auszufüllen, alle Auskünfte wahrheits-

getreu zu erteilen und auf Verlangen die erforderlichen Unterlagen einzureichen.

[3] Kommt der Beitragspflichtige seinen Pflichten trotz Mahnung nicht nach, so hat die Ausgleichskasse die Beitragsverfügung auf Grund einer Einschätzung nach Ermessen zu erlassen.

4. Meldungen der Steuerbehörden

Art. 27 [72]

[1] Die Ausgleichskassen verlangen für alle ihnen angeschlossenen Selbständigerwerbenden von der kantonalen Steuerbehörde die für die Berechnung der Beiträge erforderlichen Angaben. [82] Diese werden vom Bundesamt festgelegt.

[2] Die kantonalen Steuerbehörden übermitteln die Angaben laufend den Ausgleichskassen.

[3] [101] Erhält die kantonale Steuerbehörde für einen Selbständigerwerbenden, dessen Einkommen sie nach Artikel 23 ff. ermitteln kann, kein Begehren um Meldung, so meldet sie von sich aus die Angaben der kantonalen Ausgleichskasse, die gegebenenfalls für die Weiterleitung an die zuständige Ausgleichskasse besorgt ist.

[4] Für jede Meldung gemäss den Absätzen 2 und 3 erhalten die Steuerbehörden eine angemessene Vergütung. Sie wird vom Bundesamt nach Anhören der Kantone festgesetzt.

B. Die Beiträge der Nichterwerbstätigen

Art. 28 [72] Bemessung der Beiträge

[1] [104] Nichterwerbstätige, für die nicht der jährliche Mindestbeitrag von 324 Franken (Art. 10 Abs. 2 AHVG) vorgesehen ist, bezahlen die Beiträge aufgrund ihres Vermögens und Renteneinkommens wie folgt:

Vermögen bzw. mit 20 multipliziertes jährliches Renteneinkommen	Jahresbeitrag	Zuschlag für je weitere 50 000 Franken Vermögen bzw. mit 20 multipliziertes jährliches Renteneinkommen
Fr.	Fr.	Fr.
weniger als 250 000	324	–
250 000	336	84
1 750 000	2 856	126
4 000 000 und mehr	8 400	–

[2] Verfügt ein Nichterwerbstätiger gleichzeitig über Vermögen und Renteneinkommen, so wird der mit 20 multiplizierte jährliche Rentenbetrag zum Vermögen hinzugerechnet.

[3] Für die Berechnung des Beitrages ist das Vermögen einschliesslich des mit 20 multiplizierten jährlichen Rentenbetrages auf die nächsten 50 000 Franken abzurunden.

Art. 28bis [72] Personen, die nicht dauernd voll erwerbstätig sind

[1] Personen, die nicht dauernd voll erwerbstätig sind, leisten die Beiträge wie Nichterwerbstätige, wenn ihre Beiträge vom Erwerbseinkommen zusammen mit denen ihres Arbeitgebers in einem Kalenderjahr nicht mindestens der Hälfte des Beitrages nach Artikel 28 entsprechen. Ihre Beiträge vom Erwerbseinkommen müssen auf jeden Fall den Mindestbeitrag nach Artikel 28 erreichen.

[2] Besteht eine Beitragspflicht wie für Nichterwerbstätige, so ist Artikel 30 anwendbar.

Art. 29 [66] Beitrags- und Berechnungsperiode, Berechnungsgrundlagen

[1] Der Jahresbeitrag Nichterwerbstätiger wird in der Regel für eine Beitragsperiode von zwei Jahren festgesetzt.

[2] Der Jahresbeitrag wird grundsätzlich auf dem durchschnittlichen Renteneinkommen einer zweijährigen Berechnungsperiode und auf dem Vermögen berechnet. Die Berechnungsperiode umfasst das zweit- und das drittletzte Jahr vor der Beitragsperiode. Stichtag für die Vermögensbestimmung ist in der Regel der 1. Januar des Jahres vor der Beitragsperiode.

[3] Die kantonalen Steuerbehörden ermitteln das für die Beitragsberechnung Nichterwerbstätiger massgebende Vermögen aufgrund der betreffenden rechtskräftigen kantonalen Veranlagung; sie berücksichtigen dabei die Vorschriften über die direkte Bundessteuer.

[4] Für die Beitragsfestsetzung nach den Absätzen 1–3 gelten die Artikel 22–27 sinngemäss.

[5] Die Ausgleichskasse ermittelt das Renteneinkommen; sie arbeitet dabei soweit möglich mit den Steuerbehörden des Wohnsitzkantons zusammen.

[6] [101] Der für die Besteuerung nach dem Aufwand nach Artikel 14 DBG[1] geschätzte Aufwand ist dem Renteneinkommen gleichzusetzen. Die betreffenden Veranlagungen für die direkte Bundessteuer sind für die Ausgleichskassen verbindlich.

[1] SR 642.11.

Art. 30 [50] Anrechnung der Beiträge vom Erwerbseinkommen

[1] Versicherte, die für ein Kalenderjahr als Nichterwerbstätige gelten, können verlangen, dass die Beiträge von ihrem Erwerbseinkommen, die für dieses Jahr bezahlt wurden, an die Beiträge angerechnet werden, die sie als Nichterwerbstätige zu entrichten haben.

[2] Nichterwerbstätige, die die Anrechnung verlangen, müssen die Beiträge, die von ihrem Erwerbseinkommen bezahlt wurden, der Ausgleichskasse gegenüber nachweisen, der sie als Nichterwerbstätige angeschlossen sind.

[3] Studenten, die den Beitrag als Nichterwerbstätige durch Beitragsmarken entrichtet haben, können die Beiträge, die nachweisbar von ihrem Erwerbseinkommen bezahlt wurden, von der Ausgleichskasse zurückfordern.

C. Herabsetzung und Erlass der Beiträge für Selbständigerwerbende und Nichterwerbstätige

Art. 31 Herabsetzung der Beiträge

[1] [2] Beitragspflichtige, die Anspruch auf Herabsetzung des Beitrages erheben, haben ihrer Ausgleichskasse ein schriftliches Gesuch und die zu dessen Beurteilung notwendigen Unterlagen einzureichen und glaubhaft zu machen, dass ihnen die Bezahlung des vollen Beitrages nicht zugemutet werden kann.

[2] Die Herabsetzung wird von der Ausgleichskasse nach Durchführung der notwendigen Erhebungen verfügt. ...[33]

Art. 32 Erlass der Beiträge

[1] Beitragspflichtige, die gemäss Artikel 11 Absatz 2 AHVG Anspruch auf Erlass des Beitrages erheben, haben ihrer Ausgleichskasse ein schriftliches, begründetes Gesuch einzureichen; dieses ist von der Ausgleichskasse an die vom Wohnsitzkanton bezeichnete Behörde zur Vernehmlassung weiterzuleiten.

[2] Auf Grund der Vernehmlassung der vom Wohnsitzkanton bezeichneten Behörde entscheidet die Ausgleichskasse über das Erlassgesuch. Der Erlass kann für höchstens zwei Jahre bewilligt werden.

[3] Ein Doppel der Erlassverfügung ist dem Wohnsitzkanton zuzustellen; dieser kann die Erlassverfügung mit Beschwerde gemäss Artikel 84 AHVG anfechten.

[4] ... [9]

D. Die Beiträge der Arbeitgeber

Art. 33 Ausnahmen von der Beitragspflicht

Ausgenommen von der Beitragspflicht als Arbeitgeber sind:

a. ausländische Staaten;

b. [50] in der Schweiz akkreditierte ausländische Missionen;

c. ausländische Staatsverwaltungen und Verkehrsunternehmungen ausländischer Staaten;

d. die Vereinten Nationen, das Internationale Arbeitsamt, die Büros der internationalen Unionen und die anderen vom Departement im Einvernehmen mit dem Eidgenössischen Departement für auswärtige Angelegenheiten zu bezeichnenden internationalen Organisationen;

e. [50] die in Artikel 1 genannten Personen, jedoch nicht für ihre privaten Hausangestellten, die ausschliesslich von ihnen beschäftigt werden und der schweizerische Versicherung unterstellt sind.

E. Verschiedene Bestimmungen

Art. 34 [20] Zahlung der Beiträge

[1] Es haben der Ausgleichskasse die Beiträge zu zahlen:

a. Arbeitgeber monatlich oder, wenn sie nur wenige Arbeitnehmer beschäftigen, vierteljährlich;
b. Hausdienstarbeitgeber in der Regel halbjährlich;
c. Selbständigerwerbende und Nichterwerbstätige sowie Arbeitnehmer nicht beitragspflichtiger Arbeitgeber in der Regel vierteljährlich.

[2] Die Ausgleichskasse kann für Abrechnungs- und Beitragspflichtige, die nur Beiträge von geringer Höhe zu entrichten haben, sowie in Einzelfällen längere, höchstens aber jährliche Zahlungsperioden festsetzen.

[3] Die Ausgleichskasse kann dem Arbeitgeber bewilligen, für die Zahlungsperiode statt der genauen Beiträge einen diesen ungefähr entsprechenden Betrag zu entrichten. In diesem Falle hat der Ausgleich am Ende des Kalenderjahres zu erfolgen.

[4] Die für die Zahlungsperiode geschuldeten Beiträge werden mit deren Ablauf fällig und sind innert zehn Tagen zu zahlen.

[5] Vorbehalten bleibt die Zahlung der Beiträge durch Beitragsmarken gemäss den Artikeln 145 und 146.

Art. 35 [50] Abrechnung

[1] Die Abrechnung des Arbeitgebers umfasst die nötigen Angaben für die Verbuchung der Beiträge und für die Eintragung in das individuelle Konto.

[2] Die Ausgleichskasse bestimmt die Abrechnungsperiode. Diese darf eine oder mehrere Zahlungsperioden, jedoch höchstens ein Kalenderjahr umfassen.

[3] Der Arbeitgeber hat die Angaben innert eines Monats nach Ablauf der Abrechnungsperiode zu liefern.

Art. 36 Beitragsbezug von Mittelspersonen in bestimmten Berufszweigen [84]

Unselbständige Mittelspersonen zwischen Arbeitgeber und Arbeitnehmer, wie Unterhändler, Weinbau- oder andere Akkordanten, Heimarbeiter, sowie private Postautohalter haben die Arbeitnehmer- und Arbeitgeberbeiträge direkt der zuständigen Ausgleichskasse zu entrichten [84]. Die Arbeitgeber sind verpflichtet, ihnen den Arbeitgeberbeitrag auf dem gesamten an sie ausbezahlten Lohn zu vergüten.

Art. 37 [50] Mahnung für Beitragszahlung und Abrechnung

[1] Beitragspflichtige, die innert der vorgeschriebenen Frist die Beiträge nicht bezahlen oder über die Lohnbeiträge nicht abrechnen, sind von der Ausgleichskasse schriftlich zu mahnen, unter Ansetzung einer Nachfrist von 10–20 Tagen.

[2] [79] Mit der Mahnung ist eine Mahngebühr von 10–200 Franken aufzuerlegen und auf die Folgen der Missachtung der Mahnung hinzuweisen.

[3] [79] Die Mahnung ist so rechtzeitig zu erlassen, dass die Nachfrist spätestens zwei Monate nach dem Ende der Zahlungs- und Abrechnungsperiode abläuft.

Art. 38 [2] Veranlagung

[1] Werden nach Ablauf der gemäss Artikel 37 Absatz 1 [72] festgesetzten Frist Arbeitgeber- oder Arbeitnehmerbeiträge nicht bezahlt oder die für die Abrechnung erforderlichen Angaben nicht gemacht, so hat die Ausgleichskasse die geschuldeten Beiträge nötigenfalls durch eine Veranlagungsverfügung festzusetzen.

[2] [79] Die Ausgleichskasse ist berechtigt, die Veranlagungsverfügung auf Grund einer Prüfung der Verhältnisse an Ort und Stelle zu erlassen. Sie kann bei Veranlagungen im Laufe des Jahres von pauschalierten Lohnsummen ausgehen und diese erst nach Jahresende bereinigen.

[3] Die Kosten der Veranlagung können den Säumigen auferlegt werden.

Art. 38bis [2] Zahlungsaufschub

[1] Macht ein Beitragspflichtiger glaubhaft, dass er sich in finanzieller Bedrängnis befindet, so kann die Ausgleichskasse Zahlungsaufschub gewähren, sofern sich der Beitragspflichtige zu regelmässigen Abschlagszahlungen verpflichtet, die erste Zahlung sofort leistet und begründete Aussicht besteht, dass die weitern Abschlagszahlungen sowie die laufenden Beiträge fristgemäss entrichtet werden können.

[2] Die Ausgleichskasse setzt die Zahlungsbedingungen, insbesondere die Verfalltermine und die Höhe der Abschlagszahlungen, unter Berücksichtigung der besonderen Verhältnisse des Beitragspflichtigen schriftlich fest.

[3] Der Zahlungsaufschub fällt ohne weiteres dahin, wenn die Zahlungsbedingungen nicht eingehalten werden. Die Bewilligung des Zahlungsaufschubes gilt als Mahnung im Sinne von Artikel 37, sofern diese noch nicht ergangen ist.

Art. 39 Nachzahlung geschuldeter Beiträge

Erhält eine Ausgleichskasse Kenntnis davon, dass ein Beitragspflichtiger keine Beiträge oder zu niedrige Beiträge bezahlt hat, so hat sie die Nachzahlung der geschuldeten Beiträge zu verfügen. Vorbehalten bleibt Artikel 16 Absatz 1 AHVG.

Art. 40 Erlass der Nachzahlung

[1] Nachzahlungspflichtigen, die in gutem Glauben annehmen konnten, die nachgeforderten Beiträge nicht zu schulden, ist die Nachzahlung ganz oder teilweise zu erlassen, wenn diese für sie angesichts ihrer Verhältnisse eine grosse Härte bedeuten würde.

[2] Der Erlass wird von der Ausgleichskasse auf schriftliches Gesuch des Nachzahlungspflichtigen hin verfügt. Das Gesuch ist zu begründen und innert 30 Tagen seit der Zustellung der Nachzahlungsverfügung der Ausgleichskasse einzureichen. Vorbehalten bleibt Absatz 3.

[3] Sind die Voraussetzungen des Absatzes 1 offensichtlich erfüllt, so kann die Ausgleichskasse den Erlass auch von sich aus verfügen.

[4] [33] Die Erlassverfügungen sind den Gesuchstellern zuzustellen.

Art. 41 [5] Rückforderung zuviel bezahlter Beiträge

Wer nicht geschuldete Beiträge entrichtet, kann sie von der Ausgleichskasse zurückfordern. Vorbehalten bleibt die Verjährung gemäss Artikel 16 Absatz 3 AHVG.

Art. 41bis [79] Verzugszinsen

[1] Verzugszinsen sind zu entrichten, wenn der Beitragspflichtige betrieben wird oder in Konkurs fällt. In den übrigen Fällen sind Verzugszinsen zu entrichten, wenn die nach Bundesrecht geschuldeten Beiträge mindestens 3 000 Franken betragen und nicht innert zwei Monaten nach Beginn des Zinsenlaufes bezahlt werden.

[2] Der Zinsenlauf beginnt:

a. im allgemeinen mit dem Ablauf der Zahlungsperiode;

b. bei Beitragsnachforderungen mit dem Ablauf des Kalenderjahres, für welches die Beiträge geschuldet sind;

c. für persönliche Beiträge, die im ausserordentlichen Verfahren zuwenig entrichtet worden sind, und für Sonderbeiträge nach Artikel 23bis mit dem Kalendermonat, welcher der Verfügung folgt;

d. für Beiträge aufgrund von Jahresabrechnungen im Sinne von Artikel 34 Absatz 3 mit dem Kalendermonat, welcher der Rechnungsstellung durch die Ausgleichskasse folgt.

[3] Der Zinsenlauf endet:

a. bei Beitragsnachforderungen mit dem Kalendermonat, welcher der Nachzahlungsverfügung vorangeht, sofern die geschuldeten Beiträge bis zum Ende des zweiten Kalendermonats, welcher der Verfügung folgt, bezahlt werden;

b. bei Betreibung mit der Bezahlung der Beiträge;

c. in den übrigen Fällen mit dem Kalendermonat, welcher der Zahlung oder der letzten Teilzahlung vorangeht.

4 Der Zinssatz beträgt 0,5 Prozent je Kalendermonat oder im Falle der Betreibung 6 Prozent im Jahr.

Art. 41ter [50] Vergütungszinsen

1 Vergütungszinsen von 0,5 Prozent im Monat werden ausgerichtet von bezahlten, aber nicht geschuldeten Beiträgen von mindestens 3 000 Franken, welche die Ausgleichskasse zurückerstattet.

2 Vergütungszinsen werden ausgerichtet vom Ablauf des Kalenderjahres an, in dem die nicht geschuldeten Beiträge bezahlt wurden.

3 [72] Keine Vergütungszinsen werden ausgerichtet, wenn ein Arbeitgeber, der die Beiträge nach Artikel 34 Absatz 3 entrichtet, zuviel Beiträge bezahlt hat.

Art. 42 [2] Uneinbringliche Beiträge

1 Ist ein Beitragspflichtiger erfolglos betrieben worden oder ist eine Betreibung offensichtlich aussichtslos und kann nicht verrechnet werden, so hat die Ausgleichskasse die geschuldeten Beiträge als uneinbringlich abzuschreiben. Bei späterer Zahlungsfähigkeit des Beitragspflichtigen sind die abgeschriebenen Beiträge nachzufordern.

2 Wird ein Teil der Forderungen als uneinbringlich abgeschrieben, so ist der eingebrachte Betrag nach Deckung allfälliger Betreibungskosten vorab auf die geschuldeten Arbeitnehmerbeiträge und sodann nach prozentual gleichen Teilen auf die übrigen gemäss Artikel 219 des Bundesgesetzes über Schuldbetreibung und Konkurs in der zweiten Klasse eingereihten Beitragsforderungen anzurechnen.

3 ... [33]

Art. 43 Haftung der Erben

Stirbt ein Beitragspflichtiger, so haften seine Erben solidarisch für die von ihm zu seinen Lebzeiten geschuldeten Beiträge. Vorbehalten bleiben die Artikel 566, 589 und 593 des Schweizerischen Zivilgesetzbuches.

Dritter Abschnitt: Die Renten und die Hilflosenentschädigung [25]

A. Der Rentenanspruch

Art. 44 [97] Ungetrennte Auszahlung der Ehepaar-Altersrente[1]

1 Wünschen die Ehegatten die ungetrennte Auszahlung der Ehepaar-Altersrente, so müssen sie dies bei Beginn des Anspruchs auf die Ehepaarrente in der Rentenanmeldung oder später mit besonderem Formular verlangen. Der Widerruf hat schriftlich zu erfolgen.

[2] Änderungen in der Auszahlungsart der Ehepaar-Altersrenten können nur soweit vorgenommen werden, als diese noch nicht zur Zahlung angewiesen worden sind.

[1] In den Jahren 1993–1996 besteht eine abweichende Regelung gemäss Art. 5 des BB über Leistungsverbesserungen in der AHV und der IV sowie ihre Finanzierung (vom 19. Juni 1992) (SR 831.100.1).

Art. 45 [18] Getrennt lebende Ehegatten

[33] Als getrennt lebend im Sinne von Artikel 22bis Absatz 2 AHVG gelten Ehegatten, wenn

a. [33] die Ehe durch richterliche Verfügung oder richterliches Urteil vorübergehend oder auf unbestimmte Zeit getrennt ist oder
b. eine Scheidungs- oder Trennungsklage anhängig ist oder
c. eine tatsächliche Trennung mindestens ein Jahr ohne Unterbruch gedauert hat oder
d. glaubhaft gemacht wird, dass eine tatsächliche Trennung längere Zeit dauern wird.

Art. 46 Anspruch auf Witwenrente

[1] Die beim Tode des Ehemannes schwangere Ehefrau ist eine Witwe mit Kind im Sinne von Artikel 23 Absatz 1 Buchstabe a AHVG gleichgestellt, unter dem Vorbehalt, dass das Kind lebend geboren wird. Wird das Kind innert 300 Tagen seit dem Tode des Ehemannes geboren, so besteht die Vermutung, dass die Frau beim Tode des Ehemannes schwanger war.

[2] [33] Als Pflegekinder im Sinne von Artikel 23 Absatz 1 Buchstaben b und c AHVG gelten Kinder, denen beim Tod der Pflegemutter eine Waisenrente gemäss Artikel 49 zustehen würde.

[3] [33] Der Anspruch auf eine Witwenrente, der mit der Wiederverheiratung der Witwe erloschen ist, lebt am ersten Tag des der Auflösung der Ehe folgenden Monats wieder auf, wenn die Ehe nach weniger als zehnjähriger Dauer geschieden oder als ungültig erklärt wird.

Art. 47 Waisenrenten für nachgeborene Kinder

Das nach dem Tode des Vaters geborene Kind hat Anspruch auf eine einfache Waisenrente. Der Anspruch entsteht am ersten Tag des der Geburt folgenden Monates.

Art. 48 Mutterwaisenrenten

[1] [33] Kinder, deren Mutter gestorben ist, haben unter den nachstehenden Voraussetzungen Anspruch auf eine einfache Waisenrente. Vorbehalten bleiben die besonderen Bestimmungen der Artikel 27 und 28 AHVG.

[2]... [33]

[3]... [62][1]

[4] [62] Die ordentliche Rente wird aufgrund der Erwerbseinkommen und Beitragsjahre der Mutter berechnet[1].

[5] [25] Für Mutterwaisen, die Anspruch auf eine ausserordentliche Rente haben gilt Artikel 42 Absatz 2 (Einleitungssatz) AHVG.

[1] Übergangsbestimmung 1. Januar 1983.

Art. 49 Renten für Pflegekinder

[1] [65] Pflegekinder haben beim Tode der Pflegeeltern Anspruch auf eine Waisenrente, wenn sie unentgeltlich zu dauernder Pflege und Erziehung aufgenommen worden sind. Die Artikel 25–27 AHVG gelten sinngemäss.

[2] [65] Der Anspruch entsteht nicht, wenn das Pflegekind eine ordentliche Waisenrente nach den Artikeln 25–27 AHVG bezieht. Er erlischt, wenn das Pflegekind zu den Eltern zurückkehrt oder von diesen unterhalten wird.

[3] [65] Pflegekinder, die beim Tode der Pflegeeltern keine ordentliche Waisenrente beanspruchen können, werden beim spätern Tode der Eltern nach den Artikeln 25–27 AHVG rentenberechtigt.

[4] [20] Die ordentliche Rente steht Pflegekindern nur zu, wenn der verstorbene Elternteil unmittelbar vor dem Tode im Sinne von Artikel 1 oder 2 AHVG versichert war.

B. Die ordentlichen Renten

Art. 50 [5] Begriff des vollen Beitragsjahres

Ein volles Beitragsjahr liegt vor, wenn der Versicherte insgesamt länger als elf Monate der Beitragspflicht unterstellt war und die entsprechenden Beiträge entrichtet worden sind.

Art. 50bis [101] Ermittlung der Beitragsdauer aus den Jahren 1948–1968

[1] Hatte eine in den Jahren 1948–1968 in der Schweiz erwerbstätige Person ihren zivilrechtlichen Wohnsitz im Ausland und werden die Beitragszeiten aus diesen Jahren nicht mit näheren Angaben über die Beschäftigungsdauer belegt, so kann die Ausgleichskasse die Beitragsdauer in einem vereinfachten Verfahren festsetzen.

[2] Das Bundesamt stellt für die Ermittlung der Beitragsdauer aus den Jahren 1948–1968 verbindliche Tabellen auf.

Art. 51 [25] Berechnung des durchschnittlichen Jahreseinkommens

[1] [82] Das Bundesamt stellt für die Berechnung des durchschnittlichen Jahreseinkommens verbindliche Tabellen auf.

[2] [50] Bei der Ermittlung des durchschnittlichen Jahreseinkommens werden die dem Versicherten gemäss Artikel 52bis zusätzlich angerechneten Beitrags-

jahre und die gemäss Artikel 52ter herangezogenen Beitragszeiten mit den entsprechenden Erwerbseinkommen mitgezählt.

[3] [50] Bei der Ermittlung des durchschnittlichen Jahreseinkommens von Versicherten, die eine Invalidenrente nicht unmittelbar vor der Entstehung des Anspruchs auf eine Alters- oder Hinterlassenenrente bezogen haben, werden die Kalenderjahre, in denen eine Invalidenrente bezogen wurde, und das entsprechende Erwerbseinkommen nicht angerechnet, falls dies für die Berechtigten vorteilhafter ist.

Art. 51bis [50] Aufwertungsfaktoren

[1] Das Bundesamt legt die Faktoren für die Aufwertung der Summe der Erwerbseinkommen gemäss Artikel 30 Absatz 4 AHVG jährlich fest.

[2] [66] Die Aufwertungsfaktoren werden ermittelt, indem der Rentenindex nach Artikel 33ter Absatz 2 AHVG durch den mit 1,1 gewichteten Durchschnitt der Lohnindizes aller Kalenderjahre von der ersten Eintragung in das individuelle Konto des Versicherten bis zum Vorjahr des Rentenbeginns geteilt wird.

Art. 51ter [50] Anpassung der Renten an die Lohn- und Preisentwicklung

[1] [93] Das Bundesamt unterrichtet die Eidgenössische Kommission für die Alters-, Hinterlassenen- und Invalidenversicherung über die Entwicklung des Landesindexes der Konsumentenpreise des Bundesamtes für Statistik sowie des Lohnindexes des Bundesamtes für Industrie, Gewerbe und Arbeit. Die Kommission stellt dem Bundesrat Antrag, den Rentenindex auf den nächsten 1. Januar neu festzusetzen, wenn:

a. der Landesindex der Konsumentenpreise Ende Juni innert Jahresfrist um mehr als 4 Prozent gestiegen ist; oder

b. die Renten auf den vorangehenden 1. Januar nicht erhöht worden sind.

[1bis] Für den Wert von 100 Punkten des Rentenindexes nach Artikel 33ter Absatz 2 AHVG gelten folgende Grundlagen:

a. beim Landesindex der Konsumentenpreise der Stand von 104,1 Punkten (Sept. 1977 = 100);

b. beim Lohnindex des Bundesamtes für Industrie, Gewerbe und Arbeit der Stand von 1004 Punkten (Juni 1939 = 100).

[2] Das Bundesamt überprüft periodisch die finanzielle Lage der Alters- und Hinterlassenenversicherung. Es unterbreitet die Ergebnisse der Eidgenössischen Kommission für die Alters-, Hinterlassenen- und Invalidenversicherung zur Begutachtung. Diese Kommission stellt unter Berücksichtigung von Artikel 212 allenfalls Antrag auf Änderung des Verhältnisses der beiden Indexwerte gemäss Artikel 33ter Absatz 2 AHVG.

Art. 51quater [50] Mitteilung der Rentenanpassung

Die Anpassung der Rente an den Rentenindex gemäss Artikel 33ter Absatz 1 AHVG wird dem Berechtigten nur auf schriftliches Verlangen durch eine Verfügung bekanntgegeben.

Art. 52 [50] Abstufung der Teilrenten

[1] Die Teilrenten betragen in Prozenten der Vollrente:

Verhältnis zwischen den vollen Beitragsjahren des Versicherten und denen seines Jahrgangs in Prozenten		Teilrente in Prozenten der Vollrente	Nummer der Rentenskala
von mindestens	aber weniger als		
	2,28	2,27	1
2,28	4,55	4,55	2
4,55	6,82	6,82	3
6,82	9,10	9,09	4
9,10	11,37	11,36	5
11,37	13,64	13,64	6
13,64	15,91	15,91	7
15,91	18,19	18,18	8
18,19	20,46	20,45	9
20,46	22,73	22,73	10
22,73	25,01	25,00	11
25,01	27,28	27,27	12
27,28	29,55	29,55	13
29,55	31,82	31,82	14
31,82	34,10	34,09	15
34,10	36,37	36,36	16
36,37	38,64	38,64	17
38,64	40,91	40,91	18
40,91	43,19	43,18	19
43,19	45,46	45,45	20
45,46	47,73	47,73	21
47,73	50,01	50,00	22
50,01	52,28	52,27	23
52,28	54,55	54,55	24
54,55	56,82	56,82	25
56,82	59,10	59,09	26
59,10	61,37	61,36	27
61,37	63,64	63,64	28
63,64	65,91	65,91	29
65,91	70,46	70,45	31
70,46	72,73	72,73	32
72,73	75,01	75,00	33
75,01	77,28	77,27	34
77,28	79,55	79,55	35
79,55	81,82	81,82	36
81,82	84,10	84,09	37

84,10	86,37	86,36	38
86,37	88,64	88,64	39
88,64	90,9	90,91	40
90,91	93,19	93,18	41
93,19	95,46	95,45	42
95,46	97,73	97,73	43
97,73	100,00	100,00	44

[2] Beträgt das Verhältnis zwischen den vollen Beitragsjahren des Versicherten und denen seines Jahrganges mindestens 97,73 Prozent, so wird die Vollrente gewährt.

[3] Ist die Verhältniszahl zwischen dem durchschnittlichen Beitragsansatz der Jahre, in denen der Versicherte Beiträge geleistet hat, und dem durchschnittlichen Beitragsansatz der Jahre, in denen sein Jahrgang Beiträge geleistet hat, kleiner als eins, so wird die Teilrente gekürzt, indem sie mit der genannten Verhältniszahl vervielfacht wird.

[4] Bei der Ermittlung der durchschnittlichen Beitragsansätze gemäss Absatz 3 werden für die Jahre vor 1973 4 Lohnprozente und für die folgenden Jahre 7,8 Lohnprozente gerechnet.

Art. 52bis[1] [84] Anrechnung fehlender Beitragsjahre bei der Berechnung der Teilrenten

Für fehlende Beitragsjahre vor dem 1. Januar 1979 werden einer Person, welche nach Artikel 1 oder 2 AHVG versichert war oder sich hätte versichern können, folgende Beitragsjahre zusätzlich angerechnet:

Bei vollen Beitragsjahren des Versicherten		Zusätzlich anrechenbare volle Beitragsjahre bis zu
von	bis	
20	26	1
27	33	2
34	41	3

1 Übergangsbestimmungen 1. Januar 1990.

Art. 52ter [50] Anrechnung vor dem 20. Altersjahr zurückgelegter Beitragszeiten

[1] Ist die Beitragsdauer des Versicherten im Sinne von Artikel 29bis AHVG unvollständig, so werden allfällige Beitragszeiten, die er vor dem 1. Januar des der Vollendung des 20. Altersjahres folgenden Jahres zurückgelegt hat, zur Auffüllung späterer Beitragslücken angerechnet.

[2] [66] Dabei ist ein ganzes Jahr anzurechnen, wenn der Betroffene im Kalenderjahr während mehr als elf Monaten versichert war und den Mindestbeitrag entrichtet hat[1].

1 Übergangsbestimmungen 1. Januar 1984.

Art. 53 [50] Rententabellen

[1] [97] Das Bundesamt stellt verbindliche Rententabellen auf. Dabei beträgt die Abstufung der Monatsrenten, bezogen auf die volle einfache Altersrente, höchstens 2,6 Prozent des Mindestbetrages dieser Rente.

[2] Bei den Monatsrenten werden Beträge von 50 und mehr Rappen auf den nächsten ganzen Franken aufgerundet und Beträge von weniger als 50 Rappen auf den nächsten ganzen Franken abgerundet.

Art. 53bis [55] Kürzung der Kinder- und Waisenrenten

[1] [72] Die Kinder- und Waisenrenten werden im Sinne von Artikel 41 Absatz 1 AHVG gekürzt, soweit sie zusammen mit den Renten des Vaters und der Mutter das für sie massgebende durchschnittliche Jahreseinkommen, erhöht um den monatlichen Höchstbetrag der einfachen Altersrente (Art. 34 Abs. 3 AHVG), übersteigen[1].

[2] [72] Sie werden nicht gekürzt, wenn sie zusammen mit den Renten des Vaters und der Mutter nicht mehr ausmachen als der Mindestbetrag der Ehepaar-Altersrente und die Mindestbeträge von drei einfachen Kinder- oder Waisenrenten zusammen. Dieser Betrag erhöht sich vom vierten Kind an für jedes weitere Kind um den monatlichen Höchstbetrag der einfachen Altersrente (Art. 34 Abs. 3 AHVG).

[3] Der Kürzungsbetrag ist auf die einzelnen Kinder- oder Waisenrenten zu verteilen.

[4] [72] Bei Teilrenten entspricht der auszurichtende Betrag dem Prozentanteil nach Artikel 52 an der gemäss den Absätzen 1–3 gekürzten Vollrente.

[1] Übergangsbestimmungen 1. Januar 1986.

Art. 53ter [100] Anspruch auf Erziehungsgutschriften[1]

[1] Ein Anspruch auf Anrechnung von Erziehungsgutschriften besteht auch für Jahre, in denen die geschiedene Altersrentnerin Kinder unter ihrer Obhut hatte, ohne die elterliche Gewalt über sie auszuüben, oder in denen ein Pflegekinderverhältnis bestand.

[2] Die Erziehungsgutschriften werden nach Ablauf des Monats, in welchem die Scheidung rechtskräftig geworden ist, für die Rentenberechnung berücksichtigt.

[3] Der Anspruch auf Anrechnung von Erziehungsgutschriften erlischt mit der Wiederverheiratung der geschiedenen Frau.

[1] Übergangsbestimmungen 1. Januar 1994.

Art. 53quater [100] Höhe der Erziehungsgutschriften[1]

[1] Die Höhe der Erziehungsgutschrift wird ermittelt, indem der dreifache Betrag der minimalen jährlichen einfachen Altersrente mit der Anzahl Jahre multipli-

ziert wird, für die eine Erziehungsgutschrift angerechnet werden kann. Das Ergebnis wird durch die Zahl der Beitragsjahre der Versicherten geteilt. Dieser Betrag ist auf den nächsten Tabellenwert nach Artikel 51 Absatz 1 aufzurunden und zu dem nach den allgemeinen Grundsätzen festgesetzten durchschnittlichen Jahreseinkommen hinzuzuzählen.

[2] Massgebend ist der im Zeitpunkt der Entstehung des Rentenanspruchs gültige Ansatz der Minimalrente.

[3] Für das erste Jahr, in welchem eine Erziehungsgutschrift berücksichtigt werden kann, wird stets die Gutschrift für das ganze Jahr angerechnet. Für das Jahr, in welchem der Anspruch auf die Erziehungsgutschrift erlischt, wird diese nicht mehr angerechnet.

[4] Im Falle der Wiederverheiratung wird der nach Absatz 1 ermittelte Betrag, erhöht aufgrund der seit Entstehung des Anspruchs auf die Erziehungsgutschrift vorgenommenen Rentenanpassungen, vom durchschnittlichen Jahreseinkommen abgezogen. Das aufgrund der Erwerbseinkommen der Frau ermittelte durchschnittliche Jahreseinkommen ist nicht neu zu berechnen.

[1] Übergangsbestimmungen 1. Januar 1994.

Art. 54 [33] Berechnung der einfachen Altersrente der geschiedenen Frau in Sonderfällen

Löst die einfache Altersrente der geschiedenen Frau nicht eine Witwenrente ab, so wird sie nur auf Antrag gemäss Artikel 31 Absatz 3 AHVG berechnet.

Art. 55 [25] Berechnung der einfachen Altersrente für Ehefrauen und Witwen

[1] Die einfache Altersrente für eine Ehefrau ist ausschliesslich auf Grund ihrer eigenen Erwerbseinkommen und Beitragsjahre zu berechnen.

[2] Bei der Berechnung der einfachen Altersrente für eine über 62jährige Witwe auf Grund ihrer eigenen Erwerbseinkommen und Beitragsjahre werden die Jahre, während welcher die Witwe auf Grund von Artikel 3 Absatz 2 Buchstaben b und c AHVG keine Beiträge entrichtet hatte, als volle Beitragsjahre gezählt.

Art. 55bis [25] Ausschluss vom Rentenaufschub

Vom Aufschub gemäss Artikel 39 AHVG sind ausgeschlossen:

a. ... [66]

b. die Altersrenten, die eine Witwen- oder Invalidenrente ablösen;

c. die Altersrenten, zu denen eine Hilflosenentschädigung gewährt wird;

d. die Altersrenten, auf die der Anspruch erst nach dem in den Artikeln 21 Absätze 1 und 2 sowie 22 Absätze 1 und 3 AHVG genannten allgemeinen Anspruchsbeginn entsteht;

e. die einfache Altersrente der Ehefrau, deren Ehemann noch keinen Anspruch auf eine ordentliche Altersrente hat;

f. die halben Ehepaar-Altersrenten, sofern von einem Ehegatten die sofortige Auszahlung der Rente verlangt wird;

g. die Altersrenten für freiwillig Versicherte, die eine Fürsorgeleistung gemäss Artikel 92 AHVG oder Artikel 76 IVG bis zur Zurücklegung der Altersgrenze gemäss Artikel 21 Absätze 1 und 2 AHVG bezogen haben.

Art. 55ter [25] Zuschlag beim Rentenaufschub

[1] [33] Der prozentuale Zuschlag beim Aufschub einer Rente beträgt nach einer:

Aufschubdauer von ... Jahren	und ... Monaten			
	0 – 2	3 – 5	6 – 8	9 – 11
1	18,4	10,6	12,9	15,2
2	17,5	19,9	22,4	24,9
3	27,4	30,0	32,7	35,4
4	38,2	41,0	43,9	46,9
5	50,0			

[2] Der massgebende Prozentsatz gilt gleichermassen für die einfache Altersrente von Männern und Frauen, die Ehepaar-Altersrente und die Zusatzrenten sowie für die diese Renten allenfalls ablösende Alters- oder Hinterlassenenrente. Massgebend für die Ermittlung des frankenmässigen Zuschlages ist jene Rente, die im Zeitpunkt des Abrufs beansprucht werden könnte.

[3] Der Betrag des Zuschlages wird der Preis- und Einkommensentwicklung nicht angepasst.

Art. 55^quater [25] Aufschubserklärung und Abruf

[1] Die Aufschubsdauer beginnt bei Männern vom ersten Tag des der Vollendung des 65. Altersjahres und bei Frauen vom ersten Tag des der Vollendung des 62. Altersjahres folgenden Monats an zu lauten. Der Aufschub ist innert eines Jahres vom Beginn der Aufschubsdauer an schriftlich zu erklären. Ist innert Frist keine Aufschubserklärung erfolgt, so wird die Altersrente nach den allgemein geltenden Vorschriften festgesetzt und ausbezahlt.

[2] Der Abruf erfolgt in schriftlicher Form.

[3] Wird eine aufgeschobene Altersrente abgerufen, so wird sie vom folgenden Monat an ausbezahlt, eine Nachzahlung von Renten ist ausgeschlossen.

[4] Stirbt der Rentenberechtigte, so gilt die Altersrente als abgerufen. Kein Abruf liegt dagegen vor, wenn die aufgeschobene einfache Altersrente des Mannes durch eine Ehepaar-Altersrente oder die aufgeschobene Ehepaar-Altersrente durch eine einfache Altersrente des Mannes abgelöst wird.

[5] Die Geltendmachung der Auszahlung einer halben Ehepaar-Altersrente durch einen Ehegatten bei einer aufgeschobenen Ehepaar-Altersrente gilt als Abruf für beide halben Ehepaar-Altersrenten; desgleichen gilt die Geltendmachung des Anspruchs auf eine Hilflosenentschädigung durch den Berechtigten oder

bei einer aufgeschobenen Ehepaar-Altersrente durch einen Ehegatten als Abruf der Altersrente.

C. Die ausserordentlichen Renten [12]

Art. 56 Bestandteile des anrechenbaren Einkommens

Als Einkommen im Sinne von Artikel 49 Absatz 3 AHVG gelten:

a. [9] Erwerbseinkünfte in Geld oder Naturalien, einschliesslich der Nebenbezüge sowie Ersatzeinkünfte aller Art;

b. Einkünfte aus beweglichem oder unbeweglichem Vermögen, wie Kapitalzinsen, Miet- und Pachtzinsen, Nutzniessungen, Mietwert der Wohnung im eigenen Hause, Mietwert der Wohnung des Wohnungsberechtigten im Sinne der Artikel 776–778 des Schweizerischen Zivilgesetzbuches usw.;

c. [9] Renten, Pensionen und andere wiederkehrende Leistungen, die nicht ausgesprochenen Fürsorgecharakter haben;

d. Leistungen aus Verpfründungsvertrag und ähnlichen Vereinbarungen, die auf einer Übertragung von Vermögenswerten beruhen;

e. [66] familienrechtliche Unterhaltsbeiträge;

f. ... [9]

g. [2] Rechtsansprüche auf wiederkehrende Leistungen, deren sich ein Rentenansprecher zwecks Erwirkung von Rentenbeträgen entäussert hat.

Art. 57 [20] Abzüge vom rohen Einkommen

Vom rohen Einkommen werden folgende in die Berechnungsperiode fallende Aufwendungen abgezogen:

a. die zur Erzielung des Einkommens aufgewendeten Gewinnungskosten;

b. die aufgelaufenen Schuldzinsen;

c. [66] der für die direkte Bundessteuer im Wohnsitzkanton anwendbare Pauschalabzug für die Gebäudeunterhaltskosten;

d. [72] die Beiträge an die bundesrechtlichen Sozialversicherungen (AHV, IV, EO, berufliche Vorsorge, Arbeitslosenversicherung, Unfallversicherung, Krankenversicherung); für die übrigen Versicherungsprämien und die Steuern zusätzlich ein fester Jahresbetrag von 900 Franken bei ledigen, verwitweten oder geschiedenen Personen und bei verheirateten Personen, deren Rente nach Artikel 62 Absatz 2 berechnet wird, von 1 350 Franken bei verheirateten Personen, deren Rente nach Artikel 62 Absatz 1 berechnet wird, und von 360 Franken bei Kindern und Waisen;

e. [66] die geleisteten familienrechtlichen Unterhaltsbeiträge;

f [66] ausgewiesene Kosten für Arzt, Zahnarzt, Arznei und Krankenpflege sowie für Hilfsmittel, soweit sie je rentenberechtigte oder an der Rente beteiligte Person im Jahr den Betrag von 200 Franken übersteigen. Die vom

Departement erlassenen Vorschriften auf dem Gebiet der Ergänzungsleistungen gelten sinngemäss[1].

[1] Vgl. VO über den Abzug von Krankheits- und Behinderungskosten bei den Ergänzungsleistungen (ELKV) (vom 20. Januar 1971) (SR 831.301.1).

Art. 58 [66] Bewertung des Naturaleinkommens

Das Naturaleinkommen wird nach den Regeln der Artikel 10–13 und 14 Absatz 2 bewertet.

Art. 59 Zeitlich massgebendes Einkommen

[1] Massgebend für die Bemessung der Rente ist in der Regel das während des vorangegangenen Kalenderjahres erzielte Einkommen.

[2] Kann der Rentenanwärter indessen glaubhaft machen, dass er während des Zeitraumes für welchen er die Rente begehrt, ein wesentlich kleineres Einkommen erzielen werde als während des vorangegangenen Kalenderjahres, so ist auf das mutmassliche Einkommen abzustellen. Vorbehalten bleibt Artikel 78.

[3] Bei jeder wesentlichen Verminderung des Einkommens oder Vermögens des Berechtigten ist die Rente entsprechend den neuen Verhältnissen festzusetzen. Dagegen führt eine Erhöhung des Einkommens oder Vermögens während des Rentenjahres in der Regel nicht zu neuer Festsetzung der Rente im gleichen Jahr.

Art. 60 [2] Anrechnung des Vermögens

[1] [91] Das Vermögen wird nur angerechnet, soweit es folgende Beträge übersteigt:

a. 25 000 Franken bei ledigen, verwitweten oder geschiedenen Personen sowie bei verheirateten Personen, deren Rente gemäss Artikel 62 Absatz 2 berechnet wird;

b 40 000 Franken bei verheirateten Personen, deren Rente gemäss Artikel 62 Absatz 1 berechnet wird;

c. 15 000 Franken bei Waisen und Kindern, die einen Anspruch auf Zusatzrente begründen.

[2] Von dem diese Ansätze übersteigenden Vermögen wird 1/15 zum Einkommen hinzugerechnet.

Art. 61 Massgebendes Vermögen

[1] Massgebend für die Anrechnung ist in der Regel das nach den Grundsätzen der direkten Bundessteuer [66] ermittelte und um die nachgewiesenen Schulden verminderte bewegliche und unbewegliche Vermögen, welches am 1. Januar des Rentenjahres vorhanden war, mit Ausnahme des den üblichen Bedürfnissen dienenden Hausrates.

[2] ... [20]

[3] Mit einer Nutzniessung belastete Vermögenswerte werden weder dem Eigentümer noch dem Nutzniesser als Vermögen angerechnet.

[4] Solange eine Witwe von ihrem Wahlrecht am Nachlass des verstorbenen Ehemannes keinen Gebrauch macht, werden ein Viertel des Nachlasses ihr und drei Viertel desselben zu gleichen Teilen den Kindern als Vermögen angerechnet.

[5] [2] Vermögenswerte, deren sich ein Rentenanwärter zwecks Erwirkung von Rentenbeträgen entäussert hat, werden angerechnet.

Art. 62 Einkommen und Vermögen bei Ehepaaren

[1] [9] Zur Berechnung der einem Ehemann zukommenden einfachen Altersrente oder Ehepaar-Altersrente oder der einer Ehefrau zukommenden einfachen Altersrente werden Einkommen und Vermögen beider Ehegatten zusammengezählt und die für die Ehepaare geltende Einkommensgrenze angewandt.

[1bis] [66] Lebt indessen ein Ehegatte dauernd oder für längere Zeit in einem Heim oder in einer Heilanstalt und entstehen dadurch wesentliche Mehrkosten, für die er zum überwiegenden Teil selbst aufzukommen hat, so werden Einkommen und Vermögen beider Ehegatten zusammengezählt und die doppelte Einkommensgrenze für alleinstehende Personen angewandt. Dies gilt auch, wenn beide Ehegatten in einem Heim oder in einer Anstalt leben.

[2] [18] Zur Berechnung der halben Ehepaar-Altersrente getrennt lebender Ehegatten werden Einkommen und Vermögen beider Ehegatten gesondert berechnet und die für alleinstehende Personen geltende Einkommensgrenze angewandt. Dasselbe gilt für die Berechnung der dem Ehemann zustehenden einfachen Altersrente ohne Zusatzrente für die Frau sowie der der Ehefrau zustehenden einfachen Altersrente, sofern eine der Voraussetzungen des Artikels 45 Buchstaben a–d erfüllt ist.

[3] [33] Für jedes Kind, für das eine Kinderrente beansprucht wird, wird die für die Eltern massgebende Einkommensgrenze um den Betrag der Einkommensgrenze für Bezüger von Waisenrenten erhöht. Einkommen und Vermögen solcher Kinder werden denjenigen der Eltern hinzugezählt.

[4] [66] Für Kinder, die ausserhalb der Familiengemeinschaft leben und für die daraus wesentliche Mehrkosten entstehen, kann in begründeten Fällen die für alleinstehende Personen geltende Einkommensgrenze angewendet werden. Einkommensgrenzen und Einkommen einzelner Kinder werden nicht berücksichtigt, wenn ihr Einkommen die für sie anwendbare Einkommensgrenze erreicht oder übersteigt.

Art. 63 [9] Einkommen und Vermögen bei Witwenfamilien

[1] Zur Berechnung der einer Witwe und den von ihr ganz oder in wesentlichem Umfang unterhaltenen Kindern zukommenden Renten sind die Einkommensgrenzen sowie Einkommen und anrechenbare Vermögensteile der Mutter und der Kinder zusammenzuzählen.

[2] [66] Für Waisen, die ausserhalb der Familiengemeinschaft leben und für die daraus wesentliche Mehrkosten entstehen, kann in begründeten Fällen die für alleinstehende Personen geltende Einkommensgrenze angewendet werden. Einkommensgrenze und Einkommen der Witwe und einzelner Waisen werden nicht berücksichtigt, wenn ihr Einkommen die für sie anwendbare Einkommensgrenze erreicht oder übersteigt.

Art. 64 [72] Kürzung der Kinder- und Waisenrenten

Die Kürzung der ausserordentlichen Kinder- und Waisenrenten im Sinne von Artikel 43 Absatz 3 AHVG richtet sich nach Artikel 53bis Absätze 2 und 3.

Art. 65 [50] Berechnung der ausserordentlichen Renten

Die Monatsbeträge der gekürzten Renten werden gemäss Artikel 53 Absatz 2 auf- oder abgerundet. Gekürzte Monatsbeträge von weniger als 5 Franken sind auf 5 Franken aufzurunden. Für Witwenfamilien, deren Renten gemäss Artikel 63 Absatz 1 berechnet werden, ist die Summe der gekürzten Renten in dieser Weise zu runden.

Art. 66 [9] Ausserordentliche Renten für Schweizer im Ausland

[1] Für Schweizer im Ausland, die eine ausserordentliche Rente [12] gemäss Artikel 42bis AHVG beanspruchen, gelten die Bestimmungen der Artikel 56–65 sinngemäss.

[2] [82] Die gesetzlichen Einkommensgrenzen werden den Lebenskosten in den einzelnen Wohnsitzstaaten angepasst. Die vom Eidgenössischen Departement für auswärtige Angelegenheiten ermittelten Vergleichsindizes werden dabei wie folgt angewendet:

Bei einem Index der Konsumentenpreise von ... Punkten (Schweiz = 100 Punkte)	durch Multiplikation mit
weniger als 50	0,5
150 bis 199	1,5
200 bis 249	2
250 bis 299	2,5
300 und mehr	3

[3] ... [66]

D. Die Hilflosenentschädigung und die Hilfsmittel [50]

Art. 66bis [47] Hilflosenentschädigung [50]

[1] Für die Bemessung der Hilflosigkeit ist Artikel 36 IVV sinngemäss anwendbar.

[2] Für die Revision der Hilflosenentschädigung sind Artikel 41 IVG sowie die Artikel 86–88bis IVV sinngemäss anwendbar.

Art. 66ter [50] Hilfsmittel

Das Departement regelt die Voraussetzungen für die Abgabe von Hilfsmitteln an Altersrentner, die Art der abzugebenden Hilfsmittel sowie das Abgabeverfahren[1].

[1] HVA; hier im Anhang 8 abgedruckt.

E. Das Verhältnis zur Hilflosenentschädigung der Unfallversicherung [65]

Art. 66quater [65]

[1] Hat der Versicherte Anspruch auf eine Hilflosenentschädigung der AHV und entsteht später ein Anspruch auf eine Hilflosenentschädigung der Unfallversicherung, so überweist die Ausgleichskasse die Hilflosenentschädigung der AHV dem leistungspflichtigen Unfallversicherer.

[2] Hat der Versicherte Anspruch auf eine Hilflosenentschädigung der Unfallversicherung und wird diese aus unfallfremden Gründen später erhöht, so überweist die Ausgleichskasse dem leistungspflichtigen Unfallversicherer den Betrag der Hilflosenentschädigung, den die AHV dem Versicherten ausrichten würde, wenn er keinen Unfall erlitten hätte.

F. Verschiedene Bestimmungen

I. Geltendmachung des Anspruchs

Art. 67

[1] [65] Der Anspruch auf eine Rente oder Hilflosenentschädigung wird geltend gemacht durch Einreichen eines ausgefüllten Anmeldeformulars bei der gemäss den Artikeln 122 ff. zuständigen Ausgleichskasse. Zur Geltendmachung befugt sind der Rentenansprecher bzw. für ihn sein gesetzlicher Vertreter, sein Ehegatte, seine Eltern oder Grosseltern, seine Kinder oder Enkel, seine Geschwister sowie die Drittperson oder Behörde, die gemäss Artikel 76 Absatz 1 Auszahlung an sich verlangen kann.

[1bis] [66] Für die Geltendmachung von Hilflosenentschädigungen oder Hilfsmitteln gilt Artikel 66 IVV.

[2] [20] Die kantonalen Ausgleichskassen haben mindestens einmal jährlich durch Publikationen auf die Leistungen der Versicherung, die Anspruchsvoraussetzungen und die Anmeldung hinzuweisen.

II. Festsetzung der Renten

Art. 68 Ordentliche Renten

[1] [50] Das Anmeldeformular hat alle Angaben zu enthalten, die für die Bemessung der Rente notwendig sind. Beizulegen sind die Versicherungsausweise des Rentenansprechers, seines Ehegatten sowie jener Angehörigen, die selber einen Versicherungsausweis besitzen und für die auf Grund des gleichen Versicherungsfalles Leistungen beansprucht werden.

2 [101] Die Ausgleichskasse klärt anhand dieser Angaben ab, ob die gesuchstellende Person in der Schweiz Wohnsitz hat oder gehabt hat, und lässt durch die Zentrale Ausgleichsstelle die zu berücksichtigenden individuellen Konten zusammenrufen, prüft die Berechtigung und setzt die Rente fest. Ist ein Teil der Rente an eine anerkannte Versicherungseinrichtung zu leisten, so ist dies in der Rentenverfügung ausdrücklich zu erwähnen.

3 Die Rentenverfügung ist zuzustellen:

a. dem Rentenberechtigten persönlich bzw. seinem gesetzlichen Vertreter;

b. der Person oder Behörde, die gemäss Artikel 67 Absatz 1 den Rentenanspruch geltend gemacht hat oder welcher die Rente gemäss Artikel 76 Absatz 1 ausbezahlt wird;

c. [65] dem zuständigen Unfallversicherer, sofern dieser dem Versicherten Leistungen erbringt;

d. ... [25]

4 [72] Zahlt der Arbeitgeber die Rente aus, so macht ihm die Ausgleichskasse die hiefür notwendigen Angaben.

Art. 69 Ausserordentliche Renten

1 [9] Das Anmeldeformular hat über die Personalien und, soweit die Einkommensgrenzen gemäss Artikel 42 Absatz 1 AHVG zur Anwendung gelangen, über die Einkommens- und Vermögensverhältnisse des Rentenanwärters Aufschluss zu geben.

2 [12] Kann an Stelle einer ordentlichen eine höhere ausserordentliche Rente beansprucht werden, so holt die Ausgleichskasse vom Rentenanwärter ergänzende Angaben ein.

3 [5] Die Ausgleichskassen prüfen die Anmeldungen und entscheiden über den Anspruch auf eine ausserordentliche Rente [12]. Sie haben sich periodisch in geeigneter Form zu vergewissern, ob die Voraussetzungen für die Gewährung der bisherigen Rente weiterhin erfüllt sind.

4 Die Rentenverfügung ist zuzustellen:

a. dem Rentenansprecher persönlich bzw. seinem gesetzlichen Vertreter;

b. der Person oder Behörde, welche gemäss Artikel 67 Absatz 1 den Rentenanspruch geltend gemacht hat oder welcher die Rente gemäss Artikel 76 Absatz 1 ausbezahlt wird;

c. ... [50]

III. Festsetzung der Hilflosenentschädigung

Art. 69bis [25] Anmeldung

1 Das Anmeldeformular hat alle Angaben zu enthalten, die für die Bestimmung des Anspruchs auf eine Hilflosenentschädigung notwendig sind.

[2] [47] Mit der Anmeldung ist eine Ermächtigung zur Einholung weiterer Auskünfte zu erteilen.

[3] [95] Die Ausgleichskasse hat das Datum der Einreichung festzuhalten und die Anmeldung der zuständigen Invalidenversicherungs-Stelle (im folgenden IV-Stelle genannt) weiterzuleiten[1].

[1] Übergangsbestimmungen 1. Juli 1992.

Art. 69ter [82] Abklärung der Hilflosigkeit

Die Artikel 69–73bis IVV sind sinngemäss anwendbar.

Art. 69[quater] [95] Beschluss[1]

[1] Ist die Abklärung der Verhältnisse abgeschlossen, so entscheidet die IV-Stelle über den Anspruch. Sie fertigt den Beschluss unverzüglich aus und stellt ihn der nach Artikel 125bis zuständigen Ausgleichskasse zu.

[2] Die Artikel 74ter Absatz 1 Buchstabe f und 74[quater] IVV sind sinngemäss anwendbar.

[1] Übergangsbestimmungen 1. Juli 1992.

Art. 69[quinquies] [95] Verfügung[1]

Die Verfügung über die Hilflosenentschädigung ist den in Artikel 68 Absatz 3 genannten Empfängern sowie der zuständigen IV-Stelle zuzustellen. Artikel 68 Absatz 4 gilt sinngemäss.

[1] Übergangsbestimmungen 1. Juli 1992.

IV. Gemeinsame Verfahrensbestimmungen

Art. 70 [69] Rentenmeldungen und Rentenregister

Die Ausgleichskassen teilen der Zentralen Ausgleichsstelle die für die Führung des zentralen Rentenregisters nötigen Angaben in geeigneter Weise mit. Ausserdem wird über alle Renten und Hilflosenentschädigungen, welche die Ausgleichskasse oder ein mit ihr abrechnender Arbeitgeber auszahlt, ein Register geführt, in dem jede Änderung nachzutragen ist.

Art. 70bis [25] Meldepflicht

[1] Bei jeder wesentlichen Änderung der persönlichen und, soweit die Einkommensgrenzen gemäss Artikel 49 Absatz 1 AHVG zur Anwendung gelangen, der wirtschaftlichen Verhältnisse sowie der Hilflosigkeit des Leistungsberechtigten hat dieser bzw. sein gesetzlicher Vertreter oder gegebenenfalls die Drittperson oder Behörde, welcher die Rente oder Hilflosenentschädigung ausbezahlt wird, der Ausgleichskasse Meldung zu erstatten.

[2] [95] Die Ausgleichskasse bringt die Meldungen nötigenfalls der IV-Stelle zur Kenntnis[1].

[1] Übergangsbestimmungen 1. Juli 1992.

V. Auszahlung der Renten und Hilflosenentschädigungen

Art. 71 [25] Art der Zahlung

[1] Die Ausgleichskassen oder Arbeitgeber zahlen die Renten und Hilflosenentschädigungen durch Vermittlung der Post unter Verwendung besonderer Anweisungsformulare aus. Die Auszahlung kann mit Zustimmung des Berechtigten auch durch Vermittlung einer Bank erfolgen.

[2] Sofern ein Leistungsberechtigter gleichzeitig als Beitragspflichtiger mit der Ausgleichskasse abzurechnen hat, können die Renten und Hilflosenentschädigungen mit den geschuldeten Beiträgen verrechnet werden.

Art. 71bis [62] Auslandzahlungen

Die Auszahlung der Geldleistungen an Schweizer, die im Ausland wohnen, richtet sich nach der Verordnung vom 26. Mai 1961 über die freiwillige Alters-, Hinterlassenen- und Invalidenversicherung für Auslandschweizer (VFV). Dies gilt auch, wenn der Bezüger erst nach Eintritt der Anspruchsberechtigung im Ausland Wohnsitz nimmt.

Art. 72 [33] Termine

Die Ausgleichskassen und die Arbeitgeber haben die Zahlungsaufträge der Post oder der Bank so rechtzeitig zu erteilen, dass die Auszahlung bis zum 20. Tag des Monats erfolgen kann.

Art. 73 [25] Nachweis der Zahlung

[1] Der Nachweis der Auszahlung der Rente oder Hilflosenentschädigung wird durch das vom Postcheckamt abgestempelte oder von der Bank rechtsgültig unterzeichnete Zahlungsbordereau erbracht. Bei Auszahlung durch den Arbeitgeber ist dieses der Ausgleichskasse periodisch einzusenden.

[2] Erfolgt die Auszahlung der Rente oder Hilflosenentschädigung durch einen Arbeitgeber nicht über sein Postcheckkonto, so hat er der Ausgleichskasse die Posteinzahlungsquittungen der einzelnen Zahlungsanweisungen zur Einsicht einzusenden.

Art. 74 Sichernde Massnahmen

[1] [69] Der Arbeitgeber hat der Ausgleichskasse Meldung zu erstatten, sobald er davon Kenntnis erhält, dass der Anspruch auf eine Rente oder Hilflosenentschädigung infolge Todes oder aus anderen Gründen erloschen ist oder dass die Auszahlung einer Rente oder Hilflosenentschädigung aus anderen Gründen von der Post beziehungsweise von der Bank nicht vollzogen werden konnte.

[2] [39] Die Ausgleichskassen nehmen die erforderlichen Lebenskontrollen vor. Diese erfolgen laufend auf Grund der zur Verfügung stehenden Unterlagen und eintreffenden Meldungen sowie der von der Zentralen Ausgleichsstelle peri-

odisch gemeldeten Todesfälle. Die Ausgleichskassen holen nötigenfalls eine Lebensbescheinigung ein.

[3] [39] Bei Renten und Hilflosenentschädigungen für im Ausland wohnende Personen holen die Ausgleichskassen in jedem Fall periodisch eine Lebensbescheinigung ein.

Art. 75 Verbindung mit andern Rentenzahlungen

[1] Arbeitgeber, welche die Rentenzahlungen an ihre Arbeitnehmer durchführen, sind berechtigt, diesen auf dem gleichen Formular portofrei auch andere periodische Versicherungs- oder Fürsorgeleistungen zu überweisen, die sie oder eine mit ihrem Unternehmen verbundene selbständige Versicherungs- oder Fürsorgeeinrichtung ausrichten.

[2] In gleicher Weise können die Ausgleichskassen periodische Fürsorgeleistungen, die sie auf Grund einer ihnen vom Kanton oder Gründerverband übertragenen weiteren Aufgabe dem Berechtigten auszurichten haben, zusammen mit der Alters- oder Hinterlassenenversicherungsrente überweisen.

Art. 76 Gewährleistung zweckgemässer Rentenverwendung

[1] Verwendet der Rentenberechtigte die Rente nicht für den Unterhalt seiner selbst und der Personen, für welche er zu sorgen hat, oder ist er nachweisbar nicht imstande, die Rente hierfür zu verwenden, und fallen er oder die Personen, für die er zu sorgen hat, deswegen ganz oder teilweise der öffentlichen oder privaten Fürsorge zur Last, so kann die Ausgleichskasse die Rente ganz oder teilweise einer geeigneten Drittperson oder Behörde, die dem Rentenberechtigten gegenüber gesetzlich oder sittlich unterstützungspflichtig ist oder ihn dauernd fürsorgerisch betreut, auszahlen.

[2] Ist der Rentenberechtigte bevormundet, so wird die Rente dem Vormund oder einer von diesem bezeichneten Person ausbezahlt.

[3] Die einer Drittperson oder Behörde ausbezahlten Renten dürfen von diesen nicht mit Forderungen gegenüber dem Rentenberechtigten verrechnet werden und sind ausschliesslich zum Lebensunterhalt des Berechtigten und der Personen, für welche er zu sorgen hat, zu verwenden.

[4] Die Drittperson oder Behörde hat der Ausgleichskasse auf Verlangen über die Verwendung der Renten Bericht zu erstatten.

Art. 76bis [25] Zweckgemässe Verwendung von Hilflosenentschädigungen

Artikel 76 ist für die Gewährleistung zweckgemässer Verwendung der Hilflosenentschädigungen sinngemäss anwendbar.

VI. Nachzahlung und Rückerstattung

Art. 77 Nachzahlung nichtbezogener Renten

Wer eine ihm zustehende Rente nicht bezogen oder eine niedrigere Rente erhalten hat, als er zu beziehen berechtigt war, kann den ihm zustehenden Betrag von der Ausgleichskasse nachfordern. Erhält eine Ausgleichskasse Kenntnis davon, dass ein Rentenberechtigter keine oder eine zu niedrige Rente bezogen hat, so hat sie den entsprechenden Betrag nachzuzahlen. Vorbehalten bleibt die Verjährung gemäss Artikel 46 AHVG.

Art. 78 Rückerstattung zu Unrecht bezogener Renten

Erhält eine Ausgleichskasse Kenntnis davon, dass eine Person bzw. ihr gesetzlicher Vertreter für sie eine Rente bezogen hat, auf die ihr ein Anspruch überhaupt nicht oder nur in geringerer Höhe zustand, so hat die Ausgleichskasse die Rückerstattung des zu Unrecht bezogenen Betrages zu verfügen. Wurde die Rente gemäss Artikel 76 Absatz 1 einer Drittperson oder Behörde ausgerichtet, so ist diese rückerstattungspflichtig. Vorbehalten bleibt die Verjährung gemäss Artikel 47 Absatz 2 AHVG.

Art. 79 Umfang und Erlass der Rückerstattung

[1] Einem Rückerstattungspflichtigen, der selbst bzw. dessen gesetzlicher Vertreter in gutem Glauben annehmen konnte, die Rente zu Recht bezogen zu haben, ist die Rückerstattung ganz oder teilweise zu erlassen, wenn die Rückerstattung für den Pflichtigen angesichts seiner Verhältnisse eine grosse Härte bedeuten würde. Behörden, welchen die Renten gemäss Artikel 76 Absatz 1 ausbezahlt wurden, können sich nicht auf die grosse Härte berufen.

[2] Der Erlass wird von der Ausgleichskasse auf schriftliches Gesuch des Rückerstattungspflichtigen hin verfügt. Das Gesuch ist zu begründen und innert 30 Tagen seit der Zustellung der Rückerstattungsverfügung der Ausgleichskasse einzureichen. Vorbehalten bleibt Absatz 3.

[3] [33] Sind die Voraussetzungen gemäss Absatz 1 offensichtlich erfüllt, so kann die Ausgleichskasse den Erlass von sich aus verfügen.

[4] ... [72]

[5] [33] Die Erlassverfügungen sind den Gesuchstellern zuzustellen.

Art. 79bis [2] Uneinbringliche Rentenrückerstattungen

[1] Ist ein Rückerstattungspflichtiger erfolglos betrieben worden oder ist eine Betreibung offensichtlich aussichtslos und kann nicht verrechnet werden, so hat die Ausgleichskasse die rückzuerstattende Rente als uneinbringlich abzuschreiben. Bei späterer Zahlungsfähigkeit des Rückerstattungspflichtigen sind die abgeschriebenen Beträge nachzufordern.

[2] ... [33]

Art. 79ter [25] Nachzahlung und Rückerstattung von Hilflosenentschädigungen

Die Artikel 77, 78, 79 und 79bis sind für die Nachzahlung und Rückerstattung von Hilflosenentschädigungen sinngemäss anwendbar.

VII. Geltendmachung des Rückgriffs auf haftpflichtige Dritte [50]

Art. 79quater [50]

1 [95] Der Rückgriff auf haftpflichtige Dritte nach den Artikeln 48ter– 48quinquies AHVG wird unter Mitwirkung der Ausgleichskassen und der IV-Stellen durch das Bundesamt geltend gemacht. Die Geltendmachung erfolgt durch die Schweizerische Unfallversicherungsanstalt oder die Militärversicherung, wenn diese ebenfalls Rückgriff nehmen[1].

2 [95] Das Bundesamt regelt die Ausübung des Rückgriffs der Versicherung und trifft hiefür mit der Schweizerischen Unfallversicherungsanstalt, mit den anderen Versicherern nach Artikel 68 des Bundesgesetzes vom 20. März 1981[2] über die Unfallversicherung und mit der Militärversicherung die nötigen Vereinbarungen. Es kann die Geltendmachung des Rückgriffs an kantonale Ausgleichskassen, an die Schweizerische Ausgleichskasse oder an IV-Stellen übertragen sowie mit Versicherern und anderen Beteiligten Abmachungen treffen, um die Erledigung der Schadenfälle zu vereinfachen[1].

3 Sind mehrere Sozialversicherungszweige am Rückgriff beteiligt, so sind sie Gesamtgläubiger und einander im Verhältnis der von ihnen zu erbringenden Leistungen ausgleichspflichtig.

[1] Übergangsbestimmung 1. Juli 1992.
[2] UVG; SR 832.20.

Vierter Abschnitt

A. Der Arbeitgeber

Art. 80 Auszahlung der Renten durch den Arbeitgeber

1 Sind gemäss Artikel 51 Absatz 2 AHVG mehrere Arbeitgeber zur Rentenauszahlung zuständig, so hat der Rentenberechtigte ein Wahlrecht. Der einmal gewählte Arbeitgeber kann nur bei Vorliegen triftiger Gründe gewechselt werden.

2 Die Arbeitgeber sind nicht befugt, von sich aus Renten gemäss Artikel 76 Absatz 1 einer Drittperson oder Behörde auszubezahlen. Die Rentenauszahlung an Dritte kann nur durch die Ausgleichskasse verfügt werden.

3 Arbeitgeber und Rentenberechtigte sind befugt, bei Beginn der Rentenberechtigung sowie je auf Beginn eines neuen Kalenderjahres von der zuständigen Ausgleichskasse schriftlich zu verlangen, dass diese die Renten auszahle. Dieses Recht ist bei der Anmeldung gemäss Artikel 67 Absatz 1 bzw. bis spätestens 30. November des Vorjahres geltend zu machen.

[4] [50] Die Arbeitgeber können von der Ausgleichskasse die für die Auszahlung der Renten und Hilflosenentschädigungen notwendigen Mittel monatlich als zinslosen Vorschuss verlangen.

Art. 81 Verfahren zur Deckung von Schäden

[1] Ersatz eines vom Arbeitgeber verschuldeten Schadens wird von der Ausgleichskasse mit eingeschriebenem Brief verfügt, wobei auf die Einspruchsmöglichkeit gemäss Absatz 2 ausdrücklich aufmerksam zu machen ist.

[2] Gegen die Schadenersatzverfügung kann der Arbeitgeber innert 30 Tagen seit ihrer Zustellung bei der Ausgleichskasse Einspruch erheben.

[3] Besteht die Ausgleichskasse auf der Schadenersatzforderung, so hat sie bei Verwirkungsfolge innert 30 Tagen seit Kenntnis des Einspruches bei der Rekursbehörde des Kantons, in welchem der Arbeitgeber seinen Wohnsitz hat, schriftlich Klage zu erheben. Die Kantone regeln das Verfahren im Rahmen der Bestimmungen, die sie gemäss Artikel 85 AHVG zu erlassen haben.

[4] Der Entscheid der kantonalen Rekursbehörde kann innert 30 Tagen seit der Zustellung an das Eidgenössische Versicherungsgericht weitergezogen werden. Dieses entscheidet endgültig.

Art. 82 Verjährung von Schadenersatzforderungen

[1] Die Schadenersatzforderung verjährt, wenn sie nicht innert Jahresfrist seit Kenntnis des Schadens durch Erlass einer Schadenersatzverfügung geltend gemacht wird, auf jeden Fall aber mit Ablauf von fünf Jahren seit Eintritt des Schadens.

[2] Wird die Forderung aus einer strafbaren Handlung hergeleitet, für die das Strafrecht eine längere Verjährungsfrist vorschreibt, so gilt diese Frist.

B. Die Verbandsausgleichskassen

I. Allgemeines

Art. 83 Zur Errichtung von Ausgleichskassen befugte Verbände

[1] Als Verbände von Arbeitgebern und Selbständigerwerbenden im Sinne des Artikels 53 AHVG gelten Verbände in der Rechtsform eines Vereins gemäss den Artikeln 60 ff. des Schweizerischen Zivilgesetzbuches oder einer Genossenschaft gemäss den Artikeln 828 ff. des Obligationenrechtes.

[2] Als schweizerische Berufsverbände gelten Verbände, die gemäss ihren Statuten Arbeitgeber oder Selbständigerwerbende mit gleichen beruflichen Interessen oder gleichen wirtschaftlichen Funktionen in der ganzen Schweiz oder zumindest in einem ganzen Sprachgebiet der Schweiz umfassen.

[3] Als regionale zwischenberufliche Verbände gelten Verbände, die sowohl gemäss ihren Statuten als auch tatsächlich Arbeitgeber und Selbständigerwerben-

de aus mehreren Berufen umfassen und sich mindestens über einen ganzen Kanton oder das gesamte Sprachgebiet eines Kantons erstrecken.

Art. 84 Gemeinsame Kassenerrichtung

Gemeinsam kann eine Ausgleichskasse gemäss Artikel 53 AHVG nur von mehreren schweizerischen Berufsverbänden oder von mehreren zwischenberuflichen Verbänden errichtet werden.

Art. 85 [50] Voraussetzungen für die Errichtung einer Verbandsausgleichskasse

Der Nachweis, dass die zu errichtende Ausgleichskasse die Voraussetzungen von Artikel 53 Absatz 1 Buchstabe a AHVG erfüllt, ist anhand des bereinigten Verzeichnisses der der Ausgleichskasse anzuschliessenden Arbeitgeber und Selbständigerwerbenden dem Bundesamt bis zum 1. April [82] des der Errichtung vorangehenden Jahres auf geeignete Art zu erbringen.

Art. 86 Ordnungsgemässe Durchführung der Versicherung

Verbände, welche eine Ausgleichskasse errichten wollen, haben den Nachweis zu erbringen, dass sie rechtzeitig die nötigen Massnahmen ergriffen haben, um die ordnungsgemässe Durchführung der Versicherung von Anfang an sicherzustellen.

Art. 87 Provisorische Kassenerrichtung

Einem Verband, dessen Errichtungsbeschluss durch Klage beim Richter angefochten wird, kann die Bewilligung zur provisorischen Errichtung einer Ausgleichskasse erteilt werden. Die Bewilligung fällt dahin, wenn der Errichtungsbeschluss gerichtlich aufgehoben und innert sechs Monaten seit rechtskräftigem Urteil ein neuer Errichtungsbeschluss gefasst wird.

II. Paritätische Verbandsausgleichskassen

Art. 88 Begriff der Arbeitnehmerverbände

[1] Als Arbeitnehmerverbände im Sinne von Artikel 54 AHVG gelten Verbände in der Rechtsform eines Vereins gemäss den Artikeln 60 ff. des Schweizerischen Zivilgesetzbuches oder einer Genossenschaft gemäss den Artikeln 828 ff. des Obligationenrechtes.

[2] Spitzenorganisationen selbständiger schweizerischer Arbeitnehmerverbände können die paritätische Mitwirkung an der Kassenführung nicht verlangen.

Art. 89 Beteiligung von Minderheitsorganisationen

Wird eine paritätische Ausgleichskasse errichtet, so ist Arbeitnehmerverbänden, denen insgesamt mindestens 10 Prozent der von der Ausgleichskasse erfassten Arbeitnehmer angehören, auf schriftliches Gesuch hin die Mitwirkung an der Kassenführung zu ermöglichen, sofern sie dem Kassenreglement zustimmen und die daraus entstehenden Pflichten mitübernehmen.

Art. 90 Voraussetzungen für die paritätische Mitwirkung

[1] Die Erfüllung der Voraussetzungen des Artikels 54 Absatz 1 AHVG sowie des Artikels 89 dieser Verordnung ist durch die betreffenden Arbeitnehmerverbände dem Bundesamt nachzuweisen. Die beteiligten Arbeitgeberverbände sind verpflichtet, den Arbeitnehmerverbänden oder dem Bundesamt die hierfür notwendigen Unterlagen zur Verfügung zu stellen.

[2] Wenn die beteiligten Arbeitgeber- und Arbeitnehmerverbände sich über die Errichtung einer paritätischen Ausgleichskasse einigen, so kann mit Zustimmung der Arbeitgeberverbände auf den Nachweis der Erfüllung der Voraussetzungen verzichtet werden.

[3] Bestreiten die beteiligten Arbeitgeberverbände die Richtigkeit der von den Arbeitnehmerverbänden vorgelegten Unterlagen, so entscheidet das Departement, ob die Voraussetzungen für die paritätische Mitwirkung an der Kassenführung erfüllt sind oder nicht.

Art. 91 Verwaltungskosten

[1] Sofern sich die beteiligten Arbeitgeber- und Arbeitnehmerverbände über die Deckung der Verwaltungskosten einer paritätischen Ausgleichskasse nicht einigen können, haben die Arbeitnehmerverbände die Hälfte der Verwaltungskosten zu decken.

[2] Der Anteil der Arbeitnehmerverbände an den Verwaltungskosten darf nicht durch die Ausgleichskasse von den einzelnen Arbeitnehmern erhoben werden.

III. Sicherheitsleitung

Art. 92 [9] Anwendbare Bestimmungen

Soweit in dieser Verordnung nichts Abweichendes bestimmt wird, finden die Vorschriften der Verordnung vom 4. Januar 1938[1] über Sicherstellung zugunsten der Eidgenossenschaft Anwendung.

[1] Heute: VO des BR vom 21. Juni 1957 (SR 611.9).

Art. 93 Verpfändung von Wertpapieren

[1] Wertpapiere sind in der Regel bei der Schweizerischen Nationalbank in Bern zu deponieren. Sie können auch bei schweizerischen Banken hinterlegt werden, sofern diese dem Bundesgesetz vom 8. November 1934[1] über Banken und Sparkassen unterstellt sind.

[2] ... [9]

[1] SR 952.0.

Art. 94 Freigabe

[1] Realkautionen werden zuhanden desjenigen freigegeben, der sie geleistet hat. Zuhanden dritter Personen werden sie nur gegen Nachweis der Berechtigung freigegeben.

[2] Fallen die Voraussetzungen der Sicherheitsleitung dahin, so sind Realkautionen spätestens nach fünf Jahren seit Wegfall der Voraussetzungen freizugeben. Dasselbe gilt, wenn Realkautionen durch Bürgschaften abgelöst werden und der Bürge nicht die Haftung der Schäden, die vor Eingehen der Bürgschaftsverpflichtung entstanden sind, übernimmt.

[3] ... [9]

Art. 95 Bürgschaften

[1] Der Bürge hat sich der Eidgenossenschaft gegenüber solidarisch für die Erfüllung der Verbindlichkeiten gemäss Artikel 70 AHVG zu verpflichten.

[2] Als Bürgen werden die dem Bundesgesetz vom 8. November 1934 über die Banken und Sparkassen unterstellten Banken sowie die in der Schweiz für die Kautionsversicherung konzessionierten Versicherungsgesellschaften zugelassen.

[3] Die Bestimmungen des Obligationenrechtes über die Bürgschaft, insbesondere jene über Bürgschaften gegenüber der Eidgenossenschaft, sind anwendbar.

Art. 96 Form und Dauer von Bürgschaften

[1] Die Bürgschaft ist auf amtlichem Formular einzugehen.

[2] Die Bürgschaftsverpflichtung ist auf unbestimmte Zeit einzugehen, wobei die jederzeitige schriftliche Kündigung auf sechs Monate vorzusehen ist.

Art. 97 [60] Höhe der Sicherheit

Für die Höhe der Sicherheit ist jeweils die Beitragssumme des vorangegangenen Kalenderjahres massgebend. Entspricht die Höhe der Sicherheit nicht mehr den gesetzlichen Vorschriften, so hat das Bundesamt dem Gründerverband eine Frist von höchstens drei Monaten zur Nachdeckung zu setzen.

IV. Kassenerrichtung

Art. 98 [26] Gesuch

Das Gesuch um Errichtung einer Verbandsausgleichskasse ist von den Gründerverbänden dem Bundesamt einzureichen unter Beilage des öffentlich beurkundeten Errichtungsbeschlusses sowie der Verbandsstatuten im Doppel.

Art. 99 [50] Errichtung neuer und Umwandlung bestehender Ausgleichskassen

[1] Verbände, die auf den 1. Januar 1948 keine Ausgleichskasse errichtet haben, können erstmals nach drei und dann jeweils nach fünf Jahren seit Inkrafttreten des AHVG eine neue Ausgleichskasse errichten oder an der Verwaltung einer bereits bestehenden Ausgleichskasse als weiterer Gründerverband mitwirken.

[2] Der Zusammenschluss von Ausgleichskassen ist jederzeit möglich, sofern der neuen, daraus hervorgegangenen Ausgleichskassen annähernd die gleichen Mitglieder angehören, die den zusammengeschlossenen Ausgleichskassen vorher unterstellt waren.

[3] Gründerverbände, deren Ausgleichskasse aufgelöst wird, können sich mit Bewilligung des Bundesamtes jederzeit an der Verwaltung einer bestehenden Ausgleichskasse beteiligen, sofern besondere Verhältnisse dies angezeigt erscheinen lassen.

[4] Änderungen im Bestand der Gründerverbände einer Ausgleichskasse, die keine Einwirkung auf die bisherige Mitgliedschaft der Ausgleichskasse haben, können mit Genehmigung des Bundesamtes jederzeit erfolgen.

[5] Die Umwandlung einer nicht paritätischen Ausgleichskasse in eine paritätische Ausgleichskasse oder umgekehrt sowie die Mitwirkung weiterer Arbeitnehmerverbände an der Verwaltung einer Ausgleichskasse oder die Entlassung von Arbeitnehmerverbänden aus der Verwaltung einer Ausgleichskasse ist nur auf Ende der drei- bzw. fünfjährigen Periode gemäss Absatz 1 zulässig.

[6] Das Bundesamt setzt Fristen an, innert welcher die für die Errichtung neuer Ausgleichskassen oder für den Zusammenschluss oder die Umwandlung bestehender Ausgleichskassen notwendigen Massnahmen getroffen werden müssen.

V. Kassenreglement

Art. 100 [26] Genehmigung

Das Kassenreglement ist dem Bundesamt einzureichen; dieses ist für die Genehmigung zuständig.

Art. 101 Inhalt

[1] In das Kassenreglement sind Bestimmungen über das Stimmrecht der Vorstandsmitglieder und allfälliger Ersatzmänner sowie über die Beschlussfähigkeit und die Beschlussfassung aufzunehmen.

[2] Das Reglement paritätischer Ausgleichskassen muss, ausser den in Artikel 57 Absatz 2 AHVG sowie den in Absatz 1 hiervor genannten, Bestimmungen enthalten über:

a. die Beteiligung an den Verwaltungskosten sowie an Nachschusspflicht gemäss Artikel 97 ... [66];

b. die Wahl des Präsidenten und des Vizepräsidenten des Kassenvorstandes sowie deren Amtsdauer;
c. die Verteilung allfälliger Aktiven bzw. die Deckung eines allfälligen Verwaltungskostendefizites im Falle der Liquidation.

VI. Kassenvorstand

Art. 102 Allgemeines

[1] Der Kassenvorstand konstituiert sich selbst.

[2] Ein Kassenvorstandsmitglied kann nur vom Verband, der es gewählt hat, abberufen werden.

[3] Der Kassenleiter kann nicht Mitglied des Kassenvorstandes sein.

Art. 103 Sitzungen

[1] Der Kassenvorstand hat jedes Jahr mindestens eine ordentliche Sitzung abzuhalten. Weitere Sitzungen können jederzeit vom Präsidenten des Kassenvorstands einberufen werden. Wird eine Sitzung von mindestens einem Drittel der Vorstandsmitglieder verlangt, so hat sie der Präsident einzuberufen.

[2] Die Einberufung des Kassenvorstandes hat schriftlich unter Angabe der Verhandlungsgegenstände und in der Regel wenigstens zehn Tage vor der Sitzung zu erfolgen, ansonst gültige Beschlüsse nur im Einverständnis sämtlicher Vorstandsmitglieder gefasst werden können.

Art. 104 Aufgaben und Befugnisse

[1] [50] Der Kassenvorstand überwacht die Geschäftsführung der Kasse. Er bezeichnet die Revisionsstelle für die Kassenrevisionen und Arbeitgeberkontrollen und erteilt die entsprechenden Aufträge.

[2] Die Vorstandsmitglieder sind berechtigt, mit Ermächtigung des Gesamtvorstandes vom Kassenleiter Auskunft über die die Kasse betreffenden Geschäfte und über die Behandlung einzelner Fälle zu verlangen und Einsicht in bestimmte Akten zu nehmen.

Art. 105 Vertretung der Arbeitnehmerverbände

[1] Das Recht auf Vertretung im Kassenvorstand steht nur Arbeitnehmerverbänden zu, welche die Voraussetzungen des Artikels 88 erfüllen.

[2] Den Arbeitnehmerverbänden sind zusammen mindestens zwei Sitze einzuräumen.

[3] Für den Nachweis hinsichtlich der Ermittlung der Arbeitnehmerzahl und die Feststellung der Verbandszugehörigkeit der Arbeitnehmer gelten die Bestimmungen des Artikels 90 Absatz 1.

[4] [60] Streitigkeiten betreffend das Vertretungsrecht der Arbeitnehmerverbände entscheidet das Schiedsgericht nach Artikel 54 Absatz 3 AHVG. Das Verwaltungsverfahrensgesetz[1] findet Anwendung.

1 VwVG; SR 172.021.

VII. Kassenleiter

Art. 106

[1] Der Kassenleiter muss Schweizer Bürger sein. Er darf in keinem Abhängigkeitsverhältnis zu einem der Kasse angeschlossenen Arbeitgeber, Selbständigerwerbenden oder Nichterwerbstätigen stehen und hat sich hauptberuflich mit der Kassenleitung zu befassen; wo die Verhältnisse es rechtfertigen, kann das Bundesamt Ausnahmen bewilligen.

[2] Die Vertretungsbefugnis des Kassenleiters ist im Kassenreglement zu ordnen. Das Kassenreglement kann jedoch die Befugnis des Kassenleiters zum Erlass von Kassenverfügungen im Einzelfalle sowie den direkten Verkehr zwischen Kassenleiter und Bundesstellen sowie zwischen Kassenleiter und den der Ausgleichskasse angeschlossenen Arbeitgebern und Versicherten nicht ausschliessen.

[3] Der Kassenleiter muss in einem Dienstvertragsverhältnis zur Ausgleichskasse stehen. Die Beauftragung einer juristischen Person oder einer Körperschaft mit der Führung einer Ausgleichskasse ist nicht zulässig.

VIII. Auflösung der Ausgleichskasse

Art. 107 [50]

[1] Das Bundesamt bestimmt den Zeitpunkt der Auflösung der Ausgleichskasse. Es ordnet die erforderlichen Massnahmen für die Auflösung der Ausgleichskasse an und bestimmt im Einvernehmen mit den Gründerverbänden die Zuweisung allfälligen Vermögens.

[2] Erfüllt eine Ausgleichskasse die in Artikel 53 Absatz 1 Buchstabe a oder Artikel 60 Absatz 2 letzter Satz AHVG genannten Voraussetzungen während drei aufeinanderfolgenden Jahren nicht mehr, so wird sie aufgelöst. Das Bundesamt ist befugt, die Weiterführung für höchstens drei Jahre zu bewilligen, wenn glaubhaft gemacht wird, dass die Voraussetzungen vor Ablauf dieser Zeit wieder erfüllt sein werden.

C. Die kantonalen Ausgleichskassen

Art. 108 [95][1]

[1] Übergangsbestimmung 1. Juli 1992.

Art. 109 Vertretung nach aussen

Die kantonale Ausgleichskasse wird nach aussen durch den Kassenleiter vertreten. Dieser verkehrt direkt mit den Bundesstellen sowie mit den der Kasse angeschlossenen Arbeitgebern und Versicherten.

D. Die Ausgleichskassen des Bundes

I. Eidgenössische Ausgleichskasse

Art. 110 Errichtung und Organisation

[1] Für das Personal des Bundes und der Bundesanstalten wird im Rahmen der Bundesverwaltung unter der Bezeichnung «Eidgenössische Ausgleichskasse» eine besondere Ausgleichskasse errichtet.

[2] Die Eidgenössische Ausgleichskasse ist dem Eidgenössischen Finanzdepartement unterstellt. Dieses ist ermächtigt, über ihre Organisation, die Kassenzugehörigkeit sowie über die Kassenrevision und Arbeitgeberkontrolle im Einvernehmen mit dem Departement des Innern die erforderlichen Vorschriften zu erlassen.

Art. 111 Kassenzugehörigkeit

Der Eidgenössischen Ausgleichskasse werden die Bundesverwaltung, die eidgenössischen Gerichte und die Bundesanstalten angeschlossen. Es können ihr auch andere Institutionen angeschlossen werden, die der Oberaufsicht des Bundes unterstellt sind oder zum Bund in enger Beziehung stehen. [100] Artikel 110 Absatz 2 gilt sinngemäss.

Art. 112 Rekurswesen

Streitigkeiten über die Beitragspflicht und die Rentenberechtigung der der Eidgenössischen Ausgleichskasse angeschlossenen Personen werden erstinstanzlich durch die kantonalen Rekursbehörden beurteilt. Die Artikel 84 und 86 [82] AHVG finden Anwendung.

II. Schweizerische Ausgleichskasse

Art 113 [2]

[1] Unter der Bezeichnung «Schweizerische Ausgleichskasse» wird im Rahmen der Zentralen Ausgleichsstelle eine besondere Ausgleichskasse errichtet, der insbesondere die Durchführung der freiwilligen Versicherung für Auslandschweizer und der ihr durch zwischenstaatliche Vereinbarungen zugewiesenen Aufgaben obliegt.

[2] Das Kassenreglement wird vom Eidgenössischen Finanzdepartement im Einvernehmen mit dem Eidgenössischen Departement für auswärtige Angelegenheiten und dem Departement des Innern erlassen.

E. Zweigstellen von Ausgleichskassen

Art. 114 Zweigstellen von Verbandsausgleichskassen

[1] Errichtet eine Ausgleichskasse trotz Verlangens einer grösseren Zahl von Arbeitgebern oder Selbständigerwerbenden in einzelnen Sprachgebieten oder Kantonen keine Zweigstelle, so ordnet das Bundesamt auf Verlangen der Betroffenen die Errichtung einer Zweigstelle an.

[2] Die Errichtung einer gemeinsamen Zweigstelle durch mehrere Verbandsausgleichskassen ist mit Bewilligung des Bundesamtes zulässig, sofern eine Trennung des Rechnungswesens sowie der Aktenablage gewährleistet wird.

[3] Die Errichtung berufsmässig gegliederter Zweigstellen ist unzulässig.

Art. 115 Zweigstellen kantonaler Ausgleichskassen

[1] Die Kantone sind befugt, die Führung der Zweigstellen den Gemeinden zu übertragen, sofern die Kantone ausdrücklich die Haftung für Schäden im Sinne des Artikels 70 Absatz 1 AHVG, die von Funktionären der Gemeinde verschuldet werden, übernehmen, den direkten Geschäftsverkehr zwischen Ausgleichskasse und Gemeinden sicherstellen und der Ausgleichskasse ein Weisungsrecht gegenüber den Zweigstellen einräumen.

[2] Die Errichtung berufsmässig gegliederter Zweigstellen ist unzulässig.

Art. 116 Aufgaben der Zweigstelle

[1] Die Gemeindezweigstelle der kantonalen Ausgleichskassen haben in allen Fällen folgende Aufgaben zu übernehmen:

a. Auskunftserteilung;
b. Entgegennahme und Weiterleitung von Korrespondenzen;
c. Abgabe der Formulare und der einschlägigen Vorschriften;
d. Mitwirkung bei der Abrechnung;
e. Mitwirkung bei der Beschaffung der Unterlagen für die Festsetzung der ausserordentlichen Renten;
f. Mitwirkung bei der Ermittlung der Einkommens- bzw. Vermögensverhältnisse der Selbständigerwerbenden und der Nichterwerbstätigen;
g. Mitwirkung bei der Erfassung aller Beitragspflichtigen.

Den Gemeindezweigstellen können weitere Aufgaben übertragen werden.

[2] Die Zweistellen der Verbandsausgleichskassen haben in allen Fällen die in Absatz 1 Buchstaben a–d genannten Aufgaben durchzuführen. Es können ihnen durch das Kassenreglement weitere Aufgaben übertragen werden.

[3] Wird einer Zweigstelle die Befugnis zum Erlass von Kassenverfügungen übertragen, so kann die Ausgleichskasse die Zustellung eines Doppels verlangen, die Verfügungen überprüfen und nötigenfalls berichtigen.

F. Kassenzugehörigkeit

I. Zuständigkeit zum Beitragsbezug

Art. 117 Arbeitgeber und Selbständigerwerbende

[1] Ist ein Arbeitgeber oder Selbständigerwerbender Mitglied mehrerer Gründerverbände, so hat er die für den Beitragsbezug zuständige Verbandsausgleichskasse zu wählen. Die einmal gewählte Kasse kann nur nach Ablauf der drei- bzw. fünfjährigen Frist gemäss Artikel 99 gewechselt werden, es sei denn, dass die Voraussetzungen für den Anschluss an die gewählte Kasse dahinfallen.

[2] Arbeitgeber und Selbständigerwerbende, die nicht Mitglied eines Gründerverbandes sind, gehören der Ausgleichskasse ihres Wohnsitzkantons bzw. des Kantons, in welchem das Unternehmen seinen rechtlichen Sitz hat, an. Stimmt der Wohnsitz oder Sitz nicht mit dem Ort der Verwaltung oder des Betriebes überein, so kann im Einvernehmen der beteiligten Ausgleichskassen auf den Ort abgestellt werden, wo sich die Verwaltung, der Betrieb oder ein wesentlicher Betriebsteil befindet.

[3] Zweigniederlassungen werden der Ausgleichskasse angeschlossen, welcher der Hauptsitz angehört. Bei Vorliegen besonderer Verhältnisse kann das Bundesamt Ausnahmen bewilligen.

[4] Arbeitgeber und Selbständigerwerbende können nur einer Ausgleichskasse angehören. Vorbehalten bleiben die Artikel 119 Absatz 2 und 120 Absatz 1.

Art. 118 Nichterwerbstätige

[1] Nichterwerbstätige haben ihre Beiträge der Ausgleichskasse ihres Wohnsitzkantons zu entrichten.

[2] [86] Versicherte, die frühestens ab dem Kalenderjahr, in welchem sie das 60. Altersjahr vollenden, als Nichterwerbstätige gelten, entrichten ihre Beiträge weiterhin der Verbandsausgleichskasse, welcher sie bisher Beiträge vom Erwerbseinkommen schuldeten, sofern das Bundesamt der Erfassung der Nichterwerbstätigen durch die Verbandsausgleichskasse zugestimmt hat.

[3] Nichterwerbstätige Studenten haben ihre Beiträge der Ausgleichskasse jenes Kantons zu entrichten, in welchem die Studienanstalt liegt.

[4] [2] Für nichterwerbstätige Insassen von Anstalten und für nichterwerbstätige Angehörige religiöser Gemeinschaften kann das Bundesamt den Beitragsbezug durch die Ausgleichskasse des Kantons vorschreiben, in welchem die Anstalt liegt bzw. die Gemeinschaft ihren Sitz hat.

Art. 119 Arbeitnehmer in Sonderfällen

[1] Zuständig für den Bezug der Beiträge des Personals eines Gründerverbandes, seiner Sektionen und seiner Ausgleichskassen ist die betreffende Verbandsausgleichskasse. Für das Personal schweizerischer Spitzenorganisationen selbstän-

diger Verbände können die Beiträge auf ihr Verlangen der Ausgleichskasse eines Unterverbandes entrichtet werden.

2 Zuständig für den Bezug der Beiträge von Hausdienstpersonal ist in der Regel die Ausgleichskasse des Wohnsitzkantons des Arbeitgeber. Rechnet dieser bereits mit einer andern Ausgleichskasse ab, so kann er auch über die Beiträge des Hausdienstpersonals mit dieser Kasse abrechnen.

Art. 120 Besondere Bestimmungen

1 [50] Landwirte und landwirtschaftliche Organisationen, die Mitglied eines Gründerverbandes sind, können wählen, ob sie der kantonalen Ausgleichskasse oder der Verbandsausgleichskasse angeschlossen werden wollen. Über die Beiträge landwirtschaftlicher Arbeitnehmer, von deren Löhnen gemäss Bundesgesetz vom 20. Juni 1952 über die Familienzulagen in der Landwirtschaft (FLG) [57] ein besonderer Beitrag erhoben wird, ist jedoch in allen Fällen mit der Ausgleichskasse des Wohnsitzkantons abzurechnen.

2 Bildet ein kantonaler oder kommunaler Betrieb, der Mitglied eines Gründerverbandes ist, einen Teil der kantonalen oder der kommunalen Verwaltung, ohne rechtlich verselbständigt zu sein, so kann der Kanton oder die Gemeinde wählen, ob der Betrieb der kantonalen Ausgleichskasse oder der Verbandsausgleichskasse anzuschliessen ist.

3 Vorbehalten bleibt in allen Fällen die Zuständigkeit der Ausgleichskassen des Bundes.

Art. 121 Kassenwechsel

1 Ein Wechsel der Ausgleichskasse ist nur zulässig, wenn die Voraussetzungen für den Anschluss an die bisherige Ausgleichskasse dahinfallen.

2 Der Erwerb der Mitgliedschaft eines Gründerverbandes vermag den Anschluss an die betreffende Verbandsausgleichskasse nicht zu begründen, wenn er ausschliesslich zu diesem Zweck erfolgt ist und kein anderes wesentliches Interesse an der Verbandsmitgliedschaft nachgewiesen werden kann.

3 Bedingt der Erwerb der Mitgliedschaft eines Gründerverbandes einen Kassenwechsel, so ist die neue Ausgleichskasse verpflichtet, dies der bisherigen Ausgleichskasse zu melden.

4 Fällt wegen des Verlustes der Mitgliedschaft eines Gründerverbandes die Zuständigkeit einer Verbandsausgleichskasse dahin, so ist die betreffende Verbandsausgleichskasse verpflichtet, dies der Ausgleichskasse des Wohnsitzkantons des früheren Verbandsmitglieds zu melden.

5 Der Wechsel von einer Ausgleichskasse zu einer andern kann jeweils nur auf Jahresende erfolgen, doch ist der Übertritt von einer kantonalen Ausgleichskasse zu einer andern kantonalen Ausgleichskasse infolge Wohnsitzwechsels jederzeit möglich. Das Bundesamt kann in begründeten Fällen Ausnahmen bewilligen.

II. Zuständigkeit für die Rentenfestsetzung und -auszahlung

Art. 122 [2] Ordentliche Renten im Inland

[1] Die Renten sind durch diejenige Ausgleichskasse festzusetzen und auszuzahlen, die bei Eintritt des Versicherungsfalles für den Bezug der Beiträge zuständig war. Waren gleichzeitig mehrere Ausgleichskassen zuständig, so wählt der Rentenbezüger die Ausgleichskasse, welche die Renten festzusetzen und auszuzahlen hat.

[2] Ist ein Rentenbezüger noch als Selbständigerwerbender beitragspflichtig, so hat die zum Beitragsbezug zuständige Ausgleichskasse auch die Renten auszurichten.

[3] Rentenbezüger, die von einem Arbeitgeber periodische Versicherungs- oder Fürsorgeleistungen erhalten, können jedoch die Ausgleichskasse wählen, welcher der Arbeitgeber angeschlossen ist, sofern dieser die Versicherungs- oder Fürsorgeleistungen gemeinsam mit der Rente ausrichten wird.

Art. 123 [2] Ordentliche Renten im Ausland

[1] Im Ausland wohnende Rentenberechtigte erhalten die Renten durch die Schweizerische Ausgleichskasse. Für im Ausland wohnende Angehörige religiöser Gemeinschaften kann das Bundesamt Ausnahmen vorsehen.

[2] Das Bundesamt ordnet die Zuständigkeit für die Auszahlung der Renten an Berechtigte, die nach Eintritt des Versicherungsfalles in die Schweiz zurückkehren.

Art. 124 Ausserordentliche Renten

[1] Zuständig zur Entgegennahme und Prüfung der Anmeldungen sowie zur Auszahlung der ausserordentlichen Renten [12] ist:

a. in der Regel die Ausgleichskasse des Wohnsitzkantons bzw. deren Zweigstelle in der Wohnsitzgemeinde des Rentenansprechers;

b. bei Waisen die kantonale Ausgleichskasse am Sitz der Vormundschaftsbehörde bzw. am Wohnsitz des Inhabers der elterlichen Gewalt;

c. [82] bei getrennt lebenden Ehegatten, welche eine der Voraussetzungen des Artikels 45 erfüllen, die kantonale Ausgleichskasse an deren Wohnsitz;

d. bei Personen, die durch kantonale oder kommunale Fürsorgeorgane in einer Anstalt oder Familie untergebracht sind, die Ausgleichskasse des Kantons, in welchem das Fürsorgeorgan seinen Sitz hat.

[1bis] ... [104]

[2] ... [104]

[3] [9] Zuständig zur Entgegennahme und Prüfung der Anmeldungen sowie zur Auszahlung der ausserordentlichen Renten [12] im Ausland ist die Schweizerische Ausgleichskasse. Die Durchführung dieser Aufgaben erfolgt unter Mit-

wirkung der schweizerischen Auslandsvertretung, die dafür mit der Schweizerischen Ausgleichskasse in unmittelbarem Geschäftsverhältnis stehen.

Art. 125 [9] Kassenwechsel

Ein Wechsel der für die Rentenauszahlung zuständigen Ausgleichskasse findet nur statt,

a. wenn der die Rente auszahlende Arbeitgeber einer anderen Ausgleichskasse angeschlossen wird;

b. wenn der Bezüger seinen Wohnsitz von der Schweiz ins Ausland oder vom Ausland in die Schweiz verlegt;

c. wenn der Bezüger einer durch eine kantonale Ausgleichskasse ausbezahlten ausserordentlichen Rente [12] seinen Wohnsitz in einen anderen Kanton verlegt;

d. [72] wenn ein Rentenberechtigter regelmässig Ergänzungsleistungen bezieht und das Bundesamt den Wechsel für die betreffenden Ausgleichskassen bewilligt.

Art. 125bis [25] Hilflosenentschädigung

Die Hilflosenentschädigung wird durch diejenige Ausgleichskasse festgesetzt und ausbezahlt, die für die Auszahlung der Altersrente des Berechtigten zuständig ist.

III. Gemeinsame Bestimmungen

Art. 126 Besondere Vorschriften

Sofern die Zusammenfassung einer Berufsgruppe der Heimindustrie in einer Ausgleichskasse eine wesentliche administrative Vereinfachung und eine bessere Durchführung der Versicherung ermöglicht, kann das Departement eine Ausgleichskasse verpflichten, den Beitragsbezug und die Rentenauszahlung für sämtliche Angehörigen dieser Berufsgruppe vorzunehmen.

Art. 127 [50] Entscheid über Streitigkeiten

Streitigkeiten über die Kassenzugehörigkeit entscheidet das Bundesamt. Sein Entscheid kann von den beteiligten Ausgleichskassen und vom Betroffenen innert 30 Tagen seit Erhalt der Mitteilung über die Kassenzugehörigkeit angerufen werden.

G. Aufgaben der Ausgleichskassen

Art. 128 Kassenverfügung

[1] [82] Alle Verwaltungsakte, mit welchen die Ausgleichskassen über Rechte oder Pflichten eines Versicherten oder eines Arbeitgebers befinden, sind in die Form schriftlicher Kassenverfügungen zu kleiden, soweit sie nicht auf bereits rechtskräftigen Kassenverfügungen beruhen.

[2] Die Kassenverfügungen müssen eine Belehrung enthalten, innert welcher Frist, in welcher Form und bei welcher Instanz Beschwerde erhoben oder gegebenenfalls um Erlass nachgesucht werden kann.

Art. 129 Kontrolle über die Erfassung aller Beitragspflichtigen

[1] [60] Die Verbandsausgleichskassen haben ihre Beitragspflichtigen der kantonalen Ausgleichskasse desjenigen Kantons zu melden, in welchem der Beitragspflichtige seinen Wohnsitz hat. Das Bundesamt regelt das Meldeverfahren.

[2] Das Bundesamt ist befugt, den kantonalen Ausgleichskassen besondere Kontrollen über die Erfassung aller Beitragspflichtigen gemäss Artikel 63 Absatz 2 AHVG vorzuschreiben.

Art. 130 [33] Voraussetzungen für die Übertragung weiterer Aufgaben

[1] Den Ausgleichskassen dürfen von den Kantonen und Gründerverbänden nur solche Aufgaben im Sinn von Artikel 63 Absatz 4 AHVG übertragen werden, die zur Sozialversicherung gehören oder der beruflichen und sozialen Vorsorge sowie der beruflichen Aus- und Weiterbildung dienen.

[2] Die Übertragung dieser Aufgaben darf die ordnungsgemässe Durchführung der Alters- und Hinterlassenenversicherung nicht gefährden.

Art. 131 Verfahren für die Übertragung weiterer Aufgaben

[1] Kanton und Gründerverbände, welcher ihrer Ausgleichskasse weitere Aufgaben übertragen wollen, haben dem Bundesamt ein schriftliches Gesuch einzureichen, unter Umschreibung der weiteren Aufgaben und unter Angabe der beabsichtigten organisatorischen Massnahmen.

[2] Das Bundesamt entscheidet über die Gesuche. Es kann an die Bewilligung zur Übertragung weiterer Aufgaben an die Ausgleichskassen bestimmte Bedingungen knüpfen.

[3] Das Bundesamt kann die Bewilligung widerrufen, wenn sich nachträglich erweist, dass durch die Übertragung weiterer Aufgaben die ordnungsgemässe Durchführung der Alters- und Hinterlassenenversicherung in Frage gestellt wird.

Art. 132 Besondere Bestimmungen

[1] Ergibt sich aus der Übertragung weiterer Aufgaben eine Erhöhung der Verwaltungskosten der Ausgleichskasse, so ist dieser eine angemessene Entschädigung zu leisten. Die Verwaltungskostenzuschüsse gemäss Artikel 69 Absatz 2 AHVG dürfen nicht zur Deckung der Verwaltungskosten für die weiteren Aufgaben verwendet werden.

[2] Die Kassenrevisionen gemäss Artikel 68 Absatz 1 AHVG haben sich auch auf die übertragenen Aufgaben zu erstrecken, soweit dies für die Revision der Ausgleichskasse bezüglich der Durchführung der Alters- und Hinterlassenenversi-

cherung notwendig ist. Soweit solche Aufgaben teilweise einem Arbeitgeber zur Durchführung übertragen werden, hat sich die Arbeitgeberkontrolle gemäss Artikel 68 Absatz 2 AHVG auch darauf zu erstrecken.

Art. 132bis [50] Ausführung von Kassenaufgaben durch Dritte

1 Die Bewilligung für die Ausführung bestimmter Aufgaben der Ausgleichskassen durch Dritte gemäss Artikel 63 Absatz 5 AHVG wird durch das Bundesamt erteilt.

2 Das Gesuch ist vom Kanton bzw. vom Gründerverband zu stellen. Es muss die auszuführenden Aufgaben sowie die Massnahmen zur Einhaltung der Schweigepflicht und zur Aktenaufbewahrung genau beschreiben und die Grundsätze darlegen, nach denen die Entschädigung für die Erfüllung der Aufgaben festgesetzt wird.

3 Das Bundesamt kann die Bewilligung widerrufen, wenn die Ausführung der Aufgaben die ordnungsgemässe Durchführung der Alters- und Hinterlassenenversicherung beeinträchtigt oder gefährdet.

Art 132ter [62] Gebühren

1 Die Auskünfte, die von der Zentralen Ausgleichsstelle, den Ausgleichskassen und ihren Zweigstellen den Versicherten oder Beitragspflichtigen erteilt werden, sind grundsätzlich kostenlos.

2 Sind für diese Auskünfte besondere Nachforschungen oder andere Arbeiten nötig, die Kosten verursachen, so kann in sinngemässer Anwendung von Artikel 16 der Verordnung vom 10. September 1969[1] über Kosten und Entschädigung im Verwaltungsverfahren eine Gebühr erhoben werden.

[1] SR 172.041.0.

H. Der Versicherungsausweis und das individuelle Konto [25]

Art. 133 [25] Versichertennummer

Für jede Person wird bei Beginn der Beitragspflicht oder bei Beanspruchung einer Leistung eine elfstellige Versichertennummer gebildet. Diese setzt sich zusammen aus einer dreistelligen Ziffergruppe auf Grund des Namens [79], den zwei letzten Ziffern des Geburtsjahres, einer einstelligen Zahl für Geburtsquartal und Geschlecht, einer zweistelligen Zahl für Tag der Geburt innerhalb des Quartals, einer zweistelligen, nach Schweizern und Ausländern differenzierten Ordnungsnummer und einer einstelligen Prüfziffer.

Art. 134 [25] Versicherungsausweis

1 Jeder Versicherte erhält bei Beginn der Beitragspflicht oder bei Beanspruchung einer Leistung einen Versicherungsausweis, der die Versichertennummer, die Namensangaben, das Geburtsdatum und die Schlüsselnummer des Heimatstaates enthält.

[2] Für den Ersatz verlorener Versicherungsausweise kann die Ausgleichskasse vom Versicherten ein Gebühr bis zu 4 Franken verlangen.

Art. 134bis [39] Bildung und Zuteilung der Versichertennummer

[1] Die Bildung und Zuteilung der Versichertennummer sowie die Erstellung des Versicherungsausweises erfolgen durch die Zentrale Ausgleichsstelle.

[2] Das Departement des Innern kann im Einvernehmen mit dem Eidgenössischen Finanzdepartement die Bildung und Zuteilung der Versichertennummer und die Abgabe des Versicherungsausweises für Zwecke ausserhalb der Alters- und Hinterlassenenversicherung auch für in Artikel 133 nicht bezeichnete Personen bewilligen, sofern dadurch die ordnungsgemässe Durchführung der Alters- und Hinterlassenenversicherung nicht beeinträchtigt wird. Es legt die Bedingungen fest, ordnet das Verfahren und bestimmt die Vergütung für entstehende Kosten.

[3] Als AHV-Nummer darf nur die gemäss Absatz 1 oder 2 zugeteilte Versichertennummer bezeichnet werden.

Art. 135 [25] Individuelles Konto

[1] [50] Jede Ausgleichskasse führt unter der Nummer der Versicherten individuelle Konten über die Erwerbseinkommen, von denen ihr bis zur Entstehung des Anspruchs auf eine Altersrente die Beiträge entrichtet worden sind.

[2] Die Eröffnung eines individuellen Kontos durch eine Ausgleichskasse wird in den Versicherungsausweis eingetragen.

[3] ... [104]

Art. 136 [25] Übertragung der Kontenführung an Arbeitgeber

[1] ... [104]

[2] ... [69]

[3] ... [104]

Art. 137 [20]

Art. 138 [25] Einzutragende Erwerbseinkommen

[1] Die von einem Arbeitnehmer erzielten Erwerbseinkommen, von welchen der Arbeitgeber die gesetzlichen Beiträge abgezogen hat, werden in das individuelle Konto eingetragen, selbst wenn der Arbeitgeber die entsprechenden Beiträge der Ausgleichskasse nicht entrichtet hat.

[2] Den Arbeitnehmern nicht beitragspflichtiger Arbeitgeber, Selbständigerwerbenden und Nichterwerbstätigen werden die Erwerbseinkommen soweit eingetragen, als für sie die Beiträge entrichtet worden sind.

[3] [60] Ist ein aus der Nichtbezahlung von Beiträgen entstandener Schaden auf Grund von Artikel 52 oder 70 AHVG ersetzt worden, so werden die entsprechenden Erwerbseinkommen in die individuellen Konten der Versicherten eingetragen.

Art. 139 [25] Eintragungsperiode

Die Eintragung in das individuelle Konto eines Versicherten erfolgt in der Regel einmal jährlich.

Art. 140 [25] Inhalt der Eintragungen

[1] Die Eintragung umfasst:

a. die Versichertennummer;

b. die Abrechnungsnummer des Beitragspflichtigen, der über die Beiträge mit der Ausgleichskasse abgerechnet hat;

c. eine Schlüsselzahl, welche die Beitragsart angibt;

d. [51] das Beitragsjahr und die Beitragsdauer in Monaten;

e. das Jahreseinkommen in Franken.

[2] [50] Die Eintragungen auf den individuellen Konten sind auf einer Liste aufzuzeichnen und der Zentralen Ausgleichsstelle zu melden.

Art. 141 Kontenauszüge

[1] [60] Der Versicherte hat das Recht, bei jeder Ausgleichskasse, die für ihn ein individuelles Konto führt, einen Auszug über die darin gemachten Eintragungen unter Angabe allfälliger Arbeitgeber zu verlangen. Der Kontoauszug wird in der Regel unentgeltlich abgegeben. Wird er jedoch wiederholt vor Ablauf von vier Jahren seit der Aushändigung des letzten Auszuges oder für Zeitabschnitte verlangt, für die bereits einmal ein Auszug erstellt wurde, so kann eine Gebühr von 5 bis 12 Franken erhoben werden.

[1bis] [82] Der Versicherte kann überdies bei der für den Beitragsbezug zuständigen oder einer andern kontenführenden Ausgleichskasse Auszüge aus sämtlichen bei den einzelnen Ausgleichskassen für ihn geführten individuellen Konten verlangen. Hierfür wird eine Gebühr von 12 Franken erhoben. Versicherte im Ausland richten ihr Gesuch an die Schweizerische Ausgleichskasse.

[2] Versicherte, welche die Richtigkeit einer Eintragung nicht anerkennen, können innert 30 Tagen seit Zustellung des Kontenauszuges bei der Ausgleichskasse begründeten Einspruch erheben. Die Ausgleichskasse entscheidet über den Einspruch in Form einer Kassenverfügung. Diese kann gemäss den Artikeln 84 ff. AHVG durch Beschwerde angefochten werden.

[3] [25] Wird ein Kontenauszug verlangt, gegen einen erhaltenen Kontenauszug kein Einspruch erhoben oder ein erhobener Einspruch abgewiesen, so kann bei Eintritt des Versicherungsfalles die Berichtigung von Eintragungen im indivi-

duellen Konto nur verlangt werden, soweit deren Unrichtigkeit offenkundig ist oder dafür der volle Beweis erbracht wird.

J. Zahlungs- und Abrechnungsverkehr

I. Zahlungs- und Abrechnungsverkehr mit den Ausgleichskassen

Art. 142 Umfang der Zahlung und Abrechnung

[1] [20] Die Zahlungs- und Abrechnungspflicht erstreckt sich auf alle vom abrechnenden Beitragspflichtigen als Versichertem oder als Arbeitgeber zu leistenden Beiträge, einschliesslich der Verwaltungskostenbeiträge. Mit den Beiträgen sind in der Regel die Renten zu verrechnen, auf die der Beitragspflichtige in der Abrechnungsperiode selbst Anspruch hatte oder die er in dieser Zeit seinen Arbeitnehmern ausbezahlt hat.

[2] Sind einer Ausgleichskasse weitere Aufgaben im Sinne von Artikel 63 Absatz 4 AHVG übertragen worden, so können die hierfür erforderlichen Beiträge und auszurichtenden Leistungen mit Bewilligung des Bundesamtes in die Abrechnung einbezogen werden, soweit dadurch die Abrechnung nicht erschwert wird.

[3] ... [72]

Art. 143 Abrechnungsformen und Lohnaufzeichnung

[1] [20] Die Ausgleichskassen bestimmen die Formen, in welchen der Arbeitgeber gemäss Artikel 35 abzurechnen hat. Sie stellen dem Arbeitgeber die erforderlichen Formulare zur Verfügung und sind nötigenfalls beim Ausfüllen behilflich. Artikel 210 bleibt vorbehalten.

[2] [33] Die Arbeitgeber haben die Löhne und die weiteren Angaben für die Eintragung in das individuelle Konto laufend aufzuzeichnen, soweit es für eine geordnete Abrechnung und die Arbeitgeberkontrolle erforderlich ist.

Art. 144 [25] Abrechnungs- und Zahlungskontrolle

Die Ausgleichskasse teilt jedem mit ihr abrechnenden Beitragspflichtigen eine Abrechnungsnummer zu. Sie führt ein Register dieser Beitragspflichtigen.

II. Zahlung und Abrechnung durch Beitragsmarken

Art. 145 Voraussetzung und Markenbuch

[1] Die Arbeitgeber- und Arbeitnehmerbeiträge für Versicherte, welche bei einem oder verschiedenen Arbeitgebern einmal oder wiederholt kurzfristig tätig sind und bei denen die direkte Entrichtung der Beiträge an die Ausgleichskasse unverhältnismässig grosse Umtriebe verursachen würde, werden durch Einkleben besonderer Marken in ein Markenbuch geleistet. Dieses ist vom Versicherten bei der kantonalen Ausgleichskasse seines Wohnsitzes bzw. der Zweigstelle oder einer andern von der Ausgleichskasse bezeichneten Amtsstelle zu beziehen.

[2] ... [12]

[3] Das Bundesamt bezeichnet im einzelnen die Berufszweige, deren Angehörige ein Markenbuch zu beziehen haben, und die Sonderfälle, in denen auch andere Arbeitnehmer und ihre Arbeitgeber oder Nichterwerbstätige die Beiträge durch Verwendung von Beitragsmarken entrichten können.

Art. 146 [12] Beitragsmarken

[1] Die Beitragsmarken sind bei der Post zu beziehen.

[2] Die Beitragsmarken sind vom Arbeitgeber in das Markenbuch einzukleben und zu entwerten. Der Zeitpunkt der Lohnauszahlung ist einzutragen und unterschriftlich oder mit dem Firmenstempel zu bestätigen.

III. Geldverkehr der Ausgleichskassen

Art. 147 Grundsatz

[1] Der Zahlungsverkehr der Ausgleichskassen ist soweit möglich über ein Postcheck- oder Bankkonto abzuwickeln.

[2] Die Ausgleichskassen sollen Barmittel nur soweit vorrätig halten, als dies nach den Verhältnissen zur Bestreitung kleiner Ausgaben nötig ist.

Art. 148 [46] Geldablieferung

Die Ausgleichskassen liefern die vereinnahmten bundesrechtlich begründeten Sozialbeiträge der Zentralen Ausgleichsstelle wöchentlich in runden Beträgen ab, soweit sie nicht für die Auszahlung von bundesrechtlich begründeten Leistungen benötigt werden. Das Bundesamt erlässt nach Anhören der Zentralen Ausgleichsstelle die näheren Weisungen.

Art. 148bis [46] Geldausweis

Die Ausgleichskassen reichen der Zentralen Ausgleichsstelle am 15. jeden Monats eine Meldung über die ihnen zur Verfügung stehenden Geldmittel ein.

Art. 149 [46] Geldbedarf

[1] Die Zentrale Ausgleichsstelle stellt den Ausgleichskassen die für die Hauptauszahlung der Renten erforderlichen Geldmittel jeweils rechtzeitig in einem runden Betrag zur Verfügung.

[2] Benötigen die Ausgleichskassen für die Auszahlung anderer bundesrechtlich begründeter Leistungen zusätzliche Geldmittel, so fordern sie diese bei der Zentralen Ausgleichsstelle an.

Art. 149bis [2] Darlehen

Bei Vorliegen besonderer Verhältnisse können den Ausgleichskassen für die vorübergehende Deckung von Verwaltungskosten Darlehen aus dem Ausgleichsfonds der Alters- und Hinterlassenenversicherung gewährt werden. Entsprechende Gesuche sind an das Bundesamt zu richten. Dieses kann an die Bewilligung Bedingungen knüpfen und Sicherstellung verlangen.

IV. Buchführung der Ausgleichskassen

Art. 150 Grundsatz

Die Buchhaltung der Ausgleichskasse hat den gesamten Abrechnungs- und Zahlungsverkehr sowie die Betriebsrechnung zu umfassen und jederzeit über alle Forderungs- und Schuldverhältnisse der Ausgleichskasse Aufschluss zu geben.

Art. 151 [46]

Art. 152 [20] Beitragskonto

[1] [104] Die Ausgleichskassen führen für jeden mit ihnen abrechnenden Beitragspflichtigen ein Beitragskonto.

[2] [104] Das Beitragskonto hat darüber Aufschluss zu geben, ob der Beitragspflichtige seiner Abrechnungs- und Zahlungspflicht nachgekommen ist und welche Forderungen oder Schuldverpflichtungen die Ausgleichskasse ihm gegenüber hat.

[3] ... [46]

Art. 153 [104]

Art. 154 [46] Kontenplan und Buchführungsweisungen

Das Bundesamt setzt nach Anhören der Zentralen Ausgleichsstelle den Kontenplan für die Buchhaltung der Ausgleichsstellen fest und erlässt die erforderlichen Buchführungsweisungen.

Art. 155 [104] Bilanz- und Betriebsrechnung

Die Ausgleichskassen reichen jeweils bis zum 20. des folgenden Monats der Zentralen Ausgleichsstelle eine Monatsbilanz mit Betriebsrechnung und jeweils bis zum 20. Februar des folgenden Jahres eine Jahresbilanz mit Jahresbetriebsrechnung ein; diese umfasst die Monatsbilanzen und Betriebsrechnungen der Monate Januar bis und mit Dezember.

V. Aktenaufbewahrung

Art. 156

[1] Die Akten der Ausgleichskassen sind geordnet und derart aufzubewahren, dass Unbefugte keine Einsicht in sie nehmen können.

[2] Das Bundesamt kann nähere Vorschriften über die Aktenaufbewahrung sowie über die Ablieferung oder Vernichtung alter Akten erlassen.

K. Die Deckung der Verwaltungskosten

Art. 157 [25][1] Höchstansatz der Verwaltungskostenbeiträge

Das Departement setzt auf Antrag der Eidgenössischen Kommission für die Alters-, Hinterlassenen- und Invalidenversicherung für alle Ausgleichskassen den Höchstansatz für die Verwaltungskostenbeiträge der Arbeitgeber, Selbständigerwerbenden und Nichterwerbstätigen fest.

[1] VO über den Höchstansatz der Verwaltungskostenbeiträge in der AHV (vom 11. Oktober 1972) (SR 831.143.41).

Art. 158 [25] Zuschüsse aus dem Ausgleichsfonds

[1] Die Zuschüsse aus dem Ausgleichsfonds der Alters- und Hinterlassenenversicherung an die Verwaltungskosten sind ausschliesslich den Ausgleichskassen zu gewähren, die trotz rationeller Verwaltung ihre Verwaltungskosten nicht aus den Verwaltungskostenbeiträgen der Arbeitgeber, Selbständigerwerbenden und Nichterwerbstätigen decken können.

[2] Das Departement bestimmt auf Antrag der Eidgenössischen Kommission für die Alters-, Hinterlassenen- und Invalidenversicherung[1]

a. die Voraussetzungen für den Anspruch auf Zuschüsse, insbesondere die Mindestansätze für die Verwaltungskostenbeiträge;

b. die Art und die Höhe der Zuschüsse sowie den Schlüssel für deren Bemessung;

c. die Regelung für die Kürzung und Rückerstattung von Zuschüssen.

[3] Die Zuschüsse sind derart festzulegen, dass die einzelne Ausgleichskasse genügend Zuschüsse erhält, um daraus zusammen mit den Verwaltungskostenbeiträgen der Arbeitgeber, Selbständigerwerbenden und Nichterwerbstätigen die Kosten einer den strukturellen Gegebenheiten entsprechenden rationellen Verwaltung zu decken.

[1] VO über Verwaltungskostenzuschüsse an die kantonalen Ausgleichskassen der AHV (vom 10. November 1982) (SR 831.143.42).

L. Kassenrevisionen und Arbeitgeberkontrollen

1. Kassenrevisionen

Art. 159 Grundsatz

Die Ausgleichskassen sind jährlich zweimal gemäss Artikel 68 Absatz 1 AHVG zu revidieren. Die erste Revision hat unangemeldet im Laufe des Geschäftsjahres, die zweite nach Abschluss des Geschäftsjahres zu erfolgen.

Art. 160 Umfang

[1] Die Revisionen sind in einem dem Geschäftsverkehr der Ausgleichskasse angemessenen Umfang durchzuführen.

[2] Die Revisionen haben sich insbesondere auf die Buchhaltung, den Abrechnungsverkehr, die materielle Rechtsanwendung und die innere Organisation der Ausgleichskasse zu beziehen. Das Bundesamt kann den Revisionsstellen entsprechende Weisungen erteilen.

Art. 161 Revision der Zweigstellen

[1] Für die Revision von Zweigstellen, welche in ihrem Bereich alle Aufgaben einer Ausgleichskasse durchführen, gelten die Bestimmungen der Artikel 159 und 160.

[2] Zweigstellen, welche nicht unter Absatz 1 fallen, aber mehr als die in Artikel 116 Absatz 1 genannten Mindestfunktionen ausüben, müssen jährlich mindestens einmal an Ort und Stelle revidiert werden. Der Umfang der Revision richtet sich nach den der einzelnen Zweigstelle übertragenen Aufgaben.

[3] [91] Bei Zweigstellen, die nur die in Artikel 116 Absatz 1 genannten Mindestfunktionen ausüben, sind alle drei Jahre mindestens einmal Kontrollbesuche vorzunehmen.

[4] Die Ausgleichskassen entscheiden unter Vorbehalt der Genehmigung des Bundesamtes über die Anwendung der Absätze 1–3 auf die einzelnen Zweigstellen.

II. Arbeitgeberkontrollen

Art. 162 [5] Grundsatz

[1] Die Arbeitgeber sind periodisch, in der Regel alle vier Jahre, sowie bei Kassenwechsel und bei Auflösung des Unternehmens an Ort und Stelle durch eine Revisionsstelle im Sinne von Artikel 68 Absätze 2 und 3 AHVG zu kontrollieren [84]. Soweit die Einhaltung der Vorschriften durch den Arbeitgeber durch andere Massnahmen zuverlässig überprüft wird, kann von der Kontrolle an Ort und Stelle abgesehen werden.

[2] Wechselt ein Arbeitgeber die Ausgleichskasse, so hat die bisherige Ausgleichskasse dafür zu sorgen, dass der Arbeitgeber für die Zeit bis zum Kassenwechsel kontrolliert wird.

[3] Der Kassenleiter ist verantwortlich für die Anordnung der Kontrollen an Ort und Stelle und für die Einhaltung der Kontrollperioden. Er hat die Kontrolle in jedem Fall derart anzusetzen, dass Nachzahlungs- und Rückerstattungsansprüche nicht verjähren. In der Regel ist dem Arbeitgeber die Kontrolle rechtzeitig anzukündigen.

Art. 163 [5] Umfang

[1] Die Revisionsstelle hat zu prüfen, ob der Arbeitgeber die ihm obliegenden Aufgaben richtig erfüllt. Die Kontrolle hat sich auf diejenigen Unterlagen zu erstrecken, welche zur Vornahme dieser Prüfung erforderlich sind.

[2] Die Kontrolle hat sich in der Regel auf die ganze Zeitspanne seit der letzten Kontrolle zu beziehen. Sie ist in einem Umfange durchzuführen, der eine zuverlässige Prüfung gewährleistet und die Feststellung allfälliger Fehler ermöglicht.

[3] Die Kontrollorgane haben sich auf die Kontrolle zu beschränken. Sie sind nicht befugt, Verfügungen oder Anordnungen zu treffen.

III. Revisions- und Kontrollstellen

Art. 164 Grundsatz

[1] Die Ausgleichskassen sowie die Zweigstellen im Sinne von Artikel 161 Absatz 1 sind von Revisionsstellen, welche die Voraussetzungen des Artikels 68 Absatz 3 AHVG erfüllen (im folgenden externe Revisionsstellen genannt), zu revidieren.

[2] Die Zweigstellen im Sinne von Artikel 161 Absätze 2 und 3 sowie die Arbeitgeber können durch besondere Abteilungen der Ausgleichskassen (im folgenden interne Revisionsstellen genannt) revidiert werden.

Art. 165 Zulassungsbedingungen

[1] Die Zulassung von Revisions- und Kontrollstellen wird an folgende Bedingungen geknüpft:

a. [97] Die Personen, welche sich mit den Kassenrevisionen und Arbeitgeberkontrollen befassen, müssen über gründliche Kenntnisse der Revisionstechnik, der Buchhaltung und der Vorschriften des AHVG und seiner Ausführungsbestimmungen sowie der Weisungen des Bundesamtes verfügen.

b. [97] Die Personen, welche die Revisionen und Kontrollen durchzuführen haben, müssen sich hauptberuflich der Revisionstätigkeit widmen und, wenn sie in unselbständiger Stellung sind, in einem Arbeitsvertragsverhältnis zur Revisionsstelle oder in den Fällen des Artikels 164 Absatz 2 zur Ausgleichskasse stehen.

c. Die Personen, welche die Revisionen und Kontrollen zu leiten haben, müssen in der Regel im Besitze des eidgenössischen Diploms für Bücherexperten sein.

[2] Die externen Revisionsstellen müssen ferner, soweit es sich nicht um kantonale Kontrollstellen handelt, folgende Bedingungen erfüllen:

a. Sie müssen in der Regel [100] ordentliche Mitglieder der Treuhand-Kammer sein; das Bundesamt kann Ausnahmen zulassen.

b. [97] Sie müssen sich für Kassenrevisionen über Aufträge von mindestens drei Ausgleichskassen oder Zweigstellen im Sinne von Artikel 161 Absatz 1 und für Arbeitgeberkontrollen über Aufträge von mindestens zehn Arbeitgebern im Jahr ausweisen; das Bundesamt kann für bereits zugelassene Revisionsstellen eine Ausnahme machen.

c. Sie müssen sich verpflichten, die Geschäftszweige, die sie ausserhalb der Revisions- und Kontrolltätigkeit betreiben, dem Bundesamt bekanntzugeben und Änderungen laufend zu melden.

d. Sie müssen sich verpflichten, dem Bundesamt alle Unterlagen zur Verfügung zu stellen und alle Aufschlüsse zu erteilen, die zur Kontrolle der Erfüllung und Einhaltung der Zulassungsbedingungen nötig sind.

[3] Die internen Revisionsstellen müssen vornehmlich der Revisions- und Kontrolltätigkeit obliegen und bei deren Durchführung von der Kassenleitung unabhängig sein. Sie dürfen nicht im Rahmen von Zweigstellen organisiert werden.

[4] Die externen und internen Revisionsstellen können gegen angemessene Vergütung gleichzeitig andere Revisionen und Kontrollen für den Verband oder den Kanton durchführen, sofern dadurch eine rationellere Revisionstätigkeit erzielt und die ordnungsgemässe Durchführung der Kassenrevisionen und Arbeitgeberkontrollen nicht beeinträchtigt wird.

Art. 166 Zulassungsverfahren und Widerruf der Zulassung

[1] Externe Revisionsstellen, die zugelassen werden wollen, haben dem Bundesamt ein schriftliches Gesuch einzureichen und sich darüber auszuweisen, dass sie die Zulassungsbedingungen erfüllen. Das Gesuch um Zulassung interner Revisionsstellen ist von der Ausgleichskasse einzureichen.

[2] Das Bundesamt entscheidet über die Zulassung von Revisionsstellen. Der Entscheid ist schriftlich zu eröffnen.

[3] Die Zulassung ist zu widerrufen, wenn eine Revisionsstelle die Zulassungsbedingungen nicht mehr erfüllt, keine Gewähr mehr für die ordnungs- und sachgemässe Durchführung der Revisionen und Kontrollen bietet oder trotz Mahnung den behördlichen Weisungen nicht Folge leistet.

Art. 167 Unabhängigkeit und Ausstand

[1] Die Revisionsstellen müssen von der Geschäftsführung der Gründerverbände der zu revidierenden Ausgleichskasse sowie von den zu kontrollierenden Arbeitgebern unabhängig sein.

[2] Bei Befangenheit haben die Revisionsstellen bzw. die mit der Revision oder Kontrolle beauftragten Personen in den Ausstand zu treten. Ausstandsgründe sind insbesondere:

a. wesentliche finanzielle oder gleichwertige Beteiligung am Gründerverband, an dem zu kontrollierenden Arbeitgeberbetrieb oder an einem Konkurrenzunternehmen;

b. ein Dienstvertrags- oder Auftragsverhältnis, das sich nicht auf die Vornahme einer Revision oder Kontrolle bezieht, mit dem zu kontrollierenden Arbeitgeber oder mit einem Konkurrenzunternehmen.

Art. 168 Revisionsmandat

[1] Die Revisionsstellen sind jeweils bis zu einem vom Bundesamt festzusetzenden Termin mit der Durchführung der Kassenrevisionen bzw. Arbeitgeberkontrollen zu beauftragen. Der Auftrag an eine externe Revisionsstelle ist für wenigstens ein Geschäftsjahr zu erteilen.

[2] Die Ausgleichskassen haben ihre Revisionsstellen dem Bundesamt zu melden.

Art. 169 Revisions- und Kontrollberichte

[1] Über jede Revision einer Ausgleichskasse oder einer Zweigstelle sowie über jede Arbeitgeberkontrolle ist ein Bericht abzufassen.

[2] Die Revisions- und Kontrollberichte haben erschöpfend Aufschluss zu geben über Umfang und Gegenstand der vorgenommenen Prüfungen sowie über die festgestellten Mängel oder Unregelmässigkeiten. Sie haben das materielle und formelle Ergebnis der vorgenommenen Prüfungen zu enthalten und die genaue Einhaltung der gesetzlichen und behördlichen Vorschriften und Weisungen klar erkennen zu lassen. Die Berichte haben überdies festzuhalten, ob und wie früher beanstandete Missstände behoben sind. Das Bundesamt ist befugt, nähere Weisungen über die Abfassung der Revisions- und Kontrollberichte zu erlassen und Berichte, welche den Anforderungen nicht entsprechen, zurückzuweisen. Es kann ferner die Abfassung der Kontrollberichte auf vorgeschriebenem Formular anordnen.

[3] Die Revisions- und Kontrollberichte sind vom Revisor sowie bei externen Revisionsstellen von den für die Revisions- oder Kontrollstelle zeichnungsberechtigten Personen zu unterzeichnen.

[4] [33] Die Revisionsberichte sind dem Bundesamt in einer von diesem zu bestimmenden Frist in doppelter Ausfertigung zuzustellen. Weitere Doppel gehen direkt an die Ausgleichskasse und an ihre Gründerverbände. Die Kontrollberichte sind den Ausgleichskassen zuzustellen.

Art. 170 Tarif

[1] Die Vergütungen an die externen Revisionsstellen richten sich nach einem Tarif, der vom Departement nach Anhörung der beteiligten Kreise aufzustellen ist.

[2] Die Kosten für die Kassenrevisionen und Arbeitgeberkontrollen gelten als Verwaltungskosten der Ausgleichskassen.

[3] [50] Erschwert der Arbeitgeber die Arbeitgeberkontrolle in pflichtwidriger Weise, indem er namentlich die für eine ordnungsgemässe Kontrolle erforderlichen Aufzeichnungen (Art. 143 Abs. 2) nicht oder nur mangelhaft führt oder sich der Kontrolle zu entziehen versucht, so kann ihm die Ausgleichskasse die Mehrkosten auferlegen, die ihr dadurch erwachsen.

IV. Ergänzende Revisionen und Kontrollen [50]

Art. 171

[1] Das Bundesamt ist befugt, nötigenfalls ergänzende Kassenrevisionen selbst vorzunehmen oder durch die Zentrale Ausgleichsstelle oder eine zugelassene Revisionsstelle durchführen zu lassen.

[2] Für die Anordnung von Kontrollen gemäss Artikel 68 Absatz 2 letzter Satz AHVG ist das Bundesamt zuständig.

M. Haftung für Schäden

Art. 172 Geltendmachung der Ansprüche

[1] Wird ein Schaden im Sinne von Artikel 70 Absatz 1 AHVG entdeckt, so hat das Bundesamt dem Kanton bzw. Gründerverband davon unverzüglich Kenntnis zu geben und ihn einzuladen, innert bestimmter Frist den Schaden vorbehaltlos schriftlich anzuerkennen.

[2] [60] Wird dieser Aufforderung keine Folge gegeben oder die Schadenersatzpflicht ganz oder teilweise bestritten, und beharrt das Bundesamt auf der Forderung, so [99] erlässt es eine Verfügung. Vorbehalten bleibt die verwaltungsrechtliche Klage nach Artikel 116 Buchstabe a des Bundesrechtspflegegesetzes[1] bei Streitigkeiten über das Verhältnis zwischen Bund und Kantonen.

[1] OG; SR 173.110.

Art. 173 Verjährung

[1] Die Schadenersatzforderung verjährt, wenn sie nicht innert Jahresfrist seit Kenntnis des Schadens [99] durch Verfügung oder durch Einreichung der Klage beim Eidgenössischen Versicherungsgericht (Art. 172 Abs. 2) geltend gemacht wird, auf jeden Fall aber mit Ablauf von fünf Jahren seit dem Eintritt des Schadens.

[2] Wird die Forderung aus einer strafbaren Handlung hergeleitet, für die das Strafrecht eine längere Verjährungsfrist vorschreibt, so gilt diese Frist.

N. Die Zentrale Ausgleichsstelle

Art. 174 Aufgaben

[1] [39] Der Zentralen Ausgleichsstelle obliegen ausser den in Artikel 71 AHVG sowie in den Artikeln 134bis, 149, 154 und 171 dieser Verordnung genannten Aufgaben:

a. ... [39]

b. [82] die Führung eines zentralen Registers der zugeteilten Versichertennummern sowie der Register aller laufenden Leistungen;

c. der Zusammenruf der individuellen Konten eines Versicherten bei Eintritt des Versicherungsfalles;

d. die Auswertung der Meldungen [72] gemäss Artikel 140 Absatz 2 sowie des Leistungsregisters im Auftrag und nach den Bedürfnissen des Bundesamtes;

e. [39] Entgegennahme der Todesfallmeldungen der Zivilstandsämter und Weiterleitung an die Ausgleichskasse, soweit die Meldungen Leistungsbezüger betreffen, die im zentralen Register vermerkt sind.

2 Die Zentrale Ausgleichsstelle führt das Sekretariat des Verwaltungsrates des Ausgleichsfonds der Alters- und Hinterlassenenversicherung, vollzieht dessen Beschlüsse und verwaltet die Anlagen des Ausgleichsfonds nach dessen Weisungen.

3 Die Zentrale Ausgleichsstelle hat dem Bundesamt jährlich einen einlässlichen Bericht über die Durchführung der ihr gemäss Absatz 1 obliegenden Aufgaben zu erstatten.

Art. 175 Organisation

1 Die Zentrale Ausgleichsstelle wird vorbehältlich Absatz 2 dem Eidgenössischen Finanzdepartement unterstellt. Dieses regelt ihre innere Organisation.

2 Hinsichtlich der in Artikel 174 Absatz 2 genannten Aufgaben untersteht die Zentrale Ausgleichsstelle dem Verwaltungsrat des Ausgleichsfonds der Alters- und Hinterlassenenversicherung .

O. Die Aufsicht des Bundes

Art. 176 Departement und Bundesamt

1 Mit der Durchführung der dem Bundesrat gemäss Artikel 72 AHVG zustehenden Aufgaben wird das Departement beauftragt. Es kann bestimmte Aufgaben dem Bundesamt zur selbständigen Erledigung übertragen.

2 [77] Das Bundesamt kann den mit der Durchführung der Versicherung betrauten Stellen für den einheitlichen Vollzug im allgemeinen und im Einzelfall Weisungen erteilen.

3 ... [77]

4 [77] Das Bundesamt ordnet die Zusammenarbeit zwischen den Ausgleichskassen und der Zentralen Ausgleichsstelle und sorgt für einen zweckmässigen Einsatz technischer Einrichtungen. Vorschriften, welche Organisation und Tätigkeit der Zentralen Ausgleichsstelle berühren, sind im Einvernehmen mit der Eidgenössischen Finanzverwaltung zu erlassen.

5 [99] Das Bundesamt ist zuständig für Verfügungen über die Steuerfreiheit (Art. 94 AHVG).

Art. 177 Eidgenössische Kommission für die Alters-, Hinterlassenen- und Invalidenversicherung

[1] Die Mitglieder der Eidgenössischen Kommission für die Alters-, Hinterlassenen- und Invalidenversicherung [25] werden jeweils für eine Amtsdauer von vier Jahren gewählt.

[2] Die Kommission gibt sich ihr Geschäftsreglement selbst.

[3] Das Sekretariat der Kommission wird vom Bundesamt geführt.

Art. 178 [2] Berichterstattung durch die Ausgleichskassen

Die Ausgleichskassen haben dem Bundesamt nach dessen Weisungen über ihre Geschäftsführung jährlich Bericht zu erstatten. ... [29]

Art. 179 [5] Mängelbehebung

Die Ausgleichskassen haben festgestellte Mängel innert angemessener Frist zu beheben. Kommt eine Ausgleichskasse dieser Pflicht nicht nach, so hat ihr das Bundesamt eine Nachfrist zu setzen.

Art. 180 Kommissarische Verwaltung

[1] Die kommissarische Kassenverwaltung gemäss Artikel 72 Absatz 3 AHVG ist vom Departement anzuordnen, wenn gesetzliche Vorschriften oder behördliche Weisungen wiederholt schwer missachtet worden sind.

[2] Das Departement bestimmt nach Anhörung des Kantons bzw. der Gründerverbände den Kommissär. Dieser tritt an Stelle des obersten Kassenorgans und des Kassenleiters und übernimmt deren sämtliche Pflichten und Befugnisse.

[3] Die kommissarische Kassenverwaltung ist nach den Weisungen des Bundesamtes durchzuführen. Ihre Kosten sind von der Ausgleichskasse zu tragen.

[4] Die kommissarische Kassenverwaltung wird aufgehoben, sobald Gewähr für eine ordnungsgemässe Durchführung der Aufgaben der Ausgleichskasse besteht. Der Kommissär hat dem Departement einen Schlussbericht zu erstatten.

Fünfter Abschnitt: Die Versicherungseinrichtungen

Art. 181–199 [69]

Sechster Abschnitt: Die Rechtspflege

Art. 200 Zuständige kantonale Rekursbehörde

[1] [39] Zuständig zur Beurteilung der Beschwerden ist die Rekursbehörde des Kantons, in welchem der Beschwerdeführer bei Erlass der angefochtenen Verfügung seinen Wohnsitz, Sitz oder Aufenthalt hat.

[2] Ist der Beschwerdeführer von einem öffentlich-rechtlichen Fürsorgeorgan in einer ausserkantonalen Anstalt oder Familie versorgt worden, so ist die Rekursbehörde des Kantons, in welchem das Fürsorgeorgan seinen Sitz hat, zur Beurteilung der Beschwerde zuständig.

[3] Wohnt ein obligatorisch versicherter Beschwerdeführer im Ausland, so ist die Rekursbehörde des Kantons, in welchem der Arbeitgeber des Versicherten den Sitz hat, zur Beurteilung der Beschwerde zuständig.

[4] Zuständig für die Beurteilung von Beschwerden gegen Verfügungen einer kantonalen Ausgleichskasse ist jedoch in allen Fällen die Rekursbehörde des entsprechenden Kantons.

Art. 200bis [50] Eidgenössische Rekursbehörde

Zuständig für die Beurteilung der Beschwerden von im Ausland wohnenden Personen ist die Eidgenössische Rekurskommission. Vorbehalten bleibt Artikel 200 Absätze 1 und 3.

Art. 201 [33] Zustellung der Entscheide der Rekursbehörden

Die Entscheide der Rekursbehörden sind durch eingeschriebenen Brief zuzustellen:

a. den Personen, die durch die Entscheide berührt werden;

b. dem Bundesamt;

c. [95] den beteiligten Ausgleichskassen beziehungsweise IV-Stellen[1].

[1] Übergangsbestimmung l. Juli 1992.

Art. 202 [95][1] Berechtigung zur Verwaltungsgerichtsbeschwerde

Die Personen und Stellen, welchen nach Artikel 201 die Entscheide der Rekursbehörden zuzustellen sind, sind berechtigt, diese durch Verwaltungsgerichtsbeschwerde beim Eidgenössischen Versicherungsgericht anzufechten.

[1] Übergangsbestimmung l. Juli 1992.

Art. 203 [39] Verwaltungsgerichtsbeschwerde gegen Verfügungen des Bundesamtes

Gegen Verfügungen des Bundesamtes ist unmittelbar die Verwaltungsgerichtsbeschwerde zulässig.

Art. 204 [89]

Siebenter Abschnitt: Verschiedene Bestimmungen

Art. 205 [33] Mahnung

Wer die im AHVG und in dieser Verordnung enthaltenen Ordnungs- und Kontrollvorschriften verletzt, ist von der Ausgleichskasse schriftlich zu mahnen unter Berechnung einer Mahngebühr von 10–200 Franken [79], Ansetzen einer Nachfrist und Androhung der Folgen bei Nichtbeachtung der Mahnung. Vorbehalten bleibt Artikel 37.

Art. 206 [2] Mahngebühren und Ordnungsbussen

[1] Die Mahngebühren sowie die Ordnungsbussen verfallen der Ausgleichskasse und sind zur Deckung der Verwaltungskosten zu verwenden. Wird der Mahnung Folge geleistet, so kann die Ausgleichskasse auf die Eintreibung der Mahngebühr verzichten.

[2] Die Mahngebühren sind mit der Auferlegung vollstreckbar und können verrechnet werden.

Art. 207 [2] Verjährung

Verletzungen von Ordnungs- und Kontrollvorschriften sowie Ordnungsbussen verjähren in einem Jahr seit ihrer Begehung bzw. seit Eintritt der Rechtskraft. Die Verjährung der Busse wird durch jede auf Vollstreckung gerichtete Handlung unterbrochen.

Art. 208 Anzeigepflicht bei strafbaren Handlungen

Die Leiter der Ausgleichskassen sind verpflichtet, strafbare Handlungen im Sinne der Artikel 87 ff. AHVG, von denen die Ausgleichskassen Kenntnis erhalten, der zuständigen kantonalen Instanz anzuzeigen.

Art. 209 Auskunftspflicht

[1] [69] Die Ausgleichskassen bzw. die Arbeitgeber haben den Revisions- bzw. Kontrollstellen Einsicht in ihre Bücher und Belege zu gewähren und alle Aufschlüsse zu erteilen, die zur Erfüllung der Revisions- und Kontrollpflichten erforderlich sind.

[2] Die Selbständigerwerbenden, Nichterwerbstätigen und Arbeitnehmer ohne beitragspflichtige Arbeitgeber sind gehalten, den Ausgleichskassen wahrheitsgetreue Auskunft zu erteilen, soweit dies für die Durchführung der Alters- und Hinterlassenenversicherung nötig ist.

[3] [69] Die Ausgleichskassen, die Arbeitgeber und alle sonstigen mit der Durchführung des AHVG und deren Kontrolle beauftragten Personen und Stellen sowie die Versicherten sind verpflichtet, dem Bundesamt alle Auskünfte zu geben und alle Akten zur Einsichtnahme einzusenden, deren dieses zur Durchführung der Aufsicht bedarf.

Art. 209bis [77] Ausnahmen von der Schweigepflicht

[1] [104] Sofern kein schutzwürdiges Privatinteresse entgegensteht, entfällt im Einzelfall und auf begründetes Gesuch hin [101] die Schweigepflicht nach Artikel 50 AHVG:

a. gegenüber Durchführungsorganen der obligatorischen Unfallversicherung, sofern die Auskünfte und Unterlagen zur Festsetzung, Änderung, Verrechnung oder Rückforderung von Leistungen dieser Versicherung, zur Verhinderung ungerechtfertigter Bezüge, für die Festsetzung und den Bezug der Prämien oder für den Rückgriff auf haftpflichtige Dritte notwendig sind;
b. gegenüber Durchführungsorganen der obligatorischen Arbeitslosenversicherung, sofern die Auskünfte und Unterlagen zur Festsetzung, Änderung, Verrechnung oder Rückforderung von Leistungen dieser Versicherung, zur Verhinderung ungerechtfertigter Bezüge oder für den Rückgriff auf haftpflichtige Dritte notwendig sind;
c. gegenüber den Vorsorgeeinrichtungen, dem Sicherheitsfonds und den Aufsichtsbehörden gemäss dem Bundesgesetz vom 25. Juni 1982 über die berufliche Alters-, Hinterlassenen- und Invalidenvorsorge, sofern die Auskünfte und Unterlagen für die Erfassungskontrolle der Arbeitgeber oder für die Festsetzung von Beiträgen oder Leistungen notwendig sind;
d. gegenüber anderen Sozialversicherungen sowie den Amtsstellen des Bundes, der Kantone und Gemeinden, sofern die Auskünfte und Unterlagen zur Beurteilung von Begehren um Versicherungs- oder Sozialleistungen oder zur Geltendmachung eines gesetzlichen Rückgriffsrechts notwendig sind;
e. gegenüber Durchführungsorganen der Krankenversicherung, sofern die Auskünfte und Unterlagen die soziale Krankenversicherung nach dem Bundesgesetz vom 18. März 1994 über die Krankenversicherung betreffen und zur Festsetzung, Änderung, Verrechnung oder Rückforderung von Leistungen dieser Versicherung, zur Verhinderung ungerechtfertigter Bezüge oder für den Rückgriff auf haftpflichtige Dritte notwendig sind;
f. in Fällen anderer Art, sofern das Bundesamt die Erteilung von Auskünften oder die Einsichtnahme in Unterlagen bewilligt.

2 Die Schweigepflicht entfällt ferner, wenn der Betroffene oder sein gesetzlicher Vertreter schriftlich eingewilligt hat. Diese Einwilligung ist mit dem Auskunftsbegehren dem zuständigen Durchführungsorgan vorzulegen.

3 Über Streitigkeiten entscheidet das Bundesamt durch Verfügung nach Artikel 203. Vorbehalten bleibt das Beschwerderecht des Versicherten nach Artikel 84 AHVG.

Art. 210 [20] Formulare

1 Das Bundesamt bestimmt die amtlichen Formulare und gibt sie heraus. Es kann die Verwendung weiterer einheitlicher Formulare vorschreiben.

2 ... [46]

Art. 211 [20] Pauschalfrankatur

1 Die Pauschalfrankatur umfasst die Taxen und Gebühren für die Postsendungen und Zahlungen im Inland der Ausgleichskassen und der Zentralen Ausgleichsstelle. Sie kann auch auf andere Organe sowie auf die Postsendungen

und Zahlungen der Ausgleichskassen, welche die ihnen gemäss Artikel 63 Absatz 4 AHVG übertragenen weitern Aufgaben betreffen, ausgedehnt werden.

2 Das Bundesamt ordnet im Einvernehmen mit der Generaldirektion der Post-, Telefon- und Telegrafenbetriebe das Nähere.

3 Missbräuche werden wie Taxhinterziehungen nach Artikel 62 des Postverkehrsgesetzes vom 2. Oktober 1924[1] geahndet.

[1] SR 783.0.

Art. 212 [18] Periodische Überprüfung

1 [25] Das Bundesamt überprüft periodisch die technischen Grundlagen der Versicherung. Die hiefür massgebenden Richtlinien sind von einem Ausschuss der Eidgenössischen Kommission für die Alters-, Hinterlassenen- und Invalidenversicherung gutzuheissen.

2 Zur Aufstellung der Rechnungsgrundlagen dienen in erster Linie die bei der Zentralen Ausgleichsstelle vorhandenen statistischen Angaben, welche im Auftrag und nach den Weisungen des Bundesamtes auszuwerten sind. Die Auswertung kann gemäss dem Stichprobeverfahren gestützt auf einen angemessenen Teil des statistischen Materials erfolgen.

Art. 212bis [2] Berichterstattung durch das Bundesamt

Das Bundesamt verfasst über jedes Geschäftsjahr der Alters- und Hinterlassenenversicherung einen Bericht. Dieser ist dem Bundesrat zur Genehmigung vorzulegen und wird nachher veröffentlicht.

Art. 213 Rechnungsablage des Ausgleichsfonds

Die gemäss Artikel 109 AHVG vom Verwaltungsrat abzulegende Rechnung des Ausgleichsfonds der Alters- und Hinterlassenenversicherung ist dem Bundesrat zur Genehmigung vorzulegen und wird von diesem nach der Genehmigung veröffentlicht.

Art. 214 [72] In der Staatsrechnung auszuweisende Rückstellung

1 Die Rückstellung des Bundes für die Alters-, Hinterlassenen- und Invalidenversicherung nach Artikel 111 AHVG ist in der eidgenössischen Staatsrechnung auszuweisen.

2 Die Rückstellung wird vom Eidgenössischen Finanzdepartement verwaltet.

Achter Abschnitt: Die Baubeiträge an Heime und andere Einrichtungen für Betagte [39]

Art. 215 [39] Beitragsberechtigung

1 Beiträge werden gewährt an die Errichtung, den Ausbau und die Erneuerung von öffentlichen und gemeinnützigen privaten

- Heimen, die der dauernden oder vorübergehenden Unterbringung, Pflege oder Betreuung von Betagten dienen,
- Tages- und Freizeitstätten für Betagte, die der Begegnung, Ertüchtigung oder Beschäftigung dienen.

Berücksichtigt werden auch Einrichtungen für externe Dienstleistungen zur Betreuung Betagter.

[2] Beiträge werden zugesprochen, wenn Lage, Ausstattung und Dienstleistungen den Anforderungen einer zeitgemässen Altersbetreuung genügen und das Bedürfnis nachgewiesen ist.

[3] Nicht beitragsberechtigt sind Anstalten, die nach eidgenössischer oder kantonaler Gesetzgebung als Heilanstalten gelten sowie Alterswohnungen im Sinne des Wohnbau- und Eigentumsförderungsgesetzes vom 4. Oktober 1974[1].

[1] SR 843.

Art. 216 [39] Höhe der Beiträge

[1] Die Beiträge betragen höchstens ein Drittel der anrechenbaren Kosten. Besteht an der Errichtung, dem Ausbau oder der Erneuerung eines Heimes oder einer andern Einrichtung ein besonderes Interesse, so können Beiträge bis zur Hälfte der anrechenbaren Kosten sowie verzinsliche oder zinslose Darlehen gewährt werden.

[2] Die Beiträge dürfen die nach Abzug zweckgebundener Gelder erforderlichen Mittel nicht übersteigen.

Art. 217 [39] Anrechenbare Kosten

[1] Als anrechenbar fallen in Betracht die Kosten

a. [51] des Erwerbs von Liegenschaften, mit Ausnahme des Landerwerbs,
b. der Errichtung, des Ausbaus oder der Erneuerung von Bauten, einschliesslich der Wohnungen des für den Heimbetrieb unentbehrlichen Personals,
c. [62] der Anschaffung unerlässlicher Einrichtungen; die durch die Erneuerung und Ergänzung von Einrichtungen in bestehenden Institutionen verursachten Auslagen werden nur in dem Ausmass berücksichtigt, als die Kosten pro Gegenstand die vom Departement festgelegte Limite erreichen[1].

[2] Aufwendungen, die nur teilweise den in Artikel 215 Absatz 1 genannten Zwekken dienen, werden anteilsmässig berücksichtigt.

[1] VO über die Einrichtungsbeiträge an Institutionen für Betagte (vom 10. Dezember 1982) (SR 831.188).

Art. 218 [39] Einreichung und Prüfung der Gesuche

[1] Die Beitragsgesuche sind der zuständigen kantonalen Behörde einzureichen. Diese leitet das Gesuch mit ihrer Stellungnahme an das Bundesamt weiter.

[2] Das Bundesamt erlässt verbindliche Richtlinien über die zur Prüfung der Gesuche erforderlichen Unterlagen.

[3] Das Bundesamt prüft die Gesuche, insbesondere inbezug auf Bedürfnis, Eignung und Dringlichkeit des Projektes sowie auf die Höhe der Aufwendungen. Die bauliche Beurteilung erfolgt durch das Amt für Bundesbauten. Überdies können Sachverständige beigezogen werden.

Art. 219 [39] Zusicherung der Beiträge

[1] Beiträge werden zugesichert, wenn das Projekt den gestellten Anforderungen entspricht und die Aufwendungen angemessen sind.

[2] [62] Die Zusicherung der Beiträge erfolgt unter Vorbehalt der endgültigen Abrechnung durch das Bundesamt. In besonderen Fällen kann der Subventionsbetrag, wenn die beteiligten Parteien diesem Vorgehen zustimmen, bereits bei der Zusicherung festgelegt werden. In diesem Fall können die Entwicklung des Baukostenindexes und unerlässliche Projektänderungen während der Bauzeit vorbehalten werden.

[3] Die Zusicherung der Beiträge kann an Bedingungen geknüpft und mit Auflagen verbunden werden.

Art. 220 [39] Abrechnung und Auszahlung

[1] Nach Ausführung des Projektes ist eine detaillierte Abrechnung mit allen Rechnungs- und Zahlungsbelegen dem Bundesamt einzureichen.

[2] Auf Grund der ausgewiesenen anrechenbaren Kosten wird der Beitrag endgültig festgesetzt und ausbezahlt.

Art. 221 [39] Rückerstattung der Beiträge

[1] Werden Bauten, für die Beiträge ausgerichtet wurden, vor Ablauf von 25 Jahren seit der Schlusszahlung ihrer Zweckbestimmung entfremdet oder auf einen nicht gemeinnützigen Rechtsträger übertragen, so sind die Beiträge vollumfänglich zurückzuerstatten.

[2] Die Rückforderung ist vom Bundesamt binnen einer Frist von 5 Jahren seit der Entfremdung geltend zu machen.

[3] Für den zurückzuerstattenden Betrag besteht ein gesetzliches Pfandrecht zugunsten des Bundes ohne Eintragung im Grundbuch und im Nachgang zu den bestehenden Grundpfandrechten.

Neunter Abschnitt: Die Beiträge zur Förderung der Altershilfe [50]

Art. 222 [50] Beitragsberechtigung

[1] Beitragsberechtigt sind gemeinnützige private Institutionen, die

a. sich ganz oder in wesentlichem Umfang der Altershilfe widmen;

b. der Aus-, Weiter- und Fortbildung von Fach- und Hilfspersonal der Betagtenhilfe dienen.

[2] Zum Fach- und Hilfspersonal der Altershilfe gehören Personen, die sich in der offenen Altershilfe oder in Heimen mit Aufgaben gemäss Artikel 101bis AHVG befassen, einschliesslich des Sekretariatspersonals. Ausgenommen sind Ärzte und Personen, die gemäss eidgenössischem oder kantonalem Recht als medizinische Hilfspersonen gelten.

Art. 223 [50] Tätigkeitsbereich und anrechenbare Kosten

[1] Beiträge werden an die Besoldungen und Sozialaufwendungen gewährt für

a. Fachpersonal, das sich der Beratung Betagter und deren Angehörigen widmet und Personal, das sich in der offenen Altershilfe mit der Betreuung Betagter bei den alltäglichen Lebensverrichtungen befasst;
b. Personal, das in der Altershilfe mit Sekretariats- und Dokumentationsaufgaben beschäftigt ist;
c. Personen, die mit der Vorbereitung und Durchführung von Kursen für die Weiter- und Fortbildung des Fachpersonals und die Aus- und Fortbildung des Hilfspersonals der Altershilfe betraut sind.

[2] [77] Beiträge werden ferner gewährt an die Kosten für die Durchführung von Kursen für sinnesbehinderte Betagte zur Förderung der Selbständigkeit und der gesellschaftlichen Kontakte.

[3] Berücksichtigt werden nur Kosten, die bei zweckmässiger und sparsamer Durchführung der Aufgaben entstehen. Entschädigungen für die Tätigkeit des Vorstandes und für Vereins- und Delegiertenversammlungen sowie Aufwendungen für Sammelaktionen werden nicht berücksichtigt.

[4] Das Bundesamt legt die Höhe der anrechenbaren Kosten fest.

Art. 224 [50] Höhe der Beiträge

[1] Die Beiträge belaufen sich auf höchstens vier Fünftel der gemäss Artikel 223 Absatz 1 anrechenbaren Kosten.

2 [77] Die Beiträge an Kurse nach Artikel 223 Absatz 2 belaufen sich auf höchstens vier Fünftel der anrechenbaren Kosten. Sie dürfen den Betrag des anrechenbaren Ausgabenüberschusses nicht übersteigen.

[3] ... [77]

[4] Aufwendungen, die nur teilweise den in Artikel 223 genannten Zwecken dienen, werden anteilsmässig berücksichtigt.

Art. 225 [50] Verfahren

[1] Institutionen, die sich um Beiträge bewerben, haben bei der erstmaligen Anmeldung Angaben über die Organisation, das Tätigkeitsprogramm und die finanzielle Lage zu machen.

[2] Kurse sind beitragsberechtigt, wenn das Programm und der Kostenvoranschlag vom Bundesamt vor Beginn der Veranstaltung genehmigt worden sind.

[3] An die Personalkosten von Dokumentationsstellen werden Beiträge gewährt, wenn die Organisation, das Tätigkeitsprogramm und der Kostenvoranschlag vom Bundesamt genehmigt worden sind.

[4] Die Beiträge werden auf Grund der Kursabrechnung oder der abgeschlossenen und revidierten Jahresrechnung festgesetzt. Die Kursabrechnung ist innert 3 Monaten nach Abschluss des Kurses und die Jahresrechnung innert 6 Monaten nach Ablauf des Rechnungsjahres einzureichen. Die Fristen können auf schriftliches Gesuch hin erstreckt werden. Werden die Fristen ohne triftigen Grund nicht eingehalten, so entfällt der Beitrag.

[5] Das Bundesamt prüft die Abrechnungen und setzt die Höhe der Beiträge fest. Es kann die Ausrichtung der Beiträge an Bedingungen knüpfen und mit Auflagen verbinden.

[6] Institutionen, deren Tätigkeit sich auf ein Kantonsgebiet beschränkt, reichen ihre Gesuche bei der vom Kanton bezeichneten Koordinationsstelle ein. Diese leitet sie mit ihrer Stellungnahme an das Bundesamt weiter.

[7] Institutionen, die in mehreren Kantonen tätig sind, senden ihre Gesuche direkt an das Bundesamt.

[8] Das Bundesamt kann Institutionen mit deren Einverständnis die Genehmigung von Programm und Kostenvoranschlag, die Prüfung der Abrechnung und die Festsetzung der Beiträge für andere Institutionen ganz oder teilweise übertragen.

Zehnter Abschnitt: Schlussbestimmungen

Art. 226 [50] Inkrafttreten und Vollzug

[1] Diese Verordnung tritt vorbehältlich Absatz 2 am 1. Januar 1948 in Kraft.

[2] Die Artikel 22–26, 29, 67, 69, 83–127, 131, 133, 134, 174–177, 186, 187, 194–198, 205–217 und 219 Absatz 3 treten am 1. November 1947 in Kraft.

[3] Das Departement ist mit dem Vollzug beauftragt. Es kann ergänzende Vorschriften erlassen oder das Bundesamt mit dem Erlass ergänzender Vorschriften beauftragen.

Übergangsbestimmung der Änderung vom 7. Juli 1982, in Kraft seit 1. Januar 1983

Die Änderungen von Artikel 48 Absätze 3 und 4 gelten auch für Versicherungsfälle, die vor dem Inkrafttreten eingetreten sind. In solchen Fällen werden Leistungen jedoch nur auf Antrag und vom Zeitpunkt des Inkrafttretens an ausgerichtet.

Übergangsbestimmung der Änderung vom 29. Juni 1983, in Kraft seit 1. Januar 1984

Artikel 52ter Absatz 2 gilt auf Antrag auch für die am 1. Januar 1984 bereits laufenden Renten, sofern diese nach dem 31. Dezember 1978 entstanden sind. Die erhöhten Renten werden frühestens ab 1. Januar 1984 ausgerichtet.

Übergangsbestimmung der Änderung vom 17. Juni 1985, in Kraft seit 1. Januar 1986

[1] Für die Jahre 1980–1985 wird der Jahresbetrag, um welchen die Kinder- und Waisenrenten zusammen mit den Renten des Vaters und der Mutter das für sie massgebende durchschnittliche Jahreseinkommen gemäss Artikel 53bis Absatz 1 in der ab 1. Januar 1986 gültigen Fassung übersteigen dürfen, wie folgt festgelegt:

1980 und 1981	1 200 Franken
1982 und 1983	1 240 Franken
1984 und 1985	1 380 Franken

[2] Vor dem 1. Januar 1986 entstandene Kinder- und Waisenrenten werden nur auf Antrag rückwirkend angepasst.

Übergangsbestimmung der Änderung vom 15. Dezember 1986, in Kraft seit 1. Januar 1987

Die Abzugsmöglichkeit nach dem geänderten Artikel 18 Absatz 3 gilt für alle Einkommen aus selbständiger Erwerbstätigkeit, die seit dem 1. Januar 1985 erzielt wurden.

Übergangsbestimmung der Änderung vom 12. Juni 1989, in Kraft seit 1. Januar 1990

Artikel 52bis gilt auf Antrag und mit Wirkung ab 1. Januar 1990 auch für die zu diesem Zeitpunkt bereits laufenden Renten.

Übergangsbestimmung der Änderung vom 15. Juni 1992, in Kraft seit 1. Juli 1992

Diese Änderung gilt, soweit sie die einzelnen IV-Stellen und die Ausgleichskassen betrifft, ab Inkrafttreten des kantonalen Einführungsgesetzes bzw. ab Einsetzung der IV-Stelle für Versicherte im Ausland.

Schlussbestimmungen der Änderung vom 27. September 1993 in Kraft seit 1. Januar 1994

[1] Artikel 53ter und 53quater gelten auf Antrag und mit Wirkung ab 1. Januar 1994 auch für die zu diesem Zeitpunkt bereits laufenden Renten.

[2] Für die Berechnung der Höhe der Erziehungsgutschrift (Art. 53quater) ist für Altersrenten, welche im Zeitpunkt des Inkrafttretens dieser Änderung bereits laufen, auf die am 1. Januar 1994 gültige Rentenhöhe abzustellen.

Übergangsbestimmung der Änderung vom 13. September 1995, in Kraft seit 1. Januar 1996

[1] Laufende ausserordentliche Renten mit Einkommensgrenzen werden nach dem 1. Januar 1996 durch die kantonalen Ausgleichskassen des Wohnsitzkantons der berechtigten Person ausgerichtet.

[2] Artikel 125 findet auch Anwendung, wenn der Bezüger einer ordentlichen Rente einen Anspruch auf eine ausserordentliche Rente mit Einkommensgrenze erwirbt.

Anhang 5

Verordnung 95 über Anpassungen an die Lohn- und Preisentwicklung bei der AHV/IV

vom 26. September 1994 (SR 831.105)

Der Schweizerische Bundesrat,
gestützt auf die Artikel 33ter und 42ter des Bundesgesetzes über die Alters- und Hinterlassenenversicherung (AHVG),
verordnet:

Art. 1 Ordentliche Renten

1 Der Mindestbetrag der vollen einfachen Altersrente nach Artikel 34 Absatz 2 AHVG wird auf 970 Franken festgesetzt.

2 Die laufenden Voll- und Teilrenten werden angepasst, indem das bisher massgebende durchschnittliche Jahreseinkommen um 970–940/9,4 = 3,19 Prozent erhöht wird. Zur Anwendung gelangen die ab 1. Januar 1995 gültigen Rententabellen.

3 Die neuen ordentlichen Renten dürfen nicht niedriger sein als die bisherigen.

Art. 2 Indexstand

Die nach Artikel 1 angepassten Renten entsprechen einem Rentenindex von 176,4 Punkten. Dieser stellt nach Artikel 33ter Absatz 2 AHVG den Mittelwert dar aus:

a. 168,1 Punkten für die Preisentwicklung, entsprechend einem Stand des Landesindexes der Konsumentenpreise von 101,3 (Mai 1993 = 100);

b. 184,7 Punkten für die Lohnentwicklung, entsprechend einem Stand des BIGA-Lohnindexes von 1854 (Juni 1939 = 100).

Art. 3 Einkommensgrenzen für den Bezug von ausserordentlichen Renten

Die Einkommensgrenzen nach Artikel 42 Absatz 1 AHVG betragen für die Bezüger von:

	Fr.
a. einfachen Altersrenten und Witwenrenten	14 800
b. Ehepaar-Altersrenten	22 200
c. einfachen Waisenrenten und Vollwaisenrenten	7 400

Art. 4 Andere Leistungen

Neben den ordentlichen und ausserordentlichen Renten werden alle anderen Leistungen der AHV und der IV, deren Höhe nach Gesetz oder Verordnung vom Betrag der ordentlichen Rente abhängt, entsprechend erhöht.

Art. 5 Aufhebung bisherigen Rechts und Inkrafttreten

[1] Die Verordnung 93 vom 31. August 1992 über Anpassungen an die Lohn- und Preisentwicklung bei der AHV/IV wird aufgehoben.

[2] Diese Verordnung tritt am 1. Januar 1995 in Kraft.

Anhang 6

Verordnung über die freiwillige Alters-, Hinterlassenen- und Invalidenversicherung für Auslandschweizer (VFV) [33]

vom 26. Mai 1961 (SR 831.111)

Der Schweizerische Bundesrat,
gestützt auf Artikel 154 Absatz 2 des Bundesgesetzes vom 20. Dezember 1946 über die Alters- und Hinterlassenenversicherung und auf Artikel 86 Absatz 2 des Bundesgesetzes vom 19. Juni 1959 über die Invalidenversicherung,
verordnet:

A. Allgemeine Bestimmungen

Art. 1 [73] Auslandschweizer

Als im Ausland niedergelassene Schweizer Bürger (im folgenden Auslandschweizer genannt) im Sinne von Artikel 2 des Bundesgesetzes über die Alters- und Hinterlassenenversicherung (AHVG) gelten die nicht gemäss Artikel 1 dieses Gesetzes versicherten Personen, die das Schweizer Bürgerrecht besitzen und ihren Wohnsitz im Ausland haben.

Art. 2 [103] Ausgleichskasse und IV-Stelle

Die Durchführung der freiwilligen Versicherung für Auslandschweizer erfolgt durch die Schweizerische Ausgleichskasse (im folgenden Ausgleichskasse genannt) und die IV-Stelle für Versicherte im Ausland.

Art. 3 Aufgaben der Auslandsvertretungen

Die Auslandsvertretungen erfüllen für die in ihrem Konsularbezirk niedergelassenen Auslandschweizer insbesondere folgende Aufgaben und stehen dafür mit der Ausgleichskasse in unmittelbarem Geschäftsverkehr [73]:

a. Entgegennahme der Beitrittserklärungen und Überprüfung der darin enthaltenen Angaben;
b. Führung einer Kontrolle der freiwillig Versicherten;
c. Festsetzung der Beiträge ... [103];
d. Bezug der Beiträge, soweit diese nicht direkt an die Ausgleichskasse entrichtet werden;
e. Entgegennahme der Anmeldungen zum Bezug von Versicherungsleistungen und Mitwirkung bei der Abklärung von Anspruchsvoraussetzungen;
f. [103] Auszahlung der Renten, Taggelder und Fürsorgeleistungen im Ausland, es sei denn, diese Leistungen werden direkt durch die Ausgleichskasse ausbezahlt;

g. Abrechnung mit der Ausgleichskasse über Beiträge, Renten, Fürsorgeleistungen [103] und Taggelder.

Art. 4 Kostenvergütung und Inspektionsberichte

[1] Die zusätzlichen Kosten (Personal- und Sachausgaben), welche dem Eidgenössischen Departement für auswärtige Angelegenheiten aus der Erfüllung der in Artikel 3 genannten Obliegenheiten erwachsen, werden diesem zu Lasten der Ausgleichskasse pauschal vergütet.

[2] In den Inspektionsberichten an das Eidgenössische Departement für auswärtige Angelegenheiten ist über die Geschäftsführung der Auslandsvertretungen bei Durchführung der freiwilligen Versicherung für Auslandschweizer zuhanden des Bundesamtes für Sozialversicherung und der Ausgleichskasse Aufschluss zu geben.

Art. 5 Auskunftspflicht

Die freiwillig versicherten Auslandschweizer sind gehalten, der Auslandsvertretung der Ausgleichskasse und der IV-Stelle [103] für Versicherte im Ausland alle zur Durchführung der freiwilligen Versicherung benötigten Angaben zu machen und auf Verlangen deren Richtigkeit zu belegen.

Art. 6 [33]

B. Beitritt zur freiwilligen Versicherung

Art. 7 Im allgemeinen

[1] [33] Auslandschweizer können den Beitritt zur freiwilligen Versicherung bis spätestens ein Jahr nach vollendetem 50. Altersjahr erklären.

[2] [33] Die Versicherung beginnt mit dem ersten Tag des der Beitrittserklärung folgenden Monats, spätestens aber mit dem ersten Tag des der Vollendung des 50. Altersjahres folgenden Monats.

[3] [18] Der Beitritt zur freiwilligen Versicherung ist schriftlich zu erklären. Das gleiche gilt für die Beitrittserklärungen gemäss den Artikeln 8–10.

Art. 8 Bei Erwerb des Schweizer Bürgerrechtes

[1] [67] Ausländer oder Ausländerinnen, die in Anwendung des Bundesgesetzes vom 29. September 1952[1] über Erwerb und Verlust des Schweizer Bürgerrechts das Schweizer Bürgerrecht erwerben, können der freiwilligen Versicherung auch nach vollendetem 50. Altersjahr beitreten.

[2] [67] Der Beitritt ist innert Jahresfrist seit dem Entscheid über das Schweizer Bürgerrecht oder der Heirat zu erklären.

[3] Die Versicherung beginnt mit dem ersten Tag des der Beitrittserklärung folgenden Monats.

[1] SR 141.0.

Art. 8bis [25] Getrennt lebende Ehefrauen

[1] Ehefrauen nicht freiwillig versicherter Auslandschweizer, die seit mindestens einem Jahr ohne Unterbruch vom Ehegatten getrennt leben, können, sofern die Wiederaufnahme der ehelichen Gemeinschaft aller Voraussicht nach nicht zu erwarten ist, ohne Rücksicht auf ihr Alter der freiwilligen Versicherung beitreten.

[2] [33] Für den Beitritt gilt die in Artikel 7 Absatz 1 genannte Frist. Ehefrauen, die das 50. Altersjahr vollendet haben, haben den Beitritt innert Jahresfrist seit dem Zeitpunkt zu erklären, an dem die Trennung ein Jahr gedauert hat.

[3] Die Versicherung beginnt mit dem ersten Tag des der Beitrittserklärung folgenden Monats.

Art. 9 Bei Verwitwung oder Scheidung

[1] [33] Im Ausland niedergelassene Schweizer Bürgerinnen, die verwitwen oder geschieden werden, können der freiwilligen Versicherung auch nach vollendetem 50. Altersjahr beitreten.

[2] Der Beitritt ist innert Jahresfrist seit der Verwitwung oder Scheidung zu erklären.

[3] Die Versicherung beginnt mit dem ersten Tag des der Beitrittserklärung folgenden Monats.

Art. 10 Bei Fortführung der Versicherung

[1] Auslandschweizer können ohne Rücksicht auf ihr Alter innert Jahresfrist seit Wegfall der Voraussetzungen für die obligatorische Versicherung den Beitritt zur freiwilligen Versicherung erklären.

[2] Im Ausland niedergelassene Schweizer Bürgerinnen, die unmittelbar vor der Eheschliessung freiwillig oder obligatorisch versichert waren, können die Versicherung ohne Rücksicht auf ihr Alter freiwillig fortführen, sofern sie innert Jahresfrist seit ihrer Heirat den Beitritt erklären.

[3] Die freiwillige Versicherung erfolgt rückwirkend auf den Zeitpunkt des Ausscheidens aus der obligatorischen Versicherung; bei Fortführung der freiwilligen Versicherung wird diese nicht unterbrochen.

Art. 10bis [67] Bei Erfassung des Ehemannes durch die obligatorische Versicherung

[1] Im Ausland niedergelassene Ehefrauen von Schweizer Bürgern können auch nach der Vollendung ihres 50. Altersjahres der freiwilligen Versicherung beitreten, wenn ihr Ehemann nicht freiwillig versichert ist und von einem bestimmten Zeitpunkt an von der obligatorischen Versicherung erfasst wird.

[2] Der Beitritt ist innert Jahresfrist seit der Erfassung des Ehemannes zu erklären und wirkt auf diesen Zeitpunkt zurück.

Art. 11 Fristverlängerung

Liegen ausserordentliche Verhältnisse vor, die nicht vom Auslandschweizer selbst zu vertreten sind, so kann die Ausgleichskasse auf Gesuch in Einzelfällen die Frist zur Abgabe der Beitrittserklärung um längstens ein Jahr erstrekken. Der Entscheid ist durch eine Kassenverfügung zu treffen.

C. Rücktritt von der freiwilligen Versicherung und Ausschluss

Art. 12 [18] Rücktritt

[1] Die Auslandschweizer haben den Rücktritt auf amtlichem Formular zu erklären. Bei verheirateten Versicherten ist die schriftliche Zustimmung der Ehefrau erforderlich.

[2] Der Rücktritt kann nur auf das Ende des laufenden Kalenderjahres erfolgen.

Art. 13 [18] Ausschluss

[1] Die Auslandschweizer sind aus der freiwilligen Versicherung ausgeschlossen, wenn sie einen Jahresbeitrag nicht innert dreier Jahre nach Ablauf des Kalenderjahres, in welchem er rechtskräftig festgesetzt wurde, voll entrichtet haben.

[2] Haben Auslandschweizer noch keine Beiträge an die freiwillige Versicherung entrichtet, so beginnt die dreijährige Frist nach Ablauf des Kalenderjahres, in welchem der Beitritt erklärt wurde.

[3] Die Ausgleichskasse hat dem freiwillig Versicherten vor Ablauf der dreijährigen Frist gemäss Absatz 1 oder 2 eine eingeschriebene Mahnung mit Androhung des Ausschlusses aus der Versicherung zuzustellen. Diese Androhung kann mit der Mahnung gemäss Artikel 17 Absatz 2 Satz 2 erfolgen.

[4] Der Ausschluss aus der Versicherung tritt nicht ein, wenn der Versicherte die Beiträge infolge höherer Gewalt nicht rechtzeitig entrichten kann oder die Überweisung der Beiträge in die Schweiz unmöglich ist.

D. Beiträge

Art. 14 Beitragsfestsetzung

[1] Die Beiträge werden in Schweizer Franken für eine zweijährige Periode (Beitragsperiode) festgesetzt, welche am 1. Januar jedes geraden Jahres beginnt. Fällt der Beitritt zur freiwilligen Versicherung nicht mit dem Anfang einer Beitragsperiode zusammen, so werden die Beiträge bis zum Ende der laufenden Beitragsperiode festgesetzt.

[2] Massgebend ist bei erwerbstätigen Versicherten das durchschnittliche Erwerbseinkommen der beiden der Beitragsperiode vorangehenden Jahre und bei nichterwerbstätigen Versicherten der Vermögensstand zu Beginn der Beitragsperiode sowie das im vorangehenden Jahr erzielte Renteneinkommen. ... [43]

[3] [103] Weist der Versicherte eine wesentliche dauernde Änderung seiner Einkommensgrundlagen bzw. Vermögensverhältnisse nach, so werden die Beiträ-

ge auf Grund des von der Änderung der Einkommensgrundlagen an erzielten und auf ein Jahr berechneten Einkommens bzw. auf Grund des Vermögensstandes im Zeitpunkt der Änderung der Vermögensverhältnisse neu berechnet und festgesetzt.

4 [43] Das Einkommen und das Vermögen werden zu dem Kurs in Schweizer Franken umgerechnet, der zu Beginn der in den Absätzen 1 und 3 umschriebenen Beitragsperioden gilt.

Art. 14bis [18] Pauschalabzug vom reinen Einkommen

1 Bei überhöhten Lebenshaltungskosten im Wohnsitzstaat wird dem Versicherten ein Pauschalabzug vom reinen Einkommen gewährt. Massgebend ist ein Vergleichsindex zwischen den Lebenshaltungskosten im Ausland und jenen in der Schweiz, wobei letztere mit 100 Punkten bewertet werden. Der Pauschalabzug wird gemäss folgender Tabelle berechnet:

Vergleichsindices in Punkten		Abzug
von mindestens	aber weniger als	(in Prozenten des reinen Einkommens)
100	130	0
130	150	10
150	170	20
170	190	30
190	210	40
210		50

2 Die Ausgleichskasse setzt die Ansätze der Pauschalabzüge für die Versicherten in den einzelnen Staaten jeweils für eine Beitragsperiode fest.

Art. 14ter [50] Erwerbstätige Versicherte im Rentenalter

Über 62jährige Frauen und über 65jährige Männer, die der freiwilligen Versicherung für Auslandschweizer angehören und im Ausland erwerbstätig sind, haben keine Beiträge zu entrichten.

Art. 15 Fälligkeit

Die Beiträge werden auf Ende jedes Kalendervierteljahres fällig.

Art. 16 [43] Beitragszahlung

1 Die Beiträge sind in Schweizerfranken geschuldet.

2 [62] Sie werden in Schweizerfranken in der Schweiz bezahlt. Mit Zustimmung der Ausgleichskasse können sie der Auslandsvertretung in der Währung des Wohnsitzstaates oder ausnahmsweise in einer anderen Fremdwährung entrichtet werden.

3 Die Beiträge werden zu dem Kurs entrichtet, der im Zeitpunkt der Zahlung gilt. Wenn ihre Überweisung in die Schweiz nicht möglich ist, so gelten sie bis zum Zeitpunkt, an dem sie überwiesen werden können, als gestundet. Vorbe-

halten bleibt die Verrechnung der gestundeten und nicht verjährten Beiträge mit fälligen Renten bei Eintritt des Versicherungsfalles.

4 ... [62]

Art. 17 Mahnung

1 [18] Werden die nötigen Angaben zur Beitragsfestsetzung nicht fristgemäss gemacht, so ist innert zweier Monate schriftlich unter Ansetzung einer Nachfrist von 30 Tagen zu mahnen. Wird auch die Nachfrist nicht eingehalten, so sind, falls bereits Beiträge in der freiwilligen Versicherung entrichtet wurden, die geschuldeten Beiträge durch Veranlagungsverfügung festzusetzen.

2 Werden fällige Beiträge nicht bezahlt, so ist innert zweier Monate schriftlich unter Ansetzung einer Nachfrist von 30 Tagen zu mahnen. Wird auch die Nachfrist nicht eingehalten, so hat die Ausgleichskasse eine letzte Zahlungsfrist anzusetzen und auf die Folgen der Nichtzahlung aufmerksam zu machen.

Art. 18 Umrechnungskurs

1 Die Festsetzung der Umrechnungskurse erfolgt durch die Ausgleichskasse nach Fühlungnahme mit der Schweizerischen Nationalbank auf den 1. Januar jedes Jahres.

2 Bei erheblichen Kursschwankungen während des Jahres ist für Beitragszahlungen der Umrechnungskurs neu festzusetzen.

E. Renten und Taggelder [23a]

Art. 19 Berechnung und Festsetzung

1 [23a] Renten und Taggelder werden durch die Ausgleichskasse in Schweizerfranken berechnet und festgesetzt.

2 [62] Beiträge, die bei Eintritt des Versicherungsfalles nach Artikel 16 Absatz 3 gestundet, aber noch nicht verjährt sind, werden von den Rentenleistungen abgezogen. Die betreffenden Beitragsjahre werden bei Berechnung der Rente angerechnet. Beitragsjahre nach dem 1. Januar 1983, für welche die Beiträge unbezahlt geblieben und verjährt sind, werden nicht angerechnet.

3 ... [103]

Art. 20 [23a] Auszahlung

1 [62] Renten und Taggelder an Berechtigte im Ausland werden direkt durch die Ausgleichskasse oder von der Auslandsvertretung in der Währung des Wohnsitzstaates ausgerichtet. Auf Verlangen sind sie von der Ausgleichskasse in Schweizerfranken an einen in der Schweiz bestellten Vertreter zu bezahlen. Sofern genügend Sicherheit besteht, kann die Ausgleichskasse die Auszahlung auf ein Postcheck- oder Bankkonto in der Schweiz oder im Wohnsitzstaat des Berechtigten zulassen.

1bis [62] Der Berechtigte muss sich im Matrikelregister der zuständigen schweizerischen Auslandsvertretung eintragen, dies auch dann, wenn er die Auszahlung der Leistung in der Schweiz wünscht oder wenn er seinen Leistungsanspruch in der obligatorischen Versicherung erworben hat.

2 Der Betrag der Renten und Taggelder in Fremdwährung wird zu einem festen Kurs umgerechnet, wobei Artikel 18 sinngemäss Anwendung findet. Wenn besondere Gründe vorliegen, erfolgt die Umrechnung zum Tageskurs im Zeitpunkt der Überweisung.

3 Die Renten können für zwei oder drei Monate zusammen ausgerichtet werden, wobei die Zahlung zu Beginn des letzten Monats der betreffenden Periode erfolgt. Der Berechtigte kann jedoch in jedem Fall die monatliche Auszahlung verlangen.

Art. 21 [73] Sichernde Massnahmen

1 Die Ausgleichskasse prüft periodisch, ob die Leistungsberechtigten noch leben und ob sich ihr Zivilstand geändert hat. Sie holt dafür eine entsprechende Bescheinigung von ihnen ein.

2 Die Bescheinigungen sind in der Regel von den zuständigen Behörden des Wohnsitzstaates zu bestätigen. Auf Verlangen des Leistungsberechtigten oder der Ausgleichskasse werden sie von der Auslandsvertretung bestätigt.

F. Eingliederungsmassnahmen

Art. 22 Gewährung im Ausland

1 Eingliederungsmassnahmen werden in der Regel nur in der Schweiz gewährt. Sie können ausnahmsweise im Ausland gewährt werden, wenn die persönlichen Verhältnisse des Versicherten es angezeigt erscheinen lassen und die Ausübung einer entsprechenden Erwerbstätigkeit nach Durchführung der Massnahmen gesichert erscheint.

2 [23a] Minderjährigen invaliden Auslandschweizern, deren Vater oder Mutter bei Eintritt der Invalidität versichert ist, werden Eingliederungsmassnahmen ausnahmsweise im Ausland gewährt, sofern dies die persönlichen Verhältnisse und Erfolgsaussichten angezeigt erscheinen lassen.

G. Fürsorgeleistungen [25]

Art. 23 [25] Bezügerkreis

1 Auslandschweizern, die bei Eintritt des Versicherungsfalles im Sinne des Bundesgesetzes vom 20. Dezember 1946 über die Alters- und Hinterlassenenversicherung oder des Bundesgesetzes vom 19. Juni 1959 über die Invalidenversicherung keine Rente oder keine Hilflosenentschädigung erhalten, können Fürsorgeleistungen gewährt werden, sofern sie rechtzeitig der freiwilligen Versicherung beigetreten sind und aus eigenen Mitteln den persönlichen Unterhalt

sowie jenen der unterhaltsberechtigten Angehörigen nicht zu bestreiten vermögen. Bei Verheirateten werden die Mittel beider Ehegatten berücksichtigt.

[2] Als rechtzeitig gilt der Beitritt zur freiwilligen Versicherung

a. [33] vor dem Jahre 1974 oder bis spätestens ein Jahr nach dem vollendeten 20. Altersjahr oder

b. innert der in den Artikeln 7–11 genannten Fristen, aber vor Eintritt des Versicherungsfalles.

[3] [62] An Doppelbürger, deren ausländisches Bürgerrecht überwiegt, werden keine Fürsorgeleistungen ausgerichtet.

Art. 24 Festsetzung und Auszahlung

[1] Die Ausgleichskasse setzt die Fürsorgebeiträge periodisch in Schweizerfranken fest und gibt den Betrag den Empfängern schriftlich bekannt.

[2] Für die Auszahlung gilt Artikel 20 sinngemäss.

H. Schlussbestimmungen

Art. 25 [43] Anwendbare Bestimmungen

Soweit diese Verordnung keine abweichenden Bestimmungen enthält, finden die einschlägigen Bestimmungen der Verordnung vom 31. Oktober 1947 über die Alters- und Hinterlassenenversicherung (AHVV) und der Verordnung vom 17. Januar 1961 über die Invalidenversicherung (IVV) Anwendung.

Art. 26 Inkrafttreten und Vollzug

[1] Diese Verordnung tritt am 1. Juni 1961 in Kraft. Sie findet auch auf die bei ihrem Inkrafttreten nicht erledigten Leistungsbegehren Anwendung.

[2] Die Verordnung vom 9. April 1954 über die freiwillige Alters- und Hinterlassenenversicherung für Auslandschweizer wird aufgehoben.

[3] Das Eidgenössische Departement des Innern ist mit dem Vollzug beauftragt und kann ergänzende Vorschriften erlassen.

Anhang 7

Verordnung über die Rückvergütung der von Ausländern an die Alters- und Hinterlassenenversicherung bezahlten Beiträge (RV)

vom 14. März 1952 (SR 831.131.12)

Der Schweizerische Bundesrat,
gestützt auf Artikel 18 Absatz 3 und in Anwendung von Artikel 154 Absatz 2 des Bundesgesetzes vom 20. Dezember 1946 über die Alters- und Hinterlassenenversicherung (AHVG),
beschliesst:

Art. 1 [33] Grundsatz

[1] Ausländer, mit deren Heimatstaat keine zwischenstaatliche Vereinbarung besteht, und ihre Hinterlassenen können, sofern der Heimatstaat Gegenrecht hält, gemäss den nachstehenden Bedingungen die der Alters- und Hinterlassenenversicherung entrichteten Beträge zurückfordern, sofern diese gesamthaft während mindestens eines vollen Jahres geleistet worden sind und keinen Rentenanspruch begründen.

[2] Das Eidgenössische Departement des Inneren bezeichnet die Staaten, deren Angehörige gemäss den Bestimmungen über das Gegenrecht die Rückvergütung der Beiträge gewährt werden kann.

[3] Massgebend ist die Staatsangehörigkeit im Zeitpunkt der Rückforderung.

Art. 2 [33] Rückvergütung nach Ausscheiden aus der Versicherung

Die Beiträge können zurückgefordert werden, wenn der Ausländer aller Voraussicht nach endgültig aus der Versicherung ausgeschieden ist und er selber sowie sein Ehegatte oder seine noch nicht 25jährigen Kinder seit mindestens einem Jahr nicht mehr in der Schweiz gewohnt haben.

Art. 3 Rückvergütung im Versicherungsfall

[1] Die Beiträge können ferner zurückgefordert werden:

a. [33] wenn der Ausländer das gemäss Artikel 21 Absatz 1 AHVG massgebende Altersjahr vollendet hat und auf Grund von Artikel 18 Absatz 2 AHVG vom Bezug einer Altersrente ausgeschlossen ist;
b. wenn der Ausländer oder Staatenlose stirbt und seine Hinterlassenen auf Grund von Artikel 18 Absatz 2 AHVG vom Bezuge der Hinterlassenenrenten ausgeschlossen sind.

[2] [9] Der Anspruch gemäss Buchstabe a entsteht am ersten Tag des Monats nach Vollendung des massgebenden Altersjahres.

[3] Der Anspruch gemäss Buchstabe b entsteht am ersten Tag des dem Tode folgenden Monats. Er steht der Witwe und nach ihr den Waisen zu.

Art. 4 Verweigerung der Rückvergütung

Die Rückvergütung kann ganz oder teilweise verweigert werden, wenn sie der Billigkeit widersprechen würde, wenn der Berechtigte sich durch sein persönliches Verhalten ihrer unwürdig erwiesen hat oder wenn er seinen Pflichten gegenüber den öffentlichen Gemeinwesen nicht nachgekommen ist.

Art. 5 Umfang der Rückvergütung

[1] Zurückvergütet werden nur die tatsächlich bezahlten Beiträge. Zinsen werden keine geleistet.

[2] [50] Nicht zurückvergütet werden die Arbeitgeberbeiträge sowie die von Frauen nach Vollendung des 62. und von Männern nach Vollendung des 65. Altersjahres entrichteten Beträge.

Art. 6 Wirkung

Aus rückvergüteten Beiträgen können gegenüber der Alters- und Hinterlassenenversicherung keinerlei Rechte mehr abgeleitet werden. Die Wiedereinzahlung der Beiträge ist ausgeschlossen.

Art. 7 Untergang und Verjährung

Der Anspruch auf Rückvergütung geht unter mit dem Tod des Berechtigten. Er verjährt mit dem Ablauf von fünf Jahren seit dem Versicherungsfall.

Art. 8 Verfahren und Zuständigkeit

[1] Für die Anmeldung der Rückforderung, die Festsetzung und Auszahlung der Beiträge finden für die ordentlichen Renten geltenden Bestimmungen sinngemäss Anwendung.

[2] Die Kosten aus der Überweisung von Beiträgen ins Ausland gehen zu Lasten des Empfängers.

Art. 9 Inkrafttreten und Vollzug

[1] Diese Verordnung tritt am 25. März 1952 in Kraft.

[2] Vor dem Inkrafttreten entrichtete Beiträge können, auch wenn der Rückvergütungsfall schon eingetreten ist, zurückgefordert werden.

[3] [33] Das Eidgenössische Departement des Innern ist mit dem Vollzug beauftragt.

Anhang 8

Verordnung über die Abgabe von Hilfsmitteln durch die Altersversicherung (HVA)

vom 28. August 1978 (SR 831.135.1)

Das Eidgenössische Departement des Innern,
gestützt auf Artikel 66ter der Verordnung vom 31. Oktober 1947 über die Alters- und Hinterlassenenversicherung (AHVV),
verordnet:

Art. 1 Anwendungsbereich

Die Verordnung umschreibt den Anspruch auf Hilfsmittel nach Artikel 43ter des Bundesgesetzes über die Alters- und Hinterlassenenversicherung (AHVG).

Art. 2 Anspruch auf Hilfsmittel [98]

[1] In der Schweiz wohnhafte Bezüger von Altersrenten der AHV, die für die Tätigkeit in ihrem Aufgabenbereich, für die Fortbewegung, für die Herstellung des Kontakts mit der Umwelt oder für die Selbstsorge auf Hilfsmittel angewiesen sind, haben Anspruch auf die in der Liste im Anhang aufgeführten Leistungen. Die Liste umschreibt Art und Umfang der Leistungen für jedes Hilfsmittel abschliessend.

[2] [98] Soweit in der Liste nicht etwas anderes bestimmt wird, leistet die Versicherung einen Kostenbeitrag von 75 Prozent des Nettopreises.

Art. 3 Beginn und Ende des Anspruchs

Der Anspruch entsteht frühestens am ersten Tag des Monats nach der Vollendung des 65. Altersjahres für Männer und des 62. Altersjahres für Frauen. Er erlischt, wenn die Anspruchsvoraussetzungen nicht mehr erfüllt sind.

Art. 4 [63] Anspruch bei vorangehender Abgabe von Hilfsmitteln durch die IV

Für in der Schweiz wohnhafte Bezüger von Altersrenten, die bis zum Entstehen des Anspruchs auf eine Altersrente Hilfsmittel oder Ersatzleistungen nach den Artikeln 21 oder 21bis des Bundesgesetzes über die Invalidenversicherung (IVG) erhalten haben, bleibt der Anspruch auf diese Leistungen in Art und Umfang bestehen, solange die massgebenden Voraussetzungen weiterhin erfüllt sind und soweit die vorliegende Verordnung nichts anderes bestimmt. Im übrigen gelten die entsprechenden Bestimmungen der Invalidenversicherung sinngemäss.

Art. 5 Verträge mit Abgabestellen

Das Bundesamt für Sozialversicherung kann mit Institutionen der Altershilfe oder mit Abgabestellen für Hilfsmittel Verträge über die Abgabe oder die mietweise Überlassung von Hilfsmitteln abschliessen.

Art. 6 [74] Verfahren

1 Für das Verfahren gelten die Artikel 65–79bis der Verordnung vom 17. Januar 1961 über die Invalidenversicherung sinngemäss. Die Anmeldung ist bei der Ausgleichskasse einzureichen, die für die Ausrichtung der Altersrente zuständig ist.

2 [94] Der Anspruch auf Übernahme der Mietkosten eines Fahrstuhls ist bei der zuständigen IV-Stelle (Art. 40 IVV) anzumelden. Für die Abgabe von Fahrstühlen an Personen in Heimen kann das Bundesamt für Sozialversicherung besondere Verfahrensrichtlinien erlassen.

3 [94] Die IV-Stelle entscheidet über den Anspruch. Heisst sie den Anspruch gut, so stellt sie den Versicherten die entsprechende Mitteilung oder einen Bezugsschein zu. Lehnt sie den Anspruch ganz oder teilweise ab, so erlässt die Ausgleichskasse des Kantons, in welchem die IV-Stelle ihren Sitz hat, eine Verfügung.

4 ... [94]

Art. 7 [74]

Art. 8 Änderung einer anderen Verordnung

Die Verordnung vom 29. November 1976 über die Abgabe von Hilfsmitteln durch die Invalidenversicherung (HV) wird wie folgt geändert:

Abkürzung des Titels: HVI

Anhang Ziff. 14.04: (Betrifft nur den französischen Text)

Art. 9 Schlussbestimmungen

1 Diese Verordnung tritt am 1. Januar 1979 in Kraft.

2–4 ... [94]

Liste der Hilfsmittel [98]

1 Prothesen

1.51 *Definitive funktionelle Fuss- und Beinprothesen,*
sofern zu erwarten ist, dass Versicherte damit selbständig gehen können. Die Leistung der Versicherung kann höchstens alle fünf Jahre beansprucht werden. Ein früherer Ersatz ist möglich, wenn eine Stumpfveränderung dies erfordert.

1.52 *Definitive Hand- und Armprothesen,*
sofern ein solcher Behelf für die Selbstsorge oder für die Tätigkeit im Aufgabenbereich unerlässlich ist. Die Leistung der Versicherung kann höchstens alle fünf Jahre beansprucht werden. Ein früherer Ersatz ist möglich, wenn eine Stumpfveränderung dies erfordert.

1.53 *Definitive Brust-Exoprothesen nach Mamma-Amputation*
Die Leistung der Versicherung kann höchstens alle zwei Jahre beansprucht werden.

2 Orthesen

2.51 *Beinorthesen*
Die Leistung der Versicherung kann höchstens alle fünf Jahre beansprucht werden. Ein früherer Ersatz ist möglich, wenn die pathologischen Verhältnisse dies erfordern.

2.52 *Armorthesen*
Die Leistung der Versicherung kann höchstens alle fünf Jahre beansprucht werden. Ein früherer Ersatz ist möglich, wenn die pathologischen Verhältnisse dies erfordern.

4 Schuhwerk

4.51 *Orthopädische Massschuhe,*
sofern sie einer pathologischen Fussform oder Fussfunktion individuell angepasst sind oder einen orthopädischen Apparat ersetzen oder notwendigerweise ergänzen, und sofern eine Versorgung durch Serienschuhe mit oder ohne Änderung bzw. mit Einlagen nicht möglich ist. Die Leistung der Versicherung kann höchstens alle zwei Jahre beansprucht werden. Ein früherer Ersatz ist auf ärztliche Begründung hin möglich.

5 Hilfsmittel für den Kopfbereich

5.51 *Augenprothesen aus Glas*
Die Leistung der Versicherung kann höchstens alle zwei Jahre beansprucht werden.

5.52 *Gesichtsepithesen*
Die Leistung der Versicherung kann höchstens alle zwei Jahre beansprucht werden.

5.56 *Perücken,*
falls die äussere Erscheinung der Versicherten durch den fehlenden Haarschmuck beeinträchtigt wird. Die Kostenbeteiligung der Versicherung beträgt höchstens 1 000 Franken pro Kalenderjahr.

5.57 *Hörgeräte für ein Ohr,*
sofern Versicherte hochgradig schwerhörig sind, das Hörvermögen durch ein solches Gerät namhaft verbessert wird, und die Versicherten sich wesentlich besser mit ihrer Umwelt verständigen können. Die Leistung der Versicherung

kann höchstens alle fünf Jahre beansprucht werden. Ein früherer Ersatz ist möglich, wenn eine wesentliche Veränderung der Hörfähigkeit dies erfordert. Bestand ein Anspruch schon gegenüber der Invalidenversicherung, so gilt er mindestens im gleichen Umfang gegenüber der AHV weiter.

5.58 *Sprechhilfegeräte nach Kehlkopfoperationen*
Die Leistung der Versicherung kann höchstens alle fünf Jahre beansprucht werden.

9 Rollstühle

9.51 *Rollstühle ohne motorischen Antrieb,*
sofern sie voraussichtlich dauernd und ständig verwendet werden. Die Versicherung übernimmt die vollen Mietkosten für einen Rollstuhl.

11 Hilfsmittel für Sehbehinderte

11.57 *Lupenbrillen,*
sofern hochgradig Sehschwache nur mit diesem Behelf lesen können. Die Leistung der Versicherung kann höchstens alle fünf Jahre beansprucht werden.

Sachregister

Der Fundort ist mit dem AHVG-Artikel (ohne Hinweis auf den Erlass) und, soweit erforderlich, mit dem Stichwort, dem AHVV-Artikel oder der Ziffer bezeichnet, unter welchen das Stichwort behandelt wird.

Entspricht das Stichwort im Sachregister dem im Text kursiv oder fett hervorgehobenen, ist der Hinweis auf den Artikel und die Ziffer beschränkt.

Die Umlaute ae, oe und ue werden alphabetisch als a, o und u (d.h. ohne Berücksichtigung des e) eingereiht.

Adjektive sind – soweit dies dem üblichen Sprachgebrauch entspricht – dem jeweiligen Substantiv vorangestellt.

Das Sachregister wertet – nebst dem kommentierten Teil – auch den Gesetzestext selbst aus; bezieht sich ein Hinweis ausschliesslich auf den Gesetzestext, wird der Fundstelle in Klammern (Gesetz) beigefügt. Beispiel: Art. 1 Abs. 2 (Gesetz).

A

E

L

M